传播观念的历史考察

（第二版）

张昆　著

WUHAN UNIVERSITY PRESS
武汉大学出版社

图书在版编目(CIP)数据

传播观念的历史考察/张昆著.—2版.—武汉：武汉大学出版社，2015.10
ISBN 978-7-307-15999-0

Ⅰ.传…　Ⅱ.张…　Ⅲ.新闻事业史—研究—世界　Ⅳ.G219.19

中国版本图书馆CIP数据核字(2015)第118896号

责任编辑:易　瑛　　责任校对:汪欣怡　　版式设计:韩闻锦

出版发行：**武汉大学出版社**　(430072　武昌　珞珈山)
(电子邮件：cbs22@whu.edu.cn　网址：www.wdp.com.cn)
印刷:武汉中远印务有限公司
开本：720×1000　1/16　印张:39.5　字数:567千字　插页:2
版次:1997年6月第1版　2015年10月第2版
2015年10月第2版第1次印刷
ISBN 978-7-307-15999-0　定价:80.00元

目　录

导　言…………………………………………………………… 1
一、整体的新闻传播史体系…………………………………… 2
二、新闻传播史体系的三维空间……………………………… 4
三、历史进程中三大空间的交织和互动……………………… 9
四、解读传播观念历史的路径 ……………………………… 12

第一章　柏拉图的传播思想 …………………………………… 21
一、理念与人性 ……………………………………………… 22
二、国家与个人 ……………………………………………… 26
三、政治技艺与说服的技艺 ………………………………… 33
四、自由与控制 ……………………………………………… 40
五、结论 ……………………………………………………… 47

第二章　孟子的传播思想与实践 ……………………………… 49
一、传播功能观 ……………………………………………… 49
二、传播者及其修养 ………………………………………… 54
三、传播的艺术 ……………………………………………… 59
四、结论 ……………………………………………………… 64

第三章　马基雅维利的政治传播观念 ………………………… 65
一、人性与政治 ……………………………………………… 66
二、政治过程中的传播控制 ………………………………… 69
三、政治形象的设计 ………………………………………… 73
四、政治传播的谋略 ………………………………………… 77

五、结论 …… 81

第四章　约翰·弥尔顿的出版自由观念 …… 84
一、弥尔顿生平及著作 …… 84
二、人性与自由 …… 86
三、真理观 …… 90
四、控诉出版检查的罪恶 …… 93
五、呼唤出版自由 …… 96
六、结论 …… 99

第五章　罗伯斯庇尔的新闻思想 …… 103
一、罗伯斯庇尔生平及思想来源 …… 103
二、罗伯斯庇尔的新闻观念 …… 107
三、雅各宾政权的新闻政策 …… 118
四、罗伯斯庇尔与杰斐逊新闻思想之比较 …… 124
五、结论 …… 130

第六章　杰斐逊与汉密尔顿关于出版自由的论战 …… 133
一、杰斐逊与汉密尔顿在出版自由上的对立 …… 133
二、对立的思想基础与现实原因 …… 137
三、对立的结局及历史影响 …… 146
四、结论 …… 149

第七章　梁启超新闻思想体系 …… 150
一、报刊使命 …… 150
二、新闻功能 …… 154
三、出版自由 …… 157
四、舆论监督 …… 164
五、宣传策略 …… 167
六、党报理论 …… 171
七、新闻史观 …… 177

八、结论………………………………………………………………………… 181

第八章　晚清报人平等意识的生成与报业平等的愿景………… 183
一、郭士立首度引入西方的平等思想…………………………………… 183
二、《万国公报》的平等观引介 ………………………………………… 188
三、维新派报人的平等观与报业平等的愿景…………………………… 192
四、晚清政府的立法回应及其局限……………………………………… 198
五、结论………………………………………………………………………… 203

第九章　小野秀雄的新闻思想……………………………………… 204
一、小野秀雄生平及思想来源…………………………………………… 204
二、小野秀雄的新闻思想………………………………………………… 210
三、结论………………………………………………………………………… 225

第十章　空想社会主义新闻传播思想…………………………… 227
一、早期空想社会主义者的新闻传播思想……………………………… 227
二、18 世纪空想社会主义者的新闻传播思想 ………………………… 231
三、顶峰时期空想社会主义者新闻传播思想…………………………… 236
四、19 世纪三四十年代空想共产主义者的新闻
传播思想………………………………………………………………… 241
五、结论………………………………………………………………………… 245

第十一章　马克思恩格斯新闻传播思想………………………… 250
一、马克思、恩格斯的新闻实践………………………………………… 250
二、马克思恩格斯的人民报刊思想……………………………………… 261
三、马克思恩格斯的出版自由观………………………………………… 269
四、马克思恩格斯的党报理论…………………………………………… 281
五、马克思恩格斯的新闻专业理想……………………………………… 290
六、结论………………………………………………………………………… 298

第十二章　列宁新闻思想体系……………………………… 301
一、报刊职能观……………………………………………… 301
二、新闻业务观……………………………………………… 311
三、新闻事业观……………………………………………… 317
四、办报方针………………………………………………… 326
五、党性原则………………………………………………… 335
六、出版自由观……………………………………………… 346
七、宣传策略………………………………………………… 357
八、结论……………………………………………………… 367

第十三章　列宁党报学说对中国当代新闻理论的影响………… 370
一、报刊使命………………………………………………… 371
二、办报方针………………………………………………… 380
三、党性原则………………………………………………… 387
四、结论……………………………………………………… 393

第十四章　戈尔巴乔夫的新闻观念与苏联的新闻改革……… 394
一、改革前苏联的新闻体制………………………………… 394
二、戈尔巴乔夫的新闻观念………………………………… 403
三、新闻改革与苏联的解体………………………………… 414
四、结论……………………………………………………… 420

第十五章　中国共产党早期对外宣传理论……………………… 422
一、中国共产党早期对外宣传理论的历史背景和
理论渊源…………………………………………………… 423
二、世界交往意识是中国共产党对外宣传理论的
思想前提…………………………………………………… 427
三、对外宣传功能观………………………………………… 430
四、对外宣传工作原则……………………………………… 433
五、中国共产党对外宣传策略……………………………… 438
六、结论……………………………………………………… 441

第十六章　毛泽东新闻宣传思想 …… 443
一、毛泽东新闻思想研究的历史 …… 444
二、毛泽东党报理论 …… 453
三、毛泽东宣传谋略 …… 459
四、毛泽东新闻业务观念 …… 468
五、结论 …… 472

第十七章　邓小平新闻宣传思想研究 …… 475
一、新闻宣传工作的性质和使命 …… 475
二、新闻宣传工作的基本原则 …… 481
三、新闻舆论监督 …… 492
四、新闻宣传策略 …… 497
五、新闻宣传队伍的建设 …… 505
六、结论 …… 509

第十八章　江泽民新闻宣传思想 …… 511
一、新闻事业的性质与作用 …… 511
二、新闻工作者的使命与任务 …… 515
三、新闻工作的党性原则和党的领导 …… 519
四、新闻宣传的策略原则 …… 522
五、新闻宣传队伍的建设 …… 528
六、结论 …… 532

第十九章　网络时代马克思主义新闻思想的新发展 …… 534
一、党性原则与以人为本的有机统一 …… 534
二、主流媒体与新兴媒体的协调发展 …… 539
三、尊重传播规律，讲究宣传艺术 …… 542
四、结论 …… 545

第二十章　改革开放30年中国新闻传播观念的变迁 …… 546
一、拨乱反正与新闻传播观念的回归（1978—1982） … 546

二、传播学的引入和新闻传播观念的发展
（1983—1988）……………………………………… 555
三、全面反思时期的新闻传播观念（1989—1991）…… 568
四、市场经济年代的新闻传播观念（1992—2000）…… 574
五、全球化背景下的新闻传播观念（2001年以来）…… 588
六、结论………………………………………………… 602

参考文献…………………………………………………… 608

后　记……………………………………………………… 617

导　言

我们今天生活在一个信息弥漫的空间系统之中，信息成了联系个体、汇聚社会的黏合剂，它影响到社会系统的有序运行，关系到个体的生存与发展；它决定了社会共同体的感知觉及思维的边界，我们无法想象一个没有信息、没有传播的社会。事实上，自历史观点而言之，传播与社会是同生共存的，彼此互为条件，相辅相成；没有传播的社会，与没有社会的传播同样是不可能的。我们要认识自我，解读社会，辨析真假，适应环境，断乎不能离开信息传播。新闻与传播成为了当今时代的一大显学，势所当然。

人们关注传播现象，研究传播的历史，探索传播的规律，已有千百年的历史，但是作为社会科学一个相对独立的领域的新闻传播学的诞生，还是最近一百年来的事情。总体而言，人们对新闻传播的研究，涉及新闻传播历史、新闻传播理论、新闻传播实务三个大的方面，其中对于历史的研究又是一切研究的起点。正如人们经常念叨的，万事万物都有其历史，对历史梳理是认识现实的前提，只有准确地把握了现实，才能科学地预示未来。因为历史认知的重要性，以及学界、业界同仁的关注，在新闻传播学术发展史上，新闻传播历史的研究积累是最为丰厚的。新闻传播史涉及新闻事业、新闻制度和新闻观念三个层次。以往的新闻历史研究，主要停留在新闻事业的层面，以探索各种新闻传播媒介（如出版、报纸、广播、电视、通讯社及网络新媒体）演进的历史为主旨。至于新闻传播置身于其中的社会政治制度，及新闻传播本身的制度框架和结构模式，则在很大程度上被忽略了。而正是这一点，决定了传播媒介的社会功能和活动空间。此外，任何一个国家、地区的新闻传播，都是在一定的传播理论、职业理想和专业意识的指导下进行的。主观决定客观，理念影响行为。要全面地揭示并且正确地阐释新闻传播演进的历史，就应该把新闻事业、新闻制度和新闻观念有机地统合起来，建构包容事业、制度、意识的整体的三维历史空间，变单维的新闻史为多维的新闻史，变平面的新闻史为立体的新闻史。

一、整体的新闻传播史体系

所谓历史，在广义上讲是一切事物以往的运动发展过程。按照事物的不同性质，可以将其划分为自然发展史和人类社会发展史。我们通常意义上使用的历史概念，主要是指人类社会发生、发展的历史，即与自然界相互依赖、相互制约的人类社会以往的运动发展过程。人类社会及其纵向的发展史是一个完整的系统结构，即由一系列复杂因素组成的协调一致的有机整体。历史学者费尔南·布罗代尔在《历史学和社会科学——长时段》一文中对这种系统结构做了精彩的解读："所谓结构，社会观察家们认为是现实与社会大众之间存在的一种组织、一种紧密联系及一系列相当固定的关系。而我们的史学家则认为，一个结构也许是一种组合，一个建筑体，但更是一种现实，时间对这种现实的磨损很小，对它的推动也非常缓慢。某些长期生存的结构成为世代相传的稳定因素：这些结构在历史中到处可见，它们阻碍着历史因而也支配着历史的进程。"①这种系统结构的整体性特征，决定了系统中只要有一个因素或子系统发生变化，或迟或早必将导致整个系统结构的变化。

人类社会及其历史的系统结构看似混沌，实则是一个有序的整体。如果把人类社会历史看成大洋上漂浮的一座冰山，展现在我们面前、能够为我们所直接感知的只是冰山的山顶部分，其水线下的主体部分还有多层结构——至少还有山腰、山麓部分，远比我们能够看见的山顶大得多，如果不潜入水下，实难窥见其真实面目。所以，仅仅只是看到了山尖部分，绝不等于了解全部。客观历史如

① J. 勒高夫、P. 诺拉等：《新史学》，姚蒙编译，上海译文出版社1989年版，第262~263页。

此，作为社会历史反映的历史著作自然也不例外。波兰历史学家托波尔斯基曾就历史叙事做过深刻的分析。他认为历史叙事与历史实在相适应，也呈现出三层结构。“以陈述序列明确表述的清晰表面层（事实层A）；表述不明确，但间接地（经常是省略三段论式地）包含在表述清晰的层次内的表面层（事实层B）；通常以暗含的方式含在1与2中的更深层次（理论层）。”所谓清晰表面层，是那种读者与之有直接联系，并且其中通常运用真实性的古典标准资料。但它只是一个有着非常深广基础的结构的最高的和可以看见的部分，犹如冰山的山尖。一个叙事的潜在因素采取了层次2和层次3的形式。一般而言，层次2通常是层次1的简单扩充，它并没有改变后者的结构、得出结论的趋向以及解释的途径。层次1因而是层次2的一种独特的简化方式，换句话说，层次2就像层次1的某种不太清晰的注释序列。只有当我们考虑了层次3，新的分析视角才展现出来。“层次3是一个理论层次。当然，并不是每一个历史学家都明确地提出一种确定的普遍理论，但每一个历史学家，即使他声称要简洁地表述而不承担评价的责任，他都涉及一种确定的有关人与世界的看法。”①

新闻传播史是人类社会整体历史的一部分，它也是一个由一系列复杂因素或层次组成的有序的系统结构。所以，新闻传播史研究不能满足于“考证确定零零碎碎的事实为毕乃能事；必须进一步，不把人事看作片片段段的东西；要把人事看作一个整个的互为因果、互有连锁的东西去考察它”②。借用托波尔斯基的话来说，新闻传播史也呈现出三个密切相关的层次，即新闻传播事业、新闻传播制度、新闻传播观念，三者彼此依赖，相辅相成，共同建构了完整的新闻传播史体系。其中新闻传播事业属于漂浮于水面的冰山的山尖，而新闻传播制度则是水线下的主体部分，新闻传播观念是一

① ［波］托波尔斯基：《历史叙事之真实性的条件》，转引自陈新主编：《当代西方历史哲学读本（1967—2002）》，复旦大学出版社2004年版，第153~155页。

② 李守常：《史学要论》，河北教育出版社2000年版，第17页。

个理论层次，是对于前面两个事实层的深度注解。但是，传统的新闻传播史研究，从总体上讲陷入了神秘的整体性经验，仅仅关注了新闻传播史本身的整体性，看到了各种要素的相互纠缠，但是没有尝试对整体进行解析，而且试图将整体的历史归结为新闻传播事业的历史。① 所以这种研究看起来很完整，但是，对于业内人士或其他明白人，一眼就可以看出，它漏掉了许多重要的东西。而这被漏掉的东西，对于完整地解释新闻传播的历史具有重要的意义。在这个意义上，要将新闻传播的历史研究推向深入，或者将其提升到更高的境界，就必须对这种混沌的整体进行深入的剖析。正如英国著名历史学者阿诺德·汤因比所说的："如果不在思想上对宇宙加以条分缕析，我们就无法表达，无法思考和行动。如果我们重新陷入这种整体性的神秘经验，我们就无法继续思考和行动。因此，我们必须分解和歪曲地呈现现实，这样才能在我们所发现的真理的指引下行动与生活。"很显然，这种解析并不是终极目的，最终的目的还是为了在更高的意义上再现整体。所以汤因比说："思想只要一启动，就会把现实打碎，但马上又会把现实加以组合。"② 新闻传播史的研究，同样也面临着这一重要的课题，需要使用解析的办法，分解展现在我们面前的混沌的整体，哪怕这样做会破坏我们凭直觉感受到的神圣的统一，不然的话，我们的研究将难以突破现实的瓶颈，而进入科学的境界。

二、新闻传播史体系的三维空间

面对以混沌形式呈现的整体的新闻传播史，如果我们不想使自己的研究流于形式、肤浅，就必须将它分解成若干孤立的片段，这样才有可能深刻地理解历史。但是这种分解或者分类无疑

① 这一点可以从20世纪80年代以来中国出版的一系列新闻史教材的名称上看出来，不少新闻史教材被冠名为"××新闻事业史"。

② ［英］阿诺德·汤因比：《历史研究》（修订插图本），刘北成等译，上海人民出版社2000年版，第423页。

会在一定的程度上扭曲地呈现历史的状貌，或者割裂各个片段之间本来就存在的不能分解的联系，这是历史学向深度进军的不可避免的后果。笔者以为，对新闻传播史整体的简单易行的分解是三分法，即将新闻传播史分解为新闻传播事业、新闻传播制度、新闻传播观念三个层次（子系统或组成部分），它们彼此依赖，相辅相成。循此而观察新闻传播史，给予我们的将是全然不同于分解之前的感觉。

首先展现在我们面前的在阳光下熠熠生辉的冰山一角，就是新闻传播事业。我们置身于信息社会，被媒介化环境所包围，媒介信息渗透到社会生活的各个角落，任何人都摆脱不了新闻媒介的纠缠。正如亚里士多德所说的，能够离开城邦的人，非神即兽。即便是枯坐守定的高僧，也难御信息于“庙门”之外。不管我们是否乐意，媒介及其传播的信息总会融入我们的生活，对我们的意识和行为产生这样那样的影响。在这个意义上，新闻传播活动、新闻传播事业是我们生产、生活中无法回避的认识对象。由于我们的认识规律是由浅入深，由表及里，从近到远，我们对人类新闻传播史的研究，自然也会从简单的易于把握的新闻传播事业着手。新闻传播事业的历史演进成为新闻史学者最早的也是基本的研究领域，是有其客观的历史必然性的。

新闻传播事业本身又是一个完整的子系统。其组成要素包括新闻传播媒介、新闻传播技术、新闻事件等。新闻传播媒介有传统的报纸、期刊、广播电视、通讯社以及新兴的网络、手机媒体等，这些媒体产生、发展、沿革的历史，是新闻传播事业史的主体。与此相关的还有媒介传播业务等的变迁，如编辑业务、采访报道业务、发行广告业务、经营管理业务等的变化，这些内容共同汇集成了新闻传播媒介的历史。新闻传播技术是新闻传播事业发展中最吸引人的要素。技术的进步不仅决定了信息传播的广度、深度，而且在很大的程度上制约着信息传播的速度、清晰度，甚至深刻地影响到人们的生活方式。从口头传播时代到手抄传播时代，进而到印刷传播时代、电子传播时代，乃至今天的网络传播时代，传播技术本身就是划分历史发展阶段的关键节点。在新闻传播历史的长河中，由新闻传播媒介及其从业者主演的新闻事件，始终是引发后人思古幽情的主要兴奋点。英国报人争取出版自由的斗争，特别是争取自由报道国会新闻的斗争；美国独立战争前殖民地时期的“曾格案件”；欧洲大革命时期革命派报纸与保皇派报刊的激烈论战，几乎是所有新闻史专家大书特书的内容。所有这些，是新闻传播史的实体部分，抽去这些内容，新闻传播史就无法站立起来。

但是，新闻传播事业在整个新闻传播史体系中，毕竟只是冰山一角。其高度、广度及内涵，主要是由水线下的基础部分决定的。一个国家或地区新闻传播事业的发展水平，报纸、广播电视的普及率，新闻媒体在社会政治生活、经济与社会发展过程中扮演的角色，新闻媒体政治参与程度的高低，新闻媒介社会功能的发挥，新闻从业人员活动空间的大小等，在很大的程度上，与所在国家的制度安排是直接相关的。不同国家新闻传播媒介的法律地位、新闻媒介与权力系统的相互关系、新闻媒介的所有制差异及各种政治文化禁忌等，都会在相当的程度上决定其新闻传播事业及新闻传播活动的状貌。所以，要解读一个国家或地区新闻传播事业的发展历史，揭示其内在的客观规律，必须透过表层现象，进入水线下面，深入制度的底层，从政治、法律、经济、文化等不同的视角，解读各种制度因素对新闻传播事业发展的决定性作用。

考察新闻传播制度的历史演变，可以从特定社会政治体系的宪政安排、经济上的所有制结构、法律上的保护宣示和禁区设置、道德上的规范准则和自律机制等方面进行深入的探讨。但是，研究制度特别是政治制度史的人都知道，在不同时期、不同的政治实体中，同样的制度形式下可能会包含着截然不同的实质内容。梁启超曾感慨地说：“政治组织上的形式，其实无论如何，和实际运用都不能相同。比如中华民国约法，现在似乎仍旧有效。但具文的约法和实际的政治，表面和骨子，相差不知几千万里。若从《政府公报》看，中央政府似乎很强有力，吴佩孚、张作霖亦得禀命中央。如打破了南口，许多威字将军都是由吴、张上呈文，由内阁发表。事实上，骨子里何尝如此？一切大权都不在内阁，吴、张上呈文亦等于一纸命令。"① 反映在新闻传播方面也是如此。在当今世界近两百个国家中，几乎所有的国家都在宪法中承诺保障公民的言论出版自由，但实质上能够做到的仅是其中极少的一部分；几乎所有国家的新闻媒体都有监督政府的职能，但是其发挥作用的程度有天壤之别。另一方面，不同时期、不同历史阶段的制度安排，尽管有本质与形式上的差异，但是绝对不能否认其历史的继承性。正如孔子所说的，"殷因于夏礼，所损益可知也；周因于殷礼，所损益可知也。其或继周者，虽百世可知也"②。制度安排确定了新闻传播历史展演的舞台空间，规范着新闻传播工作者的职业行为，没有制度的支持，新闻传播事业就失去了立身之基。

同时，我们还须注意，不管是从历史还是现实的角度，社会的主体都是人。在这个意义上，我们可以说"任何人类历史的第一个前提无疑是有生命的个人的存在"③。根据马克思主义的历史观，"人们通过每一个人追求他自己的、自觉期望的目的而创造自己的历史，却不管这种历史的结局如何，而这种按不同方向活动的愿望及其对外部世界的各种各样影响所产生的结果，就是历史"④。作为历史主体的人，都处于特定的社会地位，有着特定的利益诉求，具有特定的思想、意识、情感。正是他们的生产和生活，构成了社会历史的基本内容。他们创造历史的活动，不是无意识的梦游者般的行为，而是基于特定立场和利益的自主的有意识的行动。梁启超曾经作过如此表述："历史为人类心力所造成，而人类心力之动因极自由而不可方物，心力既非物理的或数理的因果律所能完全支配，则其所产生之历史自亦与之同一性质。"⑤ 对此，恩格斯做过更精辟的解读："历史是这样创造的：最终的结果总是从许多单个

---

① 梁启超：《中国历史研究法补编》，河北教育出版社 2000 年版，第 298~299 页。

② 《论语·为政》。

③ 《马克思恩格斯全集》第 3 卷，人民出版社 1960 年版，第 23 页。

④ 《马克思恩格斯全集》第 21 卷，人民出版社 1965 年版，第 343 页。

⑤ 梁启超：《中国历史研究法》，华东师范大学出版社 1995 年版，第 151 页。

的意志的相互冲突中产生出来的，而其中每一个意志，又是由许多特殊的生活条件，才成为它所成为的那样。这样就有无数互相交错的力量，有无数个力的平行四边形，由此就产生出一个合力，即历史结果，而这个结果又可以看作一个作为整体的、不自觉地和不自主地起着作用的力量的产物。因为任何一个人的愿望都会受到任何另一个人的妨碍，而最后出现的结果就是谁都没有希望过的事物。"① 各个人的意志虽然都达不到自己的愿望，而是融合为一个总的平均数，一个总的合力，然而从这一事实中决不应作出结论说，这些意志等于零。相反地，每个意志都对合力有所贡献，因而是包括在这个合力里面的，从而对历史产生一定的影响。

新闻传播史也是新闻从业者及相关者自我意志的产物。虽然不是每个新闻从业者或相关者都能如愿，在个体意义上，历史的发展是不以人的意志为转移的，但是一定社会一定时期的新闻传播思潮，新闻工作者的专业意识，相关者对新闻媒介的角色期待，约定俗成的行为规范等，在相互交错、冲突、融合中形成合力，会在无形中划定新闻传播进化的轨迹，推动新闻传播事业、新闻传播制度的演进。因为，如何建构适应社会需求的新闻传播制度，设定新闻传媒及从业者的活动空间，划清公共权力系统与新闻传媒系统彼此领域的界限，规范新闻传播工作者的职业行为等，都是在一定的新闻传播观念的影响下实现的。新闻传播观念的历史是一个"边界不定的研究领域，它需要社会史、政治史、经济史、文化史、宗教史等等为它营构一个叙述的背景，也需要研究者在种种有文字的无文字的实物、文献、遗迹中，细心地体验思想所在的历史语境"②。当然，一定时期的新闻传播观念，归根到底是一定时期新闻传播实践的产物，是新闻传播从业者及新闻传播相关者对新闻传播活动的能动的反映。而且这种观念未必总是以完全理性化、系统化的形式展现，在许多场合甚至以具有浪漫情调的幻想出现。但它对于解读

① 《马克思恩格斯选集》第4卷，人民出版社1995年版，第697页。

② 葛兆光：《七世纪至十九世纪中国知识、思想与信仰》，复旦大学出版社2000年版，第49页。

那个时代的新闻传播历史的发展具有重要的意义。所以，历史学家赫伊津主张："文明史应当像重视人口、税收数字和经济史一样，重视对美的梦幻和浪漫的幻想。"他又说："当代人生活于其中的幻想具有一种真理的价值。"① 这种幻想连同系统化、理性化的思考，总是在一定程度上影响新闻传播活动的展开和新闻传播事业的发展。因此，完全意义上的新闻传播史研究，应该透过新闻传播的表象，穿越新闻传播事业、新闻传播制度的屏障，潜入水线下冰山的更深层的观念部分，这样才能科学地解读、全面地展现新闻传播发展、进化的完整脉络。

三、历史进程中三大空间的交织和互动

新闻传播事业、新闻传播制度及新闻传播观念的交融，形成了多维的一体化的新闻传播史。研究新闻传播史，必须首先正视历史发展演进的整体性，一方面我们可以看到这三个子系统的相互依赖、密不可分，另一方面则是整体对部分的制约，即多维整体的新闻传播史对新闻传播事业、新闻传播制度、新闻传播观念的影响。单一的子系统的发展进化，不能离开整体的背景，更不能忽略子系统之间的互动。也就是说，新闻传播事业的发展变化，难以从其自身得到圆满的解释，新闻传播制度、新闻传播观念亦然。只有在相关子系统的互动和彼此制约中，才能全面地揭示其进化的动因及规律。

但是，研究者同时也要注意到新闻传播史各个子系统的相对独立性，因为在低一级的层次上，子系统本身就是一个完整的结构。所以，从整体上看，每个子系统，包括新闻传播事业、新闻传播制度及新闻传播观念等，都有其特定的发展进化规律，都在"按其

① 转引自 J. 勒高夫、P. 诺拉等：《新史学》，姚蒙编译，上海译文出版社 1989 年版，第 172 页。

特定的节奏演进着”①。就观念的发展进化而言，其决定性因素乃在于社会的物质生活方式变革。“物质生活的生产方式制约着整个社会生活、政治生活和精神生活的过程。不是人们的意识决定人们的存在，相反，是人们的社会存在决定人们的意识。”② 但观念有时也会超前于客观现实，领先于、并且指导后续物质生活方式的变革。特别是在王朝末期症状出现之后，新的观念会成为引发革命或改革的关键因素。美国传播史学者在研究独立战争的历史时认为：“如果把思想观点作为衡量标准的话，可以说革命到 1775 年就完成了。这样的话，战争只不过是保护新思想的手段而已，其目的是捍卫这些新思想，抵御那些不能接受新思想的人。”③ 新闻传播观念也是如此，它虽然在根本上来源于新闻传播现实，是对当前新闻制度和传播实践的能动反映，但新闻传播观念有时也会先于现实，引领现实的新闻传播实践，指导新闻传播制度的设计。17 世纪初期英国诗人、政论家约翰·弥尔顿的出版自由观念，美国独立战争前夕托马斯·杰斐逊关于报纸与政府关系的论述，都是作为现实新闻传播制度的对立物出现的，但由于代表着历史进步的潮流，最终为社会所接纳，成为建构自由主义社会新闻传播制度的指南。

一般而言，一个社会的制度安排通常与该社会物质生产方式的水平是一致的；新闻传播制度的设计，也受到当地新闻传播事业的发展水平及新闻传播观念的影响。在一个新闻传播事业极不发达的国家，或者在新闻观念落后的国家，不可能有先进的制度安排。当然，如果国家掌握在代表先进生产力和先进文化的政党手中，还是有可能确立先进的制度安排的。这种制度安排能够促进新闻传播事业的发展，为新闻观念的发展提供更大的想象空间；反之，落后的新闻传播制度不仅会成为新闻传播事业发展的桎梏，还会限制新闻

① 转引自 J. 勒高夫、P. 诺拉等：《新史学》，姚蒙编译，上海译文出版社 1989 年版，第 268 页。

② 《列宁全集》第 26 卷，人民出版社 1988 年版，第 58 页。

③ ［美］迈克尔·埃默里、埃德温·埃默里：《美国新闻史——大众传播媒介解释史》，展江等译，新华出版社 2001 年版，第 52 页。

传播观念的发展。17世纪初期，英国实行的出版检查制度、特许出版制度，不仅成为英国报业发展的最大障碍，而且成为限制新思想、新思潮传播的决定性因素，弥尔顿就是因为出版了未经许可的小册子而受到国会的质询，这才有了《论出版自由》这篇影响深远的历史名篇。反之，独立战争后的美国政府，特别是在第三任总统托马斯·杰斐逊统治下，其保护言论出版自由的宪政安排，确保了报刊独立的政治法律地位，从而拉开了美国报业发展黄金时代的序幕。第二次世界大战后的日本，在美国占领军领导下进行的新闻改革，清除了法西斯主义、军国主义的影响，建立了适应和平宪法的民主的传播体制，从而保证了战后70年日本新闻传播事业的发展。

新闻传播事业史虽然不等于新闻传播史，但它绝对是新闻传播史的主体部分。新闻传播事业的发展，除受到社会经济、文化因素的制约外，还受到新闻传播观念、新闻传播制度的影响。尤其是先进的新闻传播观念，能够激发出新闻生产力的深厚潜力。19世纪美国大众化报纸的兴起，与当时报人的报纸产业化理念是分不开的。20世纪末中国内地都市报崛起，与报业集团化的进程相关，也可从中国报人及党政领袖的新闻观念的转变中得到解释。而报业、广播电视业、网络新媒体的发展，不仅会促成新闻管理制度的变化，也会促进新闻传播思想的升华。此类例证，实在是举不胜举。

在新闻传播史体系中，新闻传播事业始终是最活跃、最积极的因素。因为，新闻传播事业作为新闻传播史的实体部分，它总是与生产力直接相连。在工业时代，新闻传播事业不仅是一种产业，更是成为公众的意见论坛和政治斗争的工具，无论是在和平时期还是动荡时期，无论是经济繁荣还是社会凋敝，总是在持续地积累着能量，默默地拓展着自己的生存空间。新闻传播制度则相对地比较滞后，一旦新的制度建立起来，就会具有一定的持久性、适应性和稳定性。说到底，新闻传播制度属于建立于经济基础之上的上层建筑。先进的制度安排能够促进新闻生产力的发展，落后的制度设施则会成为新闻传播事业发展的障碍。制度设施的相对稳定性不等于一成不变，更不能说它是不能与时俱进的僵死的东西。一般而言，新闻传播制度总是随着新闻传播事业的发展而不断地做出新的调适，随着新闻传播观念的变革而改革。甚至不能排除，由于先进的政治理论和传播观念的指导，新闻传播制度会领先于新闻传播事业的发展，为新闻事业的发展预留空间。新闻传播观念虽然最终是由新闻传播实践所决定的，是主体对于新闻传播实践的能动的反映，但是科学的观念一旦形成，就能够转化成物质的力量，成为新闻传播实践、新闻传播制度设计的指南。

所以，审视人类新闻传播的历史，我们能看到的，有如一场激烈的马拉松赛，各个运动员在看客狂热的呼喊中，彼此交叉领先，又相互影响，一路向前。每个运动员都有各自内在的动力和逻辑，似乎彼此都主宰着自己的命运，其实，在历史这个竞技场上，他们虽然人各有志，却几乎都是身不由己。在直观上，有时新闻传播事业先于观念、制度的发展，有时新闻传播观念先于新闻传播事业、新闻传播制度的进化，有时观念和制度一起超前于事业，成为促进新闻传播事业发展的重要因素。在动态的发展进化中，这三个子系统唇齿相依，彼此交叉、融会，真是剪不断，理还乱。在这种情况下，要理清新闻传播发展进化的基本脉络，使新闻传播史的研究建立在科学的基础上，必须建构起新闻传播事业、新闻传播制度和新闻传播观念交融的统一的三维空间。并在这个三维空间中，解析各个子系统的互动关系，梳理新闻传播事业、新闻传播制度、新闻传播观念进化的脉络。只有这样，才能“解构披着历史外衣的政治和社会神话”,① 从而还原新闻传播历史本来的面目。

四、解读传播观念历史的路径

在通常的意义上，思想观念的历史描述的是思想观念伴随着时间流程而从无到有，乃至发生变异、定型的连续性历史。但是，思想史学者葛兆光主张把思想史理解为：“固有的思想资源不断地被

① ［英］埃里克·霍布斯鲍姆：《史学家——历史神话的终结者》，马俊亚、郭英剑译，上海人民出版社2002年版，第316~317页。

历史记忆唤起，并在新的生活环境中被重新诠释，以及在重新诠释时的再度重构这样一种过程。”① 我倾向于认同这一见解，试图站在今天的生活环境中，唤起新闻传播历史上这段被尘封的记忆，并且予以新的诠释，在此基础上重构新闻传播思想演变的过程。

新闻传播思想史虽然受到整体新闻传播史及其他子系统的制约，但相对于其他领域，也有其独特的发展演变规律。这主要表现在三个方面：一是新闻传播思想史演进的节奏往往快于新闻传播事业和新闻传播制度的变化。纵观人类新闻传播的历史，人类思想者对新闻传播现象的思考往往走在新闻传播事业、新闻传播制度的前面。当新闻传媒处于专制制度的重压之下，当权力钳制媒体被视为当然时，约翰·弥尔顿喊出了出版自由的口号；美国建国历史上，有一个普遍认同的结论，即美国独立战争早在莱克星屯第一枪打响之前，就已经在思想上完成，后来在战场上的较量不过是为了捍卫前期提出的思想原则。二是新闻传播思想从幼稚到成熟、从模糊到清晰的发展过程。这是思想史的一般发展规律，“一种政治理想和一个社会纲领，开始时总是处在比较模糊的、潜在的状态，后来通过发展才变得明确起来”②。这是由于思想观念最终来源于现实，思想观念的成熟程度与相应的社会实践水平直接相关。人类新闻传播实践的发展经历了从自在的传播活动到自为的传播事业阶段，人类对传播现象的认识、理解当然也要经历一个感性到理性的飞跃过程。经过这一过程，新闻传播思想从相对模糊进入相对清晰、从相对幼稚而日益臻于成熟。三是类似于有机体的演进规律。梁启超曾就一般思想史的演进作过精辟的论述：“无论那派，当一大师创造提倡之时，气象发皇，有似草木在夏天。其先慢慢地萌芽、长叶、含苞、吐蕊，有似草木在春天。其后落华取实，渐至凋落，有似草木在秋天。又后风采外谢，精华内蕴，有似草木在冬天。比如第一

① 葛兆光：《七世纪至十九世纪中国知识、思想与信仰》，复旦大学出版社 2000 年版，第 21 页。

② ［德］恩斯特·卡西尔：《人论》，甘阳译，上海世纪出版集团上海译文出版社 2003 年版，第 284 页。

主系的先秦，各家都忙于创作，未暇做整理的工夫。其先当然是酝酿时期，没有急遽的进步；其后到西汉，各家都不去创作，专事整理。在前人未入完成的部分，经这期的人加添润饰，果熟蒂落。在前未应用到社会的部分，经这期的人一一实现到社会应用上去，社会都受其赐了。"① 也就是说，任何学派、思潮，都有其生长、繁荣、成熟乃至退潮的周期。新闻传播思想的发展，也犹如草木，其消长枯荣，无不因应自然界春夏秋冬之交替。

对于这部悠久绵长的新闻传播思想史，每个研究者都有自己独特的解读。通过他们的研究呈现在我们面前的相关历史记忆，可谓千人千面。这是因为“每个史学家都有自己的一生，都有观测世界的个人角度。这种观测角度与其他类似情况的人相同……当某人不是研究古代或 19 世纪，而是写作他自己生活的时代的时候，这些时代的个人经历不可避免地塑造了我们看待它们的方式，甚至塑造了我们评价证据的方式”②。在塑造历史学家的各种因素中，“他的出生、他的父母、他的同胞姐妹、他的饮食、他的家庭、他的学校、他的经济和社会地位、他的第一职业、他的第一位恋人……这些固有的可变因素组成了不可思议的纲领、个性，然后又与其他一系列可变因素相结合，这些可变因素则包括国家、气候、时间和历史环境等”③。这些因素以不同的比例混合，造就了具有不同个性、不同立场、不同见解的历史学者。所以，对于同样的历史人物、同样的历史过程、同样的新闻思潮、同样的专业精神，不同史学家可能会做出完全不同的描述，得出完全不同的结论。有的研究者通过自己的诠释，能够在新的生活环境中完整、准确地重构新闻传播思想进化的历史过程。但这样幸运的研究者似乎并不多。在追溯历史本源时，在更多的情况下，“人们并不一定真的是准确

---

① 梁启超：《中国历史研究法补编》，河北教育出版社 2000 年版，第 320 页。

② ［英］埃里克·霍布斯鲍姆：《史学家——历史神话的终结者》，马俊亚、郭英剑译，上海人民出版社 2002 年版，第 265 页。

③ ［美］塔奇曼：《历史能指导未来吗?》，转引自张耕华：《历史哲学引论》，复旦大学出版社 2004 年版，第 113 页。

地反本复初，沿着来路回头寻找自己的系谱中描述的祖先。……有时候会找错了门牌号码，有时候会认错了亲戚祖宗，当然，也有时候是有意地忘掉穷亲戚而攀附阔远亲，甚至干脆找一些死无对证的老名人来为家族挂帅领衔”①。在新闻传播思想史领域，这种找错门牌号码、认错祖先的情况实在是太多了。有时为了现实的某种需要，有意识地忘记某些历史记忆，或者有意地利用前人片断的论述，加以曲解，来加强自己的合法性、合理性，也不少见。其根本原因就在于研究者的出发点、方法论及其动机的差异。

研究历史，包括新闻传播史、新闻传播思想史，是一项崇高的事业，应秉持客观、公正、中立的专业精神，以太史公的笔法，通古今之变，成一家之言。绝不能为一时的现实利益驱动，而摈弃良史的品质和史家的职业追求。要正确地诠释、构建新闻传播思想发展进化的客观进程，笔者以为，必须从如下四个方面努力。

第一，要瞻前顾后，东张西望。简言之，要有宽广的视野和辩证的发展观。研究一个时期特定地域的新闻传播史，特别是新闻传播思想史，必须首先确定这一对象在新闻传播历史上的具体方位、具体坐标。从横向看，一定时期特定地域的新闻传播思想总是处于特定的社会环境之中演进的。其学科边界相对比较模糊，而且总是与社会政治、经济、文化及各种传统咬合在一起，总是与新闻传播制度、新闻传播事业密切相关，受到它们的制约，同时也反作用于后者。研究新闻传播思想史固然要立足于思想史本身，但绝对不能在此止步。研究者必须要有宽广的视野，或者跳出新闻传播史这个小的圈子，在更为宏大的背景下审视新闻传播思想与新闻传播事业、新闻传播制度的横向互动关系，把握新闻传播思想与社会政治、经济、文化及传统的互动关系，阐释社会背景对新闻传播思想史的决定性的型塑，揭示特定时期新闻传播思想的社会文化内涵及其放射性影响。从纵向看，一定时期的新闻传播思想，不会是从天上掉下来的，它总有其历史的渊源，总是在继承、扬弃前人思想基

---

① 葛兆光：《七世纪至十九世纪中国知识、思想与信仰》，复旦大学出版社 2000 年版，第 25 页。

础上合乎逻辑地发展。同时，一定时期的新闻传播思想一旦形成定格，总会对以后的同类思想产生这样那样的影响，在一定的程度上决定着后继者发展的趋向。在这个意义上，研究新闻传播思想史，在时间的纵向意义上，要瞻前顾后；在空间的横向意义上，则要东张西望，这样才能把新闻传播思想史体系的大厦建立在一个坚实的平台上。

第二，改变传统的研究范式，拓展研究空间，从单纯重视精英到精英与大众并重。“传统史学所注意到的几乎只是个人，社会上的最高阶层人物及其精英（国王、政治家、大革命家等）和事件（战争、革命等），或由这些精英控制的制度（政治的、经济的、宗教的等等）。”① 思想史学者朱学勤在他的《思想史上的失踪者》一书中也表达了同样的见解：“与历史学的其他部类一样，思想史从来是也只能是文字记载的历史。它历来势利，只认变成铅字的文字。除此之外，它又聋又哑，听不见也看不见旷野里的呼唤。所谓思想史的长河，只不过是一条狭长的小溪。在这条小溪的两边，是望不见尽头的无字黑暗。一代思想者失踪，迷失在思想史这一边或者那一边的黑暗里，不会引起思想史长河的一声叹息。它连一个涟漪都不会泛起，不动声色地、熟视无睹地继续向前滑淌。思想史上大规模、小规模、集体性、个人性的失踪事件，几乎每一代都发生过，已经发生过无数次了。”也就是说，过去研究思想史——新闻传播思想史尤其如此，学者的注意力主要集中于精英——政治人物、思想家及著名报人——的思想观念的发展演变。精英的思想固然重要，但精英的思想绝不是决定新闻传播事业、新闻传播制度发展演进的唯一因素。新闻传播的历史是新闻人创造的，首先是由在新闻传播第一线的新闻从业者及作为受众的信息消费者创造的。新闻从业者对传播活动的直接感悟、体验，他们的专业意识和职业精神，信息接受者对传媒的角色期待，在某些时候甚至比精英的思想更加重要。可是他们的痕

① 转引自 J. 勒高夫、P. 诺拉等：《新史学》，姚蒙编译，上海译文出版社 1989 年版，第 172 页。

迹在思想史上基本上消失了，几乎是无影无踪。在这个意义上，我们完全有必要引进社会史的研究范式，拓展我们的视野，对于社会权力中心外缘的普通大众，对于那些受到权力支配的新闻从业者及社会大众的精神、感受、期待，进行必要的梳理，从而搜寻思想史上的失踪者。只有将精英与大众两者结合起来，才能实现观念史研究空间的实质性拓展，才能在总体上把握新闻传播思想史的基本脉络、基本轮廓。遗憾的是，拙著《传播观念的历史考察》第二版的内容仍限于新闻传播历史上精英思想的探讨。但是在下一步，我会将新闻传播思想史研究聚焦于新闻从业者和普通社会大众，以拓展新闻传播思想史的研究空间。

第三，站在古人当时的角度，处于他们相同的境界，重演、感悟他们当时的经验，求得对古人思想观念的全面理解。国学大师陈寅恪在论及研究古人哲学思想的问题时说："盖古人著书立说，皆有所为而发。故其所处之环境，所受之背景，非完全明了，则其学说不易评论。而古代哲学家去今数千年，其时代之真相，极难推知。吾人今日可依据之材料，仅为当时所遗存最小之一部，欲借此残余断片，以窥测其全部结构，必须备艺术家欣赏古代绘画雕刻之眼光及精神，然后古人立说之用意与对象，始可以真了解。所谓真了解者，必神游冥想，与立说之古人，处于同一境界，而对于其持论所以不得不如是之苦心孤诣，表一种同情，始能批评其学说之是非得失，而无隔阂肤廓之论。"① 历史哲学家柯林武德在其名著《历史的观念》中，也在近似的意义上提醒历史学家："假设他正在阅读狄奥多修斯法典，而且在他面前有着皇帝的某一敕令，仅仅阅读这些文字并且能翻译它们，并不等于懂得它们的历史意义，为了做到这一点，他就必须看清楚这个皇帝正在企图对付的那种局势，而且他必须看它就像这位皇帝看它那样，然后他必须为他自己看出这样一种局势如何加以对付，正好像那个皇帝所处的局势就是他自己所处的那样；他必须看到各种可能的选择以及选定这种而不

① 陈寅恪：《金明馆丛稿二编》，上海古籍出版社 1980 年版，第 247 页。

是另一种的理由，这样，他就必须经历皇帝在决定这一特殊办法时所经历的过程。因此，他就是在他自己的心灵中重演那个皇帝的经验，而且只有在他做到这一点的时候，他才对那个饬令的意义具有真正的历史知识，而不同于单纯的语言学知识。”① 不难看出，要正确地理解古人的思想，必须试图了解古人当时的环境、背景，设身处地，并且在心灵上重演古人的经验，发挥自己的想象力，神游冥想，思古人之所思，这样才能与古人处于同一境界，体会他们的苦心孤诣，正确地解读他们的思想观念。

第四，我们还要有一定的想象力。历史是客观的。人们的常识是，历史是过去发生事情的客观记录。但历史著述则是史学家想象力的产物。这与新闻学理论中所反对的“合理想象”是完全不同的。历史学者在建构历史体系时，面对两方面的苦恼，一是历史事件的繁复多样，不知从哪着手；二是历史链条的断裂，某些没有见证、没有记录的事件湮没在历史长河之中，或者某些事件的细节缺损，如果不从历史发展的内在逻辑出发，发挥自己的想象力进行必要的缝合，历史就是不完整的，或至少是不生动的。在这个意义上，可以说“历史是一种想象的产物，是属于个人所有的一种东西；这种东西是我们每一个普通人从他个人的经验里塑成，以适应他实际的或情绪上的需要，并且把它尽可能地好好地加以修饰来适合他审美的口味”。甚至可以说，历史“势必是与幻想的动人的混合物，是对真实事件的一种神秘的附会”②。所以，“一个完美的历史学家必须绝对具有足够的想象力，才能使他的叙述既生动又感人，但他必须绝对地掌握自己的想象，将它限制在他所发现的材料上，避免添枝加叶，损害其真实性。他必须既能进行深入而巧妙的推论，又具有充分的自制力，以免将事实纳入假设的框架。凡是能够恰当地估计这些困难的人，都不会奇怪，每个历史学家都有可能

---

① 柯林武德：《历史的观念》，转引自张耕华：《历史哲学引论》，复旦大学出版社 2004 年版，第 63 页。

② 转引自于沛：《历史认识中的“历史事实”问题》，《史学理论与史学史学刊》（2002 年卷），社会科学文献出版社 2003 年版，第 55 页。

失足——或者是在叙述领域或者是在思辨领域”①。也就是说，想象力对史家来说是必需的，要充分地发挥想象力的作用，但是绝对又不能放开想象的翅膀，更不能离开历史事件来发挥文学上的想象力。

行笔至此，笔者不禁想起当代史学家林甘泉对于历史研究的深刻理解。林先生认为，历史研究有三大层次：“第一层次是事实判断，这是历史研究的基础和出发点。傅斯年讲的有一份材料讲一份话，近代历史学就是史料学，照我的理解就是这个层次。中国传统的考据学，也是属于这个层次。在这个层次上，要解决的是史料和史实（包括人物、事件、制度等）的确认问题。这在很大的程度上取决于你掌握材料的多少和真伪。”“第二个层次……可以叫认识判断。在占有了大量真实可靠的史料之后，你怎样认识一些历史事件的因果关系，透过历史现象看本质和一些深层次规律性的问题。”“第三层次是价值判断，即探讨各种历史事件和历史人物在当时所起的作用及其对后代的影响。”② 如果能够在这三个层次同时有所成就，那就达到了史学研究的最高境界，即所谓古人所称的“良史”。曾巩在《南齐书·序》中说：“古之所论良史者，其明必足以周万事之理，其道必足以适天下之用，其智必足以通难知之意，其文必足以发难显之情。然后其任可得而称也。”③这种境界显然是吾辈在目前阶段难以企及的。笔者在《传播观念的历史考察》第二版中进行的探讨，基本上停留在第一层次和第二层次，在描述新闻传播思想史的基本状貌，揭示新闻传播思想演进的历程及其与周边环境，与新闻传播事业、新闻传播制度的互动因果关系方面，做了一些基础性的工作，主要是资料性的工作。在新闻传播思想史的建构方面，尝试着解决了一些事实判断和认识判断问题。

① 麦考莱：《论历史》，转引自张耕华：《历史哲学引论》，复旦大学出版社 2004 年版，第 69 页。

② 林甘泉：《关于史学理论建设的几点意见》，《史学理论与史学史学刊》（2002 年卷），社会科学文献出版社 2003 年版，第 7~9 页。

③ 曾巩：《南齐书·序》。

至于高层次的价值判断问题，笔者有意去做，但由于自己的思想深度有限，理论学养不足，以及方法论的局限，很少去做，有时即使做了，也差强人意，这是本书留下的最大遗憾，也是我今后应该进一步努力的方向所在。希望能够继续得到各位专家、读者的鼓励、鞭策。

第一章　柏拉图的传播思想

柏拉图（公元前 427—前 347 年）是古代希腊最具影响的哲学家、法律思想家之一。作为苏格拉底的学生和亚里士多德的老师，柏拉图在欧洲乃至世界学术史上占有十分重要的地位。他出身于雅典埃祭那岛一个名门望族，青年时代受过良好的教育。他爱好文学，写过悲剧和诗歌。20 岁师从苏格拉底后，潜心学术研究。他的最高理想是，哲学家应成为政治家，或政治家应具有哲学头脑。为了实现这一理想，柏拉图曾三次到西西里岛的叙拉古城邦，要求其执政者（僭主）狄俄尼悉俄斯把自己变成哲学家，或者放弃王位。他不但没有成功，反而差点被卖为奴隶。大约在公元前 387 年，柏拉图在雅典创办了历史上第一个讲授哲学的学园，收徒讲学著书。狄俄尼悉俄斯死后，柏拉图又去叙拉古向其子推销自己的政治学说，结果又碰壁而还，由此直到去世，他一直在学园从事研究、著述和教学工作，其著作大多采用其恩师苏格拉底与别人对话的形式，流传至今的有 40 多篇（本）。其中有些显系伪作。经学术界考证研究，可以确定为柏拉图作品的，主要有《理想国》、《政治家》、《法律篇》、《查米德斯篇》、《巴门尼德斯篇》、《克力同篇》、《苏格拉底的申辩》等 24 篇，其内容涉及哲学、政治学和其他社会科学方面。这些作品连同其学园的教学工作，和公元前 5 世纪前后的艺术一样，对欧洲文化产生了巨大的影响。

关于柏拉图的学术思想，研究界已从许多方面，特别是从哲学、政治学、法律学、教育学诸领域进行了深入的探讨。但也有一些问题，尚未引起人们足够的注意，传播观念就是其中之一。固然，在柏拉图生活的年代，传播仅仅是以吟诗、讲故事、作画等形式存在，远远没有达到专业化的程度，即便如此，柏拉图仍在许多场合，专门论及了这一问题，并把它作为教育的重要内容和主要的政治手段。文艺复兴时期，随着近代报业的产生与发展，柏拉图的传播观念成了封建君主控制言论传播的理论依据和集权主义报业学说的思想来源，在历史进程中所发挥的作用，是难以估量的。在这里作者将从如下四个方面，对柏拉图的传播观念进行简略的分析。

一、理念与人性

所谓传播，即信息的交流与分享，换言之，它是指主体运用语词、图片、数字等符号向受众传递信息、思想、感情、技术等内容的完整过程。对于人类社会的传播行为，柏拉图在其著作中，多处进行了精辟的论述。只不过，这些论述多附着于他的哲学思想、政治思想，或者说与他的这些思想密切相关。因此，要透彻地分析柏拉图的传播观念，就必须从他提出的一些基本的哲学和政治学命题，如理念、善、人性、政体等着手。

在柏拉图的思想体系里，理念是一个基本的哲学概念。它不仅是指普遍性、类、原因，而且是映像、范型。它还是一切知识与真理的源泉。唯有理念的世界是真实的、真正的存在，它不同于鄙俗的感性尘世；就像一般不同于特殊，精神不同于肉体。在理念世界与尘世的关系上，柏拉图认为前者是因，后者是果；前者是原本，后者是摹本；前者是不变的绝对的基础，而后者是个别现象的暂时的、易逝的形式；理念世界是神圣的、圣明的、完美的，后者则是不完善的、虚伪的。根据柏拉图的论述，在理念世界中，善占有最崇高的地位。善的理念不仅是人们追求的目的，而且还是“一切正确和美好的东西的原因。在有形的领域，它产生世界及其主宰，而在无形的领域，它就是主宰本身，真理和智慧都决定于这个主宰，而且凡是想在个人和社会生活中自觉行动的人，都应该联系到这个主宰”①。作为真、善、美（美、匀称、真实）的有机统一体，善的结构类似于多层次的金字塔，其中理性的善位于统摄一切

① 《柏拉图著作集》（三卷本）第三卷第一分册 324 页，莫斯科 1968～1972 年版。转引自［苏］A. 古谢伊诺夫、Г. 伊尔利特茨：《西方伦理学简史》，刘献洲译，中国人民大学出版社 1992 年版，第 102 页。

的塔峰，依次而下，是精神的善、肉体的善，最低一级是外在的善。作为尘世生活中的人，其任务就在于接近理想的真正世界，即善居于统治地位的理念世界。

但柏拉图又认为，对于普通人来说，接近善，认识理念世界是非常困难的。其原因不在于理念世界，而在于人的本性自身。在柏拉图看来，人性本身充满了矛盾，并且总是在与其自身作战，即人性中存在着一个卑劣的人和一个高尚的人，那个高尚的人必须不惜一切代价使自己不致被那个卑劣的人所击败。与此相应的是人性中"善"与"恶"的较量。如果较善的部分占有优势的话，就能控制住较恶的部分，他就可以成为自己的主人。如果他接受了不良的教育，或者受到坏人的影响，以致较恶的部分占有优势，较善的一方逐渐缩小，那他就会成为自己的"奴隶"。柏拉图认为，人性的矛盾还表现为理性与兽性的冲突。此种兽性是由"非必要"的或者是"非法的"快乐和欲望所决定的。它们和理性一样或许"在我们大家身上都有"。在白天人们处于清醒状态时，理性对于兽性、野性还能起到控制作用，一旦进入睡眠，其兽性和野性就会活跃起来，"并且力图克服睡意冲出来以满足自己的本性要求"，以至于"没有什么坏事干不出来的"①。此外，人类的心灵，"在本性上往往会有小孩把握字母或所有事物的要素时出现的那种迷惘；它有时在一些情况下对每一细节的真理都确信不疑，而在另一些情况下却对任何事物都茫然无措"②。由于这些矛盾、冲突和心智上的迷惘，"人类本性将永远倾向于贪婪与自私，逃避痛苦，追求快乐而无任何理性，人们会先考虑这些，然后才考虑公正和美德。这样，人们的心灵是一片黑暗，他们的所作所为，最后使得他们本人和整个国家充满了罪行"③。在这种情况下，人们距离善、理念世界只会是

---

① ［古希腊］柏拉图：《理想国》，郭斌和、张竹明译，商务印书馆1995年版，第352~353页。

② ［古希腊］柏拉图：《政治家》，黄克剑译，北京广播学院出版社1994年版，第64页。

③ ［古希腊］柏拉图：《法律篇》，沈叔平译，转引自《西方法律思想史资料选编》，北京大学出版社1983年版，第27页。

越来越远，而不会是越来越近。为人类开辟通向理念世界的道路的唯一的力量，是具有理性的灵魂。在构成此类灵魂的三大要素，即理智、激情和欲望之间，只有“理智起领导作用，激情和欲望一致赞成由它领导而不反叛”,① 其关系才能说得上和谐，具有这种灵魂的人，便是具有节制德性的体现者。

柏拉图认为，灵魂是不死的。其真正的本质是理性，因此天外的存在才是真正的源头。在人存在之前，人的灵魂早已存在；而且在人死后它还将继续存在。他把灵魂“比作两匹飞马和一个车夫的组合体”。从总体上说，灵魂“关照着各处的无生物，它周游诸天，时时呈现出不同的形状。完美无缺，羽翼丰满的灵魂青云直上，主宰着整个世界。但失去翅膀的灵魂则要下落，一直跌落到坚硬的土地上。她安居下来，附上一个尘世的肉体”②。他们赋予肉体以生命，并因此产生了凡人。对人而言，在其出生之前，他的灵魂即已获得了对事物的知识，具备了善、美、相称、公正等理念。但在其降生后，由于有的灵魂负担沉重、缺乏理性，而且同肉体紧密结合并成为肉体的奴隶，从而忘记了自己在真正的理念世界的原初存在。所以作为“有生物”的人，应该“通过感官的运用，再次获得我们以前所具有的知识”，这是一种学习的过程，其性质是“对我们本来就有的知识的回复”，在这个意义上，柏拉图干脆把学习称为回忆。③

基于对理念、人性、灵魂的认识，柏拉图非常重视教育。他把教育看成是一种积极的手段，通过这一手段，可以朝着正确的方向塑造人性，净化人的灵魂，协助回忆起本来就有的知识，进而接近善，进入理想的理念世界。同时，利用共同的教育，还能够克服人类行为的“过”与“不及”，促成中庸与和谐的美德，使社会各阶

---

① ［古希腊］柏拉图：《理想国》，郭斌和、张竹明译，商务印书馆1995年版，第352~353页。

② ［古希腊］柏拉图：《斐德罗篇》，转引自苗力田编：《古希腊哲学》，中国人民大学出版社1989年版，第285页。

③ ［古希腊］柏拉图：《斐多篇》，转引自苗力田编：《古希腊哲学》，中国人民大学出版社1989年版，第266页。

层、各成员，恪守本分、相安无事。在《理想国》一书中，柏拉图试图把通常给予一位雅典绅士的儿子的训练，同给予斯巴达青年的由国家控制的训练结合起来，并把这两种训练的内容作了不小的修改。他主张把教育的课程划分为两个部分：其一是体育课程，目的是锻炼身体，培养自制和勇敢的军人品质，磨砺肉体上的锐气和锋芒；其二是音乐课程，目的是训练学生的精神，提升青年的智力。应该指出的是，柏拉图所说的音乐教育，不仅仅指歌唱和演奏七弦琴，而且还包括诗歌、悲喜剧、历史故事的研究和解释。① 这两类课程在教育过程中是同等重要的，不能厚此薄彼。如果专重体育而忽视音乐文艺教育，青年人不仅尝不到科研的滋味，"对于辩证的推理更是一窍不通"，潜在于他们的心灵深处的爱智之光就会日见暗淡微弱。由于"没有得到启发和培育，感觉接受能力没有得到锻炼"，他们就会变得"耳不聪目不明"，"成为厌恶理论不知文艺的人。他不用论证说服别人，而是像一只野兽般地用暴力与蛮干达到自己的一切目的。在粗野无知中过一种不和谐的无礼貌的生活"。反之，"假定一个人纵情乐曲"，"假使他全部时间都沉溺于丝弦杂奏歌声宛转之间，初则激情部分（如果有的话），像铁似的由粗硬变得柔软，可以制成有用的器具。倘若他继续下去，像着了魔似的，不能适可而止，他就开始融化了，消化了，分解了。结果就会激情烟消云散，使他萎靡不振，成为一个'软弱的战士'"②。所以正确的办法，应该使体育与音乐文艺课程内容保持大致的平衡，只有这样，才能培养出具有勇敢坚强的品德和强壮的体魄，同时又具有聪明智慧的彬彬有礼的战士。

然而，柏拉图又指出，教育的作用也是有限的。它实际上"并不像某些人在自己的职业中宣称的那样。他们宣称，他们能把灵魂里原来没有的知识灌输到灵魂里去，好像他们能把视力放进瞎

---

① ［古希腊］柏拉图：《理想国》，郭斌和、张竹明译，商务印书馆1995年版，第70页。

② ［古希腊］柏拉图：《理想国》，郭斌和、张竹明译，商务印书馆1995年版，第122~123页。

子的眼睛里去似的"①。教育工作者，即教师、诗人、故事作者、悲剧家、喜剧家、画家等，要想获得最佳的教学效果，从而最大限度地影响青年，就有了解被教育者心理的必要。柏拉图认为，被教育者的年龄是影响效果的重要因素。年龄越小，越好教育。"在幼小柔嫩的阶段，最容易接受陶冶，你要把它塑成什么形式就能塑成什么形式。""先入为主，早年接受的见解总是根深蒂固不容易改变的。"② 其原因在于年轻人的辨别、理解和判断能力，总是不及年龄大的，因而容易接受外部的教导。因此为了培养美德，应从小进行教育，把儿童从父母那里集中起来，让他们听到优美高尚的故事。不过这种教育应在轻松、愉快的心境下进行。强行灌输，被迫学习，是教育的大忌。在他看来，一个自由人是不应该被迫地进行任何学习的。虽然"身体上的被迫劳累对身体无害，但被迫进行的学习却是不能在心灵上生根的"。所以他建议"不要强迫孩子们学习，要用做游戏的方法"③。此外，柏拉图还认为，在教育的过程中，模仿的作用应予以充分的重视。虽然模仿只不过是事物本身的摹本而已，但是它往往易于收到效果，而且还很牢固。因为模仿会直接转变为习惯，习惯则会成为第二天性。所以应该善用模仿，模仿该模仿的，不该模仿的则不模仿，否则模仿丑恶的东西就会弄假成真，变成真正的丑恶了。

二、国家与个人

关于国家（城邦）与个人的关系，是每一个政治家、传播学者不能忽视的内容。它比理念与人性更加直接地决定着信息传播的空间界限，是现代社会流行的各种传播学说的出发点之一。柏拉图

① ［古希腊］柏拉图：《理想国》，郭斌和、张竹明译，商务印书馆1995年版，第277页。

② ［古希腊］柏拉图：《理想国》，郭斌和、张竹明译，商务印书馆1995年版，第71~73页。

③ ［古希腊］柏拉图：《理想国》，郭斌和、张竹明译，商务印书馆1995年版，第304~305页。

认为，国家的出现，是社会历史发展到一定阶段的产物。在国家出现之前，人类处于一种自然的状态。在这种状态下，人们像牧人那样生活在自己单独的家庭中，没有使用金属工具的技能，也没有文明社会的种种差别和陈规陋习。“人们无须借助农业就能从树和其他植物那里得到大自然自动提供的丰富的果实。”① 人与人之间平等相处，没有争斗，过着平和的共同生活。后来随着人口数量的不断增加，个人的需要无法通过自己得到满足，于是出现了最初的社会分工，农业和各种手工业迅速发展起来，人们通过交换，即把自己生产的东西分一点“给别的人，或者从别的人那里拿来一点东西”,② 以实现自己的需要。由此，众多的家庭聚合而为村庄，村庄进而联合成为城邦。在柏拉图看来，国家或城邦同人一样，是“各部分痛痒相关的一个有机体”。城邦的结构与人的结构愈是相似，城邦的各个部分的联系愈是紧密，城邦公民的思想感情愈是一致，其离理想城邦的距离就愈近。当“一个国家的最大多数人，对同样的东西，能够同样地说‘我的’、‘非我的’，这个国家就是治理得最好的国家”。所以，对于一个国家来说，最坏的事莫过于“闹分裂化一为多”，最好的事则是“讲团结化多为一”③。追求统一与稳定，是国家至高无上的目标。

在同一个国家的不同的历史时期，由于执政者成分的变异，政体的形式也会随之发生变化。此种变化与国民性格的演变是互为表里的。用柏拉图的话来说，政治制度不是从木头里或石头里产生出来的，而是“从城邦公民的习惯里产生出来的；习惯的倾向决定其他一切的方向”。所以“有多少种不同类型的政制就有多少种不同类型的人们性格”④。为了探索通往理想王国的途径，柏拉图对

① ［古希腊］柏拉图：《政治家》，黄克剑译，北京广播学院出版社1994年版，第53页。

② ［古希腊］柏拉图：《理想国》，郭斌和、张竹明译，商务印书馆1995年版，第53页。

③ ［古希腊］柏拉图：《理想国》，郭斌和、张竹明译，商务印书馆1995年版，第197页。

④ ［古希腊］柏拉图：《理想国》，郭斌和、张竹明译，商务印书馆1995年版，第122~123页。

于各种不同的政体进行了分类。起初，他沿用古代希腊传统的划分标准，将历史上曾经出现过的政体划分为一个人的统治、少数人的统治和多数群众的统治三种类型。后来他发现这种划分并不完善，于是在此基础上提出了新的标准，即暴力、同意、贫穷、富有及有无法纪。据此，柏拉图将形形色色的政体划分为六类。其一是王国政体，在此种政体下，由一个统治者基于国民的同意，根据法律行使统治权。其二是暴君政体，由一个统治者利用暴力进行统治，无视民意，没有合法的统治权力。其三是寡头政体，根据财产的资格限制，政治权力掌握在少数富人的手里。其四是贵族政体，由有功的少数人行使国家的统治权。其五是民主政体，由多数人进行合法的统治，其特点是容许广泛的自由和高度的宽容。其六是暴民政治，其特征是没有法纪约束，由多数人进行统治。根据柏拉图的论述，这六大政体之中，相对而言，以王国政体和贵族政体为佳，民主政体次之，最坏的是暴君政体和寡头政体。在此之外，还有一种“正确的政体”，即理想的王国，可以称之为第七种政体。① 此种政体由哲学家进行统治，但是这个理想王国在人世间并不存在。

柏拉图认为，除了只应天上有的“第七种政体”外，人世间六种现实的政体，虽然在善恶的程度上表现出了不少差别，但是从本质的意义上来说，这六种政体各有利弊，谈不上绝对的好与坏。当权力集中在一个人（君主）手中时，使得君主政体的效率很高。但是，由于没有一个君主可以达到完美的境界，因而必须受到法律的制约。一旦失去了法律的制约，君主政制就会演变成为“冷酷无情和最难以忍受的”暴君专制。而少数人统治的政体（贵族、寡头）“应当被看作不但在好的方面而且在坏的方面都是居间的”②。它比多数人的统治（民主、暴民）的效率高，而比一个人

① ［古希腊］柏拉图：《政治家》，黄克剑译，北京广播学院出版社1994年版，第107、109页。

② ［古希腊］柏拉图：《政治家》，黄克剑译，北京广播学院出版社1994年版，第108页。

统治的效率低。与君主政体相比，有法制时好处较少，无法制时坏处也较少。而多数人统治的“政府在所有方面都是软弱的，无论是在好的方面或者坏的方面，它都无法有所作为。因为在这种形式中，政府的权力按小份额分给许多人；因此在所有有法律的政体中，民主政体是最不好的，而在所有没有法律的政体中，民主政体是最不坏的；如果所有政体都毫无限制，那么民主政体中的生活是最值得想望的，但如果所有的政体都井然有序，那么民主政体就是最难以忍受的了”①。

在柏拉图看来，不管是实行何种政体的国家，其居民在总体上都会分为统治者、护卫者（军人）和一般民众（农夫和工匠）三个等级。这三大等级的存在，本身就说明人与人之间的不平等。这种不平等是客观的，它直接由来于其投胎的灵魂和构成人类躯体的基本元素的差异。根据柏拉图的解释，灵魂在其投胎之前，即依其见到真理的多少分为九流。灵魂的等级与现实生活中人的等级是直接对应的。第一流即见到真理最多的灵魂投生为一个哲人、爱美者或钟爱者；第二流的灵魂投生为守法的君主、战士或领导者；第三流的灵魂成为政治家、经济学家或贸易商人；第四流的灵魂成为体操家或医生；第五流的投生为预言家或祭司；第六流的是诗人或其他模仿的技术家所适宜的；第七流为匠人或农夫；第八流为智者或煽动者；第九流则投生为一个僭主。② 另一方面，老天爷在制造人的时候，在不同人的身上又加入了不同的金属元素。“在有些人的身上加入了黄金，这些人因而是最可宝贵的，是统治者。在辅助者（军人）的身上加入了白银。在农民以及其他技工身上加入了铁和铜。”③ 虽然不同的灵魂和不同的金属决定了人们在现实生活中的等级差别，但是这种等级并不世袭。尽管在大多数情况下，父子天

① ［古希腊］柏拉图：《政治家》，黄克剑译，北京广播学院出版社1994年版，第109页。

② ［古希腊］柏拉图：《斐德罗篇》，转引自苗力田主编：《古希腊哲学》，中国人民大学出版社1989年版，第287~288页。

③ ［古希腊］柏拉图：《理想国》，郭斌和、张竹明译，商务印书馆1995年版，第128页。

赋相承，但是也有不少金父生银子，银父生金子，甚至农夫工匠的后辈中也有含金含银者。对于传承过程中的变异，柏拉图主张承认现实，如果金父的孩子身上混进了废铜烂铁，那他只有做农民工匠的命运；反之，农夫工匠的子嗣中若有含金含银者，同样也应该上升到护卫者、统治者的行列中去。①

柏拉图认为，每个社会等级都具有自己的德性。统治者具有把国家作为一个整体来思考和管理，使各部分的利益都服从国家利益的智慧。作为第二等级的护卫者即军人，具有勇敢的品质，他们知道应该怕什么和不应该怕什么。而第三等级（社会上最低阶层）的主要德性，则表现为节制、审慎和服从。他们虽然在数量上远比第一等级第二等级要多，而且一旦“集合起来，力量是最大的”。但是与其他等级相比，第三等级更容易受到物质利益的诱惑，“除非他们可以分享到蜜糖”，② 否则是不会参与集会和公共活动的。他们既不能作大恶，也不能行大善。“他们既不能使人智，又不能使人愚，他们的一切都是出于偶然的冲动。”③ 所以他们的意见、他们的喜怒哀乐情绪，不值得人们关注。“如果一个人和这种群众搞在一起，把自己的诗或其他的什么艺术作品或为城邦服务所做的事情放到他们的面前来听取他们的批评，没有必要地承认群众对他的权威”，那是十分荒谬的。④ 作为被统治者，第三等级应该服从统治者的意志，“成为一个最优秀的人物（也就是说，一个自己内部有神圣管理的人）的奴隶”。这是因为，“受神圣的智慧的统治

① ［古希腊］柏拉图：《理想国》，郭斌和、张竹明译，商务印书馆1995年版，第129页。

② ［古希腊］柏拉图：《理想国》，郭斌和、张竹明译，商务印书馆1995年版，第344页。

③ ［古希腊］柏拉图：《游叙佛伦、苏格拉底的申辩、克力同》，严群译，商务印书馆1983年版，第99页。

④ ［古希腊］柏拉图：《理想国》，郭斌和、张竹明译，商务印书馆1995年版，第243页。

对于大家都是比较善的"①。如果统治者、护卫者、农夫和工匠三大等级能各司其位，不僭越为自己划定的活动范围，尽其所能关心国家的利益而不干涉别人的事情，就实现了政治家梦寐以求的正义，从而在根本的意义上接近了柏拉图设计的理想国了。

根据柏拉图的论述，其理想王国具有如下四大特点：第一，实行混合政体。柏拉图主张，国家的治理必须坚持适度的原则。所谓适度指的是统治者在运用权力时要有知识，而在行使自由时又要有必要的社会秩序。这实际是要求把君主制国家的智慧原则和民主制国家的自由原则有机地结合在一起。一个城邦，"如果不是一个君主专制国家，那它必须至少含有君主政体的原则，即服从法律的民智而强有力的统治原则。反之亦然，如果不是一个民主制国家，它必须含有民主政体的原则，即群众分享自由和权力的原则，当然也必须服从法律"②。第二，哲学家当国王或国王具有哲学家的头脑。柏拉图认为，人类社会的许多弊端、许多罪恶，都是由于愚昧无知造成的。只有通过哲学的指引，人们才"可以认识到公众生活和私人生活中的各种正义的形式"。因此，除非真正的哲学家获得政治权力，或者城邦中拥有权力的人，由于某种奇迹，变成真正的哲学家，"否则，人类中的罪恶将永远不会停止"③。第三，完全排除个性和自由。虽然明智的人对不那么明智的人行使权力是唯一"自然的"权利，但这是属于理想国家的。在现实社会里，父母对子女，年长者对年轻人，贵族对非贵族，主人对奴隶，强者对弱者，聪明者对愚昧者及抽签选中的统治者对其他公民等，实行绝对的统治，也是"永远符合公正的"④。第四，在一定的范围内废除

① ［古希腊］柏拉图：《理想国》，郭斌和、张竹明译，商务印书馆1995年版，第384页。

② ［美］乔治·霍兰·萨拜因：《政治学说史》（上册），托马斯·兰敦·索尔森修订，盛葵阳、崔妙因译，商务印书馆1986年版，第108页。

③ ［古希腊］柏拉图：《第七封信》，转引自苗力田：《古希腊哲学》，中国人民大学出版社1989年版，第238页。

④ ［古希腊］柏拉图：《法律篇》第690节，转引自法学教材编辑部编：《西方法律思想史资料选编》，北京大学出版社1983年版，第21~22页。

家庭和私有财产。为了促进政治清明，防止统治阶层“从人民的盟友蜕变为人民的敌人和暴君”，① 柏拉图主张禁止统治阶层拥有私有财产，包括房屋、土地或金钱，并规定他们须住入营房和在公共食堂就餐；同时还应该废除固定的一夫一妻制的性关系，代之以按统治者的要求进行有节制的交配，其目的是为了获得尽可能优秀的后代。

不管是理想的王国，还是现实的各种政体，在个人与国家的关系上，应该是基本一致的。柏拉图认为，国家实际是个人的放大，而个人则是国家的缩小。个人的心理结构、道德意识与国家制度完全吻合。在国家和个人的灵魂中不仅具有同样的因素，而且他们在数量上也是一样的。“国家的智慧表现在什么地方，个人的智慧也恰恰表现在什么地方。”② 柏拉图还认为，个人是统一而协调的国家机体的一个组成部分，国家不仅为个人的存在提供了外在条件，而且还是个人本质力量的现实化。国家能弥补个人的弱点，它可以通过对天赋的独特的交换来均衡不同灵魂的质的差别。国家的利益优先于个人。在国家利益与个人发生冲突时，个人应该作出自我牺牲，牺牲自己的个性和自由以服从国家。柏拉图还借用他的老师苏格拉底之口，用父子来比喻国家与个人的关系。把个人看成是国家的“子息与奴才”。即便是国家对个人不公，个人亦“不得以所受的还报他们，不得以恶言语还恶言语，以拷打还拷打，以及其他此类的报复”。对于国家对于统治者，“能谏则谏，否则遵命，命之受苦则受苦，毫无怨言”③。这些观点与中国古代“君为臣纲，父为子纲”的专制精神实有异曲同工之妙。

---

① ［古希腊］柏拉图：《理想国》，郭斌和、张竹明译，商务印书馆1995年版，第131页。

② ［苏］A. 古谢伊诺夫 · Г. 伊尔利特茨：《西方伦理学简史》，刘献洲等译，中国人民大学出版社1992年版，第110页。

③ ［古希腊］柏拉图：《游叙弗伦、苏格拉底的申辩、克力同》，严群译，商务印书馆1983年版，第108页。

三、政治技艺与说服的技艺

既然国家的出现以社会分工为前提，在一个现实的国家，居民们没有例外地被区分为不同的社会等级，从事着不同的职业，那么与此相适应，必然也会存在着各种专门的技艺。这些职业与技艺，“每一个都有它自己活动的独特领域，所以被十分恰当地称以与那些特殊活动相称的专有名称”①。在柏拉图看来，政治家和诗人、故事作者、悲喜剧作家一样，既是职业，也是一种专门的技艺。在社会分工的条件下，他们遵循着各自的职业标准，共同服务于国家的目的。

柏拉图认为，政治家的技艺是一种“管理有生命的人类的技艺”，或者说是“某种管理共同生活的人群的技艺”。这是现实世界中唯一可以“被称作国王的和政治家的独一无二的技艺”②。与其他各种专门技艺相比，政治家的技艺无疑是最伟大、最难以获取的。在任何一个按照天性建立起来的国度里，能够拥有这种技艺的人，只能是极少极少的一部分。“对于具有国王技艺的人来说，不论他是否统治，这门技艺本身都应该被称为‘国王的’。”③ 作为政治家或者作为国王，其目标“不是为了某一个阶级的单独突出的幸福，而是为了全体公民的最大幸福”，不是铸造一个“为了少数人幸福的国家，而是铸造一个整体的幸福国家”的模型。④ 要达到这一目标，最重要的是实现各种等级、职业的人们之间的和谐，消弭分裂的种子，保持国家的团结和统一。在这个意义上，政治

---

① ［古希腊］柏拉图：《政治家》，黄克剑译，北京广播学院出版社1994年版，第114页。

② ［古希腊］柏拉图：《政治家》，黄克剑译，北京广播学院出版社1994年版，第45页。

③ ［古希腊］柏拉图：《政治家》，黄克剑译，北京广播学院出版社1994年版，第90页。

④ ［古希腊］柏拉图：《理想国》，郭斌和、张竹明译，商务印书馆1995年版，第133页。

家、国王承担的职责，类似于一个纺织工人，其使命是将其他的两大等级即护卫者（军人）、农夫和工匠的品质交织在一起。“当国王的技艺借助友谊和思想感情的一致把上述两种人引入共同的生活时，一件所有织物中最壮丽最美好的织物就完满地织成了。这件织物把国家中的所有居民——不但是自由民，而且有奴隶——规置其中，由它把他们联成一体，统治并保护他们，而不遗漏应该属于一个幸福之国的任何东西。”① 根据柏拉图的论述，诗人、故事作者（悲喜剧作者），也是国家不可或缺的一种职业。他们对于听众所讲的“不外是关于以往、现在和将来的事情”②。通过讲述这种“富有启发性的故事而不是通过训诫来劝服一批大众或一群暴民”，使其各安其位，各尽其责。这种才能，“显然要归入运用语言的技艺”③。此种运用语言说服的技艺，同法官的技艺、军人的技艺一样，虽然对于国家十分重要，不可缺少，但是根本不能与国王的技艺相提并论，它们都从属于政治家、国王的技艺，是“国王权力的仆役”。“因为真正的国王的技艺不应该是行动本身，而应该是对具有行动能力的诸技艺的支配；它应该决定国家中最重要的措施开始诉诸实行的适当时机，而其余的技艺则应执行它的命令。”④

由于政治家、国王拥有“他自己特有的技艺”，柏拉图主张，不论是现实的还是理想的国度，都“应当把政治家和国王放在类似于马车驾驶者的位置上，把国家的缰绳交给他”⑤。既然政治家、国王掌握了决定国家命运的缰绳，那他们就必须具备许多常人没有

① ［古希腊］柏拉图：《理想国》，郭斌和、张竹明译，商务印书馆1995年版，第94页。

② ［古希腊］柏拉图：《政治家》，黄克剑译，北京广播学院出版社1994年版，第90页。

③ ［古希腊］柏拉图：《政治家》，黄克剑译，北京广播学院出版社1994年版，第111页。

④ ［古希腊］柏拉图：《政治家》，黄克剑译，北京广播学院出版社1994年版，第113～114页。

⑤ ［古希腊］柏拉图：《政治家》，黄克剑译，北京广播学院出版社1994年版，第44～45页。

的品质，首先，他们必须具有哲学家的头脑，能“严肃认真地追求智慧，使政治权力与聪明合而为一”①。“只有在某种必然性碰巧迫使当前被称为无用的那些极少数的未腐败的哲学家，出来主管城邦（无论他们出于自愿与否），并使得公民服从他的管理时，或者只有在正当权的那些人的儿子、国王的儿子或当权者本人、国王本人，受到神的感化，真正爱上了真哲学时——只有这时，无论城市、国家还是个人才能达到完善。”② 其次，作为国家的统治者，他们还应该具备爱真的品质，憎恶假的东西，“既不贪财又不褊狭，既不自夸又不胆怯”，“具有良好的记忆，敏于理解，豁达大度，温文尔雅，爱好和亲近真理、正义、勇敢和节制”。③ 没有这些品质，政治家、国王就无法履行自己的职责。一旦具备了这些品质，并且掌握了马车的缰绳，他们就会拥有绝对的权力。这时统治者和大多数被统治者的关系就会演变成医生与病人、羊倌与羊群、牧马人与马群的关系。前者对后者的绝对的支配的地位，使政治家、国王在“认为另一种方式更好时，即使它有悖于自己原先写下的颁布给他的臣民的法律，他也会不顾他的文字而根据他的技艺在实践中作出种种修改”④。不仅如此，只要真正拥有政治技艺，统治者不论是“通过法律还是不通过法律进行统治，不论他的臣民是自愿还是非自愿的，不论他们自身是富有的还是贫穷的”⑤，这一切政治家根本用不着去考虑。为了国家的利益，不管他们是杀死或放逐公民中的某些人以使国家净化；还是疏散一些人到某个地

① ［古希腊］柏拉图：《理想国》，郭斌和、张竹明译，商务印书馆1995年版，第215页。

② ［古希腊］柏拉图：《理想国》，郭斌和、张竹明译，商务印书馆1995年版，第251页。

③ ［古希腊］柏拉图：《理想国》，郭斌和、张竹明译，商务印书馆1995年版，第232~233页。

④ ［古希腊］柏拉图：《政治家》，黄克剑译，北京广播学院出版社1994年版，第103页。

⑤ ［古希腊］柏拉图：《政治家》，黄克剑译，北京广播学院出版社1994年版，第91页。

方殖民，以使国家变得小些；或是从别的地方移入居民以使国家变得大些，“只要他们依据专门的技艺和公正行事，使国家尽可能以比既成状态更好的方式维持生机并增进利益，这样的政府在当时就应该根据上述特征被宣布为唯一正确的政体形式”①。

为了实现国家的根本目标，从而“造成全国作为一个整体的幸福”，政治家、国王必须“运用说服或强制，使全体公民彼此协调和谐，使他们把各自能向集体提供的利益让给大家分享”②。此种说服，可以通过多种形式来进行，但其效果最为显著者莫过于诗歌、故事或悲喜剧等通常的教学手段。因此，国王、政治家应该督导诗人、故事和悲喜剧作者，指示“他们在诗篇里培植良好品格的形象”，同时还不能忽视其他的艺术家，要“阻止他们不论在绘画或雕刻作品里，还是建筑或任何艺术作品里描绘邪恶、放荡、卑鄙、龌龊的坏精神”③。哪个作者不服从，就不能让他在这个城邦中生存下去。至于强制，柏拉图认为是达成政治目标所必需的，特别是在说服的手段不能奏效时。譬如一个技艺高超的医生，在说服无效的情况下，用强制甚至是暴力迫使他的病人去做对他身体有益的事情时，这个病人不会也不应该指责医生在以“一种有害的非科学的方法对待他”④。这种强制或暴力无疑是十分公正而且有益的。如果政治家、国王放弃了强制的手段，将全部的希望寄托于说服教育之上，是绝难成就大事业的。最好的办法是将说服与强制结合起来。

作为说服教育的主要手段，诗歌、故事等内容对于塑造人性、促进公民的彼此和谐，具有重要的意义。但是从本质的意义上来

---

① ［古希腊］柏拉图：《政治家》，黄克剑译，北京广播学院出版社1994年版，第92页。

② ［古希腊］柏拉图：《理想国》，郭斌和、张竹明译，商务印书馆1995年版，第279页。

③ ［古希腊］柏拉图：《理想国》，郭斌和、张竹明译，商务印书馆1995年版，第107页。

④ ［古希腊］柏拉图：《政治家》，黄克剑译，北京广播学院出版社1994年版，第97页。

看，现实生活中这些不同的文字体裁由于大多数采用模仿的手法，其积极性作用便大打折扣了。在柏拉图看来，诗人、故事作者、悲喜剧作者同画家和其他模仿的艺术家一样，“在进行自己的工作时是在创造远离真实的作品，是在和我们心灵里那个远离理性的部分交往”,① 是在“激励、培育和加强心灵的低贱部分毁坏理性部分，就像在一个城邦里把政治权力交给坏人，让他们去危害好人一样”。所以诗人、故事作者、悲喜剧作者的“创作是真实性很低的”②。另一方面，这些作者大多缺乏知识，“不学无术”，特别是诗人，他们作诗“不是出于智慧，其作品成于天机之灵感，如神巫和预言家之流常作机锋语而不自知其所云”,③ 从这些作品中很难获得有益的知识。因此柏拉图借其师苏格拉底之口提醒人们，“一定不能太认真地把诗歌当成一种有真理依据的正确事物看待”④。

虽然诗歌、故事的真实性很低，并且缺乏真理的依据，但是对于广大的听众却有着巨大的吸引力。柏拉图解释说：“诗人虽然除了模仿技巧而外一无所知，但他能以语词为手段出色地描绘各种技术，当他用韵律、音乐和曲调无论谈论制鞋、指挥战争还是别的什么时，听众由于和他一样对这些事情一无所知，只知道通过语词认识事物，因而总是认为他描绘得再好没有了。所以这些音乐性成分所造成的诗的魅力是巨大的。”这种魅力一方面对于人性的塑造能起到积极的建设性作用，另一方面，“对于所有没有预先受到警告不知道它的危害的那些听众的心灵，看来是有腐蚀性的”⑤。甚至

---

① ［古希腊］柏拉图：《理想国》，郭斌和、张竹明译，商务印书馆1995年版，第401页。

② ［古希腊］柏拉图：《理想国》，郭斌和、张竹明译，商务印书馆1995年版，第404页。

③ ［古希腊］柏拉图：《游叙弗伦、苏格拉底的申辩、克力同》，严群译，商务印书馆1983年版，第56页。

④ ［古希腊］柏拉图：《理想国》，郭斌和、张竹明译，商务印书馆1995年版，第408页。

⑤ ［古希腊］柏拉图：《理想国》，郭斌和、张竹明译，商务印书馆1995年版，第8页。

像荷马这样杰出的诗人，在模仿英雄的苦难、爱情、愤怒，以及心灵的其他各种欲望和苦乐时，也是在尽量满足和迎合人们本性的渴望，煽动人们的感情。“在我们应当让这些情感干枯而死时，诗歌却给它浇水施肥。在我们应当统治它们，以便我们可以生活得更美好更幸福而不是更坏更可悲时，诗歌却让它们确立了对我们的统治。”① 为了消除诗歌、故事的腐蚀性影响，发挥其积极的建设性的作用，柏拉图主张，国家“要任用较为严肃较为正派的诗人或讲故事的人”②。他们必须具有良好的精神状态。此种精神状态并不是人们通常用以委婉地称呼那些没有头脑的忠厚老实人的精神状态，而是指“那些智力好、品格好的人的真正良好的精神状态”③。此种状态使他们足以被戴上艺术巨匠的荣冠。只有在好的精神状态之下，诗人、故事作者，才会按照国家的意图，模仿好人的语言，写出言词好、音调好、风格好、节奏好的作品，从而为国家营造一个好的精神环境，将广大的民众特别是青年人，引入光明的健康之乡。

柏拉图认为，诗人、讲故事的人或故事作者，要想在塑造人性方面发挥积极的作用，除了需要良好的精神状态之外，还应该坚持几个重要的业务准则。首先是真实性原则。柏拉图主张，“必须把真实看得高于一切”④。事实胜于雄辩。憎恶谎言是人和神共有的特性。“上当受骗，对真相一无所知，在自己心灵上一直保留着假象——这是任何人都最不愿意最深恶痛绝的。”⑤ 所以诗人、故事

① ［古希腊］柏拉图：《理想国》，郭斌和、张竹明译，商务印书馆1995年版，第406页。

② ［古希腊］柏拉图：《理想国》，郭斌和、张竹明译，商务印书馆1995年版，第102页。

③ ［古希腊］柏拉图：《理想国》，郭斌和、张竹明译，商务印书馆1995年版，第106～107页。

④ ［古希腊］柏拉图：《理想国》，郭斌和、张竹明译，商务印书馆1995年版，第88页。

⑤ ［古希腊］柏拉图：《理想国》，郭斌和、张竹明译，商务印书馆1995年版，第79页。

作者必须保证自己的作品是真实可靠的。虽然在有些特殊的场合，谎言也不是完全没有用处，例如对敌人讲假话多半比讲真话更为有利；就是“在我们称之为朋友的那些人中间，当他们有人得了疯病，或者胡闹，要做坏事”时，谎言作为一种药物也会派上用场；特别是在为教育下一代而讲述古代故事时，由于人们都不知道古代事情的真相，故而能够“尽量以假乱真”，“利用假的传说达到训导的目的”①。但是诗人、故事作者没有使用谎言进行说服、训导的权利。这种权利只能属于国家的统治者。为了国家的利益，统治者“有理由用它来应付敌人，甚至应付公民。其余的人一概不准和它发生关系”②。其次是辩证的方法。诗人、故事作者在讲述过去、现在、将来的事情时，应该着眼于事物相互间的联系，并且“能从联系中看事物”③，绝不能满足于对事物表象简单的模仿。当其“企图靠辩证法通过推理而不管感官的知觉，以求达到每一个事物的本质，并且一直坚持到靠思想本身理解到善者的本质时，他就达到了可理知事物的顶峰了”④。在这种情况下，他们的作品才会有说服力并且取得持久的效果。最后是和风细雨、潜移默化的原则。柏拉图认为群众的态度并不是牢不可破的，只要诗人、故事作者“不是好斗地而是和风细雨地劝告和潜移默化”地做一些细致的说服工作，⑤ 其听众（读者）是会改变已有的态度而接受诗人、故事作者的观点的。

---

① ［古希腊］柏拉图：《理想国》，郭斌和、张竹明译，商务印书馆1995年版，第80页。

② ［古希腊］柏拉图：《理想国》，郭斌和、张竹明译，商务印书馆1995年版，第88页。

③ ［古希腊］柏拉图：《理想国》，郭斌和、张竹明译，商务印书馆1995年版，第305页。

④ ［古希腊］柏拉图：《理想国》，郭斌和、张竹明译，商务印书馆1995年版，第298页。

⑤ ［古希腊］柏拉图：《理想国》，郭斌和、张竹明译，商务印书馆1995年版，第252页。

四、自由与控制

关于自由与控制，也是柏拉图著作中着力探讨的重要问题。自由是人类本性所渴求的生活状态，它意味着主体可以不负任何责任地畅所欲言，随心所欲地采取各种行动。在柏拉图看来，这种状态的出现，与多数人（民主）的统治密切相关。自由是“民主国家的最大优点”①。由于人人都能随心所欲，民主的国家往往“会有最为多样的人物性格”。表面看来，这似乎是“政治制度中最美的一种人物性格，各种各样，有如锦绣衣裳，五彩缤纷”，一般群众也许会因为这个缘故而断定，它就是最美的，就像女人小孩只要一见色彩鲜艳的东西就觉得美一样。在这种制度下，还有着近乎不受任何限制的广泛的自由。用柏拉图的话来说：“如果你有资格掌权，你也完全可以不去掌权，如果你不愿意服从命令，你也完全可以不服从，没有什么勉强你的。别人作战，你可以不上战场；别人要和平，如果你不喜欢，你也可以要求战争。”② 对于这种看似美好的制度，柏拉图鲜明地表达了自己的反感。在他看来，首先，这种包容极端自由的民主政体，由于政府的权力按小份额分给了许多人，因而是各种政体中最没有效率的一种；其次，过于广泛的自由，必然会使政治流于“无政府状态的花哨的管理形式”③，从而造成无法无天的局面。柏拉图认为，凡事都有一个度，“物极必反”，“无论在个人方面还是在国家方面，极端的自由，其结果不可能变为别的什么，只能变成极端的奴役”④。“僭主政治”之所以

① ［古希腊］柏拉图：《理想国》，郭斌和、张竹明译，商务印书馆1995年版，第339页。

② ［古希腊］柏拉图：《理想国》，郭斌和、张竹明译，商务印书馆1995年版，第332页。

③ ［古希腊］柏拉图：《理想国》，郭斌和、张竹明译，商务印书馆1995年版，第333页。

④ ［古希腊］柏拉图：《理想国》，郭斌和、张竹明译，商务印书馆1995年版，第342页。

脱胎于极端自由的民主政体，其原因即在于此。

基于对极端自由危害性的认识，柏拉图设计了自己心目中的理想王国。在这个理想的王国，统治者应致力于城邦的净化工作，消除奢靡，崇尚质朴，重新塑造人性。由于诗歌、故事在塑造人性、净化灵魂方面作用重大，是决定公民善恶的关键因素，柏拉图主张，禁止为娱乐目的写作诗歌、故事和戏剧作品，在必要的时候，还要禁止抒情诗人进入“我们的城邦”。国家应该对诗歌、故事等文学艺术进行严格的检查，警告“诗人应该按照什么路子写作他们的故事，不允许他们写出不合规范的东西”①。为此，柏拉图为统治者设计了一系列可以操作的控制、指导信息传播的重要准则。其内容大体可以归纳为如下四个方面：

首先是关于神。柏拉图认为，必须为宗教制定一项反对异端邪说的法律以处罚那些不信奉宗教的人。内容很简单，他禁止的就是无神论和各种渎神的行为。在他看来，无神论者或有渎神行为的人大体可以分为三类：“他们或者假定没有神存在，这是第一种可能；或者，第二，他们假定即使有神存在，这些人也不关心人事；或者，第三，即使这些人关心人事，人们也很容易用牺牲和祈祷来奉承他们，使他们打消他们的企图。”不管是其中的哪一类，其性质都十分严重。“他们不仅是作出了一种要不得的和错误的论证，而且他们还把别人的心灵引导到错误的路上去。”② 这对于实现国家的目标是十分有害的。柏拉图因此主张，国家应对一切涉及宗教与神的言论、诗歌、故事乃至戏剧的发布或表演进行严格的管理，他还以主人翁的姿态提出了规范所有这些作品的六大指导原则：其一，诗人、故事作者在描写诸神的时候，要表现出神的“庄严气象”和自我克制的美德，不要说他们“长号大哭，呜咽涕泣，有

① ［古希腊］柏拉图：《理想国》，郭斌和、张竹明译，商务印书馆1995年版，第73页。

② ［古希腊］柏拉图：《法律篇》第十卷，转引自北京大学哲学系、外国哲学史教研室编译：《古希腊罗马哲学》，商务印书馆1982年版，第210~211页。

如荷马所描写的那样；也不要描写普里阿摩斯那诸神的亲戚，在粪土中爬滚”。须知神不会“唉声叹气”，也不会“为了一点小事就怨天尤人，哀痛呻吟”，更不会激动不已，“纵情狂笑”①。其二，诗人、故事作者，在讲叙过去、现在和将来的某些事情时，“故事要在这个标准下说，诗要在这个标准下写——神是善的原因，而不是一切事物之因”②。绝不能说神的不是，不能讲诸神“掳掠妇女的骇人听闻的事情，也不要让人任意污蔑英雄或神明的儿子，把那些无法无天、胆大妄为的行动归之于他们”。“我们还要强迫诗人否认这些事情是神的孩子所做的，或者否认做这些事情的人是神明的后裔。”③ 其三，神是完美的。诗人、故事作者要用言词表现出神的真正本性，绝对不能把“最伟大的神描写得丑陋不堪”④。其四，当讲故事、写诗歌谈到神的时候，不能把诸神“描写成随时变形的魔术师”，⑤ 神是不讲假话的，也不是那种用谎言引导人们走上歧途的角色。其五，当叙述到诸神惩罚恶人时，不能把“被惩罚者的生活形容得悲惨，说是神要他们这样的”。但是可以叫诗人这样说：“坏人日子难过，因为他们该受惩罚。神是为了要他们好，才惩罚他们的。假使有人说，神虽然本身是善的，可是却产生了恶，对于这种谎言，必须迎头痛击。”⑥ 其六，诸神没有干的事情，诗人、故事作者绝不能瞎编，传播与神有关的种种谎言。

其次是关于英雄。柏拉图主张要像写神一样，描写人世间的英

① ［古希腊］柏拉图：《理想国》，郭斌和、张竹明译，商务印书馆1995年版，第86~87页。

② ［古希腊］柏拉图：《理想国》，郭斌和、张竹明译，商务印书馆1995年版，第76页。

③ ［古希腊］柏拉图：《理想国》，郭斌和、张竹明译，商务印书馆1995年版，第92~93页。

④ ［古希腊］柏拉图：《理想国》，郭斌和、张竹明译，商务印书馆1995年版，第72页。

⑤ ［古希腊］柏拉图：《理想国》，郭斌和、张竹明译，商务印书馆1995年版，第81页。

⑥ ［古希腊］柏拉图：《理想国》，郭斌和、张竹明译，商务印书馆1995年版，第76页。

雄，表现出英雄人物的本质。一个诗人、故事作者如果不能“用言词描绘出诸神与英雄的真正本性来，就等于一个画家没有画出他所要画的对象来一样”①。在柏拉图看来，作为英雄，他不应该为失去朋友而哀伤，好像碰到了一件可怕的事情似的，更不应该因此而“嚎啕大哭”。即便是“失掉一个儿子，或者一个兄弟，或者钱财，或者其他种种”，对他来说，丝毫也不觉得可怕。所以英雄的本性，主要在于“他绝对不忧伤，不论什么不幸降临他身上，他都处之泰然”②。另一方面，英雄还是能够自制的冷静的好汉，和神明一样，他是绝对不会“纵情狂笑”的。如果描写“一个有价值的人捧腹大笑，不能自制”，③ 人们是无法也不应该相信的。

再次是限制或禁止事项。为了使诗歌、故事在塑造人性、净化灵魂方面发挥积极的作用，柏拉图给统治者提出了应予限制或禁止的五大事项。其一，要限制禁止任何模仿类的诗歌或戏剧。此种模仿就其本质而言，“乃是低贱的父母所生的低贱的孩子”④。它制造远离真实的影像，迎合人民心灵的非理性部分；它肤浅地描绘英雄们痛哭流涕、悲伤欲绝的情景，腐蚀着国家未来的一代人；它煽动着人们的“爱情和愤怒，以及心灵的其他各种欲望和苦乐”，削弱了人类理性的力量。如果让这些模仿真实的赝品自由传播，势必对国家的灵魂净化工作产生消极的影响。其二，要限制禁止音乐、诗歌、故事表现形式的变化。为了维持固有的社会秩序，统治者必须在文学艺术领域“布防设哨”，不让其花样翻新。因为文艺作品

---

① ［古希腊］柏拉图：《理想国》，郭斌和、张竹明译，商务印书馆1995年版，第72页。

② ［古希腊］柏拉图：《理想国》，郭斌和、张竹明译，商务印书馆1995年版，第85页。

③ ［古希腊］柏拉图：《理想国》，郭斌和、张竹明译，商务印书馆1995年版，第87页。

④ ［古希腊］柏拉图：《理想国》，郭斌和、张竹明译，商务印书馆1995年版，第401页。

的“任何翻新对整个国家是充满危险的”，所以应该预先防止。①除非国家大法有所变动，文艺作品的风貌无论如何也不应该改变。其三，要限制使用可怕的凄惨的名词或挽歌式的曲调。柏拉图主张从当前的词汇中剔除那些可怕的凄惨的名词，虽然这些名词对于表现事物有一定的益处，但是“它们使人听了毛骨悚然”，柏拉图担心“这种恐惧会使我们的护卫者软弱消沉，不像我们所需要的那样坚强勇敢”②。至于哀悼死者的挽歌及挽歌式的曲调，也应该废弃，“因为它们对于一般有上进心的妇女尚且无用，更不用说对于男子汉了”③。其四，要限制像伊奥尼亚调、吕底亚调之类的“软绵绵的靡靡之音”，代之以一种新的曲调，“以适当地模仿勇敢的人，模仿他们沉着应战，奋不顾身，经风雨，冒万难，履险如夷，视死如归”的气概。④ 其五，限制快乐与放纵，对于男女接触及情爱的描写，一定要含蓄，不能直露，同时还要避免对大众低级趣味的迎合。

最后是倡导或追求的目标。柏拉图认为，对于诗人、故事作者不能仅限于消极地规定他们不能做些什么，什么事情是不该说的。更为重要的是，统治者还要给诗人、故事作者指出应该做些什么，将他们的影响、作用引导到有益于国家的方向。在柏拉图看来，应在诗人、故事作者中间提倡的，主要有四点：其一是歌颂神明，赞美好人，贬斥邪恶。诗人、故事作者应以创作和宣扬颂诗为主，歌颂神明，赞美好人，同时鞭挞腐恶。通过事实说明行善者快乐，正直的人幸福，而作恶者、不正直的人则害人害己，最终必遭严惩，从而引导人们行善积德。如果反其道而行之，则会“在青年人的

① ［古希腊］柏拉图：《理想国》，郭斌和、张竹明译，商务印书馆1995年版，第139页。

② ［古希腊］柏拉图：《理想国》，郭斌和、张竹明译，商务印书馆1995年版，第84页。

③ ［古希腊］柏拉图：《理想国》，郭斌和、张竹明译，商务印书馆1995年版，第103页。

④ ［古希腊］柏拉图：《理想国》，郭斌和、张竹明译，商务印书馆1995年版，第104页。

心中，引起犯罪作恶的念头”①。其二，应该倡导自我克制，克制内心的渴望特别是不必要的欲望。柏拉图认为，教育的目的，或者说诗歌、故事的目的，是塑造健全的人格，而健全的人格主要表现为理智节制欲望，激情服从于理智。对于青年人来说，当他独处一室时，其理智或许能节制住欲望。而一旦“他心灵里的这种或那种欲望在得到外来的同类或类似的欲望支持时，便会发生心灵的变革”②。因此，诗人、故事作者应该以自我克制为目标，肯定“受到侮辱而能克制忍受的言行”,③ 尽量避免撩动听众内心的情欲与冲动。其三，应该倡导绝对的服从。奴隶应该服从主人，农民、工匠必须服从国王，低等级的人应该成为高等级人的奴隶，其目的一方面是使前者由此“可以得到与一个优秀人物相同的管理”,④ 另一方面则可以确立神圣的智慧的统治地位。其四，应该倡导质朴的风气。在柏拉图的理想王国里，没有奢靡之风存在的余地。出于塑造人性的目的，他要求质朴的诗歌、音乐和故事。这种质朴的内容和形式有助于“产生心灵的节制”⑤ 和养成服从的品格。

根据以上规范、指导信息传播的重要准则，柏拉图主张，对过去流传下来的史诗、戏剧进行清理，以剔除那些妨碍灵魂净化的内容，即便是伟大的盲诗人荷马的作品，也不能例外。他借苏格拉底之口说：“虽然我从小就对荷马怀有一定的敬爱之心，不愿意说他的不是。因为他看来是所有这些美的悲剧诗人的祖师爷呢。但是，

① ［古希腊］柏拉图：《理想国》，郭斌和、张竹明译，商务印书馆1995年版，第93页。

② ［古希腊］柏拉图：《理想国》，郭斌和、张竹明译，商务印书馆1995年版，第336页。

③ ［古希腊］柏拉图：《理想国》，郭斌和、张竹明译，商务印书馆1995年版，第90页。

④ ［古希腊］柏拉图：《理想国》，郭斌和、张竹明译，商务印书馆1995年版，第384页。

⑤ ［古希腊］柏拉图：《理想国》，郭斌和、张竹明译，商务印书馆1995年版，第113页。

不管怎么说，我们一定不能把对个人的尊敬看得高于真理。"① 对于荷马作品中不适当的诗句和各种可怕而凄惨的名词，应该果断地删去，"我们请荷马不要见怪。我们并不否认这些是人们所喜欢的好诗。但是愈是好诗，我们就愈不放心人们去听"②。既然像荷马这样的古代名诗人的作品也在清理之列，现实生活中的诗人、故事作者，更应该成为统治者关注的对象。柏拉图建议国王把督导作为自己的重要职责，不允许"正式任命的教师和教养者对人们随意进行训练"，同时要求诗人、故事作者在自己的作品发表前，必须送统治者检查。对于一切不敬神的、不服从法律的诗人、故事作者，可以用"处死、流放和剥夺最重要的公民权利的刑罚除去他们"③。为了及时发现并迅速消除不良诗歌、故事、言论造成的危害，柏拉图希望所有的公民都能自觉地举报。他在《法律篇》中指出，如果一个人在言语或行动上犯了罪，"任何人见到了就应当起来维护法律向地方官报告。地方官接到报告之后，就应当立刻依法把这个人送到法庭。如果地方官在接到报告之后拒绝这样做，一经有人揭发，他就要以不敬神的罪名受到审判"④。由此可见，柏拉图对于诗人、故事作者的控制或督导是何等的严格，而这种控制或督导，又是通向其理想王国的必由之路。但是在当时的情况下，他的建议没有被采纳；进入中世纪后，虽然统治者采纳了其控制言论报道的具体措施，却并没有因此而建立起他的理想王国。

---

① [古希腊] 柏拉图：《理想国》，郭斌和、张竹明译，商务印书馆1995年版，第387页。

② [古希腊] 柏拉图：《理想国》，郭斌和、张竹明译，商务印书馆1995年版，第84页。

③ [古希腊] 柏拉图：《政治家》，黄克剑译，北京广播学院出版社1994年版，第120页。

④ [古希腊] 柏拉图：《法律篇》第十卷，转引自北京大学哲学系、外国哲学史教研室编译：《古希腊罗马哲学》，商务印书馆1982年版，第219~220页。

五、结　论

在前面，作者已从“理念与人性”、“国家与个人”、“政治技艺与说服的技艺”和“自由与控制”四个部分，简要分析了柏拉图的传播观念。由于当时的信息传播具体表现为吟诗、讲故事等口头传播形式，柏拉图的传播观念主要是围绕着诗人、故事作者展开的。他把诗歌、故事作为一个重要的教育手段，当成朝着善的方向塑造人性、净化灵魂的工具，同时将诗人、故事作者归入运用语言说服的技艺一类。他对于这些问题的探讨，基本上服从于实现其理想王国的目的，是为了探索出一条通往理想王国的现实途径。为此，他提出了一系列控制、调节、规范信息传播的重要规则。从内容的性质上看，柏拉图的传播观念，与他的政治思想密不可分，或者说是其政治思想的重要组成部分。

在柏拉图的传播观念中，包含着许多积极的内容，富有创见。他重视信息传播的教育职能，把诗歌、故事作为塑造人性、净化灵魂的重要手段，强调从小做起，从娱乐中学；他把国家视为一个有机的整体，认为国家是个人的放大，个人是国家的缩小，国家的利益优先于个人，为了整体的目标，有必要牺牲个人；他认为自由固然可爱，但是物极必反，极端的自由必然导致极端的奴役；他主张由哲学家来做国王，或者国王应该具有哲学家的头脑；他把诗人、故事作者的工作视为一种专门的技艺，而这种技艺又必须服从于国王的政治技艺；他既看到了诗歌、故事等传播内容的积极作用，同时也指出了它腐蚀人类心灵的消极影响；为了达到说服、教育的目的，他主张诗人、故事作者在自己的作品中既要提倡自我克制和质朴的原则，又要贬恶扬善，限制靡靡之音和自我放纵；等等。这些重要的主张和见解，不仅准确地反映了历史的真实，在一定程度上符合传播规律和心理学的某些原理，而且还表现了柏拉图作为思想家的深刻的洞察力，直到今天，仍有一定的现实意义。

柏拉图的传播思想也存在着一些明显的不合理的因素。如他认为灵魂先于肉体而存在，灵魂的等级决定了其所投胎的人的地位的差异，人的本性永远倾向于贪婪与自私，追求快乐而无任何理性，具有明显的唯心主义色彩；他主张维持国王对民众的绝对统治，排除任何个性和自由，甚至建议在护卫者阶层废除私有制和一夫一妻制，表明其极端的反人道的倾向；他视模仿的诗歌、戏剧为玩物，认为它们既不真实，又无真理依据，这与实际的情形并不相符；他把谎言看成是有用的药物，并且拥护国王使用谎言的权力，而其他所有的人则必须讲真话；他主张统治者对信息传播实行严格的管理，剥夺诗人、故事作者的创作自由和行动自由等。这些见解，对于具有现代民主思想的人来说是无法接受的。

柏拉图的传播思想在当时并没有为国家的统治者所采纳，正如他的政治思想一直停留在理想的阶段。但是经过漫长的历史年代，在中世纪末期，他的主要观点特别是前述的不合理因素，经意大利政治学者马基雅维利继承改造，终于成为封建集权主义报业学说的主要来源。后来的历史表明，欧洲一些专制国家的封建君主就是根据柏拉图开出的方子来管理本国的印刷媒介的。至20世纪前半期，法西斯势力在欧洲崛起，柏拉图的一些原则又被希特勒所吸收，成为纳粹党人剥夺无产阶级、犹太人出版自由，控制新闻传播的理论依据。作为传播历史上的重要存在，柏拉图的传播思想对于现代文明的历史进程，产生了消极的影响。

但是对于柏拉图传播思想的评价，显然不应该停留于它在近现代历史上的负面作用，而应该在对其思想本身全面分析的基础上，综合考察它在历史上产生的积极作用和消极影响，才能得出公允的结论。对于柏拉图传播思想中不合理的成分，理应予以否定；其合理的精华，则应该吸收和保留。如前所述，柏拉图传播思想中合理的因素还是不少的，但是被它在近现代历史上的消极影响冲淡了许多。因此我们有必要运用辩证的方法，全面地把握柏拉图的传播思想，恢复它的本来面目。

第二章 孟子的传播思想与实践

信息传播是人类社会得以形成的基础。传播与人类社会同生共存。在中国历史上，春秋战国时代是传播思想最为繁荣的时代。诸子百家游说诸侯，聚众讲学，著书立说，就是当时突出的传播现象。在保存至今的儒、法、墨、道、纵横及其他诸子的著作中，有不少关于传播现象的深刻论述。孟子就是其中之一。作为战国时期伟大的思想家，孟子是儒家的主要代表，他一生致力于游说诸侯，推销自己的政治主张。由于当时各大国都致力于富国强兵，争取以武力实现统一，孟子的仁政学说被认为是“迂远而阔于事情”，没有实施的机会。以至于退居讲学，和学生万章、公孙丑等一起，“序《诗》、《书》，述仲尼之意，作《孟子》七篇”，记录其学术见解和言行。关于孟子的学术思想，过去方家多从哲学、政治学、教育学诸领域进行深入探讨，但也有一些问题尚未引起足够的注意，传播思想就是其中之一。研究、梳理孟子的传播思想，有利于我们吸取先哲的智慧，加深对当今复杂传播现象的理解。

一、传播功能观

传播功能即传播的功用，与传播者和传播对象直接相关。传播者需要传播产生什么样的影响，发挥什么作用；传播对象作为功用得以实现的载体，能够在多大的程度上决定功能发挥的大小及其性质，是学界关注的焦点之一。对这一焦点的审视，必然会牵涉到传播者和传播对象作为人的个性或本性。孟子认为，世事纷繁复杂，变化万千，但是同类事务大体上都有类似的特质。人作为类而存在，尽管在现实生活地位不同、血缘不同，知识水平也存在很大的差异，但是应该有共同的本质。“故凡同类者，举相似也，何独至于人而疑之？圣人与我同类”（《孟子·告子上》）。圣人有着和凡人一样的食色之欲。即“口之于味也，有同耆焉；耳之于声也，有同听焉；目之于色也，有同美焉”（《孟子·告子上》）。这种共同的食色之欲与生俱来，是人的生理本能，尚不能称为人的本性。

人的本性是在生理本能的基础上，由于环境的影响而形成的，并且和本能一样，表现出明显的共同性或相似性。孔子说“性相近也，习相远也”（《论语·阳货》），就是对这一现象的准确概括。但是这种相近或相同的“性”究竟是什么？这种性表现为“善”还是“恶”？不同的人有不同的回答。荀子曰“人性恶”，孟子则针锋相对地主张“道性善”。那么这种善表现在哪些方面，或者说善的内涵应该怎样界定？孟子的回答是，善有“四端”或“四德”。具体而言，就是“恻隐”、“羞恶”、“恭敬”、“是非”之心。① 孟子说：“恻隐之心，人皆有之；羞恶之心，人皆有之；恭敬之心，人皆有之；是非之心，人皆有之。恻隐之心，仁也；羞恶之心，义也；恭敬之心，礼也；是非之心，智也。仁义礼智非由外铄我也，我固有之也，弗思耳矣。”（《孟子·告子上》）仁义礼智作为善的体现，是人所固有的，而非单纯的外界赐予。但是这“四端”或“四德”，在人身上还很不充分，且有随时泯灭的危险。人们只有及时地扩充、发展自己善的本性，才能实现人与人、人与社会的和谐。正所谓“苟能充之，足以保四海”（《孟子·公孙丑上》）。否则，一旦善性泯灭，人与动物的差别就将消失，人的“恻隐”、“羞恶”、“恭敬”、“是非”之心扫地以尽，人就不成其为人了。“无恻隐之心，非人也；无羞恶之心，非人也；无辞让之心，非人也；无是非之心，非人也。”（《孟子·公孙丑上》）如此下去，非但不能保四海，甚至“不足以事父母”（《孟子·公孙丑上》）。于是乎世衰道微，邪说暴行不绝，人相残杀。

孟子的“道性善”理论奠定了其传播观念的理论基础。既然

---

① 参见吴晓明：《孟子关于人性的论辩》，载《学术月刊》1994 年第 10 期，第 110~111 页。

人本性善，有“恻隐”、“羞恶”、“恭敬”、“是非”之心，而非冥顽不灵，就有择善而从、教化成功的可能；既然人的善性还有泯灭的危险，就产生了加强宣传教化的必要性。孟子十分重视对于国民的政治、道德教化，将传播手段——当时主要是聚众讲学、游说诸侯等人际传播——视为增强善性的基本途径。从孟子相关论述来看，信息传播对于国民和社会体系的发展，有三大具体功能。

（一）宣传孔子之道，正人心，息邪说

孟子生活的时代，用他自己的话来说就是一个“无道”的时代。其具体表现就是“世衰道微，邪说暴行有作，臣弑其君者有之，子弑其父者有之。……圣王不作，诸侯放恣，处士横议……无父无君……杨、墨之道不息，孔子之道不著”，以至“邪说诬民，充塞仁义”（《孟子·滕文公下》）。既是“无道”的社会，“自然有许多有心人对于这种时势生出种种的反动”，以孔子为代表的儒家可谓是当时积极的救世派，正因为“天下无道”，才去栖栖惶惶地奔走，想要把无道变为有道。① 作为孔子思想的继承者和儒家精神的发展者和传播者，孟子也是这样，一生为传播孔子之道而四处奔波。他希望通过对孔子之道的广泛传播，“距杨、墨，放淫辞……正人心，息邪说，距诐行，放淫辞，以承三圣者”（《孟子·滕文公下》）。也就是说，借助于孔子之道的传播，消除异端邪说的影响，使孔子之道成为占主导地位的意识形态。

对于一个社会来说，其主流思想的“正邪”与否，是决定其能否保持和谐稳定的关键。思想的混乱是与社会政治的混乱同步的，而且如果不加控制则更会加深社会政治的混乱，要避免这种状况的发生，一定要让正确的思想占据上风，使其成为主流观念，成为“正道”。要做到这一点，就要对歪理邪说进行猛烈的抨击，努力传播仁义的大“道”，只有这样，才能“正人心、息邪说”，恢复有道社会，才能保证社会、政治的有序运行。因此，传道的意义

① 见胡适：《中国古代哲学史》，安徽教育出版社 1999 年版，第 75~76 页。

非同一般，这也是孟子游说诸侯、抨击“邪说”动力之源，也是支持他执着于这种传播活动的根本信仰。

孟子所传之“道”，乃是“仁政王道”，其根本特点是“以不忍人之心，行不忍人之政”（《孟子·公孙丑上》）；“制民之产，必使仰足以事父母，俯足以畜妻子，乐岁终身饱，凶年免于死亡”（《孟子·梁惠王上》）；同时铲除暴君污吏。换言之，“道”就是孟子所认为的能拯救天下苍生、构建理想社会的方式方法、具体措施；它也是统摄指导人们各项活动的观念上的要求，是一套伦理道德价值观念，而这套伦理道德价值观念的推行正是社会稳定的保证。

（二）推行政治教化

利用各种说服、教育的手段，实行政治教化，净化国民的灵魂，培养合格的臣民，是传播者的主要使命。而这种教化所贯穿的主题就是明人伦：“学则三代共之，皆所以明人伦也。”（《孟子·滕文公上》）这里所谓的人伦，指的就是“君臣有义，父子有亲，夫妇有别，长幼有序，朋友有信”。也就是说，通过教育，使个体具备处理各种社会关系的技能，提高个体的社会适应能力。

围绕这一主题，孟子主张政治教化应该从四个方面进行。①

一是“诚身”。诚身即所谓修身，这是政治教化的基础。“天下之本在国，国之本在家，家之本在身。”（《孟子·离娄上》）修身的根本在“明乎善”。“不明乎善，不诚其身矣。”（《孟子·离娄上》）明乎善涉及“尽其心”、“存其心”两个方面。所谓“尽其心者，知其性也。知其性，则知天矣。存其心，养其性，所以事天也。夭寿不贰，修身以俟之，所以立命也”（《孟子·尽心上》）。这就是说，要认识善，必须竭尽心智，聚精会神，不能有丝毫的杂念。只有领悟到自身的善根，才能认识到他人具有的善性，才能感受到天理的存在，自己的行为才有可能符合天理的要

---

① 参见傅建增：《孟子思想教育理论初探》，载《南开学报》1994 年第 1 期。

求，如此，“立命”才有可能。

二是“悦亲”。这是基于修身的合乎逻辑的发展。孟子说：“悦亲有道，反身不诚，不悦于亲矣。”（《孟子·离娄上》）即人不能修身立命，不能反身而诚，就不能取悦于亲。要取悦于亲，须怀仁义之心。“仁之实，事亲是也；义之实，从兄是也。”（《孟子·离娄上》）“为人子者怀仁义以事其父，为人弟者怀仁义以事其兄。”（《孟子·告子下》）可见，孟子的悦亲思想乃是从孔子的孝悌理论而来的。在家能对双亲尽孝，尊敬兄长，是更广意义上社会适应的前提。

三是“信友”。对朋友要诚信，乃是社会教育的核心内容。其前提是悦亲。“信于友有道，事亲弗悦，弗信于友矣。”（《孟子·离娄上》）一个人尚且不能悦亲，没有孝悌之心，又怎么能够取信于朋友？只有怀抱仁义之心，亲亲敬长，方能立足社会，“达于天下也”（《孟子·尽心上》）。

四是“获于上”，即得到统治者的信任。孟子说：“获于上有道，不信于友，弗获于上矣。”（《孟子·离娄上》）也就是说，这种“获于上”的技能，建立在“信友”的基础之上，一个不能取信于朋友的人，自然难以得到君上的宠信。由此看来，政治教化的四项内容，实际上是一种层级推进关系，修身乃是一切教化的基础，“悦亲”、“信友”是不可或缺的中间环节，而“获于上”则是最高的追求。一个人如果能够做到修身立命，必在家悦于亲，出外信于友，能做到前三者，必然能够获得统治者的青睐，扮演重要的社会角色。

（三）争取民众支持、认同

仁政王道的实现与否，取决于民众的认同和支持程度。对民众的政治、道德教化，能在一定程度上提高民众认识政治现象的能力；但这显然是不够的。还必须根据现行政策对民众进行具有针对性的说服，结合确切的事实进行解说，说明政策或仁政与民众利益的关系。孟子说：“仁言不如仁声之入人深也。善政不如善教之得民也。善政，民畏之，善教，民爱之。”（《孟子·尽心上》）也就是说，教人仁爱的政教法度之言不及仁爱的事实所形成的名声感人深切，好的政事不如善的教化能得到人民持久的信仰。人民对于善政是基于畏惧之心，而对于善教则由衷地信服。在这里，我们不禁想起了一两千年后意大利文艺复兴时期著名学者马基雅维利的话："人民爱戴君主，是基于他们自己的意志，而感到畏惧则是基于君主的意志。"① 爱戴是靠恩义维系的，由于人性的恶劣，在任何时候，只要对自己有利，他们便会将这条纽带一刀两断；可是畏惧则由于害怕遭受绝不放弃的惩罚而始终保持着。在一般的情况下，人们冒犯一个自己爱戴的人比冒犯一个自己畏惧的人较少顾忌。因此，一个明智的君主应当立足于自己的意志之上，而不是立足于他人的意志之上；应该选择被人畏惧，而不是被人爱戴的形象。当然以推行仁政为毕生使命的孟子远不像马基雅维利那么功利，在爱戴和畏惧之间，他选择了爱戴；在善政和善教之间，他倾向于善教。他认为民众由衷的认同，比外在的高压，对于政治运行具有更大的支持、维系作用。

二、传播者及其修养

无论是推行天下大道、行仁政，还是传播道德观念教化民众，都需要具体的人来承担教化、说服的工作。儒家自孔子以来就有"述而不作"的传播传统，他们执著地认为自己是传播者而非创造者。② 孟子也是如此，他也将自己看做是一个传播者——一个传播大道、对民众进行道德教化、对统治者推销其政治主张的传播者，并投入了一生的心血去进行这样的传播活动。他自认为，类似于他这样传道的"君子"，虽然在生产劳动中无所贡献，却是道德社会必不可少的一员，其贡献是不容忽略的："夫君子所过者化，所存

① ［意］尼科洛·马基雅维利：《君主论》，潘汉典译，商务印书馆1996年版，第82页。

② ［美］杜维明：《道学政——论儒家知识分子》钱文忠、盛勤译，上海人民出版社2000年版，第2页。

者神，上下与天地同流，岂曰小补之哉?”（《孟子·尽心上》）孟子眼中的传播者，应该是通晓天下大道，有着良好道德修养的人。他们肩负教化民众的责任，是与一般民众不同的“君子”、“贤者”，甚至于是“圣人”。孟子给这些人最多的称谓就是“士”。先秦游士被认为是中国最早的知识阶层中的传播者，中国“士”阶层传播传统也是自此肇始。

（一）孟子对传播者——“士”的认识

作为传播者的“士”，来自于“民”但又与“民”相对立，他们的群体品格定位既不同于统治者，也不同于被统治者。孟子明确指出“士”属于“劳心者”，与“劳力者”迥然相异，“劳心者治人，劳力者治于人；治于人者食人，治人者食于人”（《孟子·滕文公上》）。作为社会上的“劳心”成员，不应从事劳动，因为他们有自己要紧的工作，诸如修身育人，“尚论古之人”，效法圣贤，树立文化规范，阐释天命，传播“孔子之道”，将无道世界转变为王政的乐土。他们有较高的道德修养，“无恒产而有恒心者，惟士为能。若民，则无恒产，因无恒心。苟无恒心，放辟邪侈，无不为己”（《孟子·梁惠王上》）。他们理想的生活方式是“居天下之广居，立天下之正位，行天下之大道；得志，与民由之；不得志，独行其道”（《孟子·滕文公下》）。这也是孟子对自身价值的一种定位，这种“在公众形象和自我定位上兼具教士功能和哲学家作用”的自我认识，“迫使我们认为他们不仅是文人，而且还是知识分子”①。也就是说，“士”不独为一种识文断字、知书达礼的知识阶层，而且更是唯一的“社会的良心”的承担者。在某种程度上，孟子对“士”的认识与西方学术界对“知识分子”的表述有相通相似之处，都是这样的一类人：除了献身于专业工作之外，还对国家、社会以及世间一切公共事务保持普遍而深切的关怀，这种关怀又超越于个人及其团体的私利。换言之，知识分子的内涵主要

① ［美］杜维明：《道学政——论儒家知识分子》，钱文忠、盛勤译，上海人民出版社2000年版，第11页。

不是来自“知识”，而是来自于一种悲天悯人的情怀，一种强烈的、不由自主的超越精神、启蒙意识、怀疑的态度和批判力量。① 余英时认为，“如果根据西方的标准，‘士’作为一个承担着文化使命的特殊阶层，自始便在中国史上发挥着‘知识分子’的功用”②。对于统治者，他们体现出博大的胸怀与开放的心态，有着强烈的社会参与意识和俗世情结；对于被统治者，他们表现出先知者的社会责任感和道德修养上的自觉意识。③ 道德规范、法律准则、政治学说、文化知识等知识的传播职责非“士”莫属。

因此，“士”已不单单是社会阶层划分中的一层，而且是一种社会身份，更是一种理想人格的代表。他们承担着重要的文化使命，怀抱着以天下为己任、为万世开太平、追求天下大同的崇高理想。作为这一阶层的代表，孟子是积极的救世派，有着极强烈的入世精神和社会责任意识。④ “孟子一生之职志为继孔子之业”（冯友兰语），他把“行天下大道”作为自己义不容辞的责任，他说：“如欲平治天下，当今之世，舍我其谁也。”（《孟子·公孙丑下》）孟子四处奔波、游说诸侯的举动自然不是盲目的，也并非仅为谋得一官半职、养家糊口。他在回应公都子所提的“外人皆称夫子好辩，敢问何也”时，曾做过一番慷慨激昂的论说，对其传播思想作了集中的表述。“予岂好辩哉？予不得已也。”很显然，他四处游说、与人论辩其实是出于一种强烈的责任感的，其悲天悯人的忧患意识和勇于承担责任的经世之心在此表露无遗。他的目的就是为了息邪说，卫正道，别善恶，明是非。“道”是孟子所持的经世之论和伦理道德观念，是巩固、稳定社会秩序的保证。天下有道，则社会太平，人民安居乐业；否则，天下无道，正确的思想得

① 李彬：《唐代文明与新闻传播》，新华出版社 1999 年版，第 207 页。

② 余英时：《士与中国文化》，上海人民出版社 1987 年版，自序第 2 页。

③ 骆自强：《传统文化导论》（修订版），上海古籍出版社 2003 年版，第 6~7 页。

④ 李明华：《时代演进与价值选择——中国价值观探讨》，陕西人民出版社 1992 年版，第 178 页。

不到传播，歪理邪说占据上风，社会就会陷入混乱之中。

（二）传播者应具备的修养

作为“士”的传播者要履行自己的社会责任，使孔子之道在意识形态领域居于主导地位，传播者必须在自身修养方面花足工夫。孟子在主体修养问题上做了大量的论述，不过，其主体修养理论讲的是大多君子、“大人”的能动性问题，至于老百姓，作为缺乏自觉的主观能动性的“小人”,① 还没有成为他关注的对象。所以孟子的主体修养理论从某种程度上可以说是针对于身负重大使命的传播者——“士”。总体而言，孟子的主体修养理论主要集中于如下五个方面：

第一是养浩然之气。孟子认为，作为“士”的传播者，应“善养吾浩然之气”。什么是浩然之气？孟子的解释是：“其为气也，至大至刚，以直养而无害，则塞于天地之间。其为气也，配义与道。无是，馁也。是集义所生者，非义袭而取之也。行有不快于心，则馁矣。”（《孟子·公孙丑上》）这就是说，浩然之气广大而刚强，用真诚、正义去培养、滋润，就会充盈上下四方，无处不在。这种浩然之气是长期积累而形成的，绝非偶然行为所致，也不能拔苗助长。浩然之气的培育，不能违背精神发展的基本规律，它还必须配之以义和道的力量，没有这些因素的配合，它就会失去内在的力量。而且一旦做了有愧于心的事情，浩然之气就会随之耗散。有了浩然之气，才能成为“居天下之广居，立天下之正位，行天下之大道。得志，与民由之；不得志，独行其道”，才能成为富贵不淫，贫贱不移，威武不屈的“大丈夫”（《孟子·滕文公下》），这是孟子对于“士”的理想人格的表述，是经过长期的道德修养而达到的一种精神境界，也是对传播者的基本要求。

第二是以正义为后盾，彰显大智大勇的丈夫本色。作为“士”的传播者应该以真理为后盾，仗正义之旗，表现出大智大勇的丈夫

① 王兴业：《孟子天人关系理论中的哲学思想》，见谢祥皓：《孟子思想研究》，山东大学出版社 1986 年版，第 23 页。

气概。在传播过程中，要“持其志，无暴其气”（《孟子·尽心上》）。孟子说：“吾尝闻大勇于夫子矣：自反而不缩，虽褐宽博，吾不惴焉；自反而缩，虽千万人，吾往矣。”（《孟子·公孙丑上》）在这里，孟子继承并发扬了孔子的大勇理论，意思是，反躬自问，如果正义、真理不在我，纵使对方是卑贱之人，我决不恐吓他们；反躬自问，如果正义、真理在握，纵使对方有千军万马，我也能毫不畏惧，勇往直前。孟子还主张，传播者面对自己的对象，应有不卑不亢的平和心态，“说大人，则藐之，勿视其巍巍然”（《孟子·尽心上》）；对于一般的下层民众，绝不能傲慢。“挟贵而问，挟贤而问，挟长而问，挟有勋劳而问，挟故而问，皆所不答也。”（《孟子·尽心上》）有了这样器宇轩昂、不卑不亢的气度，在传播时才能恣意舒展，从容大度，言辞得体。

第三是积极进取，反对自暴自弃。“自暴者，不可与有言也；自弃者，不可与有为也。言非礼义，谓之自暴也；吾身不能居仁由义，谓之自弃也。”（《孟子·离娄上》）自暴自弃，从根本上来说，就是对自己失去信心，从而放弃对“礼义”“仁义”的追求，以至于最终戕害自己。孟子主张，作为“士”的传播者，应该持一种积极进取的人生观，应该成就一番值得夸耀的伟大事业，只有这样，才能实现人生的价值。

第四是艰苦奋斗，动心忍性。要实现人生的价值，必然会遇到各种想象不到的困难。外界环境的险恶，决定了荆棘满途的人生道路。在这一过程中，如果主体没有必要的心理准备，必然半途而废，乃至自暴自弃。只有树立艰苦奋斗的精神，具备坚忍不拔的品质，才能战胜困难。这种精神品质，又只有在险恶的环境中，锻炼得来。所以，“天将降大任于斯人也，必先苦其心志，劳其筋骨，饿其体肤，空乏其身，行拂乱其所为，所以动心忍性，曾益其所不能”（《孟子·告子下》）。艰难环境的历练，是一笔宝贵的财富，经过这一难关，人才能在根本上成熟起来，才能担当天下大任。

第五是站高望远，不自满自足。孟子要求传播者志存高远，厚积薄发，具包容天下的胸怀。志向远大，对人生的激励作用越大，其行为的动力也越强；而远大的志向又寄存于博大宽广的胸怀。

“孔子登东山而小鲁，登泰山而小天下，故观于海者难为水，游于圣人之门者难为言。观水有术，必观其澜。日月有明，容光必照焉。流水之为物也，不盈科不行；君子之为道也，不成章不达。”（《孟子·尽心上》）也就是说，只有站得高，眼界才能开阔；只有眼界开阔，才不至于自我满足。作为传播者，不仅要树立远大的理想，胸怀天下，还要脚踏实地，一步一步地实现他的传播目标。

三、传播的艺术

基于人性善的基本假设，孟子赋予了信息传播以“传道”、教化、争取认同的使命。要完成这些使命，作为“士”的传播者必须首先完善自我，增强自己的社会责任意识，加强自我修养，养浩然之气，厚积薄发，动心忍性，积极进取，彰显大丈夫本色。与此同时，他们还必须了解传播规律，精研传播艺术，采取适切的传播方式与方法，只有这样，才能取得预期的传播效果。

（一）尊重民意，了解接受心理

孟子一直认为，尊重民意是推行王道、仁政的前提。统治者应该重视民意、重视舆论，争取民心，争取民众的认同和支持。否则，就不是王道，而是霸道。霸道虽可以逞雄于一时，但难以使民众持久地心悦诚服。要反对霸道，实行仁政，就必须了解人民的所思所想，把握民众深切的愿望，保护人民的利益，才能得到群众支持，就可以战无不胜，攻无不克。① 所谓“保民而王，莫之能御也”（《孟子·梁惠王上》）。所以孟子建议，统治者一定要多多听取公众的意见，在行事之前要关注老百姓的议论，小到欣赏音乐、大到遴选官员，都要以舆论作为行动的依据，顾及民众的感受，甚至于“国君进贤……左右皆曰贤，未可也；诸大夫皆曰贤，未可也；国人皆曰贤，然后察之；见贤焉，然后用之。左右皆曰不可，

① 丁永志：《论孟轲的‘仁政’说与‘性善’论》，见谢祥皓：《孟子思想研究》，山东大学出版社 1986 年版，第 104 页。

勿听；诸大夫皆曰不可，勿听；国人皆曰不可，然后察之；见不可焉，然后去之。左右皆曰可杀，勿听；诸大夫皆曰可杀，勿听；国人皆曰可杀，然后察之；见可杀焉，然后杀之。故曰，国人杀之也”（《孟子·梁惠王下》）。在任命、罢免官员的问题上，在定罪量刑的考虑上，都必须征求国人的意见，顺应民意，“如此，然后可以为民父母”（《孟子·梁惠王下》）。孟子甚至甚至将“民意”与“天意”等同起来，当万章问及“尧以天下与舜”的事情时，孟子说“天子不能以天下与人”，而是“天与之”；万章又问：“天与之者，谆谆然命之乎?”孟子又说：“否。天不言，以行与事示之而已矣。”（《孟子·万章上》）这是说天不说话，不过用舜的行为及他的事功，暗地指示尧将天下禅让给舜。虽然天不说话，但天意还是借人民的讴歌，也就是民意来表现。在这里，民意也就是天意，天意也就是民意，二者全然等同了。① 因此所谓“天与之”其实也就是“人与之”，孟子更是借用《太誓》中的话，声言“天视自我民视，天听自我民听”，将民意提到了政治的高度。

传播也是如此。传播者要想按预定的方向影响传播对象，使人们接受教化，成为理想的社会成员，并且认同政治系统的现行政策，也得了解民众的利益、要求和接受能力，要多多倾听民众的声音。只有当人民的物质生活有了一定的保障时，才容易“驱而之善”，进而“谨庠序之教，申之以孝悌之义”（《孟子·梁惠王上》）。尊重民意，尊重对象在传播过程中的主体地位，结合他们的切身利益，按照他们乐于接受的方式，进行宣传说服，而不是“以力服人”，就容易得到民众的认同。

（二）利用情感，动之以情

一般而言，观念、意识的推广与传播大体上有四种方式：一是思辨和论辩，以直接的说服形式出现；二是依靠神明开示，借用对神的信仰推行；三是为当权统治者所首肯，用政治力量推行；四是

① 谢祥皓：《由两个命题看孟子之‘民’》，《孟子思想研究》，山东大学出版社 1986 年版，第 164 页。

这种思想意识近乎人情，用情感的渲染去打动受众。① 孟子在传播、推广自己的学说，在与其他学派辩论，在说服诸侯采纳他的意见的时候，主要是采用第四种方式，即用充满了感情的话语去打动人。孟子主张，传播者在宣传说服过程中要坚持以理服人，同时也要灌注充沛的情感，做到以情感人。儒家所倡导的伦理观念绝大多数都有丰富的情感内涵，“自孔子开始的儒家精神的基本特征便正是以心理的情感原则作为伦理学、世界观、宇宙论的基石。它强调‘仁，天心也’，天地宇宙和人类社会都必须处在情感性的群体人际的和谐关系中，这是‘人道’，也是‘天道’。自然、规律似乎被泛心理（情感）化了”②。而作为儒家“亚圣”的孟子更是将儒家的这种情感内核发挥得淋漓尽致，他在说理论事时无不以情感人。他的许多论述的内涵也都是感性的，甚至少有思辨色彩。例如他的被后世看作儒家基本范畴——“仁”“义”“礼”“智”等，都源出于“人皆有之”的“恻隐之心”“羞恶之心”“辞让之心”“是非之心”。而这些所谓的什么“心”，也就是什么“情”。这些感情是仁、义、礼、智的发端，所以这些观念最终也离不开感情。孟子将其学说与人的普遍情感紧密相联，使其具备了一种强烈的打动人心的力量。

孟子的传播实践，充分证实了情感因素在传播过程中的重大作用。他的论述气势雄浑，感情充沛，理论直接诉诸人的感情，如他讲“大丈夫”的品格，讲“舍生取义”的追求，讲“仁政”的理想，对“人皆可以为尧舜”的向往，以及批驳杨朱、墨翟、许行的学说等，都是使用感情色彩鲜明的文字，非常具有冲击力和震撼力。在表现技巧上，孟子擅长譬喻说理，常常用寓言、故事等来作比喻，以强化说理的形象性和感染力；他善于排比，论说气势一浪高过一浪；他好用感叹、疑问、否定语气，强化其情感的力量；他

① 王学泰：《大儒杜甫》，剑花社论坛，http：//www. jianhuashe. net/pages/bbs/read_ bbs. asp?

② 李泽厚：《中国古代思想史论》，天津社会科学院出版社 2003 年版，第 294 页。

言辞利落明快，行文跌宕顿挫、波澜起伏……正如他所说的，时时有一种“浩然之气”充盈其中，千载之下，读来仍让人感佩不已。

（三）诚信至上

在传播过程中，还必须坚持诚信的原则，讲真话，讲实话。“是故诚者，天之道也；思诚者，人之道也。至诚而不动者，未之有也；不诚，未有能动者也。”（《孟子·离娄上》）也就是说，讲真话，讲诚信乃是天道的要求。没有不被真诚所感动的人，虚情假意绝难使人感动。假话即使能骗人于一时，但真相总有大白于天下的时候。这一表述，与几乎是同时身处万里之外的柏拉图不谋而合。后者也强调：“必须把真实看得高于一切。”① 因为“上当受骗，对真相一无所知，在自己心灵上一直保留着假想——这是任何人都最不愿意最深恶痛绝的”②。真话，实话，能在对象那里产生信任感，这种信任是最重要的传播资源，拥有对象的信任，就打开了通往对象心灵的窗户，铺设了传播者与接受者心灵沟通的桥梁。诚心实意，讲真话，不讲假话，是传播活动的基本准则。坚持这一准则，是宣传说服制胜的法宝。

但是，从孟子的传播实践来看，由于他过分夸大了个人特别是作为社会楷模的圣人和君子的作用，也夸大了自上而下的道德教化的功能，其传播的效果是有限的。如果我们把韩非子的“知所说之心”和“必以我说合其情”的观点认为是“受众中心论”，那么孟子坚持的始终是“传者中心论”，其所采用的传播方式更像是布道而非交流。

首先，孟子在传播态度上与当时大多数游说者不同的是，他根本不打算迁就国君和当权贵族的心理需求。他说：“说大人，则藐之，勿视其巍巍然”，以及“挟贵而问，挟贤而问，挟长而问、挟

① ［古希腊］柏拉图：《理想国》，郭斌和译，商务印书馆 1995 年版，第 88 页。

② ［古希腊］柏拉图：《理想国》，郭斌和译，商务印书馆 1995 年版，第 79 页。

有功勋而问，挟故而问，皆所不答也”。他时时流露出高高在上的优越感，很在意国君们的态度即“养君子之道”，要求国君们像尧帝对待舜帝那样对待自己这样的圣人，以求师的态度向贤人学习。对于不接受自己主张的国君，孟子直斥其“不仁”“不智”，甚至“寇仇”，公然藐视国君至高无上的权威。这种居高临下的传播方式显然不利于得到受众的心理认同。

其次，就辩论技巧而言，孟子的确具有极高超的技巧。他常常运用比喻、举例和类比来阐明自己的观点，用反问、设问来加强论辩的气势和效果，常常把国君们和挑战者驳得哑口无言或“顾左右而言他”，他也因此被认为“好辩”。可是在大多数情况下，对方却并没有被劝服而改变其固有的信念，国君们自始至终没有采纳他的“仁政”治国方针，孟子自己在晚年也意识到这一点，他曾感慨：“仁，人之安宅也；义，人之正路也。旷安宅而弗居，舍正路而不由，哀哉！”（《孟子·离娄上》）这一感慨流露出他的困惑和失望。根据美国耶鲁大学卡尔·霍夫兰领导的研究小组经过实验得出的结论，说服者所采用的技巧对说服的效果并没有产生很大的影响，那些技巧往往只影响理解而不是改变主意。这也许可以解释为何孟子高超的论辩并没有达到预期的目的——并不是他采取的布道技巧不够，而是根本找错了布道的对象；对方根据自己的现实情况和内心目标判断孟子的理论不是自己所需要的，因此予以拒绝。

再次，对于人际传播来说，传播的过程实际上是一个沟通的过程，传者能否准确把握对方的反馈信息并进行自我调整是影响传播效果的关键。我们在孟子与国君们的对话中可以发现，他对于对方反馈的信息并未真正理解，也许是理解了但并不打算回应，也就是说那只是一个单向的传播过程。比如他与齐宣王那段著名的对话，孟子试图说服齐宣王仿效周朝先王们的德政，齐宣王内心并不情愿接受，但从道理上又难以辩驳孟子，便一再找出“寡人有疾”的借口。孟子也许看出了齐宣王的心思，但他总以为凭他的辩才和手中的真理定能说服齐宣王走上他所谓的“王道”正路，于是他继续按照原来的思路进行引导。应该说孟子在此采用的逻辑和技巧都非常出色，但劝说的效果却很不理想。

另外，孟子在辩论和游说中并不看重逻辑的严密性，这也降低了他的说服效果。比如他宣称，不管是危在旦夕的小国还是国运日衰的大国，也不论身处的政治、社会环境如何，只要“师文王”、行“仁政”，必然可以统治天下，这不免显得空洞和幼稚，很难令人信服。再如与告子关于人性的辩论、与陈相关于农家思想的辩论中，孟子使用了偷换概念的诡辩技巧来辩驳对方，这也破坏了传播的原则，从而影响了传播的效果。

四、结　论

孟子的传播思想与他的人性论、与现实政治、与他的整个生涯紧密相连。他认为人性本善，但这种善性有泯灭的可能，所以需要贤者的教化。他主张行仁政，推崇王道，反对霸道，而这种仁政、王道又是以尊重民意为前提的。他有着强烈的社会责任感，自认为肩负着传播孔子之道、推行政治教化、争取民众认同的使命。对于作为传播者的“士”提出了具体的道德修养的要求。因为，传播者的品行本身就具有极强的说服力。他了解传播活动的规律，主张进行有针对性的宣传，了解民众的意愿和接受能力，在传播过程中主要利用激情的力量，坚持讲真话，讲实话，反对虚情假意，力主诚信待人。孟子作为孔子的传人，一生栖栖惶惶，游说诸侯，聚众讲学，其工作大体上都属于传播的范畴。他身体力行，以自己的经历，实践了他自己的传播理念。而这一理念，至今仍然具有重要的现实意义。

第三章　马基雅维利的政治传播观念

15、16 世纪是欧洲历史上影响深远的文艺复兴运动时期。正如恩格斯所说的，这是一个需要巨人的时代，并且也确实产生了许多巨人。而尼科洛·马基雅维利（1469—1527 年）正是这个伟大时代所产生的巨人之一。不论在思维能力、热情和性格方面，还是在多才多艺和学识渊博方面，马基雅维利都无愧于巨人的称号。在此后几百年间，他一直被人们视为当时意大利乃至整个欧洲最伟大的政治家、思想家和近代资产阶级政治学说的奠基人。正是他率先用人的眼光来观察国家，“从理性和经验中而不是神学中引出了国家的自然规律”,① 使政治的理论观念摆脱了道德，使政治学与伦理学彻底分家，从而使政治学成为一门独立的科学。

马基雅维利的成就是多方面的。其传世之作有《君主论》、《李维史论》、《佛罗伦萨史》、《战争的艺术》、《曼陀罗花》等。其中属于政治学方面的，主要为《君主论》。《君主论》是马基雅维利为献给当时佛罗伦萨执政的美第奇家族而作的，如今已被学术界看作是影响世界历史进程的十大奇书之一。在书中，他竭力地探索，“讨论君主国是什么，它有什么种类，怎样获得，怎样维持，以及为什么会丧失”②。其中许多地方都涉及政治传播问题，诸如人性、政治形象、传播的控制、传播谋略等。对于马基雅维利的政治学说，前人进行了相当系统的研究。但是，从传播学的角度探讨他的政治传播思想，目前仍不多见。本章打算主要依据《君主

---

① 《马克思恩格斯全集》第 1 卷，人民出版社 1956 年，第 128 页。

② 1953 年 12 月 1 日马基雅维利致 F. 弗朗切斯科的信。转引自《君主论》，商务印书馆 1985 年版。

论》，结合其他相关著作，就马基雅维利的政治传播思想从如下几个方面，进行粗浅的讨论。

一、人性与政治

马基雅维利的政治思想具有鲜明的现实性、功利性和经验性的特点。这与他研究国家现象的出发点和基本方法是密切相关的。马基雅维利是近代历史上“用人的眼光来观察国家”的最深刻的思想家之一。他认为人的本性应该是统一的，永恒不变的。不管是多少年以前的人、现实生活中的人，还是多少年以后的人，不管是什么民族、什么地域或是什么国家的人，其本性都是普遍的、统一的、共同的。“情况之所以如此，那是因为人的所作所为一直是而且将来也是由于人类相同的种种冲动的刺激，所以必然产生相同的结果。”① 这种人性就是自私、贪婪、忘恩负义。马基雅维利在《君主论》中指出：“关于人类一般地可以这样说：他们是忘恩负义、容易变心的，是伪装者、冒牌货，是逃避危难，追逐利益的。当你对他们有好处时，他们是整个儿属于你的。……当需要还很遥远的时候，他们表示原意为你流血，奉献自己的财产、性命和自己的子女，可是到了这种需要即将来临的时候，他们就背弃你了。”“人们忘记父亲之死比忘记遗产的丧失还要来得快。”② 人的本性为什么会这样丑恶？其根本原因在于人是一种有情欲的动物。不管是什么民族，也不论是什么时代，支配人们行动的就是他们自己的欲望。为了满足自己的欲望，他们必然要采取虚假伪善的手段，尔虞我诈，争斗不休。所以从道德秉性来看，人天生就是恶的。当然，这种丑恶的人性，一般情况下是对广大的群众而言的，是“群众的德行”。至于少数杰出的人物，特别是宗教始祖、国家的

① 转引自徐大同：《西方政治思想史》，天津人民出版社 1985 年版，第 140 页。

② ［意］尼科洛·马基雅维利：《君主论》，潘汉典译，商务印书馆 1996 年版，第 80~81 页。

创立者等，则具有非凡的美德、本性善，可以称之为好人。

从人的本性出发，马基雅维利探讨了国家的起源。他认为，史前社会人类和动物一样处于自然状态，分散活动。随着人口的增加，人与人之间的关系日趋密切。由于人们的根本欲望是追求财富和权力，但是财富和权力在世间总是有限的，而人们的欲望又是无穷无尽，所以人与人之间、群与群之间充满了矛盾和斗争。人们之间的关系是虚假的、伪善的，人们的行为是反复无常的、忘恩负义的。如果任凭人的本性发展，势必造成自相残杀的战争局面。人们为了保全自己，不得不联合起来，从自己的队伍中推选出最有能力、最有智慧、最有操行的人担任领袖，并服从他们的领导。在此基础上颁布了法律，确定了刑罚，组织军队，征收赋税，于是产生了国家。

马基雅维利认为，作为国家政权的组织形式，在人类历史上依次出现了君主政体、暴君政体、贵族政体、寡头政体、民主政体和群氓统治六种政体形式。他仿效希腊先哲亚里士多德把君主政体、贵族政体和民主政体视为正确的政体形式，但是他又指出，由于人类德性腐化的必然趋势，即使是正确的政体形式也都是不稳定的、难以持久的。君主政体为暴君政体所取代，贵族政体为寡头政体所取代，民主政体为群氓统治所取代，是历史的必然。它们周而复始，循环往复，鉴于各种政体不同的特点，马基雅维利认为共和政体是一种相对比较好的政体。他在《李维史论》中列举了共和政体的许多优点，如共和制最符合平等自由的要求，能增进公共福利；共和制能适应各种不同的情况，更好地保证国家的统一和威力，激发人民的爱国热情；在共和政体下无需担心统治者的营私舞弊，因为统治者是人民选举出来的，贵族处于人民的权力之下；等等。但马基雅维利又认识到，共和政体必须在一种有秩序的社会中才能实现。马基雅维利比较欣赏罗马共和国时期政治思想家波利比的混合政体论，认为如果将三种正确政体的因素结合在一起，使人民代表、贵族代表和选任的国家元首同时参与政权，将会形成一种最好的政体。但是他又认为，在意大利当时教会腐败、分裂割据的历史条件下，既不能建立混合政体，又不适宜共和政体，最恰当的形式只能是君主的独裁专政。只有实行君主政体，依靠强有力的王权，才能摆脱罗马教会的控制，打击封建贵族势力，结束封建割据，实现国家的统一。不过，马基雅维利看重君主专制，仅仅是把它作为挽救意大利的临时措施，并没有把它视为一种最好的政体。一旦国家统一，还是应该建立起共和制度。

不论是君主政体、贵族政体、民主政体，还是其变形暴君政体、寡头政体、群氓政体，在任何一种政治社会中，其政治行为的主体不外乎一般民众、贵族和君主（英雄人物）。三者的性质、地位和作用，在不同的社会、不同的历史时期颇不相同，其互动关系构成了政治过程的基本内容。在一般情况下，人民群众与贵族之间存在着“严重的和本能的敌对”，因为“贵族希望统治，而人民群众不肯被奴役”。正是这种敌对成为了“各城邦大部分纠纷产生的根源”①。人民群众与君主的关系则要单纯得多。如果君主由于人民的支持、赞助获得权力，那么他很容易而且也应该与人民保持友好的关系。君主应该争取人民，并把人民置于自己的保护之下。“如果人民满怀不满，君主是永远得不到安全的，因为人民为数众多”,② 而且事实上君主总是不得不和人民一起生活。与此相反，君主对贵族的需要远不如对人民群众那样迫切。就是没有贵族，君主的日子也能过得很好。即便是君主的权力来源于贵族的支持，这种支持也不是持久可靠的，“他头一件应该做的事情也是想方设法争取人民”，将自己的政治权力建立在人民支持的基础上，这样才能永远不为人民所抛弃。为了保持政治上的安定，马基雅维利还主张以上三大政治势力在宪法的范围内彼此制约，保持均衡。只有这样，才难以发生革命，从而实现长治久安。

马基雅维利的政治理论基于其人性恶的基本假说。其学说中有关国家的产生、各种政体的递嬗循环及人民、贵族、君主三者关系

---

① ［意］尼科洛·马基雅维利：《佛罗伦萨史》，李活译，商务印书馆1982年版，第121页。

② ［意］尼科洛·马基雅维利：《君主论》，潘汉典译，商务印书馆1996年版，46页。

的沿革，都与其对人性的认识密切相关。一个政治家要想实现自己的目的，维持既有的统治秩序，并且获得世俗的荣光，就必须深入地认识人性，了解人性，并根据对人性的理解来制定有关政策。只有这样，才能说他懂得了治国之道。这时他所能够做的事情实际是没有什么限制的：可以摧毁旧的国家建立新的国家，改变政府的形式，迁移居民，等等。此种说法虽不无夸张、臆测的成分，但是从总体上看，马基雅维利对人性的关注和阐述，从人的角度解释政治现象，把人性作为制定政策的出发点，在当时的历史条件下，其进步意义是不可低估的。

二、政治过程中的传播控制

信息传播系统之于国家，犹如神经系统之于人体。国家正是在人类生产发展的基础上，信息传播发展到一定阶段的产物。国家疆域的广狭及其组织程度的高低，与信息传播的发展水平密切相关。在不同的国家，因地理环境、民族文化传统的差异，信息传播系统的社会职能不尽相同。但是在沟通上下，争取民心及协调、整合社会各阶级、各族群、各集团的利益方面，却是基本一致的。政治过程与传播过程实际上互为表里，彼此不可须臾分离。鉴于信息传播在政治过程中的地位及其影响，几乎所有的政治家都把利用控制信息传播活动作为其施政的重要内容。为了实现治国安邦的宏图大略，“他们必须恳求人们，抑或使用强迫的办法，在第一种场合，结果总是恶劣的，并且永远不会取得什么成就。但是，如果他们依靠自己并且能够采取强迫的办法，他们就罕有危险。所以，所有武装的先知都获得胜利，而非武装的先知都失败了”①。因此，马基雅维利主张，统治者必须善于使用野兽和人类所特有的斗争方法，即同时效法狐狸与狮子。由于狮子不能够防止自己落入陷阱，而狐狸则不能够抵御豺狼。所以君主必须是一头狐狸以便认

① ［意］尼科洛·马基雅维利：《君主论》，潘汉典译，商务印书馆1996年版，第27页。

识陷阱，同时又必须是一头狮子，以便使豺狼惊骇。不懂得这种野兽的斗争方法，就难以使信息传播最终服务于其最高的政治目的。

掌握控制信息传播，不仅意味着统治者对传播的利用，而且还意味着统治者对传播渠道的垄断，即统治者保证自己绝对的言论自由，而被统治者的言论权利受到削弱或完全被剥夺。马基雅维利根据对当时政治实践的研究，认为一个高明的政治家在掌握或完全控制传播渠道时，不应该彻底地剥夺人民的发言权。尽管一般的民众智识低下，既不能自己理解，也不能理解别人的说明，他们不可能有自己的真知灼见。但是在群氓和统治者之间，任何一个国家总会有一些贤明俊逸存在。他建议统治者“在它的国家里选择一些有识之士，单独让他们享有对他讲真话的自由权，但只是就他所询问的事情，而不是任何其他事情。但是他对于一切事情都必须询问他们，并且听取他们的意见；然后按照自己的看法做出决定。对于这些忠告和他们当中的每一个人，他的为人要使每一个人都认识到谁愈敢言谁就愈受欢迎。除了这些人之外，他应该不再聆听别人的话”①。马基雅维利一方面主张尊重并保障有识之士的言论特权，另一方面又建议统治者在这种对话中绝对地保证自己的主导地位。他提醒有识之士，只有在君主听取意见时，只有对君主愿意征询的事情，他们才能自由地不受限制地发言；反之，君主则“应该使每一个人都没有提意见的勇气”。在这个意义上，有识之士所享有的言论自由程度，与统治者的贤明雅量密切相关。但是对于这两者的关系，马基雅维利与自由主义者的看法大相径庭。他认为：“一切良好的忠言，不论来自任何人，必须产生于君主的贤明，而不是君主的贤明产生于良好的忠言。”② 尽管如此，他建议君主广纳忠言的态度仍然是十分真诚的，这在对雅典公爵事迹的记述中表露无

① ［意］尼科洛·马基雅维利：《君主论》，潘汉典译，商务印书馆1996年版，第112页。

② ［意］尼科洛·马基雅维利：《君主论》，潘汉典译，商务印书馆1996年版，第114页。

遗，雅典公爵不听忠言，堵塞言路造成的恶果，使他深深地感受到对于有识之士，“要封上他们的嘴，捆住他们的手脚”，①会产生什么后果！

马基雅维利认为，掌握控制信息传播系统对于统治者而言，还有如下几项重要作用：其一，统治者可以利用信息传播手段，激励、鼓舞、感染国民，使普通国民具有和自己同样的品质。要建立一个世代长存的政治体制，保持社会的稳定，只能寄希望于那些“至少每隔十年出现一次”的表现出超凡德性的领导者。他必须能对一般国民产生影响，使自己的美德被人们所接受，即将其“极其重要的品质铭刻在他的追随者身上，即使他们可能完全没有这方面的禀赋”②。要做到这一点，最好的办法是利用一切有效的宣传手段，如果一个君主将自己的权力基础建立在人民之上，“并且以其精神意志与制度措施激励全体人民，这样一个人是永远不会被人民背弃的，而且事实将会表明他已经把基础打好了”③。

其二，统治者利用传播渠道为自己的耳目，直接了解、观察现实世界的变动，及时发现危险的苗头，防患于未然。马基雅维利认为，任何事物的发展变化都有一个过程，由微而著，由量变到质变。社会现象、国家事务也是如此。利用信息传播渠道，直接倾听民众的心声，对于潜伏中的祸患就能预察于幽微，就能够迅速地加以挽回。

其三，禁止诽谤，阻止不利于统治者的消息流传。马基雅维利认为，政治家要实现自己的目的，不仅要有适当的手段，而且还要有足够的力量。无视力量的差距，而空言正义必得胜利，罪恶的胜利不会长久，在现实中必然碰壁。力量决定一切，而“力量常常

---

① ［意］尼科洛·马基雅维利：《佛罗伦萨史》，李活译，商务印书馆 1982 年版，第 108 页。

② ［英］昆廷·斯金那：《马基雅维利》，王锐生、张阳译，工人出版社 1985 年版，第 115~116 页。

③ ［意］尼科洛·马基雅维利：《君主论》，潘汉典译，商务印书馆 1996 年版，第 48 页。

依靠舆论，舆论又靠宣传”①。在政治斗争中，政治家表面上显得比对手更有道德往往是力量的重要源泉。要显得自己有道德，就必须阻止敌人蓄意的诽谤。马基雅维利在《李维史论》中提醒人们，一个城邦如果要保存它的政治自由，其“宪法就应当包括一些反对诽谤和猜疑杰出公民的习惯行为的条款”②。如果让诽谤不受限制地倾泄到政治家的身上，就会为国家造成无穷的麻烦。

其四，杜绝献媚。作为诽谤的对立面，对统治者的献媚，也是一种极大的危险。因为不管什么人都有一个共同的缺点，即他们“对自己的事情是如此地自满自足，并且自己欺骗自己”③。以致他们难以抵御献媚这种瘟疫。要防止人们阿谀奉承，最好的办法就是让人们知道你对他讲真话也不会得罪他，同时还须坚决地切断阿谀奉承的渠道。统治者一旦控制了传播系统，一旦克服了人性的弱点，阿谀之风就自然会消灭于无形。

其五，政治家控制传播系统，限制民众的表达自由权，阻止舆论的生成与扩散，还能减轻其决策过程所面临的压力，使统治者的政治行为不受社会舆论的约束。这是集权制社会统治者的共同理想。

因此，马基雅维利主张不惜代价，不择手段，尽一切可能控制、垄断信息传播系统，即便是非法的不道德的手段。他深信，目的总会证明手段正确，胜利者不受审判。他在《佛罗伦萨史》中借用一个起义工人的话说：“胜利者不论是用什么手段取胜的，人们考虑到的只有他们的光荣。良心这个东西和我们毫无瓜葛，不必考虑它。”④ 在某些时候，“虽然行为可以非难，结果却应使人原

① ［英］罗素：《西方哲学史》下卷，马元德译，商务印书馆 1996 年版，第 25 页。

② ［英］昆廷·斯金那：《马基雅维利》，王锐生、张阳译，工人出版社 1985 年版，第 131 页。

③ ［意］尼科洛·马基雅维利：《君主论》，潘汉典译，商务印书馆 1996 年版，第 112 页。

④ ［意］尼科洛·马基雅维利：《佛罗伦萨史》，李活译，商务印书馆 1982 年版，第 146 页。

谅他；只要结果是好的——就像罗缪拉斯的结果那样——就总会被原谅”①。这一观点，不仅在政治上，而且在传播史上产生了深远的影响。20世纪前半期，墨索里尼、希特勒采取的新闻传播政策，从中就不难看到马基雅维利思想的影子。

三、政治形象的设计

作为一个人文主义者，马基雅维利始终用人的眼光来观察政治现象，他不相信命运的主宰力量，反对让事情听从命运的支配而无所作为。他十分看重人本身的力量，看重人的自由意志。在他看来，命运至多是人们半个行动的主宰，“但是它留下其余一半或者几乎一半归我们支配”②。政治家尤其如此，他决不能将一切交给命运，任凭命运的摆布，而必须为自己确定明确的目标，并为实现这一目标而奋斗。马基雅维利认为，作为一国之君的统治者，其最起码、最基本的目标，必须是保持国家的生存，即维持政治现状，特别是保持对政府权力的控制。除此之外，他还必须追求更为远大的目标，那就是财富、世俗的名声和光荣。要实现这些目标，离不开人民的理解、支持和好感。如果人民对统治者心怀不满，君主是永远得不到安全的。所以君主必须想方设法使“曾经信仰他的人们坚定信仰”，同时使那些“不信仰的人们信仰”③。建立并且保持与人民的友谊，培养人民对自己的好感，这样统治者不仅能保证自己的安全，而且能得到人民的支持。

马基雅维利认为，人民对于统治者的好感、友谊主要取决于统治者的政治形象。一个君主如果在人民心目中树立了良好的形象，自然易于赢得他们的信赖和支持。他以佛罗伦萨的统治者科斯莫为

---

① ［英］昆廷·斯金那：《马基雅维利》，王锐生、张阳译，工人出版社1985年版，第108页。

② ［意］尼科洛·马基雅维利：《君主论》，潘汉典译，商务印书馆1996年版，第117页。

③ ［意］尼科洛·马基雅维利：《君主论》，潘汉典译，商务印书馆1996年版，第27页。

例，说明了形象的重要性。科斯莫富有财产和权威，慷慨豁达，精明谨慎，常常不用请求就主动救济贫困，从不炫耀，行事节制，在与人民的交流中处处表现出谦逊的态度。他爱好广泛，学识渊博，尊重人才。故其当权之时，全城上下的支持几乎是没有保留的；死后葬礼也极为隆重，全城男女老少为他送葬，以至于马基雅维利在描述他的事迹时“不得不多使用一些不平常的颂词”①。根据马基雅维利的论述，统治者的政治形象主要是由两大要素决定的，其一是统治者本人的道德品质。正是这种品质使他受到人民的赞扬或责难。道德品质包括慷慨、乐善好施、慈悲为怀、言而有信、勇猛强悍、和蔼可亲、纯洁自持、诚恳、稳定、虔诚等。一旦具备这些品质，就容易得到人民的赞美。反之，如果统治者在人民的心目中显得吝啬、贪得无厌、残忍成性、食言而肥、软弱怯懦、桀骜不驯、淫荡好色、狡猾、轻浮、虚伪，则会招致人民的谴责。其二是统治者的政治行为。如果统治者的行为符合通行的道德准则，就容易为他赢得好名声；反之，则会被人们视为倒行逆施，从而激起人们的不满。

在马基雅维利看来，统治者具备各种美德固然是再理想不过的。但是，由于生活在他周围的尽是那些自私自利、背信弃义之徒，完美的品德反而会成为君主的拖累。所以，对于一个君主来说，事实上没有必要具备上述的全部品质，“但是却很有必要显得具备这一切品质”。马基雅维利断言，统治者“如果具备这一切品质并且常常本着这些品质行事，那是有害的；可是如果显得具备这一切品质，那却是有益的。你要显得慈悲为怀、笃守信义、合乎人道、清廉正直、虔敬信神，并且还要这样去做，但是你同时要有精神准备作好安排：当你需要改弦易辙的时候，你要能够并且懂得怎样做一百八十度的转变”②。换言之，作为一国之君必须学会并且

① ［意］尼科洛·马基雅维利：《佛罗伦萨史》，李活译，商务印书馆1982年版，第358页。

② ［意］尼科洛·马基雅维利：《君主论》，潘汉典译，商务印书馆1996年版，第85页。

善于伪装，不管他是否具有好的品德，都要显得真的具备；不管他的行为是否符合公认的道德准则，都要把它装扮成善行。在可能的情况下，他应该用美德善行去实现自己的目标。但是他还必须时刻准备着取得“邪恶的权力”，并且按照必然性的命令去运用它，不过，他还必须时刻小心谨慎，不要因此“获得一个邪恶者的名声”。

那么，统治者怎样才能不致蒙受恶名，在人民心目中树立良好的形象？马基雅维利在《君主论》中从如下七个方面进行了分析。

第一，要正确地处理慷慨与吝啬的关系。在一般人的心目中，慷慨是一种很好的品质，有些政治家也乐于在民众中保有慷慨之名。但是慷慨往往具有豪奢的性质，常常使统治者耗尽财力。到最后，如果统治者要想保持慷慨之名，就不得不加重人民的负担，横征暴敛，从而招致人民的仇恨；如果半途收手而有所节制，就会立即获得吝啬之名。因此，统治者除非自己承担损失，否则就不能使慷慨的德性扬名于世，所以“为了不去掠夺老百姓，为了能够保卫自己，为了不陷于穷困以至为人们所轻蔑，为了不至变成勒索强夺之徒”,① 统治者对于吝啬之名就不应该有所介意。

第二，要处理好仁慈与残酷的关系。每个统治者都会希望被人认为仁慈而不是残酷，马基雅维利提醒他们不可滥用仁慈。如果过分仁慈，坐视社会动乱而不加以铁腕制止就会使整个社会蒙受灾难。要维持国民的团结和政治的稳定，统治者有时必须使用残酷的手段。他以汉尼拔为例，说明了残酷无情的手段，使他在普通士兵心目中感到既可敬又可畏，保证了军队的战斗力。所以统治者对于残酷的恶名亦不应有所介意。

第三，统治者“应该努力在行动中表现伟大、英勇、严肃庄重、坚韧不拔”②。如果他给人们的感觉是变幻无常、轻率浅薄、软弱怯懦、优柔寡断，就会受到人们轻视。他必须做与其高贵的身

---

① ［意］尼科洛·马基雅维利：《君主论》，潘汉典译，商务印书馆1996年版，第85页。

② ［意］尼科洛·马基雅维利：《君主论》，潘汉典译，商务印书馆1996年版，第87页。

份相适应的事情，绝对不能贪恋女色，不能与滑稽小丑在一起，更不能与婴儿嬉戏。

第四，统治者还应该爱才惜才、近君子远小人。马基雅维利在《君主论》中指出，“一个君主必须表明自己是一个珍爱才能的人，引用有才艺的人们，对各个行业中的杰出的人物给予荣誉。”① 同时鼓励公民们安居乐业。对于品格低下的献媚者，君主必须避开。因为献媚就其本质而言，其危险不亚于瘟疫。

第五，统治者应该与民同乐，体察民情。在每年适当的时候，使人民欢度节日和赛会。经常会见各阶级各部族的代表，在保持威严的同时，做出“谦虚有礼和宽厚博济的范例”②。

第六，统治者应该一言九鼎，不轻易改变自己的决断。如果朝令夕改，就会丧失人们对其决定的信赖。

第七，统治者在信义问题上也要善于权变。尽管人们都希望统治者笃守信义，立身行事不使用阴谋诡计。但是由于人性是那么的恶劣，他们对统治者也不总是信守不渝，所以统治者也无需对他守信。特别是“当遵守信义反而对自己不利的时候，一位英明的统治者绝不能够，也不应当遵守信义”③。

由此可见，在马基雅维利心目中，统治者应有的形象是既令人爱戴又令人畏惧。那究竟是被人爱戴好还是被人畏惧好呢？马基雅维利认为最好是两者兼备。但是他又指出，一个统治者同时兼具这两者是很难的。如果两者必取其一，那么选择被人畏惧比选择被人爱戴要安全得多。这是因为“人民爱戴君主，是基于他们自己的意志，而感到畏惧则是基于君主的意志”④。爱戴是靠恩义维系的，

① ［意］尼科洛·马基雅维利：《君主论》，潘汉典译，商务印书馆1996年版，第109页。

② ［意］尼科洛·马基雅维利：《君主论》，潘汉典译，商务印书馆1996年版，第109页。

③ ［意］尼科洛·马基雅维利：《君主论》，潘汉典译，商务印书馆1996年版，第84页。

④ ［意］尼科洛·马基雅维利：《君主论》，潘汉典译，商务印书馆1996年版，第82页。

由于人性的恶劣，在任何时候，只要对自己有利，他们便会将这条纽带一刀两断；可是畏惧则由于害怕遭受绝不放弃的惩罚而始终保持着。在一般情况下，人们冒犯一个自己爱戴的人比冒犯一个自己畏惧的人较少顾忌。因此，一个明智的君主应当立足于自己的意志之上，而不是立足于他人的意志之上；应该选择被人畏惧，而不是被人爱戴的形象。马基雅维利同时还指出，统治者在选择被人畏惧时，还必须努力避免招致人民的仇恨，这是他对付一切阴谋的主要法宝，“如果君主避免引起臣民的憎恨和轻视，使人民对他感到满意，他就能够稳坐江山了”①。反之，如果人民对他抱有敌意，怀着怨恨的话，他对任何一件事，对任何一个人就必然提心吊胆。在这个意义上，可以说保卫君主最坚强的堡垒，就是他自身不被人民所憎恨的政治形象。

四、政治传播的谋略

鉴于政治过程与传播过程互为表里、相辅相成的关系，以及信息传播在树立君主形象、争取民心、沟通上下及协调社会各阶级、各族群利益方面的作用，马基雅维利对于政治传播的谋略也作了比较深入的论述。总体而言，他对传播谋略的阐述，是站在政治家的高度进行的，在一定的范围内，传播谋略就是政治谋略。其内容主要有如下几条：

第一，利用宗教情绪提高宣传效果。与中世纪经院学者的神权政治原则不同，马基雅维利不仅对宗教的真理性问题不感兴趣，而且坚决地反对宗教至上，反对世俗权力依从于教会权力，并对罗马教会进行了猛烈的批判，认为正是罗马教会阻碍了意大利的统一，使世界衰退下去，成为坏蛋们的牺牲品。但是批判罗马教会并不等于全盘否定宗教。在他看来，对于国家、对于统治者而言，宗教还是十分有必要的。因为哪里有宗教，哪里就容易确立纪律，哪里就

① ［意］尼科洛·马基雅维利：《君主论》，潘汉典译，商务印书馆1996年版，第88页。

容易维持秩序。只不过，在国家与教会的关系上，应该是教会服从国家，教权服从王权，教会和宗教应该成为国家政权的工具。一个高明的政治家应该充分地利用宗教，利用人民的宗教感情，因为信奉宗教的人往往易于管理。如果在宣传过程中也利用人们的宗教情绪无疑会取得更好的效果。马基雅维利在研究古罗马历史时，发现了古罗马人的一个重大秘密，即利用宗教“来激励——如果必要的话甚至恐吓——普通大众，劝导他们宁可选择他们的共同的幸福，而不要斤斤计较于其它的利益”①。对于罗马统治者以宗教在群众中唤起恐惧心理的做法，其印象尤为深刻。他认为这种宗教感情，不仅能鼓舞人民，使人们保持善良，使坏人羞耻，而且能培养其绝对服从的品德，宣传家、统治者如果弃之不用是不明智的。

第二，暴力配合宣传。马基雅维利认为，政治家要实现自己的宏图大略，有两个基本方法，一是说服人民，恳求他们的支持；二是使用强迫的、暴力的方法使他们服从。在他看来，由于人性的原因，第一种方法很难奏效。只有把这两种方法配合起来，即以武力强制的手段配合说服。他坚信强权即公理，因而赞赏汉尼拔的做法，因为后者认识到有必要靠他个人的威严把恐惧灌输到他的军队中去，威吓他们不另作选择，从而保持队伍的统一、肃静和绝对服从。他从历史上看到：“所有武装的先知都获得胜利，而非武装的先知都失败了。”因而建议统治者，当人们不再信仰、不再服从时，“就依靠武力迫使他们就范”②。否则，他们就没有办法使不信仰的人信仰，使不服从的人服从，使曾经信仰的人更加坚定自己的信仰。但是，马基雅维利又提醒统治者，对暴力、残酷手段的利用，应该是有条件、有限度的。只有在维护自己安全所必需，并且能为臣民谋利益的情况下，才“可以偶尔使用残暴手段”。如果毫无节制地使用武力手段，不仅对于宣传无益，就是统治者本身的地

① ［英］昆廷·斯金那：《马基雅维利》，王锐生、张阳译，工人出版社 1985 年版，第 121 页。

② ［意］尼科洛·马基雅维利：《君主论》，潘汉典译，商务印书馆 1996 年版，第 27 页。

位也难以确保。

第三，口是心非，伪装骗人。马基雅维利认为，政治家面对他的臣民，该不该守信义，应该讲真话还是应该讲假话，不是问题的关键。问题在于怎样做对他有利。如果讲真话、守信用有利，自然守信诚实；反之，他完全有理由不守信用，进行欺骗。他主张，君主不仅必须善于骗人，“必须做一个伟大的伪装者和假好人”,①而且还要善于为其背信弃义的行为涂脂抹粉。这种蒙蔽视听、口是心非、谎话连篇的本领，可以说是任何君主成功的主要武器。他以亚历山大六世为例，说明任何一个想要欺骗人的统治者总是可以找到某些甘愿上当受骗的人：亚历山大六世除了欺骗人们之外，既不曾做过其他任何事情，也从来不曾梦想过其他任何事情。可是他的欺骗总是称心如意地获得成功。这种欺骗的实践何以能够成功？马基雅维利提出了两个与众不同的理由：一是大多数人头脑简单，易于自我欺骗，且受到当前需要的支配，所以他们通常是毫无批判地从表面价值来看待事物。二是君主的行为受到政府权威的保护，加上君主与人民的隔离，人民观察君主只能得到他的“表面现象”,② 很少人能知道他的真实面目。对此政治家完全可以利用。

第四，信息传播要依时势的变化而变化。根据马基雅维利的发展历史观，历史不是凝固不变的，时代与世事永远不停地在变化着。由于世事复杂、变幻莫测，政治家的性格、治国方法及宣传方式也必须随之改变。“如果他的作法符合时代的特性，他就会得心应手；同样地，如果他的行径同时代不协调，他就不顺利。”③ 因此那些僵化的、以不变应万变的统治者必然会时而遇到好运气，时而遇到坏运气。马基雅维利建议政治家与时共进，随着时代和世事而改变自己的性格，改变自己行事的方式，改变自己宣传的内容和

① [意] 尼科洛·马基雅维利：《君主论》，潘汉典译，商务印书馆1996年版，第84页。

② [英] 昆廷·斯金那：《马基雅维利》，王锐生、张阳译，工人出版社1985年版，第89页。

③ [意] 尼科洛·马基雅维利：《君主论》，潘汉典译，商务印书馆1996年版，第118页。

形式，真正做到“知时势而通权变”，只有这样才能将“命运永远掌握在他手中”，① 才能真正地主宰自己的命运。

第五，利用历史进行道德训诫，报喜不报忧。如前所述，马基雅维利还是文艺复兴时期最杰出的历史学家之一。他深信历史著作应该向人民灌输道德精神，用最详明的方式传达最有益的道德训诫。要做到这一点，就必须对史料进行精心的挑选和组织，选择组织那些看起来“值得记录的部分”，以便显示出强有力的道德教诲力量。他认为，那些值得记录的东西，应该是我们祖先的最好的成就和伟大的事迹。通过它们不但能帮助人们回顾美好的时代，增强民族自豪感，而且还能鼓舞人民模仿这些光荣的事迹。对于这些能激起人们雄心壮志的历史事迹，政治家应该而且必须加以充分利用。不仅如此，现实生活中的重大事件，也应该成为道德训诫的教材。特别是统治者的某些善行及良好的道德品质，要加大宣传。如果这些美德善举不能见知于人，统治者就难以避免与此相反的恶名。至于统治者的贪婪虚伪、兽性发作、背信弃义，则应该尽力掩饰，不让人民知道。这种隐恶扬善的策略与古代东西方各国专制君主之所为实出一辙。

第六，旗帜鲜明，不含糊其辞。在意见必然分歧的现实环境，在对立双方尖锐冲突中，政治家是应该观望中立，还是公开表态，直接地参与其中，历来是人们争论的重要话题。马基雅维利认为，政治家应该公开表态并且支持其中的一方，成为其真正的朋友，这样有利于他获得别人的尊重。② 反之，如果采取滑头骑墙的态度，置身事外，则不仅不能赢得真正的朋友，而且还会增加更多的敌人。

第七，不断地树立新的敌人，干大事，吸引人民的注意。政治家要想获得世人的尊重，树立自己伟大的形象，就必须干一番伟大

① ［英］昆廷·斯金那：《马基雅维利》，王锐生、张阳译，工人出版社 1985 年版，第 81 页。

② ［意］尼科洛·马基雅维利：《君主论》，潘汉典译，商务印书馆 1996 年版，第 107 页。

的事业。这种事业既可以是攻城略地，也可以是改革内政。前者要求不断地为自己树立新的敌人，并且找出种种理由，然后一个一个地加以制服，这样他才能凭借着敌人“给他的梯子步步高升”①。后者则在于他能否使自己治理的国家的面貌焕然一新。这样一来，人们的注意力全被集中于君主所干的大事，君主成了社会权力的中心，其伟大的形象自然就会树立起来。

马基雅维利的传播谋略直接服务于一个目的，即树立政治形象，争取人民的友谊理解和支持，强化统治权力，维护国家的统一和安全。在论述这些谋略原则时，其不受道德约束的功利意识表露无遗。在他的心目中，充满了权术，而没有正义和非正义之别，目的总将证明手段正确。与古代希腊、罗马、中世纪政治家大相径庭。他们都坚持，不但目的应该是高尚的，而且手段也应当是正当的，手段和目的应该一致。马基雅维利则主张，目的是唯一的，手段是从属于目的的；只要目的正当，什么手段都可以使用；同样，不论是什么手段，只要能达到目的，也都是好的，不能因为手段的恶而影响目的的善。正是基于这一立场的差异，在马基雅维利的谋略库中，杂生着善与恶的诸多手段，而这些手段由于切中人性，至少在他那个时代是有助于实现政治家的目的的。

五、结　论

以上我们从人性与政治、政治过程中的传播控制、政治形象及政治传播谋略等四个方面对马基雅维利的政治传播思想进行了简要的勾画。这一思想建构于对人性认识的基础之上，换句话说，是他用人的眼光观察政治现象和传播现象的成果。站在今天心理学、社会科学研究成果的基础上，较之于近现代政治传播的具体实践，马基雅维利的政治传播思想既有一定的科学依据，又有鲜明的非道德主义和反人民的色彩。所谓科学依据是指他在一定程度上揭示了政

① [意] 尼科洛·马基雅维利：《君主论》，潘汉典译，商务印书馆1996年版，第101页。

治传播的客观规律，反映了政治传播的历史实际。他肯定了信息传播的社会功能，揭示了传播系统在沟通上下、争取民心、道德教化方面的作用，他建议君主要加强对信息传播活动的控制和利用，但同时又提醒统治者表现出一定的气度和胸怀，广纳忠言，容忍不同的意见。他十分重视政治家的形象问题，并对决定形象的各种要素进行了分析，认为形象的好坏直接关系到政治目的的实现与否。特别是对传播谋略，马基雅维利着力尤深，他建议统治者利用宗教，煽动人民的恐惧心理，以暴力配合宣传，制造谎言，随时变化，报喜不报忧等，表明了他对宣传对象心理的深刻把握。另外，马基雅维利又表现出明显的非道德主义倾向和反人民性。在他的心目中，没有正义与非正义之别，只有目的和手段，只有权术。他相信目的会证明手段的正确，为了目的可以不择手段。他还坚持人性恶的理论，信奉英雄历史观，轻视普通民众的智慧和改变历史的能量，认为人民知识浅陋，缺乏理性和鉴别能力，容易陷于自我欺骗和被他人欺骗。他崇拜权力，主张将武力和说服结合起来。他建议统治者模仿狮子和狐狸，大胆地利用“兽性”。这些观点与近代自由主义政治学说和马克思主义理论是背道而驰的。

马基雅维利因此在世界历史上成为最具争议的人物。莎士比亚把他称为“残酷的马基雅维利”，后来又出现了“马基雅维利主义”一词，人们逐渐把它作为政治上尔虞我诈、背信弃义的同义语。与此相反，恩格斯则视他为时代的巨人，即在思维能力、热情和性格方面，在多才多艺和学识渊博方面的巨人。瑞士著名历史学家雅各布·布克哈特更是赞誉他为“最无与伦比的伟大的人物”①。他之所以受到攻击，除了他的思想集中表现出唯利是图和玩弄权术的本性外，他对那些野蛮的、悲惨的谋杀和权术，用一种陈述事实的笔调，在必须加以谴责的地方，他也毫无感情，使人感到他对历史的陈述过于冷酷，以至于令人心寒。人们之所以赞扬他，一半是由于他的著作准确反映了客观的历史规律，及其坦率认

---

① ［瑞士］雅各布·布克哈特：《意大利文艺复兴时期的文化》，何新译，商务印书馆 1988 年版，第 83 页。

真和不矜虚荣、不尚浮夸的文风；另一半则是他深厚的爱国情怀。他崇拜权力、力量，主张玩弄权术，拥护君主专制制度，目的便是拯救意大利，实现国家、民族的统一。

从传播思想史和政治思想史演变的轨迹来看，马基雅维利可以说是介乎柏拉图与希特勒之间的中间环节。在他的观念中，既可以看到柏拉图的影响又可看到希特勒的影子。三者之间存在着许多共同的东西，如他们都信奉英雄史观，轻视人民大众；他们都崇拜权力、力量，主张将强制与说服结合起来；他们都承认宣传、传播、说服的作用与影响，主张绝对地掌握控制信息传播系统；在传播策略方面，都主张利用情绪，因时制宜，无中生有等。但是他们之间也有明显的差异。柏拉图总的来说是一个学识渊博的哲学家、伦理学家、理想主义者，他比较偏重于信息传播道德教化、塑造人性的功能，其表述自成体系，具有较强的神秘性和理论色彩。希特勒则是典型的法西斯主义者，极端现实，极端功利，崇拜力量，为了目的不择手段，其表述浅显，理论性不足。马基雅维利则既有理想主义的成分，又有现实主义色彩，表现为柏拉图与希特勒之间的过渡。三者之间的差异，取决于多种因素，一是时代、环境的不同，信息传播发展水准的差别；二是思想家角色的不同，柏拉图是纯粹的学者，希特勒是政治统治者，而马基雅维利则是半学者半政治家式的人物。

时至今日，马基雅维利的政治传播观念仍然具有较强的生命力。在西方自由主义国家，政治家的形象设计、选举宣传，集权国家新闻媒介管制，国家与国家之间的宣传战略等都可以从他那里获得教益。其揭示的传播原理和策略原则，对于我们的宣传实践也应该有所启发，但是我们更应该注意其中的糟粕部分，不然的话，我们就会在吸取精华时把糟粕也一并接受了。

第四章　约翰·弥尔顿的出版自由观念

在世界新闻史上，约翰·弥尔顿的名字，与出版自由、言论自由是紧密地联系在一起的。人们一般把他看成是争取出版自由的英勇斗士。正是他在350年前，第一个系统地提出了反对封建专制、维护人类天赋权利的出版自由观念。这种观念为后世报人、学者所继承，并被发展成为自由主义报业理论。而这一理论，又是18至20世纪200多年间近代资产阶级新闻传播的思想基础。人们都知道这一重要的客观事实，可是在追溯历史时，却没有给予弥尔顿出版自由观念以足够的注意。作者打算就此问题，从以下六个方面略作分析。

一、弥尔顿生平及著作

弥尔顿是英国历史上最伟大的诗人和政论家之一，17世纪资产阶级革命中英勇无畏的斗士。他于1608年出生于伦敦一个钱业公证人家庭，其父是一个虔诚的清教徒，具有一定的文学修养，并且擅长音乐。幼年时代，弥尔顿就在家庭教师的指导下，学习意大利语、法语和文学。16岁时进入剑桥大学学习。在此期间，他受到弗兰西斯·培根的影响，坚信知识就是力量，主张凭理性认识世界。由于对学校的陈腐课程和繁琐哲学感到厌恶，他把兴趣放在文学的研究上，立志成为一个伟大的诗人。1632年，弥尔顿在剑桥大学获得硕士学位。他没有按照父亲的意愿去当牧师，而是在家自修，研习希腊文和拉丁文，致力于诗歌创作。其早期作品《科玛斯》、《快乐的人》、《幽思的人》及《利西达斯》等短诗成为当时传诵一时的名篇。① 1638 年，弥尔顿取道巴黎去意大利旅行。他和意大利各大城市中的著名科学家、人文学者和艺术家见了面，并受到其人文主义思想的影响。翌年，正当他准备去西西里和希腊考察时，传来了英国即将爆发革命的消息，于是改变了计划，赶回英国，投身于国内的资产阶级革命。他站在独立派的立场上，选择政论和小册子作为其主要的武器，向君主政体和封建国教开火。在大约一年的时间内，写出了 5 本有关宗教自由的小册子，给保皇派和官方教会以沉重的打击。克伦威尔执政期间，他进入政府任职，专门处理外交文件。1644 年，弥尔顿为了抗议国会恢复全面检查出版物的法令，发表了著名的《论出版自由》。此后不久，他又陆续发表了一系列小册子，如《偶像破坏者》（1649 年）、《为英国人民声辩》（1650 年）等。在这些小册子中，他坚决地反对封建专制，支持共和政体，捍卫基本人权，充满了革命的爱国主义精神。为了写作这些小册子，他竭尽心力。尤其是后面两种，使弥尔顿极度衰弱的眼睛完全失明。历史表明，这一沉重的代价是值得的，他解除了作用于人民心灵的政治迷信。作为革命的独立派的宣传家，弥尔顿赢得了世人的尊敬。

1660 年，英国斯图亚特王朝复辟，封建势力卷土重来，白色恐怖又笼罩了全国。在这艰难的岁月，许多曾经高喊反对王党，拥护共和的投机分子、变节政客，现在摇身一变，竟去献媚封建王朝；至于坚定的不妥协分子，则受到了封建当局的残酷打击。弥尔顿这位为人民声辩的斗士，也遭到了政府的逮捕，其私有财产的大部分被没收充公。此时，他已是一个疾病缠身、双目失明的老头子了。面对生活的不公和政治迫害，弥尔顿毫不妥协，坚持自己的革命理想，继续为自由与共和而战。复辟王朝对他竟无可奈何，鉴于他的身体状况，认为他再不会对政府构成威胁，便将他释放了。

弥尔顿获释后，近乎穷困潦倒。在直到去世前的十几年间，他以惊人的毅力，从事于诗歌的创作。在 17 世纪 60 年代中后期和

① ［英］马克·帕蒂森：《弥尔顿传略》，金发、颜俊华译，生活·读书·新知三联书店 1992 年版，第 33~35 页。

70年代初，弥尔顿的著名诗篇《失乐园》、《复乐园》和《力士参孙》相继出版。这些诗篇都是在他失明的状态下，由自己口述，请别人笔录而成的。在《失乐园》和《复乐园》中，他通过当时英国独树一帜的古典圣经文体，利用宗教形象反映和总结资产阶级革命的经验，表现了英国人民对于王朝复辟的愤慨心情，以及他本人对于君主政体和封建专制的深切仇恨。在《力士参孙》这部希腊式悲剧中，弥尔顿又刻画了一个用生命为代价战胜敌人的勇士形象，号召人民为反抗封建压迫而斗争。作为主人翁的力士是一个盲人，其痛苦的经历，实际上是弥尔顿自身的写照。

1674年，弥尔顿与世长辞，享年66岁。作为一个伟大的诗人和政论家，他没有来得及看到其政治理想的最终实现。但是他长期坚持并为之奋斗的信念，对于后来者的行动产生了巨大的影响。1688年的光荣革命，最终使弥尔顿的梦想成真。100多年后发生的美国独立战争、法国大革命及1905年的俄国革命，都或多或少地受到了他的光辉诗篇和政论册子的影响。在世界新闻学说史上，弥尔顿的《论出版自由》更是一个划时代的分水岭。正是这本小册子，奠定了近代自由主义报业理论的思想基础。

二、人性与自由

关于人性的认识，历来被看成是各种政治学说的现实基础，它决定了个人自由与国家权力的界线；在传播思想领域，它更是集中地体现了各种思想体系内在本质的特殊性。弥尔顿的人性论，正如他的政治思想，乃是英国清教徒（新兴资产阶级）人性观的集中体现。他认为，人首先是理性的动物。作为理性的动物，他既有慧根又有恶根。作为慧根的具体表现，人本身就是上帝按照自己的形象创造的，而且还有克制冲动、压抑刚愎的潜力；但是人性的另一面，又孕育着刚愎与堕落的危险。上帝“一方面命令我们节制、公正和自治，但又在我们周围大量撒下令人贪婪的东西，同时又赐给我们英国人漫无限制而无法满足的心灵”①。在弥尔顿看来，上帝的这种“至高天意”是很有道理的。因为只有在节制和诱惑之间，才能完成对美德的考验。而在这场考验中，人类的大多数是会表现出去恶求善的根本意向的。

弥尔顿认为，人作为理性的动物，还具有判断是非、辨别真假的能力。但这种能力，对于不同的个体来说是有很大的差别的。他引用帖撒罗尼迦的一句格言：“在洁净的人，凡物都洁净”，进而断定，“不但酒和肉是这样，而且连一切好的和坏的知识都是这样。只要心灵纯洁，知识是不可能使人腐化的，书籍当然也不可能使人腐化……对于坏的胃口来说，好肉和坏肉一样有害。最好的书在一个愚顽的人心中也并非不能用来作恶”。而对于胃口好的人来说，坏书和坏肉是不会损害他的健康的。尤其是富有理性与判断力的人，更是能够以毒攻毒，以异端的“书籍来反对异端”。②

在弥尔顿看来，上帝赋予人们理性，就是叫他有选择地自由。因为理智就是选择。事实上，从上帝创造人的本意来说，他是不会把人类“永远限制在一切规定好了的幼稚状态之下的”。他的意图乃是使每一个成熟的人在一切方面，尤其是在选择上，充分地使用其最高的智能。弥尔顿非常尊重人类选择的权利。而要行使这一权利，就要全面地接触并了解所有的善与恶、真与假、对与错。只有理解并估计到一切恶的、假的、错的习性和表面的快乐，同时又能自制并加以分别而选择真正善的、真的、正确的事物，他才能够成为一个真正富有战斗精神的基督徒。

基于上述认识，弥尔顿对于人的潜力和本质充满了信心，认为只要撤除限制人性的种种樊篱，让他们面对多彩的现实，独立地判断、自主地选择，就一定能维护上帝赋予的那份尊严，而达到人性的顶点。为此，弥尔顿根据社会契约学说，坚定地捍卫人类的自

---

① ［英］弥尔顿：《论出版自由》，吴之椿译，商务印书馆1959年版，第24页。

② ［英］弥尔顿：《论出版自由》，吴之椿译，商务印书馆1959年版，第24页。

由。在他看来，只有当人们自己情绪高涨，不仅勇敢地捍卫自由，而且还不遗余力地参加公共问题的讨论时，才能证明人类脱离了幼稚的状态，“走上了光辉的真理和蒸蒸日上的美德的道路”①。

弥尔顿认为，人类的自由，就其内容性质而言，可以划分为三类。其一是宗教信仰自由。这种自由在当时的情况下，实际上等于否定传统的英国国教在人们精神生活中的主宰地位，赋予了人们选择新宗教的权利，从而使得其他宗教合法化，其目的在于为清教徒争取信仰自由和思想自由。

其二是家庭或个人的自由。在弥尔顿看来，这种自由又可以细分为三种。一曰婚姻自由。婚姻在人的一生中占有十分重要的地位，因而婚姻的不幸，甚至可以看成是人生的失败。尤其对一个男人，“如果在家里受低于自己的女性的奴役——所有对男人奴役中最可耻的一种——在议会和法院里高谈自由是没有什么用处的”②。因此，当夫妻关系紧张、水火不容时，离婚就应该成为一种现实的选择，这种离异与当初的自愿结合，同样合乎“耶酥从未废除的神律”。二曰教育自由，即孩子能否自由地获得适当的教育。“就抓住时机向人类灌输美德（内在所感受的真正自由就是从这里产生的）来说，就共和国的贤明管理来说以及就巩固共和国的基础来说，再也没有比这个问题更重要的。”三曰出版自由，后来由此引申出了新闻自由。弥尔顿认为，“决定真与假，什么应该出版和什么应该禁止的权力不应该放在少数检查图书的检查者的手里”，③而应该由作者或出版者自己来决定。关于这一点，在本章的第五部分还会详细论及，此不赘述。

其三是公民自由。在这方面，弥尔顿集中地阐述了社会契约学说的精髓。他认为：“全世界的国王一般说来都是由人民授权，都

① ［英］弥尔顿：《论出版自由》，吴之椿译，商务印书馆 1959 年版，第 44 页。

② ［英］弥尔顿：《为英国人民声辩》，何宁译，商务印书馆 1982 年版，第 262~263 页。

③ ［英］弥尔顿：《为英国人民声辩》，何宁译，商务印书馆 1982 年版，第 263 页。

是根据一定的条件付托给他权力的。"① 这个条件就是维护公共安全和个人的自由。如果国王无视这一条件，那么人们就可以收回赋予他的权力。这些理由"牢固地奠定了人民对于国王的优越地位",② 人民有权监督国家行政，有权废立君王。对于无道的暴君，人民则完全可以"用惩治其他人的同一法律来惩治他"。这是因为，人民和国王的权力同样来源于上帝，在政治权力的天平上，他们是平等的。而且在道义上，"废黜一个暴君显然比拥立一个暴君要符合于神意。人民废黜一个昏庸无道的国王也比国王压迫无辜的人民更符合于神意"③。

这三大自由和人的本性一样，实际上也是人类理智、尊严的体现。为了尊重人性，维护人的理性和尊严，弥尔顿坚决反对专制独裁，勇敢地捍卫自由。当革命面临危险，独裁有可能再度降临时，他大胆地呼吁克伦威尔维护英国的自由，提醒他不要忘记"自由是我们共和国以无比的英勇赢得的，它以无比的光荣生长起来；如果它的毁灭像它的发展那样迅速，就会为我们这个国家带来极大的诽谤和耻辱"。他进而警告克伦威尔自重，不要践踏自己曾经为之奋斗的自由："我们没有自由，您本身也不可能得到自由，因为这是自然的规律，凡是强占他人的自由的人，必然首先丧失自己的自由，必然首先成为奴隶，再也没有比这一点更公正的了。"④ 弥尔顿在这里所要捍卫的，不仅是多数人的自由，而且还包括少数人的自由。他认为多数与少数之比，不是简单的数目之比，而是德行和智虑的对比。多数人压制少数人并不比少数人压制多数人合理。在自由权利方面，少数人与多数人是平等的。为了使人人享有自由，

---

① ［英］弥尔顿：《为英国人民声辩》，何宁译，商务印书馆 1982 年版，第 141 页。

② ［英］弥尔顿：《为英国人民声辩》，何宁译，商务印书馆 1982 年版，第 149 页。

③ ［英］弥尔顿：《为英国人民声辩》，何宁译，商务印书馆 1982 年版，第 50 页。

④ ［英］弥尔顿：《为英国人民声辩》，何宁译，商务印书馆 1982 年版，第 294 页。

弥尔顿呼吁人们发扬宽宏的美德，使不同的利益和意见得以协调。在他看来，只有这样才能使人性得以升华，从而实现完美的基督精神。

三、真　理　观

自由的目的，不仅是为了尊重人性，维护人类的理智与尊严，更重要的，还是为了追求真理。什么是真理？弥尔顿认为："真理不过是我们认识到的正义，正义不过是我们实践中的真理……真理的特点是思索，她的最高效能在于教育人；但是正义的本质在于力量和行动……手握利剑，反对世界上一切暴虐和压迫。"① 在另一本书中，他又说："上帝本身才是真理，任何人愈紧密地依靠真理，把真理传播给人类，必然也会愈接近上帝，而上帝必然也更加喜爱他。如果认为上帝妒忌真理，或者认为上帝反对把真理毫无保留地传播给人类，那是不虔诚的。"② 从这两段表述中，不难理解，所谓真理、上帝、正义，虽然在具体含义上有些微区别，但在根本的意义上，却是三位一体的。真理与上帝同在，而拥有真理接近上帝的子民，必定是正义的化身。

弥尔顿认为，当真理同圣主一道降临世界时，其形态是"十分完美而灿烂夺目的"，但是当"圣主升天而使徒们又已长眠之后，这时就兴起了一个恶毒的欺骗民族。他们就像埃及的泰丰及其同谋者对待善良的奥西斯一样，他们把圣洁的真理拿来，把它可爱的形体砍成千万个碎片四散抛开"③。从此真理不再是一个完美的整体，而寻找真理的碎片，重新拼合成完美的形态，就成了人类理性的使命。要完成这一使命，人们就得充分地运用自己的理智和判

① ［英］弥尔顿：《偶像破坏者》，引自鲁宾斯坦：《从莎士比亚到奥斯丁》，陈安全译，上海译文出版社 1987 年版，第 156 页。

② ［英］弥尔顿：《为英国人民声辩》，何宁译，商务印书馆 1982 年版，第 237~238 页。

③ ［英］弥尔顿：《论出版自由》，吴之椿译，商务印书馆 1959 年版，第 38 页。

断力，深入思索，展开辩论与争鸣。这种思索愈是深刻，辩论和争鸣愈是激烈，人们的观念、见解愈是分歧不一，就愈是说明他们在一步步地靠近真理。固然，在天下纷乱、人心未定的情况下，可能会有“许多教派和假教士手忙脚乱地引诱好人”，但是这种诱惑在人类的理智面前，注定会碰壁。所以大可不必从外部消除这种诱惑。如果单纯的人失去了一切恶的引诱，如果人们的意见整齐划一，如果人们“仅仅是因为牧师对他作了某种解说，或是宗教裁判法庭作了某种决定，就不问缘由地相信某种事物，那么纵使他们相信的是真理，这个真理也会变成他自己的异端”①。

在追求真理、捍卫真理的过程中，每个有理性的人都可以作出自己的贡献。其基本的途径，就是把他自己的智慧及其深思熟虑的成果——书籍、小册子——奉献给他的同类。就在这些书籍小册子中，“包藏着一种生命的潜力，和作者一样活跃。不仅如此，它还像一个宝瓶，把创作者活生生的智慧中最纯净的菁华保存起来”②。这是一种有用的药剂和炼制特效药的材料，而那些药品又是健全人生所不可缺少的。即便在它身上还看不到遗失已久的真理碎片，但是人们服用过后带来的心明眼亮的效果，无疑会引导人们步入通向真理的正确道路。当然，不可否认，在这些好的书籍、小册子之外，也有一些浅薄、庸俗的劣作。它可能会影响人们的选择。但对这种消极影响似乎也不能评价过高。因为这些坏书与腐败变质的鱼肉毕竟不同，后者用再卫生的烹调方法也不能对人产生什么营养，而前者“对一个谨慎而明智的人来说，在很多方面都可以帮助他善于发现、驳斥、预防和解释”③。弥尔顿强调：“在我们这个世界中，关于恶的认识与观察对人类美德的构成是十分必要的，对于

① ［英］弥尔顿：《论出版自由》，吴之椿译，商务印书馆 1959 年版，第 34 页。

② ［英］弥尔顿：《论出版自由》，吴之椿译，商务印书馆 1959 年版，第 5 页。

③ ［英］弥尔顿：《论出版自由》，吴之椿译，商务印书馆 1959 年版，第 15 页。

辨别错误肯定真理也是十分必要的。”① 既然如此，人们如果要探索罪恶与虚伪的领域，比较真理与谬误的差别，又有什么办法能比阅读各种论文、书籍（包括坏论文、坏书籍），听取各种观点（包括错误的观点）更安全、更有效的呢？

弥尔顿坚持认为，真理以上帝为后盾，以正义的力量为源泉。“除开全能的主以外，就要数真理最强了。”在与谬误的较量中，“她根本不需要策略、计谋或者许可制来取得胜利”②。这些都是错误本身用来防卫自己、对抗真理的花招。只要让真理有施展的余地，而不要在睡着的时候把她捆住就行了。至于武力，它固然可以起到捍卫真理的作用，或加速真理对谬误的胜利，但是对武力的崇拜，可能会削弱人类理性的力量，这对于人的尊严是一个不小的伤害。在弥尔顿看来，“唯有理性的保护才是真正地合乎人道的”③。所以他不赞成使用武力，而主张以智慧参与战斗。

面对着当时汹涌的革命潮流，弥尔顿感觉到了新的时代气氛，认为“现在正是发表写作和言论来推动大家进一步讨论激动人心的事情的时候”④。虽然各种学说可以随便地在大地上自由传播，然而真理已经亲自上阵。弥尔顿呼吁人们更加冷静、谦恭、宽容些，耐心地倾听各种意见。他深信，在各种意见激烈的论战之中，真理一定会脱颖而出，放出灿烂的光辉。这种观点，不仅充分地表现了新兴资产阶级对于人类理性、智慧的信心，而且还是弥尔顿忠于真理、投身革命的基本动力。

① ［英］弥尔顿：《论出版自由》，吴之椿译，商务印书馆 1959 年版，第 17 页。

② ［英］弥尔顿：《论出版自由》，吴之椿译，商务印书馆 1959 年版，第 47 页。

③ ［英］弥尔顿：《为英国人民声辩》，何宁译，商务印书馆 1982 年版，第 217 页。

④ ［英］弥尔顿：《论出版自由》，吴之椿译，商务印书馆 1959 年版，第 46 页。

四、控诉出版检查的罪恶

虽然真理与上帝一体，其力量无所不在，而追求真理又是人性的本能使然。但是人们追求真理的行动，总是会受到各种外部力量的刁难甚至是阻碍。其中影响最大、为害最恶的，就是出版检查制。这种制度，人们一般又称为事前检查或预检，它规定在书籍出版前，必须事先经过有关当局的审阅，以预防危险的或反政府的内容。弥尔顿认为，这一制度的历史可以追溯到古代希腊。当时雅典的长官就将许多“渎神和无神论的文字”及“诽谤中伤的文字”予以焚毁。① 进入中世纪后，几乎一切异端邪说都要经过检查、驳斥。从公元800年开始，罗马教皇更是“想像从前控制人们的判断一样，把自己的统治之手伸出来遮住人们的眼睛。凡属不合他们口味的东西他们都要禁止阅读，并且付之一炬”②。在稍后的宗教改革运动中，出版检查制度更趋严厉，其目的不用说，“只是破坏和阻挠宗教改革的来临”③。1643年，英国国会在长老派议员的操纵下，又恢复了革命初期一度废除的检查制，规定未经检查官的审阅批准，不准印行任何书籍小册子。弥尔顿痛恨这种摧残人性、戕害理智的罪恶制度，蔑视长老派倒行逆施的行径，并且利用回答国会质询的机会，大胆地控诉了出版检查制度的罪恶。

在弥尔顿看来，出版检查制是对人性和尊严的漠视，是对全人类的污辱。在这一制度的钳制下，学者、民众、国家，甚至连教会神职人员都遭到了下流的轻蔑。对于一个富有自由精神和卓绝天才的学者来说，“他们不为金钱和其他的目的，而是为上帝和真理服务”，当他准备向外界发表作品时，“他必然会运用自己的全部智

---

① ［英］弥尔顿：《论出版自由》，吴之椿译，商务印书馆1959年版，第6页。

② ［英］弥尔顿：《论出版自由》，吴之椿译，商务印书馆1959年版，第9页。

③ ［英］弥尔顿：《论出版自由》，吴之椿译，商务印书馆1959年版，第12页。

慧和思虑”。“假如他在这里面所费的那样多岁月，那样多辛勤劳动以及他的才能在以往的信誉都不能让他达到一种成熟的境地，因而始终不能被人相信”，以至非得让那些无能而又忙碌的检查员看上一眼，“像一个晚辈由自己的保护人领着一样，让检查员在他的标题页后面签署，以保证他不是白痴或骗子——这种作法，对作者、对书籍、对学术的庄严与特权，都是一莫大的污辱”①。如果推而广之，将全国所有从未触犯过刑律的人民都纳入必须怀疑的对象范围之内，担心他们在信念和判断力方面已经病入膏肓，不经过检查官拿着过滤的管子喂就不能吃下任何东西，这实际是把所有的人民都当成了一群糊涂、无知、没有原则、没有教养、没有人格的低等动物，这不仅是对全体人民的无端责骂，“对整个国家都是一种污蔑和损害”。这种污蔑和损害，同样殃及了教会神职人员。因为，既然他属下的教民被看成是一帮没有教化、没有原则、没有人格的乌合之众，而且“只要出一本不管什么小册子稍微吹他一下，他们就会抛弃自己的教义问答和基督徒的道路”，神职人员的传教努力竟被人们如此轻视，这种打击的严重程度，甚至超过了学者和普通民众所遭受的污蔑。

虽然检查制度污辱了学者、人民和国家，沉重地打击了教会神职人员，但是这种倒行逆施的看似厉害的制度，并不能达到预期的目的。在弥尔顿看来，这主要是由下面四点因素决定的：第一，现实生活中检查官的品质低下，使得他们无法胜任工作。一般而言，作为审判者，操书籍生杀大权的人，能够决定书籍应不应当进入这个世界，因此，“他们的勤恳、学识和公正都必须在一般人之上。否则在审核一本书可不可以通过的时候，就将发生极大的错误”。假如他的品质足以胜任这项工作，那么叫他不断地、没有选择地审读那些书，也是一件枯燥而无聊的事情。所以一般有品评、判断能力的人都不愿意从事这项工作。只有那些希图挣一个校对薪水的人才愿意去干。在这种情况下，人们不难想象那些检查员“不是骄

① ［英］弥尔顿：《论出版自由》，吴之椿译，商务印书馆 1959 年版，第 35 页。

傲专横而又疏忽怠慢，便是卑鄙地贪图金钱”①。在他们手下，除了一般庸人已经接受者外，不会放过其他任何东西。

第二，正如国家在选择检查员时可能发生错误，“检查员在选择作家的时候也同样容易发生错误”。而这种错误往往是致命的，它可能会误禁好书。“杀人只是杀死了一个理性的动物，破坏了一个上帝的像；而禁止好书则是扼杀了理性本身，破坏了瞳仁中的上帝圣像。”② 如果牵涉到整个出版界的话，就会形成一场大屠杀。

第三，通过检查员查禁的即便都是坏书，也不可能消除罪恶，甚至还会因此而遮掩德的光辉。“因为德与恶本是一体，消除其中之一，便会把另一个也一起消除了”，③ 所以，人们应该注意，在检查员手里，很难从书籍中消除罪恶，即便是能消除一些罪恶，也会破坏同样多的美德。

第四，检查制度在钳制书籍方面，虽然威力很大，但是“邪恶的风俗却完全能够不通过书籍而找到上千条其他的途径传播，这些途径是没法堵塞的。邪恶的说法只要有人指点，完全不凭书籍就可以流传”④。

弥尔顿之所以控诉出版检查制度，其原因除了它达不到目的之外，更重要的，还是这种制度的运用，有可能查禁真理本身。他曾这样解释说：“因为我们的眼睛已被偏见和流俗所蒙蔽，一眼看见真理时，很有可能认为他比许多错误更不堪入目，更不受欢迎。正好像许多伟人看起来让人感到轻蔑可耻一样。”⑤ 在常人是如此，

---

① ［英］弥尔顿：《论出版自由》，吴之椿译，商务印书馆 1959 年版，第 26 页。

② ［英］弥尔顿：《论出版自由》，吴之椿译，商务印书馆 1959 年版，第 5~6 页。

③ ［英］弥尔顿：《论出版自由》，吴之椿译，商务印书馆 1959 年版，第 24 页。

④ ［英］弥尔顿：《论出版自由》，吴之椿译，商务印书馆 1959 年版，第 19 页。

⑤ ［英］弥尔顿：《论出版自由》，吴之椿译，商务印书馆 1959 年版，第 49 页。

那些利欲熏心的检查官更不例外。也许他们还有捍卫真理的动机，并认为自己所信奉的是唯一的真理，但是在根本的意义上，他们用错了方法。正是这一致命的方法，不仅有可能损害真理，而且还污辱了民族、人民和国家，亵渎了人性的尊严。所以弥尔顿先是向国会请愿，继而向克伦威尔要求废除出版检查制度。他坚信，只有这样，才能解除对真理的束缚，使之发扬光大，才能恢复对人类理性与智慧的信心。

五、呼唤出版自由

弥尔顿不仅控诉了出版检查制度的罪恶，对于其他的一切出版管制包括特许出版制度也深恶痛绝。在他看来，一切出版管制不管其动机如何，其实质都是以宗教法庭的形式，实现权力和利益的结合，从而在根本上剥夺人民的权利。这是对自由、对人权的侵犯。① 虽然它的目的是阻挠真理的输入，准备在“可能的范围内消灭宗教改革之光，并确立假道理”，② 而且在客观上污辱了国家、人民和民族，摧残了高尚的学术，但是，它的根本企图并没有实现。就连最初设计这一制度的古希腊学者柏拉图也没有兑现。弥尔顿认为，检查制、许可制在近代是根本行不通的，他借用弗兰西斯·培根的话说：“责罚一种智慧就将增加它的威信。禁止一种写作，就会让人认为它是一种真理的火花，正好飞在一个想要熄灭这种真理的人的脸上。”③ 如果要理解统治者何以明知无用而又偏要施行这一制度，那只有一种解释，即他们的胆怯，他们对于真理、正义、人性及变革的恐惧。似乎采用了这种强大的武器，就可以吓走一切敌人。

① ［英］弥尔顿：《论出版自由》，吴之椿译，商务印书馆 1959 年版，第 34 页。

② ［英］弥尔顿：《论出版自由》，吴之椿译，商务印书馆 1959 年版，第 38 页。

③ ［英］弥尔顿：《论出版自由》，吴之椿译，商务印书馆 1959 年版，第 34 页。

总之，在弥尔顿的眼里，检查制也好、许可制也好，一切出版管制虽然看起来威风八面，但实际上并无用处。要治疗这种制度，唯一的办法，是废除这一制度本身。换句话说，只有出版自由，才是根治出版管制弊端的唯一良药。弥尔顿崇拜出版自由，认为这种自由“是一切伟大智慧的乳母。它像天国的嘉惠，使我们的精神开朗而又高贵。它解放了、扩大了并大大提高了我们的见识”①。另外，出版自由还是杜绝献媚、广纳忠言的保证。只有在自由的环境里，人们才能坦诚地赞扬，毫无顾忌地批评，大胆地直抒己见，勇敢地参与争辩，这样，才能可靠地保证人民的忠诚。

弥尔顿还认为，出版自由是人类与生俱来的权利，是“一切自由中最重要的自由”②。所以如此，乃在于出版自由是宗教自由和公民自由的前提，没有出版自由，也就是说没有说话的自由，其他所有的自由都将沦为一句空话。基于这一点，他在1644年《论出版自由》初版时，以随意翻译过来的欧里庇得斯的格言，题献给“英国国会”：

> 真正的自由，是生来自由的人，
> 有话要对公众说时，便能畅所欲言，
> 能说又愿意说的，博得高度赞扬，
> 不能说也不愿意说的，尽可保持缄默；
> 还有什么比这更公平的呢？③

这段格言的基本精神，完全贯穿了整个小册子。就在这本通篇充满强烈个人情感的小册子中，弥尔顿以一个受伤害者和受压迫者的身份，控诉封建专制的暴行，痛斥一切出版管制的罪恶，全面地

① ［英］弥尔顿：《论出版自由》，吴之椿译，商务印书馆1959年版，第44页。

② ［英］弥尔顿：《论出版自由》，吴之椿译，商务印书馆1959年版，第45页。

③ ［英］弥尔顿：《偶像破坏者》，转引自鲁宾斯坦：《从莎士比亚到奥斯丁》，陈安全译，上海译文出版社1987年版，第149页。

陈述了他的出版自由观念。

根据弥尔顿的论述，出版自由的实质性目的，可以从两个方面去理解。其一，是开明地听取人民的怨诉。他在《论出版自由》的开篇部分写道，我们想获得的自由，“并不是使我们共和国中怨怼从此绝迹，世界上任何人都不能指望获得这种自由；我们所希望的只是开明地听取人民的怨诉，并作深入的考虑和迅速的改革，这样便达到了贤哲们所希求的人权自由的最大限度”①。其二，是容忍不同意见的争论。在他看来，压制新颖而不能见容于流俗的意见，已被实践证明是不识时务的螳臂挡车的行为。那么最好的办法是什么呢？那就是“不论怎样受到他人的诽谤，我们都要谦恭而又耐心地听取他们的意见。纵使这些意见与我们有所不同，我们也应该容忍他们”②。因为通过这些不同的意见，能启发思路、开拓视野，即便它们是了无用处的尘土，也能成为擦亮真理的武器。这种宽容的美德，不仅符合基督的精神，而且还是接近真理的重要条件。

反之，如果人们缺乏足够的耐心和宽容，在没有完全理解别人的意思之前，就“唯恐他们带来新的和危险的意见，以至鲁莽地不加区分，一律禁止他们说话”，③ 这样做即便是出于捍卫福音的动机，也不能否认它是一种典型的迫害，是一种宗教裁判式的迫害。对于这种非人道的迫害，以非人道的甚至是暴力的手段加以回敬也就是十分公道的了。

因此，要扫除精神世界血腥的宗教法庭气氛，捍卫神圣的出版自由，让人们都能自由地讨论，根本的途径，就是废除包括检查制、特许制在内的一切专制主义的出版管制制度。代之而起的应该是简明而宽松的登记制。弥尔顿在《论出版自由》的最后部分里，

---

① ［英］弥尔顿：《论出版自由》，吴之椿译，商务印书馆 1959 年版，第 1 页。

② ［英］弥尔顿：《论出版自由》，吴之椿译，商务印书馆 1959 年版，第 46 页。

③ ［英］弥尔顿：《论出版自由》，吴之椿译，商务印书馆 1959 年版，第 50 页。

盛赞1641年国会制定的出版法令，那项法令仅仅规定："除出版者与作者或者至少印刷者的姓名已登记备案以外，任何书籍不得付印。"正是这条宽容而富于自由主义精神的法令，驱散了专制主义的阴影，促成了英国资产阶级革命初期报纸出版事业的空前繁荣。弥尔顿同时还意识到，保障出版自由，并不意味着出版家可以为所欲为，对于"一切不遵守这一法令所出的书籍如果有毒素或进行诽谤，查禁或焚烧它就是人们所能拿出的最有效的办法"①。这种办法不仅丝毫无损于自由的精神，而且还是捍卫自由的人道的手段。所以，如果国会确有捍卫自由的诚意，其当务之急就是立即废除1643年法案，恢复1641年出版法令的基本精神。只有这样，作为人类的天赋权利，作为一切自由中最重要的出版自由，才能得到切实的保障。

六、结　论

在西方学术界，人们给予弥尔顿的评价是相当高的。19世纪最著名的弥尔顿研究者沃尔特·雷利爵士说，弥尔顿首先是一个公民，然后才是一个诗人，在他的一生中，"不是把精力用来证明自己应当免受法律的约束，而是用来证明法律本身应当改变"，"他所珍惜的唯一自由是法律所允许的自由"②。另一个著名学者雷克斯·沃纳则认为，弥尔顿的"伟大作品成了'一个民族的教条'"，他不仅是一个双目失明的失败的爱国者，不屈不挠的学者，严肃的教育家，自由的预言者，而且还是一个杰出的诗人和敢斗的革命家。美国杰出的文艺理论家安妮特·鲁宾斯坦则称："弥尔顿是个完人，艺术上和生活上都是完美的，同时在这两个方面都

① ［英］弥尔顿：《论出版自由》，吴之椿译，商务印书馆1959年版，第51页。

② ［美］鲁宾斯坦：《从莎士比亚到奥斯丁》，陈安全译，上海译文出版社1987年版，第146~147页。

具有高度的政治性。"① 这些评价，应该说与弥尔顿作为诗人、思想家、革命家的综合表现是基本吻合的。

但是，如果从新闻传播的角度来看，上述评价就显得很不充分了。在世界新闻史上，我们首先要肯定的，是弥尔顿对自由真诚的挚爱和不顾一切的献身精神。他生为自由，死亦为自由。在顺境中大声呐喊，处逆境时也不退缩妥协。为了在论战中击败王党的反扑，他忘我工作，以健康乃至光明为代价。1655 年，即在他为写作《为英国人民声辩》而失明的 3 年后，还在致学生的诗中表示：

> 我还能勇往直前，
> 忍受着一切。
> 你要问什么在支持我？
> 朋友，是一种认识：为保卫自由，
> 为完成这全欧闻名的崇高任务，
> 我才累得失明。即使我没有
> 更好的指引，这种思想就足以
> 支持我了此尘缘，虽失明而无疚。②

这字里行间洋溢出来的激情和无畏的精神，在当时及后来的诗人、思想家中，极为少见。

弥尔顿不仅为公民自由、宗教自由而奋斗，更为重要的是，他还在历史上第一次提出了出版自由的口号。无产阶级革命家列宁对此作出了高度的评价。他说："'出版自由'这个口号，从中世纪末到 19 世纪，在全世界成了伟大的口号。为什么呢？因为它反映了资产阶级的进步性，即资产阶级反对僧侣、国王、封建主和地主

---

① 引自高崧：《反封建的革命斗士》，《为英国人民声辩》译序，商务印书馆 1982 年版。

② 引自高崧：《反封建的革命斗士》，《为英国人民声辩》译序，商务印书馆 1982 年版。

的斗争。"① 这一伟大的口号，有力地推动了欧洲及世界各地资产阶级革命运动的发展。1788 年，即法国大革命的前一年，革命者米拉波发表了一篇题为《论出版自由，模仿英国人弥尔顿》的文章，头一次出版立即抢购一空，翌年再版时，亦引起了社会的轰动。1908 年 12 月 9 日，即弥尔顿诞辰 300 周年之际，伦敦《每日新闻报》发表了一篇评论，文章在谈到 1905 年俄国革命时说："俄国刚刚出现新生活的迹象时，《论出版自由》译本问世。报贩以几个戈比的价钱出售，公然向尼吉尼·诺夫哥罗德的检查官挑战。"② 当另一个革命者在西姆拉准备出版该书俄文译本时，也是在弥尔顿学说的基础上表明自己的理由的。可以说，弥尔顿的出版自由观念培育了资本主义时代第一批报人和出版家。在这个意义上，人们完全可以称弥尔顿为近代资产阶级的报业之父。

弥尔顿的出版自由观念，是世界新闻史上自由主义报业理论的思想源头。后来，人们从他的出版自由观念中，自然地引申出了新闻自由，故而又有人称他为新闻自由运动的思想先驱。但是严格说来，弥尔顿的出版自由观念与近代的自由主义新闻理论还不是一回事。首先，弥尔顿出版自由的主体是出版界，其中虽也包含了尚处幼稚状态的报业，但主要是指出版家、思想家；而后来新闻自由的主体，则是报界的新闻从业人员。其次，弥尔顿的出版自由是一种有限的自由，缺乏普遍性。在他看来，"凡是不能自制的人，以及由于心智鲁钝或错乱而不能恰当地管理自己事务的人"，③ 是不配享有崇高的出版自由的，这种自由只能是庄重、高尚及有教养的人们的特权。而自由主义报业理论则主张，新闻自由是一项普遍性的权利，任何人只要愿意都可以无条件地享有。再次，弥尔顿的出版自由观念虽达到了当时理性思维的最高水平，但是从现代严格的逻

① 《列宁全集》第 32 卷，人民出版社 1958 年版，第 492 页。

② ［美］鲁宾斯坦：《从莎士比亚到奥斯丁》，陈安全译，上海译文出版社 1987 年版，第 150~151 页。

③ ［英］弥尔顿：《为英国人民声辩》，何宁译，商务印书馆 1982 年版，第 302 页。

辑意义上来看，它还没有形成一个完备的理论体系；而近代的自由主义新闻理论则在前者的基础上，作了进一步的发挥和补充，因而显得结构谨严，体系井然。

不过，区别归区别，弥尔顿的出版自由观念所以能成为自由主义报业理论的源头，还在于它们的共同性。例如，在对人性的认识上，二者都认为，人作为理性的动物，不仅能辨别是非、判断真假，而且还有自主选择的能力与权利。在真理观方面，两者也都认为，真理是确定的，是在多种学说竞争的意见市场上产生的；在追求真理、捍卫真理的道路上，只要有理性和智慧就足够了；暴力虽然也能起一些作用，但从本质上讲，它是一种非人道的手段。此外，两者还都反对封建的出版管制尤其是出版检查制度，等等。正是这些共同点，才决定了两者前后发展的渊源关系。

总而言之，弥尔顿作为诗人、思想家和革命家，都取得了很大的成功。他酷爱自由，并且能为自由奉献一切；他提出的出版自由观念，不仅反映了资产阶级的进步性，而且在一个相当长的时间里，一直是这个世界上最伟大的口号；正是这一口号，奠定了近代自由主义报业理论的思想基础。但是，从历史上看，弥尔顿的出版自由观念与自由主义报业理论虽有许多相同之处，但毕竟不能等量齐观。区别这两者的异同，并不意味着贬损前者，而是强调观念本身历史发展的继承性，这只会确认弥尔顿在历史上的重要地位，而绝不会损及他的伟大形象。

第五章　罗伯斯庇尔的新闻思想

在资产阶级革命的历史上，罗伯斯庇尔是一个毁誉参半的世界性人物。作为法国大革命时期革命阵营中激进势力的代表，他高喊民主、自由的口号，推动着革命的巨轮，碾碎了专制制度的锁链，将法国大革命引向高潮。然而，又正是这个历史人物，迫于当时情势的需要，毫不迟疑地将民主自由的旗帜踩在脚下，实行血腥的恐怖政治。其影响所及，除政治、军事、经济领域外，还包括作为民意代表的报界。笔者无意全面论述罗伯斯庇尔的历史地位，而仅想就其新闻思想及在此指导下的雅各宾政权的新闻政策略作分析。这是理解法国大革命中资产阶级报刊的作用，也是认识罗伯斯庇尔的历史地位所不可缺少的。

一、罗伯斯庇尔生平及思想来源

马克西米利安·德·罗伯斯庇尔是 18 世纪末法国大革命时期“伟大的资产阶级革命者”，① 是雅各宾派的主要领袖和雅各宾政权的核心。他于 1758 年 5 月 6 日出生在法国北部阿尔土瓦省阿腊斯城的一个律师家庭。6 岁时母亲去世，3 年后，父亲抛弃了罗伯斯庇尔兄妹 4 人，离家出走。此后，罗伯斯庇尔一直由其外祖父抚养和教育。他起初在阿腊斯上学，1769 年转入巴黎路易学校。1778 年，他在路易学校毕业后，进入巴黎大学法律系学习。1780 年 7 月底，获得学士学位，翌年 5 月 15 日又获得硕士学位。在学生时代，他勤奋刻苦，品行端正，成绩优异，多

① 《列宁全集》第 21 卷，人民出版社 1959 年版，第 197 页。

次获得学校的奖励。

1781 年，罗伯斯庇尔大学毕业不久，即在巴黎高等法院的律师登记册上登记了自己的名字。随后他返回家乡，在阿尔土瓦省法院开始了律师生涯。作为一个法律工作者，罗伯斯庇尔通晓法律，又刚直不阿，敢于抗拒流弊恶俗，为被欺侮者、被压迫者讲话，因而在当地越来越享有声望，受到了下层民众的尊敬。1783 年 11 月，罗伯斯庇尔成为阿腊斯科学艺术研究院院士，三年后又以全票当选为该研究院院长。大约同时，阿腊斯城玫瑰诗社还接纳罗伯斯庇尔为其成员。这样，在不长的时间内，罗伯斯庇尔就成了当地的名律师、学者和诗人。也是这个时期，罗伯斯庇尔的政治思想逐步形成。而这种思想又直接来源于启蒙时期一些主要的思想家，其中卢梭的社会契约论、人民主权学说及孟德斯鸠的权力制约观念，对于罗伯斯庇尔的影响最大。

1789 年，在法国空前的社会政治危机中，年仅 30 岁的罗伯斯庇尔当选为阿腊斯城出席全国三级会议的代表，参加全国的三级会议，从而开始了他的政治生涯。作为第三等级的代表，罗伯斯庇尔对于贫困的下层民众，表示了深切的同情。他公开表示，他所敬重的是贫苦人民，而不是“傲慢的达官贵人”①。贫苦人民虽然外表粗野，但灵魂却光明正大，他们有良知、有毅力，当然应该包括在权利平等的国民范围之内。至于他本人，则不仅把自己看成是劳动阶级的代表，而且“对穷苦人的事业怀有强烈的感情”②。因此，他决心在议会的讲台上，保卫穷人的利益，反对一切迄今还在压迫人民的暴君。罗伯斯庇尔的观点，在第三等级的平民阶层及代表中，引起了共鸣。就在全国三级会议开幕不久，罗伯斯庇尔和一些志同道合的代表组织了一个松散的政治俱乐部。1789 年 11 月，该俱乐部选择巴黎杜伊勒利宫附近的雅各宾修道院作为会场，所以，

① ［法］热拉尔·瓦尔特：《罗伯斯庇尔》，姜靖藩等译，商务印书馆 1983 年版，第 82 页。

② ［法］热拉尔·瓦尔特：《罗伯斯庇尔》，姜靖藩等译，商务印书馆 1983 年版，第 90 页。

人们习惯于将集结于该俱乐部的政治势力称为雅各宾派。正是在这里，罗伯斯庇尔由一个不起眼的外地代表成长为雅各宾派最有影响的演说家。在后来一段时间，更是成为雅各宾派的绝对权威。据当时的记载，“他可以在那里随便发表演说，不用担心自相矛盾和人们不满的议论声，他可以博得并欣赏广大听众长时间的鼓掌声”①。1793年6月，雅各宾派终于从吉伦特派手中夺取了政权，由此开始了一年多的雅各宾派专政时期。在此期间，罗伯斯庇尔成了执政集团中无可争议的核心领袖，以至于无法将他的名字与雅各宾政权分离开来。

作为一个革命家、政治家，罗伯斯庇尔深知，要实现政治斗争的目标，报纸、集会等宣传手段的功能是不能忽视的。“他了解报刊的重要性，预见到报刊的作用和所能造成的影响。”② 他也清楚，在革命的准备阶段，报纸、记者能在多大的程度上帮他的忙。因此，他利用各种机会和新闻记者交朋友，尽可能地利用报纸的版面以宣传自己的主张。同时，罗伯斯庇尔自己还创办了一系列的报刊，如《宪法保卫者》、《马克西米利安·罗伯斯庇尔给选民的信》等，这些报刊作为他自己的喉舌，宣传雅各宾派激进的主张，对于推进革命的深入，起到了很大的作用。同时，罗伯斯庇尔还是大革命时期最富有魅力的少数的几个演讲者之一。其卓越的宣传才能就连他当时的敌人也不能不承认。一个对罗伯斯庇尔持否定态度的历史学家拉克雷泰尔在描述这段历史时说：“罗伯斯庇尔的辩护词表明他的才华如同他的名字一样引起越来越大的恐惧……令人伤心的是，一个不仅要为自己过去的罪行辩解，而且要为自己所酝酿的新罪行指引方针的人，居然有相当漂亮和高雅的口才，并善于将华丽的词藻运用得相当讲究。”③ “罗伯斯庇尔的讲话对舆论产生的影

① ［法］热拉尔·瓦尔特：《罗伯斯庇尔》，姜靖藩等译，商务印书馆1983年版，第122页。

② ［法］热拉尔·瓦尔特：《罗伯斯庇尔》，姜靖藩等译，商务印书馆1983年版，第118页。

③ ［法］热拉尔·瓦尔特：《罗伯斯庇尔》，姜靖藩等译，商务印书馆1983年版，第118页。

响，犹如一块砝码落在天平上。"① 可以说，正是罗伯斯庇尔的演讲及其报刊宣传，确立了他在革命阵营中的领袖地位，同时又引来了保皇势力在宣传上的反扑。为了攻击罗伯斯庇尔，保皇党人无所不用其极。他们讥笑他具有外省人的刻板性格、阿尔土瓦口音和缺乏抑扬顿挫的语调，甚至还有人无中生有地称他有一个企图暗杀国王的叔父。对此，罗伯斯庇尔并不感到苦恼，相反，他还乐于戴上政敌给他扣上的各种帽子。在他看来，"恶人的疯狂攻击是对正直人士的爱国主义最有力的赞扬"。

随着革命运动的发展，罗伯斯庇尔在群众中的威望与日俱增。但是直到热月党人推翻雅各宾专政之前，罗伯斯庇尔一直表现得平易近人。人们在散步时可以碰见他。他常去咖啡店，而咖啡店也把他看成是一个普通的常客。以至于有些政敌指责他甘居下流，"把自己降低为'贱民'，'下等人'，使贱民阶级的那些没有道德、没有宗教、没有人情味的人围绕在自己周围"②。在生活上，罗伯斯庇尔也非常俭朴，廉洁奉公。为了革命，他很少顾及私人生活。他曾两次恋爱，但因重任在身，至死未顾得上结婚。因此，他获得了"不可腐蚀者"的美名。据当时的报道，就连那些默默无闻、素不相识的普通老百姓，只要听到了"不可腐蚀者"的声音，就觉得自己有义务向他表示敬意。他的政敌卢韦曾无可奈何地承认，每当罗伯斯庇尔作完长达数小时的讲话走下讲台时，"爆发出来的已不再是掌声，而是抽风似的跺脚声，这是一种宗教的热情，一种神圣的狂热"③。这段话，在一定程度上反映了当时法国民众对罗伯斯庇尔充分的信赖。

1794 年 6 月 4 日，法国国民公会举行会议，全体代表一致推举罗伯斯庇尔为主席。四天后，罗伯斯庇尔主持了庆祝信仰的最高

---

① ［法］热拉尔·瓦尔特：《罗伯斯庇尔》，姜靖藩等译，商务印书馆 1983 年版，第 346 页。

② 转引自中国法国史研究会：《法国史论文集》，生活·读书·新知三联书店 1984 年版，第 123 页。

③ ［法］热拉尔·瓦尔特：《罗伯斯庇尔》，姜靖藩等译，商务印书馆 1983 年版，第 200 页。

主宰仪式。仪式结束后，约50万巴黎市民举行游行，向罗伯斯庇尔表示敬意。人们把他比作希腊神话中的音乐之神，赞扬他为人民指出了文化与道德的原则。就在这时，反对派势力已在阴谋反攻。7月27日，反对派发动进攻，他们在国会中阻止罗伯斯庇尔发言，并通过了逮捕罗伯斯庇尔及其拥护者的决定。第二天，即“热月十日”，罗伯斯庇尔被送上了断头台，时年36岁。

二、罗伯斯庇尔的新闻观念

如前所述，罗伯斯庇尔不仅是一个政治家，而且还是一个才能卓越的宣传家和杰出的报人。事实表明，罗伯斯庇尔集政治家、宣传家及报人角色于一身，正是他取得一时政治成就的重要条件。作为一个宣传家、新闻工作者，罗伯斯庇尔对于新闻宣传、言论自由、真理等重要问题进行了一系列论述，其观点不仅仅反映了时代发展的进步性，而且还作为一种具有感召力的口号，鼓舞了报人们争取出版自由的斗争。从罗伯斯庇尔的整个思想体系来看，他的新闻思想大体上可从如下四个方面去把握。

（一）人性与人权观念

对于人性及人的基本权利的认识，是罗伯斯庇尔新闻观念的理论基础。在这方面，罗伯斯庇尔受到了卢梭的较大影响。就在罗伯斯庇尔即将开始其政治生涯时，他就在敬奉给卢梭的未完成的献词中表示：“我受命将在那曾经震撼世界的最伟大的事件中发挥作用。我应当首先自己弄清楚并在不久之后向我的同胞说明我的思想和行动。您的范例就在我的眼前。我愿踏着您那令人肃然起敬的足迹前进，即使不能流芳百世也在所不惜；在一场前所未有的革命为我们开创的艰险事业中，如果我能永远忠实于您的著作给我的启示，我将感到幸福。”① 沿着卢梭的足迹，罗伯斯庇尔进行了自己

① ［法］热拉尔·瓦尔特：《罗伯斯庇尔》，姜靖藩等译，商务印书馆1983年版，第61~62页。

的探索。罗伯斯庇尔认为，人作为一种理性的动物，具有判断是非、辨别真假的能力，并且习惯于选择。除了思维能力之外，人还有“向自己亲友表达自己思想的能力”，这是人有别于动物的最惊人的品质。“这个能力同时又是人创造社会财产的不朽天职的标志，是社会的联系基础、灵魂和工具，是改善社会，使人的权势、知识和幸福达到可能达到的最高程度的唯一手段。”① “人生来就是为了幸福和自由的。”② 而社会与国家的目的，仅是为了保全人们的权利和改善他们的生活。在国家产生之前，人类处于自然状态，人人平等，人人自由。国家是基于契约而产生的，而人民又是订立契约的主体；人民有权废除不利的契约，重定符合人民利益的新契约。因此，国家主权在实质上属于全体人民，“所有公职人员都是受人民委任的人员，人民选举他们，也能罢免他们”，宪法除主权者的权力外，“不承认其他权力”，各种不同的公职人员所行使的不同部门的权力，“只是主权者为了共同利益委托给他们的社会职能”③。

既然国家的主权属于人民，而人民又是各种不同类型的群体、阶级的集合，那么在不同的人群之间，在贵族与平民之间，在富人与穷人之间，在本国人与殖民地有色人种之间，其享有的权利是否平等？罗伯斯庇尔的回答是肯定的。就个人而言，在国王、贵族、官吏与一般平民之间，他们不仅在权利方面完全平等，而且当他们触犯了法律，侵犯了他人的权利时，也要受到同等程度的惩罚。在大革命初期，罗伯斯庇尔作为第三等级的代表，曾坚决地反对国王的否决权，后来又以国王罪恶深重为理由，主张判处国王路易死刑。国王如此，官员当然不能例外。对于同样性质的罪恶，对士兵平民要处死刑，而军官、贵族只给予降级的处分，在罗伯斯庇尔看

① ［法］罗伯斯庇尔：《革命法制和审判》，赵涵舆译，商务印书馆1986年版，第50~51页。

② ［法］罗伯斯庇尔：《革命法制和审判》，赵涵舆译，商务印书馆1986年版，第140页。

③ ［法］罗伯斯庇尔：《革命法制和审判》，赵涵舆译，商务印书馆1986年版，第154页。

来，这无论如何也不能算是公平的。基于自由和正义的原则，他坚定地要求：“使同样的罪行受到同样的惩罚；如果认为这种刑罚对于军官过于严厉，那么对于士兵也应当不使用这种刑罚。”罗伯斯庇尔还主张，“权利平等应适用于全体公民的原则”，不仅在政治身份，就是在经济地位方面，也应得到完全的贯彻。富人、资产阶级固然是国民之一部分，穷人、劳动阶级也被包括在国民范围之内。他坚决反对以财产的多寡为标准，将国民划分为积极公民和消极公民，而赋予积极公民（富人）更大的权利。在他看来，“如果财产上的悬殊使最大多数的公民在物质上不能承担国民义务的重担”，那么，人权和自由的原则实际上就等于被取消，“保证一切公民可能成为社会信任的当选人的权利平等就会成为一句空话”。这实际上是“背叛人民，把人民出卖给富裕的贵族的最有害的方法”①。基于这种认识，罗伯斯庇尔主张，应该给予陪审员、人民代表履行公务所必须的物质报酬，只有这样才能使那些“无物可失的人”自由地运用法律保护他们自己的权利、反对压迫的权利以及自由地运用心灵和思维功能的权利。

罗伯斯庇尔不仅主张权利平等的原则适用法国本土的所有公民，而且还认为，殖民地人民，包括白人殖民者、黑白混血殖民者乃至黑人都应享有与本土公民同样性质的天赋权利。1791 年 9 月下旬，当制宪会议讨论殖民地问题时，罗伯斯庇尔发表了一篇重要讲话，强烈地反对剥夺殖民地有色人种自由民的政治权利。他向代表们呼吁，“把自由当做崇拜的偶像，如果没有自由，我觉得既不会有幸福和繁荣，也不会有人类和民族的道德观念，我宣布，我痛恨这种制度，我要求你们为有色人种的自由民伸张正义”②。这一激进的主张，在当时的革命阵营中，引起了强烈的反响。

在解决了主权归属和权利平等的问题之后，罗伯斯庇尔又界定

① [法] 罗伯斯庇尔：《革命法制和审判》，赵涵舆译，商务印书馆 1986 年版，第 50 页。

② [法] 罗伯斯庇尔：《革命法制和审判》，赵涵舆译，商务印书馆 1986 年版，第 115 页。

了基本人权的内容。在他看来，人的基本权利，应该是“关心保全自己生存的权利和自由的权利”。就生存的权利而言，它包括财产权、劳动权、教育权等，这些权利应“同等地属于一切人，不管他们的体力和智力有什么不同”。“权利平等是大自然规定的，社会不但不破坏这一平等，而且保障不滥用暴力使平等变成幻想。”自由则是“人所固有的随意表现自己一切能力的权利。它以正义为准则，以他人的权利为限制，以自然为原则，以法律为保障”。“和平集会的权利，用出版或任何其他方法发表自己意见的权利，是人的自由的极明显的后果。”① 于此可见，人的基本权利虽然涵盖范围广大，但其核心不外乎生命的维系及意志能力的自由表现。正是在这个意义上，言论自由、出版自由、新闻自由是基本人权的重要内容。

（二）真理观

作为一个激进的资产阶级革命家，罗伯斯庇尔认为，真理并不是一种脱离尘世的神秘的意念，而是一种具体的、可以表述的、正确的意见或思想。唯其正确，故而有益于社会。在这个意义上，他甚至极端实用地说：“所有与世有益，实际有用的东西都是真理。”② 这种有用的真理，往往属于正义、进步的社会势力，只有他们，才能够接近、发现真理。罗伯斯庇尔相信，资产阶级若要实现革命的目标，必须要有真理的指导。所以，在法国大革命爆发之初，他就“已经决定要为真理献身”③。

罗伯斯庇尔认为，真理作为一种有用的、正确的思想，并不是来自神的启示，而是来自于现实世界中多种意见的争论。现实生活中又何以会出现纷纭的意见争论呢？其根源在于人类天性的多样

---

① ［法］罗伯斯庇尔：《革命法制和审判》，赵涵舆译，商务印书馆1986年版，第137页。

② ［法］罗伯斯庇尔：《革命法制和审判》，赵涵舆译，商务印书馆1986年版，第396页。

③ ［法］热拉尔·瓦尔特：《罗伯斯庇尔》，姜靖藩等译，商务印书馆1983年版，第91页。

化。“天性造就了多样化到如此令人惊讶的智能和性格。”这种多样化的智能和性格，决定了不同的人们对于同一事件、同一问题、同一过程的不同评价和判断，从而决定了思想领域的多元化。在罗伯斯庇尔看来，意见与行为不一样，判断意见、思想很难找到，或根本没有一种绝对通用的标准。一些作品，在热情而勇敢的人看来是有益而且明智的，而冷酷无情的人则把它作为煽动暴乱的东西加以指责。“同是一个作者，由于时间和地点的不同，忽而得到赞扬，忽而遭到迫害；有时人们为他塑像，有时则把他送上断头台。”① 这些作者作品，每时每刻都处于同其他作品、作者的比较、竞争之中。其间固然不可避免地存在着一些虚伪的、荒谬的观念，但是“真理只能是从真实的或虚伪的、荒谬的或理智的各种思想的斗争中产生出来”②。

真理虽然与世有益，并且实际有用，但是并非人人都能认识它的价值。真理最初往往掌握在少数人的手中。这些人大多具有超越时代的洞察力和判断力。“他的思想的大胆创新总是使软弱和愚昧的人望而生畏，各种成见一定要同嫉妒联合起来，把他描绘成为令人讨厌的或者可笑的模样。正因为如此，伟大人物的命运常常是受到同时代人不该有的奚落和后代人的来之过晚的尊敬。”③ 在这方面，罗伯斯庇尔举出伽利略、笛卡儿作为例子，以说明真理发现过程的艰辛和天才人物的悲剧色彩。为了捍卫真理，防止世俗成见的扼杀，罗伯斯庇尔强烈要求尊重少数人的意见。他在《关于人权和公民权利宣言》一文中强调：“任何一部分人民不得行使全体人民的权利，但是这部分人民所表达的愿望，应当作为参加形成公共意志的那部分人民的愿望而加以尊重。”“集会上的每一部分人民

① ［法］罗伯斯庇尔：《革命法制和审判》，赵涵舆译，商务印书馆1986年版，第54~55页。

② ［法］罗伯斯庇尔：《革命法制和审判》，赵涵舆译，商务印书馆1986年版，第53页。

③ ［法］罗伯斯庇尔：《革命法制和审判》，赵涵舆译，商务印书馆1986年版，第55页。

都应当享有充分自由表达自己意志的权利。”① 只有这样，人类智能、性格的多样性，才能与思想的多样性挂起钩来。

在思想多元化的前提下，在好意见与坏意见的争论之中，虽然坏的意见、思想或许会占得一时的上风，但是正确的思想、意见，真正有用的真理，最终必然会战胜谬误而为广大的人民所接受。这是因为，作为理性动物的人类，具有高度的思维和判断能力。他们或许偶尔会犯些错误，无视真理而偏信谬说，然而理性之光终究会使他们作出正确的判断，舍弃虚伪荒谬的思想而选择真理。罗伯斯庇尔对于“一般理智和人的辨别善恶的能力”充满了信心，② 并且反对任何人剥夺人民运用这种能力的可能性，反对以权势代替人民的选择。在他看来，多种思想并存，人民的自由选择，乃是大自然本身规定的秩序。他提醒那些试图破坏这一秩序的当权者，“时代必然会使谬误归于消灭而真理取得胜利”③。聪明的办法是给予好意见与坏意见以同等的自由，让辩论公开进行，这才是战胜错误、使真理发扬光大的根本途径。

（三）报刊使命观

作为一个资产阶级报人，罗伯斯庇尔的报刊使命意识非常明确。根据他的多处论述，报刊的重要使命之一，就是捍卫自由与人权。在这方面，他很赞成马拉的论断。马拉曾经说过：“在一切自由的国家里，每个公民都是保卫自由的哨兵，一有动静，一旦出现任何威胁国家的危险迹象，他都应当大声疾呼。”罗伯斯庇尔认为，普通公民因忙于自己的日常事务，可能无法切实进行这种监督，因而有必要将这项任务委托给一个专门的团体，这就是新闻记者。因此，报纸、记者的首要任务就是“遏制那些得到人民授权

---

① ［法］罗伯斯庇尔：《革命法制和审判》，赵涵舆译，商务印书馆1986年版，第138页。

② ［法］罗伯斯庇尔：《革命法制和审判》，赵涵舆译，商务印书馆1986年版，第53页。

③ ［法］罗伯斯庇尔：《革命法制和审判》，赵涵舆译，商务印书馆1986年版，第55页。

的人们的野心和专横，不断提醒人民注意当权者对他们的权利可能作出的侵犯”①。报刊的另一个重要使命，是如实地反映民意，成为人们追求、接近真理的工具。如前所述，人类智能和性格的多样化，决定了现实精神世界的五彩缤纷。对于同一问题，人们的看法可能截然不同。基于权利平等的原则，这些不同的意见，完全都应该平等地得到保护，并且能在各种场合公开表达出来。应该让这些不同的意见自由地交锋，真理正是来自于这种激烈的意见争论。不言而喻，报纸作为一种交流工具，自然应该成为各种意见交汇的场所，成为真理表演的舞台；而记者作为社会的哨兵，更应该充分地关注民意，如实地反映民意。如果报刊反映了民意的多样性，表达了社会共同的愿望，就会“唤醒社会舆论”，最终“感动公民和激发他们去推翻那种被习惯势力，被一切社会关系所固定下来的，并为公众力量所维护着的事物秩序”。但是，罗伯斯庇尔也意识到，报刊对于社会、对于人民的影响通常是“缓慢的和逐渐的。这种影响取决于时间和理智。要是作品与社会舆论和多数利益相矛盾，就会毫无作为，甚至会遭到公众的谴责和轻视，天下照旧太平”②。

在罗伯斯庇尔看来，报刊作为一种交流工具，就其实质而言，乃是治人者与治于人者之间的纽带，是沟通、协调这两者关系的桥梁。对于当权者、治人者而言，宪法应当设法使负有相当重大责任的公职人员承担道义的责任。这种责任“主要在于对群众开诚布公”③。他要求“政府工作人员在一定时期和很短期限内提出有关管理工作的准确和详细的报告，要通过报刊公布这些报告并使之受到一切公民的讨论”。“如果受人民委任的人不向任何人报告自己

① ［法］热拉尔·瓦尔特：《罗伯斯庇尔》，姜靖藩等译，商务印书馆1983年版，第150~151页。

② ［法］罗伯斯庇尔：《革命法制和审判》，赵涵舆译，商务印书馆1986年版，第59页。

③ ［法］罗伯斯庇尔：《革命法制和审判》，赵涵舆译，商务印书馆1986年版，第150页。

的管理工作，人民就没有宪政”，① 也就不可能消除渎职和腐败行为。罗伯斯庇尔坚决反对政府操纵报纸，控制人民的情报来源。他提醒人们“任何时候都不要忘记，不是执政者应当使社会舆论服从自己和制造舆论，而是社会舆论应当裁判执政者”②。只有确保政治过程的公开和透明，使全体国民知道自己的委任人员的行为，执政者才会自觉地同“公众意志商量”，“倾听理智和社会利益的呼声”。③ 罗伯斯庇尔还主张，作为国家主权之所在，广大的国民乃是公职人员一切行为的“最终裁判者”，所以应该给予他们利用报刊发表意见的自由。“公民应该有权对于社会活动家的行为发表意见和写出文章，而不受任何法律制裁。”④ 至于公民所作的裁判，没有必要拿出“法律依据”，也就是说，不必拿出他们意见所依的确切事实，换言之，公民们只要以简单的推测为依据，就可以对公职人员进行揭发，施行裁判。这是因为当权者很容易利用秘密的帷幕，甚至利用社会福利的漂亮借口来掩盖自己的野心。当人们在寻找为了预防他们的有害计划所需要的证据时，这种计划就会已经实现，国家就会在人们敢于说出它处于危险之中以前已经完蛋。

罗伯斯庇尔还认为，作为一种职业，记者完全不同于政治家，后者是历史活剧的演员，而前者则是台下的看客；后者看重的是个人和国家利益，而前者追求的则是人类和世界的利益。唯其如此，记者能够脱离尘嚣，在一种“更加肃穆，更加纯洁的空气中得到休息，并且对于人们，对于事物作出更加正确的判断，正如逃出闹市登上山巅的人，感觉到自然界的宁静进入他的心灵，而他的概念

① ［法］罗伯斯庇尔：《革命法制和审判》，赵涵舆译，商务印书馆1986年版，第148页。

② ［法］罗伯斯庇尔：《革命法制和审判》，赵涵舆译，商务印书馆1986年版，第147页。

③ ［法］罗伯斯庇尔：《革命法制和审判》，赵涵舆译，商务印书馆1986年版，第150页。

④ ［法］罗伯斯庇尔：《革命法制和审判》，赵涵舆译，商务印书馆1986年版，第61页。

随同眼界的扩大而开展起来”,① 但是，并非任何记者都能发挥这种职业的特长，只有坚持正义、热爱真理的人，才能把公民的热情引向共同的社会目标。反之，如果记者、作家“拿自己的笔为仇恨、专制政治或腐化而服务，背叛爱国主义和人道主义事业，那就比违反自己义务的文官更加卑鄙，甚至比出卖人民权利的人民代表更加有罪过”②。作为一个政治家型的报人，罗伯斯庇尔认为办报纸“乃是祖国和人道的朋友们最应该做的事情”。为了拯救国家，他甚至愿意退出政界而成为一个报人，并且决心以“对于正义和真理的爱”来指导自己的写作。③ 他的报人生涯正是在这种思想的指导下开始的，从《宪法保卫者》、《马克西米利安·罗伯斯庇尔给选民的信》等报纸的宣传实践看来，罗伯斯庇尔确实在一定程度上实践了自己的报纸使命观。

（四）出版自由观

把出版自由看成一种基本人权，是罗伯斯庇尔的一贯见解。他在《关于出版自由》一文中指出，人类表达自己思想的能力，是其有别于动物的根本品质。“当人借助语言、文字或者运用那种无限扩大他的知识界限和保证每一个人能与全体人类谈话的良好艺术，来表达自己思想的时候，他所行使的权利永远是同样的。出版自由和言论自由不可能有区别；两种自由像自然界一样，都是神圣的；出版自由也像社会本身一样是必须的。”这项基本人权之所以必要，首先在于它是“鞭挞专制主义的最可怕的鞭子”,④ 是抑制那些被人民委之以权力的人的野心和专制作风，不断提醒人民注意

① ［法］罗伯斯庇尔：《革命法制和审判》，赵涵舆译，商务印书馆1986年版，第87页。

② ［法］罗伯斯庇尔：《革命法制和审判》，赵涵舆译，商务印书馆1986年版，第87页。

③ ［法］罗伯斯庇尔：《革命法制和审判》，赵涵舆译，商务印书馆1986年版，第86~87页。

④ ［法］罗伯斯庇尔：《革命法制和审判》，赵涵舆译，商务印书馆1986年版，第51页。

这些人可能对人民权利的侵害的可靠手段。其次，出版自由、言论自由还是美德的支柱，是真理的保证。没有出版自由，就不可能出现意见、思想的多样化，就不会有多种意见、思想的交锋，从而也就不会有真理、美德和光明。

作为一个资产阶级革命家，罗伯斯庇尔对于美国宪法修正案关于公民言论自由权利的保障表示了由衷的钦佩和赞赏。他也主张，“出版自由必须是完全的和无限制的，不然它就根本不存在”，因而坚决反对对出版自由的任何限制。在他看来，如果为了预防绝对的出版自由所引起的弊害，而去剥夺“天性和艺术对人所赋予的表达自己感情和思想的手段，或者由于害怕他诽谤而封住他的口，或者由于害怕他用手来打自己的亲友而把他的手捆绑起来——这是一样荒唐的事情”①。出版自由、言论自由应该是绝对的，无条件的。“必须把这种自由百分之百地给予每一个人，不然就必须找到一种方法能使真理从每一个人的头脑中，一开始就是十分纯洁地和毫无粉饰地产生出来。”②

罗伯斯庇尔还认为，除了不受限制和人人普遍享有外，出版自由、言论自由还“只能是发表一切对立意见的自由”③。这些对立的意见，可能是对公职人员的批判揭露，也可能是对现行法律制度弊端的指责。作为公民，固然有义务服从政府与法律，但是对于政府、法律的缺点与优点，“自由地发表自己的意见，是每一个人的权利和全社会的福利；这是人对自己理智的最有价值和最有益处的运用。这是具有为教育他人所必需的才干的人能够对他人履行的最神圣的天职”④。在他看来，这种自由，对于革命的资产阶级和公

① ［法］罗伯斯庇尔：《革命法制和审判》，赵涵舆译，商务印书馆1986年版，第52页。

② ［法］罗伯斯庇尔：《革命法制和审判》，赵涵舆译，商务印书馆1986年版，第53页。

③ ［法］罗伯斯庇尔：《革命法制和审判》，赵涵舆译，商务印书馆1986年版，第53页。

④ ［法］罗伯斯庇尔：《革命法制和审判》，赵涵舆译，商务印书馆1986年版，第58页。

正廉直的政治家而言，是一个于身无损并能展示美德的机会。他们不怕自己的同胞公开发表意见，“因为他们所关心的只是祖国的幸福和光荣。他们很清楚，自己不会那么容易失去人们的尊敬，因为他们的生活无可指责，而且表现出纯洁而无私的热诚，不怕别人污蔑”①。与此相反，那些将荣誉建立在骗人基础之上的人物，那些用虚伪代替勇敢，用阴谋代替才干的人物，那些既想讨好人民又想为暴君服务的人物，则非常害怕这种发表对立意见的自由。他们编出种种借口，把报刊发表对立的不同意见说成是煽动暴动，而为了避免这种危险又必须制定法律限制自由，其真实的企图乃是“诽谤人民，以便镇压人民和消灭人民”②。

出版自由固然是一种绝对的不可侵犯的人权，它不接受任何外来强制性的约束。这一基本原则对于与公共事务有关的公职人员、政府、议会而言，其正确性、神圣性自不待言，但是一旦超出了这个范围，涉及普通个人的时候，出版自由、言论自由就应该附带一些条件。这就是个人的自由权利不应以侵害或牺牲他人的权利为代价，尤其是不能对他人进行无端的诽谤中伤。对于诽谤，罗伯斯庇尔认为有两个法庭可以审判。其一是法官的法庭，它“使受到诽谤损害的个人能够得到诽谤给他造成的损害的赔偿”③。另外一个是社会舆论的法庭。这个法庭是最自然、最有权威、最有影响的。因为“社会舆论是对个人意见的唯一有资格的判断者，是对各种作品的唯一合法的检查员”④。如果诽谤在它所侵害的那个人的正直与美德面前，显得软弱无力，那么有什么能比公众无情评判的威力更大呢？所以人们一般不轻易决定把对它所进行的侮辱提到法官

① ［法］热拉尔·瓦尔特：《罗伯斯庇尔》，姜靖藩等译，商务印书馆1983年版，第151页。

② ［法］罗伯斯庇尔：《革命法制和审判》，赵涵舆译，商务印书馆1986年版，第59页。

③ ［法］罗伯斯庇尔：《革命法制和审判》，赵涵舆译，商务印书馆1986年版，第66页。

④ ［法］罗伯斯庇尔：《革命法制和审判》，赵涵舆译，商务印书馆1986年版，第57页。

的法庭，只有在一些重要的场合即在诽谤结合着罪恶的阴谋活动，会给他造成重大损害时，才会向法庭提出自己的申诉。

三、雅各宾政权的新闻政策

1793年5月31日至6月2日，雅各宾派在巴黎发动起义，终于推翻了吉伦特派政权，建立了以罗伯斯庇尔为核心的雅各宾派专政。雅各宾政权建立伊始，就面临着严峻的国内外形势。在政治上，国内反革命势力与外国颠覆力量遥相呼应，并在军事上取得了节节胜利。吉伦特派煽动的联邦派叛乱，扩大到了60个郡；旺代的王党军队打败了政府军，开始向昂热进军；第一次反法同盟的军队也攻入法国领土。汉诺威和荷兰军队在围攻敦克尔克；奥地利军队占领了孔德；普鲁士人占领了美因兹；阿尔卑斯战线的法国军队也在败退。在经济上，物价高涨和食品短缺达到了极限，下层民众生活在水深火热之中，要求限制物价和打击投机商人的呼声遍及全国。在这种情况下，要战胜内外敌人，稳定革命政权，就必须采取一系列非常手段。适应着这种需要，罗伯斯庇尔领导的雅各宾派开始在国民公会中清除吉伦特派分子，改组革命政府，强化专政机构；取消选举的财产限制，实行直接选举；废除封建土地所有制，建立个体农民的小土地所有制；实行全面限价，打击投机商人；限制报道言论，统一思想舆论；制定《嫌疑犯条例》，严厉镇压反革命。① 这一系列激进的革命措施，完全不同于前期的吉伦特派政权，虽然带有相当的恐怖色彩，但是对于稳定形势却极为有效。

就在雅各宾派政权实现重大的政策转轨时，作为政权核心的罗伯斯庇尔的政治思想、新闻观念也发生了重大的变化。在某种意义上说，雅各宾派的政策转轨乃是在变化了的罗伯斯庇尔思想观念的指导下实现的。罗伯斯庇尔思想观念的变化，主要表现为如下六个方面：

---

① 参见周一良、吴于廑：《世界通史》近代部分上册第六章，《18世纪法国资产阶级革命》，人民出版社1962年版。

其一，从权利绝对平等的观念到把反对派清除出人民的范畴。在1792年之前，罗伯斯庇尔一直主张，所有公民在权利上一律平等，他们都是维系国家存在的社会契约的主体。在宪法平等原则的范围内，不存在特权者，也不存在积极公民和消极公民的区别。但是，在雅各宾专政建立以后，罗伯斯庇尔越来越倾向于把国民划分为两个部分，即人民（公民）和敌人，这两者在权利上毫无平等可言。他曾这样明确地说："在共和国里，除了拥护共和政体的人们以外没有公民。保皇党徒、谋叛分子对于共和国来说，只是外国人或者直截了当说是敌人。"① 对于公民，革命政府应提供充分的国家保护；对于人民的敌人则应该置之于死地，剥夺他们的一切权利。

其二，从主张绝对出版自由到限制自由。如前所述，罗伯斯庇尔曾多次强调："出版自由必须是完全的和无限制的，不然它就根本不存在。""必须把这种自由百分之百地给予每一个人。""让各种意见，正确的和错误的都自由发表，因为只有正确的意见才站得住脚。"② 因为人民的理智能给予各种意见以公正的评价。如果担心人民滥用自由，而制定法律予以限制，实在是一件荒唐的事。但是，在雅各宾专政时期，罗伯斯庇尔却主张设立革命法庭，并"要使这个法庭能够处罚一切著作"。当有人表示反对时，他解释说："所以要限制这些著作，就是因为这些著作有意引起人民对暴君命运的同情，唤起人民盲目信仰王权，密告那些赞成处死暴君的人们的看法，陷害自由维护者……"在这里，很难再看到罗伯斯庇尔对公民理智及判断能力的信心了。

其三，从主张思想多样性，到统一思想，不允许思想分歧的存在。罗伯斯庇尔一直认为，人类思想意见的多样性是一个合理的存在，因为它直接来源于大自然赋予人类理智与性格的多样性。这种多样性不仅合理，而且还十分必要，因为只有在多种思想、意见的

① ［法］罗伯斯庇尔：《革命法制和审判》，赵涵舆译，商务印书馆1986年版，第177页。

② ［法］热拉尔·瓦尔特：《罗伯斯庇尔》，姜靖藩等译，商务印书馆1983年版，第151页。

比较竞争之中，在正确的与错误的、真实的与虚伪的意见的斗争之中，才能为真理的出现开辟道路。而报刊正是人类思想多样性充分展示的舞台。然而，在雅各宾专政建立之初，罗伯斯庇尔就公开表示，应“对新闻实行严格的监督，毫不留情地制止新闻界乱说”①。何以要如此对待新闻界呢？罗伯斯庇尔说：“凡是定出界线的地方，凡是出现意见分歧的地方，在那里就有某种仇视祖国利益的东西。”② 这种东西，只会在同样热爱社会福利的人们中间制造不和，只会动摇人民对于革命政府的信心。正是在这个意义上，罗伯斯庇尔的思想来了一个大转弯，由支持多样性转而主张统一思想，不允许思想分歧。

其四，从允许没有证据的批评到限制批评诽谤。在雅各宾派执政之前，罗伯斯庇尔主张，人民、报纸在监督批评政府及公职人员时，可以不必拿出证据。他们只要以简单的推测为依据，就可以对自己的受托人的行为进行裁判。可是当罗伯斯庇尔掌握政权后，就不能容忍这个一度是他自己提出的权利。在他看来，处于非常时期的革命政府，固然会有这样那样的不足，甚至是“滥用职权的行为”，但是这“不应当责备革命政府，而应当责备所有这些原因”；不能够进行不负责任的批评，因为这种批评只会有利于革命的敌人。对于当时吉伦特派、忿激派就雅各宾政府恐怖政策所进行的批评，罗伯斯庇尔干脆称之为阴谋和诽谤。他激动地说，“我相信阴谋的卑劣影响，特别是诽谤的毁灭性力量”，③ 这种名为批评的诽谤很容易欺骗许多正直的人，并赢得他们的信任。为了维持革命政府，罗伯斯庇尔表示“要对付诽谤和污蔑，把它们消灭”④。

---

① ［法］热拉尔·瓦尔特：《罗伯斯庇尔》，姜靖藩等译，商务印书馆1983年版，第364页。

② ［法］罗伯斯庇尔：《革命法制和审判》，赵涵舆译，商务印书馆1986年版，第189页。

③ ［法］罗伯斯庇尔：《革命法制和审判》，赵涵舆译，商务印书馆1986年版，第221页。

④ ［法］罗伯斯庇尔：《革命法制和审判》，赵涵舆译，商务印书馆1986年版，第166页。

其五，从反对操纵舆论到主张政府影响舆论。罗伯斯庇尔曾多次强调社会舆论是各种思想、意见乃至行为的最终裁判者。政府、执政者必须无条件地接受社会舆论的监督，服从社会舆论。而舆论又始终是一种独立的社会因素。政府、执政者不应该干预舆论，尤其是不能拿公民的税钱“供造成社会舆论之用”，“社会意识的一切制造厂只能提供毒物”。他提醒人民：“任何时候不要忘记，不是执政者应当使社会舆论服从自己和制造舆论。”① 但是，在雅各宾派专政时期，罗伯斯庇尔又认为，出于拯救祖国、保护公民的需要，革命政府还应该“用自己的势力影响社会舆论，影响革命道路的方向”②。也就是说，在革命的旗帜下，制造舆论、引导舆论是必要而且合理的。

其六，从反对死刑到支持恢复死刑。在1791年之前，罗伯斯庇尔是死刑的坚决反对者，他希望能从革命的宪法中删去死刑，因为这条血腥的法律有损于主权宪法的声誉。然而，当至高无上的人民在1793年赋予他以独裁大权的时候，他又意识到，要捍卫政权，必须使用极端的恐怖手段，恢复血腥的死刑。他主张，任何人只要有“侵害国家公共安全、自由、平等、共和国的统一和完整的行为”,③ 都应该处以死刑。对于叛国罪，如果“让人们去选择刑罚，那就是荒谬的”④。如果对于犯罪仁慈，专制制度和贵族阶级就会死灰复燃，并有重新奴役人民的危险，所以应该果断地把专制政府用来屠杀人民的斧子夺过来，并且还要更加勇敢地把它砍向贵族和专制制度。

罗伯斯庇尔思想观念的变化，决定了雅各宾政权新闻政策的基

---

① ［法］罗伯斯庇尔：《革命法制和审判》，赵涵舆译，商务印书馆1986年版，第147页。

② ［法］罗伯斯庇尔：《革命法制和审判》，赵涵舆译，商务印书馆1986年版，第221页。

③ ［法］罗伯斯庇尔：《革命法制和审判》，赵涵舆译，商务印书馆1986年版，第132页。

④ ［法］罗伯斯庇尔：《革命法制和审判》，赵涵舆译，商务印书馆1986年版，第157页。

本特征。在大革命的初期，吉伦特派掌握的政权基本上坚持了由国民大会通过的11条人权宣言，取消了一切新闻检查和任何形式的出版许可制。出版自由、言论自由得到了保障，从而促进了法国报刊事业的繁荣。据统计，在大革命时期，法国共出版了1350种报刊，其中绝大部分是在1793年雅各宾派专政建立之前出版的。在当时的报界，活跃着许多著名的报人，包括德穆兰、里瓦罗尔、埃贝尔、马拉，还有罗伯斯庇尔，以及其他许多著名的人物。他们的报纸分别代表着不同的政治势力，表现了截然不同的政治倾向。有的支持政府，倡导革命，有的则对政府持批评态度。这种情况一方面说明了当时新闻自由、出版自由的程度，同时也反映了革命报刊无拘无束的现实。但是，在雅各宾政权建立之后，为了克服国家面临的深刻的政治经济危机，革命政府采取了一系列的恐怖措施。尤其是"牧月法令"的实施，大大简化了审判程序，取消预审制和辩护人，其惩罚也都规定为死刑。加上规定了可以不要证据的推理判决，使得越来越多的人被推上了断头台。这些恐怖措施很自然地扩大到了报界。因为报界是社会的舆论工具和政治斗争的重要武器。雅各宾政权在新闻方面的第一个措施，就是停止实行新闻自由、出版自由的政策，查封各种革命报刊和革命阵营中的持各种不同政见的报刊。控制消息传播，引导、影响、操纵社会舆论。由于这一措施，大量的报刊相继被取缔，聪明一些的人，就是自动停刊。① 最后，公安委员会提出只能出版一种接受资助的报纸——《公安报》。这种作法，比君主专制最严厉的时期也有过之而无不及。第二个措施，是镇压持不同政见的报人。首先是保皇派记者。接着，在1793年10月，革命政府将《法兰西爱国者报》的创办者、著名宣传家、政治活动家布里索推上了断头台。5个月后，忿激派领袖、《杜歇老爹报》的灵魂埃贝尔也被处死。1794年4月，罗伯斯庇尔的老朋友、《老科尔德利报》的主人德穆兰，随着著名革命家丹东一起走上了断头台。由于这样不断的杀戮，到了雅各宾

① ［法］皮埃尔·阿尔贝、费尔南·泰鲁：《世界新闻简史》，许崇山等译，中国新闻出版社1985年版，第28~29页。

专政的后期，公安委员会所能依靠的报纸已所剩无几了，它们都是官方的或半官方的报纸。罗伯斯庇尔的革命政府，终于完全控制了报界。

对于雅各宾政权极端的恐怖政策，在革命阵营内部也发出了不满的声音。在 1793 年 11 月，丹东就提出了“珍惜人类的鲜血”的反恐怖口号，并不断宣传“司法与人道相结合”的主张。著名报人德穆兰亦于 1793 年 12 月，发行《老科尔德利报》，大力宣传言论自由、出版自由。在被禁止出版的该报第七期上，德穆兰写道，他怎么也理解不了，“在没有出版自由的地方，怎能算是共和国”①。这实际上是当时众多报人共有的困惑。

罗伯斯庇尔的政治思想、新闻观念何以会发生如此巨大的变化？雅各宾政权在当时的情况下，有必要采取那种严酷的恐怖政策，乃至于完全剥夺革命初期以鲜血换来的出版自由、言论自由吗？对这两个问题的回答，必须联系到罗伯斯庇尔政治地位和当时客观形势的变化，否则就不可能得出正确的结论。就政治地位来看，在 1792 年之前，罗伯斯庇尔代表着在野的反对派，他们需要出版自由、言论自由来攻击掌权的反动派。由于反动派掌握着巨大的权力和财力，他们时刻都在计划着剥夺革命者的出版自由、言论自由，因此，这时问题的关键在于保护爱国的革命报人、记者不受反革命的迫害。而在雅各宾专政时期，罗伯斯庇尔代表着激进派掌握了国家的全部权力，其优先的课题是巩固革命政权，将革命进行到底。而被推翻的反动派正虎视眈眈，随时准备反扑，故而有必要剥夺他们的自由权利。在客观情势方面，当时外敌入侵，内乱频仍，粮食短缺，物价高涨，非采用铁腕手段不足以应付时局。罗伯斯庇尔在 1793 年 12 月 25 日的一次讲话中就说明了这一点：“革命政府所以需要非常行动，正是因为它处在战争状态。它所以不能服从划一的和严格的规章，是因为它周围的情况是急剧发展和变化无常的，特别是因为它必须不断采取新的和迅速见效的手段来消除新

① 转引自中国法国史研究会编：《法国史论文集》，生活·读书·新知三联书店 1984 年版，第 97 页。

的严重的危险。”① 在这个意义上可以说，雅各宾派的恐怖政治，及其限制乃至取消自由的特殊政策，是形势逼出来的，而非出自罗伯斯庇尔的初衷。

四、罗伯斯庇尔与杰斐逊新闻思想之比较

在 18 世纪末 19 世纪初的资产阶级革命家中，法国的罗伯斯庇尔与美国的托马斯·杰斐逊是最值得比较的两个重要人物。② 前者是法国大革命时期重要的掌舵人，而后者则是美国独立战争的旗手、著名的《独立宣言》的起草者。但是，当他们取得政权之后，两者采取的新闻政策及其对报界的态度迥然不同。杰斐逊和罗伯斯庇尔对“天赋人权”不可侵犯、新闻出版自由不受任何阻碍，对用“宪政”来保护自由，都有相似的论述，但杰斐逊所设立的新闻自由制度得以成为一个国家的传统；罗伯斯庇尔的新闻自由却不能在制度上善始善终，实际上，法国“大革命企图摧毁所有的旧观念、旧制度，建立一套全新的制度、全新的法律、全新的道德。然则他们整个理想的基础却是对旧制度的模仿”③。

杰斐逊自由主义新闻理论的哲学基础是“天赋人权”观。他在《独立宣言》中指出：“我们认为这些真理是不言自明的，人人生而平等，他们被造物主赋予（某些）不可转让的权利，其中有生命权、自由权以及追求幸福的权利。”其新闻自由观念的基本逻辑是：言论自由是一种“天赋权利”，不可剥夺；新闻出版自由是言论自由的具体体现，因此应该得到保护；在保护自由特别是新闻出版自由的各种手段中，法律是最为有效最为可靠的。

杰斐逊视新闻自由权利为自然权利而先于国家存在。“权利的

① ［法］罗伯斯庇尔：《革命法制和审判》，赵涵舆译，商务印书馆 1986 年版，第 159 页。

② 参见张昆、程凯：《杰斐逊与罗伯斯庇尔新闻自由之比较》，载《武汉大学学报》（人文社会科学版）2002 年第 3 期。

③ ［法］贡斯当：《古代人的自由与现代人的自由》，阎克文等译，商务印书馆 1999 年第 1 版，第 7 页。

主体是社会中所有的个人，人们生而就享有完全自由的权利，并和其他任何人或许多人相等。个人权利神圣不可侵犯，为了保障这些权利，才在人们中成立政府。”新闻自由与国家权力的关系，前者是第一位的，个人的新闻自由与国家权力冲突时不得受到侵害。国家权力唯一对新闻自由施加的限制只能出于更好地维护这种自由的目的，而非什么其他原因。如果遇有任何形式的政府损害这种目的时，人民就有权力改变或废除它，乃至于成立新的政府。“我们这个政府的根本原则是什么？”杰斐逊强调，是“传播知识并付诸公众理性谴责一切弊端；保障宗教自由；保障新闻出版自由，并保护人身自由”，“这些原则应当是我们政治信念的信条，公民教育的课本，检验我们的受托人的工作的试金石”①。

那么，怎样才能在强大的国家机器面前保护重要的新闻出版自由？杰斐逊的解决办法是“立宪主义”，即在宪法中写入包括新闻出版自由在内的《权利法案》，用国家的根本大法将权利确定并保护起来。事实表明，《权利法案》列入《联邦宪法》是经历了一场激烈斗争的。1787年，美国制定了《联邦宪法》，确立共和政体和联邦制度，实行三权分立。但是在《独立宣言》中宣示的基本人权包括言论出版自由、新闻自由并没有得到宪法的保护。为此，杰斐逊和激进民主人士为争取这些基本权利，同以汉密尔顿为首的联邦党人进行了长期不懈的斗争。杰斐逊反对《邦联宪法》的理由，第一就是缺少一个明确规定宗教自由、出版自由的权利法案。“一个权利法案是授予人民应享受的权利，是任何主持正义的政府所不应该拒绝的事情。”如果新制定的《联邦宪法》不能有权利法案，就“要拒绝批准它，直到权利宣言被附加上为止”。“关于权利宣言，我猜想合众国的大多数人和我的意见相同：因为我所了解到的所有反联邦党人以及联邦党人中相当大的一部分认为这样一个宣言应该加到宪法上去。欧洲开明人士已经认为发明这个保障人民权利的工具是我们最大的荣誉，并且由于看到我们那么快地放弃它而吃

① ［美］杰斐逊：《杰斐逊集》，刘祚昌、邓红风译，生活·读书·新知三联书店1993年版，第530页。

惊不小。”① 终于在1791年，国会通过了保障人权的10条宪法修正案，其中第一条便是“国会不得制定限制言论出版自由的法律。”这条修正案成了美国宪法的一部分，也成为美国新闻自由的基石。②

杰斐逊如此珍视新闻自由，是因为其在监督政治权力方面的价值。他主张，民主政府的一切施政应以民意、舆论为基础；同时，一个好的政府应该自觉接受舆论的监督，而且要经得起监督。如果一个政府在批评面前站不起来，就应该垮台。在他看来，“政府机器是为了人民使用而建立起来的，从而受到他们的监督。”③ 因为“经验表明，甚至在最好的政府形式下，那些被委以权力的人们，在时间的推移中，依靠缓慢的动作也会把它变成暴政”④。一个“有限政府”是一个应受到监督的政府。在权力监督方面，除了立法、司法、行政三权分立及相互制衡外，新闻媒介的舆论监督也是权力监督的一种强大力量。在有新闻自由而且每个人都能阅读报纸的地方，人民了解社会上发生的一切，其意见的表达也不受限制，在这种情况下，人民是他们的统治者的唯一监督者，甚至他们的错误也有助于促使统治者恪守他们制度的真正原则。那么这个社会的一切当然都是安全的。在这个意义上，杰斐逊对于新闻自由权利的价值、对新闻舆论监督的价值深信不疑，以至于道出了这样的名言：“如果让我在有政府而无报纸和有报纸而无政府之间做出选择的话，我会毫不犹豫地选择后者。”

杰斐逊对新闻自由的态度，不仅是在理论上说说而已，在自己的政治实践中，他也力图贯彻。纵观他的一生，早年是主张民族独

---

① ［美］杰斐逊：《杰斐逊集》，刘祚昌、邓红风译，生活·读书·新知三联书店1993年版，第1026、1059页。

② ［美］埃德温·埃默里、迈克尔·埃默里：《美国新闻史》，苏金琥等译，新华出版社1982年版，第95页。

③ ［美］杰斐逊：《杰斐逊集》，刘祚昌、邓红风译，生活·读书·新知三联书店1993年版，第111页。

④ ［美］杰斐逊：《杰斐逊集》，刘祚昌、邓红风译，生活·读书·新知三联书店1993年版，第392页。

立的革命家，中期成为华盛顿政府的国务卿，后期则当上了美国的第三任总统。当在野的联邦党人的报刊塞满谎话、诽谤和狂言来攻击他时，作为总统的杰斐逊表示，“我们正在进行一次试验，看一看不借助胁迫而进行的自由讨论是否足以宣传和保卫真理，是否足以使一个政府在其行动和意见方面保持纯洁和正直”，“我将保护他们造谣和诽谤的权利，而且我将珍视这一权利的继续维持，坚定不移地追求我的目标，这就是要证明，一国的人们如果像我国的人们一样生活于安逸舒适之中，是能够在政府领导下检点自己的行为的；这个政府不是建立在人类的恐惧与愚蠢之中，而是建立在人类的理智之上，建立在人类的社会情感对其非社会情感的优势之上。这个政府提供如此广泛的自由，对他的道德权利不加任何限制；但这个政府又是如此坚决，要保护他不遭任何道德上的冤屈，总而言之，这个政府将使人享有他的一切天赋权利”①。杰斐逊对报刊的自由、对反对派的言论持有如此宽容的态度，与罗伯斯庇尔形成了鲜明的对比。

罗伯斯庇尔的思想直接来源于卢梭，而且在基本内容上没有多大变化。罗伯斯庇尔声称愿意踏着卢梭“那令人肃然起敬的足迹前进”，②事实表明，他确实这样做了，而且贯彻得非常彻底。英国哲学家罗素认为，卢梭的《社会契约论》作为法国大革命中大多数领袖的圣经，实际上最初的收获便是罗伯斯庇尔的执政。“人生来自由，却无处不在枷锁中”，自由是卢梭的名义目标，但他力求的是平等。对于人类如何从自然状态过渡到社会，卢梭的解决办法是社会契约。这个契约是“每个结社成员连同自己的一切权利完全让渡给全社会；首先，由于每个人绝对地献出自己，所有人的状况都相同了。由此卢梭提出了一个‘公意’或‘总意志’的概念，声称‘我们每个人把自己的人身及全部力量共同置于公意之

① ［美］埃德温·埃默里、迈克尔·埃默里：《美国新闻史》，苏金琥等译，新华出版社 1982 年版，第 124 页。

② ［法］瓦尔特：《罗伯斯庇尔》，姜靖藩等译，商务印书馆 1983 年版，第 61～62 页。

下。’国家或社会的主权者的永远正确的意志就是‘公意’。每个公民分担公意，虽然有违背公意的个人意志，但社会契约不言而喻，谁不服从公意，都要被逼得服从。”① 在他看来，这种被逼的服从也是一种自由，因为国家或社会的主权者是全体公民，公意是全体公民通过民主的投票形式来获得的，这样服从公意的统治就是服从自己的统治。用现代西方自由主义的话说，卢梭是用民主的手段代替了自由的目的。卢梭在讨论主权时忘记了一个基本道理：任何主权都必须由具体的个人来行使。抽象的主权者并不存在，任何政治权力必然由少数人行使。当罗伯斯庇尔真诚地接受了卢梭的社会契约论和主权在民学说后，当他认定自己所代表的是绝大多数人的公意时，当他意识到在危机四伏的环境下只有牺牲自由才能保住革命的成果时，限制乃至剥夺新闻出版自由就成了公意。这时，罗伯斯庇尔的真诚，及其在后期所采取一切措施都好理解了。

与卢梭、罗伯斯庇尔不同，杰斐逊的新闻出版自由思想在实质上更近于独立战争时期的另一个著名的理论家托马斯·潘恩。潘恩曾明确地提出了天赋人权和公民权利的区别：结成社会的人们会首先区分他们自己的权利哪些是他们个人能够完全充分地行使的，哪些则不是完全可以行使的。属于第一类的，如思想、说话、构思和发表言论等权利。属于第二类的，如那些保障个人获得并拥有财富的权利。在划清这些界线后，他们同意个人保留第一项权利，即个人有能力行使的权利；而将第二类权利予以放弃交给社会形成一种新的权利，叫做公民权利或契约权利，这种权利在社会保障下行使。其结果是，人们所放弃的那种不完全的权利越多，并进行交换，就会越有保证享有这种权利。但是，对于第一类权利则完全相反，如果我们进行了放弃，我们将不可能再享有。② 杰斐逊因此认为：为了保障此等权利，人们才共同建立政府，政府之正当权力，

① ［英］罗素：《西方哲学史》，马元德译，商务印书馆 1997 年版，第 237~239 页。

② ［美］吉尔贝·希纳尔：《杰斐逊评传》，王丽华等译，中国社会科学出版社 1987 年版，第 76 页。

来自于被治理者的同意。人类在结成社会契约时，并不是要放弃他们的全部自主权，他们放弃的只是他们全部权利的一部分。但在放弃的同时，又从社会得到了自己让渡给它的同样的权利，得到了与自己失去的完全相同的等价物，即他们从社会得到安全，并且比在完全的自然状态下更充分地享受到他们的天赋权利。这种思想对于"天赋权利"的阐述，远不是激进的革命的。杰斐逊强调的"不可让渡的权利"与卢梭显然有别，后者认为人们所让渡的是所有的权利，即他们在社会这个祭坛上牺牲的是自己的全部天赋权利。

杰斐逊不仅是一个伟大的立宪主义政治家，还是一个民主共和主义者。他也相信国家的主权者是人民，并且相信自己的人民有能力治理好自己的国家。但，为什么与罗伯斯庇尔一样持人民民主观念的杰斐逊走的却是另一条道路呢？杰斐逊与其他美国建国者一样，认识到即将建立的自由民主政体，应是一个将宪政和共和政体结合到一起的政府。他们的贡献在于提供了一种使共和政体适应宪政政体的方法，因为经验表明，纯粹的民主体制有可能变成民主的多数人的暴政。政治的第一问题，在杰斐逊等人看来不仅仅是谁是统治者，而重要的还有如何限制统治者的权力。他们的解决方案是：在代议民主制内，权力的基础在于人民，但这一权力通过一种成文宪法来表现自己。成文宪法是权力的根本性来源，宪法高于政府。成文宪法建立了政府，并在不同的机构和部门确立了适当的权力，这些机构和部门的领导人由人民直接或间接选出。虽然公共舆论对政府的计划具有重要的影响，但制度性安排向政府提供了管辖范围以及某种程度独立于直接民众压力的超然的地位。①

在制度建设方面，杰斐逊用法制的形式将新闻自由确立下来，即让新闻自由免于权力的侵害，毕竟还是一种消极的做法。他没有在法制上要求一种积极的自由，要求通过新闻立法的方式去明确一个以新闻出版自由为基础的"第四种权力"。杰斐逊新闻出版自由的价值观发展演进的结果，便是现今美国"第四权力理论"的基

① [美] 詹姆斯·W. 西瑟：《自由民主与政治学》，竺乾威译，上海人民出版社 1998 年版，第 14 页。

本价值观。但应该指出的是，杰斐逊的新闻自由还只是一种思想上的自由、一种言论自由、一种个人自由，他并没有明确界定新闻媒体的新闻出版自由权。他的新闻出版自由的“宪政”价值从逻辑上而言有过渡到“第四权力理论”的可能。但“第四权力理论”所谓的新闻出版自由，已经不再是单纯的个人言论自由，而是新闻传播媒体本身的自由，宪法所保护的对象在这里已经发生了深刻的变化。

五、结　论

罗伯斯庇尔是一位复杂的历史人物。对他的地位和作用的评价，也是历史学界饶有趣味的课题。在罗伯斯庇尔死后的200年间，后人们对他的评价颇不相同。持肯定态度的人，如平等派历史学家巴贝夫认为，“重提罗伯斯庇尔，就是重提共和国所有坚强的爱国者以及同他们一起的人民”，“罗伯斯庇尔和民主政治是同义词”。① 社会主义历史学家拉波内雷伊则为罗伯斯庇尔遭到的诽谤抱不平，认为“人民会乐于怀念他，因为他原是人民最真挚、最热情的朋友”②。著名文学家罗曼·罗兰在写完他最后一个悲剧《罗伯斯庇尔》后说：“罗伯斯庇尔在法国革命人物中间之所以出类拔萃，不仅由于他秉性纯正，也由于他才智过人以及他对人民的无限真诚。”③ 持否定态度的人，如资产阶级历史学者米涅认为，

---

① 转引自中国法国史研究会：《法国史论文集》，生活·读书·新知三联书店1984年版，第122页。

② 转引自中国法国史研究会：《法国史论文集》，生活·读书·新知三联书店1984年版，第127页。

③ 转引自中国法国史研究会：《法国史论文集》，生活·读书·新知三联书店1984年版，第139页。这一见解得到了一些外国历史学者的赞同。如英国学者赫·乔·韦尔斯在所著《世界史——生物和人类的简明史》一书中断言：“罗伯斯庇尔无疑是诚实的。他比继承他的那群人诚实得多。”

罗伯斯庇尔“是一个有宗派、有野心和狂热的人”①。另一个法国大革命史专家奥拉尔则在赞颂丹东的同时，把罗伯斯庇尔说成是“一个虔诚的诽谤者和神秘的杀人犯”②。这两类评价看来都有极端化倾向。作为一个影响巨大的政治人物，罗伯斯庇尔的表现并不是那么的好，也不是那么的坏。只有把好坏两方面综合起来，才能得出恰当的结论。法国共和主义诗人拉马丁说罗伯斯庇尔给历史留下的回答是：“伟大的忠诚，伟大的不可腐蚀，巨大的疚悔。”③这一评价是耐人寻味的。

罗伯斯庇尔还是一个杰出的报人、新闻工作者。他的新闻观念虽然与政治思想密不可分，但总的来讲，还是自成体系：人是理性的动物，对于外部事物具有分析判断能力，并且善于选择；国家是基于人民之间的契约而成立的，主权属于全体国民。作为基本人权的一个重要内容，出版自由、言论自由，不接受任何外来的制约。这一权利不仅是抑制专制主义的主要手段，而且还是真理的保障。因为真理是来源于多种意见的竞争。虽然真理开始往往掌握在少数人手中，但真理战胜谬误乃是历史的必然。而报纸正是人们追求真理的伙伴，和捍卫基本人权的工具。由于这一性质，报纸又成了治人者和治于人者之间的纽带。这些观点，与英国约翰·弥尔顿的思想基本相似，属于自由主义报业理论的范畴。但是罗伯斯庇尔又有不同于弥尔顿的地方。弥尔顿认为，出版自由作为一项人权，并不是人人得而享有的，它只属于社会上少数精英分子；而罗伯斯庇尔则主张这是一项全民的权利，所有的国民在权利上一律平等。弥尔顿满足于论述真理与自由，而没有注意到当时刚刚出现的近代报纸；罗伯斯庇尔于真理观、自由观之外，还深入地分析了报纸的使命及报人的品德修养，这是对自由主义报业理论的发展。

---

① 转引自中国法国史研究会：《法国史论文集》，生活·读书·新知三联书店 1984 年版，第 125 页。

② 转引自中国法国史研究会：《法国史论文集》，生活·读书·新知三联书店 1984 年版，第 132 页。

③ 转引自中国法国史研究会：《法国史论文集》，生活·读书·新知三联书店 1984 年版，第 130 页。

罗伯斯庇尔新闻观念的前后差异十分明显。在1793年前，他主张所有公民在权利上一律平等，反对政府操纵和限制出版自由，提倡没有证据的批评和思想多样性。可在雅各宾专政时期，罗伯斯庇尔却把反动派排除在人民的范畴之外，主张政府影响舆论，限制出版自由，反对诽谤和思想分歧。之所以如此，固然是缘于罗伯斯庇尔政治身份的变化。但还有一个因素也须注意，那就是政治家与记者角色的冲突。在前期，罗伯斯庇尔主要是一个报人，后期则是主宰一国命运的政治家。作为报人、记者，追求的是出版自由、报道特色及新闻价值；而政治家追求的则是社会的安定和政权的稳固。在当时，这两者之间是难以并行不悖的。

雅各宾专政时期的新闻政策及后期罗伯斯庇尔的新闻观念，虽然从自由主义理论的前沿大大地后退了，甚至引入了封建集权主义的某些成分，但这是当时的客观情势使然，而非出自罗伯斯庇尔的初衷。其实，在同样的环境中换上任何人，都会这样转变，否则就是自愿退出政治舞台。后来继雅各宾执政的热月党人，在控制出版方面并不比前者逊色。在其他资本主义国家，当国家处于战争或其他非常时期，都会采取相应的措施，如新闻检查、主动指导等，以控制新闻传播活动。社会主义国家也不例外。1917年十月革命胜利不久，为了巩固政权，列宁毫不犹豫地查封资产阶级报刊，没收其印刷厂。这都是众所周知的事实。在这个意义上，雅各宾政权的新闻政策及后期罗伯斯庇尔的新闻观念，应该是无可厚非的。

第六章 杰斐逊与汉密尔顿关于出版自由的论战

1783年，北美独立战争胜利后，围绕着建立什么样的国家，殖民地的政治势力分裂成为两大对立派别：汉密尔顿代表的联邦派和杰斐逊代表的共和派。两派的对立不仅表现为如何处理中央与地方、国家与个人的关系，以及中央权力机关的分权制衡等全局性问题，而且在出版自由等个人权利问题上也展开了论战。这场论战持续了二十余年。其结局是美国式自由新闻体制的确立。时至今日，杰斐逊和汉密尔顿的关于出版自由的思想，仍然在一定的程度上影响着美国大众媒介与政治体系的互动。因而重新审视这一场论战，不仅具有历史意义，也有一定的现实价值。

一、杰斐逊与汉密尔顿在出版自由上的对立

联邦派和共和派对于出版自由的认识有着根本区别。这种认识差异不仅反映了他们对于人、对于权利的不同理解，而且也反映出两者所属的不同利益阶层。共和党人对出版自由的态度以杰斐逊为代表。他将出版自由视为人类的天赋权利，在这方面与托马斯·潘恩的理解是一致的。后者认为天赋人权与公民权利有明显的区别：“结成社会的人们会首先区分他们自己的权利，哪些是他们个人能够完全地充分地行使的；哪些则不是个人完全可以行使的，属于第一类的，如思想、说话、构思和发表言论等的权利；属于第二类的，如那些保障个人获得并拥有财富的权利。在划清这些界限后，他们同意个人保留第一项权利……而将第二类权利予以放弃，交给

社会，形成一种新的权利，叫做公民权利或契约权利。”① 对于第一种权利，“如果我们放弃第一类权利，我们在交换中可能会遭受许多损失”②，为了保障这些权利，人们建立政府，政府的正当权力来自人民。正是因为第一类权利是不可放弃和让渡的，所以必须制定一部《权利法案》，在其中规定哪些权利是个人决意保留的天赋人权，个人应该受到哪些限制以获得相应的保护，在这种严格的法律框架下形成一种自由和秩序，将个人权利和纪律完美结合，从而形成美国文明的坚实基础。其逻辑是：言论自由是一种天赋人权，不可剥夺，出版自由作为言论自由的延伸和体现，理应受到保护。自由既然被表述为一种权利，就应该用法律的形式加以确认，这是符合民主法制的要求的。以保障这项权利为宗旨的人权法案是对微观层面上的法律条文的总结，必须成为宪法的组成部分。特别是出版自由权利，是有可能被美国宪法必须给予政府的一些权力所侵害的。因此对这些权利必须加以特殊保护，在宪法中加入人权法案是大有裨益的，唯此才是对人民实际给予政府权力的一种限制，同时也是对人民个人权利中不可放弃部分的有效保护。其意义在于：出版自由获得了法律这种最有效的保护形式，从而获得了从观念向现实层面转化的可能，而立宪即在最高法律中明确种种权利并予以保障是最有效的保障形式。正是杰斐逊的出版自由观念的实践，使得观念变革转向制度的变革，最终将包括保障出版自由在内的人权法案归入宪法。

联邦党人对于出版自由的态度可以借用其领袖亚历山大·汉密尔顿的名言表述：“人权法案，从目前争论的意义与范围而论，列入拟议中的宪法，不仅无此必要，甚至可以造成危害。”他进而认为，关于出版自由，“无论其他各州宪法如何提法，均无任何意义。宣称‘出版自由应受保护，不得侵犯’有何意义？何谓出版

① ［美］吉尔贝·希纳尔：《杰斐逊评传》，王丽华等译，中国社会科学出版社 1987 年版，第 77 页。

② ［美］吉尔贝·希纳尔：《杰斐逊评传》，王丽华等译，中国社会科学出版社 1987 年版，第 77 页。

自由？谁能做出任何定义使之不留任何规避的余地？笔者认为此种设想并不现实”①。他之所以反对人权法案入宪，原因有二：其一，美国宪法旨在保护的个人权利范围远远超出了任何文献所能穷尽列举的，而且对这些个人权利的明确列举，有可能被理解为未被列举的权利不受到宪法的保护，这种危险是存在的；其二，这也是最根本的，他认为人们既然同意组成政府，就应该将所有的个人权利交给政府，因为政府的组成人员是基于人民自己的意愿选举出来的代表，由他们来代理人民的权利是可以让人放心的，所以，出版自由是属于政府的，是政府用来控制和维护统治的工具。而且人民不可能掌握传播工具，也就不可能有真正的出版自由，即使将其写入宪法，也只能是一纸空文。他认为人民本身是没有理性的，是经常处于躁动不安之中，需要明智者指引，这就使得他们本身没有能力单独有效地利用出版自由；另外，当强大的政府真正建立后，作为舆论工具的新闻出版的真正掌控者不在人民而在政府和有权阶级，所以人民根本不可能拥有它，出版自由的保障端在“公众舆论”，但这种舆论往往没有相应的传播渠道，除了依托他们信赖的政党和选举的代表来表达他们的意见外，没有其他渠道，所以将它写入宪法没有实际意义。

从汉密尔顿对出版自由的态度，可以看出其中的集权主义精神。这种精神集中表现为对集体的维护和对个人的否定。亚里士多德曾经推断说：“人类在本性上，也正是一个政治动物。”② 也就是说人类在本性上要过社会生活，要在政治上组织起来。集权主义者对他的推断作了仔细的注解，认为人作为个体是无能的、弱小的，甚至是邪恶的，只有成为社会一员并绝对归属于整体，方能发挥其正当能力。个人的活动范围极为有限，而成为社会严密组织成员是实现个人目标的唯一条件。因此，个人的思想和意见一定要服

① ［美］汉密尔顿、杰伊、麦迪逊等：《联邦党人文集》，程逢如等译，商务印书馆 1980 年版，第 430 页。

② ［古希腊］亚里士多德：《政治学》，吴寿彭译，商务印书馆 1965 年版，第 7 页。

从组织意志；另外团体及社会之中，必须有少数精英人物来代表其成员的思想和意见。他还认为，没有国家，或者没有代表国家的政府来控制信息流通，人类只能处于无序状态，纷乱的思想会导致混乱。这种理论应用于社会实践的结果是："第一，实行出版特许制，书籍、报刊未经主管机构的批准，不得出版、发行。第二，实施预防制，对演讲、表演、书籍、报刊的内容进行事先审查，以阻止攻击、反对或不利于当权者的言论的表达。第三，表达意见者或传播思想者如果发表当权者厌恶或禁止的内容，要受到严厉惩罚，如禁止继续演讲、表演、讲学，焚烧书籍，停止报刊的发行，起诉、判刑，甚至处死等。第四，政府自办报刊，作为控制舆论的工具。第五，对新闻从业人员予以威胁利诱，并不断发布宣传指示，以期达到完全控制报刊的目的。"① 这一切与联邦党人执政时期所颁布的法令和对于共和党新闻从业者的迫害与逮捕可以说异曲同工。汉密尔顿不单在思想上推崇集权主义理论，而且也是其坚定的实践者；对于联邦党人来说，这种思想正符合他们的政治标准；而对于汉密尔顿个人而言，则反映出他政治思想的保守性，因为，作为在英国殖民地成长起来的政治家，他的亲身经历使他反对英国殖民统治，但是将国家主权和国家安全放在重要地位的他，实际上很赞赏英国的君主立宪政体。尽管它弊端丛生，但在维持强权和国家的集中、安全上是最有效的。虽然他用代议制取代了君主制，但是从他赞成给予总统极大权力和允许总统"只要合众国人民认为他可信就可以多次连选连任"上来看，他还是对将权力集中于少数人，甚至一个人身上表示赞同的；加上他对于人民的不信任，就更容易接受和实践这种理论了。

与此相反，杰斐逊及共和党人对于出版自由是持赞成和维护态度。这种态度与英国弥尔顿的思想一脉相承。弥尔顿认为人是理性动物，有自己独立自主的意志，能够明辨是非，能够通过自由辩论来战胜谬误赢得真理；而且他们坚持以自我为中心，像施拉姆所说

---

① 甑树青：《论表达自由》，社会科学文献出版社 2000 年版，第 142~143 页。

的："自由派消息传播者的道德责任，可以用约翰·洛克所说的一个短语来表达：'开明的自我利益。'"① 他认为，人本身就是目的，个人的成就、幸福和快乐构成社会发展的目的，而这个目的也是国家和社会的目的。人是自由的，不需要政府的干涉，只要能够自由阐发和辩论，就可以获得真理。但要指出的是，虽然杰斐逊对自由主义的报业理论采取支持态度并应用于实践，但是，它与绝对的自由主义还是有些区别的。这体现在他政治思想中的立宪主义上，他主张人人都有新闻自由，但是，作为公众人物的政府官员应该接受新闻自由的监督，同时，他并不反对由州政府制定的反对虚伪的中伤他人的出版物的法律的执行。他对新闻媒介的放任更多的是在报纸针对政府权力方面，而当自由对普通人民造成危害时，可以提出理由进行个人诉讼。不过总的而言，他的宗旨还是保障人民的权利，反对用权力来侵害权利。共和党人不仅将这种理论用国家根本大法的形式予以确认，从形式上赋予它不容侵犯的地位，而且在实践中为维护这种地位进行了坚决的斗争。

二、对立的思想基础与现实原因

杰斐逊与汉密尔顿在出版自由观念上的对立，既有复杂的现实原因，也有其思想的渊源。杰斐逊的思想缘起于自然权利学说，这一学说来源于希腊化时期的斯多葛学派。该学派的重要特点是崇尚自然，主张"归依自然"。其最大贡献是：提出了自然法思想。他们把人看作是自然界的一部分，把人的本性、人的理性看作是主宰万物的普遍法则。他们还提出了人人平等的基本原则。既然宇宙的本性就是理性，就是普遍的、共同的法则，而生活在社会中的人，无论其出身、种族、财富、社会地位如何不同，都受同一宇宙理性的支配。就普遍富有自然理性这一点而言，所有的人都是平等的。这种思想在随后的几百年中被继承和发扬开来，最终形成自然权利

① 甄树青：《论表达自由》，社会科学文献出版社 2000 年版，第 158～159 页。

学说。立说者认为，在人类成立政府之前人们生活在“自然状态”中，他们享有一系列的“自然权利”，过着自由平等的生活，不受任何人管辖。

杰斐逊的自然权利观主要是来源于洛克，其最集中的表述是在《独立宣言》中做出的。他以自然权利观为依据，宣示如下不证自明的真理：“人人生而平等，他们被造物主赋予他们所固有的［某些］不可转让的权利，其中有生命权、自由权以及追求幸福的权利。”① 作为历史上第一个把自然权利学说写入官方文件的人，他对1787年拟议中的联邦宪法缺少保障人民自由权利的条款非常不满，要求把“权利法案”加到宪法中去。在他看来，应该得到宪法保护的“天赋人权”主要有三。一是言论自由。他相信：人是理性的动物，具有良知良能，真理来自于多种意见的自由辩论。如果人民享有充分的言论自由和思想自由，真理就会成为“一位称职的反对谬误的斗士，足以战胜谬误，并且不怕去斗争，除非人为的干涉解除了真理的天然武装——言论和辩论自由。如果允许人们自由地批驳谬误，谬误也就不再具有什么危险了”②。二是出版自由。杰斐逊认为出版自由甚至比言论自由更为重要，因为后者影响少数人，而前者可以影响社会各个角落。他指出，出版自由的益处很多，特别是它可以防止野心家篡夺国家大权，虽然出版有时会引起伤害或有害作用，但他认为，一个政府只要本身公正廉洁，是不怕报纸攻击的，更不会因为恶意攻击而倒台。三是宗教自由。信仰纯粹是个人事情，国家不得干涉。他在《宗教自由法案》中说：“全能的上帝所创造的心灵就是自由的，而且他表明他的最高意愿便是：使人继续自由，而不使其受到任何羁绊。”③

自然权利学说的基础是对人类理性、道德和智慧的信任。杰斐

① ［美］彼得森注释编辑：《杰斐逊集》，刘祚昌等译，生活·读书·新知三联书店1993年版，第22页。

② ［美］彼得森注释编辑：《杰斐逊集》，刘祚昌等译，生活·读书·新知三联书店1993年版，第370页。

③ ［美］彼得森注释编辑：《杰斐逊集》，刘祚昌等译，生活·读书·新知三联书店1993年版，第369页。

逊深信“美德、同情、宽宏大量是人类素质的固有因素”①。而“人类理性是有能力照料人类事务的，而且大多数人的意志以及每个社会的自然法则是人权的唯一可靠的卫士。…… 让我们永远卑恭地遵从社会的普遍理性。有了它，我们就是安全的，甚至当它发生偏离时，因为它不久就会再次回到正确的道路上来”②。所以他信任人民，而“不是害怕人民的那种人。人民，而不是富人，是我们继续享有自由的依靠”。正是这种信任感，使得他坚定了给予人民出版自由的决心。只有这样，才可以实现民主共和国的理想，并且保证人民获得真理，所以他在致约翰·泰勒的信中说：“人可以靠理性和真理来治理。所以我们的第一个目标是向他们开放一切通向真理的道路。迄今为止所发现出来的最有效的道路便是新闻自由。”③

与此相反，汉密尔顿坚持的是“人性恶”理论。他不信任人民，认为人民在本质上是邪恶的，这种思想直接来源于英国政治思想家霍布斯。霍布斯承认在自然状态下“人人都是平等的”这样一个条件。但是，由于人类无论从体力还是智力来看都是相等的，人们会追求同样的目标，这很容易造成人们想获取同样的东西而不能同享的情形，彼此之间就会成为仇敌。为了要自保，人类往往以征服为先，这样一来，人与人之间就变得像狼一样，陷入一种“一切人反对一切人”的战争状态。人的本性是自私的，爱好权力，渴望出人头地并且希冀获得统治权，从而导致了人与人之间的争斗。霍布斯还认为，自然法的约束力有限，它能否为人们遵循，主要看人们是否有诚意。自然法仅能保证人们有遵循的倾向，但不能保证人们一定遵守它；相反，由于人性本恶，常常背信弃义，必然会导致对自然法的违反。要使人人都遵循自然法，唯一的办法就

① ［美］纳尔逊·曼弗雷德·布莱克：《美国社会生活与思想史》，商务印书馆 1994 年版，第 334 页。

② ［美］彼得森注释编辑：《杰斐逊集》，刘祚昌等译，生活·读书·新知三联书店 1993 年版，第 525~526 页。

③ ［美］彼得森注释编辑：《杰斐逊集》，刘祚昌等译，生活·读书·新知三联书店 1993 年版，第 1325 页。

是建立一种强大的权力或权威。其出路是在人们之间订立契约，彼此放弃自我管理的权利，这种放弃是相互平等和毫无保留的；放弃的权利被授予一个人或由一个集体即主权者来代表。这样通过社会契约而统一在一个人格中的一群人就组成了国家。

这种由性恶理论推论出来的国家主权说在汉密尔顿这里发扬光大。他首先认同恶的本性对人民行为的影响，并坦诚“野心、贪婪、私仇、党派的对立，以及其他许多比这些更不值得称赞的动机，不仅容易对反对问题正确一面的人起作用，也容易对支持问题正确一面的人起作用”①。他还认为现实社会中的人是有区别的，有上等人和下等人、少数派和多数派的分野。“所有社会部分都分为少数派和多数派。少数派就是富人，多数派往往就是人民大众。人民的呼声向来被说成上帝的呼声。这句话不管是说是信，都不是真理。人民没有判断力的，人民是经常处于不安的，因而需要使少数派在政治上享受特殊的永久地位。”② 他不但不信任人民，而且他憎恨人民，鄙视人民。他认为“人民！人民是野兽！”③ 他们“是好骚动的、变化多端的；他们很少有判断或决定正确的时候。因此，就让前一类人（少数人，富有，出身高贵者——笔者注）在政府中分享独特的、永久的席位。他们将控制后者（人民大众——笔者注）的不稳定性……只有一个常久性的机构能够制止民主的轻率。他们（人民大众——笔者注）的好骚动的气质需要控制”④。

其次，汉密尔顿强调了政府权力的重要性及控制言论出版的必要性。“再没有比政府的必不可少这件事情更加明确了；同样不可否认，一个政府无论在什么时候和怎样组织起来，人民为了授予它

---

① ［美］汉密尔顿 、杰伊、麦迪逊等：《联邦党人文集》，程逢如等译，商务印书馆 1980 年版，第 4 页。

② ［美］汉密尔顿 、杰伊、麦迪逊等：《联邦党人文集》，程逢如等译，商务印书馆 1997 年版，第 151 页。

③ 黄绍湘：《美国通史简编》，人民出版社 1979 年版，第 88 页。

④ ［美］纳尔逊·曼弗雷德·布莱克：《美国社会生活与思想史》，商务印书馆 1994 年版，第 328~329 页。

必要的权力，就必须把某些天赋权利转让给它。”① 他并不认为公民放弃自己的某些权利就是对自我自由的一种限制或剥夺，相反，他坚信“由人民代表发出的公众呼声，要比人民自己为此集会，和亲自提出意见更能符合公共利益”②。实际上，他认为代议共和政体有利于通过合理的规范和引导最终达到维护人民的基本权利的目的。他同霍布斯一样把国家置于无可取代的至上地位，而主权作为决断和处理国家一切事务的最高权力，是国家的灵魂，它所包含的内容也因此是至高的、广泛的。它除了拥有对臣民生杀予夺的权力外，还包括确定财产权、司法权、宣战媾和权、甄选官员权以及奖赏惩罚权，甚至包括对学派、意见和书籍的管理权。主权者可以而且应当使用强权统治国家，以强权、威胁为后盾的统治才是可靠的，完全民主的政治将导致混乱。新闻出版作为国家机构的组成部分、作为管理意识形态的重要部门，应该也必须服务于国家利益和社会秩序的稳定，所以，不应该将出版自由用法律的形式予以确认，如果这样，自私自利的人民和各种利益团体可能会利用法律来破坏国家主权和威胁社会的稳定。因此他主张对人民的意识形态进行控制，所有公众言论均须经过严格审核，书刊出版必须事先检查，使出版完全服务于政府权力，成为政府的一项行政特权和政治工具。这一观念贯穿于汉密尔顿思想的始末。

基于对出版自由的信念，杰斐逊对新闻界表现出极大的宽容，即使在党争最为激烈、政党报刊最黑暗的年代，甚至在他成为总统之后，这一态度都不曾改变。在他的政治生涯中，经常忍受着来自新闻界的各种压力和诋毁。例如在 1800 年参加总统竞选时，他遭到了联邦党人接连不断的指控，被称为一个危险的政治煽动家；一个无信义、不道德、反宗教者；独立战争中的懦夫、乔治·华盛顿的诽谤者、渴望独裁统治的人。对这种恶意的谩骂、攻击，他表示

① ［美］汉密尔顿、杰伊、麦迪逊等：《联邦党人文集》，程逢如等译，商务印书馆 1980 年版，第 7 页。

② ［美］汉密尔顿、杰伊、麦迪逊等：《联邦党人文集》，程逢如等译，商务印书馆 1980 年版，第 49 页。

“永远也不在报纸上发表一句话。……虽然我决心不让诽谤去干扰我平静的生活……我对他们（联邦党报纸——笔者注）的唯一回报将是：不管他们如何对待我，尽我所能对他们好”①。他始终坚信，他对反对派报纸言论的容忍和沉默是对人民理性和能力的信任与对天赋人权的保护，他相信“人民在抵抗最近新闻的滥用时所表现的坚定性，他们表现出来的区分真假的识别力，表明人们可以放心地信任他们，让他们听到每一种真话和谎言，并且做出正确的判断。几乎没有什么必要对他们的感官施加影响……不用这种人为的手段，而由使用他们的理性，以及用常识去检验一切的习惯而来的真正的尊敬，要更为可靠得多”②。正是基于对出版自由这种天赋人权的坚定信念以及对人民理智的信任，杰斐逊才能无怨无悔地坚持宽容的出版政策。

杰斐逊坚持宽容的出版政策，一方面是为了发现和接近真理，另一方面则是利用报刊，加强国民教化，提升国民的政治和智力水平。他在致麦迪逊的信中说：“我希望对于普通人民的教育应该受到注意，因为我相信为了保存适当程度的自由我们最有把握依靠的就是人民的良好判断力。”③ 通过教化不仅可以“给每个公民处理他自己的事务所需要的知识……培养他们思考和正确行动的习惯，使他们成为与人为善、自身幸福的榜样”，而且还能够实行社会精神遗产的代际传播。他这样解释说：“每一代人都继承了他们所有的前辈所获得的知识，并且把自己所获得的知识和新发现加进这个知识宝库中去，再把这个知识宝库一代一代地传下去……这样就一定会推动人类的知识和福利向前发展。”④ 利用报纸的教化功能，

① ［美］彼得森注释编辑：《杰斐逊集》，刘祚昌、邓红风译，生活·读书·新知三联书店1993年版，第1024~1025页。

② ［美］彼得森注释编辑：《杰斐逊集》，刘祚昌、邓红风译，生活·读书·新知三联书店1993年版，第1325~1326页。

③ ［美］彼得森注释编辑：《杰斐逊集》，刘祚昌、邓红风译，生活·读书·新知三联书店1993年版，第510页。

④ ［美］彼得森注释编辑：《杰斐逊集》，刘祚昌、邓红风译，生活·读书·新知三联书店1993年版，第494页。

还有利于巩固代议制民主政治，因为它可以“通过启迪它的公民的心灵而赋予自由以保障；它提供了反对外国强权的防御；它反复灌输美德；它推动在科学上最先进的国家为荣誉而进行的公平竞赛”①。如此看来，维护出版自由实际是国家和全体人民的最大的福利，限制这一天赋权利所带来的后果，比它带来的好处要严重得多。这种认识，推动着杰斐逊将出版自由理论变成现实的政治实践。

汉密尔顿虽然重视报刊的政治作用，但更重视在政治权力控制的范围内发挥这种作用。他本身就“是一位天生的新闻工作者和小册子写作家——他是美国报纸社论之父之一。他敏锐的判断力、深刻的洞察力、高度抽象集中的能力以及文字表达的清晰简练等，是第一流社论作家所具备的品质，也正是这些品质，使他成为首屈一指的小册子作者”②。从1787年10月21日到1788年8月16日，汉密尔顿等人在纽约州用“普布利乌斯”的笔名，以致纽约人民公开信的方式在《独立日报》、《纽约邮报》等报刊上发表一系列文章，宣传其政见并对反对派的观点进行反驳，最终促成宪法的通过。尽管联邦党人充分利用了媒介为自己的思想和政见辩护，但并非将出版自由作为自己的一项不可侵犯的人权，而是作为服务于政党的政治工具，维护强有力的政权才是他们行动的出发点和最终目的。所以，作为后辈眼中杰出的“社论撰稿人”，汉密尔顿在当时还是对新闻出版怀有强烈的控制欲的。与杰斐逊的宽容隐忍不同，他非常反感报纸的诽谤和中伤以及由此带给政府和官员的各种麻烦。所以他主张新闻出版必须经受检查，应当经受严格的限制；关于新闻的立法，必须加强新闻界的责任，以杜绝新闻诽谤，而对新闻诽谤的认定，不能只凭是否说出事实，法律的根本原则是意图。因此新闻出版的自由乃是以确凿的事实和良好的动机，为了公正的

① ［美］彼得森注释编辑：《杰斐逊集》，刘祚昌、邓红风译，生活·读书·新知三联书店1993年版，第510页。

② 迈克尔·埃默里等：《美国新闻史》，展江等译，新华出版社2001年版，第100页。

目的而出版的一种权利，这种动机应当由陪审团来判定；虚妄、诽谤和恶意等一切不利于美国政府或国会两院的言论必须严厉处罚。在这里，汉密尔顿与杰斐逊的区别最鲜明地表现出来。

对报刊功能的认识差异也是杰斐逊与汉密尔顿对立的原因。杰斐逊一直以赞美的口吻评价报刊监督政府的作用。他认为，民主的美国政府应该是一个“有限政府”，即一个受到监督的政府，“政府机器是为人民使用而建立起来的从而受到人民的监督”，因为权力不加限制是极容易导向腐败的，经验证明，甚至在最好的政府形式下，那些被委以权力的人们，在时间的推移中，依靠缓慢的动作也会把它变成暴政。世界上每个政府都有人类的弱点和腐化堕落的胚芽，为了防止政府的退化，必须由人民来监督。这种人民监督实际是一种舆论监督。政治只有以民意为基础，才能保证民主事业长盛不衰。要防止政府犯错，就必须通过报纸让人民充分地了解公共事务。杰斐逊认为，当时国家的三权分立还不够，应该充分认识到报纸对于国家、政府和社会的监督作用，“自由报刊应该成为对行政、立法、司法三权起制衡作用的第四种权力”。他的至理名言是：“民意是我国政府存在的基础，所以我们先于一切的目标就是要保持这一权利。如果由我来决定选择一个没有报纸的政府，还是要没有政府的报纸，我会毫不犹豫地选择后者。”① “没有监察官就没有政府，但是，哪里有新闻出版自由，哪里就可以不需要监察官。”② 虽然杰斐逊并没有真正舍弃执政权力、丢弃政府而单纯为了维护新闻自由而选择“没有政府的报纸”，而且也没有因为新闻出版自由的存在而将监察官舍弃，毕竟作为国家元首，他要维护社会各个阶层的利益和国家政治机器的正常运转。但是，他的这些言辞至少从思想上反映了他对出版自由的支持态度和对于报界监督政府的“监察官”角色作用的肯定。作为杰斐逊的支持者，菲利

① 张昆：《大众媒介的政治社会化功能》，武汉大学出版社 2003 年版，第 321 页。

② 郑超然、程曼丽、王泰玄：《外国新闻传播史》，中国人民大学出版社 2000 年版，第 320 页。

普·弗伦诺也认为“舆情限定每个政府的职权范围，舆情是每个自由政府的真正主权所在”。“‘对政府保持始终不懈的戒备’，对于防止‘野心勃勃的图谋’是必要的。”① 正是舆论的存在，正是因为人民的意见可以自由表达并形成一种强大的制衡力量，才可以防止政府官员的越权或渎职行为，才可以避免颠覆国家的图谋。

可是，在汉密尔顿看来，尽管报刊有着显著的宣传功能，但是对于民主政治，它主要是麻烦制造者。作为政治家的汉密尔顿身陷政党报刊的喧嚣论战之中，对于敌对报刊的攻击谩骂有着深刻的切肤之痛。反联邦派的报刊向汉密尔顿等人猛烈开火，极尽人身攻击、侮辱谩骂之能事。例如菲利普·弗伦诺的《国民公报》的社论使“联邦党人于惊恐之中”，以至于汉密尔顿和华盛顿忍无可忍而不得不予以反击，前者在《美国公报》上发布匿名信指责它不应该接受政府津贴还攻击政府，与政府添乱与作对，后者则称他为为“那个无耻的弗伦诺”；另一个共和派报人贝奇继承了弗伦诺的战斗风格，并更激烈地表现出自己的党派偏见，惯常于赤裸裸的人身攻击。他在评价华盛顿总统时说：“如果曾经有一个人使一个国家堕落了，美国就是被华盛顿堕落了。如果曾经有一个国家遭到了一个人的不正当的影响，美国就是遭受了华盛顿的不正当影响。如果一个国家曾经被一个人所欺骗，美国就是被华盛顿欺骗了。”②这样的评价对于美国的开国元勋和民族英雄而言显然是不公正的。但是在那个年代，这样的人身攻击是司空见惯的，也是党派之间惯常的伎俩。不同报纸之间的攻击、谩骂、捏造、诽谤使得执政的联邦党人和汉密尔顿感到深恶痛绝，在被报界搅得疲于应战、狼狈不堪的时候，汉密尔顿是不可能像杰斐逊那样对自己的敌人抱以宽容隐忍的态度的。他认为对这些添乱捣鬼的报刊的宽容就是对反政府势力的姑息与纵容，是对他所期望的美国的严整井然的社会秩序的

① ［美］埃德温·埃默里、迈克尔·埃默里：《美国新闻史》，苏金琥等译，新华出版社 1982 年版，第 108 页。

② 郑超然、程曼丽、王泰玄：《外国新闻传播史》，中国人民大学出版社 2000 年版，第 317 页。

玷污与破坏，而敌对报刊之所以敢于这样肆意妄为，就是因为政府给予他们太多的自由权利，结果却使政府陷于麻烦之中而不能自拔。所以，只有对新闻界进行严格控制才能减少麻烦，才能维护政府官员的基本人身权利和应有的名誉权。

三、对立的结局及历史影响

在宪法草案审批过程中，拥护中央权威的联邦党人和拥护州权的共和党人之间产生了激烈的争论。共和党人对于拟议中的宪法没有关于保障出版自由的条款感到非常不满，认为这是对《独立宣言》宗旨的违背，是民主进程的大倒退。同样愤懑的人民，纷纷表示必须添加保障人权的内容。当时身在法国的杰斐逊，也表达了强烈的不满情绪："一个权利法案是授予人民享受的权利，藉以防范世界上一切政府（全国政府或地方政府）［的侵犯行为］，以及任何主持正义的政府所不应该拒绝的事情。"① 由于共和党人的坚持及法国资产阶级革命的影响，1789 年联邦派终于让步，补充通过了宪法前十条修正案，其中第一条就给予人民言论、出版、集会自由以切实的保障。

但是，联邦党人之同意将人权法案纳入宪法，不过是为争取宪法通过和尽快获得全国政权采取的权宜之计，两者在出版自由问题上的斗争并没有停止。1796 年，联邦党人约翰·亚当斯当选为第二任总统。出于对自由的敌视态度，他于 1798 年通过四项限制、摧残人民权利的法令，其中针对记者和编辑的《反煽动法》规定："对任何非法地联合在一起或进行串通以'图谋反对合众国政府任何法令或措施'的人，或是建议或劝说别人反对政府法令的人，或者是书写、印刷、用言辞表明、出版'反对美国政府或总统的任何捏造的、诽谤的和恶意的文章或著作，意图中伤……或是对其

① ［美］彼得森注释编辑：《杰斐逊集》，刘祚昌、邓红风译，生活·读书·新知三联书店 1993 年版，第 1027 页。

加以轻蔑或丑诋的人，’都要科以罚金或监禁。”① 或是处以 5000 美元以内的罚金，或是判处 5 年以内的徒刑。这种处罚同样适用于犯有以下罪行的任何人：利用中伤或恶意的出版、写作、演说的机会攻击政府、国会两院或总统，图谋使他们蒙受耻辱；出于敌意煽动叛乱、唆使外族反对合众国等。这实际上禁止了政治上的一切反对行为。这一铁腕政策立刻给共和党人的报纸带来灾难。这是美国历史上对民主最具政治制裁性质的法令，它严重违背了宪法修正案的精神，钳制了人民的言论和出版自由，因而遭到共和党的猛烈反击。1800 年，杰斐逊当选总统。共和派的政治理念成为意识形态领域的主流。他响应人民的呼吁，废除了包括《反煽动法》在内的四项反人权法令。对于新闻界而言，这无疑是对他们被束缚的“嘴巴”和“双手”的解放，无疑是对他们思想自由的鼓舞和激励。从此直到 1840 年，一直都是由共和党人执政，这种政治环境使出版自由传统在美国终于形成，实践了杰斐逊的自由理念；另一方面，也出现了令共和党人始料不及的情形：联邦党人以重金收买报纸，利用出版自由，攻击杰斐逊及共和党，原来自由对他们也是如此受用！

美国新闻学者施拉姆指出，对于 18 世纪各国废除集权主义报刊原则、确立自由主义传统，有三个英国人和一个美国人作出了卓越的贡献。这个美国人就是杰斐逊。杰斐逊是美国民主思想的主要阐扬者，他是用宣言的形式和大众的声音表达天赋权利理论的第一人。但他没有停留在天赋权利上，而是进一步阐发、引出了人民对政府的权利。他在 1793 年写道：我认为组成一个社会或国家的人民，是那个国家的一切权威的来源；他们有靠他们认为合适的任何代理人来处理他们公共事务的自由，有撤换这些代理人的个人或他们的组织的自由。② 他继承了约翰·弥尔顿的出版自由观念并付之

① ［美］J. 布卢姆、S. 摩根、L. 罗斯等：《美国的历程》，杨国标译，商务印书馆 1988 年版，第 257 页。

② 参见［美］梅里亚姆：《美国政治学说史》，朱曾汶译，商务印书馆 1980 年版，第 77 页。

于实践，由此奠定了美国的自由主义报业理论的基础，开创了美国报刊监督政府、批判政府与政治活动家的历史传统。美国传播学者弗雷德·西伯特对自由主义理论的发展历程作了精辟的概述，他认为自由主义理论在“十六世纪提供了直接的现实基础；十七世纪见到了哲学原理的发展；十八世纪将这些理论付诸实践”①。在十八世纪的实践过程中，杰斐逊的贡献是不可磨灭的，他在总统任期期间执行的政策对他所坚持的民主理论和实践具有极大的推动作用，对于报纸更好地发挥权力监督作用和启发民智也大有裨益，他的历史功绩应该得到充分的肯定。

但是杰斐逊对报界的宽容和对自由主义的推崇不仅给反对派提供了攻击自己的口实和机会，而且在新闻界建立起有效自我约束机制和专业理念形成之前，由政党报纸写下的“黑暗”篇章给今人的教训也是十分深刻的。从当时激烈的党争和报刊之间肆无忌惮的争论与诋毁中可以看出，杰斐逊理想的、绝对的出版自由思想实际上是难以达成的。正如美国学者卡尔·科恩在《论自由》中所说的：“如果辩护公民自由——言论自由是其中之一——要以神学或形而上学种种不堪一击的绝对主义做盾牌，其基础是不牢固的。同时，这些观点虽然普遍为人所崇奉，但非普遍都照此行事。在那些自称要把言论自由当作不可侵犯的人权来加以维护的人当中，遇到具体问题时，可以说往往是合乎实际的想法占上风。”② 特别是社会动荡或面临外患的危机时刻，绝对的出版自由往往会让位于实际的功利的想法。当国家利益或公共安全受到威胁，那么对于出版自由的绝对崇拜就会服从于公共利益的考量。这一点可以从美国战时政府的新闻控制中得到证实。这种控制实际上是以汉密尔顿的理念为指导的。汉密尔顿关于出版自由的思考虽然不合自由主义者的味口，但是非常时期却能够应急，并且发挥积极的作用。在这个意义

① 李良荣：《西方新闻事业概论》，复旦大学出版社 1997 年版，第 15 页。

② ［美］卡尔·科恩：《论民主》，商务印书馆 1994 年版，第 129~133 页。

上，汉密尔顿的思想也应该得到公允的评价。

四、结　论

不论是杰斐逊还是汉密尔顿，他们对出版自由的态度和做法都是为了维护美国资产阶级的根本利益，只不过两人及其代表的政党的利益诉求稍有不同罢了。他们在出版自由、言论自由问题上的争论，实际上是围绕中央权威与州政府权威、秩序和自由、权力至上与民主至上的矛盾展开的。在其背后则隐藏着更为深刻的经济原因。只是对于杰斐逊而言，出版自由、言论自由有利于人民群众通过自我教育和理性指引来达到他所向往的“独立的农民和手工业者的自由、民主的理想社会”；而汉密尔顿的理想社会是英国一样的“君主政体”，他尊重的是少数特权者的利益，其对于言论自由、出版自由的憎恨和控制欲均出自于维护秩序的目的。两者在实现自己政治理想的过程中，都利用了报纸，同时也在不同程度上走了极端。一个是过于宽松以至于存在滥用自由的可能，一个是过于专制，严重地限制了媒介活动的空间。前者容易导致媒介品位的下降，后者则容易使媒介成为权力的附庸。这种可能性实际上在今天的美国仍然存在，只不过和平时期前者的可能性较大，危机时期后者的可能性较大而已。

第七章　梁启超新闻思想体系

在中国近代史上，梁启超是为数极少的几位影响极大而又难以评价的人物之一。作为一个重要的政治家，他“变法蒙难，任维新之先觉；倒袁讨张，成革命之元勋”；作为一个杰出的思想家，“为先哲后哲续千灯，学通古今中外，言满天下，名满天下”；作为一个卓越的宣传家，他又创报章文体，“开中国风气之先，文化革命，论功不在孙黄后”；作为一个普通公民，还“大功不居”，“雅怀高致”，使“操莽之军阀曾不得而污之”。其学术文章及人格，无不令后人敬畏叹服。对于这样一个历史人物，学术界已从多方面进行了探讨。纵观这些研究，可谓务实有余而务虚不足。对于他的政治活动、报刊活动、教育活动着力甚大，而在学术思想尤其是新闻思想方面，至今尚无令人满意的整理和评价。这与梁启超的历史地位显然是不相适应的。有鉴于此，作者打算就梁启超的新闻思想从七个方面作一扼要的评述。

一、报刊使命

自近代报业产生以来，各阶级、政党无不赋之以特定的使命。而这种使命也往往成为人们研究报纸倾向的重要依据。作为舆论界的骄子，梁启超赋予报刊的使命是什么呢？纵观梁启超的新闻实践和论述，其核心就是以报纸为耳目为喉舌，通中外之故，通上下之情。

梁启超认为，国家的强弱，“在于其通塞而已。血脉不通则病，消息不通则陋。上下不通，故无宣德达情之效，而舞文之吏，因缘为奸；内外不通，故无知己知彼之能，而守旧之儒，乃鼓其舌”。中国近代落后挨打，正是由于这个原因。要振兴国家，就得去塞求通，而办报则是重要的途径。因为报纸能如耳目一般，告知人们中外之事，使其及时地采取正确的行动；又像喉舌，使上面的措施能喻之民，下面的苦患能告之君。若无报纸，则比邻之事不知，是“有耳目而无耳目”；上下之情不通，“则有喉舌而无喉舌也”①。无耳目，无喉舌，是为废疾。废疾之人，焉能强身自立？所以要维新政治，扶持国体，首先就得创办报纸，“为国民之耳目，作维新之喉舌”②。

应该说，利用报纸作为通情的工具，并非开始于梁启超。尤其是“通”，其由来则更久。孙子曰“知己知彼”，是谓通内外情也。魏源在《海国图志》中亦称：“欲制外夷者，必先悉夷情始。欲悉夷情，必先立译馆，翻译书始。”③ 此后的王韬、郑观应都主张利用报刊来沟通中外之情。而严复则于通内外之情外，提出了通上下之情。在他看来，“塞其下情，则有利而不知兴，有弊而不知去，若是者国必弱”④。于是通上下内外，便成为维新派人士对报纸的期待了。但是，直到梁启超提出自己的使命观之前，中国还没有人将报刊视为耳目喉舌。这一形象性的提法来自西方。早在19世纪初，资产阶级报人都纷纷以国民的耳目喉舌自居。马克思也认为：“报刊按其使命来说，是社会的捍卫者，是针对当权者孜孜不倦的揭露者，是无处不在的耳目，是热情维护自己自由的人民精神的千呼万应的喉舌。”⑤ 另一本对梁启超有过影响的《新闻学》（松本君平著）亦称新闻“不徒为社会之耳目，实为社会的镜照”。这些见解或多或少地影响了梁启超对新闻的看法，也可以说，梁启超正是在归纳它们的基础上，提出自己的使命观的。

---

① 梁启超：《论报馆之有益于国事》，《饮冰室合集·文集》第1册第1卷，中华书局1989年版。为注释简便，以下不再标注出版社。

② 梁启超：《清议报叙例》，《饮冰室合集·文集》第2册第3卷。

③ 魏源：《海国图志·筹海篇三·议战》。

④ 严复：《〈国闻报〉缘起》。

⑤ 马克思、恩格斯：《〈新莱茵报〉审判案》，转引自《马克思恩格斯论新闻》，新华出版社1985年版，第234页。

那么报纸怎样才能实现自己的使命呢？梁启超为此提出了四个重要的办报原则。

一为宗旨定而高。在他看来，办任何事情都要有明确的宗旨，著书办报尤其如此。宗旨一定，犹如树立了一面大旗，日日谈，天天讲，大声疾呼，谲谏而逗，都集中于一个目的。这样宣传就容易成功。但宗旨也是多种多样的。有高尚的，有低级的；有的为了牟利献媚权贵，取悦俗人；有的则是出于国民的公共利益。作为报人，不可不以热诚慧眼，注定一最高宗旨而坚守之。这就是“一以国民公益为目的”。鉴于历史上统治者盗用国民的名义和国家与朝廷概念的混淆，梁启超主张严格地区分国家与朝廷的概念。在他看来，朝廷只是一家之私产，而国家则是人民之公产。“国也者，积民而成。国家之主人为谁？即一国之民是也。”①“国政者何，民自治其事。”② 在人民与君主、国家与朝廷的关系上，是先有民而后有君，非先有君而后有民；是先有国家而后有朝廷，而非先有朝廷而后有国家。中国长期积弱的根本原因，就在于不知国家与朝廷的界限和国民与国家的关系。只有树立国家观念，确认国民本位，尊重国民公益，国家才能强盛起来。所以，报纸作为耳目喉舌，不可不把维护国民公益作为其最高宗旨。

二为思想新而正。梁启超认为，报纸之著述，“贵其能以语言文字开将来之世界也”。如果报纸所载尽是世人皆知的东西，或拾前人之牙慧，则不仅不能开将来之世界，甚或连起码的读者群体亦难维持。故报纸不可不将“其国古来谬误之理想，摧陷廓清”，同时“取万国之新思想以贡于同胞者也”，是所谓新。另一方面，在当时到处动荡、万芽齐茁的世界，各种新思想层出不穷，对此，报纸显然不能有闻必录，而必须“校本国之历史，察国民之原质，审今后之时势，而知以何种思想最有利而无病，而后以全力鼓吹

① 梁启超：《中国积弱溯源论》，《饮冰室合集·文集》第2册第5卷。

② 梁启超：《爱国论》，《饮冰室合集·文集》第2册第3卷。

之，是之谓正"①。只有这种新而又正的思想，才能塑造新的国民，建设新的国家。

三为材料富而当。在他看来，"凡真善良之报，能使人读其报，而全世界之智识，无一不具备焉"。这就要求报道内容丰富多彩，如政治、财经、哲学、法律、教育、宗教、科学、农工商各业、军事及各国近事，加上小说、诗歌、图画，无不登载。但这也不是盲目地搜罗，而必须对所涉及的内容进行严格的选择，只登那些必不可少的内容。从而"使阅者省无谓之目力，阅一字得一字之益，而又不使有所挂漏有所缺陷"②。这样的报纸，才算是进到了富而当的境界。

四为报事速而确。报纸给人们的知识、好处是多方面的。但以"知今为最要"。其报道的消息不仅要确有其事，而且还要速度快，使报道的消息是新闻，不是旧闻，使人们据此采取的行动不致太过落后于事态的发展。因此"各国之报馆，不徒重主笔也，也更重时事，或访问，或通信，或电报，费重资以求一新事不惜焉"③。

这四大原则，都是出自对报纸内容的要求，而这些要求也基本上概括出了作为一个优秀报纸的重要品质。直到今天，它仍在一定范围内作为衡量报纸良莠之标准。"合此四端，则成一完全尽善之报"矣。

可见，梁启超的耳目喉舌论并非他自己的独创，而是总结、综合前人及西方学术思想的结果。在此基础上，他又进一步提出了如何实现去塞求通的问题。而这种通，从政治方面讲，实际是指国家上下、内外之间的协调、联系与和谐。它一方面表示了新兴资产阶级对于封建专制政治下孤陋寡闻、壅塞不通状况的不满情绪，另一方面也反映了资产阶级要求跻身于现实政治舞台，进而实现君民共主的强烈愿望。在这个意义上，梁启超能够在清末风云激荡的情况

① 梁启超：《〈清议报〉一百册祝辞并论报馆之责任及本馆之经历》，《饮冰室合集·文集》第3册第6卷。

② 梁启超：《中国积弱溯源论》，《饮冰室合集·文集》第2册第5卷。

③ 梁启超：《中国积弱溯源论》，《饮冰室合集·文集》第2册第5卷。

下，提出自己的使命观，是要冒着相当大的风险的。

二、新闻功能

在谈到新闻的功能时，往往容易将它与新闻使命相混淆。其实，这是两个不同的概念。具体而言，功能是指事物本身具有的作用、影响；而使命则是外界赋予该事物（人）的任务。尽管两者的内涵难免有重复偶合之处，但前者所涵盖的范围比后者要广泛得多。那么，梁启超的新闻功能论又有些什么内容？

梁启超认为，报刊本身所具有的作用、影响，主要有以下五项：

第一是造舆论。在他看来，舆论乃是公开发表的多数人的意见。这是一种无形的势力，当其形成之时，虽专制暴君，亦敛威不敢发。而报纸则是制造舆论的有力机关，报纸通过制造、代表舆论，一方面可以监督政府，另一方面则可以争取社会上大多数人的同情和支持。戊戌变法不久，梁启超就打算在香港创办西文报，“发表圣德及帝党政策，以引动白人之热心者”,① 壮大维新运动的声势。通观梁启超的新闻生涯，其所办报纸确实起到了这种作用。

第二是开民智。梁启超所言的开民智，是与兴民权紧密相连的。他认为民权生于民智，“有一分之智，即有一分之权；有六七分之智，即有六七分之权”，是故“权与智相倚者也”。“昔之欲抑民权，必以塞民智为第一义；今日欲申民权，必以广民智为第一义”。② 怎样才能开民智？建学校办报纸是也。在他看来，报纸之有益于开民智，主要是通过“衍哲理”、“明朝局”、“厉国耻”，以培养一代新民。这种见解与日本明治政府所公开表明的政策观点——新闻纸应以开启人民智识为目的，担任文明开化的先导——

① 丁文江、赵丰田：《梁启超年谱长篇》，上海人民出版社 1983 年版，第 202 页。

② 梁启超：《论湖南应办之事》，《饮冰室合集·文集》第 2 册第 3 卷。

不谋而合。当然梁启超并没有停留在开民智上，而是将开民智与兴民权联系起来，这也不能不说是一种发展。

第三是兴民权。如前所述，民权生于民智。但有民智，是否就等于有民权？在他看来，民智是民权之基础，要兴民权，还需其他条件，而办报乃其途径之一。通过报纸，国民可以实现言论自由、出版自由的权利；通过报纸发表意见，还可以实现监督政府、参政议政的权利。故办报实为兴民权所必需。

第四是合民力。即在政治动荡的非常时期，团结国民，扩展势力，作革命之基础。在政闻社成立不久，为扩张势力于内地，梁启超就打算在中原腹地办报。他在致朋友的信中指出："盖同人决议以武汉为天下之中，畴昔兵家在所必争，政党为和平的战争，其计划亦当与用兵无异，故欲以全力首置基础于武汉。"① 其措施之一便是设立一家日报。可见结合民力，实指特定的阶级在特定时期利用报刊为阶级斗争的工具。此种作用，至今仍不可忽视。

第五是陶民德。梁启超一向认为，欲改良政治，振兴国家，当先维新国民之道德。在他看来，数千年来中国"所以不振，由于国民公德缺乏，智慧不开"。而报纸宣传正是治此固疾的良方。所以报道内容"务采合中西道德以为德育之方针，广罗政学理论，以为智育之原本"，② 进而"养成共和国法制国国民之资格"。

不难看出，这五大新闻功能，都是围绕其改革维新的政治目的展开的，其政治色彩非常明显。制造舆论乃为维新改革制造舆论，开民智、兴民权、陶民德是维新的目标，而结合民力又是维新的手段。至于在近代社会为其他国家报人所普遍看重的娱乐功能、经济功能，则明显地被忽略掉了，或至少没有引起足够的重视。之所以如此，主要是由于当时中国的资本主义经济刚刚起步，还远未达到成熟的阶段，故报业的经济特性尚未充分显露。加上当时的政治形

---

① 丁文江、赵丰田：《梁启超年谱长编》，上海人民出版社1983年版，第435页。

② 丁文江、赵丰田：《梁启超年谱长编》，上海人民出版社1983年版，第272页。

势，各派争斗，政论第一，报纸的注意力自然被引向了现实政治，致力于政治问题的解决。此种情形，在西方资产阶级革命时，均曾不同程度地出现过，不足为怪。另一方面，这种偏重于政治作用的新闻功能论，与他的哲学思想是密切相关的。在他看来，“天下必先有理论然后有事实。理论者事实之母也”①。“欲建造何等之事实，必先养成何等之思想。”② 这就是说物产生于心，在物质与精神的关系上，是先有精神、思想而后有物质、行动。进而言之，现实世界的政治变革，直接决定于国民思想的转变。而塑造影响国民思想，正是新闻功能发挥的天地。在这方面，报纸又似乎是威力强大、无所不能的，这是一种典型的唯心主义观点。

梁启超哲学思想的唯心主义色彩，使得他的新闻功能论在半封建半殖民地的旧中国无法实现，这一点从他自己的新闻实践中亦可以看出端倪。当维新运动正盛之时，为制造舆论，争取支持，他挥笔写作，夜以继日，对其效果充满自信。武昌起义后，他还深信“项城若能与我推心握手，天下事大有可为”。“以拨乱论，项城坐镇于上，理财治兵，此其所长也。鄙人则以言论转移国民心理，使多数人由急激而趋于中立，由中立而趋于温和，此其所长也。”③ 但这种自信没有持续多久，在 1915 年就归于破灭了。此时他已意识到，报纸议政不外乎为国家机关说法和为国民说法二途。而在当时的情况下，“如欲于政府当局言也，则吾敢信其决无反响。”何也？“实政府无省听舆论之余裕，致其政论无由入当局之耳。”“外国舆论所以能左右政局者，其国会为舆论所左右，其政府为国会所左右”，中国却远未能达到这一步。“如欲于多数国民言也，言一不慎，则或无反响，或生恶反响，二者必居其一。”这是因为“听吾言信吾言者，梦想吾所描述之政象，欲求其实现焉而终不可

① 梁启超：《新民议》，《饮冰室合集·文集》第 3 册第 6 卷。

② 梁启超：《国家思想变化异同论》，《饮冰室合集·文集》第 3 册第 6 卷。

③ 丁文江、赵丰田：《梁启超年谱长编》，上海人民出版社 1983 年版，第 569 页。

得”，或者“以为国事遂无可望，乃嗒然若失颓然自放，以致国家前途最有希望之人，皆流为厌世之一派”，或者“激而横决，日图推翻现在之政局……以陷国家于奇险之境”。① 此乃报纸产生的两种消极反响。这是当时报界情况的真实写照。至此，梁启超早年的新闻功能论，已基本上为他自己的报业实践所推翻。

尽管如此，梁启超的新闻功能观，在学术史上还是有相当价值的。它第一次比较全面地从政治方面分析了报刊的功能、作用、影响。这些具体的功能虽然在当时没有、也无法实现，但在几十年后的现在得到了证实。当然，在肯定这一点的同时，我们也不能忽略其功能论的狭隘性及其强烈的主观唯心主义色彩。

三、出版自由

新闻自由是近代历史上一个伟大的口号。它反映了新兴资产阶级反对封建统治势力的斗争。对于这一口号的探索和实践，也是历代报人奋斗的目标。梁启超作为中国近代史上的著名报人，第一个全面地研究了这一重大问题。和西方学者一样，他也是把新闻自由作为出版自由的同义语来使用的。然则，什么是自由？梁启超认为，“自由者，权利之表证也”，② “奴隶之对待也”，“天下之公理，人生之要具，无往而不适用者也”。③ 这是一种自然的与生俱来的权利。人之所以成为人，除生命外，就在于这种权利的存在。从其本质意义上来看，自由是相对于奴隶性而言，是“使人知其本性，而不受钳制于他人”。而奴隶性则不然。在他看来，“中国数千年之腐败，其祸极于今日，推其大原，皆必自奴隶性来，不除

① 梁启超：《政治基础与言论家之指针》，《饮冰室合集·文集》第12册第33卷。

② 梁启超：《十种德性相反相成议》，《饮冰室合集·文集》第2册第5卷。

③ 梁启超：《新民说·论自由》，《饮冰室合集·专集》第2册第4卷。

此性，中国万不能立于世界万国之间。"① 因此，"天下第一大罪恶，莫甚于侵人自由，而放弃己之自由者，罪亦如之"②。正是基于这一点，他主张开民智、兴民权，并根据欧美各国自由发展的历史，将人类的自由划分为政治上之自由、宗教上之自由、民族上之自由及生计上之自由。而出版自由乃是政治自由中的一种。

梁启超的出版自由观，显然来自欧洲近代启蒙哲学和自由主义报业理论。但仔细比较，又容易看出两者的差别。欧洲自由主义报业理论和自然权利哲学认为，自由是一项绝对的不可剥夺的权利，人人生而具有。在行使这项权利时，人们并不负有任何道德责任和义务。梁启超则不这样认为。他不承认绝对自由、绝对权利的存在。如果有这种绝对的没有约束的自由，必然会危害国家，"流弊无穷"。③ 在他看来，自由与服从是相辅相成的。一定社会的自由必须受制于该社会的道德规范和法律规范。对于新闻自由，尤有这样的必要。不能把自由与服从、制裁对立起来。他从历史上看到："凡最尊自由权之民族恒即为最富于制裁力之民族。"其原因即在于自由的公理为"人人自由，而以不侵人之自由为界"，"制裁者，制此界也；服从者，服此界也"。只有这种自由，才是人类之至宝，所以"自由与制裁二者，不惟不相悖而已，又乃相待而成，不可须臾离"。④

止如西方报人对思想自由、出版自由的讴歌，梁启超也极力肯定出版自由对人类历史的贡献。在他看来，西方近代文明是法国大革命的产儿，"而产此大革命者谁乎？或曰中世神权专制政体之反动力也。而唤起此反动力者谁乎？或曰新学新艺勃兴之结果也。而

① 丁文江、赵丰田：《梁启超年谱长编》，上海人民出版社 1983 年版，第 235 页。

② 梁启超：《自由书·放弃自由之罪》，《饮冰室合集·专集》第 2 册第 2 卷。

③ 梁启超：《鄙人对于言论界的过去及将来》，《饮冰室合集·文集》第 11 册第 29 卷。

④ 梁启超：《十种德性相反相成议》，《饮冰室合集·文集》第 2 册第 5 卷。

勃兴此新学新艺者谁乎？无他。思想自由、言论自由、出版自由。此三大自由者，实惟一切文明之母，而近世世界种种现象，皆其子孙也。而报馆者，实荟萃全国人之思想言论……一一绍介于国民”①。故出版自由又是思想自由、言论自由之条件，没有出版自由，西方近代文明是不可想象的。

基于对自由本质的认识，梁启超坚决反对政府对报业和思想的垄断，而主张打破报禁，解放思想。他认为，若政府垄断了报纸，国民就无法了解事实真相，从而也就无法监督政府，择善而从，其自由权利也就事实上被剥夺了。至于统一思想，梁启超则从中外历史的角度论证了它的危害。他认为中国有史以来，以战国时代最为繁荣，“秦汉以还，孔教统一。孔教之良，固也，虽然，必强一国人之思想使出于一途，其害于进化也莫大”。故自汉武帝罢黜百家，全国思想界“消沉极矣”。在欧洲，“莫不以中世史为黑暗时代。夫中世史则罗马教权最盛之时也，举全欧人民，其躯壳界则糜烂于专制君主之暴威，其灵魂则匍匐于专制教主之缚轭，故非不进，而比较希腊、罗马之盛时，已一落千丈矣”②。历史表明，社会发展要求解放思想，发展个性。“倘若拿一个人的思想做金科玉律，范围一世人心，无论其人为今人、为古人、为凡人、为圣人，无论他的思想好不好，总之是将别人的创造力抹杀，将社会的进步勒令停止了”③。

但是，开放报禁，解放思想，难道不会导致离经叛道吗？是的。但梁启超又认为这并不可怕。在他看来，如果那东西本不是经，不是道，离它叛它岂非应该？若果是经是道，则正好应了“真金不怕炉火红”，越经批评，就越会显示出其内在的价值。反之，如果规定不许人批判某种理论，倒像这种理论经不起批评，不是真

---

① 梁启超：《〈清议报〉一百册祝辞并论报馆之责任及本馆之经历》，《饮冰室合集·文集》第3册第6卷。

② 梁启超：《新民说·论进步》，《饮冰室合集·专集》第3册第4卷。

③ 梁启超：《欧游心影录下篇·思想解放》，《饮冰室合集·文集》第15册第23卷。

正的经和道了。何况经和道也是在多种学说的自由竞争中产生的一种相对正确的东西，它还要继续发展。因而实现广泛的出版自由，不会抹杀真理，反而是探索真理的基本途径。

尽管出版自由的必要性是如此的明显，但要真正实现这种权利也不是一件容易的事。它必须具备相当的物质基础和一定的政治地位。就报纸而言，首先就得在经济上谋求自立。早在 1907 年，梁启超就指出，“办报固为开通社会起见，亦必须求经济可以独立维持”,① 然后乃可言出版自由。辛亥革命后，他又公开表示：“吾侪从事报业者，其第一难关，则在经济不易独立。报馆恃广告维持其生命，此为天下通义。在产业幼稚之中国，欲恃广告收入以供一种完善报纸之设备，在势既已不可能。”故“办报者非于营业收入以外别求不可告人之收入，则其报殆不得自存”。然而金钱自何方而来，“必自势力，无论受何方面金钱之补助，自然要受该方面势力之支配，最少亦受其牵制”。所以，为保证新闻自由，无论经何种困难，报纸都不应该与“势力家发生一文钱之关系”②。这一见解，可以说点到了问题的实质；与那些无视经济基础而奢谈绝对自由的论断相比，无疑要正确得多。

其次，报纸还应具有一定的政治地位。换言之，报纸与政府的关系，应该是独立而平等的，它不是政府的下属和附庸。“不宁惟是，政府受国民之委托，是国民之雇佣也，而报馆则代表国民发公意以为公言者也。”③ 故政府不能对报纸发号施令，而报纸却能代表国民监督批评政府。若这种关系遭到破坏，政府视报纸为臣属，报纸唯政府之命是从，而无视国民的利益，这又有什么自由可言！

根据梁启超的见解，人们在行使出版自由权利时，必须承担一定的道德义务，同时还得服从该社会的法律规范。“不然者，忘窃

① 丁文江、赵丰田：《梁启超年谱长编》，上海人民出版社 1983 年版，第 384 页。

② 梁启超：《时事新报五千号纪念辞》，《饮冰室合集 · 文集》第 13 册第 36 卷。

③ 梁启超：《敬告我同业诸君》，《饮冰室合集 · 文集》第 4 册第 11 卷。

一二口头禅语，暴戾恣睢，不服公律，不顾公益”，则自由之祸，“将烈于洪水猛兽矣”。① 具体而言，这种道德义务，主要有如下三点：

第一，报人在行使言论自由权时，须尊重他人的言论权利。这是因为自由的公理为“人人自由而以不侵人之自由为界”。在一个社会中，如“无一能侵他人自由之人，即无一被人侵我自由之人”，② 这才是真正的自由王国。要达到此种境界，报刊就没有权利只发表自己想发表的东西，他们还有义务发表社会上客观存在的对社会生活有重大影响的其他观点和事件，从而帮助那些有发表意见愿望而无发表能力（经济能力和知识能力）的人实现自己的权利。反之，如果报刊面对大量没有办报能力而又有独特见解的读者，一味地片面灌输，这实际上就构成了对他们言论自由权利的侵犯。这是言论自由原则所不能容忍的。

第二，报纸的言论自由权利还必须以维护社会的公共利益为前提。在梁启超看来，报刊之维护公益，主要通过四条途径。一为向导国民。所谓向导者，“鉴既往，示将来，导国民以进化之途径者也”③。为此必须做到主观、客观的结合。“政府人民所演之近事，本国外国所发之现象，报之客观也；比近事，察现象，而思所以抽绎之发明之，以利国民，报之主观也。”④ 在此基础上，报纸对于国民，还“当如孝子之事双亲，不忘几谏，委曲焉，迁就焉，而务所以喻亲于道，此孝子之事也”。这是报纸的重要天职。二为监督政府。政府所以需要监督，在于它受公共之委托，若无监督，虽有圣智亦难免滥用其权。而监督的形式也不一，有法律监督，有宗教监督，有名誉监督等。其中名誉监督虽不如前面二者强制使人服从，使人信仰，但其实际效果却不弱乎前者。此种监督之权谁操

① 梁启超：《十种德性相反相成议》，《饮冰室合集·文集》第2册第5卷。

② 梁启超：《十种德性相反相成议》，《饮冰室合集·文集》第2册第5卷。

③ 梁启超：《敬告我同业诸君》，《饮冰室合集·文集》第4册第11卷。

④ 梁启超：《敬告我同业诸君》，《饮冰室合集·文集》第4册第11卷。

之？“舆论操之。舆论无形，而发挥之代表之者，莫若报馆，虽谓报馆为人道之总督可也。”① 他还建议，报纸监督政府宜取务大不务小的方针。“当纠政府的全局部，而不可挑得失于小吏一二人；当监督政府的大方针，而不必摭献替于小节一二事。”② 如此，报刊才能尽国民义务于万一。三为开发民智。梁启超所言的开民智，是与兴民权紧密相连的。民权生于民智，“有一分之智，即有一分之权；有六七分之智，即有六七分之权”，是故“权之与智相倚者也”。③ 只有民智发达，民权兴旺，国家才有可能兴盛强大；否则，一切都将沦为空谈，何况公众利益！四为熏陶民德。梁启超认为：“中国所以不振，由于国民公德缺乏。”④ 故欲改良政治，振兴国家，当先维新国民之道德。而报纸正是推行德育、增进国民道德之重要工具。

第三，报纸的一切报道和批评，必须是出乎自己的良心，而这种良心又可以从三个方面去理解。首先是真诚。《孟子·离娄上》曰：“至诚而不动者，未之有也；不诚未有能动者也。”梁启超深信其言。然则，什么是真诚？即报纸宣传的内容是否为报人自身真正的想法。这种想法的出发点，又是国家利害而不是个人利害。其次是公心，即报人不能以自己的好恶来判断是非，而应出乎公心，基于公众和国家的利益。“若怀挟党派思想，而于党以外之言论举动，一切深文以排挤之，或自命为袒护国民，而于政府之所设施，不问是非曲直，不顾前因后果，而壹惟反对之为务”，⑤ 则非为沽名，即为快意，而非报纸尽责之道。再次是直道。即敢言而善言。梁启超认为，报纸之使命在能为国民求多福而御其患。凡不利于国民者，务必去之而后已。但是纵观历史，凡不利于国民者，往往是

① 梁启超：《敬告我同业诸君》，《饮冰室合集·文集》第4册第11卷。

② 梁启超：《敬告我同业诸君》，《饮冰室合集·文集》第4册第11卷。

③ 梁启超：《论湖南应办之事》，《饮冰室合集·文集》第2册第3卷。

④ 丁文江、赵丰田：《梁启超年谱长编》，上海人民出版社1983年版，第272页。

⑤ 梁启超：《〈国风报〉叙例》，《饮冰室合集·文集》第9册第25卷上。

社会上的有力分子。所以报纸欲尽其言，还必须具有“柔而不茹，刚亦不吐，不侮鳏寡，不畏强御之精神”①。彰扬挞伐，一以事实真理为转移。若一遇威权，则禁若寒蝉，或依草附木，变其平素主张以迎合之，是腹诽、谣言，而非报纸应持之态度。只有同时具备真诚、公心、直道这三大品质，报刊才能真正尊重他人的言论自由权，进而增进国家的公共利益。

至于服从一定社会法律规范的必要性，更是不言自明的。梁启超认为，不能把自由与服从、制裁对立起来。他从历史上看到：“凡最尊自由权之民族，恒即为最富于制裁力之民族。”“文明程度愈高者，其法律常愈繁密，而其服从法律之义务亦常愈严整，几乎见有制裁不见有自由。”只有这种有制裁的、在法律秩序内的自由，才是人类进化的至宝。而那种没有制裁的、不受任何束缚、不服从任何规范的自由，就像“野蛮人”之自由，非进化之宝，而实乃人“群之贼也”②。出版自由作为人类自由权利之一种，同样也有服从法律之必要。如果没有法律制裁，报纸为了自身利益，就会信口开河，徒伤风化；或者臆造诡说，荧惑听闻；或者颂扬权贵，行同无赖；或者蹈袭陈言，敷衍塞责。在这种情况下，民众就会视“报馆为蟊贼，目报章为谣言”。在西方发达国家，如英国、德国、日本，“或于报馆有谗谤之律，有惩罚之条”③，其原因即在于此。

于此不难看出梁启超出版自由观念之丰富。它不仅确定了自由的概念范畴，论述了自由和制裁的关系，肯定了自由的作用，而且还大胆地批判了垄断报业及统一思想的弊端，尤其是对于出版自由实现条件的探索，在中国新闻学术史上具有开创性价值。直到今天，它仍能在一定程度上为我们所接受。当然，作为资产阶级报

---

① 梁启超：《〈国风报〉叙例》，《饮冰室合集·文集》第9册第25卷上。

② 梁启超：《十种德性相反相成议》，《饮冰室合集·文集》第2册第5卷。

③ 梁启超：《论报馆有益于国事》，《饮冰室合集·文集》第1册第1卷。

人，梁启超也回避了自由的阶级性问题。尽管如此，这种出版自由观仍可看成是梁启超新闻思想中最为成功的部分。

四、舆论监督

舆论及舆论监督问题，也是梁启超新闻思想的重要组成部分。他认为舆论者，“多数人意见之公表于外者也”。这是一种“无形的势力，存在于国中无数量不知名之人之身中者”。因而少数人所发表的意见，不能成为舆论，多数人虽抱有此意见而不公开发表，也不能成为舆论。它还是“天地间最大的势力，未有能御者也”，“凡政治必藉舆论之拥护而始能存立”。①在立宪国家、地方自治机关、国会等，“凡所讨论设施，无一非舆论之返照”。对于此种伟大而无形之势力，虽时有明拒或阴挠者，但其“拒之挠之之术，惟得行之于未成为舆论之时耳。舆论一成，则虽有雷霆万钧之威，亦敛莫敢发”②。

但是舆论之可贵，并不在于其力量之伟大。因为舆论既是一种建设性力量，又是一种破坏性力量。譬如“以瞽相瞽，无补于颠仆；以狂监狂，只益其号呶；俗论妄论之误人国，中外古今，数见不鲜矣”。所以可贵的不是舆论，而是健全的舆论。在他看来，“夫健全舆论云者，多数人之意思之结合，而有统一性、连续性者也”③。不是多数人的意见，不能谓舆论，非统一、连续，不足以谓健全。三者皆为健全舆论所必需。如缺后面二者，舆论也可发生，甚至能极一时之盛。但其为道不能持久，性质不能继续，转瞬而灰飞烟灭。当其盛大之时，还“往往破坏秩序、横生枝节，以贻目前或他日之忧。如是则舆论不为国家之福而反为病”。所以，

---

① 梁启超：《读十月初三日上谕感言》，《饮冰室合集·文集》第9册第25卷上。

② 梁启超：《读十月初三日上谕感言》，《饮冰室合集·文集》第9册第25卷上。

③ 梁启超：《〈国风报〉叙例》，《饮冰室合集·文集》第9册第25卷上。

要建设民主宪政，非造成健全舆论不可。

如何才能制造舆论和健全舆论？在梁启超看来，“夫舆论之所自出，虽不一途，而报馆则其造之之机关之最有力者也”①。要解决如何制造健全舆论的问题，必须从报纸宣传本身着手。具体而言，就是要使报纸的报道具备以下五大要素。

一为常识。夫常识，“谓普通学识人人所必当知者也”。如自然界、社会之重要现象，已经前人阐明发挥，而为各国中等社会以上的人们所尽知者；又如本国及世界历史上的重要事情，与目前发生的重大问题，其因果相属之大概等，报纸工作者都应力求了解、掌握，“然后持论乃有凭借”。不然，则其立论往往容易为论敌所攻破。

二为真诚。在梁启超看来，舆论是多数人公开发表的意见。而多数人又不是凭威权利诱所集结，而是凭其良知、信念的自然结合。只有多数人“诚见其如是，诚欲其如是，然后舆论乃生”。然则，何谓真诚？“以国家利害为鹄，而不是私人利害为鹄是已。”②虽然对利害的看法，仁者见仁，智者见智，权衡轻重，感觉大有差别。但只要出于真诚，则其立论莫不持之有据，言之成理。如果出于私心，欲图煽动舆论以遂一己之私，则其为道必不能持久。

三为直道。梁启超认为，舆论贵在为国家求多福而御其患。凡不利于国家、人民者，务必去之而后已。但是纵观历史，凡不利于国民者，往往是社会上之有力分子。故欲制造健全之舆论，报人须有“柔亦不茹，刚亦不吐，不侮鳏寡，不畏强御之精神”。彰扬鞑伐，一以事实真理为转移。若一遇权威，则禁若寒蝉，或依木附草，变其平夙主张以迎合之，是腹诽、妖言，而非舆论也。

四为公心。即报纸、报人不应以自己的好恶来判断是非，而应该出乎公心，基于公众和国家的利益。在他看来，人类的智慧、知

① 梁启超：《〈国风报〉叙例》，《饮冰室合集·文集》第9册第25卷上。

② 梁启超：《〈国风报〉叙例》，《饮冰室合集·文集》第9册第25卷上。

识，远未达到绝对真理之彼岸。美中必有丑者在，恶中自有善者存。故对于社会事件及党派团体意见，报纸应力求客观报道，公正评价。“若怀挟党派思想，而于党以外之言论举动，一切深文以排挤之，或自命为袒护国民，而于政府之所设施，不问是非曲直，不顾前后因果，而一惟反对之为务。”① 则非为沽名，即以快意，而于健全舆论之形成无丝毫益处。

五为节制。在舆论形成的过程中，其涉及的范围越广，则其造成的狂热愈增。当其狂热最盛之时，所造成的后果，往往出乎提倡者意料之外，甚至与此截然相反。这便是舆论的破坏性影响。梁启超认为，之所以会出现如此后果，主要在于报纸在制造舆论时，“不导之以真理，而惟务拨之以感情，迎合佻浅之性，故作偏至之论，作始虽简，将毕乃巨，其发之而不能收，固其所也。”② 因此，节制自己的报道、评论，乃报纸制造健全舆论所必需。

以上五条，实为制造健全舆论不可或缺之要素，梁启超又称之为“五本”。如果报纸宣传具备了上述五大要素，民主宪政的形成也就为期不远了。这是因为，健全的舆论，不仅是公众意见的表达，更重要的是，这种表达还意味着公民对现实政治生活的影响。一般而言，此种影响可笼统称之为舆论监督。其涉及的对象不仅是公民、团体、社会生活，尤其包括政府的政策举措。政府所以需要监督，在于它受公众之委托，若无监督，虽有圣智亦难免滥用其权。而在社会监督体系中，以舆论监督最为重要。其他如立法、司法和政党等，虽也能起到一定的作用，但亦需以舆论为后援。正是在这个意义上，立宪政治又被称之为舆论政治。

在此基础上，梁启超进一步论述了代表舆论的报纸与政府的关系，及报刊监督的基本原则。他主张，报纸之视政府，“当如父兄之视子弟，其不解事也，则教导之；其有过失也，则扑责之”，

① 梁启超：《〈国风报〉叙例》，《饮冰室合集·文集》第9册第25卷上。

② 梁启超：《〈国风报〉叙例》，《饮冰室合集·文集》第9册第25卷上。

"教导与扑责，同时并行，而一皆以诚心出之，虽有顽童，终必有所感动，有所忌惮"。① 把报纸与政府的关系视为父子关系，在中国新闻史上，这是破天荒的第一次，是对千百年来封建政治伦常的大颠倒。其意义不可低估。另外，梁启超又建议报界采取务大不务小的方针，"当纠政府的全局部，而不可挑得失于小吏一二人；当监政府的大方针，而不必摭献替于小节一二事"②。不然，则与谄媚权贵，规避取巧无异。这一见解，是很有道理的。比较一下毛泽东党报批评思想，就不难看出两者的相通之处。

总之，梁启超的新闻舆论观及舆论监督观，是具有很大的进步意义的。尤其是健全舆论概念的提出，标志着舆论研究的进一步深入，从而使他在这方面的贡献超出了前人。但是，作为政治家，梁启超的政治活动又明显地背离了他自己提出的基本原则。他认为政治家离不开舆论，欲成为英雄，必先为舆论之敌，图破坏时代之事业；继之为舆论之母，以过渡时代之事业；最后为舆论之仆，成立时代之事业。无论是为舆论之母、之敌、之仆，都应出自光明磊落之胸怀，而非表里不一之宣传。但是当梁启超自己成为政治家时，却毫不犹豫地使新闻伦理屈从于政治权术。他曾给袁世凯出谋献策，建议他"暗为舆论之主，而表面自居舆论之仆"③。与他自诩的"一生无他长，惟心地之光明磊落，庶几可以质诸天地鬼神"④大相径庭。这种反差鲜明的政治人格，当然是与他本人的阶级性质直接相关的。

五、宣传策略

在长期的新闻宣传实践中，梁启超还总结出了一系列行之有效

① 梁启超：《敬告我同业诸君》，《饮冰室合集·文集》第4册第11卷。

② 梁启超：《敬告我同业诸君》，《饮冰室合集·文集》第4册第11卷。

③ 丁文江、赵丰田：《梁启超年谱长编》，上海人民出版社1983年版，第617页。

④ 丁文江、赵丰田：《梁启超年谱长编》，上海人民出版社1983年版，第497页。

的宣传策略。这些策略有以下十条：

一曰激发读者兴趣，切忌注射式宣传。兴趣或趣味，是人们力求认识某种事物或爱好某种活动的源泉，趣味干涸，活动便跟着停止，好像机器里没有原料。作为宣传机关，报纸要想使读者相信并接受其宣传，关键就是要引起读者的兴趣，使读者在“津津有味”、“兴会淋漓”的心理状态中，不知不觉地受到影响。要做到这一点，首先就要摒弃“灌输”和“注射”式宣传；其次还应使宣传的内容丰富多彩，形式多样，切忌“干瘪”、“萧索”。当然，此处所说的兴趣，是指的以严肃内容引起的高尚兴趣，而不是为赢利目的所趋使的“下等趣味”。①

二曰以自身的情感刺激读者的感情。新闻宣传过程，不仅是一个信息交流过程和思想交流过程，还是一个重要的情感交流过程。如果传播内容能引起传者和受众情感的共鸣，成为交流双方的交融点，就会获得预期的宣传效果。所以宣传的内容不应该是干巴、死板的信息堆集，而应该充满着对生活的激情。事实表明，梁启超确实是一个激情饱满的宣传大师。其为文“纵笔所至不检束……条理明析，笔锋常带有感情，对于读者别有一种魔力焉”②。这正是梁启超成为舆论界骄子的重要条件。

三曰通俗，不能脱离读者实际太远。宣传之目的是影响大众，使大众接受自己的观点并据此去行动。要实现它，就得考虑大众的接受能力。梁启超认为，“吾国文字奥衍，教育未普”，民智低下，善于宣传的人就应该行文通俗，以求“下逮”。他说：“善牖民者，其所道之学识，不可不加时流一等，而又不可与之太远。如相瞽然，常先彼一畦步间，斯可矣。若超距而前，则彼将仆于后矣”，“若夫奢谈学理，广列异闻，自耀其博，而不顾读者之惟恐卧，此

① 梁启超：《趣味教育与教育趣味》，《饮冰室合集·文集》第 13 册第 38 卷。

② 丁文江、赵丰田：《梁启超年谱长编》，上海人民出版社 1983 年版，第 274 页。

则操术最拙者也”。① 这就是说，宣传家不可不领先大众一步，但又不能离之太远。如果远远地超出大众，大众就会像远离向导的盲人，随时有摔倒的危险。他曾盛赞麦孺博的文章“雄深浓奇”，但又认为这不是好的报刊文字，“若令其稍降格，不事研炼，略使平易可晓，真报馆之异才矣”②。可见通俗对报刊宣传的重大意义。

四曰抓主要矛盾，先主后从，纲举目张。梁启超认为，报纸面对大千世界，绝不能平均用力量，而必须区别轻重，先主后从。在他看来，当时的政治，“其殃国病民者，比比然也。豺狼当道而问狐狸，放饭流啜而责无齿决，蔑克济矣”，“故君子务知大者远者，必纲举目始张，非谓目之可也已，而先后主从则有别矣”。③ 也就是说，报纸要善于抓住主要矛盾，敲击社会绷得最紧的一根弦，如此方能纲举目张，带动全局。

五曰和风细雨，步步浸润。为取得持久的宣传效果，梁启超反对那种大规模的、疾风暴雨式的宣传，而主张和风细雨，慢慢地浸润读者的心理。固然，煽动在快速鼓吹舆论方面，仍不失为一个重要的手段，但煽动之所获，往往如“华严楼台，弹指旋灭”；而浸润之成果则“如集壤泰华，阅世愈坚”。“且煽动所得为横溢之势力，故其弊之蔓延变幻，每为煽动之人所不及防；浸润所得为深造之势力，故其效之锡类溥施，亦每为浸润之人始不愿及。”④ 何优何劣，于此立见。这一策略的科学性已得到近代实验心理学的证明，在新闻史上也产生了相当大的影响。

六曰虚实结合，主观见之客观。梁启超认为，报纸是当代历史之记录，故就记者的职业性质而言，必须具备历史学家之精神。这种精神就是：“鉴既往，示将来，导国民以进化之途径者也。”要

① 梁启超：《〈国风报〉叙例》，《饮冰室合集·文集》第9册第25卷上。

② 丁文江、赵丰田：《梁启超年谱长编》，上海人民出版社1983年版，第65页。

③ 梁启超：《〈国风报〉叙例》，《饮冰室合集·文集》第9册第25卷上。

④ 梁启超：《〈国风报〉叙例》，《饮冰室合集·文集》第9册第25卷上。

实现这种精神，关键在于将主观与客观、虚与实结合起来。所谓客观、实，乃是报纸对“政府人民所演之近事，本国外国所发之现象”的真实报道。而主观、虚，则是记者“比近事，察现象，而思所以抽绎之发明之”言论。这两种性质不同的内容，是现在报纸同样不可缺少的。“有客观而无主观，不可谓之报。”反之亦然。只有将两者和谐地结合起来，才是报界之良报。

七曰立论务公平，不为危险激烈之言。梁启超一向主张，报人应该公正立论，即便对手反其道而行之，也应该尊重对方的人格。他在《新民丛报》章程里规定：“持论务极公平，不偏于一党派；不为灌夫骂坐之语……不为危险激烈之言。”① 随后他又指出：“纪事以正为主。凡攻讦他人阴私，或浅薄排挤，借端报复之言，概严屏绝，以全报馆之德义。”② 只有这样，才能为报纸立信，扩大影响，争取舆论的同情。

八曰分阶段，由近及远，自小而大。宣传和其他工作一样，应该分阶段、按步骤地进行，不能一口吃成一个胖子。在梁启超看来：“中国今日民智极塞，民情极涣，将欲通之，必先合之。合之之术，必择众人目光心力所最趋注者，而举之以为的，则可合。既合之矣，然后因而旁及所举之的之外，以渐而大，则人易信，而事易成。”③ 于此不难见到宣传工作的三大步骤。在新闻宣传实践中，梁启超一直是准此行事，循序渐进，始终不忘并且趋向于宣传的最终目的。

九曰持义至坚，锲而不舍。古人云，锲而舍之，朽木不折；锲而不舍，金石可镂。这一格言对宣传同样适用。梁启超认为：“凡所论述，百变不离其宗，然后入人者深，而相孚者笃也。”所以宣传家在宣传之前，应慎重自己的主张，一旦确立自己的观点，就应

① 丁文江、赵丰田：《梁启超年谱长编》，上海人民出版社 1983 年版，第 272 页。

② 《时报》1904 年 6 月 12 日第 1 号。

③ 丁文江、赵丰田：《梁启超年谱长编》，上海人民出版社 1983 年版，第 77 页。

该“持义至坚，一以贯之，彻于始终”。否则，如果“专务射利，并无宗旨”，或“敷衍陈言”，或“前后数日，持论矛盾”，① 读者就会无所适从，其效果从何谈起？

十曰察读者心理之微，攻瑕不攻坚，使之移情于不觉。这也是梁启超最为自负的一点。当武昌起义不久，他就公开表明：“鄙人无他长处，然洞察国民心理之微，发言抓着痒处，使人移情于不觉，窃谓举国之中，无人能逮我者。”他接着说，宣传和打仗一样，“前锋主力相机而进，攻瑕不攻坚，避其朝往，击其暮归”②。如此方能改变敌方观点，使其按宣传者的意图行事。这一策略，也可从现代心理学中找到根据。

梁启超的十大宣传策略，对他本人及此后中国数十年的新闻实践都产生了相当的影响。如果比较一下毛泽东的宣传策略，便不难发现其间的渊源关系。直到今天，我们仍在自觉不自觉地运用的宣传策略，许多就是从梁启超这里来的。

六、党报理论

党报理论，既是梁启超新闻思想体系中的重要组成部分，又是他的资产阶级政党理论的衍生物。作为一个政治家，梁启超毕生追求立宪。而在立宪的前提下，“无论其国体为君主为共和，皆非藉政党不能运用，而政党亦不待劝而自能够萌达”③。因而对政党理论的探求，一直是梁启超理论探讨的重要内容。其党报理论，便是作为政党理论的一部分发展起来的。故欲问党报理论，必先自政党问题始。

梁启超认为，所谓政党，是指“人类之任意的继续的相对的

---

① 梁启超：《〈国风报〉叙例》，《饮冰室合集·文集》第 9 册第 25 卷上。

② 丁文江、赵丰田：《梁启超年谱长编》，上海人民出版社 1983 年版，第 570 页。

③ 梁启超：《敬告政党及政党员》，《饮冰室合集·文集》第 11 册第 31 卷。

结合团体，以公共利害为基础，有一贯之意见，用光明之手段为协同之活动，以求占优势于政界者也”①。此处所谓“任意”，乃指结党者出于自愿，而非出乎强制；“继续”指长期而非暂时；“相对”则指多党并存。这种团体以公共利益为结合之基础，持一贯之政见，用正大光明的手段与他党竞争，以夺取国家政权为目的。这一定义，乃是对西方及中国近代资产阶级政党活动的准确的概括。显然，这种资产阶级政党与中国历史上之所谓朋党是截然不同的。在梁启超看来，朋党具有如下五大特征：第一，“以人为结合之中心，不以主义为结合之中心”，政党则恰恰相反；第二，“不许敌党存在”，这也与政党不同，政党“以有他党对待而始获名者也”；第三，“以阴险狠戾之手段去竞争”，而政党则是用光明正大的手段去竞争；第四，党内复有党，即党中有派；第五，“其乌合也易，其鸟兽散亦易”，② 政党则由于其一贯的政治主张，而能长期持续地存在。这些见解，是梁启超资产阶级政党理论基本的出发点。

为了实现其宪政思想，梁启超不屈不挠地筹划、创建了好几个资产阶级政党。戊戌变法后，他是保皇会的得力干将。1907 年，他又创立了政闻社；辛亥革命后筹建了民主党；后来又加入共和党；继之又成为进步党的主要领导人。对于作为政治斗争的重要工具的党报宣传，梁启超一直给予莫大的关注。他承认报纸的资产阶级党性。在他看来：“有一人之报，有一党之报，有一国之报，有世界之报。以一人或一公司利益为目的者，一人之报也；以一党之利益为目的者，一党之报也；以国民之利益为目的者，一国之报也；以全世界人类之利益为目的者，世界之报也。”他还认为，“中国昔虽有一人报，而无一党报、一国报、世界报”，③ 而他自

① 梁启超：《敬告政党及政党员》，《饮冰室合集·文集》第 11 册第 31 卷。

② 梁启超：《〈国风报〉叙例》，《饮冰室合集·文集》第 9 册第 25 卷上。

③ 梁启超：《〈清议报〉一百册祝辞并论报馆之责任及本馆之经历》，《饮冰室合集·文集》第 3 册第 6 卷。

己主持的《时务报》、《清议报》及此后的《时报》等，则是名副其实的党报。在政党的建设上，经费、外交和报章宣传至关重要，“苟此数事皆胜，不患无社员”①。正是因为如此，他在建立资产阶级政党的同时，也创办了政党的机关报。

梁启超非常重视党报的宣传作用。在他看来，党报的宣传作用，主要表现为三个方面。其一，党报是党的重要机关，而这种机关又是建设党的组织不可缺少的手段。他曾在致朋友的信中说，“弟欲出一报，名曰《政论》，其社即名政论社。但此社非如新民社之为出版物营业团体之名称，而为政治上结合团体之名称，现在所联结者，即先以纳诸政论社中，将来就此基础结为政党”，“若如此办法，则此报即以党费办理维持之”，“先造此基础，为党之先河”。② 这一见解与列宁党报学说中的某些观点不谋而合。列宁曾主张以党报作为建党的组织基础，把党报的发行员、代办员、通讯员队伍作为建党的脚手架。不同的是，列宁所说的党报是无产阶级政党的机关报，而梁启超所指的，则是资产阶级党报。

其二，党报是宣传党的政策，争取群众支持的重要工具。梁启超非常羡慕西方自由主义国家的政党政治，尤其是西方各国政党在选举期间的宣传战，给他留下了深刻的印象。在他看来，党报的宣传，一方面可以使本党的政策广为人知，使群众成为本党政策的拥护者，从而为本党选举的胜利创造条件；另一方面，从长远的观点看，政党报纸为了宣传，“常用极通俗之语，灌输政治常识于多数人民脑海中，引起其政治兴味，而养其爱国家、尊公益之心，此永久无形之效也”③。因此，在他的政治生涯中，即便是最困难的时候，也念念不忘创办党报。维新失败后，在逃亡中的梁启超还认为应当“创一西字报于香港，发表圣德及帝党之政策，以引动白人

① 丁文江、赵丰田：《梁启超年谱长编》，上海人民出版社 1983 年版，第 410 页。

② 丁文江、赵丰田：《梁启超年谱长编》，上海人民出版社 1983 年版，第 396 页。

③ 梁启超：《敬告政党及政党员》，《饮冰室合集 · 文集》第 11 册第 31 卷。

之热心者”，“发表我辈他日政策”①，以争取舆论的同情和支持。这是他终生坚持不变的重要观点。

其三，党报是资产阶级政党（主要是在野党）监督政府的工具。辛亥革命后，梁启超作为共和党的主要领袖，主张共和党及其报刊“对于政府取强硬监督之态度”。他宣称：“无论谁氏之政府，苟能服从共和党党义，采用共和党所希望之各种具体的政策，则吾党以全力拥护之，否则以全力对抗之。”② 这一点在后面还会论及，此不赘述。

总之，党报的宣传作用是不可忽视的。它是资产阶级政党建设不可或缺的重要内容，是一个政党战胜敌对政党，取得民众支持和拥护的重要工具，是资产阶级政党监督政府决策，参与现实政治活动的主要手段。那么，党报怎样才能起到上述作用呢？梁启超认为，党报宣传要做到成功有效，必须坚持如下几个重要的宣传原则：

其一是公开性原则。在梁启超看来：“立宪政治所以异于专制政治者，以彼采取秘密主义，而此采取公开主义也。立宪政治之运用，全恃政党，故必政党自身常采公开主义，然后可以运用公开之宪政。”反之，如果政党处于秘密状态，行事于嗫嗫耳语之间，则难以起到政党的作用。因此，政党欲取得政治斗争的胜利，必须公开自己内部的重大事件、政策、举措。这种公开的对象有党外人士和党内人士，前者在于争取舆论的同情和支持，后者则在于加强党自身的团结和战斗力。当然这种公开是相对的而非绝对的：“非谓每治一事，必须一一遍求全党员之画诺也”，“政策态度，公开以定之，分科治事，公开以任之。各职员于其权限内所应治之党务固可以专行而无所制肘，其所行之成绩，则届时公告之，所谓公开者，如是而矣”。③ 党报正是实行公开的基本工具。

---

① 丁文江、赵丰田：《梁启超年谱长编》，上海人民出版社 1983 年版，第 202 页。

② 梁启超：《共和党之地位与其态度》，《饮冰室合集·文集》第 11 册第 30 卷。

③ 梁启超：《共和党之地位与其态度》，《饮冰室合集·文集》第 11 册第 30 卷。

其二，党报宣传必须旗帜鲜明地表明党的态度。“不应付，不迁就，不模棱，常确然示一党之所信以质之天下。”① 对于各种政策，为具体的计划；遇一重大问题，则发表公开的主张。尽可能做到旗帜鲜明，壁垒森严，使国人一眼就能看出本党的特色，进而成为党的支持者。

其三，党报在与其他党尤其是敌对政党的论战中，须尊重他党，对他党采取协商融合的态度。梁启超认为，立宪政治的重要特征，就是各党并存，和平共处，同争政权。党报宣传对于主义与本党“相近”之政党，宜取协商的态度；对于敌对政党，亦应尊重对方的存在。之所以如此，是由于两个方面的原因：一方面，“政党以国家利益为本位，而国家之利益常为相对的，其与吾党所谓利益冲突者，未必其遂与国家利益相冲突。故一面虽力持己党所主张，一方仍有容他党别持其主张之余地也”，正如自尊心强的人“未有不知重他人之人格也”。② 另一方面，立宪政治乃多数政治，一切举措、立案均须得国会多数之同意始能通过。若党派政争，互不相让，没有丝毫调和之余地，则国会无法解决任何重大问题。当国家处于危急状态时，这种尖锐的党争，“会陷国家于灭亡”③。所以，正确的党报宣传，固然要坚持、拥护本党之主张，同时也要尊重他党之见解，“而无所用其嫉妒，无所用其妨害”④。

其四，党报工作者须服从党的政策，力戒自由行动，即党报必须同党的政策、党的领导机关保持一致，不要自作聪明，轻出主张。在党报工作者与党的首脑机关发生意见上的对立时，党报工作者应无条件地服从党的主张。在梁启超看来，这种“舍己从人”

① 梁启超：《共和党之地位与其态度》，《饮冰室合集·文集》第 11 册第 30 卷。

② 梁启超：《敬告政党及政党员》，《饮冰室合集·文集》第 11 册第 31 卷。

③ 梁启超：《共和党之地位与其态度》，《饮冰室合集·文集》第 11 册第 30 卷。

④ 梁启超：《敬告政党及政党员》，《饮冰室合集·文集》第 11 册第 31 卷。

的做法，对于富有独立研究精神的党报工作者是很难做到的。但是，“既已标帜一党矣，则必有敌党我党之对待。如两军相见于疆场，交绥不能休也。苟械式驳而不纯，步伐棼而不整，人自为战，何以御敌，其敝也。必至在议场中徒见有个人之主张，而不见有一党之主张，若是则党员虽众，犹之无党也”①。所以真正的党员，应该无条件地唯党义是从。在这点上，梁启超要求极为严格。在1907年，作为该党机关报的《时报》出现了与党的最高领导层不同的声音，其原因是该报主持人“入世太深，趋避太熟，持盈保泰之心太多”，且信任陈景韩，“而此人实非吾党”，“故于党事种种不肯尽力，言论毫不一致，大损本党名誉”。他指出：“吾党费十余万金以办此报，今欲扩张党势于内地，而此报至不能为我机关，则要来何用，无怪诸人愤愤之也。”② 鉴于此，他决意整顿此报，并请其师康有为出面更换总主笔。这是梁启超党报生涯中最为普通的一件事情。

其五，党报宣传还应维护党的团结。党的团结，是党的战斗力的重要保证。而妨害团结的因素是很多的。如党员组成的地方因素、政策决定过程中的意见分歧等。对此，党报应从团结的大局出发，克服地方色彩可能带来的危害。因为政党以全国之利害为职责，非独“不有个人利害之见存也，并不容有地方利害之见存”。“政党而带有地方党派之臭味，其能健全者寡矣。”③ 至于党内的意见分歧，梁启超则主张党的决议必须由党员自由讨论，这就必然要借助于党报来集中全党的思想。为此，党报宣传就应该求大同，存小异，一切着眼于团结，如此，党报方能成为加强党的战斗力的重要手段。

此外，党报工作者还应该以主人翁自居，进行积极主动的宣

① 梁启超：《共和党之地位与其态度》，《饮冰室合集·文集》第11册第30卷。

② 丁文江、赵丰田：《梁启超年谱长编》，上海人民出版社1983年版，第432~433页。

③ 梁启超：《敬告政党及政党员》，《饮冰室合集·文集》第11册第31卷。

传。为了充分发挥党报的宣传作用，党报工作者必须“自视为党的主人”,① 而不要自视为党中之客体。以主人翁的姿态，积极、主动地进行创造性的宣传。另外，党报工作者作为党的一个普通成员，还要承担自己对党的义务。在梁启超看来，这种义务要求党员“如子女之事父母”那样对待党。“事父母以孝为本分，不能挟孝以责偿于父母。”② 故党报工作者要讲奉献而不求报偿，尽义务而不求权利。只有这样，党报宣传才能强而有力，富有成效。

不难看出，梁启超关于党报理论的见解，同现代党报理论的某些重要原则，如党报是党的机关，是建党的工具，党报必须旗帜鲜明地表明党的态度，宣传党的政策，同党中央保持一致，党报工作者应以主人翁自居，积极主动地进行宣传，维护党的团结等，大体上是一致的。尤其可贵的是，梁启超提出的宣传战中尊重他党的原则，表明了他作为一个政治家的大度和胸怀。应该说，在近百年前能够提出这些具有普遍意义的观点，在新闻学术史上的意义是不可低估的。但是，我们也不能忽视梁启超党报理论的另外两个方面：第一，他关于一人报、一党报、一国报、世界报的划分是很肤浅的。在阶级社会，超阶级的、全民的一国报和世界报，或游离于现实政治派别之外的个人报纸都是不存在的。第二，梁启超所说的党报是资产阶级的党报，其所代表的也是资产阶级的利益。不把握这两点，就难以全面地理解梁启超的资产阶级党报理论。

七、新闻史观

梁启超是中国近代史上著名的历史学者，也是最具影响的报人、舆论界骄子。这两种身份结合在一起，使得新闻史观成为他新闻思想体系中最具创意的部分。他对历史的解读独具特色，“史者

---

① 梁启超：《共和党之地位与其态度》，《饮冰室合集·文集》第11册第30卷。

② 梁启超：《敬告政党及政党员》，《饮冰室合集·文集》第11册第31卷。

何？记述人类社会赓续活动之体相，校其总成绩，求得其因果关系，以为现代一般人活动之资鉴也”①。报刊事业是一种社会现象，也是一种历史现象。作为历史现象，它是怎样产生、怎样发展的呢？在中国学术史上，梁启超第一个比较全面地作出了回答。他认为，报刊和其他社会现象、历史现象一样，都不是凭空产生的，而是直接地产生于社会生活的客观需要。在他看来，报刊之起源，可以追溯到遥远的诗经时代。“古者太师陈诗以观民风，饥者歌其食，劳者歌其事，使乘輶轩以采访之，乡移于邑，邑移于国，国移于天子，犹民报也。公卿大夫，揄扬上德，论列政治，皇华命使，江汉纪勋，斯干考室，驯马畜牧，君以之告臣，上以之告下，犹官报也。”② 可见官报、民报的起源都离不开当时的客观需要。不管这种渊源探索是否科学，有一点是很确切的，即报刊事业一经产生，就紧跟着历史的车轮，遵循着进化的轨迹，生长焉，发达焉，从小到大，由简入繁，往而不返，进而无极，这是世界报业发展的总趋势。

梁启超认为，一方面，报业的产生、发展固然取决于社会生活的客观需要，但由于不同国家社会状况、经济基础、文化传统、国民性格的差异，以至于在同类需要的基础上，发展着性质迥异的新闻事业。在他看来，清末中国社会所需要的报业，应有别于西方诸国。在西方，政治公开，科学昌明，百业发达，这些在中国都不具备，因而不能将诞生于西方社会基础上的报业体制照搬入中国。因为“西报之长，皆非吾之所能也”。基于此，他赋予报刊的任务为“广译五洲近事”，详录各省新政，博搜交涉要案，旁载政治、学艺要书等，③ 直接服务于当时的政治维新。这实际上为中国社会探索了一条根据国情发展报业的路子。

---

① 梁启超：《中国历史研究法》，华东师范大学出版社 1995 年版，第 1 页。

② 梁启超：《论报馆之有益于国事》，《饮冰室合集·文集》第 1 册第 1 卷。

③ 梁启超：《敬告政党及政党员》，《饮冰室合集·文集》第 11 册第 31 卷。

另一方面，梁启超又认为报业的发达程度还是衡量国家强弱的标准。发达的国家有发达的报业，贫穷、专制暴政往往是报业发展的最大障碍。他引用西方哲学家的话说："完备的事物必产生于完备的时代。"发达的报业必以强大的国家、发达的经济、民主的制度、智慧的人民为土壤。因而，"欲觇国家之强弱，无他道焉，则于其报章多寡良否而已矣"。这是由于"报章越多，体例愈善，议论愈精，记载愈富，能使人专读报纸数种，而可以尽知古今天下之政治学问风俗事迹，吸纳全世界之新空气于其脑中"。"故阅报愈多，其人愈智，报馆愈多者，其国愈强。"① 在这方面，梁启超与谭嗣同基本一致。后者曾以"各新闻纸为绝精之测量仪器，可以测其国，兼可分测其人。国愈盛者，出报必愈多……人至极暗陋，必不阅报"②。正是基于这种认识，梁启超及其他资产阶级代表人物，以报纸为权舆，在数十年间，屡仆屡起，奋斗不已。

但是在半封建半殖民地的中国，梁启超发展报业的理想未能实现。这除了政治上的原因外，中国人的国民性及经济状态也是重要的制约因素。他认为"中土嗜报之俗，既远不逮西国"，加上"内地道路未通，邮递艰滞"，严重阻碍了报业的扩张。因而对于自己创办的报纸并不寄予过高的期望。在他看来，在文明幼稚的中国，要使报纸立于"各国大报馆之林，知其无当矣"③。当然，如果中国发达了，能在地球上占据崇高的位置，中国的报纸就自然能跻身于世界大报之列了。

梁启超在强调社会对报业发展的决定性作用的同时，也没有忽略报业对社会历史的能动作用。在他看来，这种能动作用还相当大，尤其在革新或革命运动时期。他认为维新时期创刊的《时务报》，"大声疾呼，哀哀长鸣，实为支那革新之萌蘖焉"。此后的辛

---

① 梁启超：《〈清议报〉一百册祝辞并论报馆之责任及本馆之经历》，《饮冰室合集·文集》第3册，第6卷。

② 《谭嗣同全集》增订本上册，生活·读书·新知三联书店1954年版，第270页。

③ 梁启超：《萃报叙》，《饮冰室合集·文集》第2册第2卷。

亥革命之所以成功，又以“报馆鼓吹之功为最高”①。他深信日本学者松本君平所言，认定报馆如预言家，如大法官，如哲学家，如大圣贤，如救世主，以至于将报纸的作用夸张到了无以复加的地步：“报馆者，能纳一切，能吐一切，能生一切，能灭一切。”这种不切实际的评价显然缺乏实在的科学依据，但他对报刊作用的重视，则是值得注意的。

从学术源流看，梁启超的上述见解，与当时风行世界的英雄史观和社会进化论是密切相关的。他坚持认为历史不过是英雄的舞台，“世界者何？豪杰而已矣。舍豪杰则无有世界。一国虽大，其同时并生之豪杰不过数十人乃至数百人止矣。其余四万万人，皆随此数十人数百人之风潮而转移奔走趋附者也”②。在他看来，历史的秘密“乃在一个人之个性，何以能扩充为一时代一集团之共性，与夫一时代一集团之共性，何以能寄现于一个人之个性”③。由此不难推出，报纸宣传，正是豪杰、英雄将自己的个性推展为时代、集团之共性的主要手段。而报人自然也就是英雄的人选了。这与孙中山先生的“先知先觉论”是不谋而合的。另外，梁启超还受到进化论的影响。他认为，“人群进化，阶级相嬗，譬如流水，前波后波，相继不断，故进步无止境”，与循环论完全不同。循环乃是去而复来，止而不进，而进化则往而不返，进而无极。报刊事业正是这种进化的现象，因而必然会随着社会的进步而进步。

可见，梁启超的新闻史观并不是孤立地存在于其新闻思想中，而是与他的其他思想及欧美学术思潮相关的。这种新闻史观也很复杂，并充满了内在矛盾。它既有历史唯物主义的成分，又有历史唯心主义的色彩；它承认新闻受制于社会存在，但又认定豪杰、报人的超常作用。当然，这种“进化”的新闻史观还在一定程度上体

---

① 梁启超：《鄙人对于言论界的过去及将来》，《饮冰室合集·文集》第11册第29卷。

② 梁启超：《自由书·豪杰之公脑》，《饮冰室合集·专集》第2册第2卷。

③ 梁启超：《中国历史研究法·史迹之论次》，《饮冰室合集·专集》第16册第73卷。

现了梁启超作为新兴资产阶级代表的勃勃向上的进取精神，但这种精神又不是建立在科学理论的基础之上的。

八、结　论

以上我们从七个方面简要分析了梁启超的新闻思想，由此不难得出如下几点结论：

第一，梁启超的新闻思想内容宏富，从新闻使命、新闻功能、新闻自由到新闻舆论、党报理论、宣传策略和新闻史观，涉及了当代新闻理论的各个领域，俨然一个完整的理论体系。而其核心则是新闻使命观和新闻自由论。在中国新闻学术史上，这是前所未有的成果。对于此后的新闻学术，产生了重大的影响。在某种意义上说，中国现代新闻学体系，便是肇基于此。

第二，梁启超的新闻思想，并非完全意义上的独立作品。其大部分内容有着悠久的历史渊源和现实基础。他的新闻使命观来源于前人和欧洲报人的使命意识；其自由观念也明显地脱胎于近代欧洲自然权利哲学和自由主义报业理论；其新闻史观渊源于当时风靡世界的进化论和英雄主宰历史的假说；其他内容，如宣传策略、新闻舆论、党报理论等也或多或少地受到西方当代哲学、心理学、政治学、新闻学的研究成果和现实政治斗争的影响。当然，这也并不是说梁启超没有自己的贡献。他的贡献不仅在于对前人思想的继承和对西方学术思想的引进，而且还在于他融合自己的实践，提出了一系列富有现实意义的原则、观点，开拓了学术研究的新天地。

第三，在梁启超的新闻思想中，前后不一，自相矛盾之处甚多。如新闻功能论上的反复，党性与国民公益的对立，新闻道德所要求的真诚与政治谋略的冲突等，一方面反映了他忠于真理，“不惜以今日之我难昔日之我”① 的精神。另一方面则说明其新闻思想的不成熟，与其作为政治家和作为报人的内在人格的矛盾。从方法

① 梁启超：《清代学术概论 · 二十六节》，《饮冰室合集 · 专集》第9册第34卷。

论上讲，此种情形明显是由于使用形而上学思想方法的结果。这种思想方法的特点就是绝对化，走极端，在强调某个问题时，把它绝对化，而忘掉了与此相关的另一个，以致前后不一，自相矛盾。

第四，梁启超的新闻思想与他自己的新闻实践也不完全一致。说到的并未做到，其做到的有时亦非其所说的。他主张报道应真实，但在实际报道中又不时使用“权术”；他要求报纸一以国民公意为宗旨，在报道中党派偏见又时常居于主导地位。他还曾主张报纸在制造舆论时须出于至诚，然而在私下又打算暗为舆论之主、明为舆论之仆。如此等等，不一而足。以至于其冠冕的理论原则，往往为其实际行动所推翻。

第五，梁启超新闻思想的阶级性也是非常明显的。尽管他在论述时常有意避开这一敏感问题，但是他公开要求新闻自由，赋予报纸作为国民耳目喉舌的使命，主张开民智，要求报纸代表舆论监督政府等，充分反映了上升时期中国民族资产阶级强烈的政治倾向。当然，作为资产阶级的代言人，梁启超又是一个坚定的反共分子，视社会主义为洪水猛兽。这一点，也是研究梁启超新闻思想所不可忽视的。

第六，梁启超的新闻思想一经形成，便对当时的中国报业产生了重大的影响。这种影响一方面是伴随着他自己的新闻实践发生的，另一方面则是由于他所提出的理论原则成为中国报人的实践指南。正如他自己所说的：“启超常持一论，谓凡天下事情，宜自求为陈胜、吴广，无自求为汉高。”故其基本宗旨，“亦不过为椎轮，为土阶，为天下驱除难，以俟继起者发扬光大之”①。事实表明，梁启超的新闻思想确实是经继起者的实践发扬光大了。

---

① 丁文江、赵丰田：《梁启超年谱长编》，上海人民出版社 1983 年版，第 76 页。

第八章　晚清报人平等意识的生成与报业平等的愿景

在思想史上，任何一种观念的生成演绎都会经历一个过程，从无到有，从幼稚到完善；而同一概念或范畴，在不同的文化语境下，也会有不同的理解。平等作为一个重要的价值，在这方面表现尤其突出。从已有文献来看，学界对平等观念的研究已经相当深入，不过主要集中于哲学、宗教、法学、政治学、社会学、经济学、历史学等领域，鲜有来自新闻传播学界的研究成果。这是不充分的，作为社会系统的重要组成部分和信息资源的集散地，新闻业不但需要平等，而且还承担着传播平等观念的重任。近代报刊与平等观念有如一对孪生兄弟，在晚清时期来到中国。① 作为西学东渐过程中的两样新事物，它们天生具有亲近性，彼此需要，互为依托。在一个不平等的社会，报刊出版发行面临各种特权的制约；同样，在一个没有报刊的社会，平等观念的传播效率将始终是个问题。晚清时期，由西洋传教士发端的欧美平等意识的输入，终于激发了中国本土的平等思潮，并且萌生了报业平等的愿景，对于中国近代社会的发展，产生了深远的影响。

一、郭士立首度引入西方的平等思想

观念是对现实世界的主观反映。人类对于平等的追求，最初是源于对不平等现实的反思。梳理人类平等思想的源流，一个最大的

---

① 古代报刊并非真正意义上的报刊，只是报刊的雏形，真正意义上的报刊是指近代以来的报刊。平等观念亦然，古代社会尽管也有某些平等诉求，但那是基于专制的平等观念；今人所谓平等，通常是指基于民主的平等。因此，真正意义上的平等观念是指近代以来的平等观念。

共识就是不同的文化语境决定了不同的平等观念及其实践。在中国历史上，虽然很早就有关于平等的阐述，但是从根本上讲，中国是一个秩序森严的等级社会。作为意识形态核心的儒家思想，一直奉行“君君，臣臣，父父，子子”（《论语·颜渊》）的原则，讲究“礼不下庶人，刑不上大夫”（《礼记·曲礼》），恪守“贵贱有等，长幼有差，贫富轻重皆有称”（《荀子·富国》），“少事长，贱事贵，不肖事贤”的所谓“天下通义”（《荀子·仲尼》）。虽然在社会变革时期，经常会提出“王侯将相宁有种乎”、“等贵贱，均贫富”等诉求，一些传统戏剧甚至有“王子犯法庶民同罪”的台词，而且在某些局部领域作出了具有平等意义的改革，如科举制度等，但是在根本意义上，中国传统思想中的平等与近代意义上的平等是不可同日而语的。近代意义上的平等，是基于制度保障的平等，是人权的平等，是法律面前人人平等，是人与人之间在精神上互相理解，互相尊重，把对方当成和自己一样的人来看待。而传统意义上的平等观，主要是对于现实严重不平等的反抗，其目的不是从根本上消除不平等，而是改变自己在现有不等式中的地位。

在中国，近代意义的平等观与近代报业起步于晚清外国传教士的宗教报刊活动。依当时清廷的规章制度，办报与传教都是违禁举动，自康熙末年以来的“礼仪之争”，清廷开始实施历时百余年的禁止基督教在华传播的政策；① 至于办报，则明文规定：“凡造谶纬妖书妖言，及传用惑众者，皆斩……私有妖书，隐藏不送官者，杖一百，徒三年。”② 很多传教士面对杀头的危险，均止步于中国

---

① 自明末基督教东传以来，中国的传教活动一直由葡萄牙支持的耶稣会控制。17 世纪中叶以后葡萄牙国势衰落，西班牙支持的多明我会、方济各会，法国支持的外方传教会相继进入中国。这些后起的传教会对先前耶稣会将“God（Deus）”译作“天”或“上帝”以及在中国传统的宗法宗教（祭天、祭祖、祭孔礼仪）和其他一些民俗上采取的宽容态度表示不满，遂挑起了教会内部的“礼仪之争”。后演变为两种文化、两个民族以至清廷与罗马教廷的全面对抗，致使清朝开始实施历时百余年的禁止基督教在华传播的政策。详见牟钟鉴、张践：《中国宗教通史》（修订本），社会科学文献出版社 2003 年版，第 943~948 页。

② 姚雨芗（原纂）、胡仰山（增辑）：《大清律例会通新纂》，台北文海出版社 1987 年版，第 1895 页。

国境，通常选择在与中国相邻的南洋等地办报传教。直到1833年，郭士立①改变了这个状况，中国近代报业自此起步。虽然郭士立铤而走险并不是为了传播平等观念，然而，他的办报活动却事实上起到了这方面的作用。

首先，他挑战了中国“天下主义”② 的传统观念。他所编撰的《东西洋考每月统记传》（以下简称《东西洋考》）这样论述道：中西起于“一”，“国民之犹水之有分派，木之有分枝，虽远近异势，疏密异形，要其水源则一”③。且进程一体，《汉土帝王历代·洪水之先》与《西天古传历记·洪水之先》，《明纪》与《英吉利哪耳慢朝》都是可以等量齐观的历史进程。④ 表面上，在“同一”的逻辑框架下，《东西洋考》宣扬了一种兄弟国家⑤“同

① 也译作郭实猎、郭实腊等，原名Karl Friedrich August Gützlaff，生于1803年，卒于1851年，是一名普鲁士传教士。他原属尼德兰传教会，后于1829年转而效力伦敦教会，1831年来华。

② 许纪霖认为：“价值意义上的天下与空间意义上的天下具有同一性，即表现出超越种族、宗族、地域和国家的普世文明特征，只要接受了发源于中原的中华文明的那套礼仪典章制度，就可以成为天下中的一个部分，只是中心与边缘的不同罢了，但服从的都是同一个文明尺度和价值，那就是天下主义。”见许纪霖：《天下主义/夷夏之辨及其在近代的变异》，载《华东师范大学学报（哲学社会科学版）》，2012年第6期。

③ 爱汉者等：《东西洋考每月统记传》（影印本），黄时鉴整理，中华书局1997年版，第3页。

④ 《东西洋考每月统记传》设置“东西史记和合”栏目，将《汉土帝王历代·洪水之先》与《西天古传历记·洪水之先》，《明纪》与《英吉利哪耳慢朝》等中西历史阶段进行对照，意在表明，中西历史进程的同步与相似性。

⑤ 以兄弟喻中西关系，是《东西洋考每月统记传》的一贯做法，此处兄弟当朋友讲，并非伦理上“长幼有序”的兄弟，将朋友称兄弟，不过是表示关系的亲密罢了。不论是在西方，还是在东方，朋友都蕴含着平等的原则。在儒家伦理上，“孔孟对于‘朋友’一伦的论述中，平等事实上成为一个重要原则”。“在《尼各马可伦理学》中，亚里士多德用两章来谈论‘具体的德行’之一的‘友爱’，在朋友一伦中更多地讨论了平等：作为一个伦理原则来讨论。”分别见高瑞泉：《平等观念史论略》，上海人民出版社2011年版，第31、126页。

等”的平等观念，即华夷平等的观念。事实并非如此，郭士立实际上是以高姿态俯视中国，意在将其纳入由欧美主导的国际体系。《东西洋考》上的说辞无疑是冠冕堂皇的，甚至是谦卑的，因为那是给中国人看的。这是郭士立所谓“较妙的方法”①。在英文报刊上，他却公然宣称：“必须把欧洲的文明和进步强加于东方各国人民，即使借助大炮和鸦片也在所不惜。”② 行动上，他也是这样做的。“贩卖鸦片和间谍活动，在鸦片战争爆发前，他进行了至少十次”；“战争中，又为英国侵略军充当向导，协助指挥作战，一度担任英军占领下的定海和宁波两地的民政长官”；“战争结束后，《南京条约》的中文草稿也出自他的手笔”。③

那时抱持“天下主义”的中国人对“一”的理解明显不同于郭士立。尽管国人也认同天下起于“一”，归于“一”，但是，衡量这个“一”的标准在“我”，即华夏文明。在当时的中国人看来，天下源于华夏，也以华夏文明为归依。英法等西洋诸国在世人眼中不过是化外蛮夷之邦，因此被称之为“英夷”、“法夷”。这就不难理解，《东西洋考》尽管在当时引起了魏源等人的注意，然而，即便是魏源，也还是不遗余力地论证中国为世界中心，西学为“异端”。④

其次，他引介了“法律面前，人人平等”的观念。1838 年 3 月号的《东西洋考》刊登了一篇名叫《自主之理》文章：

> “英民说道，我国基为自主之理。愚问其义，云：自主之理者，按例任意而行也。所设之律例千条万绪，皆以彰副宪

① 郭士立为出版《东西洋考每月统记传》所写的英文缘起，原载《中国丛报》，转引自黄时鉴：《东西洋考每月统记传·导言》（影印本），中华书局 1997 年版，第 12 页。

② 邵灵侠：《文化碰撞：鸦片战争前后的中德文化交流》，载《浙江大学学报（人文社科版）》2001 年第 5 期。

③ 陈虹：《郭实猎评传》，载《图书馆杂志》2004 年第 5 期。

④ 章鸣九：《〈瀛环志略〉与〈海国图志〉比较研究》，载《近代史研究》1992 年第 1 期。

体。独其律例为国主秉均，自帝君至于庶人，各品必凛遵国之律例。所设之例，必为益众者，诸凡必定知其益处。一设则不可改，偶从权略易者，因其形势不同，只推民之益而变焉。情不悖理，律协乎情，上自国主公侯，下而士民凡庶，不论何人，犯之者一齐治罪。不论男女老幼、尊贵卑贱，从重究治，稍不宽贷”①。此处的人人，不仅是王子庶人，也包括了国君皇帝。事实上，17 世纪英国国王查理一世，18 世纪末法国国王路易十六就是被法庭处死的。

如果说，郭士立对“天下主义”的挑战，旨在说明“我们确实不是‘蛮夷’”;② 那么，他对西洋文物制度的推介，就意在使中国人相信“他们仍有许多东西要学”③。的确，中国几千年的帝制社会未曾产生过“法律面前，人人平等”的观念。最为接近的莫过于“刑无等级”的主张。《商君书·赏刑》写道：“刑无等级。自卿相、将军以至大夫、庶人，有人不从王令、犯国禁、乱上制者，罪死不赦。有功于前，有败于后，不为损刑；有善于前，有过于后，不为亏法。忠臣孝子有过，必以其数断。守法守职之吏有不行王法者，罪死不赦。”④ 可见，所谓“刑无等级”的量刑标准乃是“王令”，且适应人群为卿相以下人等。很明显，这种主张是基于专制的平等主张，完全不同于近代英国基于民主的平等情形。然而，在由儒家传统塑造起来的等级社会中，即便是“刑无等级”的观念也未能占据历史的主流。因此，在鸦片战争前的中国，人们还难以意会“法律面前，人人平等”的价值。曾留意过《东西洋

① 爱汉者等：《东西洋考每月统记传》（影印本），黄时鉴整理，中华书局 1997 年版，第 339 页。

② 黄时鉴：《东西洋考每月统记传·导言》（影印本），中华书局 1997 年版，第 12 页。

③ 黄时鉴：《东西洋考每月统记传·导言》（影印本），中华书局 1997 年版，第 12 页。

④ 商鞅等：《商君书》，章诗同注，上海人民出版社 1974 年版，第 54 页。

考》的魏源、徐继畬等人对该刊多所引用，但无一处与此相关。

郭士立在《东西洋考》中所传播的平等观念，即华夷平等和在法律面前人人平等，与中国传统的思想存在着相当的差距，在当时的中国社会还很难为大多数人们所接受。但是，随着该刊的发行推广，这种平等观也开始逐渐地在中国流传开来。据黄时鉴考证："当创刊号首印六百份销售一空后，很快添印了三百份，而且有少数的中国人订购，更多的刊物落到中国人手中，反映（应）良好。"当时编纂《中国丛报》的俾治文写道："那些中国人原先并不了解什么是月刊，但'我们敢说，没有心地善良和不抱偏见的本地人是反对它的'。在1834年，若干刊物还被寄到北京、南京和其他城市。可以肯定，《东西洋考》确曾在中国人中间传布。"①可见，尽管郭士立还抱着殖民的目的，但其在《东西洋考》上传播的平等观念，经后人的接力，终于在中国落地生根，其在思想史上的意义是不能低估的。

二、《万国公报》的平等观引介

两次鸦片战争惊醒了国人"天朝上国"的迷梦，"天下主义"的传统视界有所扭转。一些先进的知识分子对"内华外夷"的观念提出了质疑。王韬指出："自世有内华外夷之说，人遂谓中国为'华'，而中国以外统谓之'夷'。此大谬不然者也。""然则华夷之辨，其不在地之内外，而系于礼之有无也，明矣。苟有礼也，夷可进为华。苟无礼也，华则变为夷。岂可沾沾自大，厚己以薄人哉？"② 这种质疑得到了知识界越来越多的认同。在这个背景下，创刊于1874年的《万国公报》③ 便不再将"我们确实不是'蛮

① 黄时鉴：《东西洋考每月统记传·导言》（影印本），中华书局1997年版，第25页。

② 王韬：《弢园文新编》，李天纲编校，中华书局2012年版，第131页。

③ 其前身为《中国教会新报》，创刊于1868年。

夷’”作为传播的主要旨趣。

与《东西洋考》一样，《万国公报》对西方的政治平等观念进行了引介。1875年6月，该报发表了一篇介绍西方民主、平等的文章《译民主国与各国章程及公议堂解》：

按泰西各国所行诸大端，其中最关紧要而为不拔之基者，其治国之权属之于民，仍必出之于民，而究为民间所设也。推原其故，缘均是人也。仰观于天俯察于地，其有待于日以暄之者同此日也；其有待于风以散之雨以润之者同此风亦同此雨也。即寒必需衣饥必需食，温饱之情无贵贱一也。不观人之耳目手足乎？或为君，或为臣，耳目手足无所加焉。降而至于小民，耳目手足无所损焉。”①

在这里，作者以朴素的类比论证了基于生理同样性的人人平等观念。古代中国，人们在抗拒等级与强权压力时，也曾发出“王侯将相宁有种乎”②的呐喊，“将相本无种”成为激励人们斗志的信条。然而，这些呐喊本身，几乎无一例外地将目标定位于“王侯将相”上，并无意铲除人世间的不平等。也就是说，人们呐喊“王侯将相宁有种乎”，信奉“将相本无种”，不过是想自己或自己希望的人也能成为“王侯将相”。

比《东西洋考》走得更远，《万国公报》对社会、伦理层面的平等议题表达了相当的关切，尤其是男女平等。1883年6月，花之安撰文指出：

夫妇诚以夫妇者，乃上天所创立。推原其故，始则先造一男，继造一女，使之匹耦以相助为理。故夫秉刚而妇秉柔，二气感应以相与。此夫妇之道，必男女相合以修身，无论女子固

① 《万国公报（2）》（影印本），台北华文书局有限公司1968年版，第1083页。

② 司马迁：《史记（六）》，中华书局1959年版，第1952页。

> 从一而终，即男子亦不当有二色，稍有不检，便于修身之道有乖。①

与花之安颇为平和的论述不同，范祎在其发表于1905年的文章中历数中国男女间种种不平等，猛烈地攻击了“中国薄待妇女之制度”：

> 按古人以男女配阴阳，又以扶阳抑阴为天尊地卑之正道，虐待妇女并不自知其暴。且妇女素无教育，而专令柔媚顺从，其所谓无违夫子者，几成妇女立身之第一义，此外别无他求，则妇女愈愚愈贱，而家庭专制之局长矣。
>
> “古人有言，女子无才便是德，其意有才之女子，不受夫男之压制，即失其顺从之德。呜呼！中国人多天然仁爱之性质，独于待妇女竟显其忍心害理如此，亦大可异矣。
>
> 呜呼！自天言之，人同属上帝之儿女，对天则有自由之权利，人人平等也。自国言之，人自成人而后谓之国民，对国则有自主之权利，人人平等也。
>
> 国为家之积，家者一夫一妇之自立也，以数女覆翼于一男之下，家之不平等，即国之不平等也。②

这篇文章可以看成是对中国传统纲常伦理的总清算，不仅剖析了男女不平等的不合理性，揭示了不平等的危害，而且还论证了男女平等对于国家、国民发展，对于社会进步、文明开化的重大意义。

同郭士立一样，《万国公报》一方面不遗余力地引介近代平等观念，一方面却于中外关系上不能作平心之论。“《万国公报》在

---

① 《万国公报（15）》（影印本），台北华文书局有限公司1968年版，第10071页。

② 《万国公报（37）》（影印本），台北华文书局有限公司1968年版，第23231~23237页。

评论中外关系时，往往站在西方列强的立场，歪曲事实，为西方殖民者侵华活动辩护。例如，把英国发动侵略中国的鸦片战争说成是林则徐凌压英商所致，‘英主以其越分悖理，强夺国民之货，遂至不得已用兵’；对于英法联军抢掠、烧毁圆明园的罪行，则歪曲为是为了‘惩中国之伤犯白旗也’，等等。”① 这种持论，显然与其主办者的民族感情及其国家利益直接相关，为了自己国家的利益，至少放弃了表面的华夷平等观念。

我们似不能因此而否认它在引介近代平等观念方面的贡献。同《东西洋考》发行量小、影响不大形成鲜明对比，《万国公报》不仅发行量大，而且影响深远。依发行量来看，“《万国公报》的发行量除了几年情况不详外，年最高发行量约 100000 份，年最低发行量约为 10529 份，多数年发行量在 30000 至 50000 份之间徘徊”②。而它直接影响的群体则上至王公大臣下至黎民百姓，相当广泛。据称：“《万国公报》是总理衙门经常订阅的，醇亲王生前也经常阅读；高级官吏们也经常就刊物所讨论的问题发表意见。”“八国联军占领北京时，有传教士在皇宫里看到光绪皇帝所存放的全套《万国公报》。”③ 更为关键的是，它影响了康有为、梁启超等一批维新人士。据何兆武先生考证，《万国公报》和广学会是康、梁西学的主要来源之一。④ 诚如时人所言，“夫十九世纪，如弥勒约翰、斯宾塞尔天赋人权、男女平等之学说，既风驰云涌于欧西，今乃挟其潮流，经太平洋汩汩而来”⑤。这些学说正式借助于

① 龚书铎：《西学与变法——〈万国公报研究〉·序》，见王林：《西学与变法——〈万国公报研究〉》，齐鲁书社 2009 年版，第 3 页。

② 杨代春：《〈万国公报〉与晚清中西文化交流》，湖南人民出版社 2002 年版，第 79 页。

③ 杨代春：《〈万国公报〉与晚清中西文化交流》，湖南人民出版社 2002 年版，第 82 页。

④ 何兆武：《广学会的西学与维新派》，载《历史研究》1961 年第 4 期。

⑤ 亚特：《论铸造国民母》，载《女子世界》1904 年第 6 期。转引自夏晓虹：《晚清女性与近代中国》，北京大学出版社 2004 年版，第 83 页。

近代报刊登陆中国，经由上流知识界、一般市民，最后是普通大众，从浸润开始，到破旧立新，对于解放思想，破除禁锢人们思维的种种束缚，发挥了重大作用。

三、维新派报人的平等观与报业平等的愿景

鸦片战争后，列强通过一系列不平等条约以及租地章程迫使清政府在割让地、租界地开放报业。洋人在若干个国中之国里享有办报自由，而在清廷治下，国人则不许办报。这种不平等所带来的恶果很快引起了国人的警觉。王韬注意到，一旦发生涉外事件，“（外报）其所立论，往往抑中而扬外，甚至黑白混淆，是非倒置”①。郑观应更是愤怒地指出：“中国通商各口，如上海、天津、汉口、香港等处，开设报馆，主之者皆西人，每遇中外交涉，间有诋毁当轴，蛊惑民心者”，“较今日之禁止华人而听任西人开设者，其是非是失损益为何如也！”② 这些具有世界眼光的早期改良派思想家忧心忡忡，一针见血。研究那段历史的新闻史学者发现：“《北华捷报》和《字林西报》经常站在外国侵略者的立场，不仅为英美两国的侵华活动辩护，在日本侵台事件中，也对日本表示同情。他们反对中国抗击外国侵略的斗争，要求中国以忍让、妥协的态度，与外国敦睦邦交。”“《遐迩贯珍》积极为英美侵略军的上海泥城之战作辩解，认为屠杀清军的暴行是正当的。《上海新报》则对掠夺嘉定城的英侵略军大唱颂歌。”③ 在此情形下，国人自然地发出了自办报刊的呼声。郑观应建议，“我各省当道，亦宜妥订章程……札饬有体面之绅士倡办”，④ 以便在中外交涉时，拨乱反正，

① 王韬：《弢园尺牍》，中华书局1959年版，第233页。

② 郑观应：《盛世危言》，王贻梁评注，中州古籍出版社1998年版，第114页。

③ 方汉奇：《中国新闻事业通史》第1卷，中国人民大学出版社2006年版，第313、377页。

④ 郑观应：《盛世危言》，王贻梁评注，中州古籍出版社1998年版，第114页。

护我国权。

郑观应在注重中外平等、呼吁国人自办报刊之际，自身却又陷入了一个等级陷阱。他理想的办报主体是“有体面之绅士”，并非普通民众。亦即不是所有普通中国人都有出版报刊的权利。能够享有出版权利的只是上流社会的少数精英。于是他在呼唤中外报人平等时，却容忍国人在出版权利方面的不平等。按当时西方思想界的状况，郑氏至少在办报主体平等这一方面，落后了西方两百多年。从他的论述中，依稀可见英国17世纪资产阶级革命期间的政论家、诗人弥尔顿的影子。当弥尔顿反对出版特许等级特权的时候，也对出版主体进行了设定。在他看来，出版自由只能给那些庄重、高尚、有教养的人，因为他们“能理解并估计到恶的一切习性和表面的快乐，同时又能自制并加以分别而选择真正善的事物”，“凡是不能自制的人，以及由于心智鲁钝或错乱而不能恰当地管理自己事务的人”，是不能享有的。① 两者何其相似尔！这并不奇怪。完善的事物产生于完善的时代。弥尔顿的时代正值古今交替，民智未曾打开，国民间事实上巨大的不平等，难免让弥尔顿担心中下阶层的责任能力。正如皮埃尔·勒鲁所指出的那样：“古时候，人们尚不认识其他事物；人们热爱过自由，但没有追求过平等。古人也常常谈到平等，但是对他们来说，平等还远远不能成为一种理论；相反，它却成为某些人为谋求自由而不惜损害他们大批同胞的一种手段。”② 然而，在经历启蒙运动之后，欧美发达国家均将出版自由作为一项基本人权以法律的形式确立下来。可是郑观应仍然把出版视为专属于上流社会的精神特权，这可能与中国传统文化精神的影响有关。因为传统“儒家根本否认社会是整齐平一的。认为人有智愚贤不肖之分，社会应该有分工，应该有贵贱上下的分野”③。

① ［英］弥尔顿：《为英国人民声辩》，何宁译，商务印书馆1982年版，第302页。

② ［法］皮埃尔·勒鲁：《论平等》，王允道译，肖厚德校，商务印书馆1988年版，第76页。

③ 瞿同祖：《中国法律与中国社会》，中华书局2003年版，第292页。

他们倡导并且努力维护的是一个等级分明的秩序社会。

相较于郑观应，康有为、严复明显地前进了一大步。康有为不仅呼吁国人自办报刊，而且主张外人在租界出版的报刊也应遵守中国律令。康有为建议光绪皇帝："酌采外国通行之法，参以中国情形，定为中国报律。……并由总理衙门照会各国公使领事，凡洋人在租界内开设报馆者，皆当遵守此律令。"① 这不仅将外国报人与中国报人置于法律面前人人平等的境地，更为重要的是：其一，所依之法为中国的法律，而非租界殖民当局的法律，更非列强本国的法律；其二，所涉区域，不仅包括清廷治下的区域，也包括租界。即是说，外国报人无论是在租界办报，还是在清廷统治区域办报，概依中国法律行事。这不仅意味着将要取消租界在报业管理方面的治外法权，而且取消外人在华办报的所有特权，彻底实现中外报人在身份、地位、人格等诸方面的平等。②严复明显地超越了郑氏的局限，大大地拓展了出版权利主体的范围。"自其（西洋）自由平等以观之，则其捐忌讳，去烦苛，决壅蔽，人人得其意，申其言……是无法之胜也。"③ 换言之，按照西方自由平等的观点，出版权利应该平等地属于国民全体即"人人"，而不是国民中的一部分。很显然，严复与时俱进，拉近了与欧美社会出版行业发展现实的距离。这与他潜心研读西方经典，密切关注欧美现实有直接的关系。他曾写道："我近来因不与外事，得有时日多看西书，觉世间惟有此种是真实事业，必通之而后有以知天地之所以位、万物之所

① 康有为：《请定中国报律片》，载孔祥吉：《康有为变法奏章辑考》，北京图书馆出版社 2008 年版，第 315 页。

② 不过，康有为的初衷并不在此，他作此提议意在止谤自保，他在谈及制定报律的理由时表示："惟是当开新守旧并立相轧之时，是非黑白未有定论。臣以疏逖卑微，忧时迫切，昌言变法，久为守旧者所媢嫉，谤议纷纭。荷蒙皇上天恩，曲加保全……然他日或有深文罗织，诬以颠倒混淆之罪，臣岂能当此重咎。"见康有为：《请定中国报律片》，载孔祥吉：《康有为变法奏章辑考》，北京图书馆出版社 2008 年版，第 315 页。

③ 严复：《严复集》，王栻主编，中华书局 1986 年版，第 22 页。

以化育，而治国明民之道，皆舍之莫由。”①

严复紧扣西方思想界的脉搏，不仅主张国民全体有“得其意，申其言”的权利，而且深入地剖析了平等的相对性和平等赖以成立的条件。严复认为：

> “平等必有所以为平者，非可强而平之也，必其力平，必其智平，必其德平。使是三者平，则郅治之民主至平等之的义也。不然，使未至而强平之，是不肖者不服乎贤，愚者不令于智，而弱者不役于强也。夫有道之君主，其富者非徒富也，以勤业而富，以知趋时而富，以节欲而富；其贵者亦非徒贵也，以有德而贵，以有功劳而贵，以多才能而贵。乃强为平者曰：是皆不道，吾必划之以与吾平。夫如是，则无富贵矣，而并亡其所以为富贵者矣。夫国无富贵者可也，无所以为富贵者不可也。无所以为富贵者之民，而立于五洲异种之中，则安能不为其至贫，又安得不为其至贱者乎？②

似乎这里存在着矛盾，似乎这与弥尔顿的观点并无二致。实则不然，严复在这里并未否认程序上的平等，不过是着重强调了平等的效用和条件问题，认为个人的平等应该利于族群的富强，要达此目的则不能搞无条件的平均主义；若搞绝对平均化则最终个人亦无平等。很明显，这是一种功利主义的平等观。事实上，严复本人也深受边沁功利主义的影响，他认同边沁“人人得一，亦不过一”，为平等之“的义”。③ 这种平等观，与当时的时代背景息息相关。甲午战争后，列强掀起了瓜分中国的狂潮，中国面临亡国灭种的危险。在此情形下，将族群存亡置于个人之上，小我服从大我，应是

① 严复：《严复集》，王栻主编，中华书局1986年版，第780页。
② 严复：《严复集》，王栻主编，中华书局1986年版，第957页。
③ 严复：《严复集》，王栻主编，中华书局1986年版，第957页。

当然之事：族群之不存，何来个人平等？①

报界的平等，不仅指所有国民在理论上有平等的办报的权利，而且还包括报刊接受领域的平等。裘可桴谓："报安能人人而阅之，必自白话报始。"② 因为文言的报纸，并不是每个人都能看懂，白话的报刊则能做到这一点。人人能阅，即是接受平等。当然，在当时的条件下，即便都采用大白话，也做不到"人人能阅"，但必须承认，白话办报，向此方向迈进了一步。著名的《国闻汇编》仅出六期就停办，便与其文字艰深有关，其创办人之一的王修植曾对汪康年说："《国闻汇编》阅者多以文义艰深为嫌，每期仅售五六百分，实在赔本不起，现已停止不印。"③ 维新派报人还关注到了女性报刊缺失的问题，遂决定创办女学报"以通坤道消息"，④ 并且，女性报刊也多用白话，这也从一个侧面表明白话办报更有利于实现报刊接受领域的平等。人们对接受领域平等问题的关注集中出现于第一次办报高潮时期，也就是维新变法期间，这不是一个偶然。在顽固势力特别强大的中国，一场资产阶级的改良运动，迫切需要得到各界最广泛的支持，势必会对民权、女权有所强调，其所倡"开民智"自然不会忽略报刊接受领域的问题，不然，非但民智不能开，改良更缺乏民意基础。

在维新前后，报人们不仅要求平等的出版自由权，而且更在意报刊言论权与公权力部门间的平等。梁启超说："报馆者非政府之

---

① 此种思路为严复所固有。甲午战后，严复在论述自由时也表示："特观吾国今处之形，则小己自由，尚非所急，而所以祛异族之侵横，求有立于天地之间，斯真刻不容缓之事。故所急者，乃国群自由，非小己自由也。""谓小己自由，非今日之所急，而以合力图强，杜远敌以觊觎侵暴，为自存之至计也。"分别见严复：《严复集》，王栻主编，中华书局1986年版，第981、985页。

② 裘可桴：《无锡白话报序》，转引自方汉奇：《中国新闻事业通史》第1卷，中国人民大学出版社2006年版，第787页。

③ 上海图书馆：《汪康年师友书札》，上海古籍出版社1986年版，第81页。

④ 《中国女学拟增设报馆告白》，载《湘报》1898年7月第87号。

臣属；而与政府立于平等之地位者也。”① 同时，由于报刊代表着民意，报刊自然地拥有了监督、批评公权机关的权利。郑观应进一步解释道：“大、小官员苟有过失，（报刊）必直言无讳。”② 这并不意味着报刊凌驾于公权力之上，犹如立法机构负责立法，行政机构主管行政，司法机构组织司法，三者各司其职而又互为制约。报刊监督公权力乃其职责所系，陈天华的表述更直接：“业报馆者，以为之（政府）之监督，曰某事有碍于国民之公利，曰某馆（原文如此，“馆”疑似为“官”）不能容于国民……此报馆之天职也。此天职者，即国民隐托之于报馆者也。”③ 在一定意义上，报刊对公权力的监督，与公权力系统对报刊的管理，是相辅相成的。二者彼此间的制约，恰恰表明了二者的平等。

对报人而言，政治上的平等似乎还不够。中国自古讲究“不在其位，不谋其政”，“君子思不出其位”（《论语·宪问》）。当曹刿准备拜见鲁庄公时，其乡人曰：“肉食者谋之，又何间焉？”（《左传·庄公十年》）若报人秉持这个理念，这也不议，那也不关心，报刊就办不下去。以此来看，报刊要履行其社会职能，还须有强烈的主人翁意识。作为国家的主人，自然要关心国家大事，决不能置国家重大议程于不顾。严复意识到了这个问题，故而指出：“既开报馆，原与‘庶人不议’之例不符，与其不议，不如勿开。”④ 所谓“庶人不议”，即孔子所说“天下有道，则庶人不议”（《论语·季氏》）。严复此处引述这句话，与郑观应将自己的著作命名为《盛世危言》有几分相似，不管他们内心怎么想，至少在公开层面，均认当时为“有道”盛世。按照孔子的说法，民众在这样的世道，是“不议”的。作为民众一分子的办报者，处此

① 梁启超：《梁启超选集》，李华兴、吴嘉勋编，上海人民出版社 1984 年版，第 335 页。

② 郑观应：《盛世危言》，王贻梁评注，中州古籍出版社 1998 年版，第 114 页。

③ 陈天华：《陈天华集》，刘晴波、彭国兴编校，湖南人民出版社 1958 年版，第 14 页。

④ 严复：《严复集》，王栻主编，中华书局 1986 年版，第 510 页。

“有道”盛世，岂有“议”的道理？对此，严复的看法显然不同：由于国民是国家主权之所在，作为国民的代言人，必须心系国家安危，绝不能书生气地遵循“有道不议”的圣训或惯例，不然，就背离了报人的使命和国民的嘱托。

可见，维新派报人已经真切地看到了横亘在平等面前的障碍：殖民主义与专制主义。但是，他们并不想采用激进的方式改变现状，而是通过启蒙教化，缓步地改良，逐步地准备必要的条件。严复的观点颇具代表性：“及今而弃吾君臣，可乎？曰：是大不可。何则？其时未至，其俗未成，其民不足以自治也。”① 历史表明，温和改良的方式并未根本改变报业不平等的现状。从 19 世纪中叶国人提出“自办报刊”，到 19 世纪末期，清廷辖区依然严禁办报，中国第一批自办报刊只能在租界和殖民地创刊。至于抗衡或限制外报的设想，也全无可能。自办报刊势力弱小，受专制与殖民主义的双重摧残，根本无法与外报分庭抗礼。清廷日益沦为洋人的朝廷，限制外报更是无从谈起。

四、晚清政府的立法回应及其局限

在晚清预备立宪的大背景下，作为推行宪政的一个重要环节，1908 年 1 月 16 日，清朝商部、民政部、法部等参考日本的新闻纸法拟定了《大清报律》草案报清廷审批。1908 年 3 月 14 日《大清报律》奉旨颁行。自此，清廷全面开放报禁。从法律文本上看，《大清报律》虽未对租界内外报进行约束，但明确规定其登记人为“本国人”。这便引起了外人的不满，如日资《顺天时报》负责人表示：“外国臣民旅居中国，应遵守本国法律，载在条约，若竟遵守中国报律，则丧失了主权。”② 实际上，在制定该法之时，曾有

① 严复：《严复集》，王栻主编，中华书局 1986 年版，第 34~35 页。

② 民政部档案 1509/491：《关于日人顺天时报及英人广东星期报不遵中国报律登记咨行交涉文书（1905—1910 年）》，转引自王学珍：《清末报律的实施》，载《近代史研究》1995 年第 3 期。

对租界内外报进行约束的考虑，据《申报》报道：“日前政务处王大臣会议，拟于开印后咨请外务部照会各国驻京公使，将京内外租界内之警察权一律收回，以便颁行报律。”① 并为此照会各国公使，结果不言而喻。报律颁布后，清政府鉴于“租界各报馆置若罔闻，殊与国权有碍”，② 还曾试图将租界内外报纳入管辖范围，“多次许诺租界各洋商报馆，如有谨遵报律呈明该管官者，所有邮电皆照收半价，以示优异，希望利诱洋商报馆就范”③。结果还是不了了之。

在逻辑上，《大清报律》有些条款是对前一阶段思想界呼吁的积极回应，是报界平等意识萌生的成果。首先，在办报条件方面，只需缴纳一定的保证金，呈本省督抚交由民政部备案即可。甚至“专载学术、艺事、章程、图表及物价报告”，“宣讲及白话”等报无需保证金。其次，办报人资格方面，只要是本国年满 20 未经处监禁以上刑事处罚的正常人皆可充当发行人、编辑人或印刷人。再次，还对呈报报刊采取邮费、电费优惠政策。④据说，1906 年载泽等出洋考察大臣请定“集会言论出版之律”的奏折实系梁启超代笔。⑤ 该奏折明确提出：“（国外报律）非若我国空悬禁令”，“宜采取英、德、日本诸君主国现行条例，编为集会律、言论律、出版律，迅即颁行”。⑥ 清廷批准了这个奏折。《大清报律》的推出，应该说具有一定的进步意义。

然而，国内报界与思想界似乎并不买账，“报律颁布后，受到

① 《政府又议收回租界警权》，载《申报》1908 年 2 月 20 日。

② 《优待遵守报律之报纸》，转引自王学珍：《清末报律的实施》，载《近代史研究》1995 年第 3 期。

③ 王学珍：《清末报律的实施》，载《近代史研究》1995 年第 3 期。

④ 参考倪延年：《中国报刊法制发展史（史料卷）》，南京师范大学出版社 2006 年版，第 57、59 页。

⑤ 丁文江、赵丰田：《梁启超年谱长编》，上海人民出版社 1983 年版，第 353 页。

⑥ 载泽等：《出使各国大臣奏请宣布立宪折》，载《中国近代史资料丛刊·辛亥革命（四）》，上海人民出版社 1981 年版，第 26 页。

报界的猛烈抨击，各报馆纷纷发表论说，有的还辅以漫画，对报律的来源、结构、制定程序、主持之人和条文内容展开全面的批评和嘲讽"①。关乎平等的反对意见主要集中于两方面：一方面是反对检查特权，如，北京各报馆联合发表宣言书，从报律的性质、报馆的天职及营业三个方面阐明不能承认第七条的理由，表示将采取一致行动，予以抵制。② 另一方面是反对"报纸不得揭载"之诸项内容。③"（华报）大都无视报律禁载规定，一如既往地揭露弊政；抨击外交得失；点名'侮骂'各级政府官吏等。"④ 1911 年，当局在吸收各界意见的基础上，颁布了修订后的《钦定报律》。尽管对"不得揭载"条款未作调整，但基本废除了检查特权。将原先"每日发行之报纸，应于发行前一日晚十二点钟以前（送审）"的规定，改为"应于发行日递送（存查）"。

从《大清报律》到《钦定报律》，其核心内容都忽略了近代契约精神的一个基本要义，那就是权责平等。这两部报律，通篇都在讲办报者的禁戒，基本没有提及他们的权利；相反，都在讲当局的权力，很少提及他们的义务。权责平等意识的缺乏，与此前思想界的准备不充分不无关系。当时能够影响到当局的那些思想家，似乎并没有意识到权责平等的重要性。他们通常只是在讲国人应该获得哪些报业平等权利，并没有去强调，为获得这些平等权利，需要承担哪些责任。根据法学理论，作为法律的主体，他们应该是享有权利、负有义务和承担责任的人。他们应该关注权利的获取与维护，同时也要明白自己的义务，承担自己的责任。在这个问题上，资产阶级革命派的认识则要透彻得多。孙中山曾说："一国之人皆有自

---

① 王学珍：《清末报律的实施》，载《近代史研究》1995 年第 3 期。

② 参考朱传誉：《中国民意与新闻自由发展史》，台北正中书局 1974 年版，第 423 页。

③ 倪延年：《中国报刊法制发展史（史料卷）》，南京师范大学出版社 2006 年版，第 58 页。

④ 王学珍：《清末报律的实施》，载《近代史研究》1995 年第 3 期。

由、平等、博爱之精神，即负革命之责任。”① 他们对权责一致的强调，说明他们知道，若追求平等，就要准备承担相应的责任和义务。

在《大清报律》与《钦定报律》的框架内不可能实现真正意义上的报业平等。革命派元老章太炎认为：“中国要自由平等，不但要推翻清朝，也一定要翦除这些侵略者（西方殖民势力）。”②就报业而言，推翻了清朝，驱除了殖民者，就一定会出现平等的秩序？未必。从世界资产阶级革命的实践来看，一个王朝的覆灭并不必然出现平等的报业秩序，法国就是明证。拿破仑称帝后就表示：“大革命的时代已终结，在法国，只能存在独一无二的党派，我决不容忍报纸说出或做出有损于朕利益的事情来。”③ 随即，本已废除的特许制度、检查制度死灰复燃。中国资产阶级革命派设想，革命后要实现平等的：“其措施之次序则分三期……俾我国民循序以进，养成自由平等之资格”④；“若建立政府后，少有不恰众望，即欲群起革命，朝更夕改，如弈棋之不定，固非新建国家之道……毋宁平和之为愈”⑤。在他们看来，扫除现有政治障碍后，还须经历一个渐次改良的过程，才能逐步实现自由平等。

依《大清报律》与《钦定报律》虽然无法实现完全意义上的报业平等，但是至少使中国报业确立在一个有史以来最为宽松的平台上。即便平等只是部分得到实现，报刊还是获得了与政权对抗的强大力量。当时甚至连立宪派报刊也“无日不与政府宣战”⑥。这

① 孙中山：《孙中山全集》第1卷，中国社科院近代史所编，中华书局1981年版，第296页。

② 转引自熊月之：《章太炎》，上海人民出版社1982年版，第110页。

③ ［法］皮埃尔·阿尔贝，费尔南·泰鲁：《世界新闻简史》，许崇山等译，中国新闻出版社1985年版，第32页。

④ 孙中山：《孙中山全集》第1卷，中国社科院近代史所编，中华书局1981年版，第297~298页。

⑤ 邹容：《革命军》，冯小琴评注，华夏出版社2002年版，第56页。

⑥ 梁启超：《梁启超选集》，李华兴、吴嘉勋编，上海人民出版社1984年版，第620页。

是为何？从报界平等的角度来看，大致有如下几个原因：第一，清政府制造了新的不平等，约束华报，而放任外报。对报纸而言，这种伤害是致命的，同样的一则新闻，外报纷传而华报不许报道，这直接影响到华报的市场竞争力。第二，经过几十年传播，平等思想已深入人心。眼见外报为所欲为，而自己的报纸却动辄得咎，心里很不平衡，因此，华报“常援引外报为例，说明报律窒碍难行，无法遵守”①。第三，更为重要的是随着报界实力的增强与影响的扩大，使其能够与政府抗争。19 世纪 70 年代，国人开始自办报刊，那个时候，报纸在人们心目中不过是“京报”一类的小报，办报人的地位也极低，左宗棠在致友人的信中就说：“江浙无赖文人，以报馆主笔为其末路。”② 20 多年后，情形完全不同。其间，国人掀起了第一次办报高潮，一批有身份、有地位的人投入办报者的行列，如康有为、梁启超、王康年等。进入 20 世纪，甚至有人放弃官爵投身报业，如黄远生。有人说，报律颁布后，国人掀起了第二次办报高潮。③ 不管怎么说，其时，报业已成为一股重要的社会力量，这是报界敢于“抗命”的底气。

《大清报律》、《钦定报律》颁行本身的意义，在于正面回应了几十年累积的报业平等诉求，意味着千年专制冰封的开裂，也意味着清朝专制政府在一定程度上承认公民平等参与报刊出版事务的权利。虽然清政府在其中加入了许多欧美国家早已摈弃不用的专制手段，如检查制度等，但是在此基础上成长起来的自由报业一旦突破了制约的瓶颈，政府将再也无法将其收入瓶中。武昌起义前后国内各大城市报刊的革命宣传，就是鲜明的例证。1911 年辛亥革命后，《钦定报律》旋告废止。

① 王学珍：《清末报律的实施》，《近代史研究》，1995 年第 3 期。

② 戈公振：《中国报学史》，生活 · 读书 · 新知三联书店 2011 年版，第 96～97 页。

③ 方汉奇：《中国新闻传播史》，中国人民大学出版社 2002 年版，第 135 页。

五、结　论

在中国思想史上，平等观的生成与传播，经历了一个复杂曲折的过程。而报界的平等意识虽然在内涵上远不及政治、法律、经济平等丰富，但是对于社会进化却具有特别重要的意义。报刊作为社会的意见平台，作为国民的耳目喉舌，作为文明教化的工具，不仅记录历史，见证时代，而且引领着国家、社会的发展。所以一个平等开放的新闻界，乃是国家社会发展的必需品。近代平等观是伴随着近代报刊一同进入中国的，外国传教士在其中扮演了重要的角色。近代平等观念一接触中国土壤，便自觉不自觉地对报刊媒介的处境投以关切的眼神。随着国人办报活动的兴起，尤其是在第一次办报高潮出现以后，报刊几成维新派思想家平等观念的集散地。不仅思想家们纷纷在报刊上纵论平等，即便是已写就的著作，也寻机在报刊上发表，如康有为之《大同书》，谭嗣同之《仁学》等。随着预备立宪进程的展开，《大清报律》、《钦定报律》相继颁行，虽然这两个报律的目的在于限制与控制积累了革命动能的报业，但是在当时平等意识深入人心的情况下，也不得不对报业的自由平等诉求作出正面的回应，从而在一定程度上顺应了时代的需求。

第九章　小野秀雄的新闻思想

日本新闻学界的开山鼻祖小野秀雄先生，作为日本新闻学会的创始人、名誉会长和新闻文化奖的获得者，对于日本新闻学术、新闻教育及新闻事业发展的卓越贡献，已得到日本国内外新闻界人士的承认。其成名作《日本新闻发达史》以及《新闻原论》等重要著作，亦成为日本新闻学术的经典。1977 年 7 月 18 日，小野秀雄逝世，日本各大报以“新闻学的奠基者”为题，用显著的篇幅作了报道。驰名世界的传播学者、美国明尼苏达大学教授雷蒙德·B. 尼克松在评价小野时称：“小野先生和德国的卡尔·德斯坦、美国的沃尔特·威廉阿姆斯并列，是当今世界上三个最伟大的新闻学家之一。”① 足见其享誉之盛。但是，对于这样一个有着如此影响的新闻学者的新闻思想，直到现在还很少有人进行系统的整理和评价，至少我国新闻学术界是如此。作者在研究新闻思想史时，看到了一些资料，打算就小野新闻思想的主要内容及其渊源略加分析。

一、小野秀雄生平及思想来源

1885 年 8 月 14 日，小野秀雄出生于日本滋贺县草津市一个普通神道僧侣（神官）家庭。其父爱好读书，常不惜重金购取报纸、书籍和杂志，年少的小野由此接触到出自东京的许多报纸书刊。当

① ［日］上智大学新闻系编：《大众传播研究》第 16 号，第 1 页。

时正值乡土文学盛行，作为一名中学生，小野曾积极向东京的报刊投稿。① 1907 年，小野考进了东京帝国大学文学系德文专业。四年后，他以第六名的成绩从大学毕业。1911 年，在一个偶然的机会，碰见了老前辈青木先生，受其推荐，小野进入了黑岩泪香主办的《万朝报》。1913 年，小野退出《万朝报》，转而主编《日本第一》杂志。1916 年，小野又变动工作，来到本山彦一经营的《东京日日新闻》。正是在这里，他对新闻研究产生了浓厚的兴趣。一边工作，一边阅读日本及德国有关新闻的著作。1921 年，小野出版了成名作《日本新闻发达史》。从此直到逝世，他一共出版专著十几种：《新闻发生史论》、《现代新闻论》、《新闻原论》、《图解新闻发生史》、《日本新闻史》、《内外新闻史》、《新闻自由》、《明治文化史》（合著）、《新闻和教育》（合著）、《大众传播伦理》（合著）、《瓦版物语》、《新闻的历史》、《新闻研究五十年》、《校订解说〈江湖新闻〉集》、《号外百年史》、《新闻锦绘》等。其中最系统地阐明他的新闻思想的，当推《新闻原论》；全面地展现其思想发展过程的，是《新闻研究五十年》。尽管小野在 20 世纪 20 年代前就已开始了新闻研究，但他的新闻思想体系的正式形成，却是 40 年代中后期，其标志是《新闻原论》（1947 年）的公开出版。

小野秀雄的生活经历，跨明治、大正、昭和三个朝代。这正是日本从一个闭关落后的封建国家，经过明治维新走向富国强兵，走向侵略，走向灭亡，进而从失败的废墟上走向复兴，是日本从天皇专制主义的军阀独裁走向资产阶级议会民主制的历史时期。伴随着社会历史的深刻变化，日本近代资产阶级报刊也经历了一个从无到有，进而由盛到衰（二战以前至二战期间），然后又由衰而盛（二战之后）的演变。在国外，新闻事业的产生与发展更远远早于日本。19 世纪末，德国就出版了第一本系统的《德国新闻史》，随后又建立了世界上第一个新闻研究所。在美国，伊利诺斯大学于

① ［日］小野秀雄：《新闻研究五十年》，每日新闻社 1971 年版，第 9~10 页。

1904年第一次开设了四年制的新闻课程，1908年，密苏里大学又创建了第一个独立的新闻学院。相对于这两个国家，由小野开始的日本新闻学研究，还是刚刚起步。那么，小野在这种环境下建立起来的新闻理论，同日本国内外新闻事业发展的历史及新闻思想的演变是否有着内在的联系呢？

回答是肯定的。小野秀雄的新闻理论不可能凭空地建立起来。正如现代文明的成果是此前历史上一切合理文化因素的结晶，小野的新闻思想，也是总结、借鉴日本国内外新闻史及新闻学术思想中积极成分的结果。

（一）对内外新闻史的总结

小野秀雄的新闻理论，在一定的程度上，可以说是对日本及外国新闻史的理论总结。小野秀雄的学术生涯是从对新闻史的研究开始的。他的大部分著作也是新闻史专著，尤其是对日本新闻史的研究，由于他本身就是历史的亲历者，使得他的研究达到了很深的程度。

然而，小野秀雄对新闻史的研究，并不像纯粹的史学家那样，停留在琐碎的考证上，而是把它提高到理论的高度。新闻史的研究不是目的，而只不过是得出科学结论的一种手段而已。事实表明，小野新闻思想的一些重要观点，多是直接来源于新闻史的研究、总结。新闻史观固不必说，就连对新闻本质、新闻使命、新闻自由的论述，也都是以大量的新闻史实为根据的。

（二）黑岩泪香和本山彦一的影响

新闻学是一门具有很强的实践性的科学。因此，“当构成一种新的学术观点时，自己的实践经验就会胜读万卷书”①。小野秀雄所以能在理论研究上取得如此成就，同他十多年的新闻工作实践是分不开的。新闻实践使小野得以洞悉新闻传播过程的各个环节及其内部结构，从而避免了纸上谈兵的危险。

① ［日］小野秀雄：《新闻原论》，东京堂株式会社1947年版，序。

新闻实践还使小野秀雄接触到日本报业史上两个风流人物：黑岩泪香和本山彦一。小野在回忆自己的历史时，曾经感慨地说："只是在万朝报，才领悟了新闻的精神。"当时《万朝报》以"消灭社会罪恶为目标"，对于邪恶的现象，不惜以"寸铁杀人"的笔法，加以征讨。他非常欣赏黑岩泪香单刀直入、嫉恶如仇的手笔，更佩服黑岩"眼中无王侯，手中有斧钺"的气概，认为这就是新闻的精神。黑岩当时还主张，报纸要完成自己的使命，就得独立独行，不依赖任何人，不持偏颇之论，不登伤风败俗之事，更不能为一己之私利而破坏新闻本身的使命。① 黑岩的主张，引起了小野的共鸣。但是，他的另一位雇主本山彦一对黑岩的观点却持根本否定的态度。作为一个很有魄力的新闻企业家，本山坚决地反对新闻记者以"木铎"自居，② 并鄙视所谓"木铎"记者的"浮浪性"。他主张，报社应作为一个营利的企业来经营。因此记者们在报社不能被看成是记者，而是公司的雇员，他必须为报社的繁荣而努力。为了调动记者的积极性，他许诺"报社如果经营成功，便给部长以县长待遇，给局长以大臣待遇"③。这种赤裸裸的物质刺激，对于初到的小野，无论如何是不能接受的。但是后来，小野还是习惯并在那里呆了下来。黑岩和本山对此后小野新闻思想的影响是很复杂的。小野并不完全赞成两者，或其中的哪一位，但他却把两人思想中合理的成分和谐地结合起来，发展成为自己新闻思想的一个有机的组成部分。

（三）借鉴德国的新闻学成果

小野秀雄在大学期间专修德国文学，这给他吸收德国新闻学的

---

① ［日］小野秀雄：《新闻研究五十年》，每日新闻社 1971 年版，第 24~26 页。

② 木铎一词，源于古代中国。《周礼·天官·小宰》称："徇以木铎。"郑玄注云："木铎，木舌也。文事奋木铎，武事奋金铎。"古代施行政教、传布命令时，常用以振鸣惊众，也用于比喻宣扬教化的人。

③ ［日］小野秀雄：《新闻研究五十年》，每日新闻社 1971 年版，第 52~53 页。

优秀成果提供了极为便利的条件。太平洋战争前的日本学术界，对于弥漫着日耳曼精神的德国学术极感兴趣。小野在《东京日日新闻》工作期间，就通过德国友人基尔特阅读了大量的德文新闻著作。退出《东京日日新闻》以后，他又以学者的身份两次赴德国考察访问。通观小野的新闻思想，不难发现德国新闻学术对他的影响。

小野秀雄读到的第一本德国新闻学著作，是雷布尔教授的《文化与新闻》。在世界新闻学术史上，这是一本划时代的著作。此前，新闻研究的范围极其狭窄，只限于新闻史、出版法及新闻自由，虽然对这些问题的研究达到了很深的程度，但它毕竟是作为从属于历史学、法律学或其他社会科学的项目进行的。而这本书则把新闻学作为一个独立的学科来研究。这种开拓精神，对于小野无异于一副兴奋剂。小野后来回忆说："因读雷布尔的序和导论，我才知道在学术空气极盛的德国，新闻学尚且得不到重视，还没有进入正式研究的轨道。因而真正的新闻研究才刚刚开始，所以我感到自己是一个先驱者了。正因此，必须准备对付非常的困难。"① 此书不仅给小野以先驱者的信心，而且在一些重要的论点上使小野大受启发。雷布尔从宏观的角度确定了新闻学的研究对象：新闻在社会文化中的地位及其对社会环境的"放射作用"。他还主张将国家和社会区分开来，认为社会的含义要比国家广泛得多。虽然小野不赞成将新闻与社会的关系局限于新闻对环境的"放射作用"，但这种"放射作用"又成了小野秀雄的新闻对象定义的重要内容。此外，雷布尔区分国家和社会的见解，与小野区分"官"与"公"的观点也是有着密切联系的。

德国新闻学鼻祖表西亚和《德国新闻史》的作者路得维希·查洛蒙，对小野秀雄的新闻史观有着不可忽视的影响。小野第一次赴欧考察时，拜访了表西亚教授。当时表西亚已年逾八旬，两个多小时的谈话，便给小野过去不曾重视的一些问题以清晰的轮廓。尤

① ［日］小野秀雄：《新闻研究五十年》，每日新闻社 1971 年版，第 88 页。

其是表西亚“新闻是谈话的延伸”① 的见解，成了小野新闻史观的重要内容。《德国新闻史》则给小野的新闻史观提供了国外的证据。此前，“新闻是讲话的延伸”只是一个单纯的学术观点，而《德国新闻史》却把它具体地展开了。小野说，“通过这本书，他才第一次知道了德国新闻的萌芽，是由于15世纪后半期的文艺复兴唤起的各地大学、寺院、富有阶级之间的新闻信交流”②。受此影响，小野开始考虑，日本的新闻是否有其独特的祖先，或者与日本的文化一样，几乎全是由外国传进来的呢？另外，道比法特教授、德斯坦教授、布伦富巴教授等，对小野的新闻思想也有一些影响。

（四）美国学者及占领军的影响

太平洋战争前，尽管日本在学术上推崇德国而轻视美国，但是一些有识之士并未忽视美国的学术，小野秀雄便是其代表。1927年，小野秀雄借出席国际新闻学大会的机会，顺道考察了美国的新闻传播事业和新闻教育。在哥伦比亚大学新闻学院，他对普利策的办学目的——培养不关心经营利润的新闻记者——产生了浓厚的兴趣。③ 密苏里大学新闻学院的威廉·阿姆斯对小野的新闻思想亦有不少影响。

日本战败投降后，被置于美国的军事占领之下。在占领军一系列指令、备忘录的推动下，日本的社会、政治、经济及文化各方面都发生了根本性变化。新闻传播亦不外如此。在短短几年期间，盟军总部废除了战时战前日本政府、军部统治新闻的一切法令及其执行机构，确立了新闻自由的原则。同时为了占领目的之实现，又建立了自己对新闻传播的控制体系，这样一来，日本旧有的新闻传播

① ［日］小野秀雄：《新闻研究五十年》，每日新闻社1971年版，第170页。

② ［日］小野秀雄：《新闻研究五十年》，每日新闻社1971年版，第91~92页。

③ ［日］小野秀雄：《新闻研究五十年》，每日新闻社1971年版，第190~191页。

体制彻底崩溃，新的和美国类似的自由而有责任的新闻体制建立起来。① 小野也加入了实现这一变革的活动。他曾和盟军总部新闻课长英勃顿一起到各大学、报社演讲，宣传进行新闻改革、发展新闻教育的必要性，又代表日本新闻协会起草《关于确保新闻编辑权的声明》。在新闻界领导人因政治整肃而惶惶不安时，小野却成了走红的人物。他在 1947 年出版的《新闻原论》，就部分地把占领军的新闻政策理论化了。

二、小野秀雄的新闻思想

上面分析了小野秀雄新闻思想的历史渊源及其产生的社会条件，接着我们将要进入小野新闻思想的具体内容。从小野秀雄已经公开出版、发表的论著来看，其涉及的范围之广泛，出乎人们的想象，但其重点主要集中于如下四个方面。

（一）新闻本质论

自新闻学诞生以来，新闻本质论，或什么是新闻，就是一个争论不休的问题。小野秀雄也提出了自己的看法："新闻是根据自己的使命对具有现实性的事实的报道和批判，是用最短时距的有规律的连续出现来进行广泛传播的经济范畴的东西。"② 这一观点是小野秀雄新闻理论的基石，对此，我们有必要加以分析。

"新闻是根据自己的使命对具有现实性的事实的报道和批判"，显然是针对新闻的精神内容而言的。这里有三个概念值得注意：新闻的使命；具有现实性的事实；报道和批判。新闻的使命，一言以蔽之，曰尊重公益。因后面会详细论及，此不赘述。

---

① ［日］新井直之：《新闻战后史》，栗田出版会 1972 年版，第 1～80 页。

② ［日］小野秀雄：《新闻原论》，东京堂株式会社 1947 年版，第 210 页。

所谓“具有现实性的事实”，小野秀雄把它解释为“新闻材料”。① 而“现实性”则相当于我们所说的新闻价值。小野认为，对现实性应从时间和空间两方面来把握。从时间方面来讲，现实性应是“接近现在”；自空间性而言，它又要引起“普遍的关心”。他进一步从社会现实生活的角度来论述时间性和空间性：

> 人们的生活，并不仅仅是短暂的目前生活，也不是孤独的个人生活。从时间这一角度去看，它是以现在为中心的生活；从空间这一角度来看，他是以自己为中心的社会生活。所谓以现在为中心，就是说现在在逻辑上是指瞬息间的存在，人们的时间意义上的生活就是以短促的现在为中心，从过去到未来，积累一个个局部范围的时间意义上的和社会性的生活，不断地从过去向未来流动。因而过去仅存在于回忆之中，未来仅存在于期待之中，只有以现在为中心的时间意义上的生活和社会意义上的生活，才能成为直接走向未来的创造活动的指南，成为强有力的杠杆。所以，在这种生活中所发生的事实和人们的关心结合在一起，就成为一种现实的强烈因素而起着作用。我们为了“不落后于时代”，也就是为了知道以这个现实为中心的局部时间范围意义上的生活和社会性的生活而去读报纸。人们一般是不满足于现状的。自称满足于现状的人们，也是把维持现状寄托在将来，事实上人们的志愿常常是向往着将来的。所以，任何人都对指向将来的创造活动的知识抱有一定的关心。②

在这个意义上，新闻事实的时间性，不能仅限于最近的过去，而应该考虑到现在及最近的将来；至于空间性，则要求不是以部分

① ［日］小野秀雄：《新闻原论》，东京堂株式会社 1947 年版，第 24 页。

② ［日］小野秀雄：《新闻原论》，东京堂株式会社 1947 年版，第 34～35 页。

人的关心，而是以社会上大多数人的关心为条件。小野对现实性的精辟论述，真是前无古人，但是在确定现实性的本质归属时，小野却否定了“现实性”的客观性。小野接受了法国社会心理学家达尔德和法学家葛斯蒂的观点。认为现实性不是新闻事实的属性，“而是人们在关心事实的过程中形成的一种主观上的感觉”①。这显然是一种唯心主义的观点。辩证唯物主义认为，时间和空间是运动着的物质的基本属性和存在形式，也就是说，时间和空间同物质运动是不可分离的。换成新闻术语，新闻事业的时间性（过去、现在、最近的将来）和空间性（在整体联系中的重要程度及人们的关心），是新闻事件的基本属性，而人们对时空特性的主观感受，正是对新闻事件的基本属性的反映。小野的看法则把新闻事件同它的时空特性割裂开来，把时空特性看成是独立于新闻事件之外的主观现象。我们不敢苟同。

至于“报道和批判”，系指新闻内容的特性。它表明新闻报道不仅仅传播事实，同时还传播意见、观念。不可能有纯客观的报道。这是小野秀雄的一贯见解。早在20世纪20年代初，小野就提出了“新闻品格”的概念。他说：“报道的材料固然是事实，但是当它在经过记者的精神加工而写成报道时，一定会反映出作者的思想感情；编辑在进行整理时，或删削，或增加，或大书特书，或一般处理，都是有其内在根据的。”② 这种根据决定了报纸的主观倾向。雷布尔主张从报纸内容的精神中寻找报纸的统一性，小野很欣赏这一点。因为任何报纸都有其所遵循的办报方针、主义、主张等，而报纸的内容都是据此来编写的。资产阶级的报纸自然代表资产阶级的利益，无产阶级的报纸则会表现出无产阶级的倾向。小野秀雄赞成哪种倾向？事实表明，他是赞成前者而反对后者的。二战结束不久，在盟军总部的鼓动下，日本民主运动蓬勃兴起。当时的

① ［日］小野秀雄：《新闻原论》，东京堂株式会社1947年版，第42页。

② ［日］小野秀雄：《日本新闻发达史》，五月书房1975年版，第498页。

《东大新闻》的态度比较激进，大力报道学生界罢课的消息，抨击政府。小野对此非常不满，认为《东大新闻》成了共产党的外围机关报，其表现出的倾向跟他的“新闻理论不一致”。① 因此他利用对该报的领导权，强令该报反省，并鼓励对该报进行原稿检查。这在一定程度上，也可以看出他本人的政治倾向。

然而，报纸的编辑方针，记者编辑的主观因素，也不是决定报纸政治倾向的唯一因素。具有现实性的事实，在其变成报纸内容的过程中除了要染上报社内部的色彩外，还要受到外部许多因素的影响。小野秀雄认为，这些外部因素包括国家、政党、金融界、各种私人利害关系者及读者等。② 它们时而和报社内部的倾向一致，时而又和报社内部的倾向相矛盾。其对于报纸的影响，也有合理与不合理之分。在他看来，真正的报纸，就在于它能抵制外部不合理的影响而接受外部力量的合理要求。

至于“新闻……是用最短时距的有规律的连续出现来进行广泛传播的经济范畴里的东西”，则是根据对报纸发行过程的分析而得出的结论。“用最短时距的有规律的连续出现”，指的是定期连续出版，这不难理解。而“广泛传播的经济范畴里的东西”，则要根据小野秀雄的其他论述来解释。

所谓“经济范畴里的东西”，通俗地讲，指新闻就是商品，而报社则是以处理新闻这种特殊商品为主要业务的资本主义企业。虽然报纸的发行收入，随着资本主义经济的发展，在报社的全部收入中的比重不断下降，但一定数量的读者，仍是获取另一个主要收入来源——广告——的保证。因此，报纸要赢利，就必须不断地扩大读者数量，使报纸向着无限的读者群里伸展，这便是“广泛传播”的真谛。这是对营业性报纸而言。政治性报纸（目的性报纸）是否也是经济范畴里的东西？是的。小野秀雄在分析各国报纸的历史

① ［日］小野秀雄：《新闻研究五十年》，每日新闻社 1971 年版，第 294~295 页。

② ［日］小野秀雄：《新闻原论》，东京堂株式会社 1949 年版，第 48 页。

时说："报纸要想完成自己的使命而成为真正的报纸，则首先要在经济上取得独立，而为了要在经济上取得独立，则至少必须在经营上达到收支平衡，没有亏损。这就是为什么不问报纸的种类如何，都要进行企业性经营的原因。"① 企业性经营固然是报纸得以实现其使命的前提，但如果脱离新闻使命而片面讲求营利，势必导致报纸的堕落。鉴于当时有些报纸忽视新闻使命，一味追求利润，迎合读者的低级趣味，或是受政界的收买竟至于歪曲事实的现象，小野主张，"报纸必须当作公益事业来经营"②。也就是说，新闻的使命才是报纸的目的，而企业性经营是实现目的所必须的手段。没有手段，目的不能达到，离开目的而求手段，则可能导致报纸的堕落。

可见，小野秀雄对新闻本质论的分析，是从新闻的精神内容和物质属性两个方面进行的。从精神内容来讲，它是根据新闻使命对具有现实性事实的报道和批判；就物质属性而言，它又是经济范畴内的东西。这样把握新闻的本质，在新闻学术史上还是第一次。其根本优点在于克服了以往新闻本质论要么只讲精神内容，要么只讲物质属性的片面性。其次在新闻的时空特性、新闻使命和企业性经营的关系上，也达到了前所未有的高度。其见解直到今天仍值得人们注意。但是，小野的新闻本质论也还有待于进一步的提炼，因为对某一事物的本质定义是不能用一方面又一方面来表达的。另外，"根据新闻的使命"这一限制，大大地缩小了新闻研究的范围，似有画蛇添足之嫌。小野希望他的新闻本质论能适用于世界范围的任何时代，但这种具有浓厚理想色彩的新闻本质论，在资本主义社会的日本就行不通。他的目的没有达到。

（二）新闻使命和新闻自由观

前面曾提到新闻的使命。这里，我们再来看小野秀雄是怎么得

---

① ［日］小野秀雄：《新闻原论》，东京堂株式会社 1947 年版，第 202 页。

② ［日］小野秀雄：《新闻研究五十年》，每日新闻社 1971 年版，第 256 页。

出这个结论的。大凡每个人的行动，都会有一定的目的，都是完成其使命的具体步骤。同样，报纸的创办发行，也是有其目的的，也是实现一定使命的行动。不可能存在没有目的、使命的报纸。然而由于不同阶级政治倾向、经济利益的根本区别，不同阶级的报纸也会有不同的使命观。从历史的角度看，不同历史阶段的主旋律，也会决定报纸使命的时代特征。为了研究新闻的使命，一方面，小野从新闻历史着手，收集丰富的报刊史资料，深入地探讨了不同时代报纸的使命观及其特点；另一方面，他又通过对欧美新闻事业的考察，探讨了不同国家新闻使命观的特殊性。小野发现，来自不同渠道的有关新闻使命的说明，尽管千差万别，但其目的最后都落在“利国富民”上。小野认为，利国富民一词中的“利国”和“富民”并不是各自相异的两个概念，利国就是富民，而富民就是利国。因为尊重国家利益和国民幸福同尊重公益是一致的，所以他用“公益”来概括这些词句。①

受雷布尔的启发，小野秀雄意识到公益的“公”并不等于“官”，他发现世人往往会将“公”与“官”相混淆，这是一个危险的倾向。他提醒人们“不要忘记公并不意味着官”②。如果公就是官，那么尊重公益就是尊重官府的利益。既然尊重官府的利益是新闻的使命，那么报纸就不能发表与政府意见相左或对政府不利的报道和批评了。这样报纸就会成为政府的工具。虽然政府是为国民办事的，但谁能保证政府不犯错误，谁能保证政府不腐败？若政府腐败，报纸作为政府的应声虫，怎能进行揭露和批判？小野引用各国新闻史的例证，说明报纸绝对不能成为政府的工具，而应为公益而奋斗。那么“公”字究竟应该怎样解释？小野说：“应当把所谓公的概念内容，理解为是对私而言的，同时也意味着超出了官，而指整个国家。但是上述看法只是在世界文化发展的现阶段才行得

① ［日］小野秀雄：《新闻原论》，东京堂株式会社 1947 年版，第 158 页。

② ［日］小野秀雄：《新闻研究五十年》，每日新闻社 1971 年版，第 85~89 页。

通，从本质上讲，‘公’的概念应当意味着超越国家的整个世界。"①这样，“公”的范围就大大地超过了官，而尊重公益与尊重官府的利益也就严格地区分开来了。

尊重公益高于一切。为了公益，报纸不仅可以“不登对社会有恶劣影响的报道”，而且还能“夸大地处理值得奖励的事情”，甚至还能“抹杀全部的事实”。②这就是说，新闻的真实性要服从于公益。在公益和真实相矛盾的情况下，就必须牺牲真实性。一方面，只要是为了公益，外部力量因素如政府、财团、读者、广告客户等，“对于新闻事业的任何干涉”，都应该赞许。这里人们不能不产生疑问，记者在关系到自身利益的情况下，会不会利用自己的特殊地位，不顾新闻的使命而把报纸作为实现自己企图的手段呢？另一方面，政府是否会滥用权力压制报纸对它的正当批评，而使报纸成为御用工具？还有金融界、广告主等，是否也会对新闻提出不合理的要求，甚至滥加干涉？各国的新闻史表明，这种怀疑不是没有道理的。

为了防止记者本身践踏新闻使命，小野秀雄主张首先“应加强记者的责任感”，③让记者不断地反省自己的行为。为此，还应改进并加强新闻教育，以防“不道德”记者的产生。在这种想法的支配下，他致力于新闻教育，负责创办上智大学新闻学科，到处讲学。同时，“社会上还要有相应的监督机关”，④也就是说把对公益的解释权交给社会上其他的监督力量，让他们能在新闻记者滥用自由时，施以干预，使之步入正轨。

至于来自外部的压力，记者可以新闻自由为武器来抵抗。小野

---

① ［日］小野秀雄：《新闻原论》，东京堂株式会社 1947 年版，第 172 页。

② ［日］小野秀雄：《新闻原论》，东京堂株式会社 1947 年版，第 113~114 页。

③ ［日］小野秀雄：《日本新闻发达史》，五月书房 1982 年版，第 501~503 页。

④ ［日］小野秀雄：《日本新闻发达史》，五月书房 1982 年版，第 504 页。

秀雄说："从新闻的立场来讲，新闻自由只有在确保其使命完成这个意义上才是需要的。如果不是这样，自由就会有害而无益。由此可见，新闻由于获得了自由，担负起了维持和捍卫公益的重要职责。"① 因此，任何对新闻自由的干涉，只要是出于私利，报纸都可以起而反击。小野秀雄以自己的行动做到了这一点。日本战败不久，小野秀雄被任命为新闻纸分配委员会委员。吉田内阁为了控制新闻媒介，想把该委员会置于内阁的直接控制之下，小野极力地反对这一措施。在他看来，在民主主义政治制度下，政府掌握新闻纸的分配权，势必导致对新闻自由的侵犯。同时新闻自由也不只是一个消极的权利，它不仅能在"政府和议会之间对国家利益的意见发生争论时"，充分地反映"代表全体意志的舆论"，而且能使报纸成为对付社会邪恶和政府弊端的"锤子"。②

很显然，小野秀雄的新闻自由观与欧洲资产阶级革命时期的自由观念有很大的不同。西方资产阶级革命时期的自由观，把新闻自由看作是不可侵犯的天赋人权；而在小野看来，似乎还是法学家葛斯蒂说的正确："从法学的观点来说，法律的创造者和支持者是主权国家。所有的权利都是以它同权利主体之间的相互关系为前提，人权也只是在许多人与国家相对立的情况下才被提出来。所以人权是通过国家而产生的（不是天然产生的）权利。"③ 这样，新闻自由权利已不再具有天赋的神圣性了。新闻自由不是目的，而是确保新闻使命得以实现的手段。这无疑是正确的结论。在此基础上，小野又试图进一步论证外部力量与报纸的制约关系：对"公益"的解释和监督，是政府等外部力量攻击新闻界滥用自由的宝剑；而新闻自由则是报纸捍卫自己正当权利的盾牌。两者都在尊重"公益"的名义下发挥作用。如果双方都恪守"公益"，那就

① ［日］小野秀雄：《新闻原论》，东京堂株式会社 1947 年版，第 231～232 页。

② ［日］小野秀雄：《新闻原论》，东京堂株式会社 1947 年版，第 231 页。

③ ［日］小野秀雄：《新闻原论》，东京堂株式会社 1947 年版，第 221 页。

会相安无事。小野的理想是，利用公益解释和新闻自由来制约新闻界和外部力量的行动，不使哪一方出轨，从而保证两者之间力量的平衡。这种设想，只有在双方力量大致平衡时才能实现。若一方在力量上占优势，平衡就会被打破。而当时的日本是不具备这种条件的。

（三）新闻职能论

新闻职能，即新闻的力量、作用。长期以来，这个问题一直受到人们的注意。有人说新闻是“指导民众的力量”，或是形成舆论的力量；也有人认为“新闻只是反映舆论”。很明显，这种研究都是围绕舆论进行的。在小野秀雄看来，这种研究方法并不足取。因为“新闻同舆论的关系应在决定了其基本职能之后才能进行考察”，①而新闻的职能又是由报纸的基本内容决定的。于是他首先根据报纸内容的基本因素——评论和报道，来确定其实质性职能，然后再来探讨新闻职能发挥作用的具体过程。

小野秀雄将报纸内容划分为二：报道与评论。前者的职能是启发，后者的职能是指导。他认为：“报道者的目的是为了公益，要把读者引导到有利于公益的方向去。但这里必须注意的是，读者并不一定意识到报道者的目的。因此，在这种场合下所产生的指导作用，从读者的角度来说，是无意识的。”②这种指导就是启发，报道的职能也就叫启发职能。启发职能是怎样发挥作用的呢？小野秀雄认为这应从两方面来把握：一是“有关具有现实性事实的知识的特殊化”③。一般来讲，人们有关现实性事实的知识，都是来自报纸等新闻传播工具。如果报道的事实跟读者没有直接的利害关系，读者大多不会深究其来源及蕴含于其中的主观倾向。但是报纸

① ［日］小野秀雄：《新闻原论》，东京堂株式会社 1947 年版，第 252 页。

② ［日］小野秀雄：《新闻原论》，东京堂株式会社 1947 年版，第 255 页。

③ ［日］小野秀雄：《新闻原论》，东京堂株式会社 1947 年版，第 261 页。

在处理新闻时，都会考虑到自己的使命，国家、政党以及其他力量因素也有一定的影响，这些都会给事实的报道染上特殊的色彩。而“特殊化了的报道，又支配着它的职能的发挥和它要达到的目的”①。由于读者是连续地看报，从而使得这种特殊化的报道能够长期地浸润读者的思想态度，使读者的思想态度在不知不觉中也特殊化了。另一方面是“多数人知识的类同化”。类同化是由于报纸的广泛发行，使得众多的读者都受到了上述“特殊化”的影响，以至于他们的知识都具有一定程度的共同性。知识的特殊化和类同化一旦实现，就会“作为潜在意识保存下来，当人们在现实中接触到与此相关或类似的问题时，多数人对问题的判断、情感，就具有类同性，因而也就采取了类同的态度”②。

至于评论的职能，小野秀雄说：“评论的目的是通过对客观事实的分析，弄清问题所发生的原因，另外还必须考虑它给人们带来的影响，并向人们提出对待这一问题的方法。”③ 因而社论是公开地表示自己的感情倾向和观点，读者也是有意识地来阅读。其阅读的目的，也不仅是想了解事实，而且还要知道记者的判断。而报道的职能是使读者在无意识中受到影响。为了相区别，小野称评论的职能为指导职能。

启发职能和指导职能是由报纸的基本内容派生出来，通过报纸直接地对读者发挥作用的。在此之外，小野秀雄认为报纸还有一种结合职能。因为报纸反映了社会各阶层的生活和思想感情，因而空间位置上不一致的每个人都可以通过报纸进行心理上的联系，组成为在空间上不一致的心理集体——公众。新闻的启发和指导职能，

① ［日］小野秀雄：《新闻原论》，东京堂株式会社 1947 年版，第 261 页。

② ［日］小野秀雄：《新闻原论》，东京堂株式会社 1947 年版，第 264 页。

③ ［日］小野秀雄：《新闻原论》，东京堂株式会社 1947 年版，第 257 页。

只有“通过报纸，读者彼此间经历一个特殊的心理过程”① ——这个过程的特点是在空间上隔离着的许多个人在心理上的结合，即结合职能——才能发挥作用。这就是说，结合职能是启发职能和指导职能的前提，无前者则无后者。两者的差别在于，启发和指导职能是指报纸对读者个人而言的心理职能，而结合职能则是社会的心理职能。

可见，小野秀雄的三种职能是根据不同的标准提出的。启发和指导职能是根据信息的流向所进行的纵向考察，而结合职能则是从读者的角度，根据环境的影响而进行的横向研究。这种多角度的思考，无疑能开启我们的思路，但是把根据不同标准划分的职能排在一起，在逻辑上必然会导致理解的混乱。从小野的论述看，结合职能是在启发和指导的过程中发挥作用的，可以把它视为启发、指导职能的条件。因而把启发、指导、结合并列为同等程度的职能，不一定恰当。但是，小野对三种职能的重视，还是可以理解的。

虽然围绕舆论研究新闻的职能、作用的方法并不足取，但在确定了新闻的职能后，小野秀雄又着手研究报纸在舆论形成和演变过程中的作用。首先，报纸是舆论形成的前提。这主要表现在三个方面：“第一，形成舆论的第一前提——现实问题的提出，首先是利用报纸向广大范围的群众进行传播来达到的。第二，由于指导、启发两种职能发挥作用，指导并启发了读者，致使他们对现实问题有了类似的判断。第三，读者处于社会性的接触状态之中，所以他们面临现实问题时，立刻形成心理集体，也就是潜伏的公众。”② 这三点正是舆论得以形成的基础。其次，报纸对舆论的作用，不仅在于提供条件，而且还在于它能反映舆论，制造舆论。雷布尔认为，新闻和舆论的关系，犹如乘数之与被乘数。道比法特则说报纸还能

① ［日］小野秀雄：《新闻原论》，东京堂株式会社 1947 年版，第 264 页。

② ［日］小野秀雄：《新闻原论》，东京堂株式会社 1947 年版，第 273 页。

有限地创造舆论。小野综合地接受了他们的观点，并且进一步论述：在指导职能显著发挥作用的时期（以评论为中心的时期），报纸能“指导舆论，制造舆论”;① 在启发职能发挥作用（以报道为中心）的时期，它只能表达舆论。因此，报纸只能反映舆论或只能制造舆论的观点，都是片面的。

根据小野秀雄的论述，可以认为，他对新闻职能的研究，相对于前人，既有创新，又有不足之处。此前的研究者，一般是围绕着舆论，笼统地讲新闻的职能。其中有些结论，虽然点到了痛处，但由于方法论的缺陷，难以令人信服。小野则一反常规，根据新闻内容的构成要素来确定其职能，再联系新闻的规律来考察它对读者的影响及其在舆论形成过程中的作用。但小野对新闻职能范围的确定，离前人的窠臼并不远。尽管在确定职能的方式上有所不同，他最终也是围绕舆论来讨论新闻职能的。而新闻的作用并不限于对舆论的形成和发展的积极影响，这已是一个公认的原则。小野忽视了由其他内容派生出的其他职能。另外，在新闻媒介与舆论的关系上，小野也过于偏重新闻媒介。新闻媒介能反映并指导舆论，这固然正确，但对于舆论对报纸的影响则没有涉及。事实上，报纸不可能凭空地创造舆论，也难以同舆论相对抗。实际上，许多报纸都是根据舆论的趋向来进行报道和评论的。

（四）新闻史观

翻开小野秀雄的著作目录，便可发现，他的新闻史著作比起新闻理论著作来要多得多。事实上，他之所以成名，并登上日本新闻学术的王座，主要亦是由于其新闻史研究的影响。因此，与其说他是一个新闻理论家，倒不如说他是一个新闻史学家。但也奇怪，他在一些主要理论问题上均有系统的论述，偏偏在新闻史观方面则显得零散。我们只能从他的一些零碎论述来进行分析。

首先是新闻的起源问题。小野秀雄认为：“报纸是人们由于在

---

① ［日］小野秀雄：《新闻原论》，东京堂株式会社 1947 年版，第 273 页。

生活上的需要，想要真实地了解环境的变化而发明和发展的文化现象。"① 人们之所以要了解环境的变化，是因为"不能预测将来可能发生的事情，确实是一件危险的事，同时了解已经发生的事情，也是决定今后生活态度的先决条件"，② 而新闻正是人们提供、接受具有现实性事实这一社会过程的联系工具。在报纸产生之前，人们是通过什么来发挥这种联系作用的呢？是谈话。在表西亚"新闻是讲话的延伸"的基础上，小野进一步分析了"延伸"的过程。他认为在社会生活较为单纯、生活范围比较狭小的时代，信息的传递，可以交谈为之。但是，"随着人类生活范围的扩大，人们求知欲增强了，普及了，新闻传达的范围也渐渐扩大了，这样不仅传达所需要的时间得增加，传达速度会受到影响，而且新闻会在中途失传而不能达到传达和普及的目的。有时还会失去报道的真实性"③。这就要求发明一种能有效克服时空差距的传播手段。因而人们不断地改进传播方法，更新传播技术，以跟上生活加快的步伐，于是报纸被创造出来了。

上面是从社会需要来研究新闻产生和发展的必要性。这种必要性能否成为现实，还取决于人类主观的心理条件。在这里，小野秀雄利用近代心理学研究的成果，肯定了人类好奇本能的作用。但他并没有就此止步。他说："报纸是在想利用别人的经验来弥补自己经验不足时才形成的一种文化形式"，④ 所以它是人类精神交流的手段。而根据心理学家的说法，"交流是基于群居本能的反映而产生的一种派生过程，也就是说，在群居本能和心灵交流之间形成了因果关系，而提供经验正是基于群居本能的产物，所以群居本能和

---

① ［日］小野秀雄：《新闻原论》，东京堂株式会社 1947 年版，序。

② ［日］小野秀雄：《中外新闻史》，陈固亭译，台北正中书局 1979 年版，第 6 页。

③ ［日］小野秀雄：《新闻原论》，东京堂株式会社 1947 年版，第 15～16 页。

④ ［日］小野秀雄：《新闻原论》，东京堂株式会社 1947 年版，第 9 页。

好奇本能具有同样的价值，它也是报刊形成的根本条件”①。这样从两方面来探讨新闻的起源，并把它归结为必要性和可能性，是很有道理的。它从根本上纠正了把新闻起源单纯地归结为人类好奇心的本末倒置的错误。

其次是新闻的发展问题。小野秀雄认为：“新闻的起源和发展，在地理上和当地的文化相适应，在历史上则同时代的文化是一致的。”② 这个观点可以从两方面来解释。第一，不同民族不同国度的社会生活条件及历史传统会给该国的新闻事业打上特殊的烙印；第二，新闻事业及新闻思想会随着时代的变化而变化。小野没有在理论上专门论及这一问题，但从他的新闻史著作中可以看到支持这一见解的根据。在《内外新闻史》中，他对各主要国家的新闻史进行了比较研究。其主要内容是：各国报刊的历史及现状，各国的新闻自由，各国报纸的内容与形式等，围绕这些问题进行比较分析，找出异同点，并深究其原因。这种研究，在新闻学术史上还很少见。至于新闻事业随着时代的进化而发展，小野则通过对原始形式的新闻传播及封建时代、资本主义时代、垄断资本主义时代新闻事业的研究，探讨了不同时期的新闻事业的时代特征，再用当时的潮流来解释其递嬗沿革之缘由。例如美国报纸的托拉斯化，小野就认为它是“近代美国报业的特征之一”。美国自建国以来，因天然资源丰富，产业及商业突飞猛进，于是新闻由于生产业者与商人之利用，收入逐渐增加。“从事报业者也力求新闻内容及经营方法与产业相配合，结果报业迅速发展，美国报纸便日趋托拉斯化了。”③ 可见，不是新闻决定了社会的发展，而是社会现实及历史传统决定了新闻事业。

但新闻事业也不是纯粹消极的产物。它的作用和功能，还能反

① ［日］小野秀雄：《新闻原论》，东京堂株式会社 1947 年版，第 9~10 页。

② ［日］小野秀雄：《日本新闻发达史》，五月书房 1982 年版，第 1 页。

③ ［日］小野秀雄：《中外新闻史》，陈固亭译，台北正中书局 1979 年版，第 165~166 页。

作用于社会。这种反作用有时会促进社会的正常发展，有时则对社会的进化产生妨碍。很显然，这种反作用只有通过掌握它的社会集团才能实现。美国独立战争的爆发乃至成功，在很大程度上是由于报刊的宣传。欧洲资产阶级革命时期，资产阶级报刊的宣传，对革命的进程无疑起了加速作用。① 然而这种进步作用并不是时常都有的。德国纳粹利用报纸作为贯彻其狂妄企图的第二方面军，蛊惑宣传，害世不浅。尤其是日本法西斯主义利用报纸煽动战争，小野秀雄更是身历其境。他认为日本之所以发动对中国的侵略战争，并在第二次世界大战中战败，原因之一就是“报纸为新兴军阀所任意摆布”。假如“新闻界能团结一致，反对为准备战争的庞大预算或退出国联的问题，则不但可以防止不幸（侵略战争）于未然，甚至能避免今日世界所困恼的（社会主义、资本主义）对立”。② 这种看法未免过于天真，但其对新闻事业作用的重视，还是值得我们注意的。

基于上面的见解，小野秀雄主张对新闻史的研究，必须从“文化史的角度进行”③。文化是一个非常广泛的观念，它几乎涵盖了社会存在的一切。所谓“文化史的角度”究属何指，他没有解释。作者认为这要联系到小野秀雄对新闻学研究对象的界定。小野秀雄说：“新闻的领域是研究报刊内在的精神力量、经济力量以及工业力量间的相互关系；研究报刊对这些力量在本质上给予的影响；研究报刊同受到上述三种力量特殊影响的周围之间所存在的规律。”④ 换言之，新闻学研究的对象不仅是新闻现象本身，同时还要研究它同社会的相互关系。由此看来，所谓“从文化史的角度”研究新闻史，就是说要把新闻放在宏大的社会环境中，对新闻事业

① ［日］小野秀雄：《新闻原论》，东京堂株式会社1947年版，第277～278页。

② ［日］小野秀雄：《中外新闻史》，陈固亭译，台北正中书局1979年版，第2页。

③ ［日］小野秀雄：《日本新闻发达史》，五月书房1982年版，第4页。

④ ［日］小野秀雄：《新闻原论》，东京堂株式会社1947年版，第3～4页。

本身及其与周围的关系进行历史的考察。

可以看出，小野秀雄的新闻史观很有见地。社会需要产生新闻，新闻随社会历史的发展而变化其形态，又反作用于社会。这显然是唯物主义的历史观。至于“从文化史的角度”研究新闻史的方法，更是值得每个治新闻史者借鉴的。

三、结　论

通过前面对小野秀雄新闻思想的内容及其来源的分析，我们可以得出如下几点结论：

第一，小野秀雄的新闻本质论、新闻使命和自由观、新闻职能论及新闻史观，构成了其新闻理论体系的基本框架。这个体系的核心是新闻的本质和职能。小野的论述是复杂的，他既愿社会进步，又反对共产主义；既有求实的论证，又有空想的成分；既有唯心主义的观点，又有唯物主义的论述；既有学者的理智分析，又有孩童般的浪漫天真。可谓良莠不齐、杂乱纷呈。然而透过现象，便可发现这一切都是以他的政治态度为依归的。作为资产阶级的新闻学家，其阶级属性，虽能决定其新闻思想的政治倾向，但我们不应该因此而否定小野在新闻学研究上的重大成果。

第二，小野秀雄新闻思想的形成，是日本新闻学术史上重要的里程碑。此前，日本已出现了一些新闻学著作，如松本君平的《新闻学》及朝仓无声的《本朝新闻史》等，但它们都没有产生重大的影响，其作者也没有把新闻学研究作为自己毕生的职业。小野第一个以新闻学研究作为自己的终生职业。由此，新闻学在日本确立了作为一门学科的地位。其新闻理论的提出，也给日本的新闻实践提供了指南。

第三，小野秀雄的新闻思想丰富了世界新闻学研究的内容。在小野之前，世界范围内的新闻学研究，已形成了两大流派，分别以德国和美国为代表。前者以理性的思辨见长，后者则专注于功利性的实务研究。由于小野秀雄的开创性工作，日本新闻学界逐渐形成了兼重理论与实务的学术传统，探索出了新闻学研究的一条新路。

第四，小野秀雄的研究方法，如研究新闻学要从新闻史开始，而对新闻史，又要从文化史的角度来把握，根据新闻的内容来确定其职能，从多方面分析新闻的本质等，都值得我们借鉴。

第五，小野的新闻思想不是凭空产生的。日本的社会、政治及新闻史的现状，为它的产生准备了物质条件，而外国尤其是德国、美国的新闻学理论，则为它提供了丰富的营养。在这个意义上，小野的新闻思想不能简单地看成是他一个人独立研究的成果。

第十章　空想社会主义新闻传播思想

空想社会主义产生于16世纪，是资本主义生产方式产生和成长时期剥削者与被剥削者之间对立的反映，是现代无产阶级先驱者的思想体系。作为早期无产阶级群众的世界观，空想社会主义是不成熟的社会主义学说，但是它反映了早期无产阶级的经济利益、政治要求和社会理想，对未来社会提出了一些有价值的设想，对实现理想社会的道路进行了探索。空想社会主义者在理论探索之余，经常利用书籍、报刊宣传自己的学说，并且对于传播现象有了一定的认识。他们或者通过文学形式的作品描述“乌托邦”社会里面人们如何传播与交往，或者以“法典”与“宪法”的形式对出版自由等理论问题提出自己的见解。空想社会主义者的新闻传播思想是马克思主义新闻传播思想的主要来源，其合理的成分对当今新闻传播实践以及理论探索仍有一定的启示。

一、早期空想社会主义者的新闻传播思想

1516年，英国思想家托马斯·莫尔的《乌托邦》一书的出版，是空想社会主义产生的标志。17世纪初，意大利出现了康帕内拉的空想社会主义，这是对莫尔空想社会主义的发展。托马斯·莫尔和康帕内拉分别在其作品《乌托邦》和《太阳城》里对理想社会的人际传播和社会交往进行了诗意的描述，诠释了他们关于传播和交往的基本观点。

（一）传播与交往的目的

托马斯·莫尔在其作品《乌托邦》中用很多篇幅描述人们之

间的交往。乌托邦里的交往层面和维度很多，有家庭交往、社会交往、国家之间的交往等。乌托邦人很注重交往，认为交往可以“吸收共同的生活方式及风俗，对两方都有极大的好处”①。在乌托邦里，凡是想到另一个城市探望朋友或者从事游览的公民，可以很容易得到准许，因为他们认为旅游可以加强人与人之间的沟通，可以传递更多有价值的信息。所以，“凡到来观光的旅客，如果才智出众或是具有长期游历而熟悉许多国家的经验，一定受到乌托邦人的热情洋溢的欢迎，他们乐于倾听世界各地发生的事”②。可见，交往与人际传播对于乌托邦人来说是必不可少的，其重要性在于信息的传递，能够使乌托邦人保持信息的畅通，视野开阔，而不至于封闭起来。

在《太阳城》里，康帕内拉极富想象力地描述了那里的人们安康和谐的生活。太阳城是最好的国家。太阳城人对于其他国家的情况非常了解，因为“他们具有各种语言的知识，他们曾经常派出自己的观察员和使者到某些国家去了解他们的风俗习惯、实力、政治制度和历史，以及他们所有的一切好的和坏的东西，然后再向自己的国家汇报；他们对所有的这一切特别感兴趣”③。

在乌托邦和太阳城里，不管是人际交往，还是国家之间的交流，其主要目的都不在于物质的交换，而在于精神的交往和信息传递。乌托邦人对于金银不屑一顾，对于贸易也没有热情。太阳城人与其他民族交往的目的“只是能从这些国家那里获取某些情报”④。因为当时的英国和意大利，近代报刊还没有诞生，托马斯·莫尔和康帕内拉既无办报的实践经验，也没有与新闻传播有关

---

① ［英］托马斯·莫尔：《乌托邦》，戴镏龄译，商务印书馆 1982 年版，第 61 页。

② ［英］托马斯·莫尔：《乌托邦》，戴镏龄译，商务印书馆 1982 年版，第 86 页。

③ ［意］康帕内拉：《太阳城》，陈大维、黎思复、黎廷弼合译，商务印书馆 1980 年版，第 9 页。

④ ［意］康帕内拉：《太阳城》，陈大维、黎思复、黎廷弼合译，商务印书馆 1980 年版，第 35 页。

的系统概念。他们的传播观念是基于人际传播和普通的社会交往，以及国家之间的交流而产生的。

（二）真实性原则

在托马斯·莫尔和康帕内拉的描绘中，强调交往的诚信与表达的真实，对于欺骗和不真实的言论非常痛恨。乌托邦人“不容许装假说谎。他们最恨装假说谎，认为这和欺骗几乎毫无区别”①。对于国与国之间的交往，乌托邦人认为订立条约没有什么意义，因为按照乌托邦人的标准，他们会信守没有条约的诺言。而乌托邦人对世界上一些国与国之间的不忠实、破坏信义，认为应该予以谴责。太阳城里也是一样，“他们那里没有什么骗子、冷酷无情的人、好吹牛的人以及器量小的人”②。“他们对于忘恩负义、仇恨、彼此不尊重、懒惰、沮丧、狂暴、小丑行为和撒谎都加以谴责。他们认为撒谎是一种可恨的瘟疫。”③ 康帕内拉时代，近代报刊刚刚萌芽，也没有什么专职的新闻传播者，诗人和史学家是太阳城里最重要的传播者。在战争中，诗人和史学家随军讲述胜利和失败的事迹，在其他重要场合也会有诗人和史学家来负责传播。“如果某个诗人的颂扬缺乏真实性，甚至捏造某个英雄的事迹，他就会受到惩罚；凡是造谣的人就不配称为诗人；他们认为造谣是一种危害整个人类的行为。”④ 真实、诚信成了乌托邦和太阳城交往和传播的基本原则，对于后世的新闻职业伦理，有重大的影响。

---

① ［英］托马斯·莫尔：《乌托邦》，戴镏龄译，商务印书馆 1982 年版，第 106 页。

② ［意］康帕内拉：《太阳城》，陈大维、黎思复、黎廷弼合译，商务印书馆 1980 年版，第 24 页。

③ ［意］康帕内拉：《太阳城》，陈大维、黎思复、黎廷弼合译，商务印书馆 1980 年版，第 11 页。

④ ［意］康帕内拉：《太阳城》，陈大维、黎思复、黎廷弼合译，商务印书馆 1980 年版，第 46 页。

（三）公众舆论监督

在太阳城里，康帕内拉把人与人之间的关系描写为密切的互助关系，每个人都可以从公社里得到自己所需要的东西。那里不会出现物质分配不均的现象。尽管人们普遍自觉履行劳动义务，太阳城还是规定有必要的检查制度和监督奖惩制度。在太阳城的每个城区里，"由两位德高望重的老人和老妇人来监督大家履行义务的情况，他们手下有管理人员，他们有权惩罚或命令惩罚玩忽职守和不听话的人，同时他们也表扬和奖励那些履行义务比别人出色的男女青年"①。在乌托邦里，一切重大事务必须由最高权力机关或民众大会讨论决定，无论是谁，不能撇开它们而擅自决定，有时问题会交全岛大会审议。可见，无论在太阳城还是乌托邦，人们都是在一定的规范约束下生活的，社会监督和舆论监督在人们生活和工作中所起的作用是不可忽视的，它使人们按照乌托邦和太阳城固有的模式和共同的价值观去生活，而不是背道而驰。

（四）传播与交往中的平等与自由

早期空想社会主义者有一个共同特征，他们从统治阶级内部分化出来，反映社会最底层改造现实社会的要求。其中，平等观是早期空想社会主义思想体系的基本观点，后来的空想社会主义者也沿袭这一基本理念。空想社会主义从16世纪产生起就提出了平等的要求。在乌托邦里，私有制根本不存在，一切公有，并实行民主的、平等的政治制度。乌托邦里的交往始终强调平等与自由，公民除了体力劳动外，"还有尽可能充裕的时间用于精神上的自由及开拓"②。在乌托邦，工作、睡眠及用餐当中的空隙，由每人自己掌握使用，主要是进行一些业余活动和学术研讨，如果用现代的传播

---

① ［意］康帕内拉：《太阳城》，陈大维、黎思复、黎廷弼合译，商务印书馆1980年版，第16页。

② ［英］托马斯·莫尔：《乌托邦》，戴镏龄译，商务印书馆1982年版，第60页。

理论去解释的话，这些活动属于人际传播和组织传播的范畴。乌托邦每天在黎明前举行公共演讲，乌托邦人在听演讲上可以自由选择，不受约束。乌托邦人在交往与传播中比较崇尚自由。当然，乌托邦的自由也不是绝对的。在乌托邦的家庭里，要听命于年纪最大的家长，因为年纪最老的人当家。在社会交往中，同样不可能无限自由，而是受到一定的约束。他们主张言论“应该慎重而不应轻率”①。这种对言论负责的思想具有重要意义，这是空想社会主义者对言论自由相对性的最早描述。

在康帕内拉的太阳城里，每人每天只做不超过四小时的工作，其余时间都用来研究各种科学、开座谈会、阅读、讲故事、写信、散步以及从事发展脑力和体力的活动，这些活动都是自由的。康帕内拉比莫尔更加鲜明地表达了对言论自由的渴望。在太阳城里，每月朔望举行过祷告仪式后，就召开“大会议”。20 岁以上的公民，全体出席。在会议上，“每个人都有权对共和国的缺点和政府负责人员执行工作的好坏，提出自己的意见”②。甚至被判死刑的人也有一定的言论自由，他们可以在人民面前凭良心陈述自己的意见，说明自己不该受死刑的理由，检举其他应受死刑的罪犯，也可以检举行政人员的罪行，并提出这些人应受到惩处的证明。虽然太阳城里的言论自由比乌托邦更加开放，但同乌托邦一样，太阳城里的言论自由也不是漫无限制的，也有其相对性。

二、18 世纪空想社会主义者的新闻传播思想

早期空想社会主义者还没有掌握报刊武器，因为近代报刊在那时还没有出现。在英国，第一家定期刊物《每周新闻》1621 年才创办，在意大利，1646 年的《诚实报》属于较早的近代报纸。随

① ［英］托马斯·莫尔：《乌托邦》，戴镏龄译，商务印书馆 1982 年版，第 55 页。

② ［意］康帕内拉：《太阳城》，陈大维、黎思复、黎廷弼合译，商务印书馆 1980 年版，第 39 页。

着近代报刊的出现，18 世纪的空想社会主义者开始近距离接触报刊。1753 年，空想社会主义者摩莱里发表了《巴齐里阿达》，描绘了自己心中的理想社会。巴黎的两家杂志《新杂谈》和《公正文库》对摩莱里的观点进行了猛烈的攻击，认为摩莱里的设想是虚伪的。18 世纪末，一些法国空想社会主义者直接创办报刊宣传自己的学说，其中巴贝夫的报刊活动引人注目。他曾参加编辑《比卡迪省通讯》报，还是马拉主持的《人民之友报》、《联盟报》撰稿人，此后他还亲自创办《出版自由报》。正是由于对报刊的利用，18 世纪空想社会主义者对新闻传播现象的理解比早期空想社会主义者要深入得多。

（一）平等的传播观

平等口号在 18 世纪空想社会主义者的著作里占有突出的地位，这一口号是从启蒙学者那里接过来的。启蒙学者的平等口号所要求的只是政治权利的平等，只是法律上的平等，而 18 世纪空想社会主义者所要求的平等，远远超出了启蒙学者的要求。梅叶认为："有一种几乎在全世界都流行并合法化了的祸害，那就是一些人把土地和财富据为私有财产，而这些东西本来是应当根据平等权利归全体人民公有的，应当根据平等地位归他们共同享用的。"① 梅叶并不像启蒙学者那样把不平等理解为政治权利的不平等，而是理解为社会地位的不平等，他要求彻底消灭不同地位、不同身份的人们之间的不平等现象，也就是要求消灭阶级，实现社会地位平等。摩莱里在其《自然法典》里表达了绝对平均主义的思想。马布利试图用平等观来解释人们交往与传播中的行为。他认为，实行公民财产和地位平等，能够限制人们的多余需求，使人们内心平静，不再产生损害他人的贪婪、虚荣、懒惰和享乐的欲望，从而不断促进人们爱祖国、爱集体、爱自由、大公无私的社会品质。相反，如果破坏了人们财产和地位的平等，就会改变人心的自然趋向，使人们头

① ［法］让·梅叶：《遗书》第 2 卷，何清新译，商务印书馆 1960 年版，第 107 页。

脑充满最不公正和最不合理的偏见或欲念，会给人们的交往带来不利。巴贝夫要求的平等是“真实的平等”，是消灭阶级的平等。他提出要建立个人之间没有任何差别的绝对平等。基于理性论而提出的平等是空想社会主义学说的重要理论基石，也是空想社会主义者关于新闻传播思想的逻辑起点。一些空想社会主义者的报刊实践也是在平等理论的指引下进行的。

（二）出版自由观

言论自由和出版自由是 18 世纪空想社会主义者所倡导的平等的一个组成部分，它既是通向平等的重要工具，又是空想社会主义新闻传播思想的核心内容。1794 年 9 月 3 日，巴贝夫出版了《出版自由报》，实现了他的宿愿——编辑出版自己的报纸。巴贝夫之所以将报纸名称定为“出版自由报”，同他坚持的出版自由思想不可分割。当时，右翼的热月政变派分子提出了完全出版自由的口号。弗列隆断言：“如果出版自由不是无限的，它就不存在。”“巴贝夫正是从弗列隆的这个演说中拿了这句话来做报头的。这似乎决定了报纸的方向。”① “据巴贝夫看来，目前最重要的是出版自由。出版不自由，人民永远是奴隶。”② 这个时期，巴贝夫对出版自由的理解，带有一定的绝对主义色彩，倾向于获得完全的、不加限制的出版自由。随着斗争实践的变化和理论水平的提升，他对出版自由的理解才变得更加理性。

其后，巴贝夫主义的忠诚捍卫者菲·邦纳罗蒂集中地阐述了平等派关于出版自由的观点：“1. 任何人不得发表跟平等和人民享有最高权力的神圣原则直接抵触的观点；2. 任何就国家制度及其管理形式所发表的书面言论，应当在人民最高权力会议或一定数量的 30 岁以上的公民的要求下复印并分发给所有的图书馆；3. 禁止发

---

① ［苏］维·姆·达林：《1794—1795 年间的巴贝夫》，《论巴贝夫主义》，维·姆·达林等著，陈林、谷鸣译，商务印书馆 1983 年版，第 256 页。

② ［法］热拉尔·瓦尔特：《巴贝夫》，刘汉玉译，商务印书馆 1992 年版，第 66 页。

表任何无中生有的攻讦性作品；4. 任何作品，只要民意维护者认为它的发表可能对共和国有好处，就可以复印并散发。”① 平等派对于出版自由的阐释是空想社会主义者关于出版自由最早的全面解释。他们倡导的出版自由有一个标准，就是维护平等，不能与人民的最高权力和民意相抵触。这种出版自由是在一定范围里的自由，不是绝对的自由。与资本主义的绝对出版自由相比，具有一定的进步意义。平等派还对迫害出版自由的法律进行猛烈抨击，认为“这些法令根本不配称为法律，它们是对社会自由的侵犯”②。所以，在报刊诞生之后，巴贝夫及其追随者自然地拿起了这一武器。

威廉·葛德文的思想代表了从启蒙思想到空想社会主义发展的过渡阶段。威廉·葛德文提出：“如果把一切对于出版和言论自由的限制都取消，如果鼓励人们尽量公开地宣布他们所想的一切，也许所有的刊物上最初都会充满诽谤和中伤。但是正是由这些报道的各不相同，它们就会自相抵消。即使谎言成功，一个人也不会成为社会一致迫害的对象。短期之后，读者就会习惯于分析而获得辨识能力。他或者是从内容的荒谬上识破谎言，或者至少是除了能够提出证据以外，他不会给与这种谎言以更多的重视。”③ 威廉·葛德文对于出版自由和言论自由是热烈呼唤的，甚至倡导无限制的出版自由。他显然受到约翰·弥尔顿的影响，崇尚观点的自由表达和自我修正。威廉·葛德文对出版自由的执著，值得后人肯定，但是这种绝对的自由，在社会的交往实践中，是不可能实现的。

（三）宣传功能观

18世纪的空想社会主义者一方面通过法典、起义宣言等形式表达自己的主张，另一方面则利用报刊宣传自己的理论，把报刊作

① ［法］菲·邦纳罗蒂：《为平等而密谋》上卷，陈叔平译，商务印书馆1989年版，第227页。

② ［法］菲·邦纳罗蒂：《为平等而密谋》上卷，陈叔平译，商务印书馆1989年版，第118页。

③ ［英］威廉·葛德文：《政治正义论》第二、三卷，何慕李译，商务印书馆1980年版，第492页。

为舆论宣传的工具和武器，报刊第一次成为无产阶级的舆论工具，这是无产阶级新闻事业史上的新纪元。巴贝夫和菲·邦纳罗蒂在斗争实践中认识到报刊的社会功能，他们认为，在当时的制度下，印刷文字是最有效的交往手段，是防止人民主权被篡夺的最好的屏障。“只要有印刷文字，分布在一个广袤国家里的公民便能够就所提出的法案深思熟虑地发表意见，就可以逐步地改善社会制度，就可以揭露野心家的阴谋诡计。”① 在他们看来，可以通过报刊的影响，使人更加愿意为自由、幸福而努力；借助报刊舆论的赞扬来表彰勇敢、敏捷、节制、谦虚、热爱劳动以及其他种种体力上和精神上的优良品质，批评一些不良现象。威廉·葛德文在他的论述中也高度肯定了报刊宣传真理的作用。可见，18 世纪空想社会主义者对于报刊作为舆论宣传工具的认识不仅仅局限于理论上，而且在实践中自觉地利用报刊来引导群众，这对于发挥报刊的舆论引导功能，进行社会动员，具有重要的实践价值。

（四）崇尚客观，追求真实

真善美是人类永恒追求的普世价值。18 世纪的空想社会主义者也强烈要求在传播与交往中要坚持客观和真实。摩莱里就极力主张：“在叙述中切勿夸张奉承，尤其要严格避免任何虚构的报导。”② 他对于用虚假言论诬告他人的现象也给予关注，并在法典中明确规定：“诬告他人并使他人受到终身逐出社会的处罚的人，也要受到同样的惩罚。在所有其他情况下，诬告者应受加倍的处分。”③ 摩莱里还倡导家长培养孩子永不撒谎的习惯，并防止谎言对他们的熏陶，这可以说是从源头上规避言论失实的办法。

巴贝夫及菲·邦纳罗蒂对于发布虚假信息、散布不实言论也持

① ［法］菲·邦纳罗蒂：《为平等而密谋》上卷，陈叔平译，商务印书馆 1989 年版，第 226 页。

② ［法］摩莱里：《自然法典》，黄建化、姜亚洲译，商务印书馆 1982 年版，第 130 页。

③ ［法］摩莱里：《自然法典》，黄建化、姜亚洲译，商务印书馆 1982 年版，第 133 页。

批评态度。他们主张禁止发表任何无中生有的攻讦性作品。巴贝夫批评一些小报作者不讲求新闻真实，散布虚假信息误导公众。“在相当长时间内，被金钱或恐吓收买的一群小报作者，利用害人的法令在人事上欺骗人民。”① 威廉·葛德文也主张，人际交往中应该真诚，他将真诚分成三种程度。其中第三种即最高程度的真诚在于最彻底的坦率，没有任何保留，如同西塞罗所说的：“不说一句假话，不留一句真话。”② 虽然葛德文是从人际交往和道德行为的角度阐述真诚与言论真实的，但随着近代报业的发展，这些见解对于新闻传播实践也有一定的警示作用。

总之，18 世纪空想社会主义者，包括摩莱里、巴贝夫、菲·邦纳罗蒂，还有威廉·葛德文，他们对言论报道真实性问题的多角度论述，虽然不是针对新闻传播，但是这些主张无疑对于以后的办报实践乃至当今的新闻工作都有重要的指导意义。

三、顶峰时期空想社会主义者新闻传播思想

19 世纪初期是空想社会主义历史的第三个重要阶段。法国空想社会主义者圣西门、傅立叶和英国的欧文，是这一时期空想社会主义的杰出代表，他们被合称为三大空想社会主义者。他们不仅将空想社会主义发展到顶峰，而且在报刊实践与传播思想探讨方面，做出了重要贡献。1825 年，圣西门的门徒创办《生产者》。傅立叶从 1800 年开始从事报刊活动。欧文也长期利用报刊宣传自己的学说，并亲自创办和主持了一些报刊。他主编或参与出版的报刊有《危机》、《新道德世界》、《给人类的每周通信》等。欧文的演讲和作品经常在伦敦的各大报纸刊登，有时还自费印行几万份广为宣传。这些报刊实践，为空想社会主义的推广打下了坚实的基础。

---

① ［法］热拉尔·瓦尔特：《巴贝夫》，刘汉玉译，商务印书馆 1992 年版，第 72 页。

② ［英］威廉·葛德文：《政治正义论》第 1 卷，何慕李译，商务印书馆 1982 年版，第 226 页。

（一）新闻舆论观

三大空想社会主义者都非常重视通过报刊、书籍、集会等方式向其门徒传播自己的主张，自觉地把报刊作为引导舆论和政治教化的工具。圣西门高度评价了新闻舆论的功能，认为舆论就是“世界的女皇”。“在任何国家，都有一种力量高于政府，这就是舆论的力量。”① “任何力量都抗拒不了舆论，社会的安宁现在之所以还没有完全得到保证，就是因为舆论还没有形成。”② 圣西门把舆论当成实现和平变革、影响社会、改造社会的重要途径。他在对博爱者进行宣传时说，在改造社会时，“博爱者将采用的唯一手段就是宣传，而这种宣传的唯一目的，则是唤起君主利用人民赋予他们的权力来实现势在必行的政治改革”③。他建议通过办报纸来宣传自己的主张。欧文则提出，用和平方法对社会进行改革的途径，就是“通过每个国家发行的报纸而对社会进行具有合理目标的教育”④。欧文很注重用报刊来宣传自己的事业，在建筑工人联盟成立后，他们每周在《建筑工人报》上报道有关建筑工业的一切重要事件。傅立叶则进一步论述了报刊的正负两方面功能。总之，三大空想社会主义者对新闻舆论及报刊宣传功能都持肯定态度，并且积极运用报刊，发挥报刊的舆论引导、社会教化等功能。不过，他们对于报刊与新闻舆论的功能有无限夸大的倾向，甚至在圣西门看来，新闻舆论的功能至高无上。这种认识显然有失偏颇。

---

① ［法］昂利·圣西门：《论蜜蜂与胡蜂的不和或生产者与不事生产的消费者的彼此地位》，《圣西门选集》第3卷，董果良、赵鸣远译，商务印书馆1985年版，第148页。

② ［法］昂利·圣西门：《实业家问答》，《圣西门选集》第2卷，董果良译，商务印书馆1982年版，第66~77页。

③ ［法］昂利·圣西门：《论实业体系》，《圣西门选集》第1卷，王燕生、徐仲年、徐基恩等译，商务印书馆1979年版，第303~304页。

④ ［英］罗伯特·欧文：《人类思想和实践中的革命或将来从无理性到有理性的过渡》，《欧文选集》第2卷，柯相峰、何光来、秦国显译，商务印书馆1981年版，第109页。

（二）言论自由观

三大空想社会主义者都提倡言论自由。在欧文的新和谐公社里，规定必须满足人类的言论和行动自由，他认为“诚实地表达一切思想感情和决定一切行动方向的自由，是每个人不可缺少的权利，除非本人同意，没有任何理由加以限制”①。与欧文不同的是，傅立叶、圣西门更多地将矛头指向了资产阶级出版自由的虚伪性。傅立叶曾试图创办《里昂市和罗纳省日报》，但由于出版问题没法解决而没有办成。他从实践中认识到，在资产阶级当政的情况下，出版自由和言论自由都是虚伪的。资产阶级一方面提倡言论自由，另一方面，在刊登作品的时候，要交大量的金钱，言论自由的虚伪性由此可见一斑。他历数资本主义的种种罪恶，对资本主义虚假的出版自由、制造舆论等行为进行了入木三分的揭露。圣西门对资产阶级宣扬的个性自由，始终抱怀疑态度。他批评资产阶级政府束缚作家和其他宣传者，使其传播有利于自己的原则，从而控制舆论。这些人依附权势，丧失独立自由，是令人感到羞愧的事情。圣西门建议实业者们“把精神的权利交给有真才实学的学者和他们所联合的艺术家”②。

三大空想社会主义者力图建立一种真正的言论自由环境。他们的言论自由思想是比较深邃的，因为他们有比较丰富的新闻实践经验，能够站在一定的历史高度来认识这个问题。所以他们在对资本主义出版自由深刻批判的基础上提出的言论自由观，具有一定的现实针对性和较强的说服力。

（三）宣传策略

三大空想社会主义者都精通宣传策略和传播技巧。欧文非常重

---

① ［英］罗伯特·欧文：《新和谐公社组织法》，《欧文选集》第 2 卷，柯相峰、何光来、秦国显译，商务印书馆 1981 年版，第 188 页。

② ［法］昂利·圣西门：《以促进欧洲社会改组为目的哲学、科学和诗学研究》，《圣西门选集》第 2 卷，董果良译，商务印书馆 1982 年版，第 16 页。

视宣传策略的运用。他认为报纸只要能够办得合理，就能够使舆论和人心得到改变。不过，要达到这一目标，必须采取合理的措施。首先，欧文在宣传过程中不局限于某一种宣传手段，而是多管齐下，采用不同的宣传方式。欧文的宣传方式是立体的，而非单一的，包括口头宣传、报刊宣传、著书立说、成立讲习所和协会进行组织宣传等。其次，讲究宣传的持久性。欧文在宣传自己的“新社会体系”时，曾遭到一系列严重的挫折，但他锲而不舍、乐此不疲。

圣西门主张宣传时应注重调查研究，将宣传建立在事实基础上。他认为人都非常喜欢把自己心里的思想和观察到的事实加以系统化，也就是说，使它们两者之间协调起来；人也有一种想在自己所研究的对象和整个总体之间建立联系的强烈愿望。圣西门在做宣传时，力图摆脱依靠臆测和推论，从调查研究出发。他建议学者们交替地运用综合法和分析法，轮流地进行先天的观察和后天的观察等方法；建议物理科学和数学方面的学者同艺术家联合起来，共同改善国民教育和提升集体智慧。他的著作就是普通的逻辑论证形式与天启形式的奇特混合物，他可以毫不在乎地以神的名义宣称自己是新教徒的创始者。

与欧文和圣西门相比，傅立叶的宣传技巧要逊色很多，但傅立叶无时无刻不在注意优化自己的宣传策略。他提出了“两合”与“两分”的概念。前者是指两种因素的和谐、协调和一致；后者是指两种因素的分裂和破坏。在傅立叶的著作中，经常可以看到其辩证分析问题的案例。正如恩格斯所说：“在傅立叶的著作中，几乎每一页都放射出对备受称颂的文明造成的贫困所作的讽刺和批判的火花。”① 傅立叶还善于抓住资产阶级的话，来讽刺和鞭挞资产阶级。这些宣传手段在现在看来也还是有生命力的。

（四）认识宣传对象

三大空想社会主义者都很关注宣传对象对其作品以及宣传方式

---

① 《马克思恩格斯选集》第3卷，人民出版社1995年版，第615页。

的反应。欧文主张针对公众的思想状况，搜集一些精确情报，包括各地区依靠日常劳动或教区救济卫生的人数、失业但能劳动的人数、半失业的人数及范围等一系列有关情况。显然，这些情况对于宣传和布置工作都有不容忽视的作用。欧文在建立团结合作新村时，通过阶级、教派感情和同一种党派等标准将人们分成不同的类别。对不同的阶级，在生活安排、工作布置以及进行宣传等方面都可以具有针对性，有的放矢。从欧文的作品以及一些研究文献中可以看出，欧文在宣传自己的学说时，很注重对宣传对象进行细分，尽管其细分目的不仅在于宣传，但宣传也是其重要的目的之一，这对于提高宣传效果是非常有益的。

圣西门对其宣传对象也进行了一定的分析。他根据法国人所持政治观点，将法国人分成守旧分子、倒退分子和自由观点的人。针对不同的政治观点，在宣传中采取不同的措施。他意识到如果自己的宣传引不起对象的兴趣，继续进行宣传也是徒劳无益的。所以，在宣传实践中，经常与对象互动。

傅立叶提倡对人的性格和气质进行选择，组成合理的性格级别和合理的气质级别。并按照不同年龄的集体性格进行分类，他的大规模的法郎吉（具有共同目标的集体——作者注）有十六个部和三十二个队的分类，按全性格和半性格而有所差别。他还对不同年龄阶段的人的风度、谈吐、动机、特点都进行分析。这些法郎吉“无论是为了在劳动生产方面进行协商，或者在聚餐和娱乐方面、在次日和以后的多样化的活动方面进行协商，每天都要举行交易所聚会或咨询会”①。他的这种分类与分析对于其宣传活动有重要的帮助。

三大空想社会主义者都投入极大的精力宣传自己的学说。他们对宣传对象的认识还不能算纯粹意义上的受众理念，这些对象包括学校的受教育者、演讲的听众、报刊的读者等，人际传播、组织传

① ［英］沙利·傅立叶：《经济的新世界或符合本性的协作的行为方式》，《傅立叶选集》第1卷，赵俊新、吴模信、徐知勉、汪文漪译，商务印书馆1979年版，第213页。

播和大众传播的对象都有。不过，他们对宣传对象的分析，注意与对象互动的做法，是很有见地的。

四、19世纪三四十年代空想共产主义者的新闻传播思想

19世纪三四十年代，本来意义上的空想社会主义都先后趋于没落，走向反面，堕落成为资产阶级和小资产阶级的社会主义。当时工人阶级中认为必须对全部社会进行根本改造的人，这时已经不再把自己叫做社会主义者，而叫做共产主义者。正如恩格斯所说的："在1847年，社会主义是资产阶级的运动，而共产主义则是工人阶级的运动。"① 这时空想共产主义的主要代表大都出现在法国，奥古斯特·布朗基、卡贝、德萨米是著名的空想共产主义者。德国的魏特林也是空想共产主义的代表人物。这些空想共产主义者对科学社会主义的形成有一定的贡献，对早期马克思恩格斯的思想也产生过一定的影响。

（一）对自由的渴望

法国的奥古斯特·布朗基受到圣西门、傅立叶以及巴贝夫等人的影响走上革命的道路。在斗争实践中，布朗基主动利用报刊同资产阶级抗争。他经常在报刊上发表文章，宣传空想共产主义。1829年，他到《地球报》工作，后来又参加《诚实报》的编辑工作。1880年11月，他还和朋友一起创办《既非上帝又非主人》日报。布朗基重视报刊的舆论宣传功能，主张言论出版自由，号召劳动人民团结起来去获得"出版的完全自由，不受捐税的妨碍和苛刻的约束；集会和结社自由；宣传自由"②。

① 《马克思恩格斯全集》第21卷，人民出版社1965年版，第407页。

② ［法］奥古斯特·布朗基：《社会批判》，《布朗基文选》，皇甫庆莲译，商务印书馆1979年版，第120页。

德国的魏特林也呼吁真正的出版自由。首先，具备一定的物质条件，是精神上的自由和出版自由的前提。“正是那在物质需要上没有缺乏的，并因而在肉体上是自由的人，他才更感觉到同样也有在精神上自由的需要。这样的人就永远要求出版自由；这是他所缺少的盐，好为他的食物作调味之用。”① 魏特林指出，争取出版自由必须首先从物质上开始。工人阶级应该争取出版自由，但出版自由只是普遍自由的一部分，应该将争取出版自由与普遍自由结合起来。要把“取消私有财产权”和“恢复地产的共有共享”作为实现一切人或全体人自由的首要条件，这说明他懂得用生产资料公有制代替私有制的重要意义。这一思想非常接近马克思主义关于出版自由的观点，特别是对于资本主义社会的出版自由受制于金钱这一点上的看法。

（二）对资产阶级出版自由的揭露

布朗基认为资产阶级报纸没有信用、没有自由，大财团可以肆意左右报纸的言论，甚至限制报人的人身自由。在资产阶级当政的时候，根本没有穷人说话的地方，所谓的言论自由都是虚伪的。资产阶级可以通过各种“合理”的手段将穷人的出版自由拿走。魏特林也从同样的角度批判资产阶级出版自由。在他看来，资本主义社会新闻行业以及其他领域所出现的丑恶现象都是源于金钱。“为什么新闻记者要说谎，为什么盗贼要偷窃，为什么商人要欺骗，为什么律师要为一件坏事辩护？一切都是为了钱。”② 金钱是万恶之源。所以，“在金钱制度下的出版自由是不会完全的，因为可以用钱去收买那些下流作家。在这个制度里如果有一篇文章传播了真理，就会有其它的十篇文章传播错误、谬论和谎话”③。魏特林还

① ［德］威廉·魏特林：《和谐与自由的保证》，孙则明译，商务印书馆1960年版，第245页。

② ［德］威廉·魏特林：《和谐与自由的保证》，孙则明译，商务印书馆1960年版，第105页。

③ ［德］威廉·魏特林：《和谐与自由的保证》，孙则明译，商务印书馆1960年版，第245页。

分析了为什么那么多人愿意为富人鼓吹，进而指出资产阶级新闻自由的实质。于是魏特林得出结论，对于富人，出版自由是一件可能的事，但是对于不大富有的人，就是不可能的事了。

（三）关于理想社会报刊制度的设计

空想共产主义者对理想社会报刊制度的设计集中表现在卡贝1840年发表的《伊加利亚旅行记》中。在这部著作中，卡贝用民间小说的形式通俗而又生动地描绘了共产主义制度的国家——伊加利亚。在伊加利亚的社会分工中，“也有教师以及各种科学杂志和生产刊物的编辑和撰稿人”①。这些从事报刊工作的人撰写文章，出版发行报纸杂志等，都一概不惜任何工本。在这本书里，卡贝用了专门的一章来讲述伊加利亚的报纸。

伊加利亚报刊已经完全不存在资产阶级报刊的种种弊端：“因为，第一，我们已经建立了一种新的社会政治制度，根本消除了报纸之间毫无意义地互相敌视的基础；第二，我们只许每一个公社出版一种报纸，就是公社报，每省只许有一种省报，全国性的报纸也只有一家；第三，我们把报纸的编辑任务委托给人民或者他们的代表选举出来的公务人员，他们公正无私，有一定的任期，而且可以随时撤换。特别是，我们规定报纸只起一种书面记录的作用，记者只报道，不发表议论。”② “那些选举产生的新闻记者，都是一些最有才干的作家，他们认为自己光荣的职责在于明确无误、条理分明地报道事实，分析讨论情况，文笔要优美动人，特别是语言要精练，内容方面不挂一漏万，不画蛇添足。”③ 卡贝心目中理想的新闻工作者应该是德才兼备、客观公正的公务人员，他们的宗旨是全心全意为人民服务。卡贝还认为，报纸具有教育功能，阅读报纸和

① ［法］埃蒂耶纳·卡贝：《伊加利亚旅行记》第1卷，李雄飞译，商务印书馆1976年版，第170页。

② ［法］埃蒂耶纳·卡贝：《伊加利亚旅行记》第1卷，李雄飞译，商务印书馆1976年版，第265～266页。

③ ［法］埃蒂耶纳·卡贝：《伊加利亚旅行记》第1卷，李雄飞译，商务印书馆1976年版，第266页。

书籍是终生接受教育的一种途径。卡贝的对于报刊的描述是空想社会主义小说里面最为详尽的。他的新闻传播思想既有玫瑰般的理想色彩，又含有强烈的批判成分，它尖锐地抨击了贵族资产阶级所谓的出版自由以及其他种种弊端。卡贝的相关论断，对于马克思、恩格斯的新闻传播思想产生过一定的影响。

（四）发挥报刊的宣传功能

埃蒂耶纳·卡贝被恩格斯称为法国广大无产者公认的代表。卡贝于1833年出版了《平民报》（又译作《人民报》），拥有相当多的读者。这份报纸中间停办几年，后来一直定期出版到1851年，是当时共产主义报刊中出版时间最长的。在高峰时，该报在法国各省拥有350名通讯员和宣传员。该报积极宣传和平的“伊加利亚”共产主义。“共产主义的联合”是卡贝的最大关心所在，他通过报纸不断地宣传公有制原则，要求实现平等，消灭贫困，实现教育统一等。卡贝还在其他报纸发表文章，或者出版小册子，宣传空想社会主义学说。19世纪40年代初，伊加利亚共产主义者在法国有近50万人。仅此可以看出，卡贝的宣传是成功的。

魏特林被恩格斯誉为“德国共产主义创始者”。1838年，魏特林在巴黎写成他的第一部空想社会主义著作《现实的人类和理想的人类》，后来魏特林来到瑞士，于1841年9月至1843年5月在瑞士出版期刊，宣传共产主义。期刊名称最开始是《呼吁德国青年》，后为《年轻一代》。魏特林通过这本杂志努力把自己的社会观点综合成一个完整的空想社会主义体系。该杂志的作者和读者都是工人。它“从一开始它就胜过了法国共产主义者办的大部分刊物，甚至胜过了卡贝慈父办的‘人民报’”①。其后，魏特林还担任过布鲁塞尔《特里尔日报》等报纸的编辑，并给很多杂志写文章。

可见，19世纪三四十年代的空想共产主义者深深地了解报刊的宣传功能，基于对报刊传播规律的把握和高度的责任感，他们力图在实际斗争中发挥报刊的宣传鼓动功能。在这方面，他们比过去

① 《马克思恩格斯全集》第1卷，人民出版社1956年版，第586页。

的空想社会主义者要明智得多，成功得多。

五、结　论

空想社会主义从16世纪初作为人类的先进思想登上历史舞台开始，到19世纪40年代中期以后逐渐走向它的反面，成为落后的思想为止，一共走过300多年的历史。空想社会主义的新闻传播思想，是空想社会主义者在其构想的理想社会模型里阐述的，关于人类新闻传播活动的基本主张。这一思想对科学社会主义思想宝库做出了重大的贡献。当然，作为特定历史时代的产物，空想社会主义新闻传播思想也有其历史局限性。

（一）空想社会主义新闻传播思想的历史价值

空想社会主义学说是马克思主义的重要来源，对马克思主义的产生做出了重要贡献。空想社会主义者抨击了资产阶级新闻观，并揭示了以后用科学方法证明其正确的关于未来新闻事业的设想。这些远见卓识是马克思主义新闻传播思想的理论来源之一。

首先，空想社会主义者深刻地揭露了资本主义新闻事业的弊端，批判了资产阶级出版自由的虚伪性，使无产阶级更加清醒地认识了资产阶级新闻事业的本质。

无论是18世纪空想社会主义者，还是顶峰时期三大空想社会主义者以及稍后的空想共产主义者的新闻观点，都对资本主义的新闻传播体制和新闻事业进行了无情的揭露和辛辣的讽刺。这些空想社会主义者一针见血地指出资本主义出版自由的实质，将其种种弊端做了透彻分析。有学者评价："空想社会主义者在新闻思想上的贡献，正表现在对资产阶级出版自由虚伪性的无情剖析与深刻揭露，并在此基础上提出无产阶级出版自由的目标——真正的出版自由的理想。"① 空想社会主义的批判对于无产阶级更加清醒地认识

① 童兵：《马克思主义新闻思想史稿》，中国人民大学出版社1989年版，第30页。

资本主义自由的实质有重要的导引作用，同时对于构建无产阶级出版自由理念有不可磨灭的意义。

其次，空想社会主义者提出了一些有价值的新闻传播观念，对于马克思主义新闻传播思想有一定的启发。

空想社会主义者认为报刊应该由人民来创办，为人民服务，接受人民的监督等，这种朴素的报刊思想，对于马克思主义人民报刊思想不乏启示。马克思认为，人民报刊应该表现一定的人民精神，为人民群众说话，应该“为政治上和社会上备受压迫的贫苦群众的利益而揭露那些卑躬曲节惟命是从的所谓历史学家们所捏造出来的东西”①。马克思发展了空想社会主义者们对于报刊和人民关系的理论，并使其更加丰富，更加切合实际。

空想社会主义者很重视言论的真实性。莫尔和康帕内拉在对乌托邦和太阳城的描绘中，强调人际交往要真实诚恳，谴责装假说谎。摩莱里和邦纳罗蒂也认为著书立说、进行报道应该遵循真实性原则。三大空想社会主义者更是对资产阶级利用报刊编造谎言、欺骗公众的恶劣行径极为愤慨，不断地加以痛斥和揭露。空想社会主义者无一例外地坚持言论真实性，马克思主义新闻观正是沿袭了空想社会主义者的这一优良传统。

最后，空想社会主义者自觉地把报刊作为舆论宣传、公众教育、政治斗争的工具，为后来无产阶级新闻实践提供了宝贵的经验。

空想社会主义者开启了利用报刊为无产阶级事业斗争的先河。巴贝夫以及巴贝夫主义者不断在报刊上发表作品，宣传其空想社会主义思想，并且创办报刊，形成自己的舆论阵地。三大空想社会主义者都是懂宣传的实践者，他们经常利用书籍、报刊宣传自己的主张。其中欧文更是办报的能手，是空想社会主义者中对报刊运用最多的宣传家之一。他主编或者参与编辑的报刊有六种以上，他的文章或演讲经常在伦敦各大报纸公开发表。布朗基在普法战争中创办《祖国在危急中报》，宣传其革命主张，号召人民群众起来反对反

① 《马克思恩格斯全集》第1卷，人民出版社1956年版，第141页。

动政府。马克思恩格斯给予这位政治革命家很高的评价，把布朗基的坚定信念看做是包括工人阶级在内的宝贵的品质。恩格斯号召德国共产党学习卡贝的办报经验和论战方法。魏特林是德国工人运动的组织者和出色的宣传者。他对报刊的运用及对报刊工作的看法，显然对马克思产生过直接的影响。后者在拟定德国第一份社会主义刊物《德法年鉴》编辑方针的时候，就对魏特林以及卡贝的观点进行分析，认为魏特林的共产主义不是想象中的和可能存在的共产主义，而是“实际存在的共产主义”①。

（二）空想社会主义新闻思想的历史局限

空想社会主义者在新闻活动中批判了资本主义现实，宣传社会主义理想，从而在利用近代报刊对无产阶级进行教育方面取得了一定的成就。他们的新闻观点和实践经验的参考意义固然毋庸置疑，但是，由于时代及历史的局限，空想社会主义新闻传播思想的一些不足也应该引起我们的关注。

第一，空想社会主义新闻思想中存在一定的空想性，脱离了客观实际。

莫尔、康帕内拉、卡贝等空想社会主义者通过文学描述的形式将未来理想的社会图景展现出来，这些图景是在资本主义社会的现实基础上出现的。他们对资产阶级抱有幻想，试图通过著书立说和报刊宣传、呼吁当时的统治者和有产者援助的方法来实现他们的社会主义计划，这种不切实际的幻想注定是要失败的。他们对于平等的要求，对于出版自由的要求也建立在空想的基础上。卡贝提倡出版自由，但又要求记者只能客观报道，若想表达自己的意见，必须到公民大会上去。有学者在评价卡贝的新闻思想的时候说：“卡贝的新闻观表现出思想的极端幼稚和简单化。”② 所有的空想社会主义者都把自己的平等观视为唯一正确的。他们抽象地理解平等，把

① 《马克思恩格斯全集》第1卷，人民出版社1956年版，第416页。

② 陈力丹：《马克思主义新闻观思想体系》，中国人民大学出版社2006年版，第35页。

平等绝对化，认为平等是完善的政治制度和社会制度的原则。在此基础上，绝大多数空想社会主义者提出的出版自由都是普遍的、绝对的、不受限制的，其中渗透着平均主义的观念，希望全社会在出版自由上绝对平等。这些思想脱离了当时的社会现实。

第二，一部分空想社会主义者在宣传中采用了宗教与神学的内容或形式，甚至将自己的学说混杂其中，产生一定的误导。

早期空想社会主义者的平等观采取的是宗教的形式，他们对于传播的理解也不免带有宗教色彩。在莫尔看来，基督精神和乌托邦制度是一致的。在乌托邦，宗教似乎成了巩固乌托邦经济和政治制度的精神手段，人们的交往也受到宗教的影响。康帕内拉和闵采尔都是泛神论者，他们认为万物原本是神，神就是一切。他们的很多交往与传播观点与宗教结合得很紧密。圣西门批判传统的宗教神学，但是他的批判不够彻底，甚至自己最后也陷入宗教神学的泥潭。他把传播新基督教教义和宣传社会主义学说结合在一起，强调要通过道德和舆论宣传的力量来维持和传播。曾经尖锐地批判过宗教、神学的欧文，也主张建立“合乎真理的宗教”或“理性宗教”。魏特林主张“利用差不多家家户户都有的福音书来替穷人说话和反对穷人的敌人”①。他试图通过“制造一部自由、平等和共有共享的福音”来揭露统治阶级的暴政、压迫和欺骗，号召人民起来反对敌人，等等。这些做法在客观上产生了一些误导。

第三，空想社会主义新闻传播思想受到当时报刊发展水平的制约。

在空想社会主义者莫尔和康帕内拉的时代，现代报刊还只是处于萌芽阶段。18 世纪，空想社会主义者逐渐接触报刊，甚至创办报刊，他们利用报刊宣传其理论主张。不过，那个时代的报刊事业发展水平还不是很高，并且受到很大的限制。各国政府通过征收印花税、津贴制度和叛国法与煽动诽谤法等来制约报刊发展。由于受到政府限制过多，报业发展水平不高。空想社会主义者对于新闻传

① ［德］威廉·魏特林：《现实的人类和理想的人类——一个贫苦罪人的福音》，胡文建、顾家庆译，商务印书馆 1984 年版，第 162 页。

播方面的见解虽然有些超前，但是他们最终还是要在现实报刊发展水平的基础上提出自己的设想和观点。他们的一些传播理念表现得不太成熟，在很大程度上与其所处的历史时代，以及这个时代报刊事业发展水平直接相关。

总之，空想社会主义的新闻思想缺乏科学基础，具有幻想性，不切实际，但是对于空想社会主义者，我们不能过于苛求。列宁说："判断历史的功绩，不是根据历史活动家没有提供现代所要求的东西，而是根据他们比他们的前辈提供了新的东西。"① 从这个角度讲，空想社会主义新闻传播思想的贡献还是很大的，因为他们比他们的前辈提供了更多有益的东西，其中不少观点对于当今世界的新闻传播实践仍不无启迪。

① 《列宁全集》第2卷，人民出版社1959年版，第150页。

第十一章　马克思恩格斯新闻传播思想

在世界新闻传播学术史上，马克思恩格斯的新闻传播思想占有十分重要的地位。它不仅是马克思主义新闻传播学说的源头，而且还是20世纪20年代以来社会主义阵营各国新闻传播制度的理论基础。其影响不仅是世界性的，而且具有划时代的历史价值。对于这一重要的历史存在，国内外学术界进行的探讨不可谓不充分，相关的研究成果汗牛充栋。这些成果一方面就马克思恩格斯的新闻传播思想体系及其内涵做了深入的梳理，另一方面还就其历史来源、实践基础，及广泛的社会影响，进行了全面的思考，其中不乏经典之作。本章试图从世界新闻传播学术史的视野，就马克思恩格斯新闻传播思想的核心部分，如人民报刊思想、出版自由观及党报理论等问题，作一些新的解读。

一、马克思恩格斯的新闻实践

马克思恩格斯不仅是马克思主义理论家、深刻而睿智的新闻传播学者，而且还是杰出的新闻工作者。其新闻传播实践一方面是马克思恩格斯认识社会、解剖社会经济关系的直接途径，从而为马克思主义理论体系的确立奠定了思想基础；另一方面，这种直接的新闻实践，又为马克思恩格斯解读、揭示新闻传播现象及其内在规律，提供了现实的必要条件。在这个意义上，了解马克思恩格斯的新闻传播实践，是认识马克思主义理论，特别是马克思主义新闻传播思想的必由之路。

（一）马克思恩格斯的新闻生涯

马克思恩格斯的新闻生涯，分别开始于1837、1838年。《德国缪斯年鉴》、《不来梅城市信使报》发表了马克思恩格斯最早的文字作品。那时他们还是青春勃发、风华正茂的青年。由此直到他们辞世，前后约半个世纪。据童兵教授统计，在几十年的报刊活动中，他们创办、主编报刊4种，协助创办、参与编辑报刊5种，指导报纸编辑方针的有10种。此外，他们还为60余种报刊长时间撰稿、提供科学著作和文件，还有更多的报刊发表过他们的声明、转载过他们的文章。收入《马克思恩格斯全集》的文章（著作），有1700余篇（部），其中政论、通讯和消息有750余篇，占总数的45%，论战性文章260篇，占总数的16%。《马克思恩格斯全集》还收录了他们写的书信4000余件，这些内容有不少是谈及报刊工作和论及报刊文章的。据不完全统计，马克思恩格斯发表的报刊文章同有关书信累积起来大约有2000万字。① 也就是说，他们平均每年要在报纸上发表大约50万字的文字作品。与此同时，他们的理论探讨和职业革命活动并未因此中断。

从马克思恩格斯涉足新闻领域开始，直到他们离开为之奋斗的无产阶级解放斗争的伟大事业，其间的艰辛历程大体上可以划分为五个阶段。② 第一个阶段是从1837年到1846年，是为《莱茵报》时期。这是他们刚刚进入新闻传播领域并初显身手的时期，他们的舞台主要在国内。第二个阶段是1847年到1850年，是为《新莱茵报》时期。其间马克思恩格斯参与改造了《德意志—布鲁塞尔报》，创办了《新莱茵报》和《新莱茵报·政治经济评论》，这是马克思恩格斯个人新闻生涯最辉煌的年代。第三个阶段是1851年到1864年。这是欧洲大革命失败后，国际工人运动陷入低潮。其

① 童兵：《马克思主义新闻思想史稿》，中国人民大学出版社1989年版，第46~47页。

② 郑保卫：《马克思恩格斯报刊活动与新闻思想研究》，高等教育出版社2003年版，第4~6页。

间，马克思恩格斯在致力于理论研究的同时，一面指导各国工人报刊的宣传工作，一面则利用在国外出版的资产阶级报刊来传播革命的理念。第四个阶段是1864年至1879年，是为第一国际时期。此间，马克思恩格斯的报刊活动的主要内容，是指导和帮助《蜂房报》、《工人辩护士报》等国际工人协会总委员会的机关报和国际工人协会欧美各国支部的机关报。最后一个时期是1879年至1895年，其间，马克思恩格斯的报刊活动以指导德国《社会民主党人报》和《新时代》为主要内容，在指导相关报刊的活动中，总结出了关于处理党报和无产阶级政党关系的基本原则。

纵观马克思恩格斯的新闻生涯，可谓亮点迭出，精彩纷呈。但其中最引人注目的还是《莱茵报》和《新莱茵报》时期。《莱茵报》（全称《莱茵政治、商业和工业日报》）创立于1842年年初，其老板是莱茵省大资产阶级的代表人物康普豪森。1842年5月5日，马克思以"莱茵省一居民"的身份在《莱茵报》上连载发表了旨在抨击普鲁士书报检查制度的著名论文《第六届莱茵省议会的辩论》。同年十月，马克思以卓越的新闻天才和公信力，被聘为《莱茵报》的主编。由此直到1843年3月，马克思为《莱茵报》工作了整整6个月。这是马克思有生以来第一个正式的工作岗位，记者由此成为他一生唯一的正式职业。作为主编，马克思利用报刊阵地，大胆地为共产主义辩护，与奥格斯堡反动的《总汇报》展开了激烈的论战；他还坚持捍卫报纸的革命方向，与那些脱离社会生活实际、沉湎于抽象的哲学争论的"自由人"划清界限；同时，马克思还关注民生疾苦，利用报刊公开为政治上和社会上备受压迫的贫苦群众的利益辩护。在马克思的主持下，《莱茵报》具有越来越明显的革命民主主义性质，成为激进民主派的一面旗帜。这种鲜明的政治立场，使当时普鲁士的"书报检查机关大为苦恼，因而不得不给他以特殊的荣幸——从柏林给《莱茵报》派来一个专门的检察官。当这样做也无济于事的时候，又给该报规定了双重的检察，即它每出一号，除普通检查之外，还要呈交科伦行政长官进行复查。但是，这个办法也还是丝毫无助于制止《莱茵报》的'根深蒂固的恶念'，于是内阁就在1843年初勒令《莱茵报》于第一季度末停刊。当时，报纸的股东们曾经试图谋求和解，因此马克思立即辞去了编辑职务，但也没有收到任何效果，报纸最后还是停刊了”①。

马克思离开《莱茵报》后流亡国外，乃决定和卢格前往普鲁士政府无法控制的巴黎，在那里出版了一种社会主义刊物《德法年鉴》。马克思为此拟定了纲领和策略，但这份倾注了他心血的刊物，仅出版一期就停刊了。随后，马克思移居布鲁塞尔。在这里马克思一方面将精力集中于哲学和经济学研究，另一方面则为无产阶级报纸《前进报》、《德意志—布鲁塞尔报》撰稿；与此同时，恩格斯在英国一直与欧文派工人报纸《新道德世界》和宪章派报纸《北极星报》撰稿。1845 年，恩格斯搬到布鲁塞尔，与马克思会合，一同组织共产主义通讯委员会——这是国际共产主义运动史上的第一个通讯社——开始了他们共同战斗的革命生涯，也开始了他们生死与共的新闻实践。

（二）《新莱茵报》的创立

1848 年，欧洲大革命的枪炮声惊动了在专制重压下昏睡的德意志，政治、经济及思想文化条件的成熟，使得德国革命的浪潮开始汹涌奔腾起来。当三月革命爆发时，马克思恩格斯决定回到自己的祖国，投入革命的潮流。1848 年 4 月，他们返回了德国科伦。为了指导这场伟大的革命，他们决定在科伦创办一份革命无产阶级的大型日报。5 月 31 日 ，由马克思恩格斯亲自创办的国际共产主义运动史上“革命无产阶级最好的机关报”《新莱茵报》正式创刊。这一时间比他们原来计划的提前了整整一个月，其原因在于他们“预料德国的九月法令很快就要颁布，因此，我们决定利用自由环境中的每一天”，于是在 6 月 1 日就开始出报了。这是欧洲历史上第一份以革命民主派的旗帜出现的无产阶级政党的党报。“这个旗帜只能是民主派的旗帜，但这个民主派到处，在各个具体场合，都强调了自己的特殊的无产阶级性质，这种性质是它还不能一

① 《马克思恩格斯全集》第 16 卷，人民出版社 1964 年版，第 408 页。

下子就写在自己旗帜上的。如果我们当时不愿意这样做，不愿意站在已经存在的、最先进的、实际上是无产阶级的那一端去参加运动并推动运动前进，那我们就只好在某一偏僻的地方的小报上宣传共产主义，只好创立一个小小的宗派而不是创立一个大型的行动党了。”①

马克思给《新莱茵报》确定的任务是，“向公众介绍当前形势、研究变革的条件、讨论改良的方法、形成舆论、给共同的意志指出一个正确的方向”②。《新莱茵报》的政治纲领就是共产党在德国的要求，它有两个基本的要点：建立一个统一的、不可分割的、民主的德意志共和国和对俄国进行一场包括恢复波兰的战争。从办报风格上看，《新莱茵报》与50年前法国大革命时期马拉的《人民之友》颇为神似。恩格斯后来在回忆这段历史时说：“我们在许多方面都不自觉地仅仅是模仿了真正的（不是保皇党人伪造的）《人民之友》的伟大榜样；一切的怒叫，以及使人们在几乎一百年只知道马拉完全被歪曲了的形象的那种全部历史捏造，只不过是由于，马拉无情地扯下了当时那些偶像——拉菲德、巴伊等人的假面具，揭露了他们已经成了十足的革命的叛徒的面目，还由于，他也像我们一样不认为革命已经结束，而想使革命被宣布为不断的革命。”③ 在报纸的日常运行上，马克思保持着在编辑部的绝对权威。“编辑部的制度简直是由马克思一人独裁。……马克思的独裁对我们来说是理所当然和无容置疑的，所以我们大家乐于接受它。首先是有赖于马克思的洞察力和坚定的立场。”④ 由于马克思的卓越领导、员工的艰苦努力和牺牲精神，《新莱茵报》取得了巨大的成功。在创立之初，它几乎没有得到任何资金的支持，但三个月后，就拥有了五千份的发行量。“在科伦宣布戒严时，报纸曾一度被封；在十月中发行不得不一切从头开始。但是，1849年5月，

① 《马克思恩格斯选集》第4卷，人民出版社1995年版，第182页。
② 《马克思恩格斯全集》第43卷，人民出版社1982年版，第489页。
③ 《马克思恩格斯全集》第21卷，人民出版社1965年版，第23页。
④ 《马克思恩格斯全集》第21卷，人民出版社1965年版，第21页。

在它被禁止时，它又有了六千订户，而当时《科伦日报》，据该报自己承认也不过只有九千订户。没有一家德国报纸——无论以前或以后——像《新莱茵报》这样有威力和影响，这样善于鼓舞无产阶级群众。"① 由于《新莱茵报》的革命立场，普鲁士政府终于以国家的强制力迫使该报停刊。马克思恩格斯在《新莱茵报》时期的报刊活动及其对新闻工作的论述，不仅在其整个新闻生涯中占有十分重要的地位，而且确立了此后150多年马克思主义新闻传播思想发展史上的丰碑。

（三）马克思恩格斯的报刊实践

欧洲大革命失败后，马克思恩格斯不得不再次流亡国外，定居于英国。由此直到1864年第一国际的创立，国际工人运动陷入了低潮。出于国际共产主义运动的未来斗争需要，马克思恩格斯做了适当的分工。恩格斯后来回忆，由于这个分工，"我的任务就是要在定期报刊上，因而特别是要在同敌对见解的斗争中，发表我们的见解，以便让马克思有时间去写作他那部伟大的基本著作。因此，在大多数情况下，我都必须采用论战的形式即在反对其他种种观点的过程中，来叙述我们的观点"②。也就是说，这种分工使得恩格斯的精力更多地倾注于报刊宣传工作，而马克思则尽可能地专心致志于他的理论研究。当然，这种分工是相对的，对于他们两人来说，理论研究与报刊工作是不能割裂的，其差别仅在有所侧重而已。总的来说，在整个19世纪50年代到1864年，马克思恩格斯的报刊活动集中于以下几个方面：

第一，指导帮助英国、美国、德国无产阶级报刊。在英国，宪章派运动及其代表性报刊《寄语人民》、《人民报》，成了马克思恩格斯帮助、指导的主要对象。据统计，他们先后在这两家报刊上共发表文章20多篇。当《人民报》经营陷入困境时，马克思不顾自己的经济困难，"整天整天同他（琼斯——引者注）一起从本丢到

① 《马克思恩格斯全集》第21卷，人民出版社1965年版，第26页。
② 《马克思恩格斯全集》第21卷，人民出版社1965年版，第375页。

彼拉多，为他的报纸筹集资金到处奔走”①。该报负责人厄·琼斯深为感激。他在致马克思的信中说：“对您的高尚、正直和大公无私的品德给以应有的评价。……我记得，您多年来曾经毫无报酬地给我的小型杂志《寄语人民》、后来又给《人民报》写过许多文章，这些文章对人民的事业十分重要，对报纸是非常宝贵的。”②等到《人民报》与资产阶级激进派达成妥协时，马克思便正式与其决裂了。在美国，马克思一直通过约瑟夫·魏德迈和阿道夫·克路斯与美国工人阶级保持着密切的联系。魏德迈流亡美国后创办的《革命》（1852 年 1 月）、《人民呼声》（1860 年 4 月）以及由他参与指导的《改革报》（1853 年 3 月），都得到了马克思恩格斯的鼎力支持。《革命》在其创刊启事中公开声明，其编辑会得到《新莱茵报》的马克思恩格斯等人的协助。马克思的名作《路易·波拿巴的雾月十八日》就是作为《革命》的不定期刊物出版的。同时，在伦敦的德意志工人教育协会和其他工人教育协会的机关报《人民报》（德文），也得到了马克思恩格斯的大力支持，并发表了他们的十多篇文章。

第二，利用资产阶级报刊，占领敌人的思想阵地。这主要是因为经济上的弱势和政治上的高压，使无产阶级难以出版与资产阶级相抗衡的报刊，所以马克思在致拉萨尔的信中说：“我认为现在极其重要的是使我们的党在一切可能的地方占领阵地，哪怕暂时只是为了不让别人占领地盘。当然，目前还必须慎重地利用这些阵地，但重要的是，为了决定性的时刻保证自己在各个据点的影响。……我们原则上应当，按照路德关于上帝的说法，‘用坏蛋打坏蛋’，并利用一切机会制造恐慌和促进总崩溃。……哪里有需要，就应当向哪里投毒。如果我们只限于给基本上同情我们观点的报纸撰稿，那末我们就必定会把各种报刊工作完全搁置起来。难道应当容许所谓的‘社会舆论’都充满反革命材料吗？”③ 他还对施累格解释

① 《马克思恩格斯全集》第 28 卷，人民出版社 1990 年版，第 290 页。
② 《马克思恩格斯全集》第 14 卷，人民出版社 1964 年版，第 748 页。
③ 《马克思恩格斯全集》第 29 卷，人民出版社 1972 年版，第 569 页。

说："我们给我们的敌人写东西，不是给他们帮忙，而是完全相反。这是我们同他们开的最厉害的玩笑。"① 马克思不仅这样说，而且还确实是这样做的。其最典型的事例就是为在美国纽约出版的《纽约论坛报》长达十年的撰稿活动。《纽约论坛报》"在美国国内战争爆发以前，不仅经常刊载由他署名的通讯，而且发表了他写的许多欧洲和亚洲形势的社论"②。对此，《纽约论坛报》的负责人查尔斯·德纳满怀感激之情。在他致马克思的信中回忆道："大约在9年前，我邀请您为《纽约论坛报》撰稿，从那时起这种撰稿工作就没有间断。就我记忆所及，您经常为我们写稿，从没有一星期间断。您不仅是我们报纸最宝贵的经常撰稿人之一，而且也是报酬最优厚的经常撰稿人之一。"③ 恩格斯则为英国《每日新闻》撰写了大量高水平的军事报道。这些文章借助于资产阶级报刊，比当时的无产阶级报刊在更广的范围内产生了重大的影响。

第三，对国际工人协会的报刊予以支持。19世纪60年代中期，欧美各国工人阶级相继建立起自己的政党。1864年9月28日，欧美各国的民主派和无产阶级的代表齐聚伦敦圣马丁教堂，成立了历史上第一个无产阶级国际组织——国际工人协会（第一国际）。马克思成了这个国际组织的灵魂，他和恩格斯满腔热情地投入了第一国际的建设，为其起草了第一个宣言和许多决议、文件，并且参与指导第一国际的机关报刊。鉴于第一国际的早期机关报《蜂房报》受到工联主义的影响，背离了无产阶级的立场，马克思建议第一国际总委员会断绝与《蜂房报》的一切联系。第一国际采纳了这一建议并委托马克思起草相关的决议，这一决议是国际共产主义运动新闻史上的一个重要文献。随后，马克思恩格斯对于第一国际新的机关报《工人辩护士报》又给予了大力的支持，历史记载，那时的马克思每个星期都参加报社的理事会和股东会，为报纸把握政治方向，确保报纸不致背离国际工人协会的纲领、路线。

① 《马克思恩格斯全集》第28卷，人民出版社1973年版，第598页。
② 《马克思恩格斯全集》第19卷，人民出版社1963年版，第119页。
③ 《马克思恩格斯全集》第14卷，人民出版社1964年版，第748页。

与此同时，马克思恩格斯还对第一国际的许多地方组织的机关报给予了大力的支持。在巴黎公社时期，马克思恩格斯不仅对巴黎公社的各种报刊给予了充分的关注，而且对巴黎公社的新闻传播政策也进行了客观的评价。应该说，马克思恩格斯在这个时期的报刊活动实践及其对无产阶级报刊的相关论述，是后来无产阶级党报理论的主要来源之一。

第四，从1879年到1895年恩格斯去世，马克思恩格斯的报刊活动主要集中于为德国《社会民主党人报》和《新时代》撰稿及对其办报方针的指导。其间，欧洲各国工人运动风起云涌，马克思主义在世界范围内得到更广泛的传播，但与此同时机会主义在工人运动中也占有较大的市场。在德国，铁血宰相俾斯麦通过了所谓的“反社会党人法”，规定禁止一切社会主义宣传活动，《前进报》等党的报刊被禁止出版。在这种情况下，德国社会民主党左翼领导人于1879年9月28日在苏黎世创办了《社会民主党人报》。马克思恩格斯对《社会民主党人报》给予了极大的关心，特别是在马克思逝世后，恩格斯一方面肩负着整理出版马克思遗著的重任，另一方面还以高度的热情，认真地指导《社会民主党人报》的出版。在伯恩施坦主持《社会民主党人报》期间，恩格斯就给伯恩施坦去信百余封，其中相当部分内容就是探讨报纸的言论方针、报道业务及宣传策略。他还在《社会民主党人报》上发表了不少文章。尤其值得关注的是，正是围绕《社会民主党人报》，恩格斯比较系统地阐发了无产阶级党报思想。同期，恩格斯还对德国社会民主党的理论刊物《新时代》（周刊，1883年创立于斯图加特）给予了极大的支持，并在该刊上发表了20多篇文章。恩格斯盛赞该刊是“一个极其值得掌握住的堡垒”，并且建设性地提议将该刊的编辑部由斯图加特搬到柏林去，以提高周刊对于当地斗争形势的及时反应能力。对于《新时代》存在的问题，恩格斯也毫不客气地予以批评，如该刊的定位和定价的背离，“杂志的内容是为这一类读者编的，而售价却是按另一类读者定的”①。他坚持报刊要为无产阶

① 《马克思恩格斯全集》第39卷，人民出版社1974年版，第57页。

级服务，要代表他们的利益，就必须连带地考虑他们对报刊的购买能力。

（四）马克思恩格斯的新闻文风

50多年的报业实践，确立了马克思恩格斯作为世界新闻传播史上无产阶级杰出报人的光辉典范，形成了他们得以立足于报界的独特文风。马克思恩格斯的新闻文风，具有三个鲜明的特点。

其一是联系实际，不尚空谈。恩格斯曾坚决地反对莫斯特《自由周报》的夸夸其谈，批判“《自由》简直是毫无内容、毫无意义的喧嚣”①。他尖锐地指出作为一家革命的报纸，不能满足于唱革命的高调。“《自由》拼命想成为世界上最革命的报刊，但是，光在每一行字里重复‘革命’这个词是做不到这一点的。”② 报纸一定要联系实际，脚踏实地，戒除浮躁，杜绝夸夸其谈，尽量避免连篇累牍地使用“革命”的词汇。

其二是辛辣、讽刺。在与敌人的论战中，马克思恩格斯一直主张避用最厉害的语言，因为这些“厉害的字眼不一定使语言具有足够的力量，并且经常重复象坏蛋之类的字眼，其效力就逐渐减弱，因而只得使用越来越‘厉害’的字眼，而这样就有陷入莫斯特——施奈特文风的危险，那末，最好是像用其他办法，不要厉害的字眼而又能保证有力量和富于表达力。这种办法是有的，即主要是利用讽刺、讥笑、挖苦，这要比最粗暴的愤怒语言更能刺痛敌人。我认为，《社会民主党人报》最好是像最近几号所做的那样，在一切可行的地方采用早已行之有效的讽刺笔调”③。正是在这个意义上，恩格斯多次劝告伯恩施坦：“要使用讽刺和讥笑的方法去稍微缓和一下自己那种义愤填膺的腔调，因为这种腔调如果不是变得枯燥无味，就会愈来愈走向极端，那时它就变得荒谬可笑了。”④

① 《马克思恩格斯全集》第34卷，人民出版社1972年版，第410页。
② 《马克思恩格斯全集》第34卷，人民出版社1972年版，第416页。
③ 《马克思恩格斯全集》第35卷，人民出版社1971年版，第336页。
④ 《马克思恩格斯全集》第35卷，人民出版社1971年版，第316页。

马克思恩格斯就是使用讽刺语言的高手。他在批判奥格斯堡《总汇报》时，将其描绘为令人讨厌的长舌妇。在批判英国便士报《每日电讯报》的低级庸俗时，马克思不无嘲讽地说：“伦敦所有厕所都通过一些隐蔽得很巧妙的管子把人体的脏物排到泰晤士河里。同样地，世界名城也通过一些鹅管笔把它所有的社会脏物都排到一个纸制的藏污纳垢的大中心——《每日电讯》里。……但是，掌管纸制的藏污纳垢中心的勒维，不仅对化学是内行，对练金术是内行。他把伦敦的社会脏物变成报纸上的文章，是为了随后把报上的文章变成铜，最后又把铜变成金。在纸制的藏污纳垢中心的大门上，用黑颜色写着：‘此处……随意便溺！’或者像拜伦生动地翻译的那样：‘行人，停下来小便吧’”!① 这种辛辣讽刺的语言比正面的直接攻击能取得更好的效果。其三是大刀阔斧，充满盎然的生气和趣味。早在《莱茵报》时期，马克思就讨厌那种“小手小脚而不是大刀阔斧的做法。伪善、愚昧、赤裸裸的专横以及我们的曲意奉承、委屈求全、忍气吞声、谨小慎微使我感到厌倦。总而言之，政府把自由还给我了”②。他渴望大刀阔斧地施展自己的才华，展现本色的自我。同时恩格斯还主张报刊文章要有趣味性，绝对不能枯燥。对于德国社会民主党的《人民报》，恩格斯就建议威廉·李卜克内西首先要从该报中去掉“贯串于该报的枯燥得要命的格调。……而《人民报》则大部分象是在梦中写出的。……《人民报》总是让我们昏昏欲睡。这还是机智的柏林人呢？真糟糕！总之，你要竭力使报纸变得有生气”③。

马克思恩格斯的新闻传播实践，是其新闻传播思想的直接来源——当然，马克思恩格斯的新闻传播思想还有其他诸多源头，如资产阶级自由主义报业学说等，限于篇幅，这里不再赘述。正是这几十年的新闻传播实践，使得马克思恩格斯得以透视新闻传播现象及其内在规律，得以理解社会政治过程与新闻传播过程的互动，得

---

① 《马克思恩格斯全集》第14卷，人民出版社1964年版，第656页。

② 《马克思恩格斯全集》第27卷，人民出版社1972年版，第440页。

③ 《马克思恩格斯全集》第37卷，人民出版社1971年版，第477页。

以认识报刊的人民性及报刊从业者在无产阶级解放事业的历史进程中扮演的角色，进而感受到新闻出版自由的可贵。没有这段多姿多彩的新闻实践，马克思恩格斯的新闻传播思想就会成为无源之水、无本之木。

二、马克思恩格斯的人民报刊思想

在马克思恩格斯新闻传播思想体系中，人民报刊思想占有十分重要的地位。从时间方面来看，它是马克思恩格斯涉足新闻界之初，对于报刊的性质、使命及新闻活动规律的全面认识。从其内容来看，人民报刊思想与早期资产阶级报业学说，特别是自由主义报业理论，有着比较直接的关联，其超越阶级、党派的色彩相当鲜明，而与后期的党报理论呈现出较大的区别。这里所说报刊的人民性，其含义在于“报刊只是而且应该是有声的、‘人民（确实按人民的方式思想的人民）日常思想和感情的表达者，诚然有时这种表达是热情的、夸大的荒谬的’”①。如同生活本身一样，报刊始终是在形成的过程中，在报刊上永远也不会有终结的东西。它生活在人民当中，它真诚地和人民共患难、同甘苦、齐爱憎。它把它在希望与忧患之中从生活那里倾听来的东西，公开地报道出来；它尖锐地、激情地、片面地（像当时激动的感情和思想所要求的那样）对这些东西做出自己的判决。今天它所报道的事实或所发表的见解中的错误之处，明天它自己就会推翻。报刊和人民的血肉联系决定了报刊报道内容、立场与人民精神的一致性，以至于“凡是报刊年轻的地方，人民的精神也就年轻”；② 另外，“人民的缺陷同时也是他们的出版物的缺陷，出版物是历史人民精神的英勇喉舌和它的公开表露”③。这里的人民，既指无产阶级，也包括更广泛的国民、民众、公众范围。陈力丹教授在研究马克思恩格斯的“人民”

① 《马克思恩格斯全集》第1卷，人民出版社1956年版，第187页。
② 《马克思恩格斯全集》第1卷，人民出版社1956年版，第187页。
③ 《马克思恩格斯全集》第1卷，人民出版社1956年版，第50页。

内涵时，结合到其他地方的论述，并且根据德文原版重新翻译，其结论是他们在论述报刊与人民的关系时，除有特别说明外，“一般情况下”都是笼统的泛指。① 也就是说，报刊的人民性所强调的主要是他与人民群众、公众的血肉联系，以及对于他们精神的公开表露。至少在《莱茵报》时期，它还不是一个阶级的概念，而是具有比阶级更广的、中性的内涵。

（一）报刊是社会的舆论工具

马克思恩格斯认为，人民报刊首先应该是社会的舆论工具，是人民精神千呼万应的喉舌。在他们的著作中，多处提到报纸能够反映人们的呼声，表达社会舆论，更能够制造社会舆论，报纸本身就是社会舆论的产物。他们把报刊与舆论的关系比喻成驴子与麻袋的关系，主张报纸是社会舆论的载体。在《莱茵报》时期，马克思就表示：“《莱茵报》不是出于书商的投机目的以及指望捞到什么好处而办的。……对国王陛下的意旨的最好尊重，莫如把《莱茵报》建成一座民族的纪念碑，一家有原则地、大无畏地以自由的人们的语言来说话并且——这确是罕见的现象——让国王能够听到人民真正呼声的报纸。这家报纸的畅销，证明了它是如何深刻地理解人民的愿望。”② 《新莱茵报》时期，马克思恩格斯更是鲜明地指出报刊“是无处不在的耳目，是热情维护自己自由的人民精神的千呼万应的喉舌”③。报刊应该反映人民的心声，展现人民的本质，只要这样，它才能成为真实的和纯洁的东西，成为强身健体的饮料。如果人民从报刊上看不到自己本质的影子，他们“就会认为报刊是某种无关紧要的和不值一看的东西，因为人民不让自己受骗”④。

---

① 陈力丹：《马克思主义新闻思想概论》，复旦大学出版社 2003 年版，第 58~59 页。

② 《马克思恩格斯全集》第 40 卷，人民出版社 1982 年版，第 319 页。

③ 《马克思恩格斯全集》第 6 卷，人民出版社 1961 年版，第 275 页。

④ 《马克思恩格斯全集》第 1 卷，人民出版社 1956 年版，第 188 页。

作为人民精神的直接表现，人民报刊必须履行代表社会舆论监督公共权力的职责。这种权利乃是人民主权的直接体现。早在1840年，恩格斯就对不来梅《杂谈报》的社会监督职能大加赞赏。“如果剧院的座椅上露出一枚钉子，如果有一种小册子在商会中没人买，如果一个喝得醉醺醺的烟厂工人深更半夜在大街上自寻开心，如果排水沟没有打扫干净，——那么最先注意到这些事情的就是《杂谈报》。如果国民近卫军的军官认为自己大权在握，可以在人行道上骑马，那么他可以相信，在该报的下一号将会提出一个问题：国民近卫军的军官是否有权在人行道上骑马。这家优秀的报纸可以称为不来梅的上帝。”① 随后，在《新莱茵报》审判案中，马克思又公开声言，报刊不仅有权利而且有义务严密监督人民代表先生们的活动。马克思恩格斯始终坚持这样的信念：“报刊按其使命来说，是社会的捍卫者，是针对当权者的孜孜不倦的揭露者”，“如果某人进行揭露，那么对他的司法上的追究和是否诽谤问题的判决必须延期进行，直到对所揭露的事实调查清楚为止。”② 但是，报刊监督权利的行使，总会遭到当权者这样那样借口的阻扰。普鲁士政府就以极端保守的封建传统推出《出版法》以限制报纸对政府进行的监督。如出版法案第10条是上述一切条文的顶点，它规定：凡是在国家官员执行自己职务方面诽谤国家官员的人，罪加一等。根据刑法典第222条规定，如果官员在执行职务时或由于执行职务而遭到言语上的侮辱，侮辱他们的人应判处一个月到两年的徒刑。其结果是从这项法律生效的那一天起，普鲁士的官员就可以高枕无忧。……官员们就可以为所欲为地逞凶肆虐、横行霸道和违法乱纪了：他们可以放心地打人和命令别人打人，进行逮捕和不加审问就加以监禁。也就是说，报刊的监督行为在专制权力的重压下，面临着重重的风险。类似的法律规定，在其他国家也不少见。

为了保证报刊及其从业者独立行使舆论监督，为了使报刊的监督不是停留在个人层次，而是在社会舆论的高度来监督、调节政治

---

① 《马克思恩格斯全集》第41卷，人民出版社1982年版，104页。

② 《马克思恩格斯全集》第6卷，人民出版社1961年版，第275页。

权力运作，规范社会行为，马克思恩格斯坚决主张报刊文章发表应实行匿名制。“我确信不署名是由报纸的实质所决定的，因为不署名可以使报纸由许多个个别意见的集合点转变为一个具有统一理性的机关。作者的名字可以使一篇文章和另外一篇文章明显地区别开来，正如身体使一个人和另一个区别开来一样，可是他的名字也会使每篇文章的作用——仅仅作为构成整体的一部分——化为乌有。最后，不署名不仅可以使作者，而且还可以使广大读者更为自由和公正，因为这样一来，读者在自己面前看到的就不是说话的人，而只是所说的事；那时读者就摆脱了作为经验的人而存在的作者的影响，而仅以作者的精神人格作为自己判断的尺度。”① 马克思后来又重申：“当报刊是匿名的时候，它是广泛的无名的社会舆论工具；它是国家中的第三权力。每篇文章都署名，就使报纸纯粹成了或多或少知名的人士的作品文集。每一篇文章都降格到报纸广告的水平。”② 所以，在封建专制统治下，要提高报刊监督的效力，使监督行为更加公正和自由，更能全面、客观地代表社会舆论，实行匿名制是必要的选择。

（二）报刊是社会的第三种因素

马克思恩格斯还主张，报刊不仅是社会舆论机关，而且还是社会的第三种因素。所谓第三种因素，乃是指治人者与治于人者之间的因素。在他们看来：“这个因素应该是政治的因素，而不是官方的因素，这样，它才不会以官僚的前提为出发点；这个因素应该是市民的因素，但是同时它不直接和私人利益以及有关私人利益的需求纠缠在一起。这个具有公民的头脑和市民胸怀的补充因素就是自由报刊。在报刊上治人者与治于人者同样可以批评对方的原则和要求，然而并不是在从属关系的范围内进行这种批评，而是作为公民——已经不是作为个人，而是作为理智的力量，作为合理的观点

① 《马克思恩格斯全集》第1卷，人民出版社1956年版，第212页。
② 《马克思恩格斯全集》第7卷，人民出版社1959年版，第117页。

的体现者——在权利平等的情况下进行这种批评。"① 也就是说，人民报刊不仅能够公正地、理智地站在公众的利益上考虑问题，成为统治者和被统治者之间沟通的桥梁，而且能够不通过任何官僚的中介将人民的生活状况直接呈现在国王的面前，让统治者能够直接听到人民的呼声，但这种呼声并不直接与个人的利益和私人的需求纠缠在一起。报刊的这种纯理性特征凌驾于社会之上，遵循自身发展规律，摆脱权力的束缚，切断利益的纠葛，超越阶级、集团的壁垒，用事实说话，为真理呐喊，为正义助威，这便是第三种因素的具体内涵。

虽然人民报刊具有超越阶级的普遍性质，但是从马克思恩格斯的新闻生涯来看，他们的同情心、他们悲天悯人的情怀，主要投向了社会的下层民众或无产阶级。下层民众或无产阶级是政治上的被统治者，经济上的弱势群体，生活的苦难挥之不去，是最需要关心、最需要同情、最需要支持的人。人民报刊不仅要从理性上，更要从"感情上来看人民的生活情况。因此报纸上所说的不仅是用来进行批评的理性的语言，而且还是生活本身的热情的语言，是官方语言中所不能有而且也不应当有的语言"②。这种语言应该洋溢着对人民的深切同情和关怀。对于那些资产阶级报刊对下层民众伪善的同情心，马克思恩格斯进行了尖锐的抨击。恩格斯在其《英国工人阶级状况》一书中，引用了英国《曼彻斯特卫报》发表的一封由一个资产阶级太太写的信。该信告诉报纸编辑："近来在我们城里的大街上出现了大批乞丐，他们时常企图用他们那褴褛的衣服和生病的样子，或者用令人作呕的化脓的伤口和残废的肢体，以极端无耻的和令人讨厌的方式来唤起过路人的注意和怜悯。我认为，一个不仅已经付过济贫捐而且还给慈善机关捐过不少钱的人，应该说已经有充分的权利要求不再碰到这种不愉快的和无耻的纠缠了。如果城市的警察连保证我们安安静静地在城里来往都做不到，

① 《马克思恩格斯全集》第1卷，人民出版社1956年版，第230页。
② 《马克思恩格斯全集》第1卷，人民出版社1956年版，第231页。

那我们究竟为什么要付出那样多的捐税来供养他们呢?”① 对于这位资产阶级太太的表白，恩格斯表示了极大的愤慨。他揭露资产阶级的行善，就是为了他们自己的利益，他们绝不会白白地施舍。“他们和穷人做买卖，对穷人说：我为慈善事业花了这么多钱，我就买得了不再受你骚扰的权利，而你们就得待在自己阴暗的狗窝里，不要用你们的那副穷相来刺激我的敏感的神经!”② 资产阶级这种伪善是多么叫人恶心，而原封不动地发表这封信的资产阶级报纸《曼彻斯特卫报》是多么叫人恶心啊。从这里根本看不到丝毫的人性和对人的尊重！看不到丝毫的怜悯和同情心。

（三）报刊应对社会现实进行批判

马克思恩格斯还主张，人民报刊应该关注人民生活于其中的直接的当前现实，要对现实的一切进行无情的批判，以破坏现存制度的一切基础。马克思在《摩塞尔记者的辩护》一文中指出：“我们现在应该做些什么，我指的就是要对现存的一切进行无情的批判，所谓无情，意义有二，即这种批判不怕自己所作的结论，临到触犯当权者时也不退缩。”③ 要使这种批判发挥革命性的意义，首先必须以正确的理论为指导。马克思曾在《〈黑格尔法哲学批判〉导言》中指出，批判的武器当然代替不了武器的批判，物质的力量必须用物质的力量来摧毁。但是理论一经掌握群众，也会变成物质的力量。理论只要说服人，就能掌握群众；而理论只要彻底，就能说服人。所谓彻底，就是抓住事物的根本。其次，报纸、记者的批判不能流于纯粹的抽象的理论批评，它必须与客观的社会政治现实结合起来，与这些人明确的政治立场结合起来，使报纸批判成为政治的批判。为此，报刊文章应“少发些不着边际的空论，少唱些高调，少来些自我欣赏，多说些明确的意见，多注意一些具体的事实，多

① 《马克思恩格斯全集》第2卷，人民出版社1957年版，第567页。
② 《马克思恩格斯全集》第2卷，人民出版社1957年版，第567页。
③ 《马克思恩格斯全集》第1卷，人民出版社1956年版，第416页。

提供一些实际的知识",① 只有这样，才能"使报刊变成人民的文化和精神教育的强大杠杆……使血肉斗争变成精神斗争，使需求、欲望和经验的斗争变成理论、理性和形式的斗争"②。只有这样，报刊批判才能与实际斗争发挥同样的影响力，才能真正地破坏现存政治制度的一切基础。

在马克思恩格斯看来，人民报刊不是一个单一的具体的概念，而是一个类的或集合的概念。某个具体的报刊具有人民性，代表了人民的本质，成为人民精神的千呼万应的喉舌，只能说明它是人民报刊的一部分或重要的组成部分，而不是全部。人民报刊是一个有机的系统结构。"在人民报刊正常发展的情况下，总合起来构成人民报刊实质的各个分子，都应当（起初是单个地）表现出自己的特征。这样，人民报刊的整个机体便分裂成许多各不相同的报纸，它们具有各种不同而又互相补充的特征。……只有在人民报刊的各个分子都有可能毫无阻碍、独立自主地各向一面发展并各成一行的条件下，真正'好的'人民报刊，即和谐地融合了人民精神的一切真正要素的人民报刊才能形成。"③ 也就是说，当每家具体的人民报刊真正地体现了人民的意志和真正的伦理精神时，它们就会像每一片蔷薇花瓣都表现了蔷薇的特质并散发出蔷薇的芬芳一样，这时作为整体的人民报刊就形成了。

马克思恩格斯认为，人民报刊与世间万事万物一样，作为客观的存在，也有其不以人的意志为转移的规律。要使报刊"完成自己的使命，首先不应该从外部施加任何压力，必须承认它具有连植物也具有的那种为我们所承认的东西，即承认它具有自己的内在规律，这种规律它不能而且也不应该由于专横暴戾而丧失掉"④。规律是客观存在的，它不会因为权力的介入而有所改变，作为现代荆

① 《马克思恩格斯全集》第27卷，人民出版社1972年版，第436页。

② 《马克思恩格斯全集》第40卷，人民出版社1982年版，第329页。

③ 《马克思恩格斯全集》第1卷，人民出版社1956年版，第189~190页。

④ 《马克思恩格斯全集》第1卷，人民出版社1956年版，第190页。

棘丛中的"伦理精神的玫瑰花"，人民报刊始终是通过斗争来使当权者和人民意识到其存在的价值的。那么这种规律的内涵应该怎样理解？虽然马克思恩格斯并没有明确说明，但从他们前后的相关论述中，我们还是能够大体上理出头绪。首先，人民报刊虽然在本质上是真实的纯洁的，但是，由于它总是遭到"敌意和轻率的毒素的毒害"，在人民报刊身上始终存在着这样那样的缺点。我们必须正视这些缺点，但也应该容忍这些缺点。"如果人们打算容许发展本身，那就应该像容许发展中的毛病那样容许这些缺点。"① 其次，人民的信任是人民报刊存在的基础。人民报刊生存于人民之中，不断地从人民之中获得滋养。所以，"人民的信任是报刊赖以生存的条件，没有这种条件，报刊就会完全萎靡不振"②。再次，只要报刊有机地运动着，全部事实的真相就会逐步揭示出来。"最初，这个完整的事实只是以同时发展着的各种观点的形式出现在我们的面前，这些观点有时有意地，有时无意地揭示出现象的某一方面。但是归根到底，报纸的这种工作只是为它的一个工作人员准备材料，让他把材料组成一个统一的整体。报纸就是这样通过分工——不是由某一个人做全部工作，而是由这个人数众多的团体中的每一个成员担负一件不大的工作——一步一步地弄清全部事实的。"③

人民报刊思想是马克思恩格斯新闻思想体系的重要组成部分。对于这一重要内容的评价，学界一直存在着不同的意见。一种比较流行的看法认为，早期马克思恩格斯的人民报刊思想形成时，由于他们尚处于唯心主义向唯物主义、革命民主主义向共产主义转变的过程中，还没有明确的阶级意识，还不能自觉地运用阶级分析的方法来透视新闻传播现象，所以在承认马克思恩格斯早期人民报刊思想的进步性、真理性的同时，也要正视其中"欠科学的成分"④。

① 《马克思恩格斯全集》第1卷，人民出版社1956年版，第189页。

② 《马克思恩格斯全集》第1卷，人民出版社1956年版，第234页。

③ 《马克思恩格斯全集》第1卷，人民出版社1956年版，第211页。

④ 参见郑保卫：《马克思恩格斯报刊活动与新闻思想研究》，高等教育出版社2003年版，第415~416页。参见童兵：《马克思主义新闻思想史稿》，中国人民大学出版社1989年版，第71~83页。

当然，也有人主张早期晚期马克思恩格斯的新闻传播思想的精髓实际是一以贯之的，前后并无显著的矛盾冲突，没有必要在其中硬生生地划分成不同的阶段。笔者以为，后者的理解似乎更有说服力。马克思恩格斯的人民报刊思想，特别是其耳目喉舌理论、“第三种因素”论、客观规律论、舆论监督论及报刊使命观等，不仅是后来马克思恩格斯新闻传播思想的起点，与此后的党报理论一脉相承，更重要的是，这一思想的理论价值在当今和谐社会理念的指导下愈发彰显出来。因为人与人、人与社会的和谐终究要借助于人与人、人与社会的沟通、交流，报纸只有具备人民的精神特质，充当治人者与治于人者间的第三种因素，才能成为多样性的意见平台，从而使社会达到和而不同的境界。

三、马克思恩格斯的出版自由观

在世界新闻传播史上，自英国诗人约翰·弥尔顿最早提出出版自由的口号以来，关于出版自由的论战不绝于书。因为它直接关系到报刊及其从业者的职业活动空间、报刊社会功能的发挥及其影响的大小。所以对于报刊从业者来说，没有比自由更为重要的追求了。

（一）早期的出版自由观

马克思坚信，自由是人所固有的东西，连自由的反对者在反对实现自由的同时也实现着自由；没有一个人反对自由，如果有的话，最多也只是反对别人的自由。也就是说，自由向来是存在的，不过有时表现为少数人的特权，有时表现为人类普遍的权利而已。所以问题在于出版自由是个别人的特权呢，还是人类精神的特权。问题在于一面的有权是否应当成为另一面的无权。至于出版自由的具体表现，恩格斯又精彩地表述：“每个人都可以不经国家事先许可自由无阻地发表自己的意见，这就是出版自由。”① 这里必须注

① 《马克思恩格斯全集》第1卷，人民出版社1956年版，第695页。

意的有三个环节，一是无须经过国家权力的许可，也就是不必看当权者的眼色；二是自由无阻，也就是没有限制；三是意见的发表，这种意见不仅是政府权力愿意见到的，也有他们不愿意听到的，用法国大革命时期著名革命者罗伯斯庇尔的话说，是一切对立意见的发表自由。能够如此随心所欲地发表意见的出版物，就是自由出版物。这便是马克思早期心目中理想的出版物。他认为这种“自由的出版物是人民精神的慧眼，是人民自我信任的体现，是把个人同国家和整个世界联系起来的有声的纽带；自由的出版物是变物质斗争为精神斗争，而且是把斗争的粗糙物质形式理性化的获得体现的文化。自由的出版物是人民在自己面前的公开忏悔，而真诚的坦白，大家知道，是可以得救的。自由的出版物是人民用来观察自己的一面精神上的镜子，而自我认识又是聪明的首要条件。它是国家精神，这种精神家家户户都只消付出比用煤气灯还少的花费就可以得到。它无所不及，无处不在，无所不知。它是从真正的现实中不断涌现而又以累增的精神财富汹涌澎湃地流回现实中去的理想世界”①。

作为职业新闻工作者的马克思恩格斯在其早期生涯中，最为期盼的就是能够在绝对自由的环境下，做自己想做的工作。恩格斯后来在致《社会民主党人报》读者的告别信中说：“我生平曾经有两次荣幸地为报纸撰稿而充分享有一般能开展新闻出版工作所应具备的两个最有利的条件：第一，绝对的新闻出版自由，第二，深信你的听众正是你想要同他们说话的人。”② 这两次机会中一次是《新莱茵报》时期，另一次是《社会民主党人报》时期。在回顾《新莱茵报》的战斗生活时，恩格斯自豪地说，当时“享有绝对的出版自由，并且我们充分利用了这个自由”③。历史记载，在不到一年的时间里，《新莱茵报》被起诉23次，但是，由于莱茵省独立的法律保障，马克思恩格斯可以在法庭上为自己自由地辩护，以致

① 《马克思恩格斯全集》第1卷，人民出版社1956年版，第74页。
② 《马克思恩格斯选集》第4卷，人民出版社1995年版，第400页。
③ 《马克思恩格斯选集》第4卷，人民出版社1995年版，第183页。

不少官司得以宣告无罪。19世纪80年代以后，德国社会民主党人因非常法的限制，在瑞士和英国出版了机关报《社会民主党人报》，由于报纸出版地远在普鲁士专制权力覆盖范围之外，报纸编辑及作者得以摆脱各种权力因素的约束，从而实现了真正的出版自由。由于这种自由，记者编辑的天才得以无碍地发挥，报纸的立场、意见能够自由地表达，报纸可以坦诚地面对它的读者和当权者，从而能够在现实政治生活中发挥建设性的作用。

（二）对妨害出版自由制度的批判

马克思恩格斯尊重出版自由，期盼实现完全的出版自由，不仅是出于自身职业的原因，更重要的是基于对出版自由与其他自由关系的认识。在他们看来，新闻出版自由是否存在，及自由程度的高低，是衡量整个社会政治、经济自由的尺度，是衡量一个社会政治文明的重要标志。“没有新闻出版自由，其他一切自由都会成为泡影。自由的每一种形式都制约着另一种形式，正像身体的这一部分制约着另一部分一样。只要某一种自由成了问题，整个自由都成问题。”① 换言之，出版自由的缺失，意味着表达自由的丧失，意味着人民的政治参与、舆论对权力机关的监督将沦为空谈；而当权者对人民的傲慢将一如既往，权力腐败将不可避免继续下去。所以，马克思恩格斯在其整个生涯中不改初衷，一直坚持维护出版自由的态度。基于这一立场，马克思恩格斯对于封建专制政府对出版自由的控制、干预，表示坚决反对。对于近代报刊产生以来，欧洲主要国家为了延续政治统治而管控报刊，采取的出版检查、知识税和保证金等制度措施，马克思恩格斯进行了尖锐的批判。

1. 对出版检查制度的控诉

马克思恩格斯最初是在他们的祖国德国走上新闻工作道路的，而当时的德国尚处于封建专制统治之下，虽然民主主义思想早已渗透专制的铁幕，在德国内地广泛传播，但是封建统治者对言论思想

---

① 《马克思恩格斯全集》第1卷，人民出版社1995年版，第201页。

的控制未见丝毫的放松。这一点，不仅与“众所公认的出版界的圣地”英国，就是与欧洲大陆的法国、瑞士也相去甚远。事实上，马克思恩格斯在涉足新闻工作之初，就领略到了专制统治者所施加的检查制度的迫害。在主编《莱茵报》时，普鲁士的检查机关“从柏林给《莱茵报》派来一个专门的检察官。当这样做也无济于事的时候，又给该报规定了双重的检察，即它每出一号，除普通检查之外，还要呈交科伦行政长官进行复查。但是，这个办法也还是丝毫无助于制止《莱茵报》的‘根深蒂固的恶念’，于是内阁就在1843年初勒令《莱茵报》于第一季度末停刊”①。作为报纸的主编，马克思实在是难以忍受专制统治者对思想自由的凌迟。在致卢格的信中说：“书报检查机关每天都在无情地破坏我们，报纸常常几乎不能出版。”② 以至这位坚定的革命者都表示“不想留在该报了。我不能在普鲁士书报检查制度下写作，也不能呼吸普鲁士空气”③。

在马克思看来，“书报检查制度本质上是建立在警察国家对它的官员的那种虚幻而高傲的概念之上的。公众的智慧和善良意志都被看做甚至对最简单的事物也是无能为力的东西，但对官员们来说，却连不可能办到的事情也被认为是可能的”④。也就是说，书报检查与专制时代森严的官民等级差别直接相关。统治者聪明且富有理性，人民群众愚昧无知，且易于盲从。这是千百年来专制统治赖以维持的理论依据。由此得出这样一条结论，统治者负有引导、教化民众的使命，在传播过程中承担着信息过滤的责任。在这个意义上，“书报检查就是官方的批评。书报检查的标准就是批评的标准”⑤。检查官被赋予了钳制思想的巨大权力，“检查官也是原告、辩护人和法官三位一体的人。检查官被委任去管理精神，然而他是

---

① 《马克思恩格斯全集》第16卷，人民出版社1964年版，第408页。
② 《马克思恩格斯全集》第27卷，人民出版社1972年版，第434页。
③ 《马克思恩格斯全集》第27卷，人民出版社1972年版，第443页。
④ 《马克思恩格斯全集》第1卷，人民出版社1956年版，第29页。
⑤ 《马克思恩格斯全集》第1卷，人民出版社1956年版，第3页。

不负重责的"①。在德国，由于检查官往往与地方行政长官两位一体，在许多情况下，"县长执行着本县主要城镇的书报检查官职务。但是，县长及其所属的一切机关的行政工作，都是地方报刊的首要对象，因为这种工作是地方报刊最容易接触到的对象……执行书报检查官职务的县长的存在的事实就充分说明为什么没有自由的地方报刊了"②。在一个没有自由出版物的地方，绝对是权力肆虐的天堂，那里绝对不可能有正义、公平，也不可能有真理。

在书报检查制度之下，只有接受检查的出版物才允许存在，只有屈服于权力宝座下的报刊才能继续出版。这种出版物与自由的出版物截然不同。"自由出版物的实质，是自由所具有的英勇的、理性的、道德的本质。受检查的出版物的性格，是不自由所固有的无性格的丑态，这是文明的怪物，洒满香水的畸形儿。"③ 这种接受检查的、驯顺的出版物，对于精神生活只会起道德败坏作用。因为"最大的罪恶——伪善——是同它分不开的；从它的这一根本劣点派生出它的其它一切没有丝毫德行可言的缺陷，派生出它的最丑恶的（就是从美学观点看来也是这样）劣点——消极性。政府只听见自己的声音，它也知道它听见的只是自己的声音，但是它却欺骗自己，似乎听见的是人民的声音，而且要求人民拥护这种自我欺骗"④。由于行政权力得到法律的保障，而行政权力对报刊的监控几乎没有任何限制，报刊及其从业者的活动空间被压缩到无以复加的程度，在这种情况下，德国的日刊报纸最终成了"世界最软弱、最无力、最胆怯的刊物！人们在它的眼前可以做出种种最卑鄙最无耻的下流勾当来侮辱它，而它对这一切都可以缄默不言，忍气吞声"⑤。这就是书报检查制度的结果。

对书报检查制度的恶行及其结果，马克思恩格斯进行了深刻的

---

① 《马克思恩格斯全集》第1卷，人民出版社1956年版，第30页。
② 《马克思恩格斯全集》第1卷，人民出版社1956年版，第239页。
③ 《马克思恩格斯全集》第1卷，人民出版社1956年版，第66页。
④ 《马克思恩格斯全集》第1卷，人民出版社1956年版，第78页。
⑤ 《马克思恩格斯全集》第6卷，人民出版社1965年版，第416页。

批判。检查制度的理论基础，早在古希腊著名学者柏拉图那里就有明确的表述。但是作为一种制度，在古代罗马才有了纯粹基于道德意义的检查。根据恩格斯的研究，古罗马的书报检查机关是对共和国国民起诉的十分严厉的道德法庭。正如西塞罗说的，当书报检查机关除了使人羞得脸红就毫无作为时，它的作用就停止了。而在德意志普鲁士王国，在马克思恩格斯那个时代施行的书报检查制度，已经今非昔比，它完全成了封建王权强化政治统治的法律手段。恩格斯感叹："在这里，一切知识的来源都在政府的控制之下，从贫民学校、主日学以至报纸和大学，没有官方的事先许可，什么也不能说，不能教，不能印刷，不能发表。"① 这种严厉的控制政策，实际是"用外部极不相称的标准丑化我的精神创造物的警察刽子手"②。书报检查制度的存在，一方面告诉人们，新闻出版界包括一般国民身心都存在疾病，"即使新闻出版界提出自己身体健康的确凿证明，也必须接受治疗"；于是一切精神产品都受到怀疑，都必须接受头脑健全者——检查官——的检验，所有的作者都成了可能的思想罪的嫌疑人，而"遭到了涉嫌的制裁"③。这种以当事人的思想为衡量标准的法律或制度，显然是极不公正的。另一方面，书报检查制度造成了这样一种奇怪的现象，即少数平庸的官员凌驾于众多记者、作家、出版者之上，而理想的状况则恰恰相反。书报检查制度实质上是一种典型的愚民政策，它不仅限制了意见的发表和多元意见生态的形成，而且阻碍了社会、民族和个人精神的发展。书报检查制度似乎形成了表面一致的安定局面，其实，更大的危机正在这虚假的安定局面下形成。历史和现实都证明，书报检查制度不可能实现其预定的目标，而只会带来统治者难以预测的更可怕的后果。如果要寻找一种理想的办法根治书报检查制度，那么只有一种办法："治疗书报检查制度的真正而根本的办法，就是废除

① 《马克思恩格斯全集》第8卷，人民出版社1961年版，第17页。

② 《马克思恩格斯全集》第2卷，人民出版社1957年版，第105页。

③ 《马克思恩格斯全集》第1卷，人民出版社1995年版，第177、120页。

书报检查制度。”①

2. 对当时欧洲流行的保证金制度和知识税制度表达了强烈的反感

保证金制度缘起于专制时代末期，当时传统的出版检查制度因其鲜明的野蛮属性被废除，当权者对即将出版的报刊或其他出版物不放心，但由于出版自由作为基本人权已经深入人心，他们无法公然地直接禁止报刊的出版，便强令出版者向政府交纳高额的保证金——其数额可能高达办报成本的数倍。如果出版人违反政府禁令，政府不但可以勒令报纸停刊或取消出版商的出版资格，而且可以没收他们高额的保证金。对于出版商来说，这是一个巨大的威胁。19 世纪初，欧洲大陆主要国家几乎都在实行这一制度。马克思将这一制度视为一种物质上的检查制度。他以法国为例，指出“法国的报刊决不是过于自由，而是不够自由。虽然法国报刊不受精神方面的检查，但是它却要受物质方面的检查，即交纳高额的保证金”②。保证金制度实际是在新的历史条件下，对出版自由的硬性约束。这是在出版自由作为一项基本人权深入人心但还没有得到宪法彻底保障的情况下，为了填补出版检查制度被废除的管理空白，而采取的过渡性的管理补充措施。所以，当 1848 年欧洲大革命使得德国的保证金制度被废除时，恩格斯高兴极了，因为革命已经“给了人民不必交纳押金的出版自由的武器”。只要保证金制度不取消，出版自由就永远是一句空话。

在出版检查制度被废除后，随之而起的还有知识税制度。对专制统治者而言，检查制度最大的好处是可以防患于未然。一切对现有秩序不利的言论报道，都可以借检查官之手加以排除。但是这一制度因其与人权原则相冲突而无法继续存在。保证金制度虽然有一定威慑力，但是在民主宪政确立的情况下，也没有继续实施的法律基础。于是一种新的控制措施——知识税制度——便成了当权者控制报刊媒体的新措施。知识税是许多关于新闻出版的税种的统称，

① 《马克思恩格斯全集》第 1 卷，人民出版社 1956 年版，第 31 页。
② 《马克思恩格斯全集》第 1 卷，人民出版社 1995 年版，第 182 页。

报刊印花税、纸张税、广告税、副刊税等。在允许报刊自由出版的前提下，通过向报刊征税的方式，提高报纸的成本，而这种成本自然会转嫁到读者身上，最终反映就是报价的提高。而报价的提高必然会影响到报纸的发行，发行量的减少又会影响到报纸的广告收入，由此形成了报纸生产的恶性循环。所以实行这种知识税制度，既可以保留自由民主的门面，似乎是维护了出版者的自由权利，殊不知，就在这种自由的幌子下，注入了限制自由权利的内涵，即寓禁于征的目的。在马克思看来，知识税至少会带来两个重要的后果。一是少数实力雄厚的大报对新闻传播的垄断局面。以英国而言，自1712年出台知识税以来，英国大量中小型报纸不堪税负相继停刊，因为加上知识税一份普通报纸的售价高达6到8个便士，远远超出了普通读者的购买能力，它不仅提高了他人涉足报界的门槛，而且削弱了现有报纸的生存能力，以至形成了以《泰晤士报》为首的少数大报垄断新闻传播的局面。对于这一点，马克思感触颇深。在他看来，知识税是对现有大报的保护制度，同时又是“对以自由精神创作的作品的一种禁止制度”①。二是对国民教育普及的阻碍。在报业发达的近代社会，知识的普及不仅借助于学校进行，报刊也是推行公民教育的重要渠道。由于报刊的大量发行，伴随消息传播的各种知识信息，也会实现对社会的全面覆盖。而报刊大量发行的前提，是低廉的价格，可是知识税则是提高报纸价格的元凶。就在英国知识税被废除的当天，马克思就预示英国工人报纸发展的新前景。便士报的出现是知识税废除的直接结果，正是便士报的流行，使得普通穷人也能够自己买报纸阅读了。②

（三）对出版自由的赞美和资产阶级出版自由虚伪性的揭露

马克思恩格斯在反对检查制度、保证金制度和知识税制度的同时，作为一个现实的新闻工作者，还对出版自由大加赞美。还在

① 《马克思恩格斯全集》第11卷，人民出版社1962年版，第179页。
② 《马克思恩格斯全集》第33卷，人民出版社1973年版，第450页。

19世纪40年代初《莱茵报》时期，马克思就深情地说："出版自由也有它自己的美（尽管这种美丝毫不是女性的美），要想能保护她，必须喜爱她，我感到我真正喜爱的东西的存在是必需的，我感到需要它，没有它我的生活就不可能美满。"① "出版自由是一种能够美化可爱的生活习惯的美妙东西，是使人愉快的最好的东西。"② 而在自由的状态下发行的出版物则是"人民精神的慧眼，是人民自我信任的体现，是把个人同国家和整个世界联系起来的有声的纽带；……自由的出版物是人民在自己的面前的公开忏悔，而真诚的坦白，大家知道，是可以得救的。自由的出版物是人民用来观察自己的一面精神上的镜子，而自我认识又是聪明的首要条件。它是国家精神，这种精神家家户户都只消付出比用煤气灯还少的花费就可以取得。它无所不及，无处不在，无所不知。它是从真正的现实中不断涌现出而又以累增的精神财富汹涌澎湃地流回现实去的思想世界"③。马克思恩格斯对出版自由的渴望，在他们身处异国的情景下，变得更加的强烈。他们羡慕富有自由传统的英国是"地球上（北美也不除外）最自由的，即不自由最少的国家"。"英国的政治活动、出版自由、海上霸权以及规模宏大的工业，几乎在每一个人身上都充分发展了民族特性所固有的毅力、果敢的求实精神、还有冷静无比的理智，这样一来，大陆上各个民族在这方面也远远地落在英国人后面了。"④ 事实表明，正是英国的宽松的自由环境，为马克思恩格斯的新闻工作和理论创新提供了舞台。

马克思恩格斯一方面赞美资产阶级的出版自由，充分地利用西欧国家自由的环境，另一方面又揭露了资产阶级出版自由的虚伪性。恩格斯认为，资产阶级的力量全部取决于金钱。资产阶级所进

① 《马克思恩格斯全集》第1卷，人民出版社1956年版，第41页。

② 《马克思恩格斯全集》第1卷，人民出版社1956年版，第81页。

③ 《马克思恩格斯全集》第1卷，人民出版社1956年版，第74页。

④ 《马克思恩格斯全集》第1卷，人民出版社1956年版，第678~679页。

行的一切改良，“只是为了用金钱的特权代替以往的一切个人特权和世袭特权”；在这种情况下，“出版自由就仅仅是资产阶级的特权，因为出版需要钱，需要购买出版物的人，而购买出版物的人也得要有钱”①。除了金钱的因素外，马克思恩格斯还揭露了资产阶级政府对出版自由的虚伪态度。马克思曾剖析法国资产阶级政府在1848年通过的宪法。该宪法第六条规定：“公民有结社、组织和平的非武装的集会，递交请愿书以及在报刊上和用其他任何方式发表意见的权利。在行使这些权利的时候，除了要保证其他公民有平等权利和维护社会安全之外，不受任何其他限制。”② 马克思揭示了这一规定的内在矛盾，批评“资产阶级口头上标榜是民主阶级，而实际上并不想成为民主阶级，它承认原则的正确性，但是从来不在实践中实现这种原则，法国真正的宪法不应当在我们叙述的文件中去寻找，而应当再根据这个文件通过的我们已经向读者简要地介绍过的组织法中寻找”③。事实上，不仅法国如此，就是马克思恩格斯的祖国德国，在资产阶级专政的条件下，当权者对出版活动的限制也相当严厉。恩格斯在1884年曾批评“德国现在警察当局横行无忌，政府决定取缔我们党一切合法的鼓动工作，不管它是以什么名义和借口进行的。只要是社会民主党人搞的，每一次集会都要解散，每一次在报刊上发表东西的尝试都要遭到压制，一切参加的人都要从宣布戒严的地区赶出去”④。在资产阶级共和国，无产阶级是不可能享受到与资产阶级同样的自由的。按照资产阶级民主政治的基本理念，政府本应是自由秩序的捍卫者，但实际的情形是，它所捍卫的只是资产阶级的出版自由，而无产阶级的自由则受到不应有的限制。

虽然资产阶级的出版自由存在着这样那样的问题，在不同的国家存在着不同程度的虚伪性，但是，相对于专制时代万马齐喑的政

① 《马克思恩格斯全集》第2卷，人民出版社1957年版，第648页。
② 《马克思恩格斯全集》第7卷，人民出版社1959年版，第580页。
③ 《马克思恩格斯全集》第7卷，人民出版社1959年版，第589页。
④ 《马克思恩格斯全集》第36卷，人民出版社1974年版，第107页。

治局面，即便是作为资产阶级特权的出版自由，也是一个巨大的历史进步。马克思曾经把出版行业比作是头脑的行业，认为“它作为头脑的行业，应当比手脚的行业有更多的自由。正是由于头脑的解放，手脚的解放对人才具有重大的意义”①。“要是当局的措施能造成报刊的不自由，那么，在报刊普遍没有自由的情况下，当局也无力保证尽量坦率而公开地讨论一些专门问题了。”② 而这种讨论乃是正确决策的必要条件。特别是对于无产阶级进行的争取自身解放的政治斗争，出版自由更是具有重大的现实意义。“政治自由、集会结社的权利和出版自由，就是我们的武器；如果有人想从我们的手中夺走这个武器，难道我们能够袖手旁观和放弃政治吗?”③ 所以，无产阶级要实现自己的政治目标，只有“继续进行资产阶级背弃了的、违反资产阶级心愿的争取资产阶级自由、出版自由、集会和结社权的鼓动。没有这些自由，工人政党自己就不能获得运动的自由；争取这些自由，同时也就是争取自己本身存在的条件，争取自己呼吸所需要的空气”④。借助于出版自由、集会和结社权，无产阶级就“可以为自己争得普选权，而借助直接的普选权并与上面所说的鼓动手段相结合，就可以争得其余的一切”⑤。正是因为如此，马克思恩格斯非常重视利用资产阶级民主政治所提供的出版自由条件，主张利用一切机会出版无产阶级报刊，如果条件不允许，利用资产阶级报纸也是可以的，只有先行占领思想阵地，宣传无产阶级的政治理想，无产阶级革命才有可能成功。但是，马克思又提醒人们，对出版自由不能寄予过高的希望。正如任何高明的医生不可能成为万能博士一样，出版自由“对一个人或全体人民都不是有求必应的”，如果把出版自由看成“一切的一切”，“那它就会使人民的一切其他机能，甚至人民本身都成为多

---

① 《马克思恩格斯全集》第1卷，人民出版社1995年版，第188页。

② 《马克思恩格斯全集》第1卷，人民出版社1956年版，第234页。

③ 《马克思恩格斯选集》第2卷，人民出版社1957年版，第440~441页。

④ 《马克思恩格斯全集》第16卷，人民出版社1964年版，第86页。

⑤ 《马克思恩格斯全集》第16卷，人民出版社1964年版，第85页。

余的了”。①

在新闻传播学术史上，马克思恩格斯的出版自由思想是无产阶级出版自由观的直接来源，它直接地影响了此后一百几十年间无产阶级争取出版自由及政治自由的斗争。其重要的历史意义是不能忽视的。另外，从马克思恩格斯出版自由思想的逻辑结构来看，马克思恩格斯对自由的论证与两百多年前英国著名诗人、政论家约翰·弥尔顿的论述颇为相似。② 虽然我们无法看到马克思恩格斯直接征引弥尔顿的原著，但是弥尔顿的影响应该是存在的。马克思在出版自由问题上受到法国大革命时期著名宣传家米拉博的影响，而正是米拉博在大革命中在法国翻译出版了弥尔顿的《论出版自由》。《论出版自由》中的某些论述与马克思的论述十分接近。如弥尔顿借用弗兰西斯·培根的话说：“责罚一种智慧就将增加它的威信。禁止一种写作，就会让人认为它是一种真理的火花，正好飞在一个想要熄灭这种真理的人的脸上。”③ 弥尔顿以此来说明，检查制、许可制在近代是根本行不通的。恩格斯在剖析英国政府的言论政策时指出：“辉格党人非常想惩治个别的杰出人物，但他们知道，这样做对社会主义者只会有利，因为这会使社会的注意力都集中到社会主义者身上，而这正是社会主义者求之不得的。假如出现了为他们的事业殉难的人（而他们中间随时准备殉难的人又有多少阿！），这就会惹起宣传，而宣传是使他们的事业更加深入人心的一种手段，可是当时大部分人还没有注意他们……辉格党知道得很清楚，对某件事采取镇压手段往往比拥护这件事的人进行的宣传鼓动的效果还要大，因此他们就让共产主义存在和结成组织。”④ 这两段论述的内在逻辑何其相似！当然也必须指出，马克思恩格斯心目中的出版自由与弥尔顿的出版自由，在其具体的内涵与外延上，是存在

---

① 《马克思恩格斯全集》第1卷，人民出版社1956年版，第48页。

② 参见陈力丹：《马克思主义新闻观思想体系》，中国人民大学出版社2006年版，第164～165页。

③ ［英］弥尔顿：《论出版自由》，吴之椿译，商务印书馆1959年版，第34页。

④ 《马克思恩格斯全集》第1卷，人民出版社1956年版，第570页。

着本质区别的。关于这一点，限于篇幅，此不赘述。

四、马克思恩格斯的党报理论

党报理论是马克思恩格斯新闻传播思想的重要内容。从马克思恩格斯新闻传播思想形成的过程来看，虽然在《新莱茵报》时期，无产阶级政党开始以独立而成熟的政治力量登上历史舞台，但政党报刊及马克思恩格斯对党报的论述并未臻于成熟或理性化的境界。马克思恩格斯党报理论基本上是在其新闻生涯的后半期形成的，而且其理论化集大成者，主要是恩格斯的功劳。如果回溯世界报刊和政治演进的历史，在无产阶级政党出现之前，资产阶级的政党政治就已经趋于成熟。英国在历史上率先实现了政党轮替的理想。19世纪初，随着美国联邦政府的建立，联邦党和共和党在政治上互为攻防，轮流执政。在政党斗争之中，报刊是一个极其重要的因素。党报成为各个政党开展政治活动、宣传政治理念、扩张政治势力的基本手段。自独立战争成功到19世纪30年代，便是美国历史上有名的政党报刊时代。资产阶级政党报刊的宣传实践，为无产阶级党报事业的发展提供了现实的借鉴。随着以科学社会主义为理论武装的无产阶级政党的出现，马克思恩格斯便成了它们理所当然的代表。马克思曾自豪地表示："我们作为无产阶级政党的代表是由我们自己而不是由别的什么人任命的。而这种任命已由于旧世界的一切派别和政党对我们所怀的那种特有的和普遍的仇恨而得到确认。"① 由于早期马克思最擅长的活动领域正是报界，马克思恩格斯的报业生涯自始至终都洋溢着鲜明的政治色彩或党派色彩。在他们看来，在近代民主社会，报纸与政治是密不可分的。"绝对放弃政治是不可能的；主张放弃政治的一切报纸也在从事政治。问题只在于怎样从事政治和从事怎样的政治。"② 事实表明，马克思恩格斯主持的报纸或他们参与的报刊活动，无不与无产阶级的解放事业

① 《马克思恩格斯全集》第29卷，人民出版社1972年版，第419页。
② 《马克思恩格斯全集》第17卷，人民出版社1963年版，第449页。

直接或间接相关，他们是国际共产主义运动史上杰出的报刊活动家和无产阶级政党的优秀新闻工作者。

（一）党报和党的纲领、路线

作为无产阶级政党的思想领袖，马克思恩格斯赋予党报的任务，“首先是组织讨论，论证、阐发和捍卫党的要求，驳斥和推翻敌对党的妄想和论断”①。在论及德国民主派刊物的任务时，恩格斯认为就是从各个方面证明民主制的必要性：目前这种在某种程度上代表贵族利益的管理方式是不中用的，将使政权转到资产阶级手里的立宪制度是不完备的，人民只要不掌握政权就不可能改善自己的处境。其次，党的报纸还要通过对自身信仰和理想的阐述，通过对事实的报道，对普通工人阶级进行深入的思想教育。“共产党一分钟也不忽略教育工人尽可能明确地意识到资产阶级和无产阶级的敌对的对立，以便德国工人能够立刻利用资产阶级统治带来的社会的和政治的条件作为反对资产阶级的武器，以便在推翻德国的反动阶级之后立即开始反对资产阶级本身的斗争。”② 在与阶级敌人进行论战时，要以坚决的态度，反击敌人的进攻。恩格斯提醒德国社会民主党机关报《社会民主党人报》，“不要象许多人还在做的那样，一遇到敌人的打击就逃避、退让，不要哀号，不要呜咽，不要低声下气地求饶，说什么我们并没有任何恶意。我们要以牙还牙，要以两倍、三倍的打击来还击敌人对我们的每一个打击。我们的策略从来就是这样，而且到现在为止，我认为，我们已经相当成功地战胜了一切敌人”③。

马克思恩格斯认为，无产阶级政党的机关报应该是党的一面旗帜，外界正是靠这面旗帜来识别这个政治组织与其他政治组织的区别的。党的报纸必须坚守这面旗帜。恩格斯曾在致德国社会民主党的告别信中赞扬“《社会民主党人报》是德国党的旗帜；经过12

---

①《马克思恩格斯全集》第4卷，人民出版社1958年版，第300页。

②《马克思恩格斯选集》第4卷，人民出版社1995年版，第181页。

③《马克思恩格斯文集》第10卷，人民出版社2009年版，第495页。

年的斗争，党获得了胜利”①。但是他又提醒这面旗帜，不应该是教条主义的旗帜。“相反地，我们应当尽量帮助教条主义者认清他们自己的原理的意义。”② 党报工作者要高举这面旗帜，就必须站在无产阶级的立场上，遵循党的纲领、路线、方针和政策，根据党的精神进行报纸的业务工作。马克思恩格斯在自己的报刊工作实践中，就是以对党高度负责的精神，按照党的纲领和策略原则来编辑报纸和进行宣传工作的，从未离开党的立场。当他们发现《社会民主党人报》“三人团”有背离党的立场的倾向时，即公开表示：“只要还允许他们把自己的小资产阶级观点一点一点地偷运到德国党的机关报中来，对我们来说，这个机关报就等于根本不存在。”③ 无产阶级政党的立场意味着党报对无产阶级和广大人民利益的坚守，意味着党报自觉地充当无产阶级和人民的喉舌，为他们提供可靠的讲坛，意味着党报要吸收工人群众参加党报的工作，使他们真正成为报纸的主人。

在马克思恩格斯看来，党的报纸不仅是党的旗帜，更是无产阶级政党在与敌对政党斗争中重要的思想阵地。马克思把党的报刊看成是对敌斗争的重要堡垒，就在他陷入极度经济困难的境况下，仍毅然决然地向工人报刊注入资金。他在致恩格斯的信中说：“不向报纸投入这样大笔款子，对我更加合理些，因为我被三四起违反出版法的诉讼案所缠，每天都可能被捕，那时我就会象鹿渴求清水那样渴求金钱了。但是问题在于，在任何情况下都要坚守住这个堡垒，不放弃政治阵地。”④ 作为党的精神领袖，马克思对党报的高度重视达到了损害自身物质利益的程度。在这一问题上，他的战友恩格斯也持有同样的态度。恩格斯也明确表示：“在每一个党、特别是工人党的生活中，第一张日报的出版总是意味着大大地向前迈进了一步！这是它至少在报刊方面能够以同等的武器同自己的敌人

① 《马克思恩格斯选集》第4卷，人民出版社1995年版，第402页。
② 《马克思恩格斯全集》第1卷，人民出版社1956年版，第416页。
③ 《马克思恩格斯全集》第34卷，人民出版社1972年版，第406页。
④ 《马克思恩格斯全集》第27卷，人民出版社1972年版，第147页。

作斗争的第一个阵地。”① 正是在这个意义上，恩格斯呼吁德国社会民主党“必须竭尽全力守住我们手中的一切立足的阵地，而首先是守住其中最重要的阵地——《社会民主党人报》这个阵地。……如果让《社会民主党人报》落入这些人的手中，那就是在全世界面前败坏德国党的声誉”②。在致倍倍尔的信中，恩格斯重申了这一诉求：“我们无论如何必须保住三个阵地：(1) 苏黎世的印刷所和出版社；(2)《社会民主党人报》编辑部；(3)《新时代》编辑部。这是现在我们还掌握在自己手中的仅有的一些阵地……你得尽一切努力，无论如何要保证我们掌握住这三个阵地。”③ 基于这一原则立场，马克思恩格斯对于党报背离党的纲领、方针的任何行为，都无法容忍。当《蜂房报》作为第一国际的机关报没有尽到机关报的责任，甚至愚蠢而放肆地显示其资产阶级色彩时，马克思恩格斯表示了极大的愤慨。他们不仅谴责《蜂房报》的无耻行为，而且还代表第一国际总委员会起草了《总委员会关于〈蜂房报〉的决议草案》，宣布断绝与蜂房报的一切关系。

（二）党报的作用

马克思恩格斯高度重视无产阶级党报在工人运动中的作用。在他们看来，党报的发展乃是工人运动发展的客观反映，是显示无产阶级在政党政治中存在的重要指标。在致法国党领导人拉法格的信中，恩格斯说：“如果你们有一张哪怕是很小的报纸，能表明你们的存在就好了。”④ 他们还把党的“定期报刊数量不断增加”看做是“工人阶级有觉悟的组织迅速发展的最好证明”。⑤ 所以，当恩格斯看到意大利工人运动落后于欧洲大陆的其他国家时，他提出的改进途径之一就是办党报，发展无产阶级报刊事业。这种党报必须

① 《马克思恩格斯全集》第39卷，人民出版社1974年版，第336页。

② 《马克思恩格斯全集》第36卷，人民出版社1974年版，第157~158页。

③ 《马克思恩格斯全集》第36卷，人民出版社1974年版，第332页。

④ 《马克思恩格斯全集》第37卷，人民出版社1971年版，第168页。

⑤ 《马克思恩格斯全集》第19卷，人民出版社1963年版，第139页。

是在党的科学社会主义理论指导之下，摆脱马志尼分子的影响，并且在理论水平上要大大超过巴枯宁分子。党的报纸应该直面现实的政治斗争，站在真正的活生生的人面前，直接地、公开地、具体地进行宣传，扮演党的思想中心的角色。正是在这个意义上，马克思恩格斯反复强调无产阶级政党需要报纸，而且需要的“首先是一个政治性机关报”。他们把对无产阶级党报的支持仅仅限于“真正的党的机关报”,① 他们答应为这样的政治性机关报撰稿，全力支持真正的党的机关报。在马克思恩格斯的新闻生涯中，他们指导、参与编辑了大量的党报，从实际的党报工作中获得了巨大乐趣和成就感。令他们始终难以忘怀的是《新莱茵报》时期。“在这种时候从事办日报的工作真是一种乐趣。你会亲眼看到每一个字的作用，看到文章怎样简直像榴弹一样击中目标，看到打出去的炮弹怎样爆炸。”②

党报的作用不仅表现在对资产阶级的斗争之中，在无产阶级政党自身建设方面，也能发挥其他渠道难以企及的功能。在马克思恩格斯看来，政党固然是特定阶级的代表，但是每个阶级都不是铁板一块的。在每个阶级、集团之中，都会因地域、族群、职业等差别而显出这样那样的差异，因而在每个政党内部，总会存在这样那样的意见分歧。无产阶级政党也是如此。“每一个党的生存和发展通常伴随着党内的温和派和极端派的发展和相互斗争。……每个党都有右翼和左翼。”③ 所以，要达成党的团结，在党内最大限度地进行充分自由的意见交换是必要的。恩格斯在去世前给党内同志写信说：“党内的分歧并不怎么使我不安；经常不断发生这类事情而且人们都公开发表意见，比暮气沉沉要好得多。”④ 在另一个场合，恩格斯还从德国社会民主党党员队伍的发展角度说明了这样意见交

① 《马克思恩格斯全集》第34卷，人民出版社1972年版，第359~361页。

② 《马克思恩格斯选集》第4卷，人民出版社1995年版，第401页。

③ 《马克思恩格斯全集》第37卷，人民出版社1971年版，第323页。

④ 《马克思恩格斯全集》第39卷，人民出版社1974年版，第348页。

换的重要性和必要性。“党已经很大，在党内绝对自由地交换意见是必要的。否则，简直不能同化和教育最近三年来入党的数目很大的新成分；部分地说，这完全是不成熟的粗糙的材料。对于三年来新补充的七十万人（只计算参加选举的人数），不可能像对小学生那样进行注入式的教育；在这里，争论，甚至小小的争吵是必要的，这在最初的时候是有益的。丝毫不用担心有分裂的可能。”①这种意见交换的进行，必须本着双方平等、相互尊重的态度，绝对不能采取居高临下的教训人的架势。另外，要保证党的机体的健康和纯洁，通过党报在党内政治生活中保持经常性的批评和自我批评也是必要的。恩格斯在致朋友的信中说：“工人运动的基础是最尖锐地批评现存社会。批评是工人运动生命的要素，工人运动本身怎么能避免批评，想要禁止争论呢？难道我们要求别人给自己以言论自由，仅仅是为了在我们自己队伍中又消灭言论自由吗？”② 只要这种批评是建设性的，哪怕这种批评揭露了对党不利的材料和事证，或者暂时对党造成了不利的影响，但是从长远来看，一个能够对自己进行无情的自我批评的党，将会使它的听众甚至是敌人产生这种感觉：一个能给自己奉送这种礼物的党该是具有多么大的内在力量啊！但是，恩格斯又提醒党报工作者，党报可以批评党的领导机关，但是一定要注意采用合适的方式，对于利用党报自身进行公开的批评一定慎之又慎。对于《自由》杂志对社会民主党国会议员的批评，恩格斯虽然表示认同，但又表示“无论如何我还是不同意《自由》所采取的批评方式，尤其不同意的是，认为这种方式的批评必须公开进行”③。党报批评一定要基于建设性的目的，并且要注意批评的策略和艺术，追求最佳的效果。只有这样，其结果才会使党的机体更健康、更纯洁，从而得到更多的政治认同，实现自己的目标。

---

① 《马克思恩格斯全集》第 37 卷，人民出版社 1971 年版，第 435 页。
② 《马克思恩格斯全集》第 37 卷，人民出版社 1971 年版，第 324 页。
③ 《马克思恩格斯全集》第 34 卷，人民出版社 1972 年版，第 351 页。

（三）党报与党的最高领导机关的关系

马克思恩格斯在党报理论上最突出的贡献，还是他们关于党报与党的最高领导机关的关系的集中论述。从时间上看，这一思想的集中表述是在德国反社会党人非常法时期由恩格斯做出的。当时，由于德国俾斯麦政府对工人运动的镇压政策，党的报刊在国内失去了合法存在的余地，于是只好在瑞士创办《社会民主党人报》作为德国党的中央机关报，并决定由党的代表机构“议会党团”代行党的领导机构的职责。由此党报与党的关系通过党报与党团关系这一特殊的形式表现出来。由于党中央或党团是党的最高领导机关，而党报不过是党的喉舌和宣传工具，这种质的规定，决定了党的最高领导机构事实上对党的报纸具有某种程度的制约和指导力量。“党的领导毕竟有某种形式上的权力来监督党的机关报”,①譬如任免党报的编辑，决定党报的方针等，所以不管怎样，在党中央处于错误领导人的错误领导下时，党报服从或宣传这种错误的路线，实在是没有办法的事情。所以，在论及《人民国家报》的内部矛盾时，对于赫普纳无法拒绝委员会的错误指示，恩格斯十分无奈地说：“我也不能责备他软弱无能，因为如果委员会明确示意要他退出编辑部，并告诉他，不然他就得在布洛斯的领导下工作，那末，我看不出，他还能怎样进行抗拒。他不能在编辑部内筑起反对委员会的街垒。”② 党报的党性原则决定了党报在进行自己的报道业务时，必须考虑到党的领导机关的基本态度。但是，恩格斯同时又明确指出，党报不能成为党的领导机构的简单的传声筒。当德国社会民主党议会党团在1885年倾向于支持航运津贴时，作为党的机关报的《社会民主党人报》“坚决支持反对意见，并且甚至在党团的多数用一道现在连它自己也觉得不能理解的命令禁止该报采取这个方针以后，还是坚持自己这样做的权利”。③ 对此恩格斯表示

① 《马克思恩格斯全集》第33卷，人民出版社1973年版，第590页。
② 《马克思恩格斯全集》第33卷，人民出版社1973年版，第591页。
③ 《马克思恩格斯选集》第4卷，人民出版社1995年版，第402页。

了坚决的支持态度，声援“《社会民主党人报》也决不是党团的简单的传声筒”，甚至提出党报可以在实践中修正党的决定，反对党团的意见。①

恩格斯主张，在如何处理与党报的关系问题上，党的领导机关要持宽松的态度，和容人的雅量。他在致倍倍尔的信中坚决反对采取封建专制政府惯用的检查制度，或者“由党掌握你们的全部刊物的措施”。“我还是要你们想一想，不要那么器量狭小，在行动上少来点普鲁士作风，岂不更好？你们——党——需要社会主义科学，而这种科学没有发展的自由是不能存在的。这样，对种种不愉快的事，只好采取容忍态度，而且最好泰然处之，不要急躁。”②对于当时德国社会民主党议会党团与《社会民主党人报》的冲突，对于议会党团对党报的干预和攻击，恩格斯直率地说，是党团出了丑。他指责党团的领导人压制自由发表意见：“你们本来应当内部解决这个问题，你们不这样做，却抓住纯属党团内部事务的问题公开攻击编辑部。编辑部该听谁的呢？……总之，由于采取了鲁莽的步骤，他们大出其丑，而在公众的心目中，胜利仍然属于编辑部。……如果我是《社会民主党人报》的编辑，我从编辑部的角度会给党团自由，让他在国会里爱怎么干就怎么干。”③ 恩格斯主张，党报及其工作者应该有必要的自由空间，对于报纸业务及政治评价，要尊重新闻工作者的独立性和能动性，过于细枝末节的指导，或者粗暴的行政干预，都是不对的。

恩格斯还认为，一个组织健全的以正确理论武装起来的无产阶级政党，要保持自己的战斗力和正确的政治方向，在党内“当然必须拥有一个不直接从属于执行委员会甚至党代表大会的刊物，也就是说这种刊物在纲领和既定策略的范围内可以自由地反对党所采取的某些步骤，并在不违反党的道德的范围内自由批评纲领和策

① 《马克思恩格斯选集》第 4 卷，人民出版社 1995 年版，第 402 页。

② 《马克思恩格斯全集》第 38 卷，人民出版社 1972 年版，第 88 页。

③ 《马克思恩格斯全集》第 36 卷，人民出版社 1974 年版，第 308~309 页。

略。你们作为党的执行委员会，应该提倡甚至创办这样的刊物，这样，你们在道义上对这种刊物所起的影响就会比对一半是违反你们意志创办的刊物要大。……首先需要的是一个形式上独立的党的刊物。而这种刊物肯定是要出现的，不过，如果你们能使它一开始就在你们的道义影响之下问世，而不是在违背你们的意志和反对你们的情况下出现，那就更好”①。从字面上看，恩格斯是建议在党的机关报之外，允许非机关报——但也必须是党的报纸——存在，这是党自身建设与发展的需要。在社会体系中，党的委员会作为一个战斗集体的首脑，与其麾下的非机关报性质的党报未必完全一致。党委受党的委托，自然要实行对它们的领导。恩格斯非常重视党对党报的领导，但是又反复强调这种领导必须是道义上的，他提醒党的领导人“应该而且可以以此为满足”，而绝对不应是以权力为后盾的强力控制。② 如果所有的报纸都与委员会保持完全的一致性，都无条件地支持委员会的决议，对党而言这绝不是一件好事。

恩格斯后期围绕德国《社会民主党人报》就党报与党的领导机关的关系的论述，在德国工人政党内部引起了广泛的认同。而德国社会民主党内部经过反复的讨论与磋商，也得出了与恩格斯几乎完全相同的意见。1885 年 4 月，德国社会民主党议会党团与党报编辑部发表联合通告，就党报与党的关系问题作了全面的阐述：

> 国会党团和编辑部一致认为，在党内应存在批评的绝对自由，任何妨碍这种自由的企图将意味着对党的原则的背叛，并将动摇党赖以存在的基础。但是，国会党团和编辑部也一致认为，在任何情况下都必须维护党的统一和行动能力，若借口行使自由批评的权利，试图给党的领导履行职责制造困难，对此必须予以坚决拒绝。……党的代表机构若不能期望得到同志们的支持，就难以胜任所担负的艰难任务。党的领导若就某一事

① 《马克思恩格斯全集》第 38 卷，人民出版社 1972 年版，第 517~518 页。

② 《马克思恩格斯全集》第 38 卷，人民出版社 1972 年版，第 88 页。

务做出决定，它就必须确信，同志们将以充分的信赖和全部力量支持它。……正是绝对的言论自由为同志们提供了纠正国会党团滥用其受信任的地位和最有效的手段。”“国会党团没有也不可能想到，将《社会民主党人报》看作是它本身的机关报，并对其可以为所欲为。《社会民主党人报》属于全党，是全党的机关报。但是，全党是由国会党团代表的，它由于担负党的代表机构的职责，当然有权对党的机关报进行监督。在这一点上，国会党团同党的机关报编辑部的意见完全一致。①

德国社会民主党的这一表述，兼顾了当时德国工人斗争的现实，在党的领导和党报自主或自由方面，保持了总体的平衡。一方面，党的领导机关要尊重报纸及其工作者的自由，不要干预党报的批评权利；另一方面，党报也不能摆脱党的领导机关的合法领导，既然党的领导机关是代表全党的，得到了全党的授权，它当然不能回避对党报的监督。当然，在后来无产阶级党报的宣传实践中，德国社会民主党的这一原则精神并没有得到广泛的推广，恰恰相反，由列宁阐发的以党性原则为核心的党报理论成了国际共产主义新闻实践的理论基础。列宁把党报视为整个政党机器的齿轮和螺丝钉，视为无产阶级解放事业的重要的组成部分，基于局部与整体、个人与集体的关系，列宁主张党报必须无条件地服从党的领导，成为党得心应手的喉舌、宣传工具。这与恩格斯当年的论述是不尽一致的。

五、马克思恩格斯的新闻专业理想

马克思恩格斯首先是站在历史高度的深邃的思想家、学富五车的学者，特别是马克思，他毕生致力于哲学、政治经济学、科学社会主义理论的研究。在这点上，他的战友恩格斯向他表示了崇高的

① 引自《国际共运史研究资料》第6辑，人民出版社1982年版，第229~230页。

敬意："他（马克思）所始终感到兴趣的，归根到底还是他二十五年中以无比严肃认真的态度进行研究和探讨的科学；这种极其严肃认真的态度，使他在自己对自己的结论在形式和内容上尚未满意之前，在自己尚未确信已经没有一本书他尚未读过，没有一个反对意见未被他考虑过，每一个问题他都完全解释清楚之前，决不以系统的形式发布自己的结论。在我们这个模仿者的时代，有独创见解的思想家实在太少了；因此，如果有这样一个人，他不仅是有独创见解的思想家，而且在他自己的领域里具有无比渊博的学识，那他就应当加倍地受到赞许。"① 其实，恩格斯也是如此。他们在理论上不懈探索，为他们借助于报刊工具认识社会奠定了深厚的基础。研究他们的传记和当时的有关记载，不难发现他们都是深深打动了当时人心的报刊工作者。在长期的新闻工作生涯中，他们以其坚持真理、忠于事实、追求至善的态度，和对新闻传播现象和报刊职业的辩证理解，不仅深刻地揭示了新闻传播活动的内在规律，更重要的是，他们还在其职业生涯中体现了强烈的专业理想。总的来说，马克思恩格斯所推崇并且以一贯之的专业理想，主要有以下几点。

（一）价值中立，超越国家、民族的利益界限

马克思恩格斯认为，报刊作为人民精神千呼万应的喉舌和社会的耳目，应该具有超然的性质。即便是作为政党的宣传工具，也要本着价值中立的原则，摆脱现实的利益纠葛，超越国家、民族的利益界限。

首先是要排除个人现实利益的影响。尽管利益是个人行为的出发点，但绝对不能以利益作为报纸业务行为的基本准则。马克思曾明确指出，作家当然必须挣钱才能生活，写作，但是他决不应该为了挣钱而生活，写作。"作家绝不把自己的作品看做手段。作品就是目的本身；无论对作家或其他人来说，作品根本不是手段，所以在必要时作家可以为了作品的生存而牺牲自己个人的生存。"② 在这里职业的理想追求显然优先于个人的利害考量。

---

① 《马克思恩格斯全集》第16卷，人民出版社1964年版，第412页。

② 《马克思恩格斯全集》第1卷，人民出版社1956年版，第87页。

其次，要超越国家、民族的现实利益关系。对于英美报刊对英国人挑起的第二次鸦片战争的报道，马克思曾尖锐地批评其表露出来的基于民族国家利益的偏见。“自从关于英国人在中国采取军事行动的第一个消息传来以后，英国政府报纸和一部分美国报刊就不断地诬蔑中国人——不分青红皂白地非难中国人违背条约义务、侮辱英国国旗、羞辱旅居中国的外国人，等等。可是，除了皮划艇‘亚罗号’事件以外，它们举不出一件确凿的罪名，举不出一件实事来证实这一切诬蔑。可是英国报纸对于旅居中国的外国人在英国的庇护下每天所干的破坏条约的可恶行为是多么沉默啊!”① 为什么英美报刊对这场战争的报道呈现这样大的反差，潜藏于其中的国家利益是关键的因素。马克思恩格斯作为无产阶级的精神领袖，是一个彻底的国际主义者，他们坚决反对将国家民族的情愫夹杂在报纸的报道之中。对于涉及战争的报道，譬如对克里米亚战争，恩格斯主张坚持客观中立的价值尺度：“我真希望把俄国人狠狠揍一顿，但是如果他们仗打得好，那我认为我是一个真正的士兵，会给这些魔鬼作出应有的评价。此外，我还将坚持一个原则，即军事科学像数学和地理学一样，并不包括特殊的政治见解。”② 价值中立，坚守专业精神，排除个人、民族、国家的利益纠葛，这样报刊的报道才具有公信力。这是马克思恩格斯致力追求的目标之一。

（二）尊重隐私权和消息来源保密

这一原则在当今西方世界的新闻传播领域被认为是最重要的普世价值。其实，这一原则精神的源头也可以追溯到马克思恩格斯那里。关于个人隐私问题，马克思恩格斯始终主张一般公民的个人隐私应该得到法律的保护，除非此人的活动可能会对社会造成大的危害。但是隐私保护不应该片面地扩大，如果坚持认为“私事和私信一样，是神圣的，不应在政治争论中加以公开。如果这样无条件地运用这条规则，那就只得一概禁止编写历史。路易十五与杜芭丽

① 《马克思恩格斯全集》第 12 卷，人民出版社 1962 年版，第 176 页。

② 《马克思恩格斯全集》第 28 卷，人民出版社 1973 年版，第 609 页。

或彭帕杜尔的关系是私事，但是抛开这些私事全部法国革命前的历史就不可理解”①。也就是说，当特定个人的私人活动可能影响到广泛的公共利益时，对它的报道就不再被看成是对隐私的报道了。至于保护作者和消息来源保密，恩格斯早在协助《社会明镜》杂志时，就公开呼吁“牧师先生、教员、医生和官吏”的友好帮助，“如果需要，我们保证在任何情况下为作者姓名保守秘密，我们只要求我们的撰稿人对他所报道的事实的准确性负责。至于发表的责任由编辑部承担”②。保护消息来源的秘密，一方面是为了保护消息提供者的安全以维持稳定的消息来源，另一方面则是为了在更广的范围里保护社会的公共利益不受侵犯。此外，恩格斯还强调编辑出版人一定要尊重作者的基本权益，未经作者的同意或授权，不得删改作者的文章。事实上，他本人就是这方面的一个受害者。他曾公开批评一个工人报刊的编辑：“您未经我的同意也未经编辑部的同意就擅自对我的关于俄国政策的文章作了种种修改。无论是刑法典还是反社会党人法都绝没有要求您做这些修改。”③ 尊重作者的权利，为消息来源保密，同时在不危害公共利益的前提下，保护个人的隐私权，是马克思恩格斯的基本见解，也是西方当代新闻传播界最基本的道德原则。于此可见，在专业精神方面，马克思主义者职业理想与当代西方的传播道德并非绝然对立的。

（三）维护报刊的独立地位

作为饱经沧桑的新闻工作者，马克思恩格斯深知报纸独立的重要性。这种独立乃是其客观公正的现实基础。要做到独立，首先必须保证经济上的自给自足。经济独立是政治独立的前提。一家报纸只有在财政上能够自我维持，才能在言论立场上自主。一家工人的报纸，如果凭工人自己的力量不足以维持，就只有借助于外力。当这种外力来自于资本时，其原本秉持的阶级立场就会发生动摇。当

① 《马克思恩格斯全集》第 18 卷，人民出版社 1964 年版，第 590 页。
② 《马克思恩格斯全集》第 42 卷，人民出版社 1979 年版，第 417 页。
③ 《马克思恩格斯全集》第 37 卷，人民出版社 1971 年版，第 369 页。

伦敦《工人机关报》在经济上无法坚持时，马克思断言："这家报纸依靠自己的资金维持不了多久了；因此，它会依赖资产阶级的贷款，从而失去自己的性质。"① 即使是作为党的报纸，即使在经济上依赖于党和在政治上服从于党，马克思恩格斯也持有一种保留的态度。恩格斯在致倍倍尔的信中说："依赖他人，即使是依赖一个工人政党，也是一种痛苦的抉择。而且，即使抛开金钱问题不谈，做隶属于一个党的报纸的编辑，对任何一个有首倡精神的人来说，都是一桩费力不讨好的差事。马克思和我向来有一个共同的看法：我们永远不担任这种职务，而只能办一种在金钱方面也不依赖于党的报纸。"② 可以看出，马克思恩格斯坚守报纸独立的地位，其主要原因在于保证新闻工作者的创作自由和首创精神，在属于自己的领域里，了无牵挂，一秉自己的志趣行事。正是在这个意义上，恩格斯建议德国社会民主党创办这种在形式上独立的刊物。他坚信这种刊物肯定是要出现的，不管党的领导人是否愿意，这种形式上独立的报纸及报纸、报刊工作者对独立精神的追求，是无法抑制的。

（四）公正

不论资产阶级还是无产阶级，不论是西方还是东方，不论是否能够做到，几乎所有的报刊及其从业者都以公正相标榜。马克思恩格斯在其整个新闻生涯中，一直把公正作为新闻工作者的原则要求。马克思曾高度评价英国报纸："最低限度是 common fairness [一般的公正]，即任何一家英国报纸（无论它的派系如何）都不敢违背的这种公正。"③ 陈力丹认为这个词可以翻译为"共同的公正"，即在报道新事实、新的争议时，报刊所能保持的一种形式上的公平姿态。④ 这一姿态对于赢得读者、公众的认同是十分重要

① 《马克思恩格斯全集》第 31 卷，人民出版社 1972 年版，第 226 页。

② 《马克思恩格斯全集》第 38 卷，人民出版社 1972 年版，第 517 页。

③ 《马克思恩格斯全集》第 14 卷，人民出版社 1964 年版，第 768 页。

④ 陈力丹：《马克思主义新闻思想概论》，复旦大学出版社 2003 年版，第 60 页。

的。但是只有能够抵制利益诱惑的报人，才能做到这一点。马克思曾批判英国《泰晤士报》失去了公正的精神，因为“《泰晤士报》的这些家伙，例如，詹·斯宾斯（据《里士满消息报》说，‘这个人已经得了硬币’）所得的公债卷，一部分没有花钱，一部分是按照票面价格打了对折。他们靠广告把行情抬高到一百零五，做了一笔很不坏的买卖”①。当报纸及其从业者接受了他人的利益馈赠时，读者无论如何是难以相信他的公正立场的。所以，恩格斯在报道法奥战争时，就非常注意对双方情况的平衡报道，并根据事实否定了关于奥军的暴行的传闻。为了避免对其立场的误会，他解释说：“我们请读者注意这个事实，不只是为了要对双方严守公道，而且是为了我们对于这些报道的不信任曾被曲解为我们对于弗兰茨·约瑟夫（奥匈帝国皇帝——引者注）的同情；其实，与此相反，我们甚至不愿意看到这位帝王被推翻的日子延迟一天。”② 不仅对一般的国内国际事务的报道评论，要秉持公正的态度，就是无产阶级党报对党内事务的报道，也要贯彻公正这一基本的理念。1891年，德国社会民主党中央机关报《前进报》在报道党内一次私人纷争时，只刊登了一方的声明，没有发表另一方的反驳。恩格斯对此十分不满，并从编辑道德的角度致信该报编辑：“我，作为一个编辑，可以不赞成他们的作法，但却必须承认他们有权按自己的意愿来维护自身的利益。而你们那里恰恰相反，编辑部却承担起书报检查官的职责，自认为永远是最内行的裁判者，并禁止他们进行诉讼。编辑部就无权坚持这一观点，从而剥夺自己朋友讲话的机会。”③ 也就是说，在报道政治争论时，不仅要给对立的双方提供同等程度的讲话机会，而且还要理性、冷静，持中立的立场，不偏不倚。

（五）真实性

真实是新闻的生命，报刊的公信力来源于报道的真实与公正。

① 《马克思恩格斯全集》第30卷，人民出版社1974年版，第365页。
② 《马克思恩格斯全集》第13卷，人民出版社1962年版，第426页。
③ 《马克思恩格斯全集》第38卷，人民出版社1972年版，第161页。

马克思恩格斯从事新闻工作伊始，就把真实性作为新闻工作的第一原则。他们反复强调要根据事实描写事实，要始终对新闻报道的真实性负责。即便是为了正当的目的，也不能使用谎言。用谎言来证明真理是对真理的莫大侮辱。他们坚信，无产阶级作为最先进的阶级，代表着历史进步的方向，他们无所畏惧，事实的发展只会有利于革命的无产者。所以无产阶级“不怕了解真实情况，哪怕这种情况看来是不利的，没有什么东西比毫无实际根据的虚浮报告更能削弱我们协会的了”①。恩格斯自豪地对朋友说：“您从我这里任何时候都不会接到哪怕是稍微地歪曲事物本来面貌的消息。”② 在致《社会明镜》读者的信中，恩格斯表示：“它将刊登一般评论、专题文章、统计简讯和关于某些典型事例——这些事例将使我们能够正确地说明一切阶级的社会关系并将有助于为消除社会罪恶而成立的团体——的记叙文；杂志将完全立足于事实，只引用事实和直接以事实为根据的判断——由这样的判断进一步得出的结论本身仍然是明显的事实。”③ 虽然事实真相的显露有一个曲折的过程，人们对事实的认识也有一个过程。但是“只要报刊有机地运动着，全部事实就会完整地被揭示出来。最初，这个完整的事实只是以同时发展着的各种观点的形式出现在我们的面前，这些观点有时有意地，有时无意地揭示出现象的某一方面。但是归根到底，报纸的这种工作只是为它的一个工作人员准备材料，让他把材料组成一个统一的整体。报纸就是这样通过分工——不是由某一个人做全部工作，而是由这个人数众多的团体中的每一个成员担负一件不大的工作——一步一步地弄清全部事实的”④。无产阶级报刊就是按照这一内在逻辑在履行自己的使命。惯于制造谎言、欺骗世人的，只是资产阶级的报纸。恩格斯曾辛辣地讽刺俾斯麦的御用报纸：“如果需要给对方脸上抹黑，需要散布真正的弥天大谎，进行真正有声有

① 《马克思恩格斯全集》第 33 卷，人民出版社 1973 年版，第 254 页。
② 《马克思恩格斯全集》第 33 卷，人民出版社 1973 年版，第 254 页。
③ 《马克思恩格斯全集》第 42 卷，人民出版社 1979 年版，第 413 页。
④ 《马克思恩格斯全集》第 1 卷，人民出版社 1956 年版，第 211 页。

色的诽谤，或者需要真正致力于卑鄙龌龊的勾当，那么人们就会选择《北德总汇报》去担任着这个光荣的使命。而《北德总汇报》也非常乐意去执行这一使命。”① 在这方面，无产阶级与资产阶级报刊有着天壤之别。

（六）纯洁与反庸俗化

马克思恩格斯坚持认为，报纸的本质总是真实的和纯洁的。它对于“我们这些天性不那么灵活的德国人（因此犹太人在这方面也‘胜过’我们）来说，是一个非常有益的学校，通过这个工作，你会在各方面变得更加机智，会更好地了解和估计自己的力量，更主要的是会习惯于在一定期限内做一定的工作”。② 报纸不仅能够锻炼新闻工作者本身，也能教育、启蒙、引导广大的读者。而要使读者接受自己的宣传，就必须了解读者。一般而言，一个报纸的成功主要是指该报比其他报纸赢得了更多的读者。而读者的结构，总是高端的精英读者居少数，而低端的大众读者占多数。大众读者文化水平比较低，理解能力也比较薄弱，故对他们的宣传应该以更通俗的方式进行，“要经常照顾到通俗性，也就是要向没有知识的读者作解释”③。科学理论的宣传应绝对避免学究化。恩格斯曾比较伯恩施坦和考茨基的宣传风格。他认为考茨基“是一个很不错的青年，但却是一个天生的学究和搞烦琐哲学的人，他不是把复杂的问题简单化，而是把简单的问题复杂化。……在报社内有这样一个学理主义者，是一种真正的不幸”④。但是，通俗化不等于庸俗化，特别是以利益为导向的低俗化。马克思曾对风靡英国的大众化“黄色”报纸《每日电讯报》进行了严厉的批评。他引用《星期六评论》杂志的话说，《每日电讯报》“便宜而讨厌”。其致命的症状

① 《马克思恩格斯全集》第 19 卷，人民出版社 1963 年版，第 348 页。
② 《马克思恩格斯全集》第 37 卷，人民出版社 1971 年版，第 318 页。
③ 《马克思恩格斯全集》第 34 卷，人民出版社 1972 年版，第 49 页。
④ 《马克思恩格斯全集》第 35 卷，人民出版社 1971 年版，第 211 页。

是“是勒维（每日电讯报的老板——引者注）坚决要肮脏的东西而不要干净点东西”；“为了给一篇龌龊的文章腾地方，他可以不顾一切地删去最重要的报道”；勒维的鼻子的大本事在于对臭气具有深情厚谊，在数百里以外就能把它嗅出并吸引过来。这样一来，勒维的鼻子就作为象鼻、触手、灯塔和电讯替《每日电讯》效劳”①。只有坚持报纸纯洁的本性，并且以通俗化的风格面向大众读者，才能排斥反动报纸的影响，把目标读者引导到正确的轨道上去。

六、结　论

马克思恩格斯的新闻传播思想是马克思主义新闻传播学说的源头，也是当代社会主义国家官方占统治地位的新闻传播理论的基础。这一基础的奠定，与马克思恩格斯数十年的新闻传播实践，及他们卓越的理论创新活动是分不开的。没有火热的报业实践，他们难以认识新闻传播的内在规律，正如马克思恩格斯所说的，这种规律是不以人的意志为转移的；同时，资产阶级报刊事业及无产阶级党报事业的发展，为他们的理论创造提供了解剖的个案；加上此前资产阶级自由主义报业学说的影响，马克思恩格斯终于形成了比较完整的新闻传播思想体系。

马克思恩格斯的新闻传播思想，在总体上是由早期的人民报刊思想、出版自由思想及后期的党报理论，还有贯彻其新闻生涯始终的新闻专业理想组成的。其中，人民报刊思想和出版自由思想相辅相成，而且对后期的党报学说也有重大的影响，如恩格斯党报理论中对“独立”、“自由”的关注，与他们早期的出版自由观是分不开的，或者是后者的自然延伸。他们的专业理想，他们对价值中立、不偏不倚的坚守，对个体隐私权和消息来源保密的执着，对于

① 《马克思恩格斯全集》第14卷，人民出版社1964年版，第656~660页。

独立、公正、真实的追求，以及对于纯洁的向往，是连绵于其辉煌报业生涯的红线。这几个部分的内容，彼此相互交织，共同熔铸成一个有机的整体。

马克思恩格斯的新闻传播思想具有划时代的历史价值。他们对报刊性质的解读和对新闻传播规律的阐释，他们的耳目喉舌论，他们悲天悯人的情怀，他们强烈的批判意识，他们对出版检查制度的批判和资产阶级出版自由虚伪性的揭露，他们对党报与党的领导机构互动关系的设计，他们对党委道义领导的期待等，直到今天，对于社会主义国家的新闻改革，甚至在自由主义社会，都有重要的现实指导意义。

但是，由于马克思恩格斯生活的时代，报刊事业的发展还未臻成熟，新闻传播的内在规律还未充分地显现出来，所以，马克思恩格斯的新闻传播思想也必然会存在着历史的局限性。他们在当时就特定新闻现象展开的论述、对某些重大理论和实践问题的解读，固然有当时的历史高度，但是随着时代的变迁，环境的变化，这些论述在今天就未必适用。如恩格斯对党报与党的领导机关的关系的论述，主张创办不隶属于党的执行委员会或党的全国代表大会的报纸，它们应该具有形式上独立的地位，并且能够在党的纲领范围内对党的政策进行大胆的批评。而党的执行委员会乃至中央对党报的领导，不应该是简单的行政控制，而应该是道义的领导。党的执行委员会必须尊重党报的出版自由。这一见解，与当前社会主义国家流行的党报理论有相当的差距，显然不能作简单的字面解读。而应该联系到当时的历史情景，作全面的理解。还有，马克思恩格斯的人民报刊思想，其中的人民概念，具有超然、抽象的性质，至少从当时他们的相关论述中还看不出明显的阶级意识。这些内容是我们在学习马克思恩格斯新闻传播思想时必须加以注意的。

马克思主义新闻传播思想是一个还在发展着的开放的思想体系。随着时代的进步，新闻传播事业的发展，马克思主义新闻传播思想体系必然会与时俱进，在内容上实现新的跨越。在今天的时代条件下，社会主义国家的新闻改革，新媒体发展导致的媒介生态的变迁，全球化趋势与新闻传媒的跨国界流动等，无不期待着科学理论的指引。马克思主义新闻传播思想该如何发挥理论指导实践的功用，是当前马克思主义新闻理论建设面临的重大课题。要解决这一问题，不仅需要政治领袖的指导，更需要新闻传播工作者和理论工作者的智慧。

第十二章　列宁新闻思想体系

在世界历史上，弗·伊·列宁是一个划时代的人物。他不仅是一个杰出的思想家、政治家，而且还是一个伟大的建设者。正是他第一个把社会主义的理想变成了现实，在世界六分之一的土地上，建立了第一个社会主义国家。其辉煌的政治业绩，已为世人所尽知，无须赘述。这里我们必须注意的，乃是列宁作为一个伟大的宣传家、新闻工作者的积极贡献。1920年，列宁在填写俄共（布）莫斯科市党组织成员注册登记表时，在职业一栏里写的是“文学工作者”；翌年，他在填写莫斯科市劳动人民代表苏维埃成员履历表时，在职业栏中填的又是“新闻工作者”。作为一个新闻宣传工作者，列宁给后人留下了大量的文章、书信、报道、文件等资料。其中既有属于新闻报道和纯宣传鼓动的文字，也有关于新闻宣传工作本身的论述，这是国际共产主义报刊史上不可多得的精神遗产。历史表明，这些遗产与苏联无产阶级报刊事业诞生、发展的完整过程是紧密地联系在一起的。它不仅决定了俄国新闻宣传事业的基本性质和政治倾向，而且还规范了俄国新闻传播活动的基本风格。因此，不论是从全面认识列宁的政治生涯、思想体系，还是从了解俄国新闻史的角度，都应该对列宁的新闻（也即宣传，下同）思想进行整体性的分析和归纳。基于这一理由，作者打算根据列宁的精神遗产及其新闻实践，从以下七个方面进行简要的概述，以勾画出列宁新闻思想的基本框架。

一、报刊职能观

列宁报刊职能观的形成，经过了较长的历史过程。在十月革命前，尤其是在俄国社会民主工党建党及重新建党时期，列宁非常重视报刊在工人运动中的宣传鼓动职能和组织职能；十月革命后，由于社会主义建设的全面展开，他又越来越重视报纸在监督批评和经济建设方面的作用。联系到前后这两个不同的历史阶段，列宁对报刊职能的论述，主要集中于宣传鼓动、组织、监督批评和经济建设四个方面。

（一）宣传鼓动的职能

列宁投身革命伊始，就意识到了报刊的宣传鼓动作用，认为报刊是集体的宣传员和集体的鼓动员，是传播思想、进行政治教育和吸引同盟军的工具。这里的宣传和鼓动，在中文里词义相当接近，比较容易混淆，俄文里则有明确的划分。普列汉诺夫认为："一个宣传人员是供给一个人或少数几个人许多观念；而一个鼓动员是仅提供给一大群人一个或少数几个观念。"列宁同意并接受了这一见解，并以失业问题为例进行解释：一个宣传者必须解释资本主义的经济危机，说明在现代社会中此种危机是不可避免的。然后表示为了消灭此种危机，当今的社会必须改进为社会主义社会。简言之，他必须提出一大堆观念，多到只有少数人能懂得全部。一个鼓动者的做法，则是举出一些众所周知的事实，如某工人因饥饿致死，或工人普遍的日益贫困之类，然后就利用这一例子使听众强烈地感受到贫富不均的不公平，何以富者愈富，贫者愈贫，以这个观念作为煽动群众不满情绪的基础。可见，宣传主要是针对社会中比较进步的分子，如党员干部，而鼓动则通常被当做教育一般群众的工具。就影响对象的方式而言，宣传主要是晓之以理，而鼓动则是动之以情。另一方面，列宁还认为，宣传和鼓动的区别，还表现在媒体的使用上。由于篇幅和性质的不同，"杂志主要是宣传，报纸主要是鼓动"①。可见，宣传与鼓动的区别，是由读者对象、影响方式及媒介手段的差异性决定的。

宣传与鼓动虽然有这样那样的区别，但在其本质内涵上又是基

---

①《列宁全集》第4卷，人民出版社1958年版，第288页。

本一致的。它们都是通过各种媒介传播某种事实、意见以影响特定对象的行为与态度的社会活动。因此这两者往往紧密地交织在一起，很难把它分割开来。一方面，作为一个政治领袖，作为一个思想家，列宁多次强调，要在鼓动中提出宣传的问题，“必须建立一种更高级的鼓动方式，即通过报纸定期登载工人的控诉、罢工和无产阶级斗争的其他形式、以及全俄国一切政治压迫的表现，并且从每一件事实中，做出符合于俄国无产阶级的政治任务的明确结论”①。另一方面，列宁又主张一切宣传，必须尽可能地采取鼓动的方式，适当地降低宣传的理性水平，更多地采用鼓动所需的具体事实。只有这样，宣传和鼓动，才能收到实效，才能助成工人阶级政党达到“思想上的统一”和组织上的统一。而实现党的统一，正是无产阶级报纸的根本目的。②

列宁认为，作为无产阶级政党的宣传工具，报纸必须成为全体人民揭露资产阶级剥削、揭露沙皇残暴统治的讲坛，并且“在一切稍有觉悟的人民阶层中间激起从事政治揭露的热情。决不要因为现在政治揭露的呼声还显得无力、稀少和怯懦而感到惶恐不安。其所以如此，并不是因为大家都容忍警察的专横暴虐，而是因为那些能够并且愿意从事揭露的人还没有一个说话的讲坛，还没有热心听讲演人说话并且鼓动讲演人精神的听众”，在工人阶级政治觉悟日益提高的情况下，社会民主党的报纸就应当是“全民的揭露沙皇政府的讲坛”。③ 在必要的时候，这种揭露还可以对准党内的机会主义分子、野心家。除此之外，无产阶级报纸还有一项重要的宣传任务，那就是防止马克思主义受到资产阶级思想的歪曲，反击资产阶级的污蔑。列宁曾明确指出：“工人创办自己的报纸是为了捍卫马克思主义，不是为了让它按照资产阶级‘学者’的心意来歪曲马克思主义。”④ 这一性质，在列宁创办的一系列报刊上表现得十

① 《列宁全集》第4卷，人民出版社1958年版，第288页。
② 《列宁全集》第34卷，人民出版社1959年版，第67页。
③ 《列宁全集》第5卷，人民出版社1959年版，第8页。
④ 《列宁全集》第20卷，人民出版社1958年版，第81页。

分突出。

列宁还非常重视报刊宣传和鼓动工作的现实意义。在他看来，报刊的宣传鼓动工作所能产生的实际作用主要有二：其一是鼓动人民群众的革命激情，争取他们加入革命的队伍。他认为，如果俄国社会民主工党的各级地方团体和小组，都来关心并支持报刊事业，“那么我们在不久的将来就能创办一个周报，每期出版数万份，经常销行于全俄各地。这个报纸就会成为巨大的鼓风机的一部分，这个鼓风机能鼓动阶级斗争和人民的义愤的星星之火，燃成熊熊之焰”①。那时就会在革命事业的周围组成一支久经考验的常备军，就会把广大的工人“组织到革命的社会民主党里去”②。其二是培养出革命的领导者。在《从何着手?》一文中，列宁就乐观地指出：“假如我们集中自己的一切力量来办共同的报纸，那么，这样的工作不仅可以培养和选拔出最能干的宣传员，而且可以培养和选拔出最熟练的组织者、最有天才的党的政治领袖，他们在必要的时候，能够提出进行决战的口号并且领导这个决战。”③ 正是在这个意义上，列宁把报刊的宣传和鼓动看成是革命运动的出发点。

（二）组织的职能

在《从何着手?》一文中，列宁指出：“报纸的作用并不限于传播思想、进行政治教育和吸引政治同盟军。报纸不仅是集体的宣传员和集体的鼓动员，而且是集体的组织者。”④ 也就是说报纸在宣传鼓动职能之外，还有组织的职能。这种组织职能主要是在建立党的组织的意义上而言的，说明党报在建党过程中所能起到的组织作用。这一见解与资产阶级自由主义报业理论颇不相同。一般而言，自由主义报业理论承认报纸的宣传鼓动和监督社会的作用，而没有提及报纸在资产阶级政党建立和发展过程中能够实现的组织功

---

① 《列宁全集》第5卷，人民出版社1959年版，第480页。

② 《列宁全集》第35卷，人民出版社1959年版，第288页。

③ 《列宁全集》第5卷，人民出版社1959年版，第10页。

④ 《列宁全集》第5卷，人民出版社1959年版，第8页。

能。列宁之所以强调报刊的组织职能，是因为当时俄国社会民主工党的地方性、散漫性已大大地削弱了党的战斗力。为了实现无产阶级的斗争目标，必须在根本的意义上重新建党，使党由当时的“手工业方式”和“分散状态”过渡到“更高级的、更统一的、更好的和更有组织的形式”。① 正是在这个过程中，报纸能够起到积极的组织作用。

在列宁看来，党的报纸在建党过程中的组织作用，犹如建筑工地上搭在建筑物周围的脚手架和建筑师的引线。他形象地说：“可以把报纸比做脚手架，它搭在正在修建的建筑物周围，显示出建筑物的轮廓，便利各个建筑工人之间的来往，帮助他们分配工作和观察有组织的劳动所获得的总成绩。依靠报纸和同报纸联系自然而然会形成一种固定的组织，这种组织不仅从事地方工作，而且从事经常的共同的工作……单是技术上的任务——保证正常地供给报纸以各种材料和正常地推销报纸——就迫使我们必须建立统一的党的地方代办员网，这些代办员彼此间要密切联系，了解总的情况，习惯于有条理地执行全国性工作中的各种零星任务，并组织某些革命行动以检验自己的力量。这种代办员网将成为正是我们所需要的那种组织的骨干，——这种组织，其规模之大使它能够遍布全国各地；其广泛性和多样性使它能够实行精密而细致的分工。”② 正是在这个意义上，列宁把创办报纸，创办全俄的政治报纸，看作是“我们使这个组织（即随时都能有准备地支持一切抗议和一切发动的革命组织）不断向深广发展的纲”③。

历史表明，俄国无产阶级政党的建立和发展，正是报刊组织功能充分发挥的结果。1901 年，列宁在《从何着手？》一文中指出：“创办全俄政治报应当是行动的出发点，是建立我们所希望的组织的第一个实际步骤。”三年后，列宁在谈到新《火星报》与旧《火星报》的区别时说：“‘火星报’从创办时起就不仅以一个报刊机

① 《列宁全集》第 4 卷，人民出版社 1958 年版，第 284 页。
② 《列宁全集》第 5 卷，人民出版社 1959 年版，第 8~9 页。
③ 《列宁全集》第 5 卷，人民出版社 1959 年版，第 472 页。

关，而且以一个组织细胞进行活动的。'火星报'在第4号专论（"从何着手?"）中提出了一个完备的组织计划，并且三年来始终一贯地执行了这个计划。当党的第二次代表大会通过决议承认'火星报'为中央机关报时，说明这个决议的三条理由中有两条正是谈到'火星报'的这个组织计划和组织思想。"① 报刊在重新建党的过程中，确实起到脚手架的基础作用。如果没有这个脚手架，如果建筑师在建设房屋时没有保证方位的引线，就不可能在各地建立起强有力的政治组织，处于分散及手工业状态的俄国社会民主工党的重建就会沦为空谈。因此，创办报纸，创办全俄的报纸，创办政治报纸，是重建、发展社会民主工党的前提条件。

根据列宁的有关论述，报刊的宣传鼓动职能与组织职能是密不可分，并且是相互制约的。一方面，宣传和鼓动是消除思想混乱，实现党内思想统一，推进革命运动的精神动力。没有革命的理论就没有革命的运动，没有革命理论的指导就不可能建立起有力的政治组织。在这个意义上宣传鼓动乃是组织的基础。另一方面报纸组织职能的发挥，即脚手架、通讯员网、代办员网的建立，又是实现并且扩大宣传鼓动影响的物质条件。没有全国性的代办员网，党的思想、党的声音就不可能传遍全国。所以在建立俄国社会民主工党、推进革命运动的过程中，报刊的宣传鼓动职能、组织职能是同等重要，不可偏废的。

（三）监督批评的职能

在世界新闻思想史上，报刊监督社会、监督政府的理论在19世纪初即已出现，它是新兴资产阶级反对专制统治、捍卫基本人权的精神武器之一。列宁也十分重视报刊监督批评的职能。如果说，在1905年革命前，列宁所看重的主要是报刊在建党及重新建党过程中的宣传鼓动和组织作用，那么在十月革命前后，由于布尔什维克党将夺取政权、巩固政权、建设新社会提上日程，其关注的重心亦日益转移到报刊的监督功能上来。1917年5月23日，列宁在

① 《列宁全集》第7卷，人民出版社1959年版，第227页。

《真理报》上指出："对不喜欢的事情进行批评，原是每个评论家的神圣权利。"① 从政治权利的高度肯定了报刊的批评监督职能。这一观点，虽然可以溯源至自由主义报业理论，但是作为一个无产阶级革命家，列宁的批评监督观又明显地不同于前人。一般而言，资产阶级报业理论所强调的监督批评，主要指向社会政治生活，其对象是政府当局、高官显贵；而列宁心目中的报刊监督所瞄准的，主要是社会生活的经济面，其批评对象多是执行部门的普通官员和一般群众。

十月革命胜利后，当党和国家的主要任务由夺取政权转移到经济建设上来时，列宁便把报刊批评作为一项重要的政治任务提了出来。他说："社会主义政党要把不接受整顿自我纪律和提高劳动生产率的号召与要求的企业和农村公社登上黑榜，把它或者列为病态企业，采取特别的办法（特别的措施和法令），使它健全起来，或者列为受罚企业把它关闭，并且把它的工作人员送交人民法院审判。公开报道这方面的情况，本身就是一个重大的改革，而且还能吸引广大人民群众主动地参加解决这些与他们最有切身关系的问题。"② 由于当时政治形势的变化过于迅速，布尔什维克的报刊还不能一下子适应、满足党对于经济生活监督批评方面的要求。当列宁看到有些工厂在国有化后仍然是散漫、涣散、肮脏、胡闹、懒惰的典型时，严厉地批评布尔什维克报刊没有尽到自己的职责，指责他们对于明显的坏人坏事默不作声。有时"即使谈到，也是用官僚式的敷衍态度，不像革命报刊，不像一个阶级专政的机关报，这个阶级正在用行动来证明资本家和维护资本主义习惯的寄生虫的反抗一定会被铁拳打得粉碎"③。他要求布尔什维克的报刊工作者，不仅要使报刊成为揭露落后企业、坏人懒汉的黑榜，而且还应当痛斥胆小的将军和麻痹分子，向全国公开斥责那些不中用的军队，抓住一批由于笨拙、粗心大意、动作迟缓等而应该被大张旗鼓地赶出

① 《列宁全集》第24卷，人民出版社1957年版，第351页。
② 《列宁全集》第27卷，人民出版社1959年版，第188页。
③ 《列宁全集》第28卷，人民出版社1956年版，第82页。

军队的典型，同一切具体的坏人进行认真的无情的革命的斗争。如果我们默不作声地容忍这些坏的工厂企业，如果我们对于那些明显的坏蛋视而不见，“我们就不是共产主义者，而是废物”①。

为了革命的目的，列宁一方面要求报刊在监督批评方面加大火力，用专政的铁拳捶击一切坏人和糜烂现象；另一方面，他又指出，报刊批评，还应该从党的利益出发，其目的应该是使情况得到改善，而不是为了一己之私，泄私愤，而使事情变得更糟。只有心底无私，报刊的监督批评才能起到建设性的作用。

（四）经济建设的职能

提出报刊具有经济建设的职能，是列宁的创造性贡献。在过去，无论是马克思主义者，还是资产阶级报人都没有正面涉及这一问题。这除了当时的报刊主要是作为政治工具使用的原因外，还有一点，那就是马克思主义者的主要目标是打破旧世界，而资产阶级报人则是全力地维护旧世界。这种情形在十月革命后得到彻底的改观。由于旧的社会秩序被推翻，无产阶级肩负着建设新社会的历史重任。适应着这一变化，无产阶级报纸自然也要由破坏旧社会的政治武器变成建设新生活的工具，应该少谈些政治，少来一些“老一套的政治鼓动——政治喧嚷”，而把经济报道、经济宣传置于工作的中心。十月革命胜利不久，针对当时苏维埃报刊沿用过去的传统，继续用过多的篇幅和注意力报道政治上的一些琐事、政治领导人物的一些个人问题的情形，列宁进行了严厉的批评。他要求新闻工作者解决一个政治任务，即“把报刊由主要报道政治新闻的工具，变成对人民群众进行经济教育的重要工具”。“对于政治领导人员的问题，对于无关紧要的政治措施，即各个政治机关的日常工作和例行公事，应当少费一些篇幅”，而“应当把实践中直接提出的劳动问题放在首要地位”。② 要多谈些经济，这种经济不是指“一般的议论、学者的评述、知识分子的计划以及诸如此类的废

① 《列宁全集》第 28 卷，人民出版社 1956 年版，第 82 页。

② 《列宁全集》第 27 卷，人民出版社 1958 年版，第 186 页。

话”，而是指“搜集、周密地考查和研究新生活实际建设的各种事实”①。只有这样，无产阶级报纸才能适应从资本主义向社会主义过渡的基本要求。

至于怎样多谈经济，怎样才能发挥报刊促进经济建设的职能，列宁作为苏维埃政府的最高领导者，从宏观经济管理的角度进行了进一步的论述。

首先，报纸应广泛收集第一手材料，公开报道分析经济形势，作为苏维埃政府的参考。列宁曾要求《经济生活报》“绝对必须加强注意资料的收集……加强注意直接来自地方工作机构……的资料收集。不仅要收集和分析总局的资料，而且正是要收集和分析这些直接从事地方工作的机构的资料”②。从这些资料及对其的分析中，不仅可以发现新的问题，而且还会为实际部门解决问题提出建议。列宁本人平时就大量地利用报纸资料。报纸是他发表讲话、作报告和为报纸撰稿时索取有关材料和事实的重要源泉。他时常边阅报边做笔记，还跟编辑部联系，向作者提出要求，请他们补充一些材料。在他看来，在没有报纸、不利用报纸的情况下，是无法想象事情的结局的。所以，各级政府各级机关必须把向报纸提供资料并利用报刊提供的报道和分析资料作为一项重要的任务。

其次，报刊还应当成为组织社会主义竞赛的主要工具之一。而组织竞赛在苏维埃政权的经济任务中占有极为重要的地位，是改造社会、发展经济的基本途径。针对资产阶级经济学家把竞赛与竞争混为一谈的说法，列宁给予了坚决的驳斥。在他看来，竞赛完全不同于竞争。竞争是资本主义社会所固有的一种特殊形式的竞赛，“是各个生产者争夺面包、争夺市场上的势力和地位的斗争”，③社会主义者反对竞争而不反对竞赛，更不会否认竞赛的意义。相反，只有在社会主义条件下，“才第一次开辟了真正大规模竞赛的途径”。这种竞赛既有政治方面的，也有经济方面的。不管是哪一

① 《列宁全集》第28卷，人民出版社1956年版，第81~82页。

② 《列宁全集》第36卷，人民出版社1959年版，第585页。

③ 《列宁全集》第27卷，人民出版社1958年版，第189页。

种都离不开报纸。没有报纸的公开报道，无论什么竞赛都无法组织起来。

再次，树立榜样，宣传模范，促进经验的交流。列宁一向重视榜样的示范作用，并且认为只有在社会主义建设时期，这种作用才能最大限度地发挥出来。因此，“我们必须注意各个城市、企业和农村公社中许许多多组织生产的新的经验，使这些经验、这些非常珍贵的材料变成群众的财产”①。他又说：“模范公社应该成为而且一定会成为落后公社的辅导者、教师和促进者。”② 那么，这种模范、典型、榜样的经验怎样才能成为大家的财产呢？成为落后者的教师呢？唯一的办法，就是利用报纸，广泛而详细地介绍模范公社的一切成绩，研究它们成功的原因和它们的经营方法，后进的公社、企业、个人，才能有所借鉴。

最后，报刊还应当成为我们加强劳动者的自我纪律，改变资本主义社会陈旧的、完全无用的工作方法或偷懒方法的首要工具。通过报刊激发劳动者的积极性，增强其责任心，使他们自觉地克服缺点，向榜样看齐，这是保证社会主义建设所必需的高昂士气和牺牲精神的必要条件。

从上面的叙述中，我们不难看出，列宁对于报刊职能的认识是随着形势的发展而变化的。在十月革命之前，尤其是1903年之前，列宁有关报刊职能的论述，主要集中于宣传鼓动和组织作用方面。这是由于当时的俄国没有言论自由、结社自由。在一个相当长的时间里，无产阶级政党处于分散、地下的秘密状态，还没有形成一个全国性的真正统一的政治组织，因而在客观上需要通过报纸的宣传鼓动达成思想上的一致，并且利用团结在报纸周围的代办员网、通讯员网作为建党的组织基础。十月革命后，由于推翻了旧社会，无产阶级在政治上取得了合法的支配地位，无产阶级政党的任务也由打碎旧世界转为建设新世界，发展经济，为最终实现共产主义创造必要的物质条件。由此列宁便赋予了报刊职能以新的内涵，把监督

① 《列宁全集》第27卷，人民出版社1958年版，第188页。

② 《列宁全集》第34卷，人民出版社1985年版，第172页。

批评、促进经济建设作为新时期报刊的重要职能，从而形成了宣传鼓动、组织、监督批评、经济建设四大职能理论。总的来说，列宁对报刊职能的概括，基本上是符合当时的历史实际的，并且促进了俄国无产阶级报刊（及后期苏联新闻传播）事业的发展。但我们也应该看到，列宁赋予报刊的职能主要集中在政治与经济方面，至于报刊在文化、娱乐方面的作用，还没有给予足够的重视。

二、新闻业务观

列宁还是一个杰出的新闻工作者。在他从事及指导无产阶级新闻工作的漫长岁月里，针对新闻传播的一些具体业务问题，也阐述了自己的真知灼见。这些观点散见于他众多的文章、报告、信函和文件中。其主要内容集中于如下四个方面：

（一）真实性原则

新闻是对变动的客观事实的报道。新闻必须真实，虚伪的报道甚至不能称之为新闻。作为党的喉舌和旗帜，报纸的信誉和它的政治影响都同报道的真实性和切实可靠性直接相关。据弗·邦契-布鲁也维奇证实，列宁曾对报纸编辑说："我们的报纸是我党的一面镜子。它应当经常保持干净，摆放端正，它所反映的东西，都不应失真。报纸由于具有严格的真实性和严肃的原则性，因而不仅在无产阶级和一切劳动人民的心目中具有很高的威望，而且甚至在我们最凶恶的敌人的心目中也具有很高的威望。任何人在任何时候都不能非难我们的报纸不真实。我们的话应当永远是诚恳的，正确的。"① 那么怎样的报道，才算得上真实呢？在列宁看来，首先应该是报道（哪怕是不长的报道也要）做到"绝对准确，没有一丝

① 转引自杨春华、星华编译：《列宁论报刊与新闻写作》，新华出版社1983年版，第18页。

一毫的误差；事实经过再三核对；材料来源可靠，引语和数据准确无误”，① 其次报纸所载的报道不仅要与所写的事实相一致，而且还要对事实、现象、问题作出正确的解释，“更详细地、更简明地反复说明事实真相”②。

还应特别指出的是，列宁对于真实性的认识并没有停留于事件与报道相符的简单对应关系。他在世界新闻史上第一个提出了全局真实的观念，主张从事实的总和，从事实的联系去把握事实。他在解释这样做的原因时说：“在社会现象方面，没有比胡乱抽出一些个别事实和玩弄实例更普遍更站不住脚的方法了。罗列一般例子是毫不费劲的，但这是没有任何意义的或者完全起相反的作用，因为在具体的历史情况下，一切事情都有它个别的情况。如果从事实的全部总和，从事实的联系去掌握事实，那么，事实不仅是‘胜于雄辩的东西’，而且是证据确凿的东西。如果不是从全部总和、不是从联系中去掌握事实，而是片断的和随便挑出来的，那么事实就只能是一种儿戏，或者甚至连儿戏也不如！”③ 由此得出一个明确的结论：“应该设法根据正确的和不容争辩的事实来建立一个可靠的基础……要这个基础成为真正的基础，就必须毫无例外地掌握与所研究的问题有关的事实的全部总和，而不是抽取个别的事实，否则就必然会发生怀疑，怀疑那些事实是随便挑选出来的，怀疑可能是为了替卑鄙的勾当作辩护而以‘主观’臆造的东西来代替全部历史现象的客观联系和相互依存关系。这种怀疑是完全合理的。”④ 从这两段话中，我们不难看出列宁对于真实性问题的深刻理解。首先，报道必须真实，新闻报道必须与它所反映的客观事实相一致，没有一丝一毫的误差，其引语和数据必须准确无误，这是基础，也是很容易办到的。但是新闻报道不能满足于个别报道真实，不能满

① 转引自杨春华、星华编译：《列宁论报刊与新闻写作》，新华出版社1983年版，第17~18页。

② 《列宁全集》第46卷，人民出版社1900年版，第369页。

③ 《列宁全集》第23卷，人民出版社1958年版，第279~280页。

④ 《列宁全集》第23卷，人民出版社1958年版，第279~280页。

足于具体事实与报道的完全对应，而且还要根据事实的全部总和，从事实的联系，去反映社会的本质，即通过报纸完整的版面，或一个时期的报道，去反映事实的整体联系及其发展趋势，这才是报纸应该追求的完美境界。这种完美境界显然又离不开具体报道的真实，如果一个时期的系列报道都与事实不符，当然就谈不上从事实的全部总和反映社会，全局真实也就成了一句空话。

（二）战斗性原则

列宁一直主张，无产阶级报纸应把高度的政治热情、原则性和战斗的进攻性有机地结合起来，积极地尖锐地报道社会生活的重大变化，同时对于马克思主义的思想敌人的进攻予以无情的打击。如果回避现实生活中“急待解决的问题”，对于敌人的进攻采取懦弱的防守态度，就会“使自己成为枯燥、单调、索然无味和没有战斗力的刊物”，就会落后于社会形势的发展，而落后注定是免不了灭亡的命运的。他要求，“社会主义的刊物应当进行论战，因为我们这个时代是一个混乱不堪的时代，没有论战是不行的”①。作为一个激进的无产阶级革命家，他无法容忍《真理报》在1912年杜马选举中所持的怯懦的消极态度，指责《真理报》在选举期间“表示庄重”，装腔作势，根本不进行战斗，其表现“象一个无精打彩的老处女。‘真理报’不善于战斗。它不进行攻击，既不追击立宪民主党人，也不追击取消派分子。难道先进民主派的机关报可以在热火朝天的时刻作一个没有战斗性的机关报吗?”“难道马克思主义不善于把激烈的、奋不顾身的、无情的战斗同彻底的原则性结合起来吗?”② 他警告革命的报刊工作者：“不进行战斗就是葬送事业。”③ 战斗性应是无产阶级报纸不可缺少的主要品质，忘掉了这一点，就不是一个马克思主义者。

但列宁又告诫新闻工作者，这种无情的战斗性并不意味着报纸

① 《列宁全集》第46卷，人民出版社1990年版，第113页。
② 《列宁全集》第36卷，人民出版社1959年版，第184页。
③ 《列宁全集》第36卷，人民出版社1959年版，第184页。

在喧嚷、叫嚣、造谣方面高人一筹。只有资产阶级报纸，才广泛地使用“叫嚣，一再说谎来‘给人留下某种印象’”。“正是他们‘在声嘶力竭地叫嚣’，极力想用自己的喊声压倒别人，不让人们听到真理，用谩骂和喊叫的洪流淹没一切，妨碍别人作切实的说明”。① 无产阶级报纸绝不能使用这种办法。虽然在反击敌人的进攻方面，虽然在表达自己强烈的义愤时，没有必要掩饰，也“用不着拐弯抹角”，但是作为论战一方，列宁还是“愿意力求缓和语气，力求不把话说死”，② 他要求报刊工作者在行文时要慎重，“尖刻的言辞千万要少一点。要更冷静地分析论据，更详细地、更简明地反复说明事实真相。这样，也只有这样才能保证获得绝对的胜利”③。

要保证无产阶级报纸的战斗性，并发挥其克敌制胜的威力，其报道宣传还必须具有明确的思想，并且与党的政策路线相一致。最好是把战斗的政治口号同党的代表大会的决议，以及同“我们革命社会民主党的策略的总精神更密切、更直接地联系起来”④。如果报纸的报道宣传与党的政策精神不沾边，或者是背离党的既定方针，没有明确的、深思熟虑的、有思想性的内容，就会沦为漂亮的空谈，以致无从发挥自己的战斗力。这是无产阶级报刊工作者应尽力避免的。

（三）新闻文风

列宁对于新闻文风的论述，主要集中于三个方面。

其一是新闻语言问题。在这方面，列宁坚决反对堆砌词藻和空话连篇的任何做法，并且批判了资产阶级报刊惯用的那种矫揉造作、追求离奇、夸夸其谈和夸张虚构的行为。他要求报纸广泛地使用生动的人民语言，大胆地吸收方言、谚语、俗语、形象比喻和人

---

① 《列宁全集》第 24 卷，人民出版社 1957 年版，第 93 页。
② 《列宁全集》第 34 卷，人民出版社 1959 年版，第 71 页。
③ 《列宁全集》第 35 卷，人民出版社 1959 年版，第 104 页。
④ 《列宁全集》第 36 卷，人民出版社 1959 年版，第 133 页。

民群众生活中的其他口头语。报纸的语言和修辞，应有助于人们深刻理解文章的思想内容，而不是使它们莫测高深。十月革命后，当苏联文化界出现了使用外国字的时尚时，列宁感到非常厌恶。他警告俄罗斯语言正在遭到破坏，“我们在滥用外国字，用得又不对”。在他看来，“学洋泾浜的法国话，就等于学俄国地主阶级中那些学过法文而没有学好，又把俄文糟蹋了的最没出息的东西”①。为了捍卫俄罗斯语言的纯洁性，列宁呼吁苏维埃的报刊工作者向破坏俄罗斯语言的现象宣战。

其二是通俗化。为了争取更多的群众，报纸的宣传报道必须照顾到大多数人的知识水准，必须尽可能地通俗化；否则，群众“就会被其他政党夺去，被它们利用来进行投机”②。但是通俗化和庸俗化是两个完全不同的概念。在列宁看来，“通俗作家应该引导读者去了解深刻的思想、深刻的学说，他们从最简单的、众所周知的材料出发，用简单易懂的推论或恰当的例子来说明从这些材料得出的主要结论，启发肯动脑筋的读者不断地去思考更深一层的问题。通俗作家的对象不是那些不动脑筋的、不愿意或者不善于动脑筋的读者，相反地，他的对象是那些确实愿意动脑筋，但还不够开展的读者，帮助这些读者进行这件重大的和困难的工作，引导他们，帮助他们开步走，教会他们独立地继续前进”③。与此相反，在庸俗作家的眼里，读者都是一些不动脑筋、也不会动脑筋的人，他不是启发读者的思维，而是通过畸形的简单化的充满庸俗玩笑的形式，把某一学说的全部结论现成地奉献给读者，读者连咀嚼也用不着，只要囫囵地吞下去就行了。作为一个杰出的宣传家，列宁坚决地反对给宣传题材以庸俗化的处理，而主张用真正的通俗化的手法去启发、引导读者，以提高读者的接受能力。

其三是生动活泼，短小精悍。列宁认为，内容单调、形式刻板是同发展报业的宗旨背道而驰的。他要求报刊采取更多的体裁和形

① 《列宁全集》第30卷，人民出版社1957年版，第266页。
② 《列宁全集》第24卷，人民出版社1957年版，第505页。
③ 《列宁全集》第5卷，人民出版社1959年版，第278页。

式，用较大的篇幅刊登小说、诗歌和小品文，使版面显得生动活泼；同时又要做到短小精悍、简洁有力。他建议作者像“‘马克思那样’以简短、准确的语言”，“清楚地、确切地、扼要地”阐明自己的观点，① 删去一切多余的，可要可不要的语言，因为这些语言不仅无助于表达，反而有害于读者对作者思想的理解。

（四）编辑写作原则

作为一个优秀的新闻工作者，列宁对于新闻写作极为重视，认为它联系到读者的接受，是决定宣传成功与否的关键。为了写好文章，他要求报刊工作者广泛地收集占有有关资料，这是新闻宣传工作的出发点。1912 年，列宁曾就如何办好选举专栏的问题，指导《真理报》应通过熟悉的统计员从市杜马执行部里弄到第一、二、三届国家杜马选举的全部统计资料，加上彼得堡方面的统计资料(住宅、居民及其他)。“手头有了这些材料，再加上精明能干的记者每天或每周两三次到市杜马执行部去采访，就能很好地在报上开辟有关选举进程的专栏。”② 文章写好后，反复地进行修改也是至关重要的。列宁身为文章作者就经常根据编辑、读者、朋友的意见反复修改，仔细地加工，在文字、修辞上下工夫。这些已经传为新闻史上的佳话。

关于编辑工作，列宁向报刊工作者提出了三条原则性要求。

其一，编辑处理文章时，在没有向作者打招呼的情况下，不能对来稿作任何实质性的删改。至于基于篇幅或其他技术性原因，而不得不对来稿进行的压缩，乃是任何一个编辑部固有的权利。但是，“对于作者的实质性的重要观点，事前如不征得他的同意，我们并不认为有权作任何改动”③。编辑对文章的压缩修改或加工，只有在丝毫不改变作者原有的思路，丝毫不改变作者论据的力量的

① 转引自杨春华、星华编译：《列宁论报刊与新闻写作》，新华出版社 1983 年版，第 26 页。

② 《列宁全集》第 35 卷，人民出版社 1959 年版，第 21 页。

③ 《列宁文稿》第 44 卷，人民出版社 1990 年版，第 90 页。

情况下，才合乎情理。这一方面是出于对作者权利和思想成果的尊重，另一方面，也是对编辑工作的道德要求。

其二，为了避免刊出的文章违背作者的原意，或出现致命的错误，列宁接受了普列汉诺夫的建议，主张由原作者看校样。“把第一次校样（然后还有第二次校样）送给作者看，他只要校正那些影响原意的漏句、漏字或调换个别字，而不必去校正个别的字母和标点符号，因为这可以由校对员来做，并且这也是无关紧要的。”① 这样，才能保证文章符合作者的思想，密切作者与编辑部的关系。

其三，应充分利用报纸版面，在有限的空间里刊登更多的内容。由于经济方面的原因，无产阶级不可能无限地扩大报纸的版面篇幅，这样，在日趋复杂的社会生活的多样化要求与有限的版面空间之间，必然发生尖锐的矛盾。为了提高报刊宣传工作的效益，列宁要求编辑“精确计算版面，小号字能容纳多少”。“应当尽量用小号字排版。我们必须在两个版面上容纳 maximum 的材料。”同时他还建议报纸编辑制作经济的报头，并“把报头放在角上”，尽量少占篇幅。这种节省空间的观念，对于提高报刊事业的工作效率，发挥报纸的战斗威力，起到了明显的促进作用。

总之，对于真实性、战斗性、编辑写作诸原则以及新闻文风的论述，是列宁新闻业务观念的主要内容。这些内容的提出虽然已有近百年的时间，但是在今天仍有着重要的现实意义。尤其是全局真实的观念、通俗性观念和战斗性原则，仍为社会主义国家新闻工作者所普遍坚持，对于当代世界的新闻传播实践，已经并将继续发挥其重要的指导作用。

三、新闻事业观

新闻事业观是列宁新闻思想的重要组成部分，也是列宁对马克思主义新闻思想体系的重大贡献。在马克思主义新闻学说史上，正是列宁第一个系统地从经营的角度对报纸的性质与物质基础、发行

① 《列宁全集》第 34 卷，人民出版社 1959 年版，第 70 页。

与价格、广告及管理诸环节进行了全面的探索。这是无产阶级新闻事业观的主要源头。

（一）报纸的性质和物质基础

性质是事物的本质与特性。报纸的性质为何，这个问题，必须从历史发展的角度来回答。列宁认为，报纸是阶级社会新闻传播发展到一定历史阶段的产物。报纸的性质与它的阶级属性是密切相关的。不同阶级的报纸在性质上有着很大的区别。资产阶级的报纸实际是“一种有利可图的资本主义大企业，富人把几百万几百万卢布投入这种企业”,① 其目的是使富人更富，并且得到一种“通消息和消遣的工具”,② 以维护资产阶级永久的统治。由此可见，资产阶级报纸的商业性、政治性是同等重要、并行不悖的。与此相反，无产阶级报纸自诞生之日起，就表现出了与资产阶级报纸截然不同的性质。这主要表现为无产阶级报纸基本上是一种政治报纸，是政治机关报。其目的和任务是：“发展工人们对于本身团结的意识，对于全体俄国工人共同利益与共同事业的意识”,③ “把一切政治上不满和进行反抗的分子集合起来，用他们来壮大无产阶级的革命运动”④。其动机不在于利润，更不是出于消遣的需要，而是为了推翻现有的社会制度，建立工人阶级自己的政权。在这个意义上，可以说无产阶级报纸基本上是一种政治宣传工具，与资产阶级报纸的自由企业性质是不可同日而语的。

随着无产阶级政权的建立，以布尔什维克党报为主体的社会主义报纸迅速发展起来。社会主义报纸是新闻历史上一种崭新的报业形态，它不仅与资产阶级报纸在性质上格格不入，就是资本主义时期的无产阶级报纸，与它相比，也表现出许多差别。首先，社会主

① 《列宁全集》第 25 卷，人民出版社 1958 年版，第 367 页。

② 《列宁全集》第 32 卷，人民出版社 1958 年版，第 120 页。

③ 《列宁全集》第 2 卷，人民出版社 1959 年版，第 283 页。

④ 《列宁全集》第 5 卷，人民出版社 1959 年版，第 7 页。

义报纸是无产阶级专政的机关报,① 是处于执政地位的无产阶级政党的喉舌。为了巩固无产阶级政权，必须使用包括报纸在内的一切手段来镇压资本家和维护资本主义习惯的寄生虫的反抗。其次，社会主义报刊的任务已不再是推翻旧世界，而是建设新社会；它也不再是单纯的政治宣传工具，而是“启发群众、教导他们生活、教导他们不依靠地主和资本家建设自己经济的工具”②。当然，社会主义报纸作为无产阶级报纸在新的历史条件下的发展，在本质上，它们还是同大于异。这个“同”主要表现为，无产阶级报纸、社会主义报纸都是政治机关报，而不是私人企业。其内在动力，不是利润，而是无产阶级推翻旧社会、建设新社会的历史使命感。

虽然不同的报纸在性质上相去甚远，但是作为大工业生产的一个专业部门，报纸的存在与发展，都离不开一定的物质基础。在列宁看来，这种基础最直接的表现就是维持报社运营所必要的经费及制作报纸所必需的纸张和印刷机械。在资本主义社会，由于政治上的统治者在经济上也居于绝对优势的地位，他们不仅控制了国家的政治命脉，而且还掌握了“印刷所和纸张的神圣不可侵犯的所有权”;③ 与此相反，广大的工农群众，处于被压迫被剥削的地位，只有通过集体的无私捐献才能拥有极少数量的报刊。所以资本主义社会的报界基本上为统治者和有产阶级所控制。在社会主义时期，由于公有制代替了私有制，无产阶级政权可以把从资产阶级那里没收的“印刷所和所有的纸张拿来公平地分配”，分配给代表绝大多数人民利益的国家，分配给有一定民意基础的大党，分配给一些较小的政党及任何一个有一定数量的成员或有某些人签名的公民团体。此种分配在苏维埃政权下不仅毫无困难，而且是绝对公平合理的。它不仅使报纸在最大限度上为人民所掌握，反映人民的呼声，

---

① 列宁：《论我们报纸的性质》，载 1918 年 9 月 20 日《真理报》第 202 号，转引自杨春华、星华编译：《列宁论报刊与新闻写作》，新华出版社 1983 年版，第 515 页。

② 《列宁命令要》第 32 卷，人民出版社 1958 年版，第 120 页。

③ 《列宁全集》第 25 卷，人民出版社 1958 年版，第 369 页。

而且与报纸作为大众传播媒介的特质是相适应的。

列宁认为，报纸生存发展的物质基础，还表现为广大读者的阶级觉悟和经济能力。一方面，没有读者的信赖和支持，报纸一天也不可能生存下去。而这种信赖和支持又取决于读者的阶级觉悟和报纸反映本阶级意识与利益的全面程度。资产阶级报纸所以存在并得到一定的发展，主要在于它反映、维护了资产阶级的根本利益，及资产阶级维持自身统治地位的强烈愿望。同样，无产阶级报纸的发展也离不开“热心听讲演人说话并且鼓舞讲演人精神的听众”,①离不开他们在专制重压之下形成的强烈的阶级意识和勇敢地投入战斗的决心。而要吸引并长期地维持这些听众、读者，报纸就必须成为无产阶级公开的讲坛。另一方面，读者的经济能力也是制约报纸发展的重要因素。尤其是资本主义社会，报纸就其实质而言虽然是一种思想宣传品，但它又是作为一种有价值的商品来推销的。资产阶级报纸自不必说，无产阶级报纸也是如此。虽然后者的目的不在于赢利，但是为了生存，也必须让读者付出一定的代价。如果代价过高，超过了读者经济的承受能力，即使他有着高度的阶级觉悟，即使报纸反映了他的强烈愿望，他们也难以购买或订阅。而订数下降又会威胁到报纸的生存。在这个意义上，列宁强烈地反对报纸的定价过高，主张创办廉价报纸，创办“能在无产阶级和半无产阶级群众中间畅销 20—30 万份的一戈比‘真理晚报’”②。只有这样的报纸，才能为广大普通群众所接受，并且使他们相信自己的力量，促成他们的团结，帮助他们提高完全觉悟的程度。

（二）报纸的经营管理

近代报业自产生以来，随着工业革命和传播技术的发展，其规模愈益扩张，成为一项影响巨大的社会性事业。虽然不同阶级的报纸在性质上表现出了很大的差异，但是作为新闻传播机关，其运营不仅都离不开必要的物质技术基础，而且在整个经营过程中，还应

① 《列宁全集》第 5 卷，人民出版社 1959 年版，第 400 页。

② 《列宁全集》第 36 卷，人民出版社 1959 年版，第 273 页。

该制定出合理的经营策略。作为俄国历史上最有影响的报人、宣传家，列宁在领导无产阶级报刊的活动中，在报纸的发行与价格、广告及管理各个方面，都提出了自己独特的见解。

列宁认为，不管是什么报纸，都必须把争取读者、扩大发行视为一切工作的中心。没有一定的发行量，报纸就只有死亡的命运。“对《真理报》来说，现在最大的（也是唯一的）危险是失去广大读者，是失去争取读者的阵地。”① 所以一切新闻工作者都应该重视在工人中间征求订户，扩大发行。1913 年 4 月 5 日，列宁在《给〈真理报〉编辑部》的信中要求编辑部“在每一个工厂为‘真理报’而斗争，多多争取订户，从‘光线报’手里夺回每一个工厂，在各厂之间展开一个‘真理报’订阅数量的竞赛。党性的胜利就是‘真理报’的胜利”②。他进一步呼吁“掀起一个运动，就是争取‘真理报’发行量从 30000 份达到 50000—60000 份，而订户从 5000 增到 20000，应该不懈地朝这个目标努力”③。这一目标能否实现，一方面取决于报纸的内容与性质，另一方面则受制于报纸的价格与读者经济能力的适应程度。尤其是后者，列宁非常关注。在他看来，对于广大的工农读者，特别是那些没有组织起来的工人和还没有卷入运动的千百万群众，报纸的价格不能太高。这主要是由于他们经济上的贫困，维持生存尚感到艰辛，再以高昂的价格订阅报纸（即便是代表他们利益的报纸），自然是非常困难的。因此无产阶级报纸必须以低廉的价格服务读者，哪怕是不得不减少篇幅，只要发行量扩大了，就是胜利。

十月革命胜利后，随着苏维埃政权的建立，公有制代替了私有制，报社作为一种生产宣传产品的单位，也成了国有财产，从而在彻底的意义上消除了报纸的谋利动机。为了更加充分地发挥报纸作为阶级专政的机关报和教育启发工具的职能，同时进一步减轻劳动群众的经济负担，在一段时期内，列宁干脆取消了报纸的定价，实

① 《列宁文稿》第 46 卷，人民出版社 1990 年版，第 289 页。
② 《列宁全集》第 35 卷，人民出版社 1959 年版，第 78 页。
③ 《列宁全集》第 35 卷，人民出版社 1959 年版，第 78 页。

行无偿分配制度。在列宁看来，在报纸发行方面，取消定价，实行无偿配送，在新闻历史上具有十分重大的意义。“这是从资本主义向共产主义迈进了一步。”① 为了实现这一目标，列宁领导的苏维埃政府设立了“全俄中央执行委员会中央出版物供应社”，专司报纸刊物的分配工作。在各个行政省，也设立了同样机构，以执行中央级出版物供应社下达的任务。鉴于旧社会残留下来的官僚主义、拖拉作风的影响，列宁要求中央及省级政府进一步明确出版物供应社的“行政责任制”。如果每一本书籍、报纸出版了一个月之后，在全国每个图书馆还未收到的话，那么负责出版分配的领导者就应该关“禁闭”。至于怎样分配，列宁主张，应减少政府官员分得的份额，增加面向工农大众的份额。而面向工农大众，并非直接分配给工人农民个人，而是提供“为全体工人、士兵和农民群众服务的图书馆网和阅览室网”②。当时的俄罗斯有一万多个乡级行政单位，五万个图书馆和阅览室，按规定，每个乡、每个图书馆或阅览室至少三份，其中两份用于张贴。同时每个工厂、每个军事部门一定要有一份。照此计算，全国只要发行十六七万份报纸，就可以给全国绝大多数人民“提供重要的和有价值的文献材料、优秀的经典文学作品、普通教育的教科书、农业教科书和工业教科书”③。实行这种分配制度，在当时极端困难的经济条件下，一方面可以节省大量的物资消耗，提高印刷物资的利用效率；另一方面又可克服过去无钱者不能读报的弊端，真正地实现有产者无产者阅读报纸、摄取知识、获得消息的同等权利。

在世界新闻史上，在一个国家的范围内，实行所有报纸的免费发行，可谓前无古人，后无来者。就是在俄国报业发展史上，也只实行了一段时间，而没有延续下来。究其原因，不外乎是生产力的发展还没有达到足以实行全面免费发行的程度。而当时之所以实行了，主要是由于经过内外战争后，俄国经济凋敝，物资紧张，而不

① 《列宁全集》第32卷，人民出版社1958年版，第120页。
② 《列宁文稿》第32卷，人民出版社1958年版，第120页。
③ 《列宁全集》第32卷，人民出版社1958年版，第122页。

得不采取战时共产主义政策。报纸的免费发行分配，实际是战时共产主义政策在新闻领域的表现。随着新经济政策的执行，生产力的发展，工农群众生活水平的提高，免费分配制度自然会被有偿订阅所取代。虽然如此，列宁首创的报纸免费分配制度，在世界新闻史上的重要地位仍然是不能忽视的。

在近代报刊史上，广告被称为报纸的血液，是报纸生存和发展的经济基础。不管是哪种社会，一家没有广告来源的报纸，如果得不到政府或利益集团的财政支持，绝不可能生存下来。作为无产阶级的报刊活动家，列宁十分重视广告在报纸经营过程中的地位和作用。在他看来，资产阶级报纸所以赢利，主要是由于大量的广告来源。"这些广告给出版这些报纸的资本家带来一笔巨大的甚至是主要的收入。世界上所有资产阶级报纸就是这样经营，这样发财，这样毒害人民的。"① 在某些国家，甚至还有一些报纸实行免费赠送并有可观的收益，这并不难理解，因为"这些报纸都是靠登广告的收入过活的，而报纸免费送到每一家则保证了这些广告得到广泛的传播"②。一般而言，广告主总是选择发行量大的报纸，而广告收入的增加又会促进报纸发行的进一步扩张，但也有例外的情形。列宁认为，在一些特殊的时期和场合，一些销路并不是太大的报纸也会赢得很多的广告收入。例如俄国资产阶级《新时报》从1912年起就获得刊登国家土地银行广告的优先权，而当时该报的发行量并不大。这是由于它利用了"在政界中的幕后势力和熟人关系"③。另外，政府也愿意以广告为津贴来奖赏《新时报》对政府及资产阶级利益的维护和支持。在这种情况下，广告投入几乎等同于津贴，其基本依据，则是报纸的阶级立场和政治倾向。资产阶级广告主绝不会把大量的广告投入发行量大的无产阶级报纸，这是由不同阶级的基本利益所决定的。

基于上述认识，在十月革命前后，列宁明确地主张，革命的民

① 《列宁全集》第25卷，人民出版社1958年版，第368页。
② 《列宁全集》第25卷，人民出版社1958年版，第368页。
③ 《列宁全集》第20卷，人民出版社1958年版，第157页。

主派应采取切实措施使报纸广告由国家实行垄断。其具体做法是由国家公开宣布只能在省苏维埃和市苏维埃出版的报纸以及彼得格勒中央苏维埃出版的全国范围的报纸上刊登广告，而不允许在其他任何报纸上刊登广告。在他看来，“这种办法无疑是公平的。它对登广告的人有很大的益处，也对全体人民特别是最受压迫和最愚昧的农民有很大的益处，这样他们花不了几个钱或不用花钱就能拿到附有农民专刊的苏维埃报纸”①。而富人报纸则会由于失去广告来源而大大削弱。这是不是在破坏出版自由呢？列宁认为，国家垄断广告的办法不仅不会破坏出版自由，而且还会恢复和扩大出版自由。因为出版自由的实质是全体公民可以自由发表一切意见。“如果能够出版可以登各种广告和声明的大型苏维埃报纸，就完全能够保证更多的公民发表自己的意见，譬如也可以征求一定数量的人签名共同发表意见。经过这样的改革以后，出版自由实际上就会变得更加民主、更加完备。”② 可见，由国家对报纸广告实行垄断，不仅是发展无产阶级报业，提高无产阶级报纸的普及水平的重要手段，而且还是实现无产阶级出版自由的主要途径。这一思想，在十月革命后的一段时间内转化成了苏维埃政权的新闻政策，其实施的结果，完全证明了列宁的论断。

至于报业的管理，列宁也根据自己的新闻实践，进行了探索。其主要观点有三。

其一是在进行合理分工的同时，实现各个方面的密切合作。对于俄国无产阶级政党来说，其早期的历史与无产阶级的报刊活动基本上是融为一体的。报刊宣传被视为建立党的组织的基础，是关系全局的无产阶级政党的中心工作。为了办好报纸，推进革命运动，列宁要求围绕着党的报纸进行严密而合理的分工，“使每个党员或每个党组织在党的工作的某一方面专业化：有的专门翻印书刊，有的专门从国外转运书刊，有的专门把书刊分送俄国各地，有的专门在各城市分送，有的专门安排秘密活动的处所，有的专门筹募经

① 《列宁全集》第25卷，人民出版社1958年版，第368页。

② 《列宁全集》第25卷，人民出版社1958年版，第369页。

费，有的专门传送有关运动的通讯和一切消息，有的专门进行联络，如此等等"①。在此基础上，使围绕报纸工作的各个部分、各个方面尤其是写作和经营方面进行密切的配合，这样才能使报社成为一个充满朝气、富有战斗力的集体。

其二是加强对各项费用支出的管理，做到账目清楚。1913 年 2 月 9 日，列宁在《给雅·米·斯维尔德洛夫》的信中，提出了如何改革《日报》的几条措施。其中最主要的两条是"需要有分文不差的账目"和"需要把钱（收入和订费）掌握在自己手里",②同时严格控制开支，以改善报纸的经济状况。这一观点，直到十月革命前后，一直是指导无产阶级报纸管理工作的重要原则。

其三是精打细算，提高资金的使用效率。这也是列宁的一贯见解。在十月革命前，由于经济方面的原因，无产阶级报纸既没有大量的广告，又不能漫无限制地提高报价，所以不可能像资产阶级报纸那样有着充足的经费来源。为了持续有效地进行马克思主义宣传，增强无产阶级集体的战斗力，报纸必须"全力缩减出版费用",③ 降低报纸的生产成本，同时还要精打细算，花小钱办大事，提高资金的利用效率。1913 年列宁专门建议《真理报》编辑部，将原来的 6 页"用另一种方式出版，用另一种名义、名称和内容出版：即为先进分子办 4 页星期日增刊+为群众办 2 页内容最通俗的'工人戈比报'（售一戈比），以便争取 10 万读者"④。这样花费同样多的钱，而影响却大大地加强了，宣传的效益大大地提高了。

从世界无产阶级报刊的历史来看，列宁对于报纸经营管理的论述，尤其是关于发行、广告的论述，具有开创性的意义。其对于报刊性质的见解也是符合当时的历史实际的。他的某些观点及由此决定的具体政策，如免费送报、国家垄断广告等，虽然在今天并没有为我们所继承，但是在当时的历史条件下，对于报业的发展无疑起

① 《列宁全集》第 4 卷，人民出版社 1958 年版，第 197 页。
② 《列宁全集》第 35 卷，人民出版社 1959 年版，第 60~61 页。
③ 《列宁文稿》第 2 卷，人民出版社 1978 年版，第 110 页。
④ 《列宁全集》第 35 卷，人民出版社 1959 年版，第 82 页。

到了巨大的推动作用。

四、办报方针

所谓办报方针，一般是指以什么作为指导思想，依靠什么人办报。在这个意义上，人们又称之为办报路线。办报方针或曰办报路线，是新闻学、新闻事业研究中不能回避的一个重要问题。一个报纸坚持什么样的办报方针，与这个报纸的阶级属性密切相关。无产阶级报纸和资产阶级报纸虽然在新闻业务方面有着许多共同性，但在办报方针上，却表现得截然不同。作为一个马克思主义的新闻工作者，列宁从无产阶级的立场出发，为俄国社会民主工党的报纸提出了明确的办报方针。这是推动俄国无产阶级报刊事业不断发展的关键因素。关于列宁的办报方针，前人已多有研究，但大多集中于对全党办报、群众办报原则的表述。现在看来，这些表述的片面性是比较明显的。列宁的办报方针实际上有着比这更为丰富的内涵。作者以为，列宁在办报方针上首先涉及的问题，是根据什么指导思想办报；在依靠什么人的问题上，他也并非仅仅依靠全党、依靠工人，而且还主张专家与大家相结合，避各家之短，发挥二者的优势。

（一）在思想上坚持马克思主义

根据列宁的论述，报刊首先是集体的宣传者、鼓动者。无产阶级政党通过报刊向工人群众灌输革命理论，揭露专制统治的残暴和资产阶级的本质，统一无产阶级的思想，组织他们与资产阶级、与沙皇政府进行殊死的斗争。作为阶级的宣传鼓动工具，它必须反映阶级的思想。虽然在同一阶级阵营内，由于地区、民族、血缘、职业诸因素的不同，必然会有这样那样的意见分歧，而报纸也应该而且必须反映这种意见的多样性，让持不同观点的人展开争论。如果不让显然分歧的观点进行公开的交锋，竭力把关键问题上的意见分歧包藏起来，只会给革命事业造成更大的危害。但是，公开党内、无产阶级内部的意见分歧和争论，并不是要把报纸办成向所有思想开放的杂货铺。恰恰相反，这种开放必须限定于无产阶级根本利益和马克思主义的原则范围之内。列宁明确指出："我们不打算把我们的机关报变成形形色色的观点的简单堆砌。相反地，我们将本着严正的明确的方针办报。一言以蔽之，这个方针就是马克思主义。"①

要坚持马克思主义，以马克思主义作为报纸的指导思想，就必须肃清资产阶级的影响。在《关于亚·波格丹诺夫》一文中，列宁指出："工人报纸应当清除无产阶级意识中的资产阶级唯心主义成分，而不应当用自己的篇幅来传播这种倒胃口的大杂烩。"② 在另一个场合，他又说："我们主张彻底发展马克思和恩格斯的思想，坚决反对爱·伯恩斯坦、彼·司徒卢威和其他许多人轻率提出而目前甚为流行的那些似是而非的、暧昧不明的机会主义的修正。"③ 不清除这些唯心主义、修正主义和资产阶级的成分，马克思主义就会受到误解或削弱。但是捍卫马克思主义的基本理论，反对敌人毫无根据的攻击，并不等于敌视任何批评。"我们决不把马克思的理论看做某种一成不变的和神圣不可侵犯的东西；恰恰相反，我们深信：它只是给一种科学奠定了基础，社会主义者如果不愿落后于实际生活，就应当在各方面把这门科学向前推进。"④ 列宁认为："对于俄国社会主义者来说，尤其需要独立地探讨马克思的理论，因为它所提供的只是一般的指导原理，而这些原理的应用，部分地说，在英国不同于法国，在法国不同于德国，在德国又不同于俄国。"⑤ 由此可以看出，以马克思主义作为报纸的指导思想，在宣传鼓动过程中坚持马克思主义，并不是把马克思主义作为亘古不变的教条，到处套用，不作任何改变；也不是拒绝对于马克思主义的任何批评，把马克思主义置于神圣不可侵犯的地位；它还

① 《列宁全集》第4卷，人民出版社1958年版，第316页。
② 《列宁全集》第20卷，人民出版社1958年版，第114页。
③ 《列宁全集》第4卷，人民出版社1958年版，第316页。
④ 《列宁全集》第4卷，人民出版社1958年版，第187页。
⑤ 《列宁全集》第4卷，人民出版社1958年版，第187页。

不等于禁止人们结合本国、本地的特殊情形独立地探讨马克思主义，发展马克思主义。相反地，报刊在思想上必须坚持的，只是马克思主义的精髓和忠于真理、虚怀若谷的态度。这是确保报纸无产阶级性质，端正坚定的政治方向，发挥报纸战斗性的根本条件。

（二）团结一流的撰稿人

报纸是办给人看的，是由人办给人看的。所以在解决了报纸的指导思想问题之后，还必须解决依靠什么人的问题。这实际上是问题的核心所在。因为文如其人，报如其人，什么样的人办出什么样的报纸。无产阶级报纸当然要由无产阶级来办，资产阶级不会办出能满足工人需要的报纸。但是无产阶级是一个很大的集合概念，说由无产阶级办报，实际上并未从根本上解决问题。列宁认为，在依靠什么人办报的问题上，有两种根本不同的倾向。其一，全力依靠报纸编辑部，走专家办报路线，这是资产阶级的一套。其二，在依靠优秀的专业工作者，发挥其积极性、创造性的同时，还应该调动广大读者参与报刊宣传事业的积极性，把专家和大家的优势有机地结合起来，这是无产阶级的办报路线，也是列宁一向主张的办报方针。

在列宁看来，要办好一家出色的无产阶级报纸，没有一支出色的、一流的专业编辑、记者和撰稿人队伍，是难以想象的。在组织编辑部、选择主要撰稿人时，必须依据严格的政治标准，看他的阶级立场和思想态度。“能不能让某一个作家给工人报纸写稿，这要从政治着眼来考虑，不是考虑这个作家的文章风格怎样，才华怎样，文笔是否通俗，而是考虑他的整个倾向怎样，他的学说会给工人群众带来什么。”① 他以亚·波格丹诺夫为例，说明坚持彻底的马克思主义观点的工人报纸之所以不再让波格丹诺夫写稿，是因为后者的学说与马克思主义格格不入，波格丹诺夫已不是一个马克思主义者。在作者的阶级立场、思想态度和政治倾向与报纸的宗旨、性质基本一致的前提下，报纸负责人应对作者生活上、思想上、业

① 《列宁全集》第20卷，人民出版社1958年版，第113页。

务上的一些不足持宽容的态度，要热情地帮助他，而不能求全责备，这样才能发挥作者的长处，壮大革命的力量。这一见解在列宁的新闻实践中得到了贯彻。当事实表明普列汉诺夫与布尔什维克拉开了距离时，列宁仍要求《真理报》编辑部对他“要客气些，温和些。他现在还值得重视，因为他在和工人运动的敌人作战”。“对于杰米杨·别德内依，我仍旧拥护。朋友们，不要对人的缺点吹毛求疵！天才是罕见的。应该经常地慎重地给予支持。如果你们不团结一位天才的撰稿人，不帮助他，你们将在心灵上犯下罪孽，对工人民主派犯下深重的罪孽。”①

列宁认为，要维持一支高水平的作者、撰稿人队伍，还必须注意两个问题。一是报纸编辑部保持并加强与作者的精神交流。这种双向交流不只是为了个人或报刊，而是为了“建立思想联系”。通过这种联系，一方面，党的报纸可以了解其宣传的观点是否为读者所领会，读者对这些宣传的反应，“实际生活如何改变这种宣传，需要作哪些修改和补充”。另一方面，作者也可以了解编辑部（实际是党中央）的基本意图，并通过编辑部把握了解全面的情况和发展趋势。如果失去了这种联系，中央机关报编辑部就将“仍然是悬在空中”②。二是照顾作者的物质利益，对他们的劳动给予必要的报酬，这是维持优秀撰稿人队伍的物质基础。一方面，作为工人报纸的撰稿人，固然有无产阶级的立场和共产主义思想，但他们也是人，也要保持必要的生活条件。如果报纸不付给稿费，他们就无以为生；另一方面如果他们不给报纸投稿，报纸也无法办下去。所以列宁坚决主张由报纸付给作者稿费，以减轻他们生活上的负担，这样才能使他们的思想得到解放。当他得知《真理报》采用了尤·加的稿件而未付稿酬时，立即去信责备该报“不像话”，指出无论《真理报》，还是《启蒙》杂志，失去撰稿人都是不行的。他要求编辑部立即作出决定，每月付给尤·加 75 卢布。作为一个宣传家，列宁本身也基本是靠稿费生活，故而对这一问题有着切身

① 《列宁全集》第 35 卷，人民出版社 1959 年版，第 81 页。
② 《列宁全集》第 34 卷，人民出版社 1959 年版，第 347 页。

的感受。这也是他强调编辑部应正视作者物质利益的重要原因。

(三)依靠工人，依靠读者

在思想上坚持马克思主义，造就一支出色的编辑记者及撰稿人队伍，固然是办好一家工人报纸的前提条件，但是仅仅具备这两个条件还不足以使工人报纸成为富有战斗性的宣传机关。因为“报纸本来就不是一种读者只管读、作者只管写的东西”①。报纸的威信和战斗力，来源于读者群众的信赖和支持。如果失去了读者的信赖，别说是发挥影响和战斗力，就连其生存也会面临着严峻的考验。在世界报刊史上，还没有出现过订阅自己不喜欢、不信任的报纸的读者。列宁认为，报纸要想获得读者（工人、党员）的信赖，并不是一件容易的事情。因为他们都具有相当程度的“独立判断能力”，能轻易地分辨对错美丑。“世界上谁也不能强迫工人在两个乌拉之间（护党派的乌拉和取消派的乌拉）作出选择，只有靠他们自觉的同情，靠他们自己辨别方向。”② 至于工人运动的破坏者、机会主义者的政治喧嚷，“是欺骗不了有觉悟的工人的”。“因为有头脑的工人知道，最危险的，就是那些以忠告者姿态出现的工人的自由派的朋友，他们说要捍卫工人的利益，实际上却在破坏无产阶级的阶级独立性和无产阶级的组织。”③ 这表明如果背离了工人的利益，即使采用强制灌输、欺骗的方法，也不可能赢得读者。列宁强调，“工人报纸是工人的讲坛”，④ 应反映读者中最有影响的阶层的利益。对于1912年《真理报》“对自己的拥护者所草拟、通过并公开提出的委托书默不作声”的行为，他认为是“完全不能容忍的”。“如果工人的报纸这样轻视工人所关心的东西，难道它还能够存在下去吗？”⑤ 工人报纸必须如实反映工人的呼声和要

① 《列宁全集》第35卷，人民出版社1959年版，第46页。
② 《列宁文稿》第6卷，人民出版社1959年版，第59页。
③ 《列宁全集》第20卷，人民出版社1958年版，第77页。
④ 《列宁全集》第18卷，人民出版社1959年版，第292页。
⑤ 《列宁全集》第35卷，人民出版社1959年版，第46页。

求，代表工人的切身利益，只有这样，它才能从根本上赢得他们的信任和支持。否则，它是抗拒不了俄国警察对所有工人报纸“所采取的穷凶极恶的迫害手段的”①。

列宁认为，在完全信任的基础上，工人、读者支持报纸的形式是多种多样的，如参加报纸工作，支持报纸的方针，提供材料，进行讨论，为报纸进行宣传，帮助发行，积极订阅，主动捐款，等等。其中最主要的有以下四种：

第一是积极订阅。报纸订数的多少与报纸客观上起到的影响的大小是成正比例关系的。读者订报是他们信任报纸的最直接的体现，也是报纸影响读者、实现宣传鼓动职能的基本条件。基于这一认识，列宁十分重视报纸的征订问题。1913 年，他曾指示《真理报》加强争取订户。“应该在每一个工厂为‘真理报’而斗争，多多争取订户，从‘光线报’手里夺回每一个工厂，在各厂之间展开一个‘真理报’订阅数量的竞赛”，“应该掀起一个运动，就是争取‘真理报’发行量从 30000 份达到 50000～60000 份，而订户从 5000 增到 20000，应该不懈地朝这个目标努力。只有这样，我们才能扩大和改进‘真理报’”②。第二年，列宁又要求《真理报》“公布订阅者的人数”，反对“避而不谈”订阅问题。③ 历史表明，正是工人读者的积极订阅，保证了俄国工人报刊的生存和发展。

第二是协助报纸发行。报纸印刷出来，还得通过发行渠道送到读者的手中，否则就是一堆废纸。在民主国家，出版自由、言论自由得到宪法的根本保障。报纸尽可循公开的渠道走进千家万户。沙皇俄国的情况则完全不同。由于没有政治自由，工人政党的报刊只能处于地下和秘密的非法状态。在这种情况下，“把报纸正常送到俄国各地，是一项非常艰巨的任务，比俄国革命运动旧形式下的同

① 《列宁全集》第 18 卷，人民出版社 1959 年版，第 207 页。
② 《列宁全集》第 35 卷，人民出版社 1959 年版，第 78 页。
③ 《列宁全集》第 36 卷，人民出版社 1959 年版，第 263 页。

样的任务要艰巨得多”①。要完成这一任务，必须依靠有觉悟的工人的地下邮政系统。只有他们才能在工人集中的工业中心，“千方百计地瞒过机警的警察”，② 把作为精神食品的报纸送到工人读者的手中去。即便是合法斗争时期，也应该吸收各地的工人团体、协会、委员会、小组和个人来参与报纸的推广发行工作，以扩大报纸的发行范围。

第三是踊跃捐款。由于资产阶级的经济剥削和政治压迫，及工人群众的贫困化，仅靠发行收入，工人报纸不可能维持生存。它必须从外部寻得财政的支持，依靠广大读者和普通群众的捐款。但是任何读者的捐款都不会是没有条件的。“只有最自觉地同情报纸方针的固定读者才会自愿地给报纸捐款。”③ 列宁认为“在建立工人报刊和工人整体的事业中，决不能依赖阔‘朋友’的巨款，只应当、能够、而且必须依赖工人本身的独立活动”，④ 依赖工人本身零星的捐款。在他看来，“从几百个工人那里一个戈比一个戈比地收集得来的10卢布，无论就思想意义来说，或者就组织意义来说，都要比从资产阶级的阔朋友那里得到的100卢布更重要，更宝贵。甚至在财政的关系上，经验也使我们承认，靠工人的一个一个的戈比可以办一个巩固的工人报纸，而靠资产阶级的卢布是办不成的”⑤。工人向报纸零星地捐款，是表明自己的态度、意志的自觉行动，其意义是不可低估的。它一方面可以为工人报纸奠定稳固的经济基础，以保证其连续出版；另一方面则“可以表明这个或那个集团的威信、工人对它们的信任以及它们对无产阶级群众的真正影响”⑥。除此之外，“工人团体的捐款对一切觉悟的工人，对俄国整个工人阶级在精神、教育和组织方面所起的作用，是同样重要

① 《列宁全集》第4卷，人民出版社1958年版，第198页。
② 《列宁全集》第4卷，人民出版社1958年版，第198页。
③ 《列宁全集》第20卷，人民出版社1958年版，第372页。
④ 《列宁全集》第20卷，人民出版社1958年版，第560页。
⑤ 《列宁全集》第20卷，人民出版社1958年版，第373页。
⑥ 《列宁全集》第18卷，人民出版社1959年版，第202页。

的”,① 它使工人们在代表自己利益的报纸周围紧密地团结起来，形成了一个在思想上团结一致的坚强的整体。

第四是读者、群众的来稿来信。作为一个优秀的新闻工作者，列宁非常重视工人读者的来稿来信。在他看来，“要把机关报办得生动活泼，生气勃勃，不仅需要 5 个从事领导和经常写作的著作家，而且需要 500 个、5000 个非著作家的工作人员”②。他希望“所有把这个机关报看作自己的机关报并意识到社会民主党党员的义务的人，永远抛弃资产阶级对合法报纸所习惯的那种想法和做法，如说什么写是他们的事，读是我们的事。所有社会民主党人都应当为社会民主党的报纸工作。我们请求所有的人，特别是工人，给我们写些东西。让工人们有更多的机会给我们的报纸写稿……没有这种材料，社会民主党机关报就一文不值，因而也就不配称为社会民主党的机关报”③。党的报纸之所以需要大量的群众来稿来信，是因为这些来稿来信对于报纸的发展具有十分重要的现实意义。首先，由于来信的读者遍布于全国各地，因而有利于报纸“从整体到局部充分反映我国工人运动的全貌”;④ 其次，作为局外人，读者群众还“能够比较敏锐地感受有经验的老工作人员习以为常因而不加注意的许多东西”,⑤ 这些东西成为来稿的主要内容，能在一定的程度上补报纸之未备；再次，这些来稿来信还有利于制定统一的党的纲领和策略，当工人报纸在国内无法立足而只能移到国外出版时，如果没有群众的来稿来信，“国外报纸的编辑部永远不可能真正代表全党的呼声”⑥。

列宁认为，要使读者来信发挥上述的重大作用，其内容必须尽可能广泛，其目的也不能仅限于发表。在内容方面，它应该涉及工人们议论的话题、素材及其情绪的变化，新近发生的消息和“运

① 《列宁全集》第 23 卷，人民出版社 1990 年版，第 95 页。
② 《列宁全集》第 7 卷，人民出版社 1959 年版，第 515 页。
③ 《列宁全集》第 7 卷，人民出版社 1959 年版，第 515 页。
④ 《列宁全集》第 34 卷，人民出版社 1959 年版，第 126 页。
⑤ 《列宁全集》第 7 卷，人民出版社 1959 年版，第 517 页。
⑥ 《列宁全集》第 9 卷，人民出版社 1959 年版，第 321 页。

动的日常的、‘没有意思的’、一般的、没有改变的情况”，读者对报纸的反应，哪类文章受欢迎，哪类文章需要解释，还有“工人对我们社会民主党人的不满、他们的疑虑、需要、抗议等等”①。缺乏这些材料，党的报纸将会远远地拉开与工人阶级的距离。但是对于这些各种各样的材料，报纸既不能也没有必要全部照登。“真正生动活泼的机关报应当只刊登来稿的十分之一，而把其余的稿件用作报道消息和对作家提供意见的材料。”② 这样做并不意味着轻视来信来稿的地位，实际上，只有这样，来信来稿的作用才能得到最大限度的发挥。

如上所述，读者支持报纸的主要形式，如来稿来信、主动捐款、积极订阅、协助发行等等，对于工人报刊的发展具有决定性的意义。但是这些形式多是读者自身采取的单方面行动。要保护读者支持报纸、关心报纸的积极性，报纸编辑部还应该主动采取一些积极的措施。列宁主张，报纸要适应各地区情况千差万别的实际，增设各种地方性附刊和有关俄国各民族工人运动的附刊，“并且应有各个工会和工人团体的代表参加编辑”③。另外，要建立全国性的地方通讯员网。早在 1905 年，列宁就致信俄国社会民主工党敖德萨委员会，表示“无论如何需要几十名工人通讯员”④。十月革命胜利后，他又指示《经济生活报》编辑部“应挑选和扩充党和非党的地方通讯员”,⑤ “建立党和非党的地方通讯员网，并用更多的篇幅来登载地方、工厂、矿山、国营农场、铁路机务段和工厂等的通讯”,⑥ 以反映工人斗争生活的实际，代表并维护他们的切身利益。

总之，列宁的办报方针，并非仅指人们过去理解的群众办报、全党办报，其内涵实际上远比这要丰富得多。在思想上坚持马克思

① 《列宁全集》第 7 卷，人民出版社 1959 年版，第 516 页。
② 《列宁全集》第 7 卷，人民出版社 1959 年版，第 515 页。
③ 《列宁全集》第 36 卷，人民出版社 1959 年版，第 273 页。
④ 《列宁全集》第 34 卷，人民出版社 1959 年版，第 308 页。
⑤ 《列宁全集》第 41 卷，人民出版社 1986 年版，第 258 页。
⑥ 《列宁全集》第 33 卷，人民出版社 1957 年版，第 18 页。

主义，清除资产阶级和机会主义的影响，组织高效率专业化的编辑部，团结一流的撰稿人；同时依靠工人，依靠读者，反映读者的呼声，代表工人的利益，发挥读者参与报纸工作的积极性，这三者有机地组合在一起，便是列宁办报方针的全部内容。俄国无产阶级报刊事业，正是在这一方针的指引下，由无到有，从小到大地发展、繁荣起来的。

五、党性原则

党性原则是无产阶级新闻学说的重要支柱。其内涵涉及党报与党的组织、党报与党内思想斗争、党性与创作自由诸问题。虽然马克思、恩格斯对这些问题已有过不少探索，但是对党性原则最系统最完整的表述，还是列宁在1905年作出的。在《党的组织与党的文学》一文中，列宁就明确指出："社会主义无产阶级应当提出党的文学的原则，发展这个原则，并且尽可能以完备和完整的形式实现这个原则。"这个原则是什么呢？"这不只是说，对于社会主义无产阶级，文学事业不能是个人或集团的赚钱工具，而且根本不能是与无产阶级总的事业无关的个人事业。""文学事业应当成为无产阶级总的事业的一部分，成为一部统一的、伟大的、由整个工人阶级的整个觉悟的先锋队所开动的社会民主主义机器的'齿轮和螺丝钉'。文学事业应当成为有组织的、有计划的、统一的社会民主党的工作的一个组成部分。"① 此处所谓文学，是广义的文学，它实际上将报纸宣传诸工作都包括于其中。文学的党性亦即报纸的党性。这一原则提出之后，迅速成为指导无产阶级报刊活动的根本性原则，并在世界范围内得到了广泛的传播。

（一）党报与党的组织

党报与党的组织的关系，是党性原则所规范的重要内容。对这一问题，列宁从如下几个方面进行了论述。

① 《列宁全集》第10卷，人民出版社1958年版，第25页。

第一，党报不是与党的组织、党的事业无关的独立存在，而是全党工作不可或缺的重要组成部分，是一部“统一的、伟大的、由整个工人阶级的整个觉悟的先锋队所开动的社会民主主义机器的‘齿轮和螺丝钉’”①。作为无产阶级总的事业的一部分，作为革命机器的齿轮和螺丝钉，一切报纸、杂志、出版社，包括书库、书店和阅览室等等都应当立即进行改组工作，以便使它们根据这些或那些原则完全加入这些或那些党组织，“成为各个党组织的机关报”。只有这样，它们才能尽到自己的职责，才能在资产阶级社会范围内摆脱资产阶级的奴役，同真正先进的、彻底革命的阶级的运动汇合起来，并且大大地推进这一运动。

第二，党的一切报纸，“不论是地方的或中央的，都必须服从党代表大会，服从相应的中央和地方党组织。凡是不同党保持组织关系的党的报刊一律不得存在”②。这种对党组织的服从，一方面意味着，报纸必须接受党的领导，根据党的指示和要求进行有效的宣传工作；另一方面，报纸的宣传工作还应该随时接受党组织的监督，并向党组织汇报工作情况，以确保党报宣传与党的各级组织的一致性。只有确保一致，才能发挥党报的战斗力。但是列宁又认为，在实际报道宣传工作中，党报与党的组织很难维持绝对的一致。在某些特殊的场合，“报纸编辑部同（党的——作者按）委员会常常会发生争执”，③ 甚至是冲突。在报纸与党组织的争执、矛盾或冲突中，如果是党委错了，则应该“给全体党员以尽可能充分的自由来批评和责难中央机关”，④ 党中央亦有责任专门讨论报纸的不信任案，并将其提交党的代表大会。当然这种批评、责难，乃至不信任案，只能循党内民主的合法渠道提出，绝不能利用党报的篇幅公开发表两者的分歧与矛盾。

第三，为了确保党委对党报的领导，使党报的一切宣传活动都

① 《列宁全集》第10卷，人民出版社1958年版，第25页。
② 《列宁全集》第9卷，人民出版社1959年版，第152页。
③ 《列宁全集》第24卷，人民出版社1957年版，第504页。
④ 《列宁全集》第34卷，人民出版社1959年版，第220页。

置于党组织的直接监督之下，党的一切报刊，“都必须由确实忠于无产阶级革命事业的可靠的共产党人来主持”，① 这样才能保证党报的无产阶级性质。为此，列宁坚决地反对那些立场不稳，而表现出不能容忍的动摇的新闻工作者来掌握报纸的编辑权，进而主张一切党报工作者，都应该加入党的组织，成为党组织的普通一员，接受党的纪律约束。特别是在合法斗争时期，当无产阶级新闻工作者能利用“合法的”报刊发表公开言论时，“无产阶级政党就要越加严格地遵守‘党的著作家’必须对党绝对负责，必须服从党的原则”②。同时，列宁还强调，无产阶级政党的著作家、新闻工作者，绝不能独立于党的组织之外。“著作家处在党外，高于党。没有任何监督，没有工作报告，也没有任何物质上的依存关系”，或者“党是党，著作家是著作家，互不相干”，这种情形是列宁坚决反对的。在他看来，这与“法国社会主义者处于最恶劣的机会主义时期的情况相类似”，与俄国孟什维克的组织形式也毫无二致。无产阶级党报、无产阶级的党报工作者绝不能出现这种情形。③

第四，党的报纸作为党的宣传机关，作为无产阶级整体事业的一部分，其一切报道宣传，必须以党的立场和利益为出发点。最好把战斗的政治口号同党的代表大会的决议“以及同我们革命社会民主党的策略的总精神更密切、更直接地联系起来”④。否则，党报宣传就会偏离党的基本路线和政治方向。1913 年年初，列宁专门就《真理报》宣传工作中存在的问题，批评该报“编辑部没有坚定不渝地贯彻党的精神”。为了改变现状，列宁表示党的中央委员会将采取必要措施以改组《真理报》编辑部，并责成该报“编辑部更严格地遵守和执行党的一切决议”⑤。在他看来，当党的机关报纸完全地代表了党的意志、贯彻了党的路线方针时，在同一个

① 《列宁全集》第 31 卷，人民出版社 1958 年版，第 182 页。
② 《列宁全集》第 8 卷，人民出版社 1959 年版，第 515 页。
③ 《列宁全集》第 8 卷，人民出版社 1959 年版，第 515 页。
④ 《列宁全集》第 36 卷，人民出版社 1959 年版，第 133 页。
⑤ 《列宁全集》第 36 卷，人民出版社 1959 年版，第 286 页。

地方就不应该允许再创办一种报纸来反对原来的机关报，尤其不应该创办那种标榜自由的“不受党的纲领约束、不受党的中央机关领导的”报纸和杂志。①因为这些报纸和杂志的创办实际“是一种违反大多数人的意志的行为，是一种分裂行为，也就是一种少数不愿意服从多数的行为”，其结果不仅会对原有的党的机关报带来不利的影响，而且还会“使无产阶级行动的一致遭到破坏”。② 这种行为在任何地方，对于任何一个无产阶级政党都是绝对不能允许的。

第五，在党中央机关报与地方党委机关报的关系上，列宁作为党的领袖，从革命事业的全局出发，主张两者在工作中进行密切的配合。此种配合的成败，与党的整个事业的进展密切相关。为了处理好中央机关报与地方党委出版机关的关系，列宁要求中央机关报加强同地方党委机关报的联系，并通过这种联系掌握政治运动的进程，听取广大工农群众的呼声。在必要的情况下，将地方党报的正确言论和典型报道在中央机关报上予以转载，在全国的范围内宣传；与此同时，中央机关报还要尽量帮助地方报纸，在业务上不断提高，在政治上克服狭隘的地方主义，使地方党报成为无产阶级政党宣传体系的重要环节。另一方面，地方党报工作者也应该最大限度地利用中央机关报来进行宣传鼓动工作。1905 年，列宁在《俄国社会民主工党中央机关报编辑部的信》中要求，地方党报必须经常转载中央党报的文章和短评；必须经常地用更通俗的语言来改写或复述中央机关报的口号和文章，并结合本地方的情况加以补充、修改和删节；必须经常地摘引中央机关报上的东西，以便让更多的群众知道中央机关报的名称，意识到中央机关报是自己的正式报纸，是自己的思想中心。总之，地方报纸“应当想方设法利用中央机关报进行地方的宣传工作，在小报上不但要转载而且要转述中央机关报的思想和口号，并且根据当地条件等等加以发展或加以修改”，这对加强中央机关报和地方党报的合作，扩大党的影响

① 《列宁全集》第 10 卷，人民出版社 1987 年版，第 202 页。

② 《列宁全集》第 19 卷，人民出版社 1959 年版，第 463 页。

“是有极其重要的意义的”。①

列宁对于党报与党组织关系的认识，无疑是在马克思恩格斯党报思想基础上新的发展。它们之间存在着许多共同点。如党报是全党工作的一部分，是党组织的机关报；党报必须接受党的领导；党报必须由忠诚的共产党人来掌握；党报宣传必须与党的纲领路线相一致，等等。但是列宁与马克思恩格斯的党报思想也有着明显的不同。如列宁认为党报是党领导的革命机器的齿轮和螺丝钉，党报及党报工作者绝对不能独立于党组织之外，禁止创办不受党的纲领约束的报纸；而恩格斯则主张，在无产阶级政党内部“必须拥有一个不直接从属于执行委员会甚至党代表大会的刊物，也就是说这种刊物在纲领和既定策略的范围内可以自由地反对党所采取的某些步骤，并在不违反党的道德的范围内自由批评纲领和策略”②。这种“形式上独立的党的刊物”，虽然在实质上也是由党员编辑的党内刊物，但是党对于它只能施加“道义的影响”，而不能进行简单的行政领导。这一见解与列宁所说的“齿轮”和“螺丝钉”及禁止创办不受党纲约束的报纸的观点，显然是存在着差异的。究其原因，主要在于两者所处的历史环境和具体国情的不同。

（二）党报与党内思想斗争

党报不仅是全党工作的一部分，是革命机器的齿轮和螺丝钉，是党组织的机关报，而且还是党进行积极的思想斗争的工具，是反映公开党内意见分歧的舞台。正是通过这些意见的交锋，才能实现党在思想上、行动上的统一，在与资产阶级的殊死斗争中，确保无产阶级的最终胜利。要做到这一点，首先就得解决对党报的认识问题。即党报是属于党的领袖个人，还是属于全党。如果是前者，要想通过党报反映党内分歧，进行思想斗争，是不切实际的。列宁认为，党报应该是全党的报纸，而不是某个领袖的报纸。早在1900年，他就在《〈火星报〉和〈曙光〉杂志编辑部声明草案》中指

① 《列宁全集》第9卷，人民出版社1959年版，第273页。

② 《马克思恩格斯全集》第38卷，人民出版社1972年版，第517页。

出："要尽量使全体俄国同志把我们的刊物看做自己的机关刊物，在这里，每个小组都来报道一切有关运动的消息，都来发表自己的意见，提出自己对文章的要求，介绍自己的经验，作出自己对社会民主党的刊物的评价，总之，每个小组都来畅谈它对运动的贡献和在运动中的收获。只有在这个条件下，才可能真正建立全俄社会民主党的机关报。"① 这一观点，在列宁的新闻生涯中，一直没有什么变化。基于列宁在俄国无产阶级政党内部的政治地位，他对党报的认识基本上成了全党的共识，党报作为全党的报纸，终于得以实现。

列宁认为，党的机关报要想成为全党的报纸，并最终统一党的思想和行动，就必须反映党内多种多样的意见分歧。这些意见分歧是客观存在的，它直接起源于不同地区、各种不同的条件、不同的工作方法和不同的知识层次的差异。无视这些差异和意见分歧，不是马克思主义者应持的态度。1900 年，作为《火星报》和《曙光》杂志的主要编委，列宁曾在一份声明中表示，该报"绝不想以自己的一切局部的观点代替全体俄国社会民主党人的观点，绝不打算否认现存的分歧，绝不打算掩饰或抹杀这些分歧。相反地，我们要使我们的机关刊物成为观点不相同的全体俄国社会民主党人讨论一切问题的机关刊物。我们不但不反对同志们在我们的机关刊物上进行论战，相反地，我们还打算用很大的篇幅来展开论战"。"我们甚至认为，显然分歧的观点不作公开的交锋，竭力把关键问题上的意见分歧包藏起来，这正是当前运动中的一个缺陷。"② 为了克服这一缺陷，不仅要求党的机关报向党内各种不同的意见敞开大门，而且还应该保证党员们自由批评党的中央机关的权利。1904 年列宁在致《火星报》的信中指出："必须给全体党员以尽可能充分的自由来批评和责难中央机关；如果这些责难不会带来抵制，不会拒绝有效的工作和停付资金，中央委员会不认为责难是可怕

① 《列宁全集》第 4 卷，人民出版社 1958 年版，第 292 页。

② 《列宁全集》第 4 卷，人民出版社 1958 年版，第 290~291 页。

的。"① 地方委员会、地方支部也应该认识到，向党的机关报贡献自己不同的观点，是自己对于党和无产阶级整个事业的义务。一个党员如果要想在党内享有与其他党员平等的权利，就必须让党了解他的基本立场和政治态度。作为党员，"谁有不同意见，谁就应当考虑问题，公开发表意见，承担责任，而不应当'投机取巧'"②。这两方面结合起来，党报才能够反映出一切不同的观点，一切地区的特点，一切多种多样的实际方法。

在党报上公开党内各种不同的意见和观点，让这些分歧的意见进行自由激烈的斗争，对无产阶级政党不仅没有坏处，而且还能带来很多的好处。只有通过这种积极的思想斗争，才能够"澄清空气，确切地公开地确定关系，——确定哪些分歧是主要的，哪些是次要的，哪些是真正走另外一条路的人，哪些是在细节上有分歧的党内同志"，"没有斗争，就不可能把情况弄清楚，不把情况弄清楚，就不可能顺利前进，就不可能有巩固的统一"。③ 所以列宁坚决地反对把党报办成党的负责人的一言堂，反对党报用模棱两可的话来回避现实斗争中的本质性问题，而主张通过党报使党内各种分歧的意见进行积极的论战。但是列宁又认为通过党报进行的思想论战并不是没有条件的。这种论战应该而且必须有一些不可逾越的界限。具体而言，此种界限有三条。其一，党报进行的思想斗争，其目的最终是实现党的思想统一。所以这种斗争"不应该分裂组织，不应该破坏无产阶级的一致行动"，④ "鼓励分裂——哪怕分裂的只是一个工会——的人，不论在中央委员会内，在俄国共产党内，或是在我们共和国的工会内"，都将没有立足之地了。⑤ 这是无产阶级政党及其机关报必须坚持的基本原则。其二，党报进行的思想论战是为了宣传、贯彻和捍卫马克思主义，清除各种机会主义的影

① 《列宁全集》第34卷，人民出版社1959年版，第220页。
② 《列宁全集》第35卷，人民出版社1959年版，第205页。
③ 《列宁全集》第34卷，人民出版社1959年版，第39~40页。
④ 《列宁全集》第10卷，人民出版社1958年版，第348页。
⑤ 《列宁全集》第32卷，人民出版社1958年版，第64页。

响，使全党、使觉悟的无产阶级在马克思主义的旗帜下团结起来。绝不能让资产阶级学者及各种机会主义者利用无产阶级党报随心所欲地“歪曲马克思主义”①。其三，在党内的思想论战之中，绝不允许使用诽谤性的语言，不允许谩骂，不允许利用党报来进行“人身攻击”，因为这些做法只会“搅浑人们的头脑”，② 转移人们对于实质性问题的注意，从而使论战走上邪路。在列宁看来，党内通过报纸进行的思想论战不是泼妇之间的吵架，而是思想、理智的交锋，虽然不能排除激烈的形式和场面，但是一切都应当慎重，要“合乎分寸”，要“冷静地、明确地说明意见分歧的实质”③。

列宁还认为，在通过党报进行的思想斗争中，“要想确定争论双方谁是谁非，真理在哪一边，就必须找出事实和党的历史文献，就必须消除一切个人的、诽谤性的东西，并了解争论的社会根源”。“谁要想认真地分析争论，就必须努力了解这种历史环境。”④ 在此基础上，“同涉及党的一切谎言作斗争”。而揭露谎言的最有力的武器就是事实。所以无产阶级的党报工作者，应该围绕斗争的焦点，针对种种谎言，“找出种种确凿的事实，核对这些事实，并且要好好考虑经过核对的东西的意义”⑤。这样才能使错误的思想在与真理的较量中败北，才能使真理为广大的读者所接受。另外，在党内的思想斗争中，为了确定党的观点和反党观点的界限，使广大读者在党的观点和立场上统一起来，还应该“按照党的策略决议和党章，最后是按照各国社会民主党、各国无产阶级自愿结合的团体的全部经验”，把那些“不十分彻底的、不十分是纯粹马克思主义的、不十分正确的个别分子或流派”，⑥ 同真正的马克思主义者区分开来。只有这样，党的观点、党的旗帜才会更加鲜明起来，并得到广大群众的拥护，从而实现无产阶级政党思想上、

① 《列宁全集》第 20 卷，人民出版社 1958 年版，第 81 页。
② 《列宁全集》第 19 卷，人民出版社 1959 年版，第 59 页。
③ 《列宁全集》第 19 卷，人民出版社 1959 年版，第 58 页。
④ 《列宁全集》第 19 卷，人民出版社 1959 年版，第 58 页。
⑤ 《列宁全集》第 19 卷，人民出版社 1959 年版，第 46 页。
⑥ 《列宁全集》第 10 卷，人民出版社 1958 年版，第 27 页。

行动上的统一。

总之，党报是全党的报纸，而不是某个领导人的私有物，通过党报反映党内各种不同的意见分歧，使各种不同的意见得以进行公开的较量，其最终目的，是在分清党的观点与非党的观点、真理与谬误、事实与谎言的基础上，统一全党的思想和行动。在各种思想的公开斗争中，有三大界限是不能逾越的，即不能导致分裂，不能反党反马克思主义，不能使用谩骂和诽谤的手段。在这个范围内，客观事实和党的纲领、路线是裁决党的思想斗争的基本标准。这些见解在国际共产主义报刊史上，产生了深远的影响。

（三）党性原则与创作自由

如前所述，党报是无产阶级有组织的、有计划的、统一的社会民主党的工作的一个组成部分，是一部统一的、伟大的、由整个工人阶级的整个觉悟的先锋队所开动的社会民主主义机器的“齿轮和螺丝钉”。党报工作者一定要加入党的组织，报纸应当成为各个党组织的机关报，党报宣传要与党的纲领路线相一致，不允许创办独立于党之外的、不受党纲约束的报纸。同时，党报还应该成为全党的报纸。作为全党的报纸，它应该努力全面地反映党内各种不同的意见分歧，进行积极的思想斗争。通过斗争分清党的观点和反党的观点、真理与谬误、事实与谎言，而实现党的思想和行动上的统一。这是党性原则的基本内涵。在列宁看来，党报如果要以完备和完整的形式实现这一原则。其前提是要有一个思想统一、团结一致的编辑部。如果编辑部的组成人员之间根本立场不同，政见差异太大，经常陷入无结果的争吵，无休止的冲突、责难和摩擦之中，势必造成日常工作的停顿。在这种情况下，期望党的机关报发挥应有的宣传鼓动和组织职能，是不切实际的。真正的马克思主义者绝不能同反党的机会主义者“一道进行党中央机关报的工作，因为没有共同党性基础的人们，光靠机械的少数服从多数的原则是无法进行工作的”①。有鉴于此，列宁曾于1910年建议俄国社会民主党中

① 《列宁全集》第16卷，人民出版社1959年版，第191页。

央委员会“采取必要的组织措施来改变中央机关报编辑部的成员并建立有工作能力的党的委员会”①。1912 年在总结社会民主党杜马选举失败的原因时，列宁指出了党内的分裂。“为了抵制这种瓦解现象”，列宁又“迫切地要求团结一致的整体（例如，团结一致的编辑部或全体撰稿人员等等）进行高度原则性的、坚定不移的和顽强的工作”②。也就是说只有在共同党性的基础上，实现了党报特别是党中央机关报编辑部的团结一致，才能完成党思想上、行动上的统一，最终以完备和完整的形式实现报纸的党性原则。

党性原则固然要求党报工作者成为党的事业的一部分，成为党的喉舌，成为革命大机器的齿轮和螺丝钉，要求党报工作者加入党的组织，向党组织请示汇报，并根据党的纲领路线进行宣传报道。在列宁看来这些要求与党报工作者的创作自由是并行不悖的。他反对资产阶级知识分子对党性原则的批评，认为党性原则必然会降低创作自由的观点“只是资产阶级知识分子个人主义的表现”。列宁认为文学事业与其他事业不同，“不能作机械的平均、划一、少数服从多数”，“在这个事业中，绝对必须保证有个人创造性和个人爱好的广阔天地，有思想和幻想、形式和内容的广阔天地”③。党的文学事业、报刊事业也是如此。在党性原则的范围内，党报工作者还是有着相当大的自由活动空间，但是一旦越出了党性的范围，背离了党的纲领、章程和策略决议，就必然受到党的纪律的制裁。他在同一篇文章中指出：“每个人都可以自由地、不受任何限制地写他所愿意写的一切，说他愿意说的一切。但是每个自由的团体（包括党在内），同样也可以自由地赶走利用党的招牌来鼓吹反党观点的人。言论和出版应当有充分的自由。但是结社也应当有充分的自由。为了言论自由，我应该给你完全的权利让你随心所欲地叫喊、扯谎和写作。但是，为了结社的自由，你必须给我权利同那些

① 《列宁全集》第 16 卷，人民出版社 1959 年版，第 191 页。

② 《列宁全集》第 35 卷，人民出版社 1959 年版，第 43 页。

③ 《列宁全集》第 10 卷，人民出版社 1958 年版，第 26 页。

说这说那的人结合或者分离。党是自愿结合的团体，假如它不清洗那些宣传反党观点的党员，它就不可避免地会瓦解，首先在思想上瓦解，然后在物质上瓦解。”① 可见，党性范围内的创作自由的界限，是对党、党的路线的基本态度（支持还是反对），而对于滥用自由的反党分子给予清除出党的处分，正是为了捍卫党性，纯洁党的队伍。

作为一个坚定的马克思主义者和工人政党的领袖，列宁不仅反对党报工作者利用党报的篇幅来攻击党，而且还反对无产阶级的作家、党报工作者为资产阶级的报刊写作。1906 年，他根据当时欧洲社会民主党特别是德国社会民主党人的具体做法，认为无论从理论上还是从政治上，社会民主党人参加资产阶级报纸的工作都应予以反对，坚决主张无产阶级政党保持独立性，“坚决主张工人政党的著作家在实际上而不只是在口头上是有组织的、接受监督的，一句话，是有严格的党性的”②。这一见解实际上是党性原则对党的作家新的要求。在国际共产主义运动史上，列宁的这一主张与早期马克思、恩格斯存在着显著的差异。众所周知，马克思、恩格斯在领导支持无产阶级报刊工作的同时，还经常利用资产阶级报纸，在资产阶级报刊上发表了大量的文章。尤其是马克思与美国《纽约论坛报》的长期合作，被传为新闻史上的佳话。在当时看来，无产阶级的作家利用资产阶级报纸，是一举多得的好事，它不仅可以缓解作家本身经济上的困境，而且还能扩大马克思主义的影响，争取更多的群众。时过境迁，至 20 世纪初，在俄国革命特殊的社会历史背景下，为了强调党性，列宁反对党的著作家在资产阶级报刊上发表言论，应该说是势所必然。虽然列宁与马克思、恩格斯在这个问题上存在着明显的差异，但是他们的基本目的则是完全一致的。

---

① 《列宁全集》第 10 卷，人民出版社 1958 年版，第 27 页。
② 《列宁全集》第 11 卷，人民出版社 1959 年版，第 245 页。

六、出版自由观

在新闻史上，无论是资产阶级报业理论，还是马克思主义新闻学说，都是以出版自由作为出发点的。出版自由不仅规定了报刊从业人员的活动空间，而且还决定了报道言论的真实程度。所以每个阶级的报刊工作者，无不以争取、扩大出版自由为目标。在列宁的新闻思想体系中，关于出版自由的论述也居于核心的位置。他认为，出版自由与言论、信仰、集会、结社、罢工自由一样，属于政治自由的范畴。其实质性诉求“就是全体公民可以自由发表一切意见”①。要科学地理解出版自由问题，必须首先弄清楚是“什么样的出版自由”，“是法律规定的吗?”② “为了什么?” “为了哪一个阶级?”③ 即自由的相对性、目的性和阶级性。自出版自由口号提出以来，它一直属于社会特定的阶级，不是资产阶级就是无产阶级；没有绝对的不受限制的自由，只有法律规定的自由。自由本身不是目的，而是实现目的的手段，虽然各个阶级的目的并不相同。基于这一认识，列宁的出版自由观念主要是沿着两个思路，即资产阶级出版自由和无产阶级出版自由来展开的。其主要内容，大体上可以划分为如下四个方面。

（一）对资产阶级出版自由的肯定

在列宁涉及出版自由的大量论述中，有相当一部分是对于资产阶级出版自由的评价。此种评价包括肯定和否定两方面的内容。如果联系列宁的新闻生涯，在十月革命之前，他对于资产阶级出版自由大体上是肯定多于否定，而在此后，则是否定多于肯定。在前期，列宁对于出版自由的肯定性评价，基本上是把它作为政治自由的一部分，作为现代文明的进步表现。在这个意义上，对于资本主

---

① 《列宁全集》第25卷，人民出版社1958年版，第369页。

② 《列宁文稿》第9卷，人民出版社1979年版，第248页。

③ 《列宁全集》第32卷，人民出版社1958年版，第491页。

义国家的政治自由、出版自由进行了高度的赞扬。特别是美国、英国、比利时、瑞士等国的民主政治，消除了中世纪的封建特权，公民们实现了政治上的权利平等，就是经济上被剥削的工人阶级亦“有政治自由，有自己的工会、自己的报纸，自己的议会代表”①。政治自由早就成了人民的财富。在政治自由的条件下，“工人就有了宽广的道路”②。1917年二月革命后，列宁对资产阶级出版自由的否定性评价虽然多于肯定性评价，但是仍然承认出版自由在历史上的重大意义。在给格·米雅斯尼柯夫的一封信中，列宁再次肯定：“‘出版自由’这个口号，从中世纪末直到19世纪，在全世界成了伟大的口号。为什么呢？因为它反映了资产阶级的进步性，即反映了资产阶级反对僧侣、国王、封建主和地主的斗争。”③

和早期马克思、恩格斯一样，一方面，列宁对于资产阶级出版自由的肯定性评价与无产阶级正在进行政治斗争密切相关。虽然出版自由并不能使无产阶级摆脱受压迫、受剥削的地位，虽然出版自由在很大的程度上只是有产阶级的特权，但是与封建专制相比，出版自由无疑是代表社会进步的重大标志。首先，资产阶级出版自由的确立，使无产阶级得以利用报刊进行公开的政治斗争。在专制统治下，封建统治者不仅控制了政权，而且还控制了出版，人民的怨愤、呼声和强烈的愿望无法公开表达。随着资产阶级民主政治的确立，出版自由作为一项基本人权得到了法律的保障。从理论上看，这一权利的范围及其主体是没有什么限制的。无产阶级也享有这一基本权利。利用出版自由，无产阶级不仅“有可能进行广泛的、公开的和群众性的争取社会主义的斗争”，④ 而且还能“使阶级斗争更自觉、更广泛，使人民中最落后的阶层卷入这一斗争”⑤。其次，资产阶级的民主制度和出版自由，是通向社会主义的必由之

① 《列宁全集》第6卷，人民出版社1959年版，第273页。
② 《列宁全集》第36卷，人民出版社1959年版，第221页。
③ 《列宁全集》第32卷，人民出版社1958年版，第492页。
④ 《列宁全集》第8卷，人民出版社1959年版，第403页。
⑤ 《列宁全集》第36卷，人民出版社1959年版，第231页。

路。在列宁看来，社会主义不是空中楼阁，没有资本主义造就的现代工业大生产和民主精神，社会主义社会就不可能建立起来。除了自由的民主的制度以外，没有而且也不可能有其他走向社会主义的道路。除了资产阶级自由和资产阶级进步的道路，便没有其他道路可以使无产阶级和农民得到真正的自由。再次，出版自由作为一项基本人权，不是资产阶级的专利品，而是人类社会进步的重大成果，是衡量文明开化的主要标准，是人类历史重要的里程碑。在一个没有政治自由、没有出版自由的社会，很难把它与文明、进步联系起来。

另一方面，列宁对出版自由的肯定评价，还受到了俄国特定的历史传统和政治现实的影响。直到19世纪末期，沙皇俄国仍是一个封建专制国家，沙皇作为最高统治者，握有生杀予夺之权；人民毫无自由和权利可言。这与已经完成了资产阶级革命、建立了民主政治秩序的英国、美国、法国、德国诸国相比，不啻是天壤之别。在美国、英国、法国等自由主义国家，出版自由得到了国家法律的保障，报纸被看成是第四权力，记者被称为“无冕之王”。其报道言论几乎不受什么限制，出版自由是民主政治体系的重要一环。可俄国直到1917年二月革命前，由于书报检查制度的存在，一切出版物、一切报刊都处于奴隶的地位，得不到政府官吏的许可，它们就不敢刊载任何东西。任何一种非官方许可的出版活动，任何对政府的批评和不恭，都将被判为政治犯罪而受到严惩。① 作为无产阶级革命家，列宁曾亲身经历过这两种完全不同的政治环境：成长在专制统治的俄国，其革命活动、报刊生涯大部分则是在民主自由气氛浓郁的西欧度过的。两种不同的政治现实的鲜明对比，使列宁特别深刻地感受到了专制的朽恶和民主自由，特别是出版自由的可贵。

（二）对资产阶级出版自由的实质性揭露

虽然在1917年二月革命之前，列宁对于资产阶级出版自由的

① 《列宁全集》第9卷，人民出版社1959年版，第418页。

评价基本上是肯定的，持一种赞扬的态度，并且努力争取这种自由。但在同时，他也意识到了资产阶级出版自由的局限性及资产阶级对于出版自由的功利主义态度。在1905年俄国大革命时期，列宁就曾尖锐地揭露了“资产阶级害怕充分自由和充分民主，因为它知道，觉悟的即社会主义的无产阶级会利用自由来反对资本的统治”①。二月革命推翻了俄国沙皇专制政府，出现了资产阶级临时政府与工农苏维埃两个政权并存的局面。无产阶级与资产阶级的关系，由同盟者变成了你死我活的敌我矛盾关系。十月革命胜利后，俄国建立了无产阶级政权，资产阶级的政治特权和经济特权被剥夺了。两大阶级的矛盾空前尖锐。为了推翻无产阶级专政，煽动阶级仇恨，俄国的资产阶级报刊加入了国内叛乱和外国干涉者的阵营，其阶级本质暴露无遗。在这种情况下，列宁对资产阶级出版自由的认识发生了重大的变化，由基本肯定转向了基本否定。

列宁对资产阶级出版自由的评价之所以发生重大的转变，首先是因为当时的革命形式和任务的变化。二月革命胜利后，确立了资产阶级的民主秩序，取消了出版检查制度，出版自由权利得到了法律的保障。虽然在形式上，任何人都可以出版报纸，但是由于资产阶级在经济上的支配地位，代表无产阶级的报刊无论在数量还是在质量上都还不能与之抗衡。十月革命成功，工农苏维埃政权成立之初，资产阶级报刊仍然占有相当的优势。在这种情况下，肯定资产阶级的出版自由，无异于继续维持资产阶级在精神上的统治，这显然是不合时宜的。其次，在无产阶级政权建立不久，布尔什维克党内部在言论政策方面出现了意见分歧，有些人主张以出版自由为武器，揭露胡作非为的官僚主义，批判各种贪赃枉法的行为，他们还主张“从君主主义者到无政府主义者都享有出版自由”②。这些主张为资产阶级报刊所利用，为国内反动派攻击苏维埃政府提供了武器。再次，十月革命后直到1921年，苏维埃俄国面临着镇压反革命武装叛乱、巩固政权、粉碎外国资本主义的武装干涉及建设新生

① 《列宁全集》第10卷，人民出版社1958年版，第44页。
② 《列宁全集》第32卷，人民出版社1958年版，第491页。

活诸方面的重重困难。为了颠覆无产阶级政权，欧美资本主义国家的资产阶级报刊捏造了大量的谣言，以污蔑攻击新生的苏维埃政权，策应国内的反革命叛乱和国外的武装干涉。诸如“红军哗变”、“各地反共起义”、“列宁逃跑”、“两个首都沦陷”，甚至还有“托洛茨基枪毙列宁”或“列宁枪毙托洛茨基”等，五花八门，不一而足。这些谣言不仅扯掉了资产阶级报刊所谓“客观”、“公正”的面纱，而且还暴露了资产阶级与无产阶级势不两立的根本立场。这些因素，使列宁比过去更清楚地认识了资产阶级出版自由的阶级实质和虚伪性，及坚持绝对自由可能带来的危险，从而改变了他对于资产阶级出版自由的基本评价。

列宁认为，资产阶级出版自由就其实质而言，实际是有钱人的自由。固然，资本主义社会取消了出版检查制度、特许制、保证金制等专制控制手段，各党派各团体均可自由地出版报纸。但是只要资本主义私有制不变，只要资产阶级在经济上的支配地位不变，“只要最好的印刷所和大量的纸张被资本家霸占，只要资本还有统治报刊的权力（在世界各地，民主主义与共和制度愈发展，这种权力也就表现得愈明显，愈厉害，愈无耻，例如美国也是这样），这种自由就是一种欺骗。”① “就是富人每天发行数百万份报纸来有系统地不断地欺骗、腐蚀和愚弄穷人——被剥削被压迫的人民群众。”在列宁看来，这实际是大家都能看到的、简单的、显而易见的、众所周知的事实，但是资产阶级“几乎所有的人”都“羞羞答答地”“不谈或胆怯地回避”，② 而偏要把它说成是全民的自由，似乎无产者、被压迫者、被剥削者也能与资产阶级一样不受限制地享有这一自由权。这一切都是假的。“问题不在于‘出版自由’，而在于剥削者占有印刷所和纸张的神圣不可侵犯的所有权。”③ 由于贫困的无产者无法拥有资产阶级那样多的纸张和印刷所，就使得资本主义社会的出版自由基本上属于富人，其表现“就是由资本

① 《列宁全集》第28卷，人民出版社1956年版，第438页。
② 《列宁全集》第25卷，人民出版社1958年版，第367页。
③ 《列宁全集》第25卷，人民出版社1958年版，第369页。

家霸占一切报刊。这种霸占的结果是使包括最自由的国家在内的世界各国一切地方的报刊实际上都成了被人收买的报刊”①。而广大的无产阶级是无法平等地享有这一自由的。也就是说，在资本主义社会，出版报纸对于资产阶级是完全自由的，而对于无产阶级则是彻底不自由的。在此基础上，列宁进一步指出：“在以金钱的权力为基础的社会中，在劳动群众做乞丐而一小撮富人做寄生虫的社会中，不可能有真正的和实在的‘自由’。”② 他反问那些资产阶级的作家，能离开你的资产阶级出版家而自由吗？能离开那些要求你作春宫画、描写卖淫来“充实”“神圣”舞台艺术的资产阶级观众而自由吗？“生活在社会中却要离开社会而自由，这是不可能的。资产阶级的作家、艺术家和演员的自由，不过是他们依赖钱袋、依赖收买和依赖豢养的一种假面具（或一种伪装）罢了。”③

（三）无产阶级出版自由的前提

无产阶级的出版自由与资产阶级的出版自由是完全不同的两回事。后者以为，出版自由“就是富人有出版报纸的自由，就是由资本家霸占一切报刊。这种霸占的结果是使包括最自由的国家在内的世界各国一切地方的报刊实际上都成了被人收买的报刊”④。无产阶级则主张：“出版自由就是使报刊摆脱资本的压迫，把造纸厂和印刷厂变成国家的财产，让每一个达到一定人数（如 1 万人）的公民团体都享有使用相当数量的纸张和相应数量的印刷劳动的同等权利。”⑤ 这一目标在资本主义社会显然是难以达到的。只有彻底地解放无产阶级，在政治上、经济上推翻资产阶级的统治，建立起无产阶级专政，无产阶级的出版自由才有实现的可能。

列宁认为，实现无产阶级出版自由的前提条件中，首先是剥夺

① 《列宁全集》第 26 卷，人民出版社 1959 年版，第 264 页。
② 《列宁全集》第 10 卷，人民出版社 1958 年版，第 28 页。
③ 《列宁全集》第 10 卷，人民出版社 1958 年版，第 28 页。
④ 《列宁全集》第 26 卷，人民出版社 1959 年版，第 264 页。
⑤ 《列宁全集》第 26 卷，人民出版社 1959 年版，第 264 页。

资产阶级的出版自由。因为不论是在十月革命前还是十月革命后不久，资产阶级一直掌握着大量的纸张和印刷所，堵塞了无产阶级通往自由民主的道路。所以“必须使资本没有雇用作家，收买出版机关和报纸的可能性”①。加上苏维埃政权建立初期，面临着国内资产阶级和国外帝国主义的武装干涉，而报刊又是“资产阶级最强大的武器之一”。在这一关键时刻，“不能让这种武器完全留在敌人的手中”。由于“这种武器的危险性并不亚于炸弹与机枪”，因此应该果断地采取紧急措施，以制止这种污泥浊水和肆意诽谤，防止黄色和绿色报刊任意玷污人民的初步成果。② 基于这一认识，列宁领导的苏维埃政府通过如下四条途径剥夺了资产阶级的出版自由权。

其一，设立报刊调查委员会和报刊革命法庭。前者成立于1917年，其主要责任是“调查定期刊物同资本的联系，调查它们的经费和收入的来源，它们的捐助者的成分，它们弥补赤字的方法以及报馆的整个业务情况”③。在这一调查的基础上，确定苏维埃政府对资产阶级报刊的基本政策。翌年，列宁作为人民委员会的主席又颁布了成立报刊革命法庭的法令。该法庭的任务是审理利用资产阶级报刊反人民的各种犯罪活动。“利用报刊进行犯罪活动是指虚假地和歪曲性地反映社会生活现象的各种报道，因为这种报道是对革命人民的权利和利益的侵犯，是对苏维埃政权所颁布的出版法的破坏。”④ 对于这种犯罪活动，该法庭可以确定下列惩罚：扣款；进行公开谴责，即通过法庭所确定的方法将被查究的报刊作品公之于众；在显著的位置刊登判决书，或专门驳斥虚假的报道；停刊

① 《列宁全集》第28卷，人民出版社1956年版，第438页。

② 列宁：《关于出版问题的法令》，载于1917年11月10日《真理报》第171号，转引自杨春华、星华编译：《列宁论报刊与新闻写作》，新华出版社1983年版，第619页。

③ 《列宁全集》第26卷，人民出版社1959年版，第264页。

④ 列宁：《人民委员会关于成立报刊革命法庭的法令》，载于1918年2月22日《工农政府报》第30号，转引自杨春华、星华编译：《列宁论报刊与新闻写作》，新华出版社1983年版，第621页。

(包括临时的和长期的）或停止发行；将被查究的印刷所或报社的财产收归全民所有；剥夺自由；勒令离开首都、个别地区或者俄罗斯共和国国境；剥夺罪犯全部或部分政治权利，等等。

其二，查封反革命报刊。1917年十月革命后不久，列宁便颁布了《关于出版问题的法令》。该法令规定，在新秩序确立之前，必须采取种种措施以反对“形形色色的反革命报刊”，其主要措施就是查封。查封对象是那些“煽动公开对抗和不服从工农政府”，“通过恶意中伤歪曲事实来制造混乱”，及“挑动从事犯罪（即刑事罪）活动”的报刊。① 列宁认为，在无产阶级专政的条件下，允许这些资产阶级的反革命报刊的存在，“我们就不成其为社会主义者了”。“既然我们要进行社会革命，我们就不能在卡列金的炸弹上再加上一颗诽谤的炸弹。”②

其三，没收或征用资产阶级所拥有的印刷所和报纸。由于历史和经济上的原因，资产阶级拥有大量的纸张和印刷所。不改变这种现实，无产阶级的出版自由就不可能实现。所以列宁主张像战争时期对房屋、住宅、马车、马匹、粮食、黄金的征用一样，对印刷所和纸张也采取征用的政策。1917年12月13日，列宁指示政府出版事务副人民委员，“采取一切必要措施，征用《交易所新闻》印刷所以及该所的全部房舍、机器、印刷材料、纸张和其它财产”③。对于那些进行严重犯罪活动的报刊，则应由报刊革命法庭罚没包括纸张、印刷所在内的所有财产。对于这些征用和罚没而来的纸张和印刷所，苏维埃政权将进行公平的分配。分配给国家、分配给在两个首都获得10万~20万选票的大党和一些比较小的党以及任何一个有一定数量的成员或有某些人签名的公民团体。这是实现无产阶级出版自由的物质条件。

---

① 列宁：《关于出版问题的法令》，载于1917年11月10日《真理报》第171号，转引自杨春华、星华编译：《列宁论报刊与新闻写作》，新华出版社1983年版，第620页。

② 《列宁全集》第26卷，人民出版社1959年版，第267页。

③ 列宁：《关于征用印刷所的指令》，转引自杨春华、星华编译：《列宁论报刊与新闻写作》，新华出版社1983年版，第629页。

其四，清除反革命作家，流放、驱逐反动报人。这是剥夺资产阶级出版自由的最严厉的补充措施。在十月革命胜利不久，列宁就主张对于不甘心失败的资产阶级报人采取强硬手段，把他们逮捕起来。如《革命警钟报》的编者和主要作者就因为其挑衅性的诽谤内容，遭到苏维埃政府的逮捕，并受到了革命法庭的审判。还有一种办法，就是在查封反革命报刊的同时，把“这些出版机关中凡有劳动能力的编辑和工作人员都动员去参加挖掘战壕以及其它国防工作”①。此外列宁还主张把那些“为反革命帮忙的作家和教授驱逐出境”，把那些反动报刊的主编、作者驱逐出境，因为“他们全是赤裸裸的反革命分子，协约国的帮凶，是协约国的一群仆从和间谍，一群毒害青年学生的教唆犯”，故而要把他们“全抓起来，要不断地和有计划地抓，并把他们驱逐出境”②。

以上四条措施是剥夺资产阶级出版自由的主要手段，也是无产阶级出版自由的基本前提。在此之外，列宁还认为无产阶级出版自由的实现，有赖于苏维埃政府对于纸张和印刷机器的公平分配及国家对广告的垄断，这一见解在本章第三部分已有分析，此不赘述。这里应予介绍的是，苏维埃政府利用现有的邮政系统为报刊的发行服务。1918 年 11 月，列宁签署人民委员会法令,③ 规定在俄罗斯邮电部门各个机构开设零售站和苏维埃定期刊物发行站，出售苏维埃和共产党组织出版的报纸、杂志、手册和书籍，接受这些报刊书籍的订阅任务，给订户直接办理邮寄刊物的手续。这样一来，一方面减轻了报社的发行负担，另一方面，又使报刊的发行范围大大地扩张，提高了报刊的发行效率，为广大工农群众购买订阅提供了方便。此种作法，在国际共产主义运动史上影响甚广。20 世纪 50 年代后，为其他一些新兴的社会主义国家所采用，如新中国的报刊邮

① 《列宁全集》第 27 卷，人民出版社 1958 年版，第 16 页。

② 《列宁全集》第 52 卷，人民出版社 1988 年版，第 450 页。

③ 列宁：《关于邮电部门出售苏维埃出版物的决定》，载于 1918 年 11 月 24 日《全俄苏维埃中央执行委员会消息报》，转引自杨春华、星华编译：《列宁论报刊与新闻写作》，新华出版社 1983 年版，第 630 页。

发合一制度，就是来源于列宁的这一创造。

（四）无产阶级出版自由的性质

如前所述，无产阶级出版自由和资产阶级出版自由在性质上是完全不同的。资产阶级出版自由就其实质而言，只是有钱人的自由，只是一种欺骗。与此相反，无产阶级出版自由则是一种真正的自由，它使报刊摆脱了资本的控制。因为无产阶级的出版自由是共产主义者建立的制度。“在这种制度下，没有靠别人发财的可能性，没有直接或间接使报刊屈从于货币权力的客观可能性，没有任何东西能阻碍劳动者（或大大小小的团体）享有并实现其使用公有印刷所及公有纸张的平等权利。”① 但是无产阶级的出版自由也不是超阶级的，不是所有的人都能平等地享有的。在列宁看来，无产阶级出版自由只能是大多数人（工农群众）的自由，其具体的表现，就是广大的工农群众可以免费地从苏维埃政府和党组织的各级报刊获得消息，自由地参与这些报刊的业务活动，并且能够通过这些报刊发表自己的意见，行使对于社会组织及政府的监督权。至于在苏维埃新的政治秩序下的反革命的资产阶级，是不配享有这种真正的自由的。特别是在“受到全世界资产阶级敌人包围的俄罗斯苏维埃联邦社会主义共和国，出版自由就是让资产阶级及其最忠实的奴仆孟什维克和社会革命党人有建立政治组织的自由”。“资产阶级（在全世界）还比我们强很多倍”，“他们比我们有钱，他们会收买到比我们现有力量大十倍的‘力量’”，在这种情况下，给予资产阶级出版自由，“就是为敌人开方便之门”，就是等于自杀。② 为了无产阶级的根本利益，为了巩固苏维埃政权，不仅要剥夺资产阶级办报的自由，而且还应该剥夺资产阶级报人和作家写作的自由，把那些反革命的作家和报刊工作者逮捕起来，驱逐出境，或者是强迫他们服苦役。

根据列宁的有关论述，无产阶级出版自由还是一种相对的、在

① 《列宁全集》第28卷，人民出版社1956年版，第439页。
② 《列宁全集》第32卷，人民出版社1958年版，第492页。

法律范围内的自由，而不是一种绝对的、不受任何约束的自由。在无产阶级专政的条件下，谁要享有真正的出版自由，首先，必须拥护革命，“愿意同工农一道忍受困难、为正义事业而战”，并且“坚决保卫和支持苏维埃政权”；① 其次，必须遵守苏维埃制定的各项法律，并且在这些法律规定的范围内，从事采访和报道活动；再次，必须服从苏维埃国家出版局的行政管理。国家出版局是俄罗斯新闻出版管理的最高权力机关。它负责对各类书籍及报刊的审查、登记。为了确保管理的有效性，列宁曾指示出版管理局在出版每本书和小册子时毫无例外地作下列书面记录：1. 负责审查这本书的国家出版局编辑部委员的签字；2. 责任编辑的签字；3. 责任校对、出版者或发行者的签字。② 在此基础上才能确定每个相关人员对于书籍、报刊的出版、发行所承担的具体责任。此外，报刊出版工作者还必须坚持起码的技术标准，严禁粗制滥造，哗众取宠。对于那些乱七八糟、粗制滥造的报刊、书籍的责任者，应该把他们“关进监狱”。③

列宁还认为，出版自由固然是历史上最伟大的口号，它能够并且已经实际上促进了历史进步，但是对于出版自由的作用又不能评价过高。特别是在社会主义制度草创、苏维埃政权面临着国内外敌人严重威胁时，切不可把出版自由当成包治百病的灵丹妙药，更不能如资产阶级所标榜的那样用出版自由来根治社会弊端。“‘出版自由’不会把俄国共产党的许多弱点、错误、缺点、毛病（毫无疑问，毛病多着哩）除掉，因为这是世界资产阶级所不愿意的。出版自由会成为这个世界资产阶级手中的武器。资产阶级并没有死，它还活着，它就在旁边监视着我们。”④ 出版自由只会加强资产阶级的力量。所以“不应当用‘自由’（给资产阶级的）而应当用无产阶级的和党的办法来医治这个毛病”。如果幼稚到以为“出

---

① 《列宁全集》第28卷，人民出版社1956年版，第425~426页。

② 《列宁全集》第35卷，人民出版社1959年版，第464页。

③ 《列宁全集》第35卷，人民出版社1959年版，第426页。

④ 《列宁全集》第32卷，人民出版社1958年版，第493~495页。

版自由”能医治共产党，这必然是“一张能医死人的药方”。① 列宁的这一见解，在当时的俄国并不是所有人都赞成的，西方资本主义报界更是指斥为独裁。但是经过几十年的历史演变，特别是20世纪80年代末、90年代初苏联的解体，印证了列宁的论断。苏联的解体缘起于戈尔巴乔夫的改革。而戈尔巴乔夫的改革是从民主化、公开性两方面展开的。当时有一句流行的口号：“历史无空白，现实无禁区。”出版自由、新闻自由不受限制。戈尔巴乔夫想利用出版自由，利用公开性来医治苏联，结果却导致了苏联的解体。

七、宣传策略

和马克思、恩格斯及后来的毛泽东一样，列宁不仅是杰出的政治家、思想家，而且还是伟大的宣传家和报刊工作者。在长期的宣传工作实践中，列宁从一个政治家的高度，分析探讨了宣传过程中的主要矛盾和基本规律。为了实现宣传的目标，履行新闻的使命，他根据自己丰富的新闻工作经验和宣传实践，总结出一系列行之有效的宣传策略。其最主要者，可以归纳为以下八条。

（一）综合运用新闻手段与非新闻手段

所谓宣传，是通过传播一定的观念、事实去影响特定对象的思想与行动的一种社会活动。从历史发展的客观进程来看，任何一次政治革命都离不开宣传，宣传是一切政治革命的前提。正是通过宣传，传播一定的主义，吸引追随者和同盟军，同时瓦解敌人的士气，才有可能实现政治革命的目标。列宁认为，在宣传的过程中，改变影响特定对象的思想态度与具体行为的手段、方式是多种多样的。其中影响最大的当推报纸。在俄国建党时期，报纸的作用显得尤其重要。在他看来：“创办全俄政治报应当是行动的出发点，是建立我们所希望的组织的第一个实际步骤，并且是我们使这个组织

---

① 《列宁全集》第32卷，人民出版社1958年版，第493~495页。

不断向深广发展的纲。”① 如果没有报纸，“就不可能有系统地进行有坚定原则的和全面的宣传鼓动。进行这种宣传鼓动一般说来是社会民主党的经常的和主要的任务，而在目前，在广大居民阶层已经对政治、对社会主义问题产生兴趣时，这更是特别迫切的任务”②。所以创办报纸、创办全俄的报纸、创办全俄的政治报纸是进行无产阶级宣传的迫切需要，是建立发展无产阶级政党的必由之路。

报纸作为一种新闻工具，固然是最重要的宣传手段，但不是唯一的宣传手段。在报纸之外，还有一些非新闻性的宣传手段。列宁认为，这些非新闻性的宣传手段大体上可以分为三类。

其一，小册子和传单宣传品。此种宣传方式虽然零散，缺乏持续、稳定的保证，但它基本上是缘事而发，机动灵活，富有针对性，宣传成本远低于连续出版的报纸。在俄国社会民主工党的早期历史上，在正式的工人报刊问世之前，它一直是无产阶级主要的宣传工具。十月革命后，列宁仍然重视将“报纸上的和投寄给报纸的材料以及其他材料”，“有系统地定期印成小册子和活页文选，保证供应图书馆和有关的生产部门的工厂和企业”③。这是对报刊宣传活动的重要补充。

其二，是个人组织或主持的演讲、座谈会或报告会。这一宣传形式在十月革命之前，就已经是正式报刊、传单及小册子等宣传方式的补充手段。在社会主义建设时期，演讲、座谈会、报告会作为宣传手段得到了更为广泛的运用，而且讲演者、报告人、主持人已不再限于职业宣传家了。1912 年，列宁在《生产宣传提纲》中明确地指出：“必须按照有计划有组织地、有系统地吸收工程师、农艺师、教师以及具有某种专长的苏维埃工作人员参加生产宣传工作。”④ “一切能够向居民介绍电气化，泰罗制等等的人，都有义

① 《列宁全集》第 5 卷，人民出版社 1959 年版，第 6~7 页。
② 《列宁全集》第 5 卷，人民出版社 1959 年版，第 6~7 页。
③ 《列宁全集》第 31 卷，人民出版社 1958 年版，第 366~367 页。
④ 《列宁全集》第 31 卷，人民出版社 1958 年版，第 366~367 页。

务进行宣传”，要动员他们“组织讲演、座谈、报告会等等”。①应该说，这类以口头鼓动为主要特征的宣传方式，在效果方面比起报刊宣传来要明显得多。因为前者主要诉诸听众的感性，且能于现场实现听众与说话者的交流；后者主要诉诸读者的理性，作者编辑是无法了解读者阅读报纸时的情绪反应的。在这个意义上，前者作为后者的补充，无疑会加深、扩大报纸对读者、听众的影响。

其三，电影、唱片、图画、海报和图表。这一宣传形式主要是十月革命之后出现的。其目的是为生产服务，为政治服务。与前面两种宣传形式相比，这一形式更形象，更生动，艺术性更强，更有感染力和说服力，是社会主义建设时期主要的宣传手段之一。

根据列宁的论述，任何一次成功的宣传活动，都不会是单一宣传手段运用的结果，不会是纯粹的新闻宣传的结果。社会变化愈是激烈，政治形势愈是复杂，就愈是要求宣传家使用多种多样的宣传方式，综合运用新闻手段和各种非新闻手段，使单维的宣传成为多维的宣传，使平面的宣传成为立体的宣传。只有顺应这种要求，宣传的目的才能顺利实现。

（二）合法宣传配合秘密宣传

合法宣传配合秘密宣传，是无产阶级政党在资本主义社会资产阶级占支配地位的情况下最主要的宣传策略。其要点有二：一是充分利用资产阶级的民主自由，创办合法报刊，进行公开合法的宣传；二是在进行合法宣传的同时，发行非法小报、传单、小册子，开展秘密宣传，以补公开宣传之不足。把这两者有机地结合起来，才能实现无产阶级的奋斗目标。这是列宁的一贯见解。在他看来，资本主义社会取代封建专制社会无疑是一个伟大的历史进步。在封建社会，专制君主操生杀予夺之权，人民毫无自由民主可言。而资本主义社会的政治基础是主权在民的宪法原则，保障公民的政治自由、出版自由、言论自由，人民有监督乃至更换政府的权利。如果撇开经济因素，在出版自由方面，人民与政府的权利几乎是均等

① 《列宁全集》第31卷，人民出版社1958年版，第367页。

的。所以战斗的无产阶级政党完全可以利用资产阶级的政治自由与出版自由（即便这种自由的幅度很小很小）创办合法报刊，在资本主义法律许可的范围内进行政治宣传。“合法刊物对社会民主党的鼓动工作和组织工作具有重大意义。”基于这一点，列宁“号召党的机关和全体觉悟工人大力支持合法报刊：尽最大努力广泛推销报刊，组织群众性的集体订阅，经常捐款给报刊”①。

然而，列宁同时又认为，资产阶级的民主和自由虽然远比封建专制统治开明、进步得多，但是这种自由和民主毕竟只是属于少数人的权利，其自由的程度是极为有限的。资产阶级有足够的政治力量和经济力量确保他们在出版领域的绝对优势，无产阶级所能拥有的报刊及其活动空间是无法与之抗衡的。何况“资产阶级国家机关都使用了全部力量，财政大王施展了一切伎俩来取缔工人报刊：控告，逮捕编辑（或雇用凶手来杀害他们），禁止邮寄，没收纸张，如此等等”②。在沙皇俄国，政府甚至仍在使用臭名昭著、令人憎恶的新闻检查制度来钳制革命的报刊。可见在资产阶级民主的框架内，无产阶级不可能利用合法报刊全面地阐明党的纲领、路线和原则立场，否则就会面临查封、停刊等危险。要实现无产阶级的奋斗目标，党的合法报刊必须把原则性和灵活性结合起来。在原则允许的范围内，“一部分新闻的语调和内容需要改变”。要通过政府的书报检查并且维持无产阶级报纸的合法地位，不然的话，无产阶级就会“白白地把已经开始了的事业毁掉”③。但是，由于合法报刊的作用毕竟有限，仅凭合法报刊无法实现其宣传、鼓动和组织的职能，所以，列宁又主张，在出版合法报刊的同时，还必须出版秘密小报。组织工人读者“散发秘密小报，虽然这种小报篇幅极小，出版不定期，但它可以由工人在许多印刷所翻印（秘密地或在运动壮大时用革命手段夺取印刷所），可以自由地向无产阶级报

① 《列宁全集》第19卷，人民出版社1963年版，第422页。
② 《列宁全集》第31卷，人民出版社1972年版，第172页。
③ 《列宁全集》第35卷，人民出版社1971年版，第93页。

道革命的消息和提出革命的口号”①。在这些秘密小报之外，列宁还很重视“发展党的秘密出版社”，发行秘密传单、小册子等宣传品。在列宁看来，这些秘密宣传品可以补合法报刊宣传之不足，可以不受任何约束地进行更为激烈的宣传，可以对革命的形势进行更为充分的阐述，可以对资产阶级的实质进行更为深刻的揭露。这些都是合法报刊无法做到的。但是秘密宣传品又有其致命的弱点，这主要表现为发行范围有限，出版不定期，随意性强。所以，在资本主义社会，在资产阶级占支配地位的情况下，秘密宣传不可能单独实现无产阶级的奋斗目标，公开的合法报刊也是如此。只有把这两种宣传有机地结合起来，才能最大限度地发挥其宣传鼓动的作用。

（三）发挥典型的示范作用

在宣传的过程中，典型的示范功能是极为明显的。无论是什么阶级的宣传家，都不会无视典型的榜样作用。“请看看资产阶级。他们是多么会宣扬他们所需要的东西！他们在自己的发行千百万份的报纸上大肆赞扬资本家视为‘模范’的企业，把资产阶级的‘模范’组织当做民族的骄傲！”② 无产阶级更是如此。在二月革命之前，布尔什维克就非常重视用无产阶级斗争中的典型事例来启发、激励工人，揭露沙俄政府的腐败，鼓舞工人阶级对于前途、目标的信心。十月革命后，典型宣传成了社会主义经济建设的主要手段之一。利用典型模范带动后进，促进一般，成了布尔什维克基本的工作方法。列宁曾十分明确地指出：“模范的生产工作，模范的共产主义星期六义务劳动，对取得和分配每普特粮食所表现的模范的关心和诚实，模范的食堂，某个工人住房和某个街区的模范的清洁卫生工作，——这一切是我们的报刊和每个工农组织应当比现在更加十倍注意和关心的对象。所有这些都是共产主义的幼芽，照护这些幼芽是我们共同的和首要的义务。”③ 模范的事迹如果得到广

① 《列宁全集》第31卷，人民出版社1958年版，第172页。
② 《列宁全集》第29卷，人民出版社1956年版，第391页。
③ 《列宁全集》第29卷，人民出版社1956年版，第391页。

泛的宣传，榜样的力量才能全部地发挥出来。模范就一定会成为后进、一般的“辅导者、教师和促进者”①。

既然典型、模范在宣传过程中的作用是如此之重要，那么怎样才能找到这些典型、模范呢？在列宁看来，典型、榜样的出现无非有两个途径：一是在革命运动或经济建设的过程中自然地涌现；二是通过主动组织的各种竞赛，如各个公社的竞赛，工人农民个人之间的劳动竞赛，在竞赛过程中出现的优胜者即为典型榜样。无论是哪一种典型榜样都可以而且应该成为报纸及其他非新闻手段宣传的主要内容。20 世纪 20 年代后，在苏联社会主义建设的历史上，报纸及其他非新闻手段的典型宣传对于社会经济的发展、政治运动乃至卫国战争的胜利起到了显著的示范作用。随着社会主义在世界范围的胜利，在东欧、亚洲一些新兴的社会主义国家，也纷纷借鉴采用了列宁倡导的典型宣传。事实表明，这种做法是非常成功的。

（四）把表扬和批评结合起来

如前所述，榜样的示范作用是宣传过程中不可忽视的因素。在无产阶级与资产阶级斗争中，对于社会主义经济建设中出现的榜样、优秀的典型，对于这些榜样、典型的成绩及赖以成功的原因与方法，进行系统的报道和有计划的宣传，以实现先进促进后进、典型带动一般的目标，是无产阶级政党重要的工作方法。通过这一方法，不仅可以事半功倍，而且还能够弘扬正气，使典型成为大众的导师和社会历史的促进者。

但是，列宁又认为典型、榜样并非只指好的、先进的、正面的个人或集体。坏的、落后的、反面的人物或集体也是典型，当然是一种负面的典型。报刊的典型宣传不应该仅局限于报道好的、先进的、正面的典型与榜样，虽然它对工作的积极促进作用是显而易见的。坏的、落后的、反面的典型也应该成为报刊宣传的内容。列宁主张，在社会主义建设过程中，应该把“那些坚决保持‘资本主义传统’，即无政府状态、好逸恶劳、无秩序、投机行动等等的公

① 《列宁全集》第 27 卷，人民出版社 1958 年版，第 239 页。

社登上‘黑榜’”①。他批评报刊对于这些反面典型揭露不力，打击不够，致使某些工厂在国有化以后仍然是“散漫、涣散、肮脏、胡闹、懒惰的典型，揭发这些落后工厂的黑榜在哪里呢？这种黑榜还没有。然而这样的工厂是有的。我们不同这些‘资本主义传统的保持者’作斗争，就是没有尽到自己的职责。只要我们默不作声地容忍这样的工厂，我们就不是共产主义者，而是废物”②。报刊等宣传工具不仅要揭露这些反动的、落后的工厂、公社，对于那些跟不上形势的发展，坚持资本主义传统，继续用旧的眼光看待苏维埃国家的“极少数工人、工人集团、工人阶层”，和那些妨碍工人事业的“坏蛋”，也应该给予公开揭露。如果报刊对这些工厂、公社、个人或阶层的行为默不作声，或者是以官僚主义的态度加以敷衍，那它就不像是一个“革命报刊，不像一个阶级专政的机关报”③。也就是说报刊等宣传工具要发挥其建设新生活的职能，一方面必须对于好的、正面的、先进的典型加以表扬，使社会各部门各团体及各种人都向他们看齐；另一方面，对于坏的、反面的、落后的负面典型也要尖锐地加以揭露，让大家展开批评，从中获得教训，同时力争将这两种不同的典型有机地结合起来。只有这样，表扬和批评才能作为一种建设性的力量促进社会的进步，同时克服并消除社会的弊端。

（五）实现事实与言论的分离

宣传的目的是通过传播一定的事实、观念来实现的。事实、意见是宣传的基本内容。宣传效果的有无及大小与宣传内容的组合形式直接相关。为了取得预期的效果，达成宣传的终极目标，列宁主张在组织宣传内容时，要尽量把事实与意见分离开来。事实是事实，意见是意见，两者不能混为一谈。事实以报道形式出现，意见则以言论的形式发表，“这样对说明问题的实质就更有帮助”，而

① 《列宁全集》第27卷，人民出版社1958年版，第239页。
② 《列宁全集》第28卷，人民出版社1956年版，第28页。
③ 《列宁全集》第28卷，人民出版社1956年版，第82页。

且还有利于加强事实的客观性和意见的说服力。通过报刊宣传，"人们得到的印象就更完整了"①。

关于事实与言论内容的比例关系，列宁认为应以事实的报道为主，少登言论，少谈政治。"少来一些政治喧嚷，少发一些知识分子议论。多接近生活，多注意工农群众怎样在日常工作中实际地建设新事物。"② 要广泛地"搜集、周密地考查和研究新生活实际建设的各种事实。"③ 而这些事实的报道又应该是客观的，经得起检验的，是任何人都无法驳倒的。发表这些事实，一方面可以说明事实的真相，另一方面又能够揭示事实演变的客观过程、内在规律及其发展趋势。这是同谎言作斗争，揭露谎言的最有力的武器。至于议论和意见，列宁要求一定要立足于事实，而且还要经得起事实的检验。因为脱离事实，无视事实的言论是与真理无缘的。"一个严肃认真的人要评价目前的派别和集团……只有采取这样的办法，就是研究历史，考虑所宣传的某种主张的思想意义，用事实来检验言论。"④ 与此同时，列宁还反对在言论里面唱高调，主张应该言行一致。能做到哪一步，才能讲到哪一步，这是衡量一个集团、一个政党是否严肃是否诚实的重要标准。

（六）公平立论，避免尖刻

在宣传过程中，尤其是在与敌对势力的论战中，宣传家一定要公平立论。对于敌人的论点及其行为，应实事求是地进行分析，有一说一有二说二，否定一切应该否定的，该肯定的则应加以肯定。不能无视论敌、对象的功绩、贡献和合理性，全盘否定一切。1900年，列宁曾就偏离了正确方向的《工人事业》杂志致信阿克雪里罗得，指出在批评该杂志的文章中"决不能删去有关'工人事业'杂志的功绩的话，我觉得那样对我们的反对者是不公平的，他们对

① 《列宁全集》第36卷，人民出版社1959年版，第94页。
② 《列宁全集》第28卷，人民出版社1956年版，第82页。
③ 《列宁全集》第28卷，人民出版社1956年版，第82页。
④ 《列宁全集》第20卷，人民出版社1958年版，第358页。

于社会民主党并不是只有过失可言”①。只有公平地对待论战的对象、批评对象，才能树立宣传家公正无私的形象，才能增强宣传的说服力和读者对象的信任感。这一见解与历史上其他成功的宣传家可以说是不谋而合的。

列宁认为，要做到公平立论，除了公正地对待批评对象、论战对象的成绩与过失、罪恶与贡献外，还要求宣传工作者讲究说话的艺术。在他看来，使用尖刻的言辞是宣传的大忌。而“造谣，喧嚷，叫嚣，一再说谎”，更是体面的宣传家所反对的，只有资本家和他们的宣传家希望使用这种手段来“给人留下某种印象”②。无产阶级的宣传工作者面对论敌和批评对象，一定要避免尖刻的言辞，避免造谣、喧嚷、叫嚣和谎言，而“要更冷静地分析论据，更详细地、更简明地反复说明事实真相。这样，也只有这样才能保证获得绝对的胜利”③。另外，列宁还主张在论战时只要可能，就应当“缓和语气，力求不把话说死”，尽量地避免“傲慢的挖苦和教训”,④ 从而给自己留有余地。这对于增强宣传的效果能起到显著的促进作用。

（七）坚持公开性原则

这是列宁一贯坚持的一条重要的宣传策略。所谓公开，即是把工农群众、宣传对象应该知道、想要知道的事情没有保留地告诉他们，而这些事情在十月革命前，主要是指党内的意见分歧和思想斗争。社会主义建设时期则大体上可以分为两个方面。其一是工作中的困难、任务和已经取得的成绩。向人民报道成绩自然是必要的，把困难和任务告诉人民则更为重要。“我们取得胜利的原因，在于我们党和苏维埃政权把当前一切困难和任务公开告诉劳动群众，善于向群众说明为什么一个时期要用全力抓住苏维埃工作的某一方

① 《列宁全集》第36卷，人民出版社1959年版，第31页。
② 《列宁全集》第24卷，人民出版社1957年版，第93页。
③ 《列宁全集》第35卷，人民出版社1959年版，第104页。
④ 《列宁全集》第34卷，人民出版社1959年版，第71页。

面，善于发挥群众的热情、积极性和英勇精神，把非凡的革命精力集中在当前最主要的任务上面。”① 其二是工作中出现的各种错误。对于错误绝不能回避、遮掩，而必须“学会实事求是地和仔细地分析我们的许多实际错误，并且学会一步一步地坚持不懈地改正这些错误”②。

列宁认为，把工农群众想知道、应该知道的事情通过报刊予以公开报道，是无产阶级政党心底无私、充满自信的表现。之所以要坚持这一原则，是因为人民是历史的创造者，是社会和国家的主人。他们有权利知道、了解与他们有着直接或间接关系的一切事情，而且还有着独立的判断能力。这是他们参与社会管理、监督党和政府施政行为的基本前提。如果他们对社会上发生的一切变动毫无了解，是无法行使其权利的。另外，公开报道工作中的成绩、缺点、困难和任务，在社会主义建设时期还有利于“使国家所有的公社知道各个地区经济发展的情况；其次，可以评比这个和那个公社在社会主义建设中的成就；最后，可以保证各个公社实际运用其他公社取得的经验，可以保证相互交换在国民经济或国家管理的有关部门中显得最好的物力和人力”③。这是最大限度地发挥宣传工具经济建设职能的可靠保证。

（八）降低宣传的知识水准

宣传的目的是争取群众。衡量宣传效果的指标一般来说有两个：一是受影响群众的多少；二是群众受影响的程度。由于广大群众在知识水平、接受能力方面存在着差异，知识丰富、理解能力强的人只是少数，而大多数人的接受能力并不高。因此，宣传家不能以同一水准的内容去面对所有的群众。如果要以大多数群众为对象，说服他们接受自己的观点，则必定要降低宣传内容的知识水

① 《列宁全集》第30卷，人民出版社1957年版，第118页。
② 《列宁全集》第32卷，人民出版社1958年版，第136页。
③ 《列宁全集》第27卷，人民出版社1958年版，第191页。

准，使宣传形式通俗化。其具体的方法是“从最简单的、众所周知的材料出发，用简单易懂的推论或恰当的例子来说明从这些材料得出的主要结论，启发肯动脑筋的读者不断地去思考更深一层的问题”，“去了解深刻的思想、深刻的学说”①。很显然，这一做法与资产阶级报纸出于赢利动机而实行的庸俗化是根本不同的。降低宣传内容的知识水准，使宣传形式更加通俗，其目的不是为了迎合迁就普通的读者，而是要“不断地——十分谨慎地、逐渐地——提高读者的水平”,② 使读者在更高的层次上接受宣传家的观点。这一策略原则，在宣传史上很具普遍性，不论是资产阶级还是无产阶级的宣传家，在宣传过程中几乎每个人都会坚持，可谓志同道合。

总之，列宁的宣传策略思想是相当丰富的，而且直接地来源于他的宣传实践。其具体内容，如综合使用新闻手段与非新闻手段，合法宣传配合非法宣传，发挥典型的示范作用，把表扬和批评结合起来，实现事实与言论的分离，公平立论、避免尖刻，坚持公开性原则，降低宣传的知识水准等，涉及宣传手段、宣传环境、宣传内容及宣传对象诸方面。在表述上，与历史上其他成功的宣传家颇为类似，有异曲同工之妙。它不仅符合俄国当时的历史实际，成功地指导了俄国无产阶级的宣传活动；而且直到现在仍具有相当的普遍性、适用性，领会借鉴这些原则，对于宣传工作不会是没有帮助的。

八、结　　论

以上我们从报刊职能观、新闻业务观、新闻事业观、办报方针、党性原则、出版自由及宣传策略七个方面，对列宁的新闻思想进行了深入分析。从这些分析中，我们不难得出如下结论：

① 《列宁全集》第 5 卷，人民出版社 1959 年版，第 278 页。

② 《列宁全集》第 31 卷，人民出版社 1958 年版，第 366 页。

第一，列宁的新闻思想涉及面很广，包括新闻职能、新闻业务、新闻事业、办报方针、党性原则、出版自由、宣传策略等问题，对这些问题的深刻论述，构成了一个比较完整的理论系统。这一系统是建立在三大理论支柱的基础上的，即新闻职能观、党性原则与出版自由观。它们不仅决定了新闻业务观、新闻事业观、办报方针和宣传策略的基本内容，而且还决定了整个体系所能展开的深度和广度。

第二，列宁的新闻思想正如他的新闻实践，也经历了一个发展演变的过程。在不同的历史阶段，他对于某些问题的看法是颇不相同的。如以1917年十月革命为界，在此之前，列宁对新闻职能的论述仅限于宣传鼓动、组织、经济建设三个方面，对资产阶级的出版自由是肯定多于否定，在报业经营方面，主张通过工人捐款、有偿订阅以维持报纸的运营等。十月革命后，随着社会主义建设的展开，列宁认为经济建设、新闻监督也是新闻的重要职能，在对资产阶级出版自由的看法上转为否定多于肯定，并且为剥夺资产阶级出版自由提出了论据；在报业经营方面，列宁主张没收、征用资产阶级的纸张和印刷所，分配给各级党和政府及人民团体，改有偿订阅为免费发行，以保证大多数人发表言论和获得消息的权利。这些变化与俄国革命斗争形势的变化是密切相关的。

第三，在世界新闻思想史上，列宁的新闻思想直接地来源于马克思、恩格斯的新闻观念，是马克思、恩格斯新闻观念在新的历史条件下的发展。对于新闻传播的各个方面和传播过程的各个环节，列宁在前人的基础上提出了许多新的见解，从而丰富了马克思主义新闻学说。例如对于新闻真实性的深刻分析特别是全局真实观，对宣传策略的总结，对党性原则的探讨，对于报纸的经营管理的探索，对于不同阶级、不同社会新闻自由的剖析，对办报方针的解读等，都表现了列宁鲜明的个人特色。

第四，列宁的新闻思想特别是1917年十月革命后的新闻思想，是苏联苏维埃政府新闻政策的理论基础。它决定了苏维埃新闻事业的基本格局、活动空间和言论特色。随着社会主义在世界范围的胜利，东欧、亚洲、美洲的一些新兴的社会主义国家也以列宁的新闻思想为根据，建立了本国的新闻事业。从这些国家的新闻体制、新闻政策，仍不难看出列宁新闻思想的决定性作用。

第五，正如历史上曾经出现过的伟大的思想成果免不了有这样那样的缺憾一样，列宁的新闻思想虽然发展、丰富了马克思主义的新闻学说，但也难免存在一些局限。如对于新闻职能的论述，只考虑到了宣传鼓动、组织和经济建设，而忽视了新闻媒介的娱乐和信息传递职能；对于报业经营管理的某些见解，显然只适用于实行战时共产主义政策的特殊历史时期；对报纸党性原则的分析，过于强调党报对党组织的服从，而忽略了党报工作者的积极性和创造性，等等，这些局限或不足，是由列宁所处的历史环境所决定的。

第十三章　列宁党报学说对中国当代新闻理论的影响

在国际共产主义运动史上，弗·伊·列宁是一个划时代的人物。首先，他是一个杰出的政治领袖，俄国布尔什维克的灵魂，俄国历史正是在他的领导下实现了根本性的转折；其次，他还是一个无与伦比的思想家和宣传家，一个能够把发现和普及真理的两大使命结合在一起的时代巨人。在列宁身上，集中反映了近代媒介化社会政治运行的客观要求：在大众媒介对社会的渗透无所不在的情况下，由于政党政治已经成为近代民主政治的主流，任何一个政治家要想实现自己的政治理想，必须借助于政党，借助于作为政党喉舌耳目的宣传媒介。列宁在政治上的成功——在世界六分之一的土地上，打碎了旧的国家机器，建立了第一个社会主义国家——在很大程度上，正是取决于他对于党报的创造性的运用。因此，列宁的党报学说成为其他各国无产阶级政党新闻宣传实践的指南。

中国是继苏联之后崛起的社会主义国家，中国共产党也是迄今为止规模最大的无产阶级政党。在中国社会主义革命和建设的历史进程中，中国共产党党报（含广播电视、通讯社等）系统扮演了极其重要的角色。正如毛泽东所说的，新闻宣传是中国共产党与国民党反动派决战的两大战线（军事战线和思想战线）之一。每个共产党的领导干部，都必须注意笔杆子和枪杆子是极其重要的。实践证明，以毛泽东、邓小平、江泽民为代表的三代领导人建构的中国特色社会主义新闻理论，是保证中国新闻宣传系统在正确轨道上运行的指针，而这一新闻理论的基本内涵及其形成，与列宁的党报学说是分不开的。

具体来说，列宁的党报学说对中国当代新闻理论的影响，主要表现在以下几个方面：

一、报刊使命

报刊作为一种通信工具的政治职能，早已引起了政治家和职业报人的关注。列宁在其早期的政治实践中，意识到群众的觉悟和参与政治的积极性会在相当的程度上影响到运动的成败。而这些又与报纸的宣传说服工作直接相关。所以，列宁的职业革命生涯与报人经历几乎是同步开始的。作为一个具有远大理想的政治家，列宁赋予报纸等传播工具的使命，集中于四个方面。

（一）宣传鼓动的使命

列宁一直认为，报刊是集体的宣传员和集体的鼓动员，是传播思想、进行政治教育和吸引同盟军的工具。报刊的宣传鼓动所能产生的实际作用主要有二：其一是鼓动人民群众的革命激情，争取他们加入革命的队伍。在他看来，如果俄国社会民主工党的各级地方团体和小组，都来关心并支持报刊事业，“那么我们在不久的将来就能创办一个周报，每期出版数万份，经常销行于全俄各地。这个报纸就会成为巨大的鼓风机的一部分，这个鼓风机能鼓动阶级斗争和人民的义愤的星星之火，燃成熊熊之焰”。① 那时就会在革命事业的周围组成一支久经考验的常备军，就会把广大的工人“组织到革命的社会民主党里去”。② 其二是培养出革命的领导者。在《从何着手》一文中，列宁就乐观地指出：“假如我们集中自己的一切力量来办共同的报纸，那么，这样的工作不仅可以培养和选拔出最能干的宣传员，而且可以培养和选拔出最熟练的组织者、最有天才的党的政治领袖，他们在必要的时候，能够提出进行决战的口号并且领导这个决战。”③ 正是在这个意义上，列宁把报刊的宣传

① 《列宁全集》第5卷，人民出版社1959年版，第480页。
② 《列宁全集》第35卷，人民出版社1959年版，第288页。
③ 《列宁全集》第5卷，人民出版社1959年版，第10页。

和鼓动看成是革命运动的出发点。

（二）组织的使命

列宁在《从何着手?》中指出："报纸的作用并不限于传播思想、进行政治教育和吸引政治同盟军。报纸不仅是集体的宣传员和集体的鼓动员，而且还是集体的组织者。"① 也就是说报纸在宣传鼓动使命之外，还有组织使命。在他看来，"可以把报纸比做脚手架，它搭在正在修建的建筑物周围，显示出建筑物的轮廓，便利各个建筑工人之间的来往，帮助他们分配工作和观察有组织的劳动所获得的总成绩。依靠报纸和同报纸联系自然而然会形成一种固定的组织，这种组织不仅从事地方工作，而且从事经常的共同的工作……单是技术上的任务——保证正常地供给报纸以各种材料和正常地推销报纸——就迫使我们必须建立统一的党的地方代办员网，这些代办员彼此间要密切联系，了解总的情况，习惯于有条理地执行全国性工作中的各种零星任务，并组织某些革命行动以检验自己的力量。这种代办员网将成为正是我们所需要的那种组织的骨干——这种组织，其规模之大使它能够遍布全国各地；其广泛性和多样性使它能够实行精密而细致的分工"②。正是在这个意义上，列宁把创办报纸，创办全俄的政治报纸，看作是"我们使这个组织（即随时都能有准备地支持一切抗议和一切发动的革命组织）不断向深广发展的纲"③。"

（三）监督的使命

1905年革命前，列宁所看重的主要是报刊宣传鼓动和组织的使命。十月革命前后，由于布尔什维克将夺取政权、巩固政权、建设新社会提上日程，其关注的重心亦日益转移到报刊的监督使命上来。1917年5月23日，列宁在《真理报》上指出，"对不喜欢的

① 《列宁全集》第5卷，人民出版社1959年版，第8页。
② 《列宁全集》第5卷，人民出版社1959年版，第9页。
③ 《列宁全集》第5卷，人民出版社1959年版，第472页。

事情进行批评，原是每个评论家的神圣权利”,① 从政治权利的高度肯定了报刊的批评监督职能。一般而言，资产阶级报业理论所强调的监督批评，主要指向社会政治生活，其对象是政府当局、高官显贵；而列宁心目中的报刊监督所瞄准的，主要是社会生活的经济面，其批评对象多是执行部门的普通官员和一般群众。他主张“社会主义政党要把不接受整顿自我纪律和提高劳动生产率的号召与要求的企业和农村公社登上黑榜，把它或者列为病态企业，采取特别的办法（特别的措施和法令），使它健全起来，或者列为受罚企业把它关闭，并且把它的工作人员送交人民法院审判。公开报道这方面的情况，本身就是一个重大的改革，而且还能吸引广大人民群众主动地参加解决这些与他们最有切身关系的问题”②。当他看到有些工厂在国有化后仍然是散漫、涣散、肮脏、胡闹、懒惰时，严厉地批评布尔什维克报刊没有尽到自己的职责，指责他们对于明显的坏人坏事默不作声。有时“即使谈到，也是用官僚式的敷衍态度，不像革命报刊，不像一个阶级专政的机关报”③。他要求布尔什维克的报刊工作者，不仅要使报刊成为揭露落后企业、坏人懒汉的黑榜，而且还应当痛斥胆小的将军和麻痹分子，同一切具体的坏人进行认真的无情的革命斗争。如果我们默不作声地容忍这些坏的工厂企业，如果我们对于那些明显的坏蛋视而不见，“我们就不是共产主义者，而是废物”④。

（四）建设新社会的使命

十月革命胜利不久，针对当时苏维埃报刊沿用过去的传统，继续用过多的篇幅和注意力报道政治上的一些琐事、政治人物的一些个人问题的情形，列宁进行了严厉的批评。他要求新闻工作者“把报刊由主要报道政治新闻的工具，变成对人民群众进行经济教

---

① 《列宁全集》第24卷，人民出版社1957年版，第351页。
② 《列宁全集》第27卷，人民出版社1959年版，第188页。
③ 《列宁全集》第28卷，人民出版社1956年版，第82页。
④ 《列宁全集》第28卷，人民出版社1956年版，第82页。

育的重要工具”，“对于政治领导人员的问题，对于无关紧要的政治措施，即各个政治机关的日常工作和例行公事，应当少费一些篇幅”，而“应当把实践中直接提出的劳动问题放在首要地位”。① 要多谈些经济，这种经济不是指“一般的议论、学者的评述、知识分子的计划以及诸如此类的废话”，而是指“搜集、周密地考查和研究新生活实际建设的各种事实”。② 只有这样，党报才能适应从资本主义向社会主义的过渡。至于怎样多谈经济，列宁作为苏维埃政府的最高领导者，从宏观管理的角度要求报纸应广泛收集第一手材料，公开分析报道经济形势，作为苏维埃政府的参考；报纸还应当成为组织社会主义竞赛的主要工具之一。而组织竞赛在苏维埃政权的经济任务中占有极为重要的地位，是改造社会、发展经济的基本途径；树立榜样，宣传模范，促进经验的交流，也是促进经济建设的主要途径。此外，报刊还应当成为我们加强劳动者的自我纪律，改变资本主义社会陈旧的、完全无用的工作方法或偷懒方法的首要工具。通过报刊激发劳动者的积极性，增强其责任心，使他们自觉地克服缺点，向榜样看齐，这是保证社会主义建设所必需的高昂士气和牺牲精神的必要条件。

可以看出，列宁对报刊使命的认识是随着形势的发展而变化的。十月革命前，列宁有关报刊使命的论述，主要集中于宣传鼓动和组织方面。这是由于当时的俄国没有言论自由、结社自由。无产阶级政党处于分散、地下的秘密状态，还没有形成一个全国性的真正统一的政治组织，因而在客观上需要通过报纸的宣传鼓动达成思想上的一致，并且利用团结在报纸周围的代办员网、通讯员网作为建党的组织基础。十月革命后，由于推翻了旧社会，无产阶级在政治上取得了合法的支配地位，无产阶级政党的任务也由打碎旧世界转为建设新世界，发展经济，为最终实现共产主义创造必要的物质条件。由此列宁便赋予了报刊使命以新的内涵，把监督批评、促进经济建设作为新时期报刊的重要使命。列宁的报刊使命观，促进了

① 《列宁全集》第27卷，人民出版社1959年版，第186页。

② 《列宁全集》第28卷，人民出版社1956年版，第81~82页。

俄国无产阶级报刊（及后期苏联新闻传播）事业的发展。

（五）列宁报刊使命观对中国共产党历代领导人的影响

列宁对报刊使命的认识，是中国共产党历代领导人报刊使命观的主要来源。作为中国共产党第一代领导集体的代表，毛泽东基本上接受了列宁的报刊使命观。他坚持认为，党报作为革命文化的重要环节，“在革命前，是革命的思想准备；在革命中，是革命总战线中的一条必要和重要的战线”①，“是团结自己、战胜敌人必不可少的一支军队”②。基于这一认识，他赋予了党报如下使命：一是宣传党的政策。毛泽东主张：“一切党的政策，将经过《解放日报》与新华社向全国宣达。”③ “我们的政策，不光要使领导者知道，干部知道，还要使广大的群众知道。”怎样使广大群众了解党的政策？渠道之一就是报刊。因而“有关政策的问题，一般都应当在党的报纸上或刊物上进行宣传”。“报纸的作用和力量，就在它能使党的纲领路线，方针政策，工作任务和工作方法，最迅速最广泛地同群众见面”,④ 使党的政策直接转变为群众的实际行动。二是传播典型经验。毛泽东认为“领导者的责任，就是不但指出斗争的方向，规定斗争的任务，而且必须总结具体的经验，向群众迅速传播这些经验，使正确的获得推广，错误的不致重犯”⑤。三是制造革命舆论，反击反革命宣传。“一个新的社会制度的诞生，总是要伴随一场大喊大叫的，这就是宣传新制度的优越性，批判旧制度的落后性。”⑥ 而作为旧制度的直接受益者的反动阶级，必不甘心于自己的失败，他们必然会从宣传乃至军事上进行反扑，破坏革命的名声，污蔑革命的目的。对此无产阶级党报决不能听之任之，

---

① 《毛泽东选集》第2卷，人民出版社1991年版，第708页。
② 《毛泽东选集》第3卷，人民出版社1991年版，第847页。
③ 《毛泽东新闻工作文选》，新华出版社1983年版，第54页。
④ 《毛泽东新闻工作文选》，新华出版社1983年版，第149页。
⑤ 《毛泽东新闻工作文选》，新华出版社1983年版，第146页。
⑥ 《毛泽东新闻工作文选》，新华出版社1983年版，第178页。

而应该“向反革命宣传反攻，以打破反革命宣传。”① 四是组织群众，推进革命运动。早在红军时期，毛泽东就认为：“红军宣传工作的任务，就是扩大政治影响，争取广大群众。由这个宣传任务之实现，才可以实现组织群众，武装群众，建立政权，消灭反动势力，促进革命高潮等红军的总任务。”② 抗日战争时期，毛泽东又规定《解放日报》的使命为“团结全国人民战胜日本帝国主义”。③ 联系前面三条，不难看出它们之间的内在联系。不通过党的政策宣传、经验传播和舆论的制造，就不可能组织起广大的民众，也就是说，前面三大使命的实现是组织群众的前提；而组织群众推进革命运动，则是宣传政策、传播经验、制造舆论的目的。此外，毛泽东还很重视党报的批评监督，认为这是发挥群众积极性的重要途径。而这种积极性“必须具体地表现在领导机关、干部和党员的创造能力，负责精神，工作的活跃，敢于和善于提出问题、发表意见、批评缺点，以及对领导机关和领导干部从爱护观点出发的监督作用”，④ 并强调党报批评应从有利于革命、有利于团结的立场出发，不能把它用作攻击个人的工具，同时还要避免片面性。只有这样，党报才能促进而非阻碍社会的发展。

在毛泽东之后，邓小平成为中国共产党第二代领导集体的核心。邓小平虽然不像毛泽东、列宁那样有完整的新闻工作经历，并且所处的环境也异于前人，但在报刊使命观方面却与他们表现出惊人的相似。他赋予报刊等新闻媒介的使命有六条。其一，贯彻落实党和政府的政策。任何政策，“如果只同干部见面，不同群众见面，是不能发生效果的。”⑤ 只有充分地利用报纸、广播等新闻媒介，才能在更深更广的范围内，更加有效地向广大的群众宣传党和政府的政策主张，“把它变为人民群众自己的主张，并且组织人民

① 《毛泽东新闻工作文选》，新华出版社 1983 年版，第 5 页。
② 《毛泽东新闻工作文选》，新华出版社 1983 年版，第 15 页。
③ 《毛泽东新闻工作文选》，新华出版社 1983 年版，第 55 页。
④ 《毛泽东选集》第 2 卷，人民出版社 1991 年版，第 529 页。
⑤ 《邓小平文选》第 1 卷，人民出版社 1994 年版，第 145 页。

群众加以执行”①。其二，引导舆论，驳斥谣言，营造有利的国际国内环境。在国内，邓小平要求新闻媒介与意识形态的其他工作紧密配合，“造成全社会范围的强大舆论，引导人民提高觉悟”,② 认识各种来自“左”的和右的错误倾向的危害性，自觉地抵制、谴责和反对这些错误倾向；在国际方面，则应该把我国革命和建设的真实情况传播到国际上去，传播到海外华侨中去，以“树立我们是一个和平力量、制约战争力量的形象”,③ 从而为我国现代化建设营造有利的国际国内环境。其三，宣传马列主义，占领思想阵地。新闻媒介在任何时候都应该坚持马克思主义、共产主义的信念，高举马克思主义、共产主义的旗帜，“使马克思主义的和社会主义、共产主义的宣传，特别是在一切重大理论性、原则性问题上的正确观点，在思想界真正发挥主导作用”。其四，培养“四有新人”④。邓小平一直认为，“中国的事情能不能办好，社会主义和改革开放能不能坚持，经济能不能快一点发展起来，国家能不能长治久安，从一定意义上说，关键在人”⑤，在于人的素质，而素质又取决于教育，取决于各种教育手段——包括新闻媒介——是否充分地发挥了“灵魂工程师”的职能。通过反思改革开放以来十多年的工作，邓小平认为“我们最大的失误是在教育方面”⑥。他告诫我们要充分地利用各种教育手段，使我们的党员和广大的人民群众真正地具有共产主义的理想、共产主义的道德，具有丰富的文化科学知识，自觉地遵纪守法，服从大局。其五，提倡科学，普及文化，建设社会主义精神文明。社会主义的精神文明，“不但是指教育、科学、文化（这是完全必要的），而且是指共产主义的思想、理想、信念、道德、纪律，革命的立场和原则，人与人的同志式关

① 《邓小平文选》第1卷，人民出版社1994年版，第225页。
② 《邓小平文选》第2卷，人民出版社1994年版，第211页。
③ 《邓小平文选》第3卷，人民出版社1993年版，第128页。
④ 《邓小平文选》第3卷，人民出版社1993年版，第46页。
⑤ 《邓小平文选》第3卷，人民出版社1993年版，第380页。
⑥ 《邓小平文选》第3卷，人民出版社1993年版，第290页。

系，等等"①。要建设社会主义精神文明，首先就要提倡科学，宣扬真理，普及文化，反对愚昧无知、封建迷信，宣传马克思主义和共产主义思想。同时还要学习、吸收西方先进的科学、技术、经营管理方法以及一切对我们有益的知识和文化。其六，真实地反映社会生活，服务经济建设。邓小平认为，新闻宣传工作要服从大局，服务于经济建设，首先要坚持党的政治路线，维护安定团结的政治局面，宣传艰苦奋斗的创业精神；其次还应该"真实地反映丰富的社会生活，反映人们在各种社会关系中的本质，表现时代前进的要求和历史发展的趋势"②。同时，它还应该通过自己的作品表现现代化建设的创业者，"表现他们那种有革命理想和科学态度、有高尚情操和创造能力、有宽广眼界和求实精神的崭新面貌"，③ 来激发广大群众的社会主义积极性，推动其从事现代化建设的创造性活动。

江泽民结合当代中国社会新的发展，对于新闻工作的使命，从政治家的战略高度做了新的诠释。他认为，在建设中国特色社会主义的进程中，新闻工作者的基本使命有二。首先，是积极、主动地宣传党的路线、方针、政策。在阐述这个问题时，他赞同并且引用了毛泽东的一段话："报纸的作用和力量，就在它能使党的纲领路线，方针政策，工作任务和工作方法，最迅速最广泛地同群众见面。"④ 在此基础上，进而要求新闻宣传部门"正确地宣传党的理论、路线、方针、政策，生动地反映人民群众的伟大实践，调动一切积极因素，化消极因素为积极因素，团结一切可以团结的力量"，⑤ 把党的路线方针政策直接地转化为群众的实际行动。其次，新闻宣传工具还必须"以科学的理论武装人，以正确的舆论引导人，以高尚的精神塑造人，以优秀的作品鼓舞人，不断地培养和造

① 《邓小平文选》第2卷，人民出版社1994年版，第367页。

② 《邓小平文选》第2卷，人民出版社1993年版，第210页。

③ 《邓小平文选》第2卷，人民出版社1994年版，第210页。

④ 《毛泽东新闻工作文选》，新华出版社1983年版，第149页。

⑤ 江泽民：《在全国宣传思想工作会议上的讲话》，1994年1月24日，新华社北京3月6日电。

就一代又一代有理想、有道德、有文化、有纪律的社会主义新人，在建设有中国特色社会主义的伟大事业中发挥有力的思想保证作用和舆论支持作用”。即发挥新闻媒介的政治道德教化的作用。这两大使命，落实在实际工作中，直接地转化为五项具体任务：（1）宣传邓小平理论，坚持用邓小平理论武装全党。（2）宣传贯彻党的基本路线，“把全党全国人民的思想和行动进一步统一到党的基本路线上来”①。（3）正确地引导舆论，“舆论导向正确，人心凝聚，精神振奋；舆论导向失误，后果严重”②。“舆论导向正确，是党和人民之福；舆论导向错误，是党和人民之祸。”③（4）做好舆论监督工作，“对消极腐败现象也要进行批评和揭露，发挥舆论监督作用”。但是这种批评和揭露，应该是同志式的，其目的是帮助批评对象“克服缺点、纠正错误。对于党和政府工作中的缺点、错误的批评，只要是善意的、有益于改进工作的，我们都应该热忱欢迎”④。（5）弘扬主旋律。所谓弘扬主旋律，即“大力倡导一切有利于发扬爱国主义、集体主义、社会主义的思想和精神，大力倡导一切有利于改革开放和现代化建设的思想和精神，大力倡导一切有利于民族团结、社会进步、人民幸福的思想和精神，大力倡导一切用诚实劳动争取美好生活的思想和精神”⑤。只有这样，我们的精神产品才能符合党和国家的根本利益，才能满足人民群众不断增长的精神文化需要。

由此可见，中国共产党历代领导人的报刊使命观直接由来于

---

① 江泽民：《在全国宣传思想工作会议上的讲话》，1994年1月4日，新华社北京3月6日电。

② 江泽民：《在全国宣传思想工作会议上的讲话》，1994年1月4日，新华社北京3月6日电。

③ 《江泽民同志视察人民日报社时的讲话》，载《人民日报》1996年10月21日第1版。

④ 江泽民：《关于党的新闻工作的几个问题》，载《求是》1990年第5期。

⑤ 江泽民：《在全国宣传思想工作会议上的讲话》，1994年1月24日，新华社北京3月6日电。

列宁。列宁强调报刊宣传鼓动的使命，毛泽东、邓小平、江泽民则进一步具体化为宣传党和政府的路线、方针、政策；具体化为扮演灵魂工程师的角色，正确地引导社会舆论，培养一代新人；具体化为树立马克思主义在意识形态领域的主导地位，建设社会主义精神文明。列宁主张发挥报纸的组织作用，使报纸成为沟通全党、重建党的组织的工具，中国共产党历代领袖则进一步强调，要利用报刊等媒介沟通、组织的功能，将群众纳入到党和政府所发起的政治运动和建设事业中去。列宁主张，报刊必须履行监督社会的使命，成为揭露落后、腐朽势力的黑榜，毛泽东、邓小平、江泽民等领导人几乎完全接受了这一见解，而且将监督的对象由经济生活领域扩大到政治领域。列宁主张，在无产阶级政权建立起来后，报刊的使命应该由打破旧社会转变为建设新社会，促进经济建设的发展，这一见解也深深地影响了中国共产党的领袖们，特别是邓小平、江泽民，他们也高度重视新闻媒介在经济建设过程中的积极作用，从政治的高度赋予了新闻媒介服务经济发展的使命。直到今天，中国社会居主导地位的新闻使命观，仍然没有超越列宁报刊使命观的范畴。

二、办报方针

所谓办报方针，一般是指以什么作为指导思想，依靠什么人办报。在这个意义上，人们又称之为办报路线。一个报纸坚持什么样的办报方针，与这个报纸的阶级属性密切相关。无产阶级报纸和资产阶级报纸虽然在新闻业务方面存在着许多共同性，但在办报方针上，却表现得截然不同。列宁在办报方针上首先涉及的问题，是根据什么指导思想办报；在依靠什么人的问题上，则主张专家与大家相结合，发挥二者的优势。在指导思想方面，列宁明确指出：“我们不打算把我们的机关报变成形形色色的观点的简单堆砌。相反地，我们将本着严正的明确方针办报。一言以蔽之，这个方针就是马克思主义。”① 要坚持马克思主义，以马克思主义作为报纸的指导思想，就必须肃清资产阶级的影响。在《关于亚·波格丹诺夫》一文中，列宁表示：“工人报纸应当清除无产阶级意识中的资产阶级唯心主义成分，而不应当用自己的篇幅来传播这种倒胃口的大杂烩。”② 在另一个场合，他又说：“我们主张彻底发展马克思和恩格斯的思想，坚决反对爱·伯恩斯坦、彼·司徒卢威和其他许多人轻率提出而目前甚为流行的那些似是而非的、暧昧不明的机会主义的修正。”③ 不清除这些唯心主义、修正主义和资产阶级的成分，马克思主义就会受到误解或削弱。但是捍卫马克思主义的基本理论，并不等于敌视任何批评。“我们决不把马克思的理论看做某种一成不变的和神圣不可侵犯的东西；恰恰相反，我们深信：它只是给一种科学奠定了基础，社会主义者如果不愿落后于实际生活，就应当在各方面把这门科学向前推进。”④ 可见，以马克思主义作为报纸的指导思想，既不是把马克思主义作为教条，拒绝对于它的任何批评；也不等于禁止人们结合本国、本地的特殊情形独立地探讨马克思主义、发展马克思主义。报刊在思想上必须坚持的，只是马克思主义的精髓和忠于真理、虚怀若谷的态度。

在依靠什么人的问题上，列宁主张在发挥优秀专业工作者积极性、创造性的同时，还应调动广大读者参与报刊活动的积极性，把专家和大家的优势有机地结合起来。列宁认为，要办好一家出色的无产阶级报纸，没有一支一流的专业编辑、记者和撰稿人队伍，是难以想象的。在组织编辑部、选择主要撰稿人时，必须依据严格的政治标准，看他的阶级立场和思想态度。“不是考虑这个作家的文章风格怎样，才华怎样，文笔是否通俗，而是考虑他的整个倾向怎样，他的学说会给工人群众带来什么。”⑤ 专业队伍是办好报纸的

---

① 《列宁全集》第 4 卷，人民出版社 1958 年版，第 316 页。

② 转引自杨春华、星华编译：《列宁论报刊与新闻写作》，新华出版社 1983 年版，第 399 页。

③ 《列宁全集》第 4 卷，人民出版社 1958 年版，第 316 页。

④ 《列宁全集》第 4 卷，人民出版社 1958 年版，第 187 页。

⑤ 《列宁全集》第 20 卷，人民出版社 1958 年版，第 113 页。

前提，但不是全部。因为“报纸本来就不是一种读者只管读、作者只管写的东西”①。报纸的威信和战斗力，来源于读者群众的信赖和支持。要想获得读者（工人、党员）的信赖，并不是一件容易的事情。因为他们都具有一定程度的“独立判断能力”。“世界上谁也不能强迫工人在两个乌拉之间（护党派的乌拉和取消派的乌拉）作出选择，只有靠他们自觉的同情，靠他们自己辨别方向。”② 报纸作为群众的讲坛，应反映读者中最有影响的阶层的利益。对于1912年《真理报》“对自己的拥护者所草拟、通过并公开提出的委托书默不作声”的行为，他认为是“完全不能容忍的”，“如果工人的报纸这样轻视工人所关心的东西，难道它还能够存在下去吗？”③ 工人报纸必须如实反映工人的呼声和要求，代表工人的切身利益，只有这样，它才能从根本上赢得他们的信任和支持。否则，它是抗拒不了俄国警察对所有工人报纸“所采取的穷凶极恶的迫害手段的”④。报纸如果确实获得了读者的理解、同情，将很容易得到他们发自内心的支持。其支持的方式是多种多样的，包括积极订阅、帮助发行、捐款，给报纸写信投稿等，把报刊视为自己的生命。在这种情况下，报纸自然会活力四射，无往不胜。

在思想上坚持马克思主义，在依靠专家的同时，发挥读者群众的积极性，是列宁办报方针的核心内涵。这一观点也直接影响了毛泽东、邓小平、江泽民对于办报方针的认识。毛泽东特别重视调动读者群众的积极性。他认为办好一家报纸，“不但是办的人的责任，也是看的人的责任。看的人提出意见，写短信短文寄去，表示欢喜什么，不欢喜什么，这是很重要的，这样才能使这个报办得好”⑤。所以“我们的报纸也要靠大家来办，靠全体人民群众来

① 《列宁全集》第35卷，人民出版社1959年版，第46页。
② 《列宁文稿》第6卷，人民出版社1959年版，第58页。
③ 《列宁全集》第35卷，人民出版社1959年版，第46页。
④ 《列宁全集》第18卷，人民出版社1959年版，第207页。
⑤ 《毛泽东新闻工作文选》，新华出版社1983年版，第48页。

办，靠全党来办，而不能只靠少数人关起门来办”①。至于如何发挥群众的积极性，他提出了四条具体途径。一是吸收党外人士参加党报的编委会，在党报上发表党外人士的言论。抗日战争时期，毛泽东就指示《解放日报》、《新华日报》及各抗日根据地的报刊，“应吸收广大党外人员发表言论……并尽可能吸收党外人员参加编辑委员会”。他反对将党外人士拒之门外的做法，批评这是一种貌似革命的典型的宗派主义态度。它只会造成“党外人员对党的过失缄口不言的现象”②。二是刊登群众来信，反映群众的呼声和要求。三是建立团结在党报周围的工农通讯员队伍。此外，他还主张所有的机关、工厂、学校、连队都可以也应该自己办报。他说：“一个伙食单位，比如说有一百个人，出墙报一张，这里总有一个首长，他就要把墙报当作自己组织工作、教育群众、发动群众积极性的武器。”③ 这即是说，宣传不仅是新闻工作者的事，其他战线的实际工作者，也可以进行符合当地实际的宣传工作。所以调动群众的积极性，是办好报纸的重要条件。与此同时，毛泽东又强调要“政治家办报”。他反对书生办报、教授办报、死人办报，认为书生办报最大的缺点是“多谋寡断”，“多端寡要，没有要点，言不及义”。④ 所谓政治家办报，有两个含义。其一是政治家要关心、领导报刊宣传工作，在这个意义上，毛泽东多次强调省委第一书记“要特别注意报纸和刊物，不要躲懒，每人至少要看五份报纸，五份刊物，以资比较，才好改进自己的报纸和刊物”⑤。其二是要求专业新闻工作者要有政治家的头脑，要有政治素质、政治敏感和大局意识。处理新闻报道事务，应该从政治着眼，抓住要害，注意宣传报道的政治影响。只有这样，报刊宣传才能保持正确的方向。

① 《毛泽东新闻工作文选》，新华出版社 1983 年版，第 150 页。

② 《毛泽东新闻工作文选》，新华出版社 1983 年版，第 94 页。

③ 《毛泽东新闻工作文选》，新华出版社 1983 年版，第 114 页。

④ 《毛泽东新闻工作文选》，新华出版社 1983 年版，第 215 页。

⑤ 《建国以来重要文献选编》第 10 册，中央文献出版社 1994 年版，第 492 页。

邓小平在办报方针方面，主要是进一步阐发了办报的群众路线。他认为坚持群众路线，不仅能增强宣传的针对性，调动群众的积极性，而且能够提高宣传效果。要坚持群众性原则，首先就要相信群众，对群众讲真话，特别是在关系群众切身利益的问题上讲真话。“只要……把情况和问题向群众讲明白，任何问题都可以解决，任何障碍都可以排除。”① “群众关心的实际生活问题和时事政策问题，各级领导一定要经常据实讲解，告诉大家客观的情况以及党和政府所作的努力，并且对群众所反映的不合理现象及时纠正。群众从事实上感觉到党和社会主义好，这样，理想纪律教育，共产主义思想教育和爱国主义教育，才会有效。”② 其次，报刊还要有一定的胸怀，要有容忍群众牢骚的雅量。“群众有气就要出，我们的办法就是使群众有出气的地方，有说话的地方，有申诉的地方。”③ 新闻媒介就是群众出气、说话、表达情绪的主要渠道。如果群众有话没有地方说，有气没有地方出，“那就一定要来大民主”。所以，党和政府一定要敞开胸怀，让群众出气，并借此了解群众的情绪；同时还要从群众的怨气、申诉中，发现通过正常渠道无法了解的问题及其解决的方法。在这方面，邓小平强调要实行“三不主义”，即“不抓辫子，不扣帽子，不打棍子”④。再次，报刊还要根据群众的要求、意见和接受情况来改进自己的工作。1980年，邓小平在《目前的形势和任务》中指出：“报刊、广播、电视三年来都有很大的成绩，总的来说是好的，但是也有不足之处。在这些部门工作的同志，也需要经常倾听来自各方面的不同意见，分析和改进自己的工作。”⑤ 这一要求是十分自然的。新闻宣传的对象既然是人民群众，当然要了解群众的喜好、接受习惯，用群众所熟悉的语言和表现方式，进行宣传说服。可见，

① 《邓小平文选》第2卷，人民出版社1994年版，第152页。
② 《邓小平文选》第3卷，人民出版社1993年版，第144页。
③ 《邓小平文选》第1卷，人民出版社1993年版，第273页。
④ 《邓小平文选》第2卷，人民出版社1994年版，第144页。
⑤ 《邓小平文选》第2卷，人民出版社1994年版，第255页。

邓小平倡导的群众路线，并没有鼓励一般群众直接介入新闻传播的业务过程，而只是强调报刊的宣传应该代表群众的利益，向群众讲真话，给群众提供情绪发泄的渠道。这种变化与社会进入正常状态，大规模群众运动的结束以及新闻传播的专业化进程，是直接相关的。

在毛泽东、邓小平有关论述的基础上，江泽民强调以马克思主义为办报的指导思想，并且集中论述了政治家办报的问题。1996年年初，江泽民同志在接见解放军报社师以上干部时指出："最近，中央多次强调，高级干部一定要讲政治，在政治上必须头脑清醒。毫无疑问，在党的新闻工作中同样要强调这个问题，这是新的形势和任务提出的必然要求。毛主席过去讲过：'搞新闻工作，要政治家办报。'这一指示精神至今仍然具有重要的指导意义。新闻作为一种意识形态，作为宣传、教育、动员人民群众的一种舆论形式，总是直接或间接地反映我们党和国家的政治立场、政治主张、政治观点。……因此，报社的同志，必须讲政治，必须具有良好的政治素质，具有很强的政治鉴别力和政治敏锐性，必须树立高度的政治责任感。"① 随后，他又在全国宣传部长会议上的讲话中重申："最近我和解放军报社的同志谈话，说到毛泽东同志过去讲过，要政治家办报。我看不光是办报纸，办通讯社、办广播、办电视、办刊物、办出版社，都要有政治家素质。加强队伍建设，要把思想政治建设放在首位，首先要确保在政治上过得硬。"② 在这里，江泽民明显地拓宽了政治家办报的内涵，将政治家办报理解为办报的人包括从事新闻宣传工作的人，要具备政治家的素质，具有政治鉴别力、政治敏锐性和政治责任感。而不是如字面上所说的，由通常意义上的政治家来办报。很显然，新闻宣传工作对社会意识形态的深远渗透具有重大的政治意义，但是新闻传播的特殊规律，与政治运

① 《江泽民在接见〈解放军报〉社师以上干部时的讲话》，载《人民日报》1996年1月22日第1版。

② 江泽民：《在全国宣传思想工作会议上的讲话》，1994年1月24日，新华社北京3月6日电。

行的规律毕竟不能同日而语。政治家不能取代宣传家，但宣传家也不能没有政治意识。在这个意义上，江泽民非常重视宣传工作者的政治修养问题。他要求新闻工作者讲政治。其内容“包括政治方向、政治立场、政治观点、政治纪律、政治鉴别力、政治敏感性。在政治问题上，一定要头脑清醒”①。只有坚持讲政治，才能提高新闻宣传工作者的政治思想素质，才能保证正确的方向、正确的立场，才能提高自己的政治洞察力和政治敏感，才能够从政治的高度判断形势，分析问题，才能保证立论公正，报道真实。应该指出的是，这里要讲的政治，是与经济、与新闻宣传业务紧密相连的政治，是立足于经济和新闻宣传业务基础之上的政治，而不是空头政治。作为新闻宣传工作者，讲政治最终必须落实到业务上来；否则，只能空谈误国。

可见，在对办报方针的理解上，从列宁、毛泽东，到邓小平、江泽民，基本上是一脉相承的。他们都主张无产阶级报刊要以马克思主义作为指导思想，反对对马克思主义的歪曲。在依靠什么人的问题上，他们也都主张在依靠专家、专业新闻工作者的同时，调动群众的积极性。但是，由于时代环境的差异，他们在具体内涵的理解上也不尽相同。列宁主张以政治立场作为选择专业新闻工作者的基本标准，同时不苛求完人，因为天才是极为少见的；至于读者群众，则力求将他们纳入新闻传播的业务流程之中，吸引他们写信、投稿、捐款、帮助发行。毛泽东在专家路线上则有所不同，他主张将非党人士吸纳到党报的编辑部中；在调动群众积极性方面，除了列宁强调的将群众吸引到办报具体过程之中外，还提出了基层办报的问题。邓小平继承了毛泽东的相关论述，但是在依靠群众这一点上，有新的发展，他比较看重报纸作为社会情绪宣泄渠道的作用，强调报纸要代表民众的利益，反映人民的呼声，并且根据人民的要求改进报纸的工作。江泽民继承了前人的论述又有自己的贡献，这主要表现在对毛泽东“政治家办报”思想的发展。这是在新闻宣

① 江泽民：《领导干部一定要讲政治》，载《人民日报》1996年1月17日第1版。

传专业化的背景下，对新闻工作者修养的特殊要求。新闻工作者不仅要有过硬的专业技能，更重要的是还要有政治家的素养，包括政治鉴别力、政治敏锐性和政治责任感。只有这样，在面对纷繁复杂的社会现象时，才能客观报道，正确应对，而不至于误导社会。

三、党 性 原 则

党性原则在中国当代新闻学理论体系中占有核心位置。在马克思主义新闻思想史上，关于党性原则最早、最系统的阐述，应该追溯到列宁那里。他在《党的组织与党的文学》一文中指出："社会主义无产阶级应当提出党的文学的原则，发展这个原则，并且尽可能以完备和完整的形式实现这个原则。"这个原则是什么呢？"这不只是说，对于社会主义无产阶级，文学事业不能是个人或集团的赚钱工具，而且根本不能是与无产阶级总的事业无关的个人事业。""文学事业应当成为无产阶级总的事业的一部分，成为一部统一的、伟大的、由整个工人阶级的整个觉悟的先锋队所开动的社会民主主义机器的'齿轮和螺丝钉'。文学事业应当成为有组织的、有计划的、统一的社会民主党的工作的一个组成部分。"① 此处所谓文学，是广义的文学，它实际上将报纸宣传诸工作都包纳其中。文学的党性亦即报纸的党性。这一原则提出之后，迅速成为指导无产阶级报刊活动的根本性原则，并在世界范围内得到了广泛的传播。

（一）列宁的党性原则

列宁心目中的党性，大体上包含着三个方面的内容。首先是党报与党的组织。在这方面，列宁认为，党报不是与党的组织、党的事业无关的独立存在，而是全党工作不可或缺的重要组成部分，是党所开动的社会民主主义机器的"齿轮和螺丝钉"。党的一切报纸，"不论是地方的或中央的，都必须服从党代表大会，服从相应

① 《列宁全集》第10卷，人民出版社1958年版，第25页。

的中央和地方党组织。凡是不同党保持组织关系的党的报刊一律不得存在"①。这种对党组织的服从，一方面意味着，报纸必须接受党的领导，根据党的指示和要求进行有效的宣传工作；另一方面，报纸的宣传工作还应该随时接受党组织的监督，并向党组织汇报工作情况，以确保党报宣传与党的各级组织的一致性。为了确保党委对党报的领导，一切党的报刊，"都必须由确实忠于无产阶级革命事业的可靠的共产党人来主持"②。党的报纸作为党的宣传机关，其一切报道宣传，必须以党的立场和利益为出发点。最好把战斗的政治口号同党的代表大会的决议"以及同我们革命社会民主党的策略的总精神更密切、更直接地联系起来"③。其次，党报与党内思想斗争。列宁认为，党报不是属于党的领袖个人，而是属于全党。党报不仅是全党工作的一部分，是党组织的机关报，而且还是党进行积极的思想斗争的工具，是公开反映党内意见分歧的舞台。正是通过这些不同意见的交锋，才能实现党在思想上、行动上的统一，在与资产阶级的殊死斗争中，确保无产阶级的最终胜利。最后是党性原则与创作自由。列宁认为，党性原则与党报工作者的创作自由是并行不悖的。他反对资产阶级知识分子对党性原则的批评，认为党性原则必然会降低创作自由的观点"只是资产阶级知识分子个人主义的表现"。文学事业与其他事业不同，"不能作机械的平均、划一、少数服从多数"，"在这个事业中，绝对必须保证有个人创造性和个人爱好的广阔天地，有思想和幻想、形式和内容的广阔天地"。④ 党的报刊事业也是如此。在党性原则的范围内，党报工作者还是有着相当大的自由空间，但是一旦脱离了党性的轨道，背离了党的纲领、章程和策略决议，就必然也应该受到党的纪律的制裁。他指出："每个人都可以自由地、不受任何限制地写他

① 《列宁全集》第9卷，人民出版社1959年版，第152页。

② 列宁：《争取共产主义报刊的出版自由》，转引自杨春华、星华编译：《列宁论报刊与新闻写作》，新华出版社1983年版，第538页。

③ 《列宁全集》第36卷，人民出版社1959年版，第133页。

④ 《列宁全集》第10卷，人民出版社1958年版，第26页。

所愿意写的一切，说他所愿意说的一切。但是每个自由的团体（包括党在内），同样也可以自由地赶走利用党的招牌来鼓吹反党观点的人。言论和出版应当有充分的自由。但是结社也应当有充分的自由。为了言论自由，我应该给你完全的权利让你随心所欲地叫喊、扯谎和写作。但是，为了结社的自由，你必须给我权利同那些说这说那的人结合或者分离。党是自愿结合的团体，假如它不清洗那些宣传反党观点的党员，它就不可避免地会瓦解，首先在思想上瓦解，然后在物质上瓦解。"① 可见，党性范围内的创作自由的界限，是对党、党的路线的基本态度（支持还是反对），而对于滥用自由的反党分子给予清除出党的处分，正是为了捍卫党性，纯洁党的队伍。

列宁对报纸党性原则的论述，深深地影响了几代中国共产党人，成为中国共产党历代领袖党性原则理论的基本来源。毛泽东不仅认同列宁对党性原则的解读，而且强调：要坚持党性原则，首先必须加强党委对报刊的绝对领导。这种领导分为三种形式。一是"把新闻记者、报纸工作人员和广播工作人员召集起来开会，跟他们交换意见，告诉他们宣传的方针"②。使他们有所遵循，不至于偏离党所规定的方向。二是根据中央政策精神，检查新闻宣传工作。此种检查分事前检查和事后检查两种。前者是回顾过去，对前阶段的宣传进行检讨，以发扬成绩，纠正错误；后者则是在党报出版之前，"由一个完全懂得党的正确路线和正确政策的同志，将大样看一遍，改正错误的观点，然后出版"③。三是党委第一书记亲自抓社论，把握党报宣传的基调。只有这样，党报宣传才不会偏离方向。应该指出，这里所谓的绝对领导，并不是没有条件的。毛泽东认为，党委的领导必须符合实际情况，"马克思主义是按情况办事的，情况就包括客观效果。群众爱看，证明领导得好；群众不爱看，领导就不那么高明吧？""不正确的领导，不按情况办事，脱

① 《列宁全集》第10卷，人民出版社1958年版，第27页。
② 《毛泽东新闻工作文选》，新华出版社1983年版，第183~184页。
③ 《毛泽东新闻工作文选》，新华出版社1983年版，第155页。

离实际，脱离群众，使编报的人感到不自由，编出来的报纸群众不爱看，这个领导一定是教条主义的领导。”① 可见，毛泽东所说的绝对领导，是将不正确的领导、教条主义的领导排除在外的，这一点对宣传工作至关重要。因为宣传是一种复杂的思想工作，是通过锲而不舍、水滴石穿的方式，渗透对方心理，进而改变其态度行为的活动。任何粗暴的不切实际的领导都将导致宣传的失败。过去人们往往忽视这一点，只讲绝对领导，而不讲领导方法的科学性，是不可取的。其次，作为党的耳目喉舌，党报还要无条件地服从党的政策。党委的领导，只是确保其政治方向的外部条件。要使报纸成为富有战斗力的机关报，关键是要发挥党报遵守党的纪律的自觉性。为此，党报工作者必须树立无产阶级世界观方法论，站稳无产阶级立场；同时增强组织纪律性，克服闹独立性的错误倾向，重大问题的处理须请示上级，“任何下级人员，不得擅自表示态度”②。

邓小平也十分重视新闻宣传的党性原则。首先，他要求“所有共产党员都要增强党性，遵守党的章程和纪律。不管是什么专家、学者、作家、艺术家，只要是党员，都不容许自视特殊，认为自己在政治上比党高明，可以自行其是”③。他也承认，党中央曾经犯过错误，但“这早已由中央自己纠正了，任何人都不允许以此为借口来抵制中央的领导”④。不过，邓小平又强调，党性并不等于思想僵化、随风倒。在他看来，说话做事看来头、看风向、随风倒，“本身就是一个违反共产党员党性的大错误”。所以他提倡“独立思考，敢想、敢说、敢做”⑤，这样固然难免犯错误，但那是错在明处，远比看风向、随风倒者要好得多。新闻宣传工作者作为灵魂的工程师，在其日常工作中尤其要坚持党性。要坚持党性，首先必须加强和改善党的领导。“加强党对思想战线的领导，克服

① 《毛泽东新闻工作文选》，新华出版社 1983 年版，第 189 页。
② 《毛泽东新闻工作文选》，新华出版社 1983 年版，第 162 页。
③ 《邓小平文选》第 3 卷，人民出版社 1993 年版，第 46 页。
④ 《邓小平文选》第 2 卷，人民出版社 1994 年版，第 271 页。
⑤ 《邓小平文选》第 2 卷，人民出版社 1994 年版，第 142 页。

软弱涣散的状态，已经成为全党的一个迫切的任务。不仅理论界文艺界，还有教育、新闻、出版、广播、电视、群众文化和群众思想政治工作等各个方面，都有类似的或其他的迫切需要解决的问题。”① 同时，邓小平又指出，在思想战线的领导问题上，也存在着“某些简单化和粗暴的倾向”②。这种倾向，与新闻宣传的特殊性质相去甚远，会伤害新闻宣传工作者的自尊心、自信心，而不利于调动他们的积极性和创造性。所以，既要加强党对新闻宣传工作的领导，又要使这种领导更加符合实际，更加精细，更加科学。其次，他还要求新闻工作者加强纪律性，严格地维护、遵守党的纪律。作为党的报刊和其他宣传工具，作为党员的新闻宣传工作者，遵守纪律的最高标准，就是“无条件地宣传党的主张”，对于“中央决定了的东西，党的组织决定了的东西，在没有改变以前，必须服从，必须按照党的决定发表意见，不允许对党中央的路线、方针、政策任意散布不信任、不满和反对的意见”③。“谁要是违反这一点，谁就要受到党的纪律的处分。”④ 必须指出的是，邓小平一直主张，坚持党性原则并不排斥党内民主，并不会损害党和国家的民主生活。他相信一个生气勃勃、生动活泼的政治局面，对于社会主义建设是非常必要的，因而十分认同毛泽东的观点：“我们的目标，是想造成一个又有集中又有民主，又有纪律又有自由，又有统一意志、又有个人心情舒畅、生动活泼，那样一种政治局面。”⑤ 邓小平主张党员对党的决定有意见，可以通过组织发表，可以保留自己的意见，也可以直接向中央提出自己的意见；对党的工作中的缺点和错误，党员当然有权利进行批评；对于党和国家的一些重大问题，都可以讨论。只不过“在什么范围讨论，用什么形式讨论，要合乎党的原则，遵守党的决定”⑥。没有这种政治局面，是无法

① 《邓小平文选》第3卷，人民出版社1993年版，第47页。
② 《邓小平文选》第2卷，人民出版社1994年版，第389页。
③ 《邓小平文选》第2卷，人民出版社1994年版，第272页。
④ 《邓小平文选》第2卷，人民出版社1994年版，第366页。
⑤ 《邓小平文选》第2卷，人民出版社1994年版，第176页。
⑥ 《邓小平文选》第2卷，人民出版社1994年版，第272页。

推进社会主义现代化建设的。

作为中国共产党第三代领导集体的核心，江泽民也高度重视新闻宣传的党性原则，把新闻工作视为党的工作的组成部分。他对解放军报社师以上干部说："首要的一条，就是必须坚持鲜明的党性原则"，"在坚持党性原则上，不允许有任何的含糊和动摇"。① 但是他并没有满足于对前人思想成果的接受、继承。在新闻工作的党性原则上，江泽民作出了新的探索。首先是关于党性与人民性的关系。马克思、恩格斯早年曾提出过报刊的人民性问题。20 世纪 80 年代以来，在自由化思潮的影响下，我国新闻理论界有人对新闻的党性原则产生了怀疑，甚至有人主张"人民性高于党性"。江泽民对此表示坚决反对。他坚持认为，新闻工作的党性与人民性是完全一致的。"我们党是工人阶级的先锋队，代表工人阶级和最广大人民群众的根本利益，除了工人阶级和人民群众的根本利益以外，没有自己的任何私利。坚持党性原则，也就是坚持工人阶级和人民群众的根本利益的原则，两者是完全一致的。提出'人民性'高于党性，实质就是要否定和摆脱党对新闻事业的领导。"② 其次，江泽民还向新闻宣传工作者提出了三大原则要求。"要求新闻宣传在政治上必须同党中央保持一致"，"站在党和人民的立场上，采取多种多样的方式，把党的政治观点、方针政策，准确地生动地体现和贯注到新闻、通讯、言论、图片、标题、编排等各个方面"；"要求新闻工作者必须同人民群众保持最广泛最深刻的联系，从群众的实践中吸取智慧和力量"；要求"在新闻宣传中旗帜鲜明地坚持不懈地反对资产阶级自由化"，③ 用社会主义思想占领思想文化阵地。此外，江泽民还就党对新闻工作的领导进行了自己的探索。他认为党的领导，"主要是抓好新闻宣传的政治方向，抓好新闻改

① 《江泽民在接见〈解放军报〉社师以上干部时的讲话》，载《人民日报》1996 年 1 月 22 日第 1 版。

② 江泽民：《关于党的新闻工作的几个问题》，载《求是》1990 年第 5 期。

③ 江泽民：《关于党的新闻工作的几个问题》，载《求实》1990 年第 5 期。

革，抓好新闻工作的经验总结，抓好新闻队伍的建设，特别是领导班子的建设”。新闻单位的领导权必须牢牢地掌握在马克思主义者的手中。各级党委必须把领导新闻宣传工作当作一件大事，作为自己的工作方式，要经常讨论新闻工作。在领导的过程中则要贯彻尊重知识、尊重人才的方针。因为“宣传思想战线汇集着大量的知识分子。……努力创造民主舒畅、生动活泼、团结协作的环境，充分发挥这条战线广大知识分子的聪明才智”①。可见，党对新闻宣传的绝对领导，并不是一般想象的那种简单、粗暴的行政干预，而是建立在客观规律和相互尊重基础之上的不断协商的运动过程。

四、结　论

从列宁到江泽民，无产阶级报刊党性原则理论的发展脉络已经相当明晰了。列宁心目中的党性，集中表现为把报刊视为党的机器的齿轮和螺丝钉，视为党的组织的一部分，党报必须掌握在可靠的共产党人手中，无条件地服从党的领导。毛泽东在接受列宁党性原则论述的基础上，探索了党领导报刊的具体方式及尊重新闻规律的基本要求。邓小平在毛泽东的基础上，一方面强调坚持党性原则，另一方面又鼓励新闻工作者独立思考、敢想、敢说，反对简单盲从。他还反对简单、粗暴的行政领导，同时坚信，坚持党性原则与发扬党内民主是并行不悖的。江泽民在继承毛泽东、邓小平党性原则理论的同时又有所发展。他不仅在坚持党性的前提下探讨了党性与人民性的关系，说明党性与人民性的一致性，而且提出了践行党性原则的具体方针；特别应该指出的是，江泽民在强调党的领导时，又提出了尊重知识、尊重人才的方针，使得党性原则理论具有了更多人性化的内涵，对于实践党性原则理论具有重要的现实意义。

---

① 江泽民：《在全国宣传思想工作会议上的讲话》，1994 年 1 月 24 日，新华社北京 3 月 6 日电。

第十四章　戈尔巴乔夫的新闻观念与苏联的新闻改革

在社会主义国家，执政党最高领袖政治观念的转变，往往会很快地导致现实政治生活的变革。中国邓小平时期的改革开放，苏联戈尔巴乔夫时期的“社会革命”，都是以其政治观念的变化为前奏的。作为现实政治体系的一环，新闻事业的变革，与执政党领袖新闻观念的变化也密切相关；而新闻观念的产生，又离不开现实生活中的新闻传播。新闻观念、新闻传播的变化，最终必然会给现实政治以巨大的影响。1991 年年底，戈尔巴乔夫发动改革运动终于以苏联的解体而告终。追根溯源，其原因之一，竟是以公开性为核心的新闻政策。因此，要全面地理解苏联何以解体，必须历史地审视戈尔巴乔夫的新闻观念，及在这一观念指导下的新闻改革。

一、改革前苏联的新闻体制

所谓新闻体制，指的是一定社会控制协调新闻传播活动的制度体系。作为国家政治制度的组成部分，它往往反映着特定社会和国家的性质。① 从历史上看，苏联的新闻体制大约形成于 20 世纪 30 年代。至 20 世纪 80 年代中期，它已然成了戈尔巴乔夫发动改革的主要对象。现从五个方面对这一体制略加分析。

---

① 参见张昆编：《简明世界新闻通史》，武汉大学出版社 1994 年版，第 204 页。

（一）新闻政策基础

苏联的新闻政策基础，在20世纪二三十年代即已形成。而这一基础又是以列宁、斯大林的新闻观念为核心的。早在十月革命之前，列宁就曾多次论述与新闻有关的一系列重大问题。诸如报刊的作用和使命、新闻自由、办报方针、报刊批评及工作重点的转移等。列宁逝世后，斯大林作为苏联的最高领导人，把列宁在世时初步建立起来的党报体系进一步完善化、系统化，同时还坚持了列宁关于新闻基本问题的一些论述。但在另一方面，斯大林则明显地改变了列宁的一些做法，提出了一些明显不同于列宁的观点。

尽管列宁、斯大林的新闻观念有这样那样的不同，但在下列内容上是完全一致的。第一，新闻媒介的目的在于宣传、鼓动、组织、批评，因而消息报道只占次要的从属的地位。第二，新闻媒介是党和政府的重要工具，因此必须由最忠诚的共产党人来掌握，其一切活动必须以党的政策方针为依归。第三，新闻自由不是绝对的、超阶级的。社会主义的新闻自由只能属于执政党及其代表的无产阶级，而这种自由的实现又是以剥夺其他阶级的自由为条件的。第四，新闻宣传不是客观地向群众提供多种意见，以便人民自由地选择，而是由新闻媒介自上而下地向读者灌输某种既定的观念、意识，进而改变对象的思想、态度和行动。第五，新闻传播是党和政府活动的组成部分，其任务必须随着党和政府工作重点的转移而改变。①

正是上述内容，构成了苏联共产党新闻政策的核心。正是这种新闻政策，奠定了斯大林时代、勃涅日列夫时代新闻体制的基础。

（二）新闻传播系统

十月革命前，俄国还只有报刊承担着传播消息的职能。20世纪20年代，出现了广播。卫国战争后，电视又加入了新闻传播的

① 参见张昆编：《简明世界新闻通史》，武汉大学出版社1994年版，第205页。

行列。它们互相补充，互相影响，互相制约，形成了一个结构复杂的新闻传播系统。这些性质不同的媒介本身又自成体系，各有其独立的结构，成为新闻系统中的子系统。在大系统和子系统、子系统和子系统之间，存在着一种不可分割的补充、制约及渗透关系。就报纸而言，按行政区划，苏联报纸可分为三等级五层次：中央级报刊、加盟共和国级报刊和地方报刊。其中地方报刊又分为三层：一为边疆区、州、自治共和国报刊；二为城市和地区报刊；三为工矿企业、学校、农庄报刊。层次越高，报纸种数越少，发行量越大；层次越低，种数越多，发行量越小。其结构类似于金字塔。按读者对象的内容和性质，苏联报纸又可分为对内和对外宣传两大类。对内的报刊，可以分为党报、青年报、工会报、军报、老年报、少年报、文艺报、体育报等。以报刊语种来分，又有俄语报及少数民族语言报之别。

和报刊一样，广播电视也是一个金字塔结构。处于塔顶的是中央广播电台和中央电视台，次一级的是加盟共和国电台、电视台，再次是各省、州等地方政府级的电台、电视台。就广播而言，还有更低级的有线广播站，分布于各个城市、工厂、农场、学校和机关。这些电台、广播站及电视台依其不同的级别，有规律地分布于各地，并服从于同级政府广播电视委员会的领导，广播电视委员会则对同级政府和党委负责。

和广播电视报纸不同的是，通讯社基本上是一个垂直系统。塔斯社作为国家通讯社，相当于苏联政府部级机关，直属于部长会议。① 它在各加盟共和国设有分社，各分社必须服从塔斯社和该共和国部长会议的双重领导。

可见，苏联的新闻系统呈多层次结构。大系统中有子系统，子系统中又有其子系统。这些子系统的排列是有序的，但它们在系统中的地位并非完全平等。一般说来，新闻传播系统中居于主导地位的是报刊系统。广播电视及通讯社则处于相对次要的地位。在这个

---

① 参见张隆栋、傅显明：《外国新闻事业史简编》，中国人民大学出版社 1988 年版，第 471~472 页。

意义上，可称为辅助性子系统。这些不同的子系统及其构成要素，都统一于新闻系统的共同目标并且围绕着这一目标协调运动。

（三）新闻控制的手段

在苏联，新闻媒介是执政党和政府“用于宣传和鼓励的工具”，用于“国内和党内统一的工具”，没有这种工具，党和政府的政策就无法得到贯彻，就无法统一全党全国的意志。[①] 有了这种工具，还得对它进行一定的控制或制约，这种控制不仅是使新闻系统平衡发展的重要因素，而且还是促进新闻功能优化的关键。一般而言，苏联控制新闻系统的手段主要有以下几种：

一是公有公营制。在社会主义出现于世界之前，一般国家控制新闻传播的主要手段是新闻检查制或许可证制或保证金制。那时的报刊都是由私人资本创办，而报刊的所有权、经营权和编辑权又是联系在一起的。因而只要控制能否创刊和能否发表这两大关口，报纸就很难刊出不利于政府的言论了。

十月革命后，公有制在苏联取得了统治地位。在这种情况下，苏联大多数新闻媒介都属于国家所有。而政府又是国家法定意义上的代表。其余少数由各团体、组织发行的报纸，亦直接或间接地受党和政府的控制。因而新闻机构的编辑政策、人事安排、经营管理等，全部由执政党和政府决定。应该说，这是一种比较有效的控制。

二是执政党对新闻的行政领导。行政领导是通过三种形式进行的。第一，挑选并训练新闻工作人员。苏联的新闻工作者，在思想、能力上都经过严格的挑选，并接受党的严格训练。这些经过严格挑选、训练的记者，具有较强的政治素质，他们写作的材料，虽然一般不再需要送审，但也应该经常向党请示工作，否则也难免偏离党的指示。第二，对新闻内容与形式颁发指示和训令。凡是党或政府的重大措施，如工业计划、农业计划，宣传机构只有在得到党

---

① ［美］韦尔伯·施拉姆等：《报刊的四种理论》，中国人民大学新闻系译，新华出版社1980年版，第148页。

的指示后，才能以各种方式加以宣传。第三，利用党的合法组织进行指导监督。苏共中央设有主管宣传的中央宣传部。该部对苏联所有报纸的组织、人事、经费、言论，具有直接发布命令、指导监督及考察奖惩之权。另外，中央级报纸的领导人，由党中央直接任命。地方报纸除接受中央宣传部的领导外，还须服从同级党委的领导。总编辑无权利用报纸的篇幅来解决与党委的争论。总编辑如和同级党委有不同意见，可以向同级党委以至中央提出问题，但没有权利利用报纸来解决争论。

三是新闻检查。苏联负责新闻检查的机构是国家新闻保密局。该局自 1922 年成立以来，虽经几次改组，但一直隶属苏联部长会议。其任务是在新闻出版物及其他资料方面，加强政治、军事、经济诸方面安全的管制措施。它采取预检和事后检查两种方式，有权禁止那些煽动反对政府、泄露国家机密，煽动民族主义与宗教狂热及色情引诱的材料的出版与发行。卫国战争后，国家新闻保密局的权力受到了很大的限制。凡是中央及各级党委、政府举办的报纸和党校、科学院的出版物，均可免检。但是非党报纸，如《文学报》等团体报刊，仍须接受该局的事前检查。所以，新闻保密局的检查实际上也没有很大的作用，它是在党报、政府报均已纳入统一轨道的情况下，用来对付漏网之鱼的。①

四是新闻界的自我监督。除上述外部控制外，新闻界本身，主要是报纸，也承担了一个重要角色。卫国战争前，苏联负责新闻界自我监督的一份报纸，是苏共中央的《布尔什维克报》。其批评监督的对象，特别着重于中层与低层的报纸。同时《真理报》也负有批评监督全国报纸的使命。此外，苏联不同类型的全国性大报，都对属于自己一类性质的下级报刊，负有批评监督的责任。因而《红星报》能负责批评其他军报，《劳动报》得批评监督工会的其他报刊。各加盟共和国党委的机关报，负责监督在该共和国内发行的一切报纸；地区性报纸也负责监督该地区发行的所有小报。在苏联金字塔式的报业体系中，每一级报刊都监督着比它低一级报刊的

① 李瞻：《世界新闻史》，台湾三民书店 1993 年增订版，第 529 页。

活动，以致连打印的墙报也要受到上级小报的监督。① 广播电视也是如此。这种新闻界本身自上而下的自我监督，也是苏联新闻控制的一个重要手段。

（四）新闻媒介的社会职能

十月革命前，列宁不仅把报纸看成是集体的宣传者、鼓动者，而且还视之为集体的组织者。后来，列宁、斯大林又赋予新闻媒介另一个任务，即使报纸成为群众管理的工具，成为批评与自我批评的讲坛。由此，苏联新闻媒介具备了四大职能。

一是宣传职能。中文里鼓动与宣传很容易混淆，俄文中却有明显的区别。普列汉诺夫认为，一个宣传人员是供给一个或少数几个人许多观念，而一个鼓动人员是仅提供给一大群人一个或少数周而复始的观念。列宁同意、采纳了这个定义，并以失业问题为例说明两者的区别：一个宣传者必须解释资本主义的经济危机，说明在现代社会中此种危机是不可避免的。然后表示为了消灭这种危机，当今的社会必须改进为社会主义社会。简言之，他必须提出一大堆观念，多到只有少数人能够懂得全部。一个鼓动者的做法，则是举一些众所周知的事实，如某工人家庭因饥饿而死，或工人普遍的日益贫困之类；然后就利用这一例子使听众强烈地感受到贫富不匀的不公平，何以富者愈富、贫者愈贫，以这个观念作为鼓动群众不满情绪的基础。不难看出，宣传主要是针对社会中比较进步的分子，如各行业的领导人物与任职官员，而鼓动则通常被当作教育一般群众的工具。就影响对象的方式而言，宣传主要是晓之以理，而鼓动则是动之以情。宣传与鼓动的区别，是由读者对象的特殊性及影响方式决定的。苏联共产党以新闻媒介为宣传马列主义，及从思想上武装党员的工具，因而可以毫不犹豫地以较大的篇幅满足宣传的要求。

二是鼓动职能。新闻媒介的鼓动，可分为政治性鼓动和生产性

---

① 李瞻：《世界新闻史》，台湾三民书店 1993 年增订版，第 552~524 页。

鼓动。政治性鼓动是指新闻媒介对党的政策与当前事件进行解释和辩护，号召人民响应党的号召，投入到当前的政治斗争和经济建设中去。

生产性鼓动，则是强调经济生活中的各种问题和典型，并把它上升到政治的高度。这是苏联新闻宣传的重要特点。20世纪30年代由新闻界掀起的社会主义大竞赛及“斯达汉诺夫”运动就是生产鼓动的典型。

三是组织职能。十月革命前，报纸的组织功能是指报纸在建党过程中的组织作用。列宁曾把报纸的发行网、通讯员网比喻为建立无产阶级政党的脚手架。这种组织作用是非常明显的。革命胜利后，共产党掌握了政权，报纸是否还有组织功能？1923年，斯大林在《报刊是集体的组织者》一文中，批判了忽视报纸组织作用的观点。在他看来，组织功能在无产阶级专政的条件下，首先表现为通过宣传培养出大批的鼓动人员，然后通过鼓动人员将党的指示、政策传达给广大群众；同时，群众的意见要求，又通过宣传人员、新闻媒介传到中央。① 如此，党和群众就联系起来了。

另外，组织功能还表现为党的领导机关利用新闻媒介指导下级机关的工作。苏联的新闻传播系统，是执行党和政府计划的主要工具。通过新闻工具，较高一级的党委或政府可以指导较低级的单位，同时也可以了解下级机关执行政策达到了什么程度，并以此作为考评政绩和修订计划、政策的根据。

四是批评监督职能。开展批评和自我批评，是苏联新闻传播的重要内容。1928年，苏共中央在关于开展批评和自我批评的通告中规定：“不顾情面地进行自我批评，进行自上而下和自下而上的批评的口号，这就是当前的中心口号之一。”直到20世纪80年代初，新闻批评一直是苏维埃政治生活中的重要因素。

苏联的新闻批评一般分为两大类型。其一是，由党或其他监督组织进行的批评，此为“来自上面的批评”。新闻媒介有责任将来自上面的批评转至下级。报纸上常有一个大栏，用以发表党和政府

① 《斯大林全集》第5卷，人民出版社1957年版，第229~232页。

的批评性决议。其二是自下而上的批评。这种批评也很重要，因为它是联系党和人民的纽带。它还能使党有机会考核下级机关执行政策的效果。① 这种自下而上的批评有两个来源，一是工人和农民通讯员，二是一般工农群众的来信。来自这两个方面的批评，对苏联党和政府估量形势、体察民情、修订政策，均有较大的作用。但是，无论是自上而下，还是自下而上的批评，都有很大的局限性。它所批评的事情，一般只是下级机关或官员的腐化行为，上层领导的行为则避而不谈；它所抨击的大多是细枝末节的小事，而不会涉及根本的体制问题。这些批评还受到执政党和政府的严格检查和限制。只有不触及敏感部分，对苏维埃政权不产生妨碍的批评，才能公开发表。

（五）特点与缺陷

由于新闻体制的决定性影响，改革前苏联的新闻传播大体上表现出如下三个特点：

第一，执政党和国家严格控制新闻传播事业。新闻机构的创建或停办，完全由执政党和政府决定，其所有权亦完全归属于执政党、政府或其他官方团体；执政党和政府通过制定各种政策和发布文件、决议等方式，领导新闻事业的实际运作；党和政府为各新闻机构确定宣传的方针、路线和任务，审查宣传的内容，规定宣传的基调；新闻机关的工作人员、主要负责人均由同级或上级党委或政府机关任免。②

第二，各种新闻媒介都是党和政府的宣传工具。宣传党的方针，贯彻党的政策，为政治服务，是苏联党和政府赋予新闻媒介的基本任务。新闻媒介的基本职能被狭隘地限定为“集体的宣传员、集体的鼓动员和集体的组织者”，宣传、鼓动、组织被看成是新闻

① 斯大林：《反对把自我批评口号庸俗化》，转引自《布尔什维克报刊文集》，人民出版社 1954 年版，第 325 页。

② 参见傅显明、郑超然：《苏联新闻史》，新华出版社 1994 年版，第 123~124 页。

媒介的基本功能，而传播新闻、提供娱乐、进行教育，则受到了不应有的忽略。根据官方的新闻理论，强调新闻媒介的娱乐功能、新闻传播功能和文化教育功能，是资产阶级的新闻观点，应该加以批判。

第三，消除了新闻同业间的竞争。在西方社会，新闻事业的兴衰存亡，取决于公众的需要和企业经营的经济规律。因此，从宏观上看，西方资本主义国家的新闻事业呈现着自由竞争的无政府状态。在内容上竞争，求新求快，出奇制胜；在发行普及上竞争，力求拥有更多的新闻接受者。可是苏联的公有制消除了新闻事业的谋利动机；社会主义的计划经济也根治了自由经济的无政府状态。在这里，新闻媒介不是博取大众欢心、追逐利润的竞争者，而是党和政府的宣传工具；对于新闻媒介所有权的报酬，不在广告和发行收入，而在于对公众的影响。所以新闻工作和其他社会职业一样，不存在行业间的竞争。

这三个主要特点，不仅决定了苏联新闻传播的优越性，也决定了苏联新闻传播的缺陷。就前者而言，苏联的新闻报道题材比较严肃，报道手法谨严，很少或根本没有表现出西方式的煽情主义风格，没有运用黄色新闻以及其他稀奇古怪的追求感官刺激的庸俗手法。这一点，连西方批评家也不得不持肯定态度。但是相对于社会发展的需要，这种新闻体制又存在着三大缺陷。

一是新闻传播模式的单一化。苏联领导人一般把新闻传播看成是一种劝服性的过程，把新闻受众视为被动的接受者。在信息的流向上表现为自上而下的说服和灌输，传播目标表现为自上而下的层层负责。不注意受众，不注意宣传对象研究和信息反馈。其着眼点和最终归宿不是满足广大群众的精神文化需要，而是实现党和政府的宣传目标。这就自然地拉开了宣传者与宣传对象的精神距离。就宣传家来说，他们可能尽了最大的努力，用了最多的时间和最大的空间篇幅，却不能取得预期的效果；然而，宣传对象极度的精神饥渴，也不能因为宣传家传播的内容而有所缓解。两者虽然对面而立，中间却隔着一堵无形的墙。这种情形，只会造成治人者与治于人者的隔离和对于民众力量的漠视。

二是信息来源的单一化。苏联的新闻事业，主要由一个中央集权机构按政治需要作辐射式传播，不能充分有效地开发利用信息资源和组织信息交流。在内容上，它片面强调舆论一律和口径一致，言路不广，新闻出版自由没有具体的法律保障，行政干预成了合法的程序。在传播途径上，渠道不畅通，透明度不高，对于官方信息的获得，往往不如外国的新闻媒介。人们在许多场合是从国外的报刊电台获知本国的消息。在范围上，限制和干扰国际广播，广播电视的国际新闻，充满着刑事犯罪、天灾人祸、奇闻轶事，妨碍了大众对世界的全面了解。在时间上，往往忽视新闻的时效性，许多官方消息不如小道消息来得快，有的报纸失去了“新闻纸”的资格，变成了政治传单，以致西方新闻界人士戏称：《真理报》无消息，《消息报》无真理。

三是新闻媒介功能的单一化。苏联时期，几乎所有的领导人都把新闻媒介的性质归结为党的“喉舌”、阶级斗争的工具和无产阶级专政的机关报，片面强调教育第一，并把教育等同于政治宣传。忽视新闻媒介在文化传播、娱乐和舆论监督诸方面的作用，不能有效地组织、引导公众广泛参与社会事务和政府决策，甚至连新闻的真实性也不能保障。新闻媒介单位不适当地从属于政治领导机关，传播的内容常常是政治口号的图解，或者用新闻事实来点缀理论观点，新闻规律不得不服从于政治斗争规律。

这些缺陷，在政治经济改革需要新闻媒介与之配合，创造相适应的舆论环境时，日渐鲜明地表现了出来。为了促进社会改革的全面展开，新闻改革势在必行。没有新闻改革作为先导，没有新闻传播造就的精神基础，政治改革、经济改革，就会成为一句空话。正是在这种情况下，戈尔巴乔夫作为苏联最高领导人提出了自己的新闻观念。这一观念很快就成为指导苏联新闻改革的基本政策。

二、戈尔巴乔夫的新闻观念

戈尔巴乔夫的新闻观念与他的政治观念密切相连。作为其政治观念的组成部分，戈尔巴乔夫的新闻观念包括以下四个方面的内容。

（一）让公开性大放光明

20世纪80年代后期，“公开性”成了苏联意识形态领域使用频率最高的词汇，用戈尔巴乔夫的话说，公开性是苏联现代“整个社会生活的准则”。它几乎出现在戈尔巴乔夫的每一篇文章、每一篇讲话中。“让公开性大放光明”，便是因系统地阐述了戈氏思想而轰动世界的《改革与新思维》里的一个标题。那么公开性究竟是什么？戈尔巴乔夫并没有在严格的逻辑意义上给它一个明确的定义，因而在不同的场合，公开性的含义也有些许差别。他说：“公开性是社会主义民主不可分离的一个方面，也是整个社会生活的准则。广泛及时和公开通报消息，是信任人民、尊重他们的理智和感情，以及他们能够搞清楚某些事件的能力的证明。”① 他又说：“应扩大公开性，应当将更多的事情公之于众，人民应当知道劳动集体、区、州、共和国、全国正在发生的一切。”② 在《改革与新思维》一书中，他又指出：“我们力求在社会生活的一切领域有更多的公开性。人们既应知道好事，也应知道坏事，以便扬善除弊。”这些叙述虽然不尽相同，但在保证公民的知情权，满足人民的信息需求这一点上是一致的。因此，所谓公开性，实际是指公开地把与公民利益有关的社会发展的全部问题（事情）通报或告知给公民。在这个意义上，扩大公开性，或曰让公开性大放光明，一方面意味着被通告问题范围的扩大；另一方面又意味着接受通报者人数的增加；而限制公开性，则是统治阶级对社会、对人民、对被统治者隐瞒某些事实、问题、现象和过程。从传播学的角度看，不论是扩大公开性，还是限制公开性，都必须借助于通报或者告知的渠道，而这种渠道在现代社会又是以报刊、广播、电视为主体的新闻传播媒介。所以公开性的观念对于新闻传播事业具有特别重要的

---

① 戈尔巴乔夫：《在意识形态工作会议上的报告》，1984年12月10日。

② 戈尔巴乔夫：《在克拉斯诺达尔边疆区谈改革与民主化》，1986年9月16日。

意义。就其实质性的内容而言，它又是一项基本的新闻政策。

应该指出，公开性并不是戈尔巴乔夫的发明创造。在无产阶级新闻事业史上，公开性有着更为悠久的渊源。早在19世纪40年代，马克思就已经深刻地论述了公开报道政治活动的问题。他认为："官僚机构的普遍精神是秘密，是奥秘。""因此，公开国家的精神及国家的意图，对官僚机构来说就等于出卖了它的秘密。"①为了打破普鲁士封建专制的秘密政治状态，1842年，身为《莱茵报》主编的马克思果断地公开始表了普鲁士政府在极端秘密状态下制定的离婚法草案，从而引起了全国民众的公开讨论。巴黎公社时期，革命的无产阶级第一次在自己的政权范围内实践了公开性原则，它通过报刊公开了公社除军事问题以外的全部会议记录。正如马克思所评价的："公社并不像一切旧政府那样，自以为永远不会犯错误。公社公布了自己的言论和行动，它把自己的一切缺点都告诉了民众。"② 这是无产阶级新闻史上的辉煌记录。

到了列宁时期，公开性原则得到了进一步发展。在列宁看来，公开性应具备两方面的内容：其一是公开党内的思想斗争；其二是公开报道社会经济活动。他把公开党内的思想斗争，作为共产党"广泛的民主原则"的两个必要条件之一。他认为："没有公开性而来谈民主是很可笑的，并且这种公开性还要不只限于对本组织的成员公开……一个对所有非组织以内的人严守秘密的组织，谁也不会称之为民主的组织的。"③ 至于经济活动的公开性，列宁指出："报刊应当成为劳动公社的报刊，也就是说，要公开报道资本主义企业的领导人曾经竭力不让群众知道的东西。"④ 这种公开报道，将会"使国家所有的公社知道各个地区经济发展的情况；其次，可以评比这个和那个公社在社会主义建设中的成就；最后，可以保证各个公社实际运用其他公社取得的经验，可以保证相互交换在国

① 《马克思恩格斯全集》第1卷，人民出版社1956年版，第302页。
② 《马克思恩格斯全集》第17卷，人民出版社1963年版，第368页。
③ 《列宁全集》第5卷，人民出版社1959年版，第448页。
④ 《列宁全集》第27卷，人民出版社1959年版，第186页。

民经济或国家管理的有关部门中显得最好的物力和人力”。① 不难看出，马克思、列宁及巴黎公社时代的公开性与戈尔巴乔夫的公开性的内容没有什么差别，其渊源关系是非常明显的。但是，马克思、列宁及巴黎公社开创的公开性的历史传统在斯大林时代并没有坚持下来。赫鲁晓夫执政后，曾实行一定程度的公开性，但时间不长即为勃列日涅夫的铁腕政治所取代，公开性开始从苏联社会消失。可见，公开性观念并非出自戈尔巴乔夫的独创，而是马克思、列宁、巴黎公社的精神在苏联现代社会的复活。

但是，我们也不能将戈尔巴乔夫的公开性仅仅理解为历史传统的复活，因为在复活这些传统时，他还提出了一些新的内容。首先，戈尔巴乔夫论述了公开性与民主化的关系。所谓民主乃是承认全体公民有参与管理社会事务的平等权利的一种国家形式。而要参与管理社会事务，就必须了解、掌握与此有关的一切情况；只有掌握情况，才能作出判断，才能作出决定。因而公开性是民主化的前提和条件，“不公开就没有，也不可能有民主、群众的创造性及参加管理”。② 因此，作为实现公开性的基本工具的新闻媒介，就成了实现民主的可靠渠道。其次，戈尔巴乔夫还论述了公开性和社会监督的关系。社会监督，是公民基于公共利益，对社会管理者的言行作出相应的评价。这种评价，一般借助于报刊等新闻媒介来发布，即所谓的报刊批评。如果公民不了解情况，那么管理者的决定就不会引起争议，公民也就难以对此作出评价，因此，缺乏公开性往往是不受监督的基础。那么，在这种情况下，社会怎样才能实现自我监督呢？戈尔巴乔夫认为，只有通过报刊批评和自我批评，最主要的是通过实行公开性原则。

尽管公开性是如此的重要，但在实行起来时，也不是没有限度的。戈尔巴乔夫说：“不论是今天的痛处或是历史上的悲惨事情，都可以成为报纸分析的对象。”但是在分析这些事情时，报刊必须

① 《列宁全集》第27卷，人民出版社1958年版，第191页。

② 戈尔巴乔夫：《在苏共27大的政治报告》，1986年2月25日。

“捍卫社会主义的基本价值”，“公开性应该巩固我们的社会”。①他又说：“我们主张毫无保留、毫无限制的公开性。但是主张公开性，是为了社会主义利益的。”② 根据现实的逻辑，不利于苏联社会，不利于捍卫社会主义价值的公开性，自然是不被允许的。

不难看出，戈尔巴乔夫关于公开性的论述，直接地来源于马克思、恩格斯、巴黎公社及列宁开创的历史传统。在具体执行的过程中，这种公开性又不是毫无保留和没有限制的，只有在坚持社会主义立场、捍卫社会主义价值的范围内，才能发挥建设性的作用。

（二）将一切置于报刊的监督之下

戈尔巴乔夫认为，报刊、广播、电视等新闻媒介“是最具有代表性和群众性的公开性讲坛，党关心使公民的呼声能从讲坛里没有‘阻碍’地发生，使之不仅仅通报全国所进行的讨论（对于这种讨论来说是没有禁区的）的情况，而且成为民主监督的保障，监督决议是否正确，是否符合群众的利益和需要，然后监督这些决议的完成情况”。因此苏共中央委员会要求各级领导人员要“及时地和实事求是地回答报刊的质问和对他们的批评”③。任何人都不得置身于监督之外。这种通过新闻媒介进行的社会监督之所以必要，乃在于它是同“消极现象作斗争，防止产生消极现象”的最有力的杠杆。“如果我们不进行批评，不参与批评，特别是不听取下面的批评，不检查我们的政策，不同不良现象作斗争，也不预防这些现象的发生”，④ 那么社会就不能前进。

在这方面，戈尔巴乔夫无疑又受到了恩格斯、列宁的影响。早在 1891 年，恩格斯就指出，无产阶级通过报刊进行的“无情的自

---

① 戈尔巴乔夫：《改革与新思维》，苏群译，新华出版社 1987 年版，第 94 页。

② 戈尔巴乔夫：《同新闻传播理论研究和文艺创作界负责人的对话》，1988 年 1 月 19 日。

③ 戈尔巴乔夫：《答意共〈团结报〉编辑部问》，1987 年 5 月 19 日。

④ 戈尔巴乔夫：《改革与新思维》，苏群译，新华出版社 1987 年版，第 92 页。

我批评引起了敌人极大的惊愕，并使他们产生这样一种感觉：一个能给自己奉送这种东西的党该具有多么大的内在力量呵!"① 在社会主义建设时期，列宁又继承并发扬了这种思想。他在《共产主义运动中的"左派"幼稚病》一书中写道："一个政党对自己的错误所持的态度，是检查这个党是否严肃，是否真正执行自己对本阶级和劳动群众所负的义务的最重要和最可靠的尺度之一。"戈尔巴乔夫一方面接受了恩格斯、列宁的报刊批评思想，另一方面又对这种思想进行了纵深的展开。这种展开的第一个表现就是确立了报刊批评的党性原则。1987 年 2 月，戈尔巴乔夫在对苏联新闻界领导人的讲话中指出："批评应该永远是党性的批评，应该以真理为依据，而这一点则取决于编辑人员的党性。"他接着说："批评也是一种责任，批评越尖锐，就越应当负责任，因为不管哪一篇文章，并不是个人的自我表现，不是各人各种想法和奢望的反映，而是一种社会事业。""报刊和电视在进行批评时应当激发人们进行严肃的思维，去工作，而不是书写反驳。"② 由此可见，所谓批评的党性原则，乃是新闻媒介作为无产阶级总的事业的一部分，站在党和人民的立场，从党和人民的利益出发，以负责的、主动的、建设性的态度，对管理者、公民生活及社会政治进行公正的评价，并代表全体公民表达其意见和建议。

在党性原则的基础上，戈尔巴乔夫对新闻监督又提出了新的要求。戈尔巴乔夫认为，新闻媒介在开展批评时，首先必须尊重批评对象的人格。在他看来，苏联现在进行的改革，也是在"为人的尊严而斗争，为人的高尚地位及荣誉而斗争"；"如果某个政论家不是在进行批评，而是在贬低人格，那就特别不能容忍。这样的政论家自认为是民主的捍卫者，反对旧事物的斗士，而自己却在给别人贴侮辱性的标签。我们的时代不允许任何人有这样的权利。"③ 其次，报刊批评必须正确处理批评者和被批评者的关系。戈尔巴乔

① 《马克思恩格斯全集》第 38 卷，人民出版社 1972 年版，第 36 页。

② 戈尔巴乔夫：《对苏联新闻界领导人的讲话》，1987 年 2 月 13 日。

③ 戈尔巴乔夫：《对苏联新闻界领导人的讲话》，1987 年 2 月 13 日。

夫指出，苏联改革的民主化进程，已对“批评者和被批评者的关系作出了实质性修正。这种关系应该成为伙伴关系，应该建立在有共同利害关系的基础上”；“任何傲慢的教训和训斥，尤其是检查官的语调，都是绝对不合适的”。① 最后，新闻媒介在进行批评时，“还始终应该以事实为依据”②。

可见，戈尔巴乔夫的报刊批评观念乃是在恩格斯、列宁报刊批评思想的基础上形成的。它不仅论证了报刊批评的必要性，而且还提出了报刊批评的党性原则及其基本要求。随着这种观念的政策化，在20世纪80年代中后期，报刊批评已成为苏联共产党“加深民主，把一切置于人民的监督之下”的重要手段。③

（三）使报刊成为反馈联系的通道

在报刊与党和群众的关系上，苏联共产党的历史上有两种不同的看法：一为斯大林的精神导线论，一为戈尔巴乔夫的反馈通道论。所谓精神导线论，即报刊是党向群众讲话，进行宣传、鼓动、灌输的渠道。早在十月革命前，列宁就认为，社会主义运动不会从工人群众中自发地产生，它必须由先进的马克思主义者从外部灌输到工人的头脑中去。这种灌输的工具，主要是指党的报纸。这一思想被斯大林接受下来并发展成为精神导线论。他说：“报刊是党每日每时用自己所需要的语言向工人阶级讲话的最有力的武器。其它在党和阶级之间架设精神导线的办法，其它同样灵活的机关，在天地之间是没有的。”④ 这一观点及由此决定的新闻政策，使得苏联新闻媒介的职能，主要是承担自上而下的指令性和指导性消息的发布，及宣传上级领导的思想和与此精神相符的典型。至于群众的疾

① 戈尔巴乔夫：《改革与新思维》，苏群译，新华出版社1987年版，第92页。

② 戈尔巴乔夫：《改革与新思维》，苏群译，新华出版社1987年版，第92~93页。

③ 戈尔巴乔夫：《在苏工会代表大会上的报告》，1987年2月25日。

④ 斯大林：《俄共（布）第十二次代表大会》，《斯大林全集》第5卷，人民出版社1957年版，第166页。

苦、批评、建议，却不能借此种导线反映到最高领导层。这一弊端必然会对社会主义民主建设产生严重的妨害。原因在于：第一，新闻媒介不表达民意，必然会阻碍公民言论自由权利的实现。因为宪法保障的言论出版自由权利，只有在公民能切实利用现有传播媒介的情况下，才具有实际的意义。第二，民意表达不充分，使领导者感觉不到群众的监督，容易助长官僚主义。第三，自下而上的信息流量缺乏，使领导难以了解实际情况，难免出现政策失误。第四，在政策失误的情况下，领导者不能根据执行部门的意见、建议，加以修正，从而难以避免更大的失误，以致造成更大的损失。所有这些，在斯大林时代，发展到了极其严重的程度。

作为过来人，戈尔巴乔夫对斯大林的精神导线论及由此造成的弊端，自然看得很清楚。他从历史的教训中体察到："如果人民在发表意见，在会上谈自己的看法，投书报刊向各级领导发出呼吁，而这一切被当作耳旁风的话，那么下面就会采取我们所不习惯的行动。"① 为了改变长期以来无视民意，无视群众创造精神的传统，戈尔巴乔夫主张："必须善于根据群众对政策的接受情况来校正政策，保证反馈作用，吸取来自人民的思想、意见和建议。"② 那么，群众的接受情况，群众的意见和建议怎样才能传达到领导者那里呢？显然只有通过报刊等新闻媒介。他认为，对于苏联领导人来说，完全有必要通过报刊与公民建立直接的交往，接受公民来信，与公民建立"反馈联系"，通过下面的批评来检验自己的政策。在重视民意、重视反馈的同时，戈尔巴乔夫并没有忽略新闻媒介自上而下的传导性质。他认为，新闻媒介应该"宣传改革条件下的生动的工作经验"，扶植"新生事物的萌芽"，宣传杰出人物和优秀集体的榜样。③ 可见，戈尔巴乔夫对新闻媒介与党和群众的关系的

---

① 戈尔巴乔夫：《改革与新思维》，苏群译，新华出版社 1987 年版，第 66 页。

② 戈尔巴乔夫：《改革与新思维》，苏群译，新华出版社 1987 年版，第 31～32 页。

③ 戈尔巴乔夫：《对苏联新闻界领导人的讲话》，1987 年 2 月 13 日。

认识，与斯大林有着很大的区别。斯大林只承认新闻媒介在党和群众间自上而下的单向传导作用；戈尔巴乔夫则在承认自上而下的传导作用的同时，又注意到了新闻媒介在党和群众间自下而上的反馈。事实上，自上而下的传导及自下而上的反馈乃是同一传播过程中互相联系、互相作用的两个环节。

综观戈尔巴乔夫的政治思想，其反馈通道论，与他的历史观及其对真理的认识是分不开的。在他看来，历史是由人民创造的，“正是人民，人及其多种多样的创造劳动，才是历史的主角”①。所以人的因素，是我们的主要潜力。而要调动人的因素，使这些潜力变为现实，其根本的途径就是民主化。为此，就应当告知人民必须知道、想要知道的一切事情，听取他们的呼声、建议、批评，同他们进行平等的对话，满足他们的精神需求。而这一切都要靠新闻媒介在党和人民之间承担反馈联系的职能。在真理观方面，戈尔巴乔夫认为，不可能有绝对的、终极的真理，因而“不能用旧的公式来套今天的过程，需要作出能反映现代生活辩证法的新结论”，“打破以前的公式再来寻求真理”。② 另外，他又认为，任何人都没有垄断真理、对真理作最后评判的权利。只有通过多种意见的公开、平等的竞争，才能产生真理。所以他主张社会舆论多样化，主张精神生活丰富，而在这一点上，每个公民都可以通过新闻媒介提出社会必须认真考虑和对照的意见、信念和评价。

（四）坚持社会主义的新闻原则

新闻媒介既然是使公开性大放光明的手段，是进行社会监督的工具，和在执政党与群众之间联系反馈的通道。那么，新闻媒介怎样才能实现上述三大职能呢？对此，戈尔巴乔夫作为苏联最高领导人，向新闻工作者提出了必须遵循的七大原则。

---

① 戈尔巴乔夫：《改革与新思维》，苏群译，新华出版社 1987 年版，第 27 页。

② 戈尔巴乔夫：《在全苏高校社会科学教研室主任会议上的报道》，1986 年 10 月 1 日。

一为创造性宣传的原则。戈尔巴乔夫认为，要提高新闻宣传的效果，新闻媒介就必须进行创造性的宣传。根据他的论述，创造性应该从三个方面去理解。首先，宣传者应消化将要宣传的内容，然后用自己的语言，通过现实生活和生动的典型，广为传播。“如果不假思索地、平庸地对我们进行的伟大事业作出响应，那么这样的响应我们不需要。”① 因为这注定不会产生希望的效果。其次，要用多种宣传方式，使新闻宣传的表现形式多样化。再次，新闻宣传还要讲求辩论艺术，他认为，“良好的愿望要通过良好的途径进行宣传”②。

二为开放性原则。为了促进民主化进程，戈尔巴乔夫主张执政党的新闻媒介应向社会开放，让群言堂代替一言堂。针对当时新闻界时常将作者的积极性限制在三五个撰稿人身上的情形，他批评这是不民主的、小团体习气的表现，是“职业的傲慢”。为了纠正这种倾向，他要求让社会都参加讨论，“让社会主义的多元化充满每一种出版物”。③ 这种观念无疑是对列宁全党办报思想的继承。早在 1904 年，列宁就在《给同志们的信》中指出：“所有社会民主党人都应当为社会民主党的报纸工作。我们请求所有的人，给我们写些东西……没有这种材料，社会民主党机关报就一文不值。”④ 但是这两种观念也并非完全一致。前者主张的是言论的多元化，其目的在于探讨真理；而后者则是在统一思想前提下的稿源多样化，其目的在于以丰富的材料证实已有的真理。

三为客观公正原则。新闻媒介之所以有力量，乃在于其公正客观的品格，对此，戈尔巴乔夫深信不疑。为了加强报刊的力量，他主张报刊的言论报道必须建立在对事实进行全面、客观分析的基础上。而要做到这一点，新闻工作者首先就得“超脱个人的感情与

---

① 戈尔巴乔夫：《同报刊和文艺界负责人的谈话》，1987 年 7 月 14 日。

② 戈尔巴乔夫：《同法国一批著名政治家和社会活动家的谈话》，1987 年 9 月 27 日。

③ 戈尔巴乔夫：《同报刊和文艺界负责人的谈话》，1987 年 7 月 14 日。

④ 《列宁全集》第 7 卷，人民出版社 1959 年版，第 515 页。

情绪，而把改革的利益置于首位”①。其次，新闻工作者还应该克服自己的偏见对于估价、选择事实的影响。否则，“任何疏漏和在选择事实方面的偏见都是极易被发现的”，② 从而会在一定的程度上导致群众的不信任。

四为与党中央统一立场。戈尔巴乔夫认为要实现新闻媒介的职能，就得处理好党与新闻媒介的关系。而这种关系又并非一种简单的领导和被领导的关系，而是一种建立在双方相协商得出的共同的思想基础和统一的政治立场之上的关系。③ 为了确立这种关系，他经常会见新闻工作者，和他们交谈，尊重谈话者的意见和立场。他认为，如果没有这种统一的立场，或者新闻媒介站在与党不同的立场上，那么，党的政治路线就很难得到贯彻执行。因此，与党中央统一立场，乃是新闻媒介坚持正确政治方向的保证。

五为在社会主义的范围内寻找答案。改革是一场伟大的创造性事业，在这一事业中，人民群众的主动性、创造性将会得到充分的发挥。对此，新闻媒介无疑会起到巨大的作用。但是在报道和评论社会变革时，新闻媒介绝不能偏离社会主义的原则立场。戈尔巴乔夫强调：“我们是在社会主义范围内，而不是在社会主义之外去寻找现实生活提出的各种问题的答案。”因此，报刊必须“用社会主义的标准来衡量自己的各项成就和错误”④。

六是新闻媒介不能成为个人的工具。戈尔巴乔夫认为，报刊不是私营的小店铺，因而“不准把杂志、报纸、大众传播媒介、社会讲坛变成谋求个人利益的工具”⑤。报刊必须是全党事业的一部分，必须与人民同甘共苦，代表他们的切身利益。

七是人民应成为新闻传播的主角。如前所述，既然人民群众是

---

① 戈尔巴乔夫：《同新闻传播理论研究和文艺界负责人的谈话》，1988年1月19日。

② 戈尔巴乔夫：《对苏联新闻界领导人的讲话》，1987年2月13日。

③ 戈尔巴乔夫：《同报刊和文艺界负责人的谈话》，1987年7月14日。

④ 戈尔巴乔夫：《改革与新思维》，苏群译，新华出版社1987年版，第37页。

⑤ 转引自《中国记者》1987年9月号。

历史的创造者，既然人的因素是我们的主要潜力，那么我们就应该“使我们的人们在每一个劳动集体、每个党组织、每个州、共和国、部门、每个中央主管机关，在全党都感到自己是国家的主人”①。这样，他们才能以主人翁的态度进行思索和工作，才能够发现并帮助纠正领导者的错误，而要达到这一步，最基本的途径就是使人民和劳动人民“成为报刊和电视上的主要人物”②。

上述七大原则，在一定程度上限定了苏联新闻媒介的活动范围和宣传基调。据此，新闻媒介必须与执政党中央统一立场，坚持社会主义方向，同时还要做到客观公正等。但是在具体执行的过程中，又保持着较大的灵活性，即便是突破范围，也没有相应的处罚措施。所以，尽管这些原则与苏联新闻界业已提出的某些激进要求还有不少距离，但是在上述原则范围内，新闻界还是获得了空前的活动自由。

三、新闻改革与苏联的解体

在戈尔巴乔夫新闻观念的指导下，苏联新闻界自 1986 年起进行了有史以来最为艰巨的重要改革。这场改革的本意是医治苏联社会的弊病，起初，似乎取得了一定的疗效，但最终产生的结果，竟是苏联巨人的死亡。

（一）苏联的新闻改革

苏联新闻改革的第一个措施是实施公开性，扩大报道面。在历史上，苏联新闻媒介的报道面一直很窄。以宣传执政党的路线和政策为主要内容，报喜不报忧，国内外发生的重大事件，民众都难以从本国的新闻媒介上获得了解。戈尔巴乔夫的改革政策，首先是冲着打破封闭状态、实行公开性而来的。随着中央政策的变化，苏联

① 戈尔巴乔夫：《在克拉斯诺达尔边疆区谈改革与民主化》，1986 年 9 月 16 日。

② 戈尔巴乔夫：《对苏联新闻界领导人的讲话》，1987 年 2 月 13 日。

新闻界开始拓展报道空间，不仅报道政治大事，反映经济生活，而且还把社会新闻、社会消极面作为主要的报道内容。新闻媒介的面目焕然一新，受到了广大受众的欢迎。

新闻媒介报道面的扩大，主要表现在喜忧内容的比例上，提高了报忧内容的比重。过去一些不能报道的各类重大事故、天灾人祸等，现在都能及时地加以报道。如核电站事故、核潜艇着火、铁路公路交通事故等，都能详细地加以报道。过去一些不允许报道的阴暗面，如酗酒、吸毒、卖淫、贪污，还有民族纠纷、罢工、游行等政治事件，也能在新闻媒介上反映出来。过去一些不敢涉及的敏感问题，如军事国防政策、外交等，现在也能及时报道、大胆评论了。这些进展，比较贴切地体现了新闻改革“现实无禁区”的目标。同时，苏联新闻界还力图实现“历史无空白”的追求。根据戈尔巴乔夫的主张，“无论在历史上，还是文学上，都不应该有空白点”。新闻界率先对历史上的一些重大问题、重大事件展开了讨论。尤其是关于斯大林时期的肃反扩大化问题，报纸上发表了许多历史资料，并主张为那些被错误处理的高级领导人和一般民众平反昭雪。1987 年 12 月，苏联电视台播映了一部反映历史的电视纪录片《再揭露》，把苏联历史的真实面貌不加掩饰地搬上电视屏幕，揭露了斯大林的种种过错，也嘲讽了勃涅日列夫时代的一些错误做法，对于赫鲁晓夫，则既有赞扬又有批评。这些变革，在苏联历史上是前所未有的。它一方面引起了人民对于社会政治生活的关心；另一方面，由于对历史和现实的负面报道过于持久、过于集中，妨碍了人民对于事实真相的全面了解，从而促成了公众对于整个社会进程的否定性评价。

第二个措施是加强新闻媒介的批评监督作用。批评监督历来是苏联新闻媒介的重要职能之一。但是历史上的新闻批评，一直被限制在狭窄的范围内。在对象上，也是打苍蝇不打老虎，而且这种打击的程度也受到比较严格的控制。戈尔巴乔夫的执政，使这种情形大有改观。新闻批评已能对准苏联的各级领导人，上至中央政治局委员，下至普通群众。新闻单位在保证事实准确、态度诚恳的情况下，可以自主地开展一切批评活动。各种批评稿件的刊发，无须经过上级或有关党委的审查批准，任何人都没有否决权。根据有关政策，报刊批评的矛头主要指向阻碍改革的官僚主义。当时的最高苏维埃联盟院主席认为："大量的官僚主义给人民带来了极大的危害。现在要通过贯彻公开性原则来打扫官僚主义的马厩。"因此，在20世纪80年代末期，新闻批评越来越激烈，新闻记者的胆子越来越大。1988年，《消息报》公开批评亚美尼亚加盟共和国党中央第一书记的官僚主义行为；《共青团真理报》则批评前外长葛罗米柯的外交失误；令人吃惊的是，在一次官方的记者招待会上，竟有人公开批评苏共中央第二号人物利加乔夫。新闻媒介完全改变了过去只批评下级而不批评上级，只批评经济生活中的消极现象而不敢触及政治问题的懦弱形象，而成为社会监督的重要工具。这对于发扬民主，无疑具有一定的进步意义。但是由于新闻批评越来越失去控制，其感情色彩也愈益强烈，使人民对于党、政府的执政能力、目标及动机产生了怀疑，失去了信心。

第三个措施是实行新闻法制，增强新闻媒介的独立性和从业人员的自主权。为了发挥新闻工作者的主动性和创造性，以促进政治改革，苏联共产党逐渐放宽了新闻检查。除了有关国防外交和军事机密外，其他一切内容均可自由报道评论。新闻检查仅限于不让国防和军事机密在报刊上泄露，不准宣传战争、暴力、残酷行为、侮辱人格、淫秽作品。至于选择什么作品供发表，对作品的编辑、删节工作，则是新闻工作者自己的事情（1990年，苏联最终废除了新闻检查）。同时，各级党委、政府给予新闻单位的总编辑以独立自主处理问题的权力，对于重大问题的报道评论，只须总编辑（社长）签字即可，无须请示同级或上级党委、政府的领导机关。新闻媒介自主权的加强，进一步增强了新闻报道的公开性，增强了苏联社会政治生活的透明度。新闻工作者的活动空间扩大，报道范围拓展，其所触及的问题越来越敏感，亦越来越尖锐。这是苏联历史上破天荒的巨变。

第四个措施是开放报禁，允许民间办报。1990年6月，苏联最高苏维埃通过了《新闻出版法》。该法明确规定："创办舆论工具的权力属于人民代表苏维埃和其他国家机构，属于政党、社会组织、群众运动、创作协会，属于依法创建的合作社、宗教团体和其他团体，属于劳动集体以及年满 18 岁的苏联公民。”① 这就使得反对派党团办报及私人办报完全合法化了。以此为契机，无政府主义者、民族主义者和其他极端的政治势力都可以依法拥有自己的宣传工具。至 1990 年 10 月，苏联已有 700 多家报刊（包括 13 家党派报刊）进行了登记，其中七分之一属于个人所有。还出现了独立的通讯社。原先的许多机关报现在纷纷摆脱共产党对新闻传播的领导和控制，其影响之巨，直到苏联解体过程中，才逐渐显现出来。

第五个措施是业务改革。长期以来，苏联的新闻媒介，由于作为党和政府的政治工具，满足于自上而下的灌输，内容空洞，语言枯燥，尽唱些高调，居高临下，强加于人。对于日益成熟的广大群众，此种宣传当然不会有多大的效果。戈尔巴乔夫执政后，新闻界亦随着改革的进程改变了传统的宣传方式。西方观察家们发现，改革以来，苏联的宣传虽然“数量并没有减少，但是不那么刺耳了，比较狡猾，而且针对公众的年龄和社会身份而有所区别……那些冗长的官方消息已大为减少，越来越多的宣传采取了艺术的形式”。在所有的新闻媒介中，在报道内容、报道手法上变化最大者，当推电视。尤其是苏联的中央电视台，创办了一些新的专栏节目，同时也改进一些老专栏节目的内容。在表现方式和题材取舍上，亦推陈出新，尽量贴近受众的物质和精神生活需要，切合观众不同层次的观赏兴趣。由此，广播电视的听众观众大大增加，报刊的读者队伍规模也达到历史上最高水平。

（二）苏联解体——新闻界的责任

在苏联，新闻改革是作为整个社会改革的一个重要环节而展开的。新闻改革所要实现的目的——公开性与民主化，乃是戈尔巴乔夫梦想建立的“人道的社会主义”社会的政治基础。戈尔巴乔夫希望根治现存社会制度的一切弊端，在他看来，这些弊端的根源在

① 转引自新华社新闻研究所编：《苏联东欧剧变与新闻媒介》，新华出版社 1993 年版，第 14 页。

于消息封锁的秘密政治，由于民众对国家大事及社会变动的无知，使得他们只能成为历史的旁观者，而不是社会的主人。要实现民主就必须实行彻底的公开性政策，将现实社会的变动，将党和政府的决策过程和施政行为置于民众的监督之下，这样才能发挥人民创造历史的主动性和创造精神。所以，作为社会整体变革的先锋，新闻改革的首要目标就是打破消息封锁，实现消息来源的多样化，坚持真实性客观性原则，使新闻事业向整个社会开放，成为真正的公众舆论工具。

如前所述，苏联的新闻改革，在某种程度上的确实现了上述目标。社会生活的透明度大大增强，许多在过去秘而不宣的新闻已能公开发布。言论政策的一元化为多元化所取代，人们比任何时候都更加了解社会的变动，比任何时候都更加大胆地就社会的热点问题发表意见。在表现形式上，新闻传播比以往任何时候都要生动、形式多样、引人入胜，新闻媒介赢得了广大受众的信任。这本来是一个好的进步的现象，但是，任何事情，只要超过一定的界限，就会走向目的的反面。正如苏联新闻社副主席伊万年科所说的："公开性的对立面是无政府主义。"① 戈尔巴乔夫也意识到，无条件的公开性和绝对的言论自由，只会使事情更糟，最终毁掉他们进行的改革。所以，他在提倡公开性、言论自由的同时，也给新闻界提出了必须坚持的政治原则，诸如与党中央统一立场，要在社会主义范围而不是在这个范围之外去寻找现实问题的答案等，试图将新闻改革纳入官方规定的轨道。

可是，由于苏联的历史传统、现实政治和国民心态的复杂性，及经济改革的失败，使得戈尔巴乔夫的改革理想落空了。本来，他是希望通过改革给已经停滞的社会注入活力，维持多民族国家的经济繁荣和政治统一，而其结果，竟是国家民族的分裂、经济的崩溃和社会的倒退。其原因很多，可以从政治、经济、法律诸方面去探讨。新闻改革的失控，新闻自由的滥用和公开性的绝对化，正是其

① 转引自《中国记者》1987年9月号。

中不可忽视的重要原因之一。独立国家联合体成立不久，乌克兰总统克拉夫丘克就认为："苏联的解体是从公开性时期开始的。"①另一个西方评论家认为，戈尔巴乔夫是"被自己掀起的'公开性'、'改革'和'民主化'力量所打倒的"②。在戈尔巴乔夫宣布辞职的前一天，俄罗斯《独立报》发表文章称：戈尔巴乔夫"想医治这个大国。药是好药——公开性、民主化，但是病人服用这些药的最少剂量尚且死亡了"。这是他的过错吗？"是的。是戈尔巴乔夫造成了苏联的混乱，混乱毁灭了这个帝国。他在试图将自由引入国家时，扼杀了国家。他在试图使社会习惯于民主时破坏了这个社会。他在希望在帝国原有的界限内解放帝国时，打破了界限，也摧毁了帝国，也就是苏联。"③ 人们把公开性、民主化、自由这些人类追求的理想目标，看成是苏联瓦解的原因，是不难理解的。因为正是它们揭开了密封恶魔的瓶塞，放出了恶毒肆虐的魔鬼——民族主义和无政府主义的狂热，加上人们对于经济改革失败的普遍的不满情绪，形成了对历史、对现实全盘否定的绝望氛围，终导致了社会的大爆炸。这种情形，与东欧其他国家是颇为相似的。

民主化、公开化、新闻自由是一个伟大的口号，也是一个梦想。它之所以可贵，乃在于它最能体现人类的尊严、人类的价值，最能充分地发挥人的潜能。但是，人类并非都能正确地利用、享受民主化、公开性、新闻自由的恩惠。在大多数公众还不知道民主自由的真谛，不会适当地利用民主自由的国家，过于广泛的自由可能不是一件好事。它只会导致自由的滥用和社会的动荡。反观中国的改革，如果不坚持邓小平确定的四项基本原则，就不可能维持政治的稳定和经济的持续增长。如果戈尔巴乔夫也遵循先经济、后政治的改革路子，在解放思想的同时，还给予民主化、公开性、新闻自

① 转引自《参考消息》1991年12月12日报道。
② 转引自《参考消息》1991年12月12日报道。
③ 转引自《参考消息》1991年12月12日报道。

由以适当而坚决的制约，那是不是会出现江山易帜、分崩离析的局面，则是未可知的。

四、结　论

从上面三个部分的论述中，作者得出了如下几点结论：

其一，新闻传播体制，作为社会政治体系的一环，在社会政治改革全面展开之前，就应该进行根本性的改造，以消除其固有缺陷。但是这种改造必须局限于社会主义的范围之内，以捍卫社会主义价值、维护国家安定，增进人民福利为目的。① 只有这样，新闻传播才能成为促进社会发展的建设性力量。苏联的新闻体制，虽然在历史上起过积极作用，但在20世纪80年代中期，其内在缺陷已充分表露出来，如不进行改革，就不能适应改革中的新形势。在这个意义上，新闻改革可以说是历史的必然。

其二，戈尔巴乔夫的新闻观念，诸如让公开性大放光明、使报刊成为反馈联系的通道、将一切置于报刊的监督之下、坚持社会主义的新闻原则等，相互关联，而其核心又是公开性和言论的多元化。从理论上讲，这是一副好药，因为它体现了人性的尊严，体现了人的根本价值。但是再好的药也只有对症适时，才能发生奇效。而苏联国情特殊，它并不是能使此药发出奇效的病人。照戈尔巴乔夫开出的方子配药，并且遵嘱服用，不仅没有医好病痛，反而导致了苏联最终的解体。

其三，从苏联解体这一悲剧性事件，从新闻媒介在苏联解体过程中的作用，可以总结出的教训，至少可以表现为两个方面。一是任何变革都要循序渐进，并且适可而止。先经济基础，后上层建筑。如果苏联的新闻改革，实施于经济改革取得了一定的成效之后，其结果也许会是另一个样子。二是言论自由、新闻自由、公开

---

① 文有仁：《触目惊心，教训惨痛》，引自新华社新闻研究所编：《苏联东欧剧变与新闻媒介》，新华出版社1993年版，第31页。

性，应有一定的界限。在任何社会，言论自由、新闻自由、公开性都应该服从于国家民族的根本利益。绝对的、不受限制的自由、公开性，只会导致社会的混乱。这两大教训，正是邓小平设计指导的中国改革成功的经验。中国与苏联，都在进行改革，其结果迥异，不能不令人深思。

第十五章　中国共产党早期对外宣传理论

中国共产党历来重视对外宣传活动。中国共产党成立前，中国最早的一批马克思主义者就认识到对外宣传的重要性，并积极地开展对外宣传活动。中国共产党成立后，对外宣传成为中国共产党新闻传播事业的重要内容。长期的对外宣传活动，锻炼和壮大了对外宣传队伍，形成和完善了中国共产党的对外传播体制；驳斥了敌人的攻击和污蔑，宣传了国家和政党的立场和主张，也在一定程度上营造了有利的国际舆论环境，树立了较好的政党形象和国家形象。同时，中国共产党早期的对外宣传活动为后来新中国的对外传播事业奠定了坚实的基础。在长期的对外宣传实践中，共产党也总结出了系统的对外宣传原则和策略，丰富了马克思主义对外宣传理论，形成了符合中国国情的、富有中国特色的对外宣传理论。

为什么采用“对外宣传”一词，而不采用目前新闻传播学界比较认可的“对外传播”或“国际传播”概念呢？有必要对这几个概念进行简单的区分。对外传播指以国家为传播主体的，面向境外人士的信息传播活动，其目的是“影响和改变其对信息发出国的态度和看法”,① 树立国家的形象。国际传播指的是“国家与国家之间的信息流动”②。对外宣传指的是以国家或政党为传播主体，

① 郭可：《当代对外传播》，复旦大学出版社 2003 年版，第 1 页。

② 刘继南：《国际传播与国家形象 国际关系的新视角》，北京广播学院出版社 2002 年版，第 1 页。

以境外的民众为主要对象的信息传播活动，其目的是“树立政治形象”,① 带有较强的意识形态色彩。几个概念进行比较，就会发现“对外宣传”最符合当时中国共产党的实际情况。中国共产党对外宣传活动的主要内容是党的政策和理念，其目的在于树立政党形象而非国家形象，带有很强的意识形态色彩。所以这段历史时期的对外传播活动应该称之为“对外宣传”。

一、中国共产党早期对外宣传理论的历史背景和理论渊源

（一）历史背景

研究中国共产党的对外宣传理论，必须考察当时的历史背景。中国共产党早期的对外宣传活动是在当时的社会环境中展开的，受到当时时代背景的制约，体现了鲜明的时代特征。

中国共产党成立前夕，中国社会处于北洋军阀的统治之下，思想界的一些精英以民主和科学（“德先生”和“赛先生”）为旗帜，掀起了波澜壮阔的新文化运动，向封建主义展开了猛烈的进攻。新文化运动是一次前所未有的思想解放和启蒙运动，为马克思主义在中国的传播开辟了道路。马克思主义的广泛传播，俄国革命的成功经验，加上共产国际和俄国的帮助，中国共产党终于成立。中国共产党成立前后，一批共产主义者就在海外进行了宣传活动，在多方的努力下，国共实现了第一次合作，通过北伐战争，推翻了北洋军阀的统治，国民党随即发动了政变，国共开始了十年内战。在红色政权统治区，中国共产党通过创办通讯社等新闻机构开展对外宣传活动。同时注重利用国统区的新闻媒介进行对外传播，宣传中国共产党的主张和政策，揭露国民党黑暗的统治。“九一八”事变后，民族矛盾上升为主要矛盾，中国共产党从中华民族的利益出

① 黄泽存：《对外宣传的理论与实践》，山东友谊出版社 1992 年版，第 4 页。

发，抛开与国民党的分歧与矛盾，积极与国民党合作，团结全国人民抗战。在根据地，中国共产党的新闻事业蓬勃发展，广播电台的出现、通讯社的发展都为中共的对外宣传提供了条件。在国统区，出现了一批受中共领导或影响的、以民间面目出现的对外宣传刊物和通讯社。同时一批外国记者和友人秉着国际主义的精神采访了延安和其他抗日根据地，中国共产党通过他们向西方国际社会宣传了中国共产党的政策和理念。抗战胜利后，国民党再次发动内战，中国共产党逐渐改变对外宣传策略，将重点从反对日本侵略转变为反对国民党的独裁统治，争取国际舆论的同情和支持，为中国共产党最终战胜国民党营造了良好的国际舆论环境。

中国共产党正是在对中国以及世界形势准确分析的基础之上，从中国革命的根本目的出发，配合党在不同时期的中心任务，适应中国社会主要矛盾的变化，灵活运用对外宣传策略，开展多种形式的对外宣传活动，总结出了独具特色的对外宣传理论。

（二）理论渊源

中国共产党的对外宣传理论是在批判和继承前人对外宣传思想的基础上产生的。其主要理论渊源包括：中国传统文化中的对外宣传思想；近代中外民主进步的对外宣传理论；马克思主义对外宣传理论。

1. 中国传统文化中的对外宣传思想

中国的对外宣传活动有着悠久的历史，很早就出现了一些零星的对外宣传思想。《易经》中说“观乎人文，以化天下”，指出了传播的重要作用。春秋时期，孔子将人类划分为华夏、夷狄，实际上说明了国与国之间的差别，他提出“修文德以来之”,① 就是希望通过对外宣传统治者的仁德，使远方的人民或国外的人民归顺。孔子去世后，“七十子之徒，散游诸侯，大者为师卿相，小者友教士大夫”，广泛地开展国与国之间的宣传活动。战国时期诸子百家纷纷周游列国，宣传自己的政治理想和治国理念，形成“诸侯放

① 《论语·季氏》。

恣，处士横议”的局面。因为春秋时期各国都有自己的独特政治经济利益和文化传统，各国之间的信息传播活动可以说是中国历史上最早的对外宣传活动。到了唐朝，李延寿在《北史·突厥传》提到“传播天下，咸使之闻”，明确地提出了对外传播，而玄奘西游、鉴真东渡也是对外传播的典型例子。到了明朝，郑和七下西洋，主要是为了弘扬大明王朝国威，提升明朝在海外的地位，可以说是纯粹意义上的对外宣传。可以看出，中国传统文化中就有丰富的对外宣传理论与实践。而中国共产党人生于中国、长于中国，接受过中国传统文化的教育，耳濡目染，不可避免地受到中国传统文化的影响，他们在对外宣传实践中自然会不断吸收、借鉴中国传统文化中的对外宣传思想，从而不断丰富共产党人的对外宣传理论。

2. 近代中外民主进步的新闻思想

19 世纪初，中国出现了最早的中文报刊，这些报刊都是西方传教士和外国商人创办的，他们在引进西方近代文化的同时，也引进了西方的新闻理念。他们在报刊上发表了一些有关新闻理论的文章，如《新闻纸略论》、《论新闻日报馆事》等，其中就有国际传播和对外宣传的内容。19 世纪 70 年代后，一些国人自办报刊开始兴起，一些进步的报人在长期的报刊活动中，在借鉴西方新闻理论的基础上，初步形成了维新派的对外宣传的思想。王韬在实践中意识到了对外宣传的重要性，他是“第一个国人自办外文报纸之首倡者”①。他对当时“每有外事纠纷，西方各国在华报刊，其所立论，往往抑中而扬外，甚至黑白混淆，是非倒置”的现象颇为忧心，力主“非自设西字日报不为功”。② 维新派领袖为了争取国际舆论的同情与支持，积极将对外宣传理论付诸实践，康有为曾自豪地宣称“吾会报馆十条，遍于海内外”，严复也多次强调了报刊承担“达内事于外”的对外宣传功能。中国近代对外宣传理论给了

① 徐培汀，裘正义：《中国新闻传播学说史》，重庆出版社 1994 年版，第 43 页。

② 王韬：《与方照轩军门》，见《弢园尺牍》，中华书局 1959 年版，第 233 页。

中国共产党人以深远的影响，如中国共产党早期领导人陈独秀本来就是从维新派转变过来的。

中国共产党人也受到了西方资产阶级对外宣传理论的影响。毛泽东、高君宇、罗章龙等最早的一批中国共产党人就参加过北京大学新闻学研究会，系统地接受了西方新闻学的教育，该会的导师徐宝璜参照西方新闻学著作，并结合自身实践经验，著有《新闻学》一书，是中国最早的新闻学著作。另一位导师邵飘萍著有《实际运用新闻学》和《新闻学总论》。这些新闻学著作是我国新闻学的启蒙读本，其阐述概括的一些新闻观点和新闻规律，后来也被中国共产党人汲取和借鉴。

3. 马克思主义的新闻宣传理论

中国共产党人对外宣传理论中最重要的理论渊源是马克思主义的对外宣传思想。马克思、恩格斯一生颠沛流离，辗转欧洲各国，他们所从事的报刊活动，大多是在国外进行，在国外的报刊发表他们的文章，宣传他们的共产主义思想，实际上都是在进行对外宣传，他们在长期的对外宣传实践中，总结出了“世界交往”的国际传播理念，① 这也成了中国共产党进行对外宣传的思想基础。俄国革命一声炮响给中国带来了马克思列宁主义，以陈独秀、李大钊为代表的初具共产主义思想的先进分子，在北京、上海等地组织马克思主义研究会，开始以马克思主义的观点进行新闻活动，共产国际、俄共（布）也纷纷派人来华传授无产阶级的办报经验、新闻思想和宣传政策。② 瞿秋白、蔡和森、周恩来、赵世炎等中共党人纷纷前往欧洲参与国际无产阶级的报刊宣传活动，学习马克思恩格斯列宁的办报实践和新闻思想。通过不断地学习，中国共产主义者继承了马克思主义的办报传统和新闻思想，包括对外宣传的内容。

① 陈力丹：《马克思主义新闻思想概论》，复旦大学出版社 2004 年版，第 17 页。

② 郑保卫：《中国共产党新闻思想史》，福建人民出版社 2005 年版，第 22 页。

其中，列宁新闻思想对中国共产党人对外宣传实践起到了决定性的作用。① 这种影响表现在中国共产党有关报刊工作的文件有时几乎是抄转列宁的论述或列宁领导下的共产国际的有关文件的。比如，1921 年党的一大通过的《中国共产党第一个决议》中关于宣传工作的部分，同 1920 年由列宁起草的加入共产国际条件第 1 条、第 12 条的精神是十分相近的。这里面都体现了两个重要的原则：一是党的宣传工作必须由忠实于无产阶级革命事业的可靠的共产党人来主持；二是党的出版机构应该同中央委员会保持一致，全面地执行党的政策。从这个意义上来说，马克思主义新闻思想是中国共产党对外宣传理论的基本来源。

二、世界交往意识是中国共产党对外宣传理论的思想前提

世界交往意识一直是中国共产党新闻宣传工作的思想前提。中国共产党从马克思主义的历史唯物主义和辩证法出发，以世界普遍联系的观点看待中国的问题。在对外宣传实践中，继承了马克思主义的世界交往理论，从传播政策理念、加强国际联系、引起国际舆论同情、争取国际援助的角度认识到了对外宣传的重要功能，形成了富有中国特色的对外宣传功能观。

人类社会是由人类个体构成的有机整体，各个个体的相互联系和相互交往是人类社会得以存在和发展的最重要的前提。“人类首先离不开在物质生产基础上的交往活动。人类社会作为一种物质存在，必须以空间上诸多个体的共同活动和时间上诸多个体的连续活动为条件。”② 所以马克思说：“社会——不管其形式如何——究

① 黄泽存：《学习毛泽东的外宣思想与实践》，载《对外宣传参考》2001 年第 3 期。

② 童兵：《马克思主义新闻经典教程》，复旦大学出版社 2002 年版，第 20 页。

竟是什么呢？是人们交互作用的产物。”① 这就是马克思的“交往”（communication）观念，也就是现在所说的传播观念。在此基础上马克思又提出了“世界交往”的概念。从 19 世纪开始，以往较为模糊的“世界”概念开始变得明晰，马克思正好处于现代市场经济向全球扩张的时代，人类结束了与世隔绝的状态，世界上国与国之间、民族与民族之间的联系日益紧密。马克思在《德意志意识形态》中提出了人类社会正经历着“历史向世界历史转变”②的著名论断。这样的历史背景使马克思在“交往”观念的基础上提出“世界交往”思想，并以“全球交往”的眼光来观察全球的整体传播问题。在世界交往的趋势下，一个民族要不断克服内在传统因素的制约，“必须加强与外部世界的联系，开放门户，吸取精华”③。马克思主张以联系和发展的眼光看待整个世界，在新闻传播领域，要从“世界交往”的视野出发，以“全球交往”的眼光，加强国与国之间的信息传播。马克思、恩格斯就在这种思想指导下，辗转欧洲各国，传播自己的共产主义观念，对国际工人运动发展产生了重要的影响。

“全球思想是中国共产党人处理中国国内问题和国际问题的基本思想。”④ 中共党人从马克思世界交往的理论出发，以宽广的世界性眼光进行对外宣传活动。“胸怀祖国”、“放眼世界”、“中国与世界不可分”等观念始终是中国共产党人做出重大决策的前提。⑤早在中国共产党成立之初，中共党人就非常重视与世界各国的联系和交往，尤其是与共产国际、俄国的联系，在中共一大通过的

① 《马克思恩格斯选集》第 4 卷，人民出版社 1997 年版，第 532 页。

② 《马克思恩格斯选集》第 1 卷，人民出版社 1997 年版，第 89 页。

③ 陈力丹：《马克思主义新闻思想概论》，复旦大学出版社 2004 年版，第 20 页。

④ 何一峰：《毛泽东对外宣传思想与主要实践》，载《浙江学刊》2002 年第 2 期。

⑤ 黄泽存：《学习毛泽东的外宣思想与实践》，载《对外宣传参考》2001 年第 3 期。

《中国共产党第一个纲领》中就有一条是“联合第三国际”。①《中国共产党第一个决议》第六条就是“党与第三国际的联系”。

中共党人的世界交往意识体现在宣传实践中就是重视加强对外宣传，联合世界无产阶级进行革命。瞿秋白早在1925年就提出“现时弱小民族的解放运动和列强国内无产阶级革命运动，应当密切地联合起来，组织集中自己的势力，彻底推翻世界资产阶级的政权”②。中共四大通过的《对于宣传工作之议决案》就提出：“今后本党宣传工作的主要目标必须根据大会关于中国民族革命运动的新审定，努力宣传民族革命运动与世界革命运动之关联和无产阶级在其中的真实力量及其特性——世界性与阶级性，以端正党的理论方向。”③ 明确地强调了对外宣传在联合世界无产阶级进行革命中的重要性。

世界交往意识一直贯穿于中国共产党对外宣传的整个历史，一直是其进行对外宣传的指导思想。在抗日战争期间则外化为为抗日民族统一战线和世界反法西斯统一战线。中国共产党一直认为“中国革命是世界革命的一个重要组成部分，党必须积极注意国际上的宣传”④。七七事变后的第二天，中共中央发出《中国共产党为日军进攻卢沟桥通电》，号召各党各派各阶层筑成民族统一战线的坚固战线。洛川会议上通过的《抗日救国十大纲领》具体阐述了中国共产党对内对外政策，从这个纲领出发，中共制定了维护抗日统一战线和国际反法西斯联盟这一中心目标，借助国际和平力量主要是美国力量推动国民党政府积极抗战并抑制其反共投降政策的

---

① 《中共中央文件选集（1921年至1925年）》第1册，中央党校出版社1982年版，第3页。

② 瞿秋白：《世界社会革命开始后之第八年》，《瞿秋白文集》（政治理论第3卷），人民出版社1988年版，第374页。原载于1925年11月7日《向导》第135期，署名秋白。

③ 《中共中央文件选集（1921年至1925年）》第1册，中央党校出版社1982年版，第375页。

④ 《中国共产党新闻工作文件汇编》（上册），新华出版社1980年版，第45页。

政策。在这种外交政策的指导下，中共毫不犹豫地提出要立刻实现抗日的积极外交——同英、美、法、苏等国订立各种有利于抗日救国的协定。①

正是在“世界交往”的基础上，中国共产党人抓紧对外宣传，注重“扩大国际宣传，取得全世界工人阶级及一切爱好和平的人民的精神上、物质上乃至技术上的援助”,② 派遣了一批共产党人前往海外开辟宣传阵地，组建世界反法西斯统一战线，取得了良好的宣传效果。

三、对外宣传功能观

中国共产党人继承了马克思“世界交往”理论，认识到了对外宣传在“世界交往”中的重要功能，他们认识到对外宣传通过传递党的政策和理念，树立政治形象，能够加强党与国际社会的联系，促进共产党自身的完善和发展；同时引起国际舆论同情，争取国际援助，争取革命和抗战的胜利。从这种对外宣传功能观出发，他们进行了坚持不懈的对外宣传，打破反动势力的新闻封锁和宣传垄断，在国际社会取得了良好的宣传效果。

（一）传播政策和理念，树立政治形象

中国共产党在长期的对外宣传实践中，认识到传播党的政策和理念是对外宣传的首要功能。早在国民革命期间，毛泽东就提出要“通过外国记者阐述重要的决策主张，通过外国记者传递重要信息，为外交斗争服务”③。当时的国民党政府垄断了对外宣传，对中国共产党极尽污蔑诽谤之能事，造成了国际社会对共产党的误

---

① 张天荣：《党的建设七十年》，中共党史出版社 1992 年版，第 168 页。

② 吕星斗、白云涛：《周恩来和他的事业》，中共党史出版社 1990 年版，第 215 页。

③ 邓力群：《外交战略家毛泽东》，中央民族大学出版社 2001 年版，第 229 页。

解，所以中国共产党人从一开始就非常重视对外宣传活动，反驳国民党的诽谤和诋毁。在1929年6月召开的党的六届二中全会上，中国共产党“第一次明确地提出了国际宣传”①。这次会议上通过的《宣传工作决议案》中把加紧国际宣传作为当时宣传工作的任务之一，指出党要“积极注意国际上的宣传，普通宣传反对世界大战，特别是与一切反动的宣传争斗”,② 同时指出当时对外宣传工作的根本任务是“扩大党的政纲的宣传”，使世界各国的民众理解和拥护这些政纲，树立政治形象。抗战胜利后，国民党逆历史潮流而动，挑起内战。国民党因为强大的媒介理论垄断了国际宣传，共产党转变对外宣传重心，重视传播中共的共产主义理想，宣传中共民主建国的方针政策，争取国际社会和海外华侨的支持。1949年中华人民共和国成立前夕毛泽东写信给爱国华侨领袖司徒美堂和陈嘉庚，传达了中国共产党建设新中国的决心和愿望，希望海外华侨能为“建设新中国的共同事业获得迅速的成功”而归国参加祖国的建设。③

（二）加强国际联系，提升国际地位

中国共产党人还将对外宣传上升到外交的高度，认为对外宣传与外交存在着相辅相成的关系：外交需要宣传；宣传得当，有利于外交。中国共产党几乎将对外宣传提高到了与外交同等地位的高度。中国共产党人认识到对外宣传能够加强与国际社会的联系，提升国际地位。俄国革命一直是共产党的榜样，意识形态和国情上的相似，使中国共产党从成立开始，就一直强调通过对外宣传，加强与俄国以及共产国际的联系。中国共产党历次代表大会的纲领和会议纪要中都有加强国际联系的内容，尤其是俄国和共产国际的联系

① 郑保卫：《中国共产党新闻思想史》，福建人民出版社2005年版，第96页。

② 《中国共产党新闻工作文件汇编》（上册），新华出版社1980年版，第45页。

③ 《毛泽东书信集》，人民出版社1983年版，第317~318页。

更是经常出现。中共一大通过的《中国共产党第一个纲领》确定的四条纲领中，就有一条是“联合第三国际”。① 第六条就强调“党中央委员会应每月向第三国际报告工作”。还提出要在“在必要时，应派一待命全权代表前往设在伊尔库茨克的第三国际远东书记处”，而且“应派代表赴远东各国，以便商讨发展和配合今后阶级斗争的进程”。之所以要加紧对外宣传，就是因为中国共产党人认识到通过对外宣传能加强党与国际社会的联系，促进中共的壮大和发展，提升中国共产党在国际社会中的地位。抗日战争期间，中国共产党则更加注重与英美等国家的联系，在 1940 年 12 月 25 日发布的《中央关于对待英美籍新闻记者态度的指示》中，提出应该采取欢迎和招待的态度，因为他们认识到对外宣传对于“提高我们的外交地位有极大的影响”②。

（三）揭露事实真相，争取国际舆论和国际援助

中国共产党成立之后，由于势力弱小，加上国民党的宣传垄断，国际社会对中国共产党的理解非常有限。由于国民党的污蔑和诽谤，国际社会对中国共产党带有极大的偏见，为了打破国民党的宣传垄断，中国共产党认识到对外宣传能够获得国际舆论的同情和支持，进而获得国际社会援助。早在 1925 年通过的《关于宣传工作之决议案》中，中国共产党就认识到对外宣传能够“唤起广大国际舆论的同情”③。抗战爆发后，中国共产党人又从争取国际社会援助、引起国际舆论同情的角度看待对外宣传的功能，毛泽东在抗战爆发前夕就曾说：“国际援助对于现代一切国家一切民族的革命斗争都是必要的。我们的抗日战争需要国际人民的援助，这是中

---

① 《中共中央文件选集（1921 年至 1925 年）》第 1 册，中央党校出版社 1982 年版，第 3 页。

② 胡正强：《周恩来对外宣传思想初探》，载《河北师范大学学报（自然科学版）》1998 年 第 6 期。

③ 《中共中央文件选集（1921 年至 1925 年）》第 1 册，中央党校出版社 1982 年版，第 375 页。

国抗日战争和中国革命取得胜利的一个必要的条件。"① 七七事变发生后，中共中央立即向海内外发布了《中国共产党为日军进攻卢沟桥通电》，号召各党各派各阶层筑成民族统一战线的坚固战线。在洛川会议上通过的《抗日救国十大纲领》则提出要借助国际和平力量主要是美国力量推动国民党政府积极抗战并抑制其反共投降政策的政策。在对外政策上，中共放弃了国内革命战争时期"打倒一切帝国主义"的口号，制定了对待帝国主义国际的策略，提出了反战国家、殖民地半殖民地国家、社会主义国家应组成"世界联盟"，"组成反对日本帝国主义的统一战线"。中国共产党人注重"扩大国际宣传，取得全世界工人阶级及一切爱好和平的人民的精神上、物质上乃至技术上的援助"②。派遣了一批共产党人前往海外开辟宣传阵地，组建世界反法西斯统一战线，取得了良好的宣传效果。在周恩来的直接领导下，中共中央长江局就设立了国际宣传组，以加强我党的对外宣传活动。抗战期间，共产党还先后开展了日语广播和英文广播，体现了中共对对外宣传的重视。

可见，中国共产党对对外宣传功能的认识也是一个历史的过程，他们从实事求是的工作原则出发，根据不同的客观形势，在不同的历史时期赋予对外宣传不同的功能，形成了独特的对外宣传功能观。

四、对外宣传工作原则

中国共产党在长期的对外宣传实践中，对外宣工作提出了严格的要求，形成了一整套对外宣传工作原则，形成了独具特色的对外宣传业务观。

---

① 《中共中央文件选集（1921年至1925年）》第1册，中央党校出版社1982年版，第161页。

② 吕星斗、白云涛：《周恩来和他的事业》，中共党史出版社1990年版，第215页。

（一）对外宣传要加强党的领导

中国共产党非常重视宣传的领导权，也经常强调加强对外宣传的领导。中国共产党在历次会议中，都非常注重掌握宣传活动的领导权，强调宣传活动在党的领导下进行；强调党的宣传工作必须由忠实于无产阶级革命事业的可靠的共产党人来主持，党的出版机构应该同中央委员会保持一致，全面地执行党的政策。要求加强“党委对报刊的绝对领导，党报必须无条件地服从党的政策”。①“各党员对外发表之一切政治言论，尤其是在国民党中发表之一切政治言论，完全应受党的各级执行机关之指挥和检查。”② 1941 年 5 月 25 日，中共中央又下发了《关于统一各根据地内对外宣传的指示》，对对外宣传工作原则进行了详细的论述。该指示对“各地对外宣传工作中的无政府状态”进行了严厉的批评，指出：“一切对外宣传均应服从党的政策与中央决定。”③中共也多次发布文件强调“勿擅自向外表示态度”，④ 体现了中共对外宣工作领导权的重视。

（二）对外宣传要掌握主动权

在对外宣传活动中，共产党不但强调党性原则，还强调要掌握对外宣传活动的主动权。在共产党的历次对外宣传活动中，中国共产党都是主动出击，积极开展对外宣传活动。共产党成立前，就有一批进步青年如周恩来、邓小平主动前往海外开展宣传活动，他们后来也都成了马克思主义者。抗日战争爆发前后，中国共产党主动派遣党员前往中国香港、东南亚等地，参与海外侨报的工作，开辟

① 张昆：《中外新闻传播思想史论》，复旦大学出版社 2006 年版，第 311 页。

② 《中国共产党新闻工作文件汇编》上册，新华出版社 1980 年版，第 21 页。

③ 《中国共产党新闻工作文件汇编》上卷，新华出版社 1980 年版，第 98 页。

④ 《毛泽东新闻工作文选》，新华出版社 1983 年版，第 162 页。

对外宣传阵地。同时一批又一批的外国记者、友人来到延安和敌后根据地，受到了中国共产党的热烈欢迎，1940 年 12 月 25 日中共中央发表了《关于对待英美籍新闻记者态度的指示》，主动提出我们对于来接洽访问的英美人员，应该采取欢迎和招待的态度，以便经过他们的口和笔说明我军在敌后抗战的英勇战绩，来打破顽固派和一部分英美人士对我们的造谣或误解。

周恩来的对外宣传活动很好地体现了中共非常重视对外宣传的主动权。周恩来曾先后主持了长江局、南方局的工作，在两局中设立并亲自领导对外宣传机构。抗战时期，在重庆，周恩来就主动同美国驻华使馆的谢伟思、戴维斯等人建立了联系。1940 年冬，在国民党准备发动第二次反共高潮并散布和谈空气时，中共驻重庆代表团和周恩来多次与美国驻华使馆联络，希望美国协助制止国民党的反共活动，这是中共第一次主动采取的争取美国以牵制国民党的活动。① 皖南事变发生后，十八集团军驻渝办事处主动招待美英记者，向他们介绍中共的抗日活动并揭露国民党军队围攻共产党游击队的事实，周恩来则在重庆约见了多名外国大使，向他们介绍了皖南事变的真相，掌握了对外宣传活动的主动权，打破了国民党对外活动的垄断。

（三）对外宣传工作要实事求是

从马克思主义的唯物史观出发，实事求是成了中国共产党的思想路线，也是中共对外宣传的重要原则，对外宣传的读者绝大多数是外国人，他们和我们所处的社会环境、历史背景、民族习惯、生活经历不同。要使宣传工作取得好的效果，就要对外国读者采取一种平等友好的态度，充分尊重他们所在的国家、所属的民族、所选择的制度。

早在 1924 年，中共就提出："对外宣传注意立于唯物史观上面之文化运动，反对地方文化派；反对宗法社会之旧教义；反对基督

① 秦孝仪：《中华民国主要史料初编》第 3 编第 1 册，台北国史丛编社 1981 年版，第 524 页。

教教义及共组织宣传健全的唯物主义的宇宙观及社会观及集体主义的人生观文学的及科学的宣传主义）及国民运动。”① 从唯物史观出发，中共强调在对外宣传中具体问题进行具体分析。如1925年10月，中共中央扩大执行委员召开，通过了《宣传问题议决案》，其中《蒙古问题议决案》就强调宣传工作上要注意蒙古人的风俗语言及其他特点。② 这体现了宣传工作要实事求是，具体问题具体分析的原则。

毛泽东深信事实胜于雄辩，报道事实，就是对反革命谣言最有力的反击。在第一次国共合作时期，毛泽东说：“我们反攻敌人的方法，并不多用辩论，只是忠实地报告我们革命工作的事实。敌人说：‘广东共产’，我们说：‘请看事实’。敌人说：‘广东内哄’，我们说：‘请看事实’。敌人说：‘广州政府勾联俄国丧权辱国’，我们说：‘请看事实’。敌人说：‘广州政府治下水深火热民不聊生’，我们说：‘请看事实’。”③ 周恩来极为强调在任何时候、任何地方，对外宣传工作者都要旗帜鲜明地高举真实性的大旗，不能有一丝一毫的弄虚作假，欺骗社会和读者。他明确要求对外宣传工作者，“报道各地政治、经济、文化、社会改革的建设情况，尤重在事实的描写”。④ 周恩来在同外国人士接触和交往时，总是愿意“开门见山”，坦诚相见，而且寻找共同点。多次被周恩来会见过的谢伟思，曾这样描述当年与周恩来的交往，说道：“他试图使我们赞同他（和他的党）对中国和世界的看法，靠的是冷静的说理，清晰的措词，温和的谈话，广博的历史和世界知识，以及对事实和细节的深入的了解。人们会被说服（或受到教育），但不会被压服，也不会因持不同意见而受到责怪，凡是亲自会见过周恩来的人

① 根据一九二四年六月一日出版的《中国共产党党报》第四号刊印，转引自《中共中央文件选集（1921年至1925年）》第1册，中央党校出版社1982年版，第272页。

② 《中共中央文件选集（1921年至1925年）》第1册，中央党校出版社1982年版，第493页。

③ 《毛泽东文集》第1卷，人民出版社1993年版，第22页。

④ 周恩来：《周恩来书信选》，中央文献出版社1988年版，第360页。

几乎都不会忘记他，他身上焕发着一种吸引人的力量。”①

（四）对外宣传要讲究时机，要有针对性

共产党在对外宣传中也非常重视对外宣传的时机，强调该抢则抢，该压则压，非常具有针对性。毛泽东曾说：“我们的宣传不能不针对敌人的宣传去做。”② 他也一直强调“报刊宣传要与革命斗争任务紧密结合”，③ 根据革命形势的变化转变对外宣传策略，“要抓住每个时期的中心问题扩大党的政治宣传”④。对外宣传工作要“适应形势发展变化，适时揭露敌人”，以革命的宣传反击反革命的宣传。

新闻在时间上是易碎品，对外宣传工作要讲求时效。周恩来认为，对外宣传工作者应有时间观念，对那些时间性很强的新闻，要抢时间，争速度。他曾批评有些记者缺乏时间观念：“比不上外国记者能抢新闻。”但是出于配合国际斗争的需要，对外报道一味强调快捷有时也是不合适的，而要讲究策略，把握报道的时机和方式，以求得最佳的宣传效果。1940 年冬天，正当蒋介石发动第二次反共高潮前夕，美国进步作家、记者斯特朗路过重庆，周恩来同她长谈了几个夜晚，透彻地揭露了蒋介石内战投降的阴谋，预言更大的事变和战争将接踵而至。谈话结束时，他告诉斯特朗：“这些材料暂且不发表，什么时候需要公布，请你等我的话。”不出一个月，震惊中外的皖南事变爆发，斯特朗刚从中国回到纽约，便接到周恩来的电报：“请将你所知道的材料公之于世吧。”周恩来向斯特朗提供的关于蒋介石长期媚日反共、酝酿内战的材料在美国一发表，就惊动了世界舆论，使国际社会更多的人认清了蒋介石的真正

---

① 陈辛仁：《现代中外文化交流史略》，中国书籍出版社 1997 年版，第 355 页。

② 《毛泽东新闻工作文选》，新华出版社 1983 年版，第 10 页。

③ 窦其文：《毛泽东新闻思想研究》，中国新闻出版社 1986 年版，第 59 页。

④ 《中国共产党新闻工作文件汇编》上册，新华出版社 1980 年版，第 49 页。

嘴脸，从而为我党赢得了国际舆论的强烈同情。毛泽东也多次强调新闻工作“射箭要看靶子，弹琴要看听众”。他多次告诫做宣传工作的人，“对于自己的宣传对象没有调查，没有研究，没有分析，乱讲一顿，是万万不行的”。

五、中国共产党对外宣传策略

在长期的对外宣传实践中，中国共产党总结出一系列对外宣传策略，并积极运用到对外宣传实践中去。在这段时期内，中华民族面临着亡国灭种的危机，先后经历了国民革命、十年内战、八年抗战和解放战争等几个历史阶段，在不同的时期，中国的政治、经济、文化都有不同程度的变化，尤其是国际关系更是发生了重大的变化。国际关系的变革必然要求对外宣传策略的相应变化。中国共产党人坚持实事求是、与时俱进的思想路线，根据不同的客观实际，运用了灵活多变的宣传策略，充分利用新闻阵地、新闻记者、文化交流和民间外交，开展了富有鲜明特色的宣传活动来影响和改变国际舆论，有效地树立了中国共产党的国际形象，为实践其对外宣传思想做了重要的积累和建树。

（一）准确的受众定位

准确选择目标受众，进行有针对性的传播活动是传播致效的前提。毛泽东强调“射箭要看靶子，弹琴要看听众”。中国共产党对外宣传活动之所以能取得成功，就在于其准确的受众定位。中国共产党在进行对外宣传之前，总是将对外宣传的受众进行细分，在不同的历史时期，中国共产党也根据客观形式的变化，根据不同的目标受众进行对外宣传活动，并不是漫无目的地进行“大众传播”。中国共产党从成立之初，尤其注重与俄国、共产国际的联系。成立后的历次会议中，共产党都明文强调与俄国（后为苏联）、共产国际的联系。在抗日战争期间，中国共产党在海外的宣传重心则转向美国民众，宣传中国共产党坚持抗战的决心，期待美国人民和政府支持中国人民的抗日战争。在国内，面对日军的侵略，对外宣传则转向针对日军的宣传，揭露日本帝国主义的真实面目，对敌军开展政治攻势，呼吁他们放下武器，不要做统治者的炮灰。解放战争期间，中国共产党在海外的宣传重心则转向海外华侨，尤其重视对东南亚华侨的宣传，揭露国民党发动内战的真相，呼吁他们支持中国共产党的解放战争。中华人民共和国成立前夕，中国共产党加大了对海外华侨宣传的力度，纷纷派遣优秀的报人前往海外协助当地华侨办报，呼吁他们归国参加祖国的建设事业。

（二）有取舍的传播内容

中国共产党从马克思主义实事求是的思想路线出发，针对不同受众选取不同的传播内容进行对外宣传活动。在不同的历史时期，对外宣传的内容有很大的不同，中国共产党顺应时势变化和目标受众的变化，灵活地对传播内容进行取舍。中国共产党在成立之初，主要是活跃在共产国际的舞台上，通过共产国际的会议，主要宣传中国共产党的发展状况，如 1932 年 2 月 12 日，中国共产党就向共产国际提交了《中共中央关于组织工作给共产国际的报告》。国民革命期间，对外宣传的内容没有多大的变化，但传播的内容更加全面，涉及中国共产党的方方面面，试图在世界范围内树立起中国共产党的形象。抗日战争期间，中国共产党通过外国记者宣传了其对内对外政策，毛泽东向来访的斯诺介绍了中国工农红军的革命历程和自己的身世，详细阐述了中共的对内对外政策。中国共产党在海外的宣传则主要是反映国共合作抗战的形势，揭露日本侵略者在中国土地上的暴行。对内主要针对日本侵略者，劝告日本士兵放下枪支，不要为侵略者当炮灰，作无谓的牺牲。各根据地积极对敌军开展政治攻势，唤起和加深敌兵厌战怠战情绪与思家思乡情绪，促其觉悟，放下武器，以达到削弱敌军战斗力之目的。抗战胜利后，国民党发起内战，中国共产党的对外宣传则注重揭露国民党独裁统治，挑起内战的真相，宣传自身民主建国的理念，同时呼吁海外华侨归国参加祖国的建设事业。

（三）多样的传播渠道

中国共产党除在对外宣传中进行准确的受众定位、灵活的内容取舍之外，还选取了多样的传播渠道和媒介进行对外宣传活动。中国共产党人从实事求是的工作原则出发，在不同的历史时期，根据客观条件的不断变化，选取了不同的传播渠道进行传播活动。

在共产党成立之初，中国共产党进行对外宣传的主要渠道是参加共产国际的会议，通过这个舞台，宣传中国共产党的理念和发展状况。中共一大通过的《中国共产党第一个纲领》就要求“党中央委员会应每月向第三国际报告工作”①。共产国际历次会议上都有中国共产党代表慷慨陈词的身影。同时，中国共产党也派遣优秀党员前往海外创办华文报刊，如《少年》、《赤光》等，加紧树立起中国共产党的形象。在国内，则通过参与一些民间通讯社和报刊的工作进行宣传。随着中国共产党的壮大，党的宣传事业也逐渐形成规模，中国共产党创办了通讯社积极进行对外宣传。同时，一批中国共产党人纷纷走向海外，创办外文报刊进行宣传活动，如《救国时报》。

抗战爆发前夕，一批国际友人和记者来到中国采访中国的局势，有些甚至到达了延安，对中国共产党的领导和延安人民进行了采访。中国共产党抓住这个机会，采取人际传播的方式，积极与他们进行接触，通过他们的口和笔，传达了中国共产党的政策和理念，这些国际友人包括斯诺、斯特朗、史沫特莱等。抗战战争爆发后，由于日本侵略者的步步紧逼，中国共产党的处境日益艰难。在抗战的第一线，他们进行对外宣传的渠道和媒介主要是发放日文传单，日语喊话，深入敌占区张贴标语。在条件允许的情况下，创办专门进行对敌宣传的日文刊物，如《觉醒》、《士兵之友》、《反战》、《兵士的呼声》、《日军之友》、《战友》、《前进》等。同时，中国共产党也通过创办广播电台，用英文向海外传达中国抗日战争的局势，宣传中国共产党坚持抗战的决心。

---

① 《中共中央文件选集》第1册，中央党校出版社1982年版，第8页。

抗战胜利后，一批外国外交官来到中国。中国共产党又积极与他们进行接触，通过人际传播，向国际社会传达了国内内战的真相，宣传了中国共产党民主建国的理念。中国共产党还派遣了一批优秀报人前往东南亚，协助当地华人办报，如《华商报》、《中国文摘》等，同时，中国共产党人也通过一些私人关系，通过与海外华侨通信等人际传播渠道，传达了中国共产党建设新中国的决心，呼吁海外华侨回国参与祖国的建设。

六、结　论

中国共产党在长期的斗争实践中，从世界交往观念出发，认识到了对外宣传在传播政策理念、加强国际联系、争取国际舆论等方面的重要功能，积极开展对外宣传活动，在对外宣传工作中形成了一整套工作原则，并灵活地使用对外宣传策略，取得了良好的对外宣传效果，争取到了国际社会的支持和援助，赢得了国际舆论的同情，在世界范围内树立起了中国共产党的形象，为后来中国共产党上台执政，中华民族屹立于世界民族之林奠定了基础。

但是中国共产党并没有一味地扩大对外宣传的功能，也不主张所有的媒体都承担起对外宣传的功能。中国共产党人主张对报刊进行分工，从具体问题具体分析出发，对内宣传和对外宣传应该分开，采取不同的工作原则和宣传策略。中国共产党反对将党报与对外宣传刊物混为一谈，主张进行明确的分工。如 1931 年 1 月 27 日中共中央发布的《中共中央关于党报的决议》中就对当时党报工作进行了批评。决议指出当时的党报在“立三路线”的错误指导下，已经“成了一个单独的对外宣传品，失却其对党的工作及群众工作的领导工作，没有整顿各种斗争的经验，没有发展党内的讨论，文章偏于理论问题和策略问题，而不能带有更大限度的具体性来指导实际工作”①。从这个决议可以看出，中国共产党虽然重视

① 《中国共产党新闻工作文件汇编》上册，新华出版社 1980 年版，第 71 页。

对外宣传，但并没有将对外宣传凌驾于对内宣传之上，从当时的历史条件出发，在轻重缓急上有所取舍，体现了一个马克思主义政党在宣传工作中的灵活性和策略性。

第十六章　毛泽东新闻宣传思想

在毛泽东新闻思想诞生以来的几十年间，学术界对它的研究可以说是相当充分的，发掘了大量的相关资料，出版了众多的学术专著、论文，各种观点纷呈，争鸣气氛浓厚。毛泽东新闻思想的各个领域、各个部分，基本上都探索到了。但是通观这些研究，又不难看出其对于宏观把握的薄弱，对于具体问题、具体观点的探讨，超过了对于整体的分析。虽然没有人怀疑毛泽东新闻思想内容宏富、自成体系，但是在对毛泽东新闻思想体系本身的认识上，却缺乏有说服力的见解。而这又正是全面、深入地认识毛泽东新闻思想的关键所在。

笔者以为，毛泽东新闻思想体系是一个多层次的完整结构。它类似于金字塔。位于塔顶的最高层次为毛泽东党报理论，位于底部的基础层次为毛泽东新闻业务观念，居于两者之间的中间层次为毛泽东宣传谋略。这种多层次结构，与毛泽东作为一个伟大的政治家、宣传家和杰出的新闻工作者的多重角色是密切相关的。其新闻业务观念，是他作为一个新闻工作者对于新闻传播具体业务的认识，这是宣传策略和党报理论的基础；党报理论，则是他作为一个政治家、党的领袖对于党报工作的看法，这是统率其新闻思想体系的灵魂；而宣传谋略，又是他作为一个宣传家，对于宣传工作的总结，在毛泽东新闻思想体系中，它起到了承上启下的作用。在本章，作者打算在追溯学界关于毛泽东新闻思想研究历史的基础上，依此结构从三个方面分析毛泽东新闻思想体系。

一、毛泽东新闻思想研究的历史

（一）阶段划分

如果把20世纪40年代的延安整风运动，作为毛泽东新闻思想诞生的标志，那么，从这时起就拉开了毛泽东新闻思想研究的序幕。由此迄今，学术界、新闻界对毛泽东新闻思想的研究，大体上可划分为四个历史阶段。

第一个历史阶段是20世纪40年代，即抗日战争、解放战争时期。此期的研究又经历了两个高潮。一为延安《解放日报》改版前后。1942年年初，中共中央决定《解放日报》改版，并为此召开了改版座谈会，毛泽东发表了重要讲话。新闻界对此进行了大讨论，发表了《党与党报》、《党报和新的文风》、《政治与技术》、《开展通讯员工作》等社论，和《加强我们党报的党性》、《我们对于新闻学的基本观点》等文章，从党报性质、业务、文风诸方面进行了探索。二为1948年。是年毛泽东发表了《对华北记者团的讲话》。新闻界展开了大学习大讨论，新华社、《人民日报》及各地方党报发表了许多的讨论文章和学习体会，进一步明确了无产阶级党报的性质、任务、作用及办报方针等一系列重大理论问题。在此基础上，中国无产阶级新闻学渐渐趋于成熟。

第二个历史阶段是20世纪50年代至60年代中期。这一阶段以1957年的“反右”运动为标志，分为前后两个时期。和平的政治环境为前期的研究提出了许多新的课题。1956年《人民日报》的改版，将毛泽东新闻思想研究推向高潮。新闻界、学术界从多方面深入探讨，涉及了许多新问题，出现了百家争鸣的局面。但是第二年发生的“反右”运动，使后期的研究出现了“左倾”的倾向。新闻的阶级性和政治功能得到了过分的强调，前期的一些正确观点被作为错误的东西加以否定，整个研究界开始向非学术的方向发展。

第三个历史阶段是“文化大革命”时期。由于特殊的政治氛围及对毛泽东的神化，使一切研究都脱离了学术的轨道，所谓句句是真理，一句顶一万句。出于“活学活用，急用先学，立竿见影”的需求，报纸上成版地登载各种领袖的语录汇编；社会上流行着各种综合性的、专题性的“红宝书”。对毛泽东新闻思想的研究，也服从于当时政治斗争的需要。为了驳倒或批判所谓修正主义新闻路线，毛泽东新闻理论受到有意或无意的扭曲、肢解。学术探讨让位于政治斗争。毛泽东新闻思想本身被庸俗化、简单化了。

第四个阶段是十一届三中全会以来迄今。这一阶段以 1983 年为界，亦可划分为两个时期。前期的研究重点在于拨乱反正，恢复毛泽东新闻思想的本来面目，批判、肃清林彪集团、“四人帮”的各种流毒。1983 年，正值毛泽东诞辰 90 周年，《毛泽东新闻工作文选》出版，并在长沙举行了毛泽东新闻思想研讨会，将毛泽东新闻思想研究推向了高潮。以此为契机，全国各学术刊物发表了大量论文，尤其可喜的是，出版了一些有分量的研究专著、论文集，如窦其文的《毛泽东新闻思想研究》、康荫的《毛泽东新闻理论研究》、缪海棱的《继承与创新》，以及由湖南人民出版社编辑出版的论文集《毛泽东新闻理论研究》等。最近几年，社会上再度出现“毛泽东热”，使毛泽东新闻思想研究更趋活跃，并朝着理论化、系统化的方向发展。

（二）定义与体系的厘定

毛泽东新闻思想研究，必须首先解决的问题，就是界定毛泽东新闻思想的定义，揭示毛泽东新闻思想的体系结构。在此基础上，才能确定毛泽东新闻思想的研究范围。

界定毛泽东新闻思想的定义，也就是回答什么是毛泽东新闻思想？毛泽东新闻思想与毛泽东思想是什么关系？毛泽东新闻思想是毛泽东本人的思想，还是中国共产党集体智慧的结晶？对此，学术界的解释是不尽一致的。

缪海棱认为：“毛泽东的新闻思想——新闻理论与实践是毛泽东思想的一个组成部分。毛泽东思想是以毛泽东同志为主要代表的中国共产党人在领导中国革命的长期斗争实践中，把马克思列宁主义的普遍原理和中国革命的具体实践创造性地结合起来，吸收全党的集体智慧，不断总结提高而形成起来的。毛泽东的新闻思想则是他在和全党运用新闻武器来指导中国革命的斗争中逐步发展起来的。”①

康荫也认为：“毛泽东新闻理论，是毛泽东思想的一个重要组成部分，是马列主义新闻学原理同中国新闻工作具体实践的结合，是党的新闻广播战线的一面光辉旗帜。”“毛泽东新闻理论，正是在他从事新闻工作实践和指导党的新闻报刊广播活动中不断形成和发展的。”②

戴邦则主张：“毛泽东同志的新闻理论观点，是集体智慧的结晶，它是在党领导新闻工作不断前进的斗争中，和广大新闻工作者办报实践中产生并逐步成熟的。因此，毛泽东同志的新闻理论观点不但是毛泽东同志本人的论述，而且还包括我党指导新闻工作的许多文件。”③

徐培汀认为：“毛泽东同志的新闻理论是马克思主义基本原理与我国新闻工作实践相结合的产物，是马克思、恩格斯、列宁、斯大林办报理论的继承和发展，是我党新闻工作的集体智慧的结晶，是具有中国特色的新闻学教材。”④

这是几种具有代表性的见解。这些见解虽有这样那样的区别，但在以下内容上却是基本一致的：首先，毛泽东新闻思想不是一个孤立的存在，而是毛泽东思想体系的一个组成部分；其次，毛泽东新闻思想不是凭空产生的，而是马克思主义的新闻原理与中国革命

① 缪海棱：《继承与创新》，新华出版社 1991 年版，第 12~13 页。

② 康荫、傅俊卿：《毛泽东新闻理论研究》，中国广播电视出版社 1986 年版，第 2 页。

③ 戴邦：《准确地理解毛泽东同志的新闻理论观点》，转引自中国社会科学院新闻研究所、湖南省新闻学会编：《毛泽东新闻理论研究》，湖南人民出版社 1984 年版，第 66 页。

④ 徐培汀：《毛泽东与新闻学》，转引自中国社会科学院新闻研究所、湖南省新闻学会编：《毛泽东新闻理论研究》，湖南人民出版社 1984 年版，第 113~114 页。

的新闻实践相结合的产物；再次，毛泽东新闻思想并非毛泽东个人的思想，而是中国共产党集体智慧的结晶。

作为毛泽东新闻思想的一个重要组成部分，毛泽东新闻思想又包括哪些内容？毛泽东新闻思想是否构成了一个完整的体系？如果说，毛泽东新闻思想已自成体系，那这个体系的核心又是什么？这些问题，长期以来一直是学术界讨论的焦点。从 60 多年来毛泽东新闻思想研究的历史来看，认为毛泽东新闻思想自成体系的观点，是学术界的主流，至于它又包括哪些内容，其核心何在，则有一些不同的意见。

且看毛泽东新闻思想体系的内容。窦其文认为，可以将毛泽东新闻思想的内容归纳为 6 个方面，即新闻工作的党性原则、党报的作用和任务、办报路线、新闻的真实性原则、新闻工作队伍的革命化建设和党报文风。① 康荫则把毛泽东新闻思想的内容划分为宗旨的革命性、事实的客观性、报道的求实性、传播的时效性、事业的阶级性、职能的多样性、方针的群众性、新闻的民主性、风格的鲜明性等 15 个方面。② 缪海棱又将毛泽东新闻思想划分为 10 个部分，即新闻媒介的性质、任务和作用；党性原则；讲真话，坚持真理；联系实际，调查研究；提倡中国作风、中国气派；批评和自我批评；建设又红又专的新闻工作队伍等。③ 其他一些研究者的划分，如钟沛璋等，与上述的见解也大同小异。

关于毛泽东新闻思想的核心，大多数研究者认为是新闻工作的党性原则。如钟沛璋主张，毛泽东新闻理论中，“第一个也是最根本的原则就是党性原则”④。徐培汀则直接说明党性原则为毛泽东

① 窦其文：《毛泽东新闻思想研究》，中国新闻出版社 1986 年版，第 87~93 页。

② 康荫、傅俊卿：《毛泽东新闻理论研究》，中国广播电视出版社 1986 年版，第 4~8 页。

③ 缪海棱：《继承与创新》，新华出版社 1991 年版，第 14 页。

④ 钟沛璋：《党性是新闻工作的灵魂》，转引自中国社会科学院新闻研究所、湖南省新闻学会编：《毛泽东新闻理论研究》，湖南人民出版社 1984 年版，第 3 页。

新闻理论的核心。但是也有不同的意见。如缪海棱认为，毛泽东新闻思想的核心，“是把新闻事业作为整个革命和建设事业的一个重要组成部分，利用新闻手段来全心全意地为人民服务，贯彻其中的基本精神是实事求是的科学态度”①。

由此可见，学术界对毛泽东新闻思想体系的认识，虽然有不少差异，但在对其主要内容的把握上，却是基本一致的。这几种见解把毛泽东新闻思想的主要观点都条列出来了。但是从严格的逻辑意义而言，这种列举，不免显得杂乱。通过这些见解，我们充其量只能认识毛泽东新闻思想的主要观点，而看不出毛泽东新闻思想是一个有机的整体。笔者认为，如果把毛泽东新闻思想比作一个大系统，那么这个系统就是由三个子系统有机组合而成的。它们是毛泽东党报理论、毛泽东宣传策略和毛泽东新闻业务观念。这三者与毛泽东同时作为政治家、宣传家和新闻工作者的多重角色是密切相关的。这种多层次的统一结构，不仅可以准确地体现毛泽东新闻思想体系的丰厚程度，而且还能够全部地包容前述各种意见所概括的内容。

（三）关于毛泽东新闻思想的评价

关于毛泽东新闻思想的评价，也是毛泽东新闻思想研究的一个重要课题。对这一问题的研究，是从两个方面进行的。第一，解答毛泽东新闻思想是从哪里来的？它与马列主义新闻学和近代资产阶级报业理论的关系如何？第二，评价毛泽东新闻思想的历史地位，其贡献何在？特点何在？局限性何在？这项研究的展开，可以说主要是改革开放的成果。

毛泽东新闻思想自成体系，在世界新闻学术史上，是一项了不起的成就。但是毛泽东新闻思想又不是凭空产生的。正如列宁在《论无产阶级文化》一文中所说的：“马克思主义这一革命的无产阶级思想体系赢得了世界历史性的意义，是因为它并没有抛弃资产

① 缪海棱、杜跃进：《继承传统，勇于创新》，载《新闻纵横》1985年第1期。

阶级时代最宝贵的成就，相反地却吸收和改造了两千多年来人类思想和文化发展中一切有价值的东西。”① 毛泽东新闻思想也是在吸收和改造前人思想成果的基础上形成和发展起来的。现在几乎没有人怀疑国际共产主义运动与中国近代资产阶级改良派、革命派的办报实践，以及马克思主义者尤其是列宁的党报思想和中国资产阶级的报业理论，是毛泽东新闻思想的主要来源。没有这些来源，毛泽东新闻思想体系是不可想象的。

1. 马克思主义新闻学与毛泽东党报理论

毛泽东新闻思想形成的过程，实际是马克思主义新闻理论与中国革命的新闻实践相结合的过程。但是毛泽东新闻思想的三个组成部分中，与马克思主义新闻理论联系最紧密的，还是其党报理论。研究者们一般认为，列宁的党报思想在中国的传播，为毛泽东党报理论的形成提供了重要条件。如党性原则，作为毛泽东党报理论的核心，就直接来源于列宁的《党的组织和党的出版物》；② 还有全民办报、全党办报的方针，利用党报开展批评和自我批评，建立和发展工农通讯员队伍等思想，也与国际共产主义的新闻理论原则密切相联。窦其文在分析研究中国近代无产阶级新闻思想史的基础上，得出如下结论：“从字面上看，毛泽东同志直接征引列宁的言论及党报工作的文字并不多。但是从思想内容上分析，我们却明显地看到，他对列宁办报思想精神实质的深刻理解和结合中国无产阶级党报工作实际的灵活运用。”③ 缪海棱的观点也与此类似，这些观点，引起了学术界的共鸣。

2. 资产阶级新闻学与毛泽东新闻思想

近年来，主张中国近代资产阶级的报刊实践和报业理论，是毛

① 《列宁选集》第4卷，人民出版社1995年版，第299页。

② 徐培汀：《毛泽东与新闻学》，转引自中国社会科学院新闻研究所、湖南省新闻学会编：《毛泽东新闻理论研究》，湖南人民出版社1984年版，第119~120页。

③ 窦其文：《关于毛泽东同志党报理论形成的探讨》，转引自中国社会科学院新闻研究所、湖南省新闻学会编：《毛泽东新闻理论研究》，湖南人民出版社1984年版，第95页。

泽东新闻思想基本来源之一的见解，在学术界几乎听不到反对的声音。但在20世纪70年代以前，这种情形是无法想象的。那时阶级矛盾和阶级斗争被绝对化，两大阶级水火不容，不共戴天，作为无产阶级领袖的毛泽东，岂能吸收、借鉴资产阶级的报业思想？十一届三中全会以来，随着实事求是的思想路线的确立，学术界已能理性地对待历史。人们都注意到了学生时代的毛泽东与报刊的接触、对新闻工作的兴趣及其参加北京大学"新闻学研究会"的活动。20世纪80年代，一些研究者开始正面论及毛泽东新闻思想和资产阶级报业理论与实践的继承与发展关系。其中最有代表性的观点还是窦其文提出的。他在《毛泽东新闻思想研究》一书中认为："毛泽东同志新闻思想从萌芽到发展，继承了前人办报的历史传统，也就是总结中国资产阶级改良派和资产阶级革命派的办报经验，并加以革命的改造，结合新的革命斗争实践，进行了创造性的运用。譬如毛泽东同志对报刊政治宣传作用的强调，对报刊工作任务的理解，甚至对报纸文风、体裁的要求，我们都可以从资产阶级改良派和资产阶级革命派办报那里找到他学习、借鉴之处。"从目前已经公开的各种材料来看，窦其文的这一见解是很有说服力的。

3. 毛泽东新闻思想的历史地位

在马克思主义新闻学说史上，毛泽东新闻思想是一个极其重要的存在。它不仅以其特有的符合中国新闻事业发展实际的内容，而且以其对阶级社会新闻传播活动的全面探索，丰富了马克思主义新闻学说。毛泽东作为一个思想家，对于新闻学术的贡献是很大的。但是在评价其贡献的问题上，学术界、新闻界曾有两种截然不同的看法。"文革"期间，由于对毛泽东的神化，毛泽东新闻思想亦被推到顶峰地位。根据"顶峰论"，新闻思想就此止步，再也不用发展了。新闻研究应仅限于解释毛主席的语录。在狂热的气氛下，人们普遍认为："对毛主席的指示，照办，就有明确的方向；照办，就有正确的方法；照办，就能团结最广大的群众；照办，就有无穷的力量；一句话，对毛主席的指示，照办就是胜利。”①

随着关于真理标准的讨论的开始和《关于建国以来党的若干历史问题的决议》的通过，学术界产生了新的认识。人们首先否定了“顶峰论”。在此基础上，开始了客观的评价。对毛泽东的新闻实践活动，尤其是他在新闻写作方面的天才表现，新闻界没有例外地视之为杰出的典范。至于其新闻理论，则由于“阐明了无产阶级新闻事业的党性原则，概括了党的新闻工作的历史经验，解决了宣传报道工作中许多重要的实际问题，培育了人民新闻事业的优良传统和作风，对丰富和发展马列主义新闻学思想作出了重大贡献，成为我国新闻事业的宝贵的精神财富”②。

与其他马列主义经典作家相比，毛泽东新闻思想的个性特征是颇为鲜明的。首先，毛泽东特别强调报刊宣传应服务于政治斗争的需要。这从他在各个历史时期异常强调党报宣传的政治作用上可以明显地看出。有人认为，毛泽东在当时的历史条件下这样认识和提出问题，“是中国现实社会存在的规定，是时代条件的需要”③。作为党的领袖的毛泽东，面对复杂激烈的阶级斗争，自然会从政治斗争需要的角度出发，提出党报的工作任务和应发挥的作用，这是很正常的。而且从当时的实际效果看，正是这种观念，为革命带来了不少的好处。其次，在毛泽东新闻思想体系中，对宣传谋略、新闻业务的探讨占有相当重要的地位，而这又正是为其他马列主义新闻理论家所忽视的。这一特点，近年来已引起不少研究者的关注。

然而，毛泽东新闻思想的局限性也是比较明显的。这一问题虽然在20世纪70年代之前未能触及，但在十一届三中全会以来，研究者们已能大胆地谈论。既然“顶峰论”被否定，毛泽东新闻思

① 《人民日报》1970年4月1日社论。

② 康荫：《社会主义新闻事业要有中国特色》，转引自中国社会科学院新闻研究所、湖南省新闻学会编：《毛泽东新闻理论研究》，湖南人民出版社1984年版，第123页。

③ 窦其文：《关于毛泽东同志党报理论形成的探讨》，转引自中国社会科学院新闻研究所、湖南省新闻学会编：《毛泽东新闻理论研究》，湖南人民出版社1984年版，第104页。

想自然就存在着某些未尽完善的地方，而需要后人继续发展。学术界几乎一致地认为，毛泽东新闻思想的局限性主要表现在两个方面：一为对报刊性质的规定："在世界上存在着阶级区分的时期，报纸又总是阶级斗争的工具。"二为其赋予报刊媒介的使命，过于偏重于政治，强调宣传政策、鼓舞斗志、组织舆论、政治家办报，而忽视了新闻媒介的经济功能、娱乐功能和信息传递功能。这两方面，在你死我活的战争年代，是可以理解的。但是在新中国成立后尤其是在经济建设成为国家头等大事的情况下，仍然过分强调报纸的阶级斗争工具的性质和政治使命，显然是不利于新闻事业的全面发展和国家的建设大业的。

因此，学术界普遍认为，适应社会历史条件和新闻事业的重大变化，在继承的基础上来发展毛泽东新闻思想是时代的要求。而十一届三中全会以来的历史表明："我们党在领导全国各族人民实现历史性转折中，创造和积累了许多新鲜经验，作出了许多新的理论概括，进一步丰富和发展了毛泽东思想，其中也包括了新闻理论。"① 戴邦进一步认为，在新的历史时期对毛泽东新闻理论的继承和发展的集中体现，就是1981年党中央发布的《关于当前报刊新闻广播宣传方针的决定》和《邓小平文选》中对新闻工作的理论阐述。② 这一观点，在学术界也很流行。

总之，学界60余年来对毛泽东新闻思想的研究，是取得了不少成果的。在此期间，学术界对毛泽东新闻思想的研究全面展开，在党报理论、宣传谋略、新闻业务观念等方面进行了比较深入、系统的研究和探讨，发掘了许多新的材料，开拓了新的思路，取得了许多重要的研究成果；同时也在更高的理论层次上，将毛泽东新闻思想体系梳理出来。但是从时间上看，这60年的

---

① 徐培汀：《毛泽东与新闻学》，转引自中国社会科学院新闻研究所、湖南省新闻学会编：《毛泽东新闻理论研究》，湖南人民出版社1984年版，第121页。

② 戴邦：《准确地理解毛泽东同志的新闻理论观点》，转引自中国社会科学院新闻研究所、湖南省新闻学会编：《毛泽东新闻理论研究》，湖南人民出版社1984年版，第178页。

前后差别也很大。时间越是靠前，毛泽东新闻思想研究的政治色彩越浓，研究水平越低，其成果亦愈少；反之，时间越是靠后，研究的成果越多，研究水平越高，其政治色彩亦愈淡。也就是说，60 年毛泽东新闻思想研究的重头戏是在十一届三中全会以来的第四阶段。当然，我们也注意到，到目前为止的毛泽东新闻思想研究也存在着一些薄弱环节，如关于毛泽东的宣传策略、毛泽东新闻思想的局限性及毛泽东新闻思想在新的历史时期的发展问题等，学术界的探讨较少，缺乏有分量的专著、论文，这是今后应该予以充分注意的。

二、毛泽东党报理论

毛泽东党报理论，是毛泽东新闻思想体系的最高层次，是统率整个思想体系的灵魂。它是毛泽东作为中国共产党最高领导人站在党的建设立场，根据现代政党政治运行的规律，结合中国无产阶级政党报刊活动的实践提出来的。在这个部分，毛泽东解决了党报的使命、办报方针及党报工作者必须遵循的党性原则等问题。

（一）党报使命观

近代报刊自问世以来，便一直是阶级的舆论工具。各阶级依其经济政治实力的大小而拥有规模不等的新闻宣传系统，并赋之以独特的使命。在无产阶级与资产阶级的斗争中，报刊又成为它们的重要武器。毛泽东认为，党报作为革命文化的重要环节，“在革命前，是革命的思想准备；在革命中，是革命总战线中的一条必要和重要的战线”,① “是团结自己、战胜敌人必不可少的一支军队”②。它对于“全体人民，有极大的组织、鼓舞、激励、批判、推动的

① 《毛泽东选集》第 2 卷，人民出版社 1991 年 6 月第 2 版，第 708 页。
② 《毛泽东选集》第 3 卷，人民出版社 1991 年 6 月第 2 版，第 847 页。

作用"①。这些论述，揭示了党报的重大使命。

具体来说，毛泽东揭示出的党报使命，主要有以下几点：

其一是宣传党的政策。1941 年，在延安《解放日报》尚未正式出版时，毛泽东就指出："一切党的政策，将经过《解放日报》与新华社向全国宣达。"② 在他看来，共产党人不同于其他政党的重要区别之一，就是斗争目标的公开性和群众性。"我们的政策，不光要使领导者知道，干部知道，还要使广大的群众知道。"怎样使广大群众了解党的政策？渠道之一就是报刊。因而"有关政策的问题，一般都应当在党的报纸上或刊物上进行宣传"。"报纸的作用和力量，就在它能使党的纲领路线，方针政策，工作任务和工作方法，最迅速最广泛地同群众见面"，③ 使党的政策直接转变为群众的实际行动。

其二是传播典型经验。共产党的路线是人民的路线，只有全体群众行动起来，集中在党的旗帜下，才能实现党的最终目标。而在群众中间，知识水平、工作能力、觉悟程度又是不尽一致的。这就需要先进带动后进、典型促进一般。因此"领导者的责任，就是不但指出斗争的方向，规定斗争的任务，而且必须总结具体的经验，向群众迅速传播这些经验，使正确的获得推广，错误的不致重犯"④。

其三是制造革命舆论，反击反革命宣传。毛泽东认为："一个新的社会制度的诞生，总是要伴随一场大喊大叫的，这就是宣传新制度的优越性，批判旧制度的落后性。"⑤ 而作为旧制度的直接受益者的反动阶级，必不甘心于自己的失败，他们必然会从宣传乃至军事上进行反扑，破坏革命的名声，污蔑革命的目的。对此无产阶级党报决不能听之任之，而应该"向反革命宣传反攻，以打破反

---

① 《毛泽东新闻工作文选》，新华出版社 1983 年版，第 202 页。

② 《毛泽东新闻工作文选》，新华出版社 1983 年版，第 54 页。

③ 《毛泽东新闻工作文选》，新华出版社 1983 年版，第 149 页。

④ 《毛泽东新闻工作文选》，新华出版社 1983 年版，第 146 页。

⑤ 《毛泽东新闻工作文选》，新华出版社 1983 年版，第 178 页。

革命宣传"①。

其四是组织群众，推进革命运动。早在红军时期，毛泽东就认为："红军宣传工作的任务，就是扩大政治影响，争取广大群众。由这个宣传任务之实现，才可以实现组织群众，武装群众，建立政权，消灭反动势力，促进革命高潮等红军的总任务。"② 抗日战争时期，毛泽东又规定《解放日报》的使命为"团结全国人民战胜日本帝国主义"③。联系到前面三条，不难看出它们之间的内在联系。不通过党的政策宣传、经验传播和舆论的制造，就不可能组织起广大的民众，也就是说，前面三大使命的实现是组织群众的前提；而组织群众推进革命运动，则是宣传政策、传播经验、制造舆论的目的。

此外，毛泽东还很重视党报的批评监督作用，认为这是发挥群众积极性的重要途径。而这种积极性"必须具体地表现在领导机关、干部和党员的创造能力，负责精神，工作的活跃，敢于和善于提出问题、发表意见、批评缺点，以及对领导机关和领导干部从爱护观点出发的监督作用"，④ 并强调党报批评应从有利于革命、有利于团结的立场出发，不能把它用作攻击个人的工具，同时还要避免片面性。只有这样，党报才能促进而非阻碍社会的发展。

毛泽东的党报使命观是很深刻的。但是总的看来，他所揭示的使命基本上偏重党报的政治功能。宣传政策也好，组织群众也好，制造舆论也好，批评监督也好，基本上是在报刊作为政治斗争工具的意义上讲的。这在战争年代，是可以理解的。然而，历史已经证明，在新中国成立以后，尤其是在经济建设成为我党头等大事的情况下，仍然过分强调这种偏重于政治功能的使命观，就不利于党报事业、广播电视事业的全面发展了。

---

① 《毛泽东新闻工作文选》，新华出版社 1983 年版，第 5 页。

② 《毛泽东新闻工作文选》，新华出版社 1983 年版，第 15 页。

③ 《毛泽东新闻工作文选》，新华出版社 1983 年版，第 55 页。

④ 《毛泽东选集》第 2 卷，人民出版社 1991 年版，第 529 页。

（二）办报方针

全党办报，全民办报，是国际无产阶级报刊事业的优良传统。早在十月革命前，列宁就要求所有的社会民主党人都为党的报纸工作，呼吁“所有的人，特别是工人，给我们写些东西”①。毛泽东在实际斗争中也意识到这一方针的重要意义。他在《对晋绥日报编辑人员的谈话》里指出：“我们的报纸也要靠大家来办，靠全体人民群众来办，靠全党来办，而不能只靠少数人关起门来办。”②他又说办好一家报纸，“不但是办的人的责任，也是看的人的责任。看的人提出意见，写短信短文寄去，表示喜欢什么，不喜欢什么，这是很重要的，这样才能使这个报办得好”③。这与列宁的观点是一致的。

在列宁办报思想的基础上，毛泽东进一步探讨了怎样实现办报方针的问题。在他看来，实现办报方针，可以通过四条途径。

第一，吸收党外人士参加党报的编委会，在党报上发表党外人士的言论。抗日战争时期，毛泽东就指示《解放日报》、《新华日报》及各抗日根据地的报刊，“应吸收广大党外人员发表言论……并尽可能吸收党外人员参加编辑委员会”，“党报工作者必须学会善于吸引党外人员在党报上写文章、写通讯的方式和方法”。在他看来，在党报上将党外人士拒之门外的做法，貌似革命，实是一种典型的宗派主义态度。它只会造成“党外人员对党的过失缄口不言的现象”④。

第二，刊登群众来信，反映群众的呼声和要求。根据毛泽东的其他论述，群众来信一方面可以作为生活亲历者对现实生活的生动描述；另一方面，它还能直接反映群众的要求，成为把握群众呼声

① 转引自杨春华、星华编译：《列宁论报刊与新闻写作》，新华出版社1983年版，第229页。

② 《毛泽东新闻工作文选》，新华出版社1983年版，第150页。

③ 《毛泽东新闻工作文选》，新华出版社1983年版，第48页。

④ 《毛泽东新闻工作文选》，新华出版社1983年版，第94页。

的晴雨表，是沟通党与群众联系的精神桥梁。因此，党委和党报绝不能掉以轻心，必须“给人民来信以恰当的处理”①。

第三，建立团结在党报周围的工农通讯员队伍。毛泽东认为，发展通讯员队伍，不仅能通过他们加强与群众的联系，而且还能及时报道社会生活的重大新闻，使报纸更加符合实际，使政策宣传及时变为群众的实际行动。

第四，毛泽东还主张所有的机关、工厂、学校、连队都可以也应该自己办报。他说：“一个伙食单位，比如说有一百个人，出墙报一张，这里总有一个首长，他就要把墙报当作自己组织工作、教育群众、发动群众积极性的武器。”② 这即是说，宣传不仅是新闻工作者的事，其他战线的实际工作者，都可以而且也应该进行符合当地实际的宣传工作。

毛泽东的上述探索，具有极其重要的实践价值。首先，通过这些途径，党报宣传不仅是记者、编辑的事业，而且也成了广大党员群众的事业。而群众的信赖和支持，又是报刊生存的根本条件。其次，全党办报、全民办报，使得党报及其宣传更富有群众性，更贴近群众的生活实际，从而更易于为群众所接受。再次，由于在党报周围，团结了一大批热衷于宣传的工农通讯员和其他积极分子，使他们在动员群众、组织群众方面的作用，足以与党的职能机关相媲美。这种情形，即使在改革开放的今天，也仍然存在。在这个意义上，全党办报、全民办报仍是我们应该遵循的办报方针。

（三）党性原则

在国际共产主义运动史上，关于无产阶级报刊工作党性原则的最早表述，是由列宁作出的。他认为无产阶级应该提出出版物的党性原则，并且尽可能以完备和完整的形式实现这个原则。这个原则就是，党报“不能是个人或集团的赚钱工具，而且根本不能是与

① 《毛泽东新闻工作文选》，新华出版社 1983 年版，第 173 页。

② 《毛泽东新闻工作文选》，新华出版社 1983 年版，第 114 页。

无产阶级总的事业无关的个人事业”，它“应当成为无产阶级总的事业的一部分”；他还主张，“报纸应该成为各个党组织的机关报”，“出版物和发行所……都应该成为党的机关，向党报告工作”。① 毛泽东在指导中国革命宣传实践的过程中，接受了这一原则，并且进一步研究了如何坚持党性原则的问题。

毛泽东认为，要坚持党性原则，首先就得加强党委对报刊的绝对领导。这种领导可以分为三种形式。一是“把新闻记者、报纸工作人员和广播工作人员召集起来开会，跟他们交换意见，告诉他们宣传的方针”②。使他们有所遵循，不至于偏离党所规定的方向。二是根据中央政策精神，检查新闻宣传工作。此种检查分事前检查和事后检查两种。前者是回顾过去，对前阶段的宣传进行检讨，以发扬成绩，纠正错误；后者则是在党报出版之前，“由一个完全懂得党的正确路线和正确政策的同志，将大样看一遍，改正错误观点，然后出版”③。三是党委第一书记亲自抓社论，把握党报宣传的基调。只有这样，党报宣传才不会偏离方向。

应该指出，这里所谓的绝对领导，并不是没有条件的。毛泽东认为，党委的领导必须符合实际情况，“马克思主义是按情况办事的，情况就包括客观效果。群众爱看，证明领导得好；群众不爱看，领导就不那么高明吧？”“不正确的领导，不按情况办事，脱离实际，脱离群众，使编报的人感到不自由，编出来的报纸群众不爱看，这个领导一定是教条主义的领导。”④ 可见，毛泽东所说的绝对领导，是将不正确的领导、教条主义的领导排除在外的，这一点对宣传工作至关重要。因为宣传是一种复杂的思想工作，是通过锲而不舍、水滴石穿的方式，渗透对方心理，进而改变其态度行为的活动。任何粗暴的不切实际的领导都将导致宣传的失败。过去人

① 《列宁全集》第 10 卷，人民出版社 1958 年版，第 25~29 页。

② 《毛泽东新闻工作文选》，新华出版社 1983 年版，第 183~184 页。

③ 《毛泽东新闻工作文选》，新华出版社 1983 年版，第 155 页。

④ 《毛泽东新闻工作文选》，新华出版社 1983 年版，第 189 页。

们往往忽视这一点，只讲绝对领导，而不讲领导方法的科学性，是不可取的。

其次，作为党的耳目喉舌，党报要无条件地服从党的政策。党委的领导，只是确保报纸政治方向的外部条件。要使报纸成为富有战斗性的机关报，关键的是要发挥党报遵守党的纪律的自觉性。

再次，毛泽东还根据党性原则，对党报工作者提出了两大基本要求。一是树立无产阶级世界观方法论，站稳无产阶级立场；二是一切根据政策，克服宣传人员中闹独立性的错误倾向，重大问题的处理须请示上级，“任何下级人员，不得擅自表示态度”①。

不难看出，毛泽东党报理论作为毛泽东新闻思想的最高层次，并不是从天上掉下来的，而是直接来源于马克思主义经典作家有关党报活动的论述。但是毛泽东并没有满足于前人的论断，而是在前人的基础上作了进一步的阐发，从而为马列主义新闻学说的丰富和发展，作出了重要的贡献。

三、毛泽东宣传谋略

毛泽东还是一个杰出的宣传家。这是他不同于蒋介石的一个重要特质。后者将现代政治斗争、政治运动仅仅理解为不同政治力量、军事力量的较量，过于重视枪杆子，认为军队可以决定一切。毛泽东则不然，他虽然承认“枪杆子里面出政权”的硬道理，但是始终坚持要用革命两手——枪杆子和笔杆子——对付反革命的两手。蒋介石最终败退台湾，固然有其必然的逻辑，但忽略宣传、轻视笔杆子，应该是其中一个重要的原因。毛泽东的成功就在于以革命的两手搏击蒋介石的单手。宣传、笔杆子在毛泽东的心目中，占有十分重要的地位。在其指导中国革命宣传实践的过程中，总结出了

① 《毛泽东新闻工作文选》，新华出版社1983年版，第162页。

一系列行之有效的宣传谋略。这些谋略，可以归纳为以下几个方面。①

（一）全面地认识宣传对象

所谓宣传，是通过提供情报，阐述某种主义、主张、思想观点以影响特定对象的心理、态度及其行为方式的活动。宣传的成功与否，在很大程度上取决于对宣传对象的了解程度。不了解对象的宣传是盲目的宣传，注定是得不到什么效果的。这是新闻学、宣传学的基本法则。毛泽东认识到这一法则的重要性，因而告诫党的新闻工作者："如果真想做宣传，就要看对象，就要想一想自己的文章、演说、谈话、写字是给什么人看、给什么人听的。否则就等于下决心不要人看，不要人听。"② 他反问那些无的放矢，不看对象的党八股爱好者，射箭要看靶子，弹琴要看听众，写文章做演说倒可以不看读者不看听众么？我们和任何人做朋友，如果不懂得彼此的心，不知道彼此心里想些什么东西，能够做成知心朋友么？所以，"做宣传工作的人，对于自己的宣传对象没有调查，没有研

① 关于毛泽东的宣传策略，还有两篇文章值得注意，一是拙作《毛泽东十大宣传策略》。该文将毛泽东的宣传策略归纳为十大原则：了解群众情绪，实现心理共鸣；机动灵活，以对象、时间、地点为转移；由近及远，切合群众的生活实际；杜绝假话，忠实地报道事实；虚实结合，坚定方向；软硬兼顾，选材精当；典型宣传，带动一般；"种牛痘"，增强群众的免疫力；全党办报，全民办报；掌握分寸，下毛毛雨，增强渗透力等。作者认为，这些策略虽然形成于战争年代和中华人民共和国成立初期，但是，"作为毛泽东新闻思想的重要组成部分，直到今天。仍然具有重要的现实意义"。二是周志雄的《毛泽东新闻宣传艺术探讨》，从四个方面分析了毛泽东的宣传艺术：其一是宏观与微观结合运用的艺术，即通过对宣传性质的把握，对宣传方向、宣传领导权的控制来从宏观上驾驭宣传的全局，同时激发新闻工作者的积极性、主动性和创造性，实现微观搞活；其二是灵活运用时空差的艺术，准确地把握新闻发布的时间节奏，使新闻事实跳动的脉搏同进步的社会趋势、政治潮流等发生共振；其三是正面宣传与倒宣传辩证运用的艺术；其四是积累效应与引导效应双重结合运用的艺术。——参见《传播观念的历史考察》，武汉大学出版社 1997 年版，第 243~244 页。

② 《毛泽东选集》第 3 卷，人民出版社 1991 年版，第 836 页。

究，没有分析，乱讲一顿，是万万不行的”①。

在毛泽东看来，对宣传对象主要应了解三个方面的内容。

其一是对象的情绪状态。情绪是影响宣传效果的重要因素。了解了对象的情绪，才能使宣传“切合群众的情绪”，从而实现宣传者与读者对象情感的共鸣。而所谓情绪，乃是人们对现实世界的一种特殊的反应方式，是人们对客观事物能否满足自己的需要而产生的态度体验。当人们处于某种态度体验，诸如愉快、忧愁、赞叹、激愤、爱慕中时，这种体验的色彩总会或多或少地影响到他们对接触对象的感知，或直接投影到接触对象身上。表现在新闻宣传过程中，态度体验就影响到对象对传播内容的取舍。与对象情绪色彩一致的内容，几乎会毫无例外地取得显著的宣传效果，反之，则易于为对象所抵制。所以宣传家的任务，首要的便是把握、了解宣传对象的情绪。

其二是对象的知识能力。毛泽东认为，群众的知识能力是制约其接受外来宣传信息的另一要素。一般来说，有知识、有能力的宣传对象，比较喜欢理性的说服、典雅的文句、深刻的分析和广博的引证。相反地，文化水平低的对象，则喜欢情绪的鼓动、浅显的比喻、通俗的文字。一切宣传活动都应该以对象为转移，适应不同对象的知识能力而有所变化。如果宣传对象是社会上最广大的中下层群众，那么就要尽可能地降低宣传内容的知识水准。“如果我们没有学会说群众懂得的话，那末广大群众是不能领会我们的决议的。”② 因此，必须切实地把握群众 的知识水平，并且“随时都善于简单地、具体地、用群众所熟悉和懂得的形象来讲话”③。

其三是对象的现实需要。宣传要达到目的，其内容必须能满足对象的现实需要。对象的需要有物质和精神两个层面。物质需要关系到对象的衣食住行，精神需要则关系到对象的自尊、交际心理和娱乐文化心理。凡是与对象需要相关，并能给予满足的宣传内容，

① 《毛泽东选集》第3卷，人民出版社1991年版，第837页。
② 《毛泽东选集》第3卷，人民出版社1991年版，第843页。
③ 《毛泽东选集》第3卷，人民出版社1991年版，第843页。

就能打动对象的心弦；反之，则无异于隔靴搔痒。因此，办报也好，办广播电台也好，均应“根据当地人民的需要（联系群众、为群众服务），否则便是脱离群众”①。而脱离群众，无视对象需要的宣传，注定是收不到实际效果的。

（二）合理地组织宣传材料

宣传总是一定内容的宣传。宣传的内容、材料的组织，是宣传能否成功的关键。在这个问题上，毛泽东从四个方面进行了探索。

第一是关于软材料与硬材料的搭配。所谓硬，是指题材比较严肃的政治、经济、科技新闻和富有战斗性的评论；而软，则是指人情味浓厚、写法轻松的社会新闻、文艺副刊、琴棋书画等信息内容。这两类不同性质的内容，究竟应占多大比例，一直是人们争论的焦点。毛泽东认为，无产阶级的新闻宣传机关，应该表现出共产党人光明磊落的胸怀和无所畏惧的战斗精神。因此，我们的报纸“要尖锐、泼辣、鲜明”，毫不吞吞吐吐。也就是说，无产阶级报纸及其宣传，首先应该具备硬的品质。只有硬的材料，才能动员民众，鼓舞士气。但是毛泽东在强调硬的同时，又指出，“不要太硬，太硬了人家不爱看”。因为那种过于严肃的题材难以提起并维持群众的阅读兴趣，其结果往往适得其反。所以应该而且“可以把软和硬两个东西统一起来”，② 在宣传内容中，适当增加软性题材的比重。在这点上他很赞成《文汇报》的做法，表扬该报“搞得活泼，登些琴棋书画之类”。另外，毛泽东又认为，增强软性还可以从改进文章的写法着手。如果“文章写得通俗、亲切，由小讲到大，由近讲到远，引人入胜”，③ 即便是硬的题材，也给软化了。当然，毛泽东并非主张新闻宣传要无限制地软下去，而是主张软与硬的辩证统一。在宣传内容的软硬对比上，毛泽东比较明显地偏重于硬，软只是处于比较次要的地位。这与他作为革命家、政治

---

① 《毛泽东新闻工作文选》，新华出版社 1983 年版，第 120 页。
② 《毛泽东新闻工作文选》，新华出版社 1983 年版，第 190 页。
③ 《毛泽东文集》第 7 卷，人民出版社 1999 年版，第 263 页。

家的战斗性格是极为贴切的。

第二是远材料与近材料的配合。在毛泽东看来，要宣传群众，就得从群众的生活实际出发，由近及远，逐步铺陈。他指示报纸登新闻的次序，应是“本乡的、本区的、本县的、本省的、本国的、外国的、由近及远”；其内容，“国内国际消息要少，只占十分之三，本军、本地、近地消息要多，要占十分之七”。他要求“《时事简报》的新闻，特别是本地和近地的新闻，一定要是与群众生活紧密地关联着的。如牛瘟、禾死、米荒……都是与群众生活密切关联的。群众一定喜欢看。凡属不关紧急的事不登载”。只有这样，“才能引动士兵和群众看报的兴趣，取得我们所要取得的效果”①。这种观点，与新闻学的接近性原理是一致的。根据接近性原理，新闻受众一般倾向于接受发生在自己身边，或与自己生活密切相关的事件的信息。换言之，宣传内容是否靠近读者，是否与读者直接或间接的生活需要相关，乃是决定读者接受态度的重要因素。但是，强调接近性，并非将宣传局限于近的内容。这样只会使对象闭目塞听。我们强调近，是为了由近及远，为了更好地配合远距离的内容。

第三是典型材料与一般材料的协调。早在抗战时期，毛泽东就要求各级政治机关注意收集八路军、新四军中出现的典型的民族英雄。认为“表扬这些英雄及其英勇行为，对外宣传与对内教育均有重大意义”②。毛泽东一方面肯定典型宣传对实际工作的重大作用，另一方面又认为典型作为一种社会现象，可以分为三种，先进的、中间的和落后的。在宣传实践中，中间典型一般没有多大的宣传价值。而先进典型的宣传价值则是非常明显的。因为这种典型一旦经过报刊广为宣传，就会像一面飘扬的旗帜，吸引带动一大片已经觉悟或正在觉悟的群众，成为现实政治运动的推动力。但是毛泽东也意识到，典型总是一般基础上的典型，离开了一般也就无所谓典型。所谓红花尚须绿叶扶，也就是说，报刊宣传的不能尽是些典

① 《毛泽东新闻工作文选》，新华出版社 1983 年版，第 29~32 页。

② 《毛泽东新闻工作文选》，新华出版社 1983 年版，第 43 页。

型，典型的材料只有和一般的材料结合起来，才能起到典型的带动作用。

第四是正面材料与反面材料的组合。毛泽东认为，报纸的宣传内容，就其性质而言，可以分为正面和反面两类。正面的材料，旨在弘扬正气，歌颂成绩，赞美英雄，催人奋发；反面的材料，则是要揭露缺点，批评错误，控诉罪恶，压倒邪气。在他看来，这两种材料对报纸来说同样是不可缺少的。但是在中国革命长期的宣传实践中，人们往往会自觉地偏爱正面的宣传，而忽视反面的材料。应该说，以正面宣传为主是不错的，但是作为宣传家，还须予反面材料以一席之地。毛泽东主张："凡典型的官僚主义、命令主义和违法乱纪的事例，应在报纸上广为揭发。"① 如果把它们"封锁起来，反而危险"。因此应该在思想领域"种牛痘"，即"人为地把一种病毒放在人体里面去，实行'细菌战'，跟你作斗争，使你的身体里头产生一种免疫力"。也即是说通过宣传工具，"把毒草，把非马克思主义和反马克思主义的东西，摆在我们同志面前，摆在人民群众和民主人士面前，让他们受到锻炼"，② 以增强其对病毒、对错误东西的抵抗力。如果无视这种反面的教材，专注于正面的宣传，就无法使群众认识到社会现象的复杂性。当人们在生活中遇到了报纸上从来未接触过的怪事怪论时，既不能认识其坏处，也不能想方设法克服它、消除它。所以反面的材料，应该成为新闻传播不可缺少的内容。不过，在具体内容的安排上，正面材料应居于主导地位，而且"在开展反坏人坏事的广泛斗争达到了一个适当阶段的时候，就应将各地典型的好人好事加以调查分析和表扬，使全党都向这些好的典型看齐，发扬正气，压倒邪气"③。这一观点对中国革命宣传实践的影响是至关重要的。

（三）科学地运用宣传手段

在毛泽东的宣传实践中，科学地运用多种宣传手段，准确地把

① 《毛泽东新闻工作文选》，新华出版社 1983 年版，第 174 页。

② 《毛泽东新闻工作文选》，新华出版社 1983 年版，第 185 页。

③ 《毛泽东新闻工作文选》，新华出版社 1983 年版，第 174~175 页。

握宣传力度，是其成功的重要经验。根据毛泽东的理解，宣传也是一场战争。要取得战争的胜利，就必须灵活地运用多种传播媒介，采用最能感动读者的宣传方式，精确地控制宣传信息的流量。且看对传播媒介的运用。早在第二次国内革命战争时期，毛泽东就把传单、布告、宣言作为重要的宣传文件，并认为邮寄宣传品，即在邮件上印上宣传鼓动口号，是不可替代的宣传工具。他还认为，“壁报为对群众宣传的重要方法之一”，化妆宣传也是一种最具体最有效的宣传方法。他要求“各政治部负责征集并编制表现各种群众情绪的革命歌谣”，“军政治部宣传科的艺术股，应该充实起来，出版石印的或油印的画报”。① 后来，随着我党广播事业的诞生，毛泽东又指导全党要充分地利用这一新的媒介。可见在当时历史条件许可的范围内，对于口头宣传、文字宣传、实物宣传的各种手段、体裁，毛泽东都已充分地注意到了。

毛泽东还非常重视在宣传过程中对信息流量的控制。他反对强行灌输，而主张讲究分寸，主张根据对象的心理承受能力，多下毛毛雨，慢慢地渗透。他告诫宣传工作者“不要在几个小时内使人接受一大堆材料，一大堆观点，而这些观点和材料又是人们平素不大接触的。一年要找几次机会，让那些平素不大接触本行事务的人们，接触本行事务，给以适合需要的原始材料或者半成品。不要在一个早上突如其来地把完成品摆在别人前面。要下些毛毛雨，不要在几个小时之内下几百公厘的倾盆大雨。‘强迫受训’的制度必须尽可能废除……要彼此有共同的语言，必须先有必要的共同的情报知识”②。在另一篇文章中他又指出：“我们共产党要学会一个办法，就是人家不听就不讲了。”③ 从这两段话中，我们可以看出毛泽东对于读者信息接受过程的基本看法。首先，读者的思想态度、行为方式的改变，是一个复杂的心理过程，用简单的灌输方式是难以达到目的的；其次，要使宣传对象具有与宣传者相同的语言和态

① 《毛泽东新闻工作文选》，新华出版社 1983 年版，第 20~21 页。

② 《毛泽东新闻工作文选》，新华出版社 1983 年版，第 206 页。

③ 《毛泽东新闻工作文选》，新华出版社 1983 年版，第 115 页。

度，必须使对象具有与宣传者相同的情报资料；最后，要使宣传卓有成效，就得遵循宣传对象的心理规律，变倾盆大雨为毛毛细雨，作长期打算，锲而不舍，水滴石穿。这一见解可以说是对马列主义宣传理论的创造性贡献。

此外，作为一个宣传家，毛泽东还深知情绪的鼓动在宣传过程中的重大作用。对于不同的宣传对象来说，情绪作用的范围是有区别的。一般而言，知识水平高的对象，其态度和行为，易于为事实的陈述和理智的说服所左右；反之，知识水平低下的普通群众，对于客观事实和意见论证大多不感兴趣，反而易于为充满激情的鼓动材料所感动。所以，如果宣传家明白自己的对象不是社会的上层，而是广大的中下层民众，那么他就应该适当提高情绪性内容在宣传过程中的地位。使宣传内容"切合群众的斗争情绪"，或者能准确地"表现多种群众情绪"。① 只有这样，才能实现宣传者与宣传对象的情感共鸣，"提高群众斗争情绪"，② 鼓舞人民的士气。这一观点与历史上其他著名的宣传家，如列宁、梁启超是不谋而合的。

（四）准确地把握时空环境

宣传总是在一定的时间、一定的空间范围内进行的。时间空间的特殊性，往往会给特定历史条件下宣传活动以鲜明的个性特征。为了实现宣传的目的，宣传家必须一切以时间地点为转移。这也是毛泽东一以贯之的重要见解。

从时间上看，毛泽东认为，宣传工作者应该注意两点。其一，在不同的时间、不同的历史阶段，宣传的内容、倾向应该有所区别。切不可千篇一律，以不变应万变。解放战争初期，毛泽东就指示中国共产党的新闻工作者，"描写美蒋怎么厉害，怎么凶，这在七月以前是必要的，七月以后则不但不必要，且有副作用了"③。也就是说，时间变化了，形势不同了，宣传的内容调子也应随之发

① 《毛泽东新闻工作文选》，新华出版社 1983 年版，第 18 页。

② 《毛泽东新闻工作文选》，新华出版社 1983 年版 ，第 26 页。

③ 《毛泽东新闻工作文选》，新华出版社 1983 年版，第 134 页。

生变化。其二，在时效性问题上，宣传家与新闻记者的理解是不大一样的。在记者看来，时效是新闻的生命，新闻发布要及时、快速；过时的东西则不成其为新闻。所以记者追求的主要目标，应该是尽可能地缩短新闻事件发生与新闻报道发表之间的时间差。时间差越短，报道速度越快，就越能引起轰动性效应。但是对于宣传家就不一样了。对于宣传家来说，与其说是追求时效，还不如说是追求时机。在许多场合，快速的报道并不能带来好的效果，甚至会完全相反。对此，毛泽东主张“对具体问题要作具体分析，新闻的快慢问题也是这样。有的消息，我们就不是快登慢登的问题，而是干脆不登”,① 免得传播一些不成熟的、错误的经验。1956 年，北京几天就实现了全行业的公私合营，宣布进入社会主义，“本来对这样的消息就要好好考虑，后来一广播，各地不顾本身具体条件，一下子都干起来，就很被动”②。可见宣传工作者对时效问题，应有正确的认识。在条件、时机允许的范围内，可以追求快速；但是一旦快速报道会造成不利的后果，宣传工作者就应该放一放，压一压，等到时机成熟后再予以报道。

在空间问题上，毛泽东主张一切宣传要适应客观情况，随着地点、情境的不同而改变。他曾指示红军，每“到一个地方，要有适合那个地方的宣传口号和鼓动口号”③。在解放战争接近尾声，我党开始全面接管大中城市时，毛泽东又认为：“在大城市工作的作风，决不能搬用在乡村工作的作风。在大城市，凡事均须从新仔细考虑，一举一动都要合乎城市的情况。”④ 由此，他主张在平津这类大城市的墙壁上不应该书写空洞的大字标语，而应该张贴有针对性的印刷品。至于在军队中进行的实际教育口号，“不要当做标语写在北平天津这样的大城市里，也不要当做单纯的口号登在大城市报纸的广告上，也不要在我军尚未实行打南京时在天津这类大城

① 《毛泽东文集》第 7 卷，人民出版社 1999 年版，第 265 页。
② 《毛泽东新闻工作文选》，新华出版社 1983 年版，第 193 页。
③ 《毛泽东新闻工作文选》，新华出版社 1983 年版，第 19 页。
④ 《毛泽东新闻工作文选》，新华出版社 1983 年版，第 160 页。

市的市民会议上去叫出来"①。只有这样因地制宜，宣传才能取得预期的效果。

四、毛泽东新闻业务观念

这是毛泽东作为一个新闻工作者，对具体的新闻传播业务的主要见解。其党报理论、宣传谋略便是在此基础上建立、发展起来的。作者认为，毛泽东的新闻业务观念，可以从新闻本质论、新闻文风论、新闻作风论三个方面去理解、把握。

（一）新闻本质论

新闻本质论，主要是回答新闻的本源和生命所在的问题。这是毛泽东新闻思想体系的一个重要内容。在毛泽东看来，新闻是新近发生的客观事实的报道，是人们对客观世界新近变动的反映，但它毕竟不等于客观事实本身。事实是新闻的本源，先有事实而后有新闻。事实是第一性的，新闻则处于从属的地位，是第二性的东西。唯其如此，新闻报道必须与客观事实相一致，符合事实的本来面目。否则就不成其为新闻。新闻的生命力，归根到底，也是宣传的生命，在于真实。虚假的、捏造的东西，一旦为民众所察觉，就会尽失民心，信誉扫地。因此，真实性原则是新闻工作的一项根本原则。

坚持报道的真实性，是无产阶级新闻宣传的优良传统，也是毛泽东的一贯主张。早在第一次国共合作时期，毛泽东就指出："我们反攻敌人的方法，并不多用辩论，只是忠实地报告我们革命工作的事实。"② 他深信事实胜于雄辩，报道事实，就是对反革命谣言的有力反击。而要坚持真实性，不仅要求宣传的每件事情都是真实的，而且还要通过报道，准确地把握社会变动的实质，把握社会的主要矛盾。假如"丢掉主要矛盾"，而只报道细枝末节（哪怕是真

① 《毛泽东新闻工作文选》，新华出版社 1983 年版，第 160 页。

② 《毛泽东新闻工作文选》，新华出版社 1983 年版，第 5 页。

实的)，也不能说它准确地反映了社会变动的本质。在长期的宣传实践中，毛泽东多次重申新闻宣传的真实性原则。在肯定“文字和材料都要是有鼓动性的”同时，又严禁扯谎，“例如，红军缴枪一千说有一万，白军本有一万说只一千，这种离事实太远的说法，是有害的”①。1945年，在党的七大上，毛泽东再一次强调，“不要吹，就是要报实数，‘实报实销’”；对于成绩、胜仗是如此，对于错误、自然灾害也要如实报道，“一点也不要隐瞒”②。后来，他又指出：“敢讲真话的人，归根到底，于人民事业有利，于自己也不吃亏。爱讲假话的人，一害人民，二害自己，总是吃亏。”③毛泽东的这一原则，表明了共产党人无所畏惧、直面现实的气魄。但遗憾的是，在解放后的一段时间里，这一原则精神被遗弃了，终于导致了大跃进时期各新闻机构争放卫星的局面。“文革”时期，更是使讲大话、空话、假话成为时尚，给国家和人民带来了巨大的灾难。

（二）新闻文风论

作为一个优秀的新闻工作者，毛泽东的讲演和文章，都非常出色。不论是哪一种体裁，均具有准确性、鲜明性、生动性，引人入胜，别具一格，表现出了具有中国特色的马克思主义文风。毛泽东非常重视文风的改进问题。他把文风提高到党风学风的高度，认为文风的好坏，直接关系到内容的表达，甚至影响全党全国。为了实现党的宣传目的，他强调：“洋八股必须废止，空洞抽象的调头必须少唱，教条主义必须休息，而代之以新鲜活泼的，为中国老百姓喜闻乐见的中国作风和中国气派。”④

根据毛泽东的论述，他所提倡的文风应该具备两大要素。

其一，文章必须通顺，合乎文法。他曾在一篇按语中批评：

① 《毛泽东新闻工作文选》，新华出版社1983年版，第29页。
② 《毛泽东新闻工作文选》，新华出版社1983年版，第214页。
③ 《毛泽东新闻工作文选》，新华出版社1983年版，第213页。
④ 《毛泽东新闻工作文选》，新华出版社1983年版，第81~88页。

“我们的许多同志，在写文章的时候，十分爱好党八股，不生动，不形象，使人看了头痛。也不讲究文法和修辞，爱好一种半文言半白话的体裁，有时废话连篇，有时又尽量简古，好像他们是立志要让读者受苦似的。”① 因而要求新闻工作者写出生动通顺的文章，不要故弄玄虚，如此，才能使宣传为广大的群众所接受。

其二，文章要具备尖锐、泼辣、鲜明的特征，表现出无产阶级的战斗风格。“我们必须坚持真理，而真理必须旗帜鲜明。我们共产党人从来认为隐瞒自己的观点是可耻的。我们党所办的报纸，我们党所进行的一切宣传工作，都应当是生动的，鲜明的，尖锐的，毫不吞吞吐吐。这是我们革命无产阶级应有的战斗风格。”②因为共产党的任务是教育人民认识真理，促使人民觉醒，动员人民起来为自己的解放而斗争，所以，党的一切宣传都应当具备这种战斗风格。

毛泽东认为，要树立马克思主义文风，表现出中国作风和中国气派，就必须坚决地反对党八股，清除教条主义的影响。因为，它们已经变成了一种死硬的、倒退的、阻碍革命的东西。不清除它，“生动活泼的革命精神就不能启发，拿不正确态度对待马克思主义的恶习就不能肃清，真正的马克思主义就不能得到广泛的传播和发展”③。毛泽东身体力行，多次强调，使得这种具有中国特色、中国作风、中国气派的马克思主义文风终于得以确立，为中国新闻事业的发展，作出了重大的贡献。

（三）新闻作风论

对新闻文风的论述，是毛泽东新闻业务观念的重要组成部分。在毛泽东看来，良好的工作作风，是贯彻正确思想路线、实现党的宣传目的的基本条件，也是影响新闻从业人员队伍素质和形象的关键。这种作风，概而言之，有两个方面的内容，即联系群众，深入

① 《毛泽东新闻工作文选》，新华出版社 1983 年版，第 180 页。
② 《毛泽东选集》第 4 卷，人民出版社 1991 年版，第 1322 页。
③ 《毛泽东选集》第 3 卷，人民出版社 1991 年版，第 833 页。

实际。这实际是党的群众路线、思想路线在新闻工作领域的具体体现。

关于联系群众，毛泽东论述较多，但大体上可归纳为三点。其一，要从群众中来，到群众中去。毛泽东认为："概念、判断的形成过程，推理的过程，就是'从群众中来'的过程；把自己的观点和思想传达给别人的过程，就是'到群众中去'的过程。"① 新闻传播就是实现这一过程的重要工具。一定的事实、一定的观点，都不可能是记者凭空的臆造，而只能来自于群众创造世界的实践活动。而这种观点、报道是否正确，又有赖于群众的检验。其二，以平等的态度对待群众。要使联系群众不致流于形式，就绝不能摆架子，"一定要打掉官风"，"必须使人感到人们之间相互的关系确实是平等的，使人感到你的心是交给他的"。人们的工作、职务、地位虽有不同，但是不论任何人的官有多大，"在人民中间都要以一个普通劳动者的姿态出现"。因此，新闻工作者应该向鲁迅学习。在毛泽东看来，"鲁迅的思想是和他的读者交流的，是和他的读者共鸣的"，② 这正是他赢得读者的重要原因。其三，真心的做群众的朋友，"而不是去做侦探，使人家讨厌"。毛泽东告诫新闻工作者，群众在某种场合不讲真话，不能怪群众，而只能怪自己。"要在谈话过程中和做朋友的过程中，给他们一些时间摸索你的心，逐渐地让他们能够了解你的真意，把你当作好朋友看，然后才能调查出真情况来。"③ 这一见解是极为深刻的。

至于深入实际，调查研究，不仅是客观报道，也是制定科学政策的重要依据。毛泽东多次强调，实际政策的制定，一定要根据具体情况。坐在房子里想象的东西，绝不是具体的情况。"所以详细的科学的实际调查，乃非常之必需。"④ 后来他又指出"没有调

① 《毛泽东新闻工作文选》，新华出版社 1983 年版，第 206~207 页。
② 《毛泽东新闻工作文选》，新华出版社 1983 年版，第 205 页。
③ 《毛泽东新闻工作文选》，新华出版社 1983 年版，第 65 页。
④ 《毛泽东农村调查文集》，人民出版社 1982 年版，第 183 页。

查，就没有发言权”①。这一观点可以说是辩证唯物主义认识论在新闻领域的体现。因为既然新闻的本原是客观事实，那就只有深入实际，调查研究，才能全面客观地认识，才能准确生动地报道。

可见，新闻工作者密切联系群众，联系实际，调查研究，乃是解决新闻的真实性问题、方向性问题的关键。唯有联系群众，方能代表群众，反映群众的呼声、要求，表现出为群众喜闻乐见的文风。唯有深入实际，调查研究，方能从根本的意义上保证新闻报道的真实性。这是与新闻的生命力密切相关的重大问题，至今仍具有重要的现实意义。

五、结　论

毛泽东新闻思想研究的全面展开，具有十分重要的理论意义和实践意义。就理论而言，毛泽东新闻思想作为毛泽东思想的组成部分，其研究的每一进展，意味着毛泽东思想研究的进一步深入，意味着毛泽东思想体系的进一步完善。同时，对毛泽东思想体系的勾画和阐释，为建设具有中国特色社会主义的新闻学奠定了理论基础。从实践意义来说，毛泽东新闻思想研究，对于恢复和发扬毛泽东提出的无产阶级新闻传统，坚持具有中国作风和中国气派的马列主义文风，尤其是指导日前正在进行的新闻改革，已经并且还将继续发挥十分重要的作用。

随着中国对外开放的深入，新闻产业体系的进一步完善、技术手段的进步、传播对象和宣传使命的变化，都将给毛泽东新闻思想研究提出新的课题，开拓新的视野。作者以为，要促进毛泽东新闻思想研究，必须坚持三大原则：其一为非政治化原则。在过去一个相当长的历史时期内，毛泽东新闻思想研究被作为一项配合政治运动的政治任务，而现实的政治运动本来已给研究工作准备了结论，所谓研究只不过是论证这些结论，当然谈不上学术性。今后必须把这项研究作为一种纯粹的学术活动。其二，应该结合借鉴相关领域

① 《毛泽东新闻工作文选》，新华出版社 1983 年版，第 64 页。

的研究成果。毛泽东思想体系博大精深，学术界已从政治学、哲学、经济学、伦理学、军事学、文艺学等学科视角进行了卓有成效的研究。对于毛泽东新闻思想的研究，必须借鉴、结合、吸收这些成果。其三，必须从毛泽东新闻思想的完整体系去理解其新闻观念。正如邓小平同志所说的："毛泽东同志在这一个时间，这一个条件，对某一个问题所讲的话是正确的，在另外一个时间，另外一个条件，对同样的问题讲的话也是正确的；但是在不同的时间、条件对同样的问题讲的话，有时分寸不同，着重点不同，甚至一些提法也不同，所以我们不能够只从个别词句来理解毛泽东思想，而必须从毛泽东思想的整个体系去获得正确的理解。"① 只有坚持上述三大原则，毛泽东新闻思想研究才能百尺竿头，更进一步。

根据这些原则，笔者拟对以上论述做出如下几点结论：

第一，如前所述，毛泽东新闻思想内容宏富，自成体系。而这个体系又是由三个子系统有机地组合而成的。它们是：毛泽东的党报理论、宣传谋略和新闻业务观念。这个系统恰似一个金字塔结构，位于塔基的是新闻业务观念，处于塔顶的是党报理论，介于两者之间的则为其宣传谋略。三者同为金字塔的重要构成部分，互相依存，缺一不可。

第二，毛泽东新闻思想在很大程度上揭示了新闻传播工作、宣传工作的基本规律。它在过去，曾指导中国共产党的新闻宣传工作为抗日战争、解放战争的胜利作出了重大的贡献。对于中国目前正在进行的新闻改革也具有重要的指导意义。从理论角度看，毛泽东新闻思想体系为建设有中国特色的社会主义新闻学奠定了基础。

第三，毛泽东新闻思想并不是从天上掉下来的，而是在马克思主义新闻理论家有关论述的基础上合乎逻辑的发展。尤其是他的党报理论，与列宁的党报学说密切相关。离开马列主义新闻学说，毛泽东新闻思想就成了无源之水。但是毛泽东没有满足于简单地继承，而是在前人的基础之上，将马列主义新闻理论大大地向前推进了一步。

① 《邓小平文选》第2卷，人民出版社1994年版，第42页。

第四，正如历史上一切重大的理论成果都存在着时代的局限，毛泽东新闻思想也留下了时代的印迹。由于毛泽东新闻思想主要形成于战争年代，这就决定了他的某些观点，可能不适应于战后和平建设时期的客观现实。如毛泽东对新闻宣传功能的认识，就偏重于政治作用；把新闻媒介的性质，规定为阶级斗争的工具；在报刊与党委组织的关系上，过于强调绝对服从，在相当的程度上，忽略了新闻工作者的积极性和主动性等。这些观点，显然应从历史的意义上去理解。

第五，正是由于还存在着某些局限性，发展毛泽东新闻思想也就是时代的必然要求了。但是这种发展必须是在继承基础上的发展，而不应该成为否定毛泽东新闻思想的理由。

第十七章　邓小平新闻宣传思想研究

在中国现当代历史上，邓小平是介乎毛泽东与江泽民的中国共产党第二代领导集体的核心，是中国改革开放的总设计师。其关于中国革命和建设的一系列论述——邓小平理论，决定了中国当代社会特别是改革开放的历史进程。邓小平理论作为马列主义与当代中国实践相结合的产物，是毛泽东思想在新的历史条件下的继承和发展，是马克思主义在中国发展的新阶段，它与马列主义、毛泽东思想是一脉相承的统一的思想体系。作为邓小平理论体系的重要组成部分，邓小平的新闻宣传思想，也被视为中国共产党新闻宣传工作的指导思想，从而成为中国当代新闻宣传政策的理论基础。它不仅决定了中国当代新闻传播的基本方针和总体格局，而且成为中国共产党第三代领导集体核心江泽民的新闻宣传思想的重要来源。在资讯传播迅猛发展、知识经济初见端倪、改革开放进一步深入的今天，重温邓小平的新闻宣传思想，对于发展我国的新闻传播事业，指导当前的新闻宣传工作，维持安定团结的政治局面，具有十分重要的理论价值和现实意义。

一、新闻宣传工作的性质和使命

自近代报业问世以来，即新闻传播成为一项重要的社会事业以来，报纸及后起的其他新闻宣传媒介就成为影响社会变革、推动社会进步的重要因素。社会各阶级、各政党、各政治集团对于新闻宣传媒介的性质、作用的解读可谓千差万别，其赋予新闻宣传工作的使命也迥然不同。封建君主一般把报纸等传播工具看作是上流社会推行愚民政治、维护家天下的统治工具，是上流社会所独享的精神特权；资产阶级则视报刊等新闻宣传工具为独立的社会“公器”，是追求真理的伙伴、启蒙大众的学校、监督政府的利器和沟通上下的桥梁；无产阶级则把新闻宣传媒介看成是阶级的舆论工具，是“集体的宣传者、鼓动者和集体的组织者”，是传达政令、安邦定国的不可或缺的政治手段。这三大阶级对于新闻宣传媒介定位的差异，是显而易见的。

作为一个杰出的马克思主义者，邓小平在继承马克思主义经典作家有关论述的基础上，结合当代中国新闻宣传的具体实际，对于新闻宣传工具的性质，作出了新的界定。邓小平是从如下两个方面解释这个问题的：

首先，新闻宣传即所谓的“拿笔杆子”，是“实行领导的主要方法”，是实现政治意志的重要手段。这种方法、手段与开会等方式在实质上没有什么区别，而在效能上则要高出许多。因为参加会议的终究只是少数人，而用笔写出来的或通过电波传播开来的，其影响的范围就会更广；更何况，“经过写，思想就提炼了，比较周密”。因此可以说，“实现领导最广泛的方法是用笔杆子”。在拿笔杆子的各种方式中，“作用最广泛的是写文章登在报纸上和出小册子，再就是写好稿子到广播电台去广播。出报纸、办广播、出刊物和小册子，而又能做到密切联系实际，紧密结合中心任务，这在贯彻实现领导意图上，就比其他方法更有效、更广泛，作用大得多”。在这个意义上，邓小平要求各级领导不仅要明白“拿笔杆的重要，新闻工作的重要”，而且还要亲自拿笔杆子，亲自动手写。“不懂得用笔杆子，这个领导本身就是很有缺陷的。”①

其次，新闻宣传工作者是人类灵魂的工程师。20 世纪 80 年代初，邓小平在《党在组织战线和思想战线上的迫切任务》中指出：“思想战线上的战士，都应当是人类灵魂工程师。在当前这个转变时期，在社会主义精神文明建设和整个社会主义建设事业中，他们

---

① 本段引文参见《邓小平文选》第 1 卷，人民出版社 1994 年版，第 145 页。

在思想教育方面的责任尤其重大。”① 在同一篇讲话中，邓小平还要求作为灵魂工程师的新闻宣传工作者，“应当高举马克思主义的、社会主义的旗帜，用自己的文章、作品、教学、讲演、表演，教育和引导人民正确地对待历史，认识现实，坚信社会主义和党的领导，鼓舞人民奋发努力，积极向上，真正做到有理想、有道德、有文化、守纪律，为伟大壮丽的社会主义现代化建设事业而英勇奋斗”②。

邓小平对新闻宣传媒介性质的界定，完全不同于资产阶级的报人和新闻学者。其根本原因在于对新闻宣传媒介与政府、执政党的关系的认识。邓小平坚持马克思主义的一贯见解，认为党的新闻宣传媒介应该是党的机体的不可分割的组成部分，必须完全从属于党。所以党和党领导的政府完全可以利用新闻媒介作为重要的领导方法，作为教育人民的精神工具。而资产阶级的报人和新闻学者尽管在对新闻宣传媒介的认识上存在着这样那样的区别，但是，他们都把新闻媒介看成是独立于政党、政府之外的社会存在，看成是社会“公器”；他们都试图在新闻传播过程中，摆脱政府、政党的控制；同时，为了显示其独立与公正，他们还十分强调新闻媒介对执政党和政府的监督。

在解决新闻宣传媒介性质问题的基础之上，邓小平又从党的根本目的和新闻媒介的性质出发，分析了新闻宣传媒介的具体使命。综合邓小平在各个不同场合的有关论述，其作为党的政治领袖——领导核心所赋予新闻宣传媒介的使命，主要有如下六条。

其一，贯彻落实党和政府的政策。新闻宣传媒介作为实行领导的主要方法和实现政治意志的重要手段，其最重要的使命就是“一定要无条件地宣传党的主张”③。虽然党和政府有多种方式方法宣传贯彻其政策方针，如开会、发决议、指示、下计划、拍电报等，但通过这些途径只能将其内容传播到有限范围的干部，一般的

---

① 《邓小平文选》第 3 卷，人民出版社 1993 年版，第 40 页。
② 《邓小平文选》第 3 卷，人民出版社 1993 年版，第 40 页。
③ 《邓小平文选》第 2 卷，人民出版社 1994 年版，第 272 页。

群众是无法了解、领会其实质精神的。而任何政策，“如果只同干部见面，不同群众见面，是不能发生效果的”①。只有充分地利用报纸、广播等新闻媒介，才能在更深更广的范围内，更加有效地向广大的群众宣传党和政府的政策主张，“把它变为人民群众自己的主张，并且组织人民群众加以执行”②。如此，党和政府的方针政策才会落到实处。

其二，引导舆论，驳斥谣言，营造有利的国际国内环境。新闻宣传媒介是社会舆论工具，它不仅能反映、引导社会舆论，而且能够制造社会舆论。对此，无产阶级和资产阶级在认识上基本是一致的。邓小平作为一个政治家也非常重视新闻媒介在舆论引导、营造方面的作用。在国内，他要求新闻媒介与意识形态的其他工作紧密配合，“造成全社会范围的强大舆论，引导人民提高觉悟”，③ 认识各种来自“左”的和右的错误倾向的危害性，自觉地抵制、谴责和反对这些错误倾向。为此，新闻宣传工作者必须把涉及全局的重大是非、重大利害讲清楚，这样人民大众才能够明辨是非、洞悉利害，从而形成有利于稳定、有利于发展的社会舆论。在国际方面，则应该把我国革命和建设的真实情况传播到国际上去，传播到海外华侨中去。当和平和发展成为当今世界的主流时，“树立我们是一个和平力量、制约战争力量的形象十分重要，我们实际上也要担当这个角色”④。要做到这一点，新闻宣传媒介一方面要理性客观，实事求是，“不搞意识形态的争论”；另一方面则要坚持和平共处五项原则，尊重朋友，“不随便批评别人、指责别人，过头的话不要讲，过头的事不要做”。⑤ 这样做下去，就能够为我国现代化建设营造有利的国际国内环境。

其三，宣传马列主义，占领思想阵地。新闻宣传媒介作为党和

---

① 《邓小平文选》第1卷，人民出版社1994年版，第145页。

② 《邓小平文选》第1卷，人民出版社1994年版，第225页。

③ 《邓小平文选》第2卷，人民出版社1994年版，第211页。

④ 《邓小平文选》第3卷，人民出版社1993年版，第128页。

⑤ 《邓小平文选》第3卷，人民出版社1993年版，第320页。

政府的宣传工具，新闻宣传工作者作为人类灵魂的工程师，在任何时候都应该坚持马克思主义、共产主义的信念，高举马克思主义、共产主义的旗帜，在日常的宣传报道活动中，通过大量的报道、评论及其他作品，阐扬马克思主义的精神。“使马克思主义的和社会主义、共产主义的宣传，特别是在一切重大理论性、原则性问题上的正确观点，在思想界真正发挥主导作用。”针对一些非马克思主义、反马克思主义的错误思潮，“思想战线的共产党员，特别是这方面担负领导责任的和有影响的共产党员，必须站在斗争的前列”，占领思想阵地。①

其四，培养“四有新人”。1992年年初，邓小平在南方视察期间的讲话中，把党员、人民和青年的教育问题提到了战略的高度。“中国的事情能不能办好，社会主义和改革开放能不能坚持，经济能不能快一点发展起来，国家能不能长治久安，从一定意义上说，关键在人”，在于人的素质。即我们的人民是否是有理想，有道德，有文化，守纪律。西方国家搞和平演变，就是把希望寄托在我们的第三代、第四代身上。而这一切又取决于教育，取决于各种教育手段——包括新闻宣传工具——是否充分地发挥了“灵魂工程师”的职能。通过反思改革开放以来十多年的工作，邓小平认为：“我们最大的失误是在教育方面，思想政治工作薄弱了，教育发展不够。”所以他告诫我们：“要把我们的军队教育好，把我们的专政机构教育好，把共产党员教育好，把人民和青年教育好。”使我们的党员和广大的人民群众真正地具有共产主义的理想、共产主义的道德，具有丰富的文化科学知识，自觉地遵纪守法，服从大局。只有这样，国家才能够长治久安，社会才能够持续进步。②

其五，提倡科学，普及文化，建设社会主义精神文明。在世界新闻史上，东西方各主要国家的政治家和新闻宣传从业人员都普遍认为，新闻媒介是普及教育、启迪文明的重要工具。所不同者，在

① 《邓小平文选》第3卷，人民出版社1993年版，第46页。

② 本段引文参见《邓小平文选》第3卷，人民出版社1993年版，第290、380页。

于资产阶级的传播媒介致力于资本主义精神文明，而无产阶级则致力于社会主义精神文明的建设。根据邓小平的论述，社会主义的精神文明，“不但是指教育、科学、文化（这是完全必要的），而且是指共产主义的思想、理想、信念、道德、纪律，革命的立场和原则，人与人的同志式关系，等等”①。要建设社会主义精神文明，首先就要提倡科学，宣扬真理，普及文化，反对愚昧无知、封建迷信，宣传马克思主义和共产主义思想。同时还要学习、吸收西方先进的科学、技术、经营管理方法以及一切对我们有益的知识和文化，一切闭关自守、故步自封的做法都是愚蠢的。但是我们在吸收、借鉴西方文化时，绝对不能够盲目崇拜，全盘接受。对于“属于文化领域的东西，一定要用马克思主义对它们的思想内容和表现方法进行分析、鉴别和批判。② 要杜绝各种黄色的、低级庸俗的或有害的书刊、电影、音乐、舞蹈以及录像、录音等作品的输入，绝对不能容许用西方资产阶级的腐朽没落文化来腐蚀我们的青年。

其六，真实地反映社会生活，服务经济建设。充当社会的哨兵，监测环境的变化，服务于执政党和国家的中心工作，是历史赋予新闻宣传媒介的重要任务。邓小平认为，在社会主义的初级阶段，经济建设应该是党和国家工作的重中之重，是决定一切的大局。其他一切工作都必须服从并且围绕着它展开。新闻宣传工作也是如此。要服从大局，服务于经济建设，新闻宣传媒介首先要坚持党的政治路线，维护安定团结的政治局面，宣传艰苦奋斗的创业精神；其次，新闻媒介还应该“真实地反映丰富的社会生活，反映人们在各种社会关系中的本质，表现时代前进的要求和历史发展的趋势”。此外，新闻宣传工作者还要通过自己的作品表现现代化建设的创业者，“表现他们那种有革命理想和科学态度、有高尚情操和创造能力、有宽阔眼界和求实精神的崭新面貌”。通过这些人物的形象，来激发广大群众的社会主义积极性，推动他们从事现代化

---

① 《邓小平文选》第2卷，人民出版社1994年版，第367页。

② 《邓小平文选》第3卷，人民出版社1993年版，第44页。

建设的创造性活动。①

由此可以看出，邓小平对新闻宣传工作性质与使命的认识，与资产阶级政治家、报人的看法大不相同；就是与此前的马克思主义经典作家相比，也表现出了诸多的差别。邓小平把新闻宣传媒介的性质定位于“灵魂的工程师”和实现政治意志的主要手段，强调新闻媒介在贯彻落实政策、引导舆论、占领思想阵地、培养“四有新人”、建设精神文明、服务经济建设方面的重要作用，充分地表现了他务实的性格。其思想渊源，固然与马克思、恩格斯、列宁、毛泽东等人的论述直接相关，但又在继承前者思想精华的基础上而有所超越。促成这一超越的关键，乃是时代环境的差异。邓小平所置身的年代，和平与发展成了社会历史的主流，国际社会的竞争主要表现在以经济为主的综合国力上。而综合国力的提升，又取决于国民的素质和政府、执政党的施政能力。在这方面，新闻宣传媒介无疑有着深远的施展空间。这正是邓小平不同于前人的重要原因。

二、新闻宣传工作的基本原则

作为中国共产党第二代领导集体的核心，邓小平一生的经历，既曲折，又丰富；既有大起大落，又适应了多种不同角色的转换。就其坎坷曲折而言，在战争时期和社会主义建设时期，他与党和国家共命运，饱受打击，几起几落；在角色方面，他主持过党政工作、经济工作，也曾担任过中央大报的主编（长征时期）。在喜与忧、起与落之间，在角色转换的过程中，邓小平作为一个政治家，一方面深深地感受到新闻宣传媒介在社会政治生活中的实际影响；另一方面，他从党和国家整体利益和工作大局出发，对于新闻宣传工作，对于新闻媒介，提出了必须坚持的工作原则。这些原则，直到今天，仍然是中国新闻宣传工作的行动指南。

---

① 《邓小平文选》第2卷，人民出版社1994年版，第210页。

（一）党性原则

在世界新闻史上，报刊及其他新闻宣传媒介的党性原则是伴随着政党政治的出现而提出的。没有政党政治，就谈不上党性原则。政党作为阶级的先锋队和阶级利益集中的代表者，自然要对本阶级所属报刊提出党性的要求。资产阶级报刊也不例外，此不赘述。马克思、恩格斯早在巴黎公社前后，就论及了无产阶级报刊的党性问题。但对无产阶级报刊党性原则最系统的阐述，还是列宁的贡献。列宁在《党的组织和党的文学》一文中阐明的党性原则，为世界各国无产阶级政党所接受。毛泽东关于新闻宣传工作党性的论述,① 便是列宁的党性原则与中国新闻宣传的具体实践相结合的产物。

邓小平也十分重视新闻宣传的党性原则。他要求每个干部都要把党性放在第一位。“所有共产党员都要增强党性，遵守党的章程和纪律。不管是什么专家、学者、作家、艺术家，只要是党员，都不容许自视特殊，认为自己在政治上比党高明，可以自行其是。”②不难看出，所谓党性就是遵守党的章程和纪律、服从党的决议，不能自行其是。他在另外一个场合还指出，党性的核心内容乃是个人服从组织、少数服从多数、下级服从上级、全党服从中央。其中最重要的是全党服从中央。他承认，党中央曾经犯过错误，但“这早已由中央自己纠正了，任何人都不允许以此为借口来抵制中央的领导。只有全党严格服从中央，党才能够领导全体党员和全国人民为实现现代化的伟大任务而战斗”③。不过，邓小平又强调，党性并不等于思想僵化、随风倒。在他看来，说话做事看来头、看风向、随风倒，“本身就是一个违反共产党员党性的大错误”。所以

① 参见张昆：《传播观念的历史考察》，武汉大学出版社 1997 年版，第 253~261 页。

② 《邓小平文选》第 3 卷，人民出版社 1993 年版，第 46 页。

③ 《邓小平文选》第 2 卷，人民出版社 1994 年版，第 271 页。

他提倡“独立思考，敢想、敢说、敢做”,① 这样固然难免犯错误，但那是错在明处，远比看风向、随风倒者要好得多。

新闻宣传工作者作为灵魂的工程师，尤其需要在其日常的工作中坚持党性。而要坚持党性，首先必须加强和改善党的领导。邓小平认为，中国共产党对社会主义事业的领导，是中国近代历史的必然选择。没有共产党的领导，就没有现代中国的一切，就没有一条正确的政治路线，就没有安定团结的政治局面，就没有力量来组织社会主义现代化建设。所以决不能够削弱党的领导，“决不应该离开党的领导而歌颂群众的自发性”②。必须“加强党对思想战线的领导，克服软弱涣散的状态，已经成为全党的一个迫切的任务。不仅理论界文艺界，还有教育、新闻、出版、广播、电视、群众文化和群众思想政治工作等各个方面，都有类似的或其他的迫切需要解决的问题”③。不仅要加强党的领导，与此同时还应该改善党的领导。邓小平指出，在思想战线的领导问题上，既存在软弱涣散问题，也存在着“某些简单化和粗暴的倾向，这也不能否认和忽视”④。这种简单化与粗暴的倾向，与新闻宣传工作的特殊性质相去甚远，它只会伤害新闻宣传工作者的自尊心、自信心，而不利于调动他们的积极性和创造性。所以，我们一方面要加强党对新闻宣传工作的领导，另一方面又要使这种领导更加符合实际，更加精细，更加科学。只有这样，才能保证新闻宣传的正确方向。

要坚持党性原则，还必须加强纪律性，严格地维护、遵守党的纪律。一个政党如果没有严格的纪律约束，允许其党员完全按个人的意愿自由发表言论、自由行动，它就不可能成为一个有战斗力的集体，就不可能有统一的意志，更不能实现自己的意志。所以，对于党员队伍中的作家、艺术家、思想理论工作者、新闻宣传工作者，“那就首先要求他们必须遵守党的纪律，而现在的许多问题正

① 《邓小平文选》第2卷，人民出版社1994年版，第142页。
② 《邓小平文选》第2卷，人民出版社1994年版，第170页。
③ 《邓小平文选》第3卷，人民出版社1993年版，第47页。
④ 《邓小平文选》第2卷，人民出版社1994年版，第389页。

出在我们党内。党如果对党员不执行纪律，还怎么能领导群众呢?"① 所以每个党员、各级党的组织，其一切行动都要服从上级的决定，尤其是必须同党中央保持政治上的一致。作为党的报刊和其他宣传工具，作为党员的新闻宣传工作者，遵守纪律的最高标准，就是"无条件地宣传党的主张"，对于"中央决定了的东西，党的组织决定了的东西，在没有改变以前，必须服从，必须按照党的决定发表意见，不允许对党中央的路线、方针、政策任意散布不信任、不满和反对的意见"，"谁要违反这一点，谁就要受到党的纪律的处分。"②

必须指出的是，邓小平在要求加强党的领导、加强纪律性的同时，还主张，坚持党性原则并不排斥党内民主，并不会损害党和国家的民主生活。他相信一个生气勃勃、生动活泼的政治局面，对于社会主义建设是非常必要的。因而十分认同毛泽东的这一观点："我们的目标，是想造成一个又有集中又有民主，又有纪律又有自由，又有统一意志、又有个人心情舒畅、生动活泼，那样一种政治局面。"③ 邓小平认为毛泽东所讲的政治局面"不只是讲党，而且是讲整个国家，整个军队，整个人民，就是说全党、全军、全国人民都要有那样一种政治局面"④。在这种政治局面下，党员对党的决定有意见，可以通过组织发表，可以保留自己的意见，可以通过组织也可以直接向中央提出自己的意见；对党的工作中的缺点和错误，党员当然有权利进行批评；对于党和国家的一些重大问题，都可以讨论。只不过"在什么范围讨论，用什么形式讨论，要合乎党的原则，遵守党的决定"⑤。没有这样一种政治局面，是无法推进社会主义现代化建设的。

---

① 《邓小平文选》第2卷，人民出版社1994年版，第392页。
② 《邓小平文选》第2卷，人民出版社1994年版，第272、366页。
③ 《邓小平文选》第2卷，人民出版社1994年版，第176页。
④ 《邓小平文选》第3卷，人民出版社1994年版，第44页。
⑤ 《邓小平文选》第2卷，人民出版社1994年版，第272页。

（二）群众性原则

群众性原则实际是中国共产党的群众路线在新闻宣传工作中的具体体现。而群众路线又是中国共产党的三大优良传统和作风之一。邓小平认为，在三大优良传统和作风之中，群众路线又是最根本的。什么是群众路线呢？在他看来，群众路线主要包括两个方面的含义。其一是，“党必须密切联系群众和依靠群众，而不能脱离群众，不能站在群众之上；每一个党员必须养成为人民服务、向群众负责、遇事同群众商量和同群众共甘苦的工作作风”①。其二是，坚持“从群众中来，到群众中去”的工作方法。用毛泽东的话来讲，就是“将群众的意见（分散的无系统的意见）集中起来（经过研究，化为集中的系统的意见），又到群众中去作宣传解释，化为群众的意见，使群众坚持下去，见之于行动，并在群众行动中考验这些意见是否正确。然后再从群众中集中起来，再到群众中坚持下去。如此无限循环，一次比一次更正确、更生动、更丰富”②。简单地说，就是联系群众、相信群众、依靠群众，调动群众的积极性，全心全意为人民服务。

根据邓小平的论述，群众路线同样也适用于新闻宣传工作。在新闻宣传过程中坚持群众路线，不仅能增强宣传的针对性，调动群众的积极性，而且能够提高宣传效果。而要坚持群众性原则，首先就要相信群众。要相信群众，就得对群众讲真话，特别是在关系群众切身利益的问题上讲真话。“只要我们信任群众，走群众路线，把情况和问题向群众讲明白，任何问题都可以解决，任何障碍都可以排除。”③ 1980年他又在《贯彻调整方针，保证安定团结》一文中指出：“要大力加强党的组织、党员同群众的联系，要把国家的形势和困难、党的工作和政策经常真实地告诉群众。”④ 1985年9

① 《邓小平文选》第1卷，人民出版社1994年版，第217页。
② 《毛泽东选集》第3卷，人民出版社1991年版，第899页。
③ 《邓小平文选》第2卷，人民出版社1994年版，第152页。
④ 《邓小平文选》第2卷，人民出版社1994年版，第368页。

月，他再一次强调："群众关心的实际生活问题和时事政策问题，各级领导一定要经常据实讲解，告诉大家客观的情况以及党和政府所作的努力，并且对群众所反映的不合理现象及时纠正。群众从事实上感觉到党和社会主义好，这样，理想纪律教育，共产主义思想教育和爱国主义教育，才会有效。"① 可见向群众讲真话、交实底的前提，是对群众觉悟和判断能力的信任。而一旦真正这样做了，自然又会赢得群众的信赖和支持。

坚持群众性原则，还要有一定的气度和宽广的胸怀，要有容忍群众牢骚的雅量。"群众有气就要出，我们的办法就是使群众有出气的地方，有说话的地方，有申诉的地方。"② 党和政府必须随时倾听群众的呼声，了解群众的情绪，正视群众的利益。新闻媒介就是群众出气、说话、表现情绪的主要渠道。如果群众有话没有地方说，有气没有地方出，"那就一定要来大民主"。古人说，防民之口，甚如防川，其意义即在于此。所以，党和政府一定要敞开胸怀，给群众提供出气、申诉、说话的地方，并借此了解群众的情绪，进而代表他们的利益；同时还要从群众的怨气、申诉中，发现我们通过正常渠道无法了解的工作中存在的问题及其解决的方法。在这方面，要重申并实行"三不主义"，即"不抓辫子，不扣帽子，不打棍子"③。邓小平非常佩服毛泽东。他在《完整地准确地理解毛泽东思想》一文中讲了一个故事，说延安大生产运动的缘起，"就是当时征粮征多了，群众有怨言。我们好多共产党员听了心里非常不舒服。毛泽东同志看法不同，他说，讲得有道理，群众的呼声嘛！毛泽东同志就是伟大，就是同我们不同，他善于从群众这样的议论当中，发现问题，提出解决问题的方针和政策"④。在改革开放的今天，经济社会的发展及利益格局的变迁，使我们面临着比过去更加复杂的局面，新闻宣传媒介尤其需要关注民生、反映

---

① 《邓小平文选》第3卷，人民出版社1993年版，第144页。

② 《邓小平文选》第1卷，人民出版社1994年版，第273页。

③ 《邓小平文选》第2卷，人民出版社1994年版，第144页。

④ 《邓小平文选》第2卷，人民出版社1994年版，第46页。

民情，扮演社会机体排气阀的角色。

对群众讲真话，为群众提供出气的渠道，这是在新闻宣传工作中坚持群众性原则最直接最重要的举措。但我们还不能满足于这些。在此之外，新闻宣传工作者还应根据群众的要求、意见和接受情况来改进自己的工作。1980年邓小平在《目前的形势和任务》中指出："报刊、广播、电视三年来都有很大的成绩，总的来说是好的，但是也有不足之处。在这些部门工作的同志，也需要经常倾听来自各方面的不同意见，分析和改进自己的工作。"这一要求是十分自然的。新闻宣传的对象既然是人民群众，其目的既然是要说服他们接受自己的观点，改变其既有的思想、态度和行为，当然要了解群众的喜好、接受习惯和认知能力，用群众所熟悉的语言和表现方式，进行宣传说服。否则，一切宣传都只能是无的放矢，或隔靴搔痒，注定不会取得应有的效果。

（三）真实性原则

真实是新闻宣传的生命。坚持新闻宣传的真实性，不仅是新闻宣传规律的要求，而且是一项重要的政治和道德准则。古今中外，不论是无产阶级还是资产阶级，几乎所有的新闻宣传人员都宣称自己讲的是真话，代表的是真理。哪怕是出于功利权谋而捏造事实，无中生有，他们也绝不会承认。为什么人们总爱以真实、真诚相标榜呢？古希腊著名哲学家柏拉图在其名著《理想国》中指出，这是因为憎恶谎言是人和神共有的特性。"上当受骗，对真相一无所知，在自己的心灵上一直保留着假象，——这是任何人都最不愿意最深恶痛绝的。"另外，事情一旦发生，即使想封锁也难以完全封锁住，其真相终将大白于天下。

无产阶级作为历史上最先进的阶级，代表了历史发展的最终方向，它无私无畏，事实的演进将证明其理念的正确。所以，从马克思到列宁、斯大林，无不强调新闻宣传的真实性原则。毛泽东在继承马克思主义真实观的基础上，特别强调用事实说话，反对吹牛，要求“报实数，‘实报实销’。”① 邓小平完全同意毛泽东的见解，同时又把真实性原则、实事求是提到了认识论的高度。在他看来，坚持真实性原则，实事求是，讲真话，就是解放思想。这是全面把握现实、科学决策的前提。所以新闻宣传工作者必须无条件地坚持真实性原则。

在新闻宣传工作中，坚持贯彻真实性原则，首先要求拿事实而不是拿空话来说话。因为事实胜于雄辩。用空话构筑起来的理论体系，在确凿的事实面前，只有冰消瓦解的命运。对于社会生活中的种种问题，和群众中客观存在的对社会主义前途的疑虑，我们不能用空话而要用鲜活的事实来对他们解释，“来解除他们的这个忧虑，并且回答那些希望我们变成资本主义的人”②。“即使在主张和提倡改革的人当中，保留一点怀疑态度也有好处。处理的办法也一样，就是拿事实来说话，让改革的实际进展去说服他们。”③ 至于公认的颠扑不破的真理，随着情况的变化也会出现新的发展而具有新的含义，比如坚持四项基本原则，要让群众真心接受，也“需要根据新的丰富的事实作出新的有充分说服力的论证”④。坚持用事实说话，反对空谈，是无产阶级新闻宣传工作的优良传统，也是中国共产党在思想战线打败国民党的成功的经验。

坚持真实性原则，还要求新闻宣传人员对党和国家的工作、计划及成绩有一个全面的实事求是的评价。早在1957年，邓小平就告诫新闻宣传人员，“切不可过分夸张自己的成就，切不可把我们的事情说得太美满了。说得太美满，看得太简单，这一点反映到我们的宣传工作上，就是把我们的国家描绘得如何漂亮，好像现在什么困难也没有了，剩下的就是享福了”⑤。这种只看到成绩，看不到缺点，只看到光明，看不到阴暗的宣传，表面看来能在一定的程

① 参见张昆：《传播观念的历史考察》，武汉大学出版社1997年版，第271页。

② 《邓小平文选》第3卷，人民出版社1993年版，第111页。

③ 《邓小平文选》第3卷，人民出版社1993年版，第156页。

④ 《邓小平文选》第2卷，人民出版社1994年版，第180页。

⑤ 《邓小平文选》第1卷，人民出版社1994年版，第262页。

度上鼓劲鼓气，但在实际上是鼓的虚气虚劲。当群众在现实生活中看到新闻宣传媒介上没有报道的缺点和阴暗面时，就会产生一种上当受骗的感觉：原来现实生活不是那样美好。他们自然就会失去对新闻宣传媒介的信任，失去对新闻宣传工作者的信赖。在这种情况下，人们再也不会接受、听信新闻宣传媒介的报道宣传了。新闻宣传媒介不仅难以完成党和政府交给的任务，甚至还会败坏党和政府的形象。

（四）稳定压倒一切的原则

古往今来，几乎所有的政治家都把政治稳定作为其施政的重要目标之一。没有一个国君傻到要把自己的天下搞乱。因为只有在政治稳定的情况下，才有可能致力于其他的事情，如发展经济、繁荣文化等。当代中国处于社会主义的初级阶段，经济文化比较落后，必须在尽可能短的时间内缩小与西方发达国家的差距。所以经济建设成了当代中国压倒一切的中心工作。要搞经济建设，就要有一个和平稳定的环境。“不安定，政治动乱，就不可能从事社会主义建设，一切都谈不上。”① 1989年春，邓小平在会见美国总统布什时说：“中国的问题，压倒一切的是需要稳定。凡是妨碍稳定的就要对付，不能让步，不能迁就。”“中国不能乱，这个道理要反复讲，放开讲。不讲，反而好像输了理。要放出一个信号：中国不允许乱。”② 要实现政治稳定，必须排除一切障碍，即使免不了外国人的议论，免不了挨骂，也要这样做。为了实现政治稳定的目标，邓小平要求“宣传、教育、理论、文艺部门的同志们，要从各方面来共同努力”。“要使我们党的报刊成为全国安定团结的思想上的中心。报刊、广播、电视都要把促进安定团结，提高青年的社会主义觉悟，作为自己的一项经常性的、基本的任务。”③

维护政治稳定，是一个大道理。其他的小道理都要服从这个大

① 《邓小平文选》第3卷，人民出版社1993年版，第124页。
② 《邓小平文选》第3卷，人民出版社1993年版，第286页。
③ 《邓小平文选》第2卷，人民出版社1994年版，第255页。

道理。但是稳定又总是相对的，而发展、运动则是绝对的。稳定为社会发展提供有力的政治保障，即经济文化建设“必须在安定团结的条件下有领导、有秩序地进行”；① 而经济文化的繁荣又为稳定奠定了物质的基础，在经济落后、饥寒交迫的社会无法实现政治的安定。我们追求的稳定，是发展、运动中的稳定，是一种动态的平衡。既然是发展中的稳定，是动态的平衡，那么这种稳定就不应该被看成是鸦雀无声，万马齐喑。在安定团结的条件下并不排除生动活泼。邓小平强调：“要安定团结，也要生动活泼。生动活泼也来之不易，但它是随着安定团结发展起来的。在我们的社会主义制度下，这两者是统一的，从根本上说，它们没有矛盾，也不应该有矛盾。”② 但是在某些特殊的情况下，两者之间也会出现冲突。这时，就只有在不妨碍安定团结的条件下实现生动活泼。

新闻宣传媒介由于其特殊的性质，既与社会政治、经济的稳定休戚相关，又是生动活泼的发动机。陈云曾经说：“经济工作搞得好不好，宣传工作搞得好不好，对经济形势和政治形势能否稳定发展，关系很大。”③ 他把新闻宣传提到经济工作的高度，邓小平是十分认同的。既然新闻宣传工作事关政治稳定，新闻宣传人员就应该以高度的责任心和政治敏感，考虑其作品的社会影响，努力改进新闻宣传工作，服务于政治稳定，尽力维护安定团结的局面。同时也要利用媒介的特殊优势，营造生动活泼的政治氛围。新闻宣传媒介不仅要成为全国安定团结的思想中心，也要成为生动活泼不竭的源泉。所以无论是安定团结，还是生动活泼，都需要新闻宣传工作者发挥自己的创造力，但是在根本上它还是应该坚持政治稳定优先的原则，只有这样，新闻宣传媒介才能在为经济文化的发展营造良好的政治条件的同时，又促进新闻宣传事业本身的发展。

（五）社会效益优先的原则

当近代报刊刚刚问世时，具有比较明显的商业性质。随着工业

---

① 《邓小平文选》第3卷，人民出版社1993年版，第196页。

② 《邓小平文选》第2卷，人民出版社1994年版，第251页。

③ 《邓小平文选》第2卷，人民出版社1994年版，第363页。

革命和城市化的进程，大众化报纸勃兴，报纸更是作为一种纯粹的商业企业来运作。报业主经营报纸的主要目的，乃是营利。后来出现的资产阶级政党报刊，虽然也坚持资产阶级的党性，但是其营利的目的并没有改变。19世纪末期，黄色报纸、庸俗报纸、报业集团化，使资产阶级报纸的商业性得到了进一步的发展。与此不同，无产阶级报纸自问世之日起，就是作为无产阶级的宣传工具、争取自我解放的工具。马克思、恩格斯、列宁、斯大林、毛泽东等人的办报活动，无不是为了阶级的政治解放和共产主义的实现，追逐利益不是他们的目标。在无产阶级专政的国家建立之后，报刊、广播、电视等新闻宣传媒介被看成是与一般企业不同的事业单位。新闻宣传人员无须考虑单位的投资、成本、利润，其追求的唯一目标就是宣传效果。

20世纪80年代以来，随着改革开放政策的推进和市场经济体制的导入，我国社会上出现了一种“一切向钱看”的歪风。这股歪风首先在文艺界滋生开来。“从基层到中央一级的表演团体，都有些演员到处乱跑乱演，不少人竟用一些庸俗低级的内容和形式去捞钱。”“这种一切向钱看、把精神产品商品化的倾向，在精神生产的其他方面也有表现。有些混迹于艺术界、出版界、文物界的人简直成了唯利是图的商人。”① 新闻宣传领域也不例外，有些记者编辑甚至新闻出版单位在金钱面前迷失了本性，背离了新闻宣传的崇高使命，刊登有偿新闻、使广告新闻化及收受红包，造成了大量的失实和欺骗，极大地削弱了新闻宣传媒介的公信力，影响了社会风气，败坏了党和政府的形象；或者使传播内容庸俗化，极端迎合大众的低级趣味，贩卖一些黄色、下流、淫秽、丑恶的照片、影片、书刊等，这种现象如果任其自由发展，将会严重地腐蚀我们年轻的一代，“将诱使许多意志不坚定的人道德败坏，精神堕落”②。

对于思想战线包括新闻宣传领域的“一切向钱看”的歪风，邓小平深恶痛绝。为了促使新闻宣传部门善尽社会责任，为了给改

① 《邓小平文选》第3卷，人民出版社1993年版，第43页。
② 《邓小平文选》第2卷，人民出版社1994年版，第338页。

革开放营造一个良好的舆论环境，维护安定团结的政治局面，邓小平要求在党内外、社会各界坚决反对和批判资产阶级损人利己、唯利是图及“一切向钱看”的腐朽思想；要求思想文化教育卫生各部门，“都要以社会效益为一切活动的唯一准则，它们所属的企业也要以社会效益为最高准则。思想文化界要多出好的精神产品，要坚决制止坏产品的生产、进口和流传”①。邓小平把社会效益置于高于一切的位置，反对精神产品商品化、庸俗化的观点，可谓振聋发聩，不仅极具针对性，而且非常及时。十分遗憾的是，思想战线特别是新闻宣传领域罔顾社会效益，单纯追求经济利益、一切向钱看的歪风，并没有被及时刹住。到20世纪90年代之后，甚至有扩大的趋势。因此，在21世纪新的历史条件下，重温邓小平的这一见解，对于提升中国新闻宣传媒介的品质，对于改善新闻宣传人员的职业形象，增强新闻宣传效果，具有重要的现实意义。

三、新闻舆论监督

新闻舆论监督即新闻批评，是新闻传播媒介重要的社会功能。随着新闻宣传事业的发展，这一功能越来越受到各国朝野特别是新闻界的重视。在西方自由主义国家，人们甚至极端地把新闻媒介看成是独立于司法、立法、行政之外的“第四权力”，把新闻宣传人员视为社会上的“第四等级”。在其实际的社会政治生活中，新闻宣传媒介确实扮演了比较重要的角色，成为自由主义社会政治运作过程中不可忽视的因素。在社会主义国家，新闻宣传媒介的舆论监督功能也得到了党和政府的高度重视。从列宁、斯大林，到毛泽东，无不把新闻批评视为清除腐败，纯洁、健全党的组织，改善社会风气的重要手段。邓小平作为中国共产党第二代领导集体的核心，和他的前辈一样，也十分重视新闻媒介的监督批评功能。所不同者，在于邓小平不仅重视新闻批评，而且把新闻批评的性质定位为正确处理人民内部矛盾的基本方法。即“从团结的愿望出发，

① 《邓小平文选》第3卷，人民出版社1993年版，第145页。

经过批评和自我批评，达到新的团结”①。这在马克思主义新闻思想史上，可以说是一个新的贡献。

在新闻批评方面，邓小平的过人之处，还表现为他正视了新闻批评的必要性，即为什么需要新闻宣传媒介扮演监督者的角色？如果没有这个角色，会出现什么样的情况？邓小平从三个方面解答了这个问题。首先，党和政府不接受监督，就容易犯错误，就会脱离群众。1957 年，邓小平在《共产党要接受监督》中说：“我们党是执政的党，威信很高。我们大量的干部居于领导地位。在中国来说，谁有资格犯大错误？就是中国共产党。犯了错误影响也最大。宪法上规定了党的领导，党要领导得好，就要不断地克服主观主义、官僚主义、宗派主义，就要受监督，就要扩大党和国家的民主生活。如果我们不受监督，不注意扩大党和国家的民主生活，就一定要脱离群众，犯大错误。”②

其次，群众了解情况，干部就不敢乱来了。我们的干部是人民的勤务员，必须全心全意为人民服务，绝不能以权谋私或损公肥私。长期以来，由于暗箱操作，情况不公开，人们对于干部的决策过程和施政行为不甚了了。使得有些干部私心膨胀，为所欲为。对此，邓小平赞同毛泽东的观点，“唱对台戏比单干好”，进而主张把政策、路线交给群众，将干部的行为置于群众的眼皮下，“十目所视，十手所指”，“大家都学习了，了解了，就不容许干部乱干了，对整个领导有好处”。③

再次，实行并且扩大新闻舆论监督，不会妨碍党的领导。邓小平认为，实行新闻批评乃是发扬民主的一种方式。这种民主的实现丝毫不会削弱或妨碍党和政府的集中领导。他反问道，我们的军队是最讲集中的，可我们过去打仗也靠部队的民主生活，这对我们的统一指挥有什么妨碍呢？对领导管理有什么妨碍呢？只有通过民主实现上下团结，事情就会好办得多。“实际上群众参与的事情，即

① 《邓小平文选》第 2 卷，人民出版社 1994 年版，第 392 页。

② 《邓小平文选》第 1 卷，人民出版社 1994 年版，第 270 页。

③ 《邓小平文选》第 1 卷，人民出版社 1994 年版，第 149 页。

使遇到困难，即使有的搞错了，他们也能忍受，很少埋怨；相反，实行命令主义，搞对了群众也不满意。”① 由此可见，实行新闻批评不但不会妨碍党和政府的领导，而且还会在事实上强化党的集中统一。

基于以上认识，邓小平把新闻批评看成是实行党和国家民主生活的重要形式。他要求在党和国家的政治生活中，要不间断地开展批评和自我批评。“党内不论什么人，不论职务高低，都要能接受批评和进行自我批评”,② 没有任何人能够置身事外。新闻批评既然如此重要，那么怎样才能使它在社会生活中发挥建设性的作用？新闻批评的展开应遵循什么有样的原则，应该如何展开？对此，邓小平也进行了独特的分析。具体而言，邓小平关于新闻批评的原则和方法的论述，主要表现为如下几点：

第一，通过新闻宣传媒介进行的批评，应该是建设性的批评。新闻宣传媒介及其从业人员，对于党的工作中的缺点和错误，当然有权进行批评。“但是这种批评应该是建设性的批评。”③ 所谓建设性，主要有三层含义。一是新闻批评的出发点应该是为了解决问题，应该是为了帮助党和政府改正工作中的缺点和错误，而不是为了泄私愤，更不能为了哗众取宠，图一时之畅快，而不顾后果。由此出发，新闻宣传媒介的批评才能发挥建设性的作用，取得积极的效果。二是批评者应该提出积极的改正意见，提出可以操作的实施办法。发现问题并且在新闻媒介上进行批评，是非常容易的。但这还远远不够。如果能就发现的问题提出有针对性的意见，将会有助于问题的解决。三是新闻媒介所进行的批评，其形式、范围，“要合乎党的原则，遵守党的决定”;④ 否则，如果人人自行其是，随心所欲，不遵守党的原则和决议，就会破坏党的统一，削弱党的战斗力。

---

① 《邓小平文选》第1卷，人民出版社1994年版，第272页。
② 《邓小平文选》第3卷，人民出版社1993年版，第38页。
③ 《邓小平文选》第2卷，人民出版社1994年版，第272页。
④ 《邓小平文选》第2卷，人民出版社1994年版，第272页。

第二，新闻批评必须采取民主的、说理的态度，不能以偏概全，强词夺理，打棍子，搞运动。邓小平告诫新闻宣传工作者，在新闻批评方面，也要防止“左”的错误。过去那种简单片面、粗暴过火的所谓批判，以及残酷斗争、无情打击的处理方法，不能重复。凡参加讨论和批评的人，“首先要对讨论和批评的问题研究清楚，绝不能以偏概全，草木皆兵，不能以势压人，强词夺理”。① 鉴于历史的经验教训，他不赞同把党内不同的意见，动辄提高到路线的高度，视之为路线错误。主张按照问题的实质，进行客观理性的分析，是什么就是什么。在另一个场合，邓小平又提醒新闻宣传人员，“批评的方法要讲究，分寸要适当，不要搞围攻、搞运动”。“批评要采取民主的说理的态度，这是必要的，但是决不能把批评看成打棍子，这个问题一定要弄清楚，这关系到培养下一代人的问题。”②

第三，新闻批评必须摆事实，讲道理，实事求是。新闻批评的主要对象，是党和国家政治生活中的不正之风或腐败现象。对这种现象进行批评、揭露，事关党的建设，事关国家的长治久安，其作用、影响之大，非其他形式的宣传所能及。所以应该充分地肯定新闻批评的积极作用。但是，在进行批评时，我们还“应当注意不要把个别的现象当作普遍的现象，不要把局部的东西夸大为整体。决不是所有党员或多数党员都有不正之风，决不是所有领导干部或多数领导干部都搞特殊化”③。如果我们不适当地夸大了这些负面的东西，乃至于视个别为普遍，视局部为整体，就会在群众中产生不合实际的印象，似乎整个社会一片黑暗，没有希望。这是应该尽力加以避免的。

第四，新闻批评要通过好坏对比，抓典型，向积极的方向引导。新闻批评的目的不是批评、揭露，而是变消极因素为积极因素，是催人奋进而不是使人泄气。要做到这一点，新闻宣传媒介必

① 《邓小平文选》第3卷，人民出版社1993年版，第47页。

② 《邓小平文选》第2卷，人民出版社1994年版，第390~392页。

③ 《邓小平文选》第2卷，人民出版社1994年版，第366页。

须讲究批评的方法。邓小平说："报纸搞批评，要抓住典型，有头有尾，向积极方面诱导，有时还要有意识地作好坏对比。这样的批评与自我批评才有力量，才说明是为了改进工作，而不是消极的。"① 其中抓典型，乃是当代中国新闻宣传的主要策略。通过对负面的典型的批评揭露，以儆效尤，被证明是十分有效的。至于向积极方向引导，避免新闻批评的消极影响，如揭露批评判贪污腐化的官员，向吏治的清明的方向引导，使更多的官员严于律己，恪尽职守，奉公守法，为民造福。这些方法，在新闻宣传实践中屡试不爽，直到现在，仍然值得我们借鉴。

新闻批评是否正确，什么内容才能纳入批评监督的范围？其判断的标准何在？邓小平在不同的时期的理解是颇不相同的。在战争年代，一切以是否有利于战争的胜利为考量。20 世纪 70 年代末期邓小平再度复出后，主张应该以"对实现四个现代化是有利还是有害"为衡量一切工作的标准。"文艺工作者，要同教育工作者、理论工作者、新闻工作者、政治工作者以及其他有关同志相互合作，在意识形态领域中，同各种妨害四个现代化的思想习惯进行长期的、有效的斗争。"② 新闻批评自然也应该以此为依据。在 1992 年著名的南方讲话中，邓小平又提出了三个"有利于"的理论，即"判断的标准，应该主要看是否有利于发展社会主义社会的生产力，是否有利于增强社会主义国家的综合国力，是否有利于提高人民的生活水平"③。这虽然是就姓"社"姓"资"而言的，但对于新闻宣传工作特别是新闻舆论监督亦具有特别的指导意义。

总之，邓小平关于新闻舆论监督的论述，在重视新闻批评的作用、影响及其基本原则诸方面，与其他马克思主义经典作家大体相同。但在其他方面也表现出了自己的特点，如邓小平把新闻批评定位为解决人民内部矛盾的主要方法，从全新的视角解读新闻舆论监督的必要性等，言前人之未言，颇有新意，在一定的程度上拓展了

① 《邓小平文选》第 1 卷，人民出版社 1994 年版，第 150 页。
② 《邓小平文选》第 2 卷，人民出版社 1994 年版，第 209 页。
③ 《邓小平文选》第 3 卷，人民出版社 1993 年版，第 372 页。

新闻批评的空间，可以说是对马克思主义新闻批评思想的新贡献。另外，邓小平在新闻批评的具体策略、方法方面着墨不多，与毛泽东风格迥异。这固然与邓小平重宏观、重大局的思维特色有一定的关联，但是，邓小平的新闻监督思想与毛泽东关于新闻批评的思想相辅相成，浑然一体，为当代中国新闻媒介的舆论监督行为奠定了理论基础。

四、新闻宣传策略

和毛泽东一样，邓小平也有过专门从事新闻宣传工作的经历，尽管其为时不长。在其生涯的绝大部分时间里，邓小平或者是从事军队的政治工作，或者主持政府的经济工作，20 世纪 70 年代末期至 90 年代初，他又成为中国共产党第二代领导集体的核心，成为当代中国改革开放的总设计师。这些工作涉及的范围虽然远远超过了新闻宣传领域，但又与新闻宣传密切相关。所以，当邓小平不再从事新闻宣传工作之后，仍然在其他场合论及新闻宣传，指导新闻宣传工作，甚至还就新闻宣传发表专题的讲话或指示。这些内容很有针对性，其中不少就是指导具体宣传活动的策略原则，在中国革命和建设的实践中，产生了重大的影响，至今仍有现实的指导意义。

（一）立体宣传，形成合力

新闻宣传犹如打仗，要取得胜利，必须调动一切战争资源，集中火力，方有胜算。对此古今中外的一些成功的宣传家、政治家是有很大的共识的。邓小平的政治生涯开始于烽火连天的战争岁月，对此尤有深切的感受。早在 1938 年 1 月，即邓小平就任八路军 129 师政委之前，他作为八路军总政治部副主任，就曾对新兵动员问题进行了总结。他认为凡是在动员较好的地区，均是综合利用了多种宣传手段。“在那里，进行了充分的宣传鼓动工作。运用了各种宣传的武器——戏剧、歌曲、壁报、群众大会、小的飞行演讲、个别谈话等等方法，向群众说明目前形势和生路，揭露敌人的残暴。经过广泛而深入的宣传后，民众的抗日热情很快地激发起来，自动加入军队的踊跃，是远远超过强征的效果。”① 20世纪70年代末期，邓小平再次复出后，又面临着复杂的局面，对于违背人民利益的各种“左”的和右的错误倾向，他要求思想战线的工作者利用多种宣传手段，如文艺创作、新闻报道等，密切地配合，以“造成全社会范围的强大舆论，引导人民提高觉悟，认识这些倾向的危害性，团结起来，抵制、谴责和反对这些错误倾向”②。在重大问题上，综合利用多种宣传媒介，一方面可以整合各种媒介，实现优势互补，形成立体攻势；另一方面又符合集中优势兵力的原则精神，在特定的时间段内，把各种手段的力量集合起来，形成合力，能在更深更广的范围内扩大宣传的影响，实现宣传的目的。

（二）理论联系实际

新闻宣传的目的，是通过消息和意见的传播，对特定对象——人民群众——进行说服，进而改变其思想、态度和行为。要实现这一目的，必须使说服的内容与对象的生活实际联系起来。即所谓理论联系实际，此乃中国共产党的三大优良传统和作风之一。毛泽东在其有关新闻宣传的论著中对此进行了大量的论述。邓小平也十分重视，并且把它作为一条重要的策略原则。他在谈到社会风气改变问题时指出：“改善社会风气要从教育入手。教育一定要联系实际。”③ 在另外一个场合，他又把“使思想和实际相结合，使主观和客观相结合”等同于解放思想和实事求是。毛泽东、邓小平所以强调新闻宣传与实际相结合，乃是因为这样才能增强新闻宣传的针对性，增强新闻宣传的说服力。事实是胜于雄辩的，既然新闻宣传的内容（观点、见解）能从对象的生活中得到事实的证实，那就没有任何理由怀疑、抗拒新闻宣传媒介的说服了。

理论联系实际在新闻宣传领域还有另一层含义，即新闻宣传的

---

① 《邓小平文选》第1卷，人民出版社1994年版，第3页。
② 《邓小平文选》第2卷，人民出版社1994年版，第211页。
③ 《邓小平文选》第3卷，人民出版社1993年版，第144页。

内容，特别是地方的新闻宣传媒介，应该紧密地结合当地的中心工作，以突出地方性和指导性。1950 年，当邓小平还在主持西南地区党政工作时，就明确要求“报纸要结合实际，结合当时当地的中心任务”。“领导同志和办报同志的主要精力要放在当地新闻上，要大量刊登本区人民的工作和生活情况。报社要时时和领导取得联系，根据本地当前任务的变化，随时调整自己的报道方针。”① 这样做，新闻宣传才能适应地方的特点，满足指导工作的需要，并且取得应有的宣传效果。

（三）以对象、时间、地点为转移

新闻宣传总是在一定的时间、地点，针对特定的对象进行的。而每个时间、地点、对象都会有自己的特殊情况。所以，在不同的时间、地点，针对不同的对象群众，在其内容、形式及表现风格上，应该有所区别，决不能雷同。在这方面，毛泽东论述得十分精辟，诸如“看菜吃饭，量体裁衣”，“到什么山上唱什么歌”等。邓小平也非常重视对象、时间、地点的差异性。对于封建残余、资产阶级的影响，他就认为“在不同的地区和部门，在不同问题上，在不同年龄、经历和教养的人身上，情况可以很不同，千万不可一概而论”②。在甲地行之有效的经验在乙地未必行得通，能够说服老年人的内容未必能为年轻人所接受，知识分子与一般农民的价值观更是相去甚远。因此，在新闻宣传活动中，不应该坚持固定的模式，不能以不变应万变。

还有一点必须注意的，就是新闻宣传的时宜性问题。即一定的宣传内容该不该讲及在什么时候讲合适。有些宣传内容本身很正确，没有任何问题，但在不该讲的时候讲了，就不能发挥积极的作用，甚至会产生消极的影响。例如在 1950 年《新华日报》写了一篇专论，讲的是剿匪中的情况，内容主要是批评。“正确不正确？也正确。合不合时宜？不合时宜。正确与否要考虑到时间、地点、

① 《邓小平文选》第 1 卷，人民出版社 1994 年版，第 146 页。
② 《邓小平文选》第 2 卷，人民出版社 1994 年版，第 336 页。

条件等因素来判断。在剿匪已经有了成绩，部队又很艰苦很努力的情况下，主要去批评就不合时宜了。放在一个月以前则刚合时宜。这说明我们的同志对剿匪的实际情况了解不够。”① 也说明他们不了解新闻宣传的时宜性要求。要满足时宜性要求，必须具备明晰的大局观和深厚的历史感，能够把握自己所处的历史方位，能够预知事物可能产生的社会影响。没有这些修为，新闻宣传人员纵有一腔热血，也难以报效国家。

（四）不争论

不争论即在现实政策和重大理论问题上不搞争论的宣传原则，可以说是邓小平的独创。也是他不同于其他马克思主义经典作家的地方。恩格斯晚年曾主张，党报不应该成为党的中央机关简单的传声筒，而应该全面反映党内客观存在的不同意见，应该允许党报在党的纲领原则的范围内自由地批评党的政策。列宁也主张在党的报刊上讨论党的政策和理论问题。毛泽东更是一度提出要“百花齐放，百家争鸣”。他们希望通过不同意见的争论，得出科学的结论，应该说，这些见解在当时特定的历史条件下是非常正确的。

但是，邓小平在中国特殊的历史条件下并没有无条件地接受。在他看来，当代中国的急迫问题，是抓紧时间，集中精力发展社会生产力，提高国家的综合实力和人民的生活水平。只有这样才有可能谈得上抵制西方国家的和平演变，并使社会主义最终战胜资本主义。而要集中精力就必须统一思想，心无旁骛。固然，在重大政治问题和理论问题上，存在不同的意见，应该是一种正常的现象。应该允许这些不同意见的存在，也应该让持不同见解的人“看”。“允许看，比强制好得多。”“我们推行三中全会以来的路线、方针、政策，不搞强迫，不搞运动，愿意干就干，干多少是多少，这样慢慢就跟上来了。”但是不应该搞争论。“一争论就复杂了，把时间都争掉了，什么也干不成。”“不争论，是为了争取时间干。”

---

① 《邓小平文选》第1卷，人民出版社1994年版，第146页。

“不争论，大胆地试，大胆地闯。农村改革是如此，城市改革也应如此。”① 邓小平的这一原则，一方面反映了改革开放时代的历史特点和时代的要求，另一方面又说明了邓小平急于把经济搞上去的急迫感和责任感。事实表明，不争论原则的坚持，不仅凝聚了人心，维持了共识，而且排斥了思想上的干扰，有力地推进了国家的经济建设。

（五）推陈出新

新闻宣传与其他形式的说服手段之不同，主要在于新。新闻宣传之所以要推陈出新，乃是因为新的内容、新的形式与手法，能满足对象的求新趣味，能够保持并且强化对象的注意，使宣传内容成为社会大众选择性接受的对象，从而增强新闻宣传的效果。

此处所谓新既指新闻宣传的内容，又指内容的表现形式和手法。不断地推出新的内容，不断地以新的形式和手法来加以表现，是取得最佳宣传效果的主要途径。中外新闻宣传史上的一些卓越的宣传家，无不是推陈出新的高手。邓小平作为一个政治家和宣传家，也高度地重视推陈出新的宣传原则。“我们思想理论战线的同志们一定要赶快组织力量，定好计划，在尽可能短的时间里陆续写出并印出一批有新内容、新思想、新语言的有分量的论文、书籍、读本、教科书来，填补这个空白”②。在另一篇讲话中，他又希望文艺界的路子要越走越宽，在准确的创作思想的指导下，“文艺题材和表现手法要日益丰富多彩，敢于创新。要防止和克服单调刻板、机械划一的公式化概念化倾向”③。文艺题材及其表现方式与新闻宣传的内容、形式的创新，在形式上不同而在实质上是一致的。它们都是吸引大众注意、提高新闻宣传效果的重要手段。所以，每个新闻宣传工作者都必须时时怀抱求新创新的理念，不断地以新的内容、形式、手法，面对大众，只有这样，新闻宣传才会成

① 《邓小平文选》第 3 卷，人民出版社 1993 年版，第 374 页。
② 《邓小平文选》第 2 卷，人民出版社 1994 年版，第 180 页。
③ 《邓小平文选》第 2 卷，人民出版社 1994 年版，第 211 页。

为引导大众的旗帜。

（六）通俗性、大众化

新闻宣传的直接目的是影响、改变特定对象的思想、态度和行为。新闻宣传效果的大小与受其影响的群众的范围之广狭成正相关。即受其影响的群众愈多，则其效果愈大。而一般的社会大众，由于政治、经济地位的限制，不仅其所受的教育及其文化水准都相当低，而且对于外来信息的理解和接受的能力也相对地比较薄弱。这与社会精英阶层是完全不同的。前者所需要而且也能够接受的是“下里巴人”，而后者所要求的则是“阳春白雪”。所以要提高新闻宣传的社会效果，必须尽可能地低降低新闻宣传的知识层次，尽量向社会中下阶层靠拢，尽量用群众所熟悉的语言，和属于大众身边的并且感兴趣的事实，由此实现新闻宣传的通俗化和大众化。

在世界新闻宣传史上，几乎所有成功的宣传家都善于使用通俗化、大众化的策略。列宁在十月革命前就要求无产阶级报刊遵循通俗性的原则，“从最简单的、众所周知的材料出发，用简单易懂的推论或恰当的例子来说明从这些材料得出的主要结论，启发肯动脑筋的读者不断地去思考更深一层的问题”①。但列宁同时又提醒人们，通俗并不等于庸俗更不等于庸俗化。毛泽东也希望新闻宣传人员使用群众所熟悉的语言，要增强针对性。作为中国共产党第二代领导集体的领导者，邓小平也十分认同这一原则。他一方面要求新闻宣传的题材要大众化，即要取材于群众的生活，宣传的内容要与群众的生活有密切的关联；另一方面又要求新闻宣传的形式也要通俗化，即要使用广大群众能够听得懂的语言，使用群众喜闻乐见的表现形式。但是邓小平又指出两个必须注意的问题。一是通俗化、大众化并不排斥精益求精。相反愈是精品愈是容易流行，大众愈是喜欢，所以新闻宣传人员要始终面向人民大众，“力戒粗制滥造，认真严肃地考虑自己作品的社会效果，力求把最好的精神食粮贡献

① 《列宁全集》第5卷，人民出版社1959年版，第278页。

给人民"①。二是通俗不等于媚俗，不等于庸俗。媚俗、庸俗是出于商业目的在传播活动中对于大众低级趣味的迎合，是一种不负责任的信息传播行为。而通俗则是基于政治理念的严肃的沟通，其目的不是为了利润，而是为了在思想上说服宣传对象，并且提升其对事物的认识和判断能力。邓小平在通俗化问题上的这些见解，是值得今天的新闻宣传人员借鉴的。

（七）树立典型，促进一般

在国际共产主义运动史上，典型宣传可以说是无产阶级报刊活动的优良传统。早在十月革命之前，列宁就非常重视用无产阶级斗争中的典型事例来启发、激励工人，揭露沙俄政府的腐败，鼓舞工人阶级的信心。十月革命之后，用模范典型的宣传来带动后进，促进一般，又成了社会主义经济建设的主要手段。在列宁看来，模范的事迹如果广泛地传播，榜样的力量就会全部地发挥出来。在这种情况下，模范就会成为一般、后进的"辅导者、教师和促进者"②。在毛泽东的宣传策略中，树立典型也是其重要的内容。抗战时期，毛泽东就指示各政治部门和新闻宣传部门注意收集一些典型的民族英雄的事迹，并进行广泛的宣传，以发扬革命的爱国主义和民族主义精神。随后他又要求各地领导机关在发出各项指示和决议后，还"应当注意收集和传播经过选择的典型性的经验，使自己领导的群众运动按照正确的路线向前发展"③。由此可见，在列宁、毛泽东的心目中，树立典型既是一种主要的宣传策略，又是执政党和政府的一项重要的领导方法。

在继承列宁、毛泽东有关典型宣传思想的基础上，邓小平就树立典型问题作了进一步的探讨。他认为利用新闻媒介或其他渠道宣传典型，既可以给一般大众树立可以学习、参照的榜样，又可以告诉一般群众在具体事情、具体问题上该怎么做。这种典型、榜样的

① 《邓小平文选》第2卷，人民出版社1994年版，第211页。

② 《列宁全集》第27卷，人民出版社1958年版，第239页。

③ 《毛泽东新闻工作文选》，新华出版社1983年版，第145~146页。

宣传的实际影响，要远远大于一般号召。但是，邓小平又告诫我们：“在宣传上不要只讲一种办法，要求各地都照着去做。宣传好的典型时，一定要讲清楚他们是在什么条件下，怎样根据自己的情况搞起来的，不能把他们说得什么都好，什么问题都解决了，更不能要求别的地方不顾自己的条件生搬硬套。”① 也就是说学习典型也要实事求是，因地制宜，任何典型都有自己的特殊性。我们要宣传典型就要把典型、榜样身上体现出的普遍精神与本地的具体情况相结合，只有这样，典型宣传才会发挥其应有的作用。邓小平的这一见解不仅在计划经济时代，就是在建设社会主义市场经济的今天，也被证明是十分正确而且是非常有效的。

（八）深入细致，润物无声

新闻宣传究竟应该采取什么方式，是应该强行灌输，疾风暴雨？还是尊重主体，细雨润物？历来是宣传家们争论的焦点。在第二次世界大战以前，不少人认为，宣传对象是被动的信息接受者，宣传效果的大小与信息量的大小成正比例关系。所以大多数宣传家忽视了宣传对象的主动性，满足于疾风暴雨式的宣传，轰轰烈烈，强行灌输。这种做法在第二次世界大战后，遭到了学术界的否定。毛泽东也主张：“不要在几小时内使人接受一大堆材料，一大堆观点，而这些材料和观点又是人们平素不大接触的。一年要找几次机会，让那些平素不大接触本行事务的人们，接触本行事务，给以适合需要的原始材料或者半成品。不要在一个早上突如其来地把完成品摆在别人面前。要下些毛毛雨，不要在几小时内下几百公厘的倾盆大雨。‘强迫受训’的制度必须尽可能废除……要彼此有共同的语言，必须先有必要的共同的情报知识。”② 毛泽东的这段话至少包含了三种意思。首先，宣传对象态度的转变，是一个复杂的心理过程，用简单的灌输方式是难以达到目的的；其次，要使对象具有和宣传者相同的语言和态度，必须使其具有与宣传者相同的必要的

---

① 《邓小平文选》第2卷，人民出版社1994年版，第316页。

② 《毛泽东新闻工作文选》，新华出版社1983年版，第206页。

情报知识；再次，要使宣传卓有成效，就得遵循心理规律，变倾盆大雨为毛毛细雨，做长期打算，锲而不舍，水滴石穿。

邓小平十分赞同并且接受了毛泽东的主张。他在要求宣传内容真实、准确的同时，还要求量的扩大，即一定程度的轰轰烈烈。“我们不能否定在某一个时候要有一个具有一定规模的热闹的形式，有这样热闹的形式，才能把一个歪风打下去，才能把一件事情办好。”“但是我们的群众路线，不是满足于那个热热闹闹，主要的是要做经常的、细致的工作，做人的工作。这是一点一滴的工作，这样的工作积累起来，才有我们伟大的成绩。所以我们要搞得深入一些。我们党的历史，我们党的传统，有热闹的形式，但是归根到底，我们是实事求是地做深入的工作。”① 只要我们实事求是，尊重群众的接受习惯，做好深入细致的说服工作，我们的新闻宣传就会取得实效，就会发挥应有的作用。

邓小平的新闻宣传策略在马克思主义新闻宣传史上占有十分重要的地位。它不仅符合新闻宣传活动的客观规律，也符合新闻宣传对象的心理接受规律，所以在实际的新闻宣传过程中，这些策略原则取得了显著的成果。从这些原则的实质内容来看，其理论的源头可以追溯到马克思、列宁、毛泽东等马克思主义经典作家那里，但是邓小平又在不少地方发展、丰富了马克思主义宣传策略思想，如邓小平在强调坚持一般规律的同时，还主张正视时间、空间、对象的特殊性，要求在宣传的内容与形式上推陈出新，要求通俗而不媚俗，主张不争论以争取时间，等等，这些观点极富创意，闪耀着理性的光彩。

五、新闻宣传队伍的建设

如前所述，新闻宣传工作者是人类社会的灵魂工程师，是实现政党和政府意志的重要手段。在党和国家的政治生活中，新闻宣传工作者扮演着十分重要的角色。要履行党和政府赋予的重大使命，

① 《邓小平文选》第1卷，人民出版社1994年版，第288页。

新闻宣传人员也存在着自身建设和提高的问题。因为新闻宣传工作者的重要职责之一就在于教育人民，提高人民的认识和判断能力。而“要教育人民，必须自己先受教育。要给人民以营养，必须自己先吸收营养”①。从而达到“四有”的境界，即成为“有理想、有道德、有文化、有纪律”的灵魂工程师。只有这样的灵魂工程师，才能完成党和人民的重托，真正地履行自己的责任。

（一）加强理论学习

新闻宣传工作者要提高自身的修养，必须首先加强理论学习，提高自己认识和解决问题的能力。所谓理论学习，就是要学习马克思列宁主义哲学、经济学、政治学等学科的基本原理，学习中外历史，学习党和政府的政策等。通过学习，可以确立无产阶级的世界观，确立马克思主义的原则立场，增强自己的政治敏感。更为重要的，在理论学习的基础上，新闻宣传人员还能够进一步“提高自己认识生活、分析生活、透过现象抓住事物本质的能力”②。同时，它还能够“提高我们运用它的基本原则基本方法，来积极探索解决新的政治经济社会文化基本问题的本领，既把我们的事业和马克思主义理论本身推向前进，也防止一些同志，特别是一些新上来的中青年同志在日益复杂的斗争中迷失方向”③。除此之外，学习和熟悉马克思主义的基本理论，还有利于“加强我们工作中的原则性、系统性、预见性和创造性”④。如果不学习理论，没有坚实的理论根底，在看问题时就容易为现象乃至假象所迷惑，其制定的政策就会缺乏科学的依据，更谈不上原则性、前瞻性和创造性。

（二）加强业务学习

新闻宣传人员还要加强业务学习，提高自己的业务水平。邓小

---

① 《邓小平文选》第2卷，人民出版社1994年版，第211页。

② 《邓小平文选》第2卷，人民出版社1994年版，第211页。

③ 《邓小平文选》第3卷，人民出版社1993年版，第147页。

④ 《邓小平文选》第3卷，人民出版社1993年版，第147页。

平认为，新闻宣传工作者作为灵魂的工程师，仅仅在政治上合格是远远不够的。“只靠坚持社会主义道路，没有真才实学，还是不能实现四个现代化。无论在什么岗位上，都要有一定的专业知识和专业能力，没有的要学，有的要继续学，实在不能学、不愿学的要调整。”① 也就是说，新闻宣传人员不仅要政治合格，在业务上也应该是一把好手，做到又红又专。怎样才能做到这一点呢？办法只有一个，就是在坚持理论学习的前提下，加强业务学习。他曾要求文艺工作者，“都应当认真钻研、吸收、融化和发展古今中外艺术技巧中一切好的东西，创造出具有民族风格和时代特色的完美的艺术形式”②。这一要求，对于新闻宣传工作者同样也是适用的。新闻宣传人员也应该从古今中外的传播思想和新闻宣传实践中，在扬弃其糟粕的基础上，吸收、融化其精华，增强自己对于事物的敏感性和判断力，掌握业务技巧，从而进一步完善新闻宣传的表现形式，这是提高新闻宣传效果的不可或缺的基本条件。

（三）发扬党的优良传统

新闻宣传工作者必须在实际工作中提倡和发扬党的优良传统和作风。早在1950年6月6日，邓小平就在《克服目前西南党内的不良倾向》一文中指出：“我们提倡的正确的作风，就是毛主席指出的理论与实际结合的作风，联系群众的作风，自我批评的作风。”20世纪80年代中期，他又把党的优良作风概括为“要全心全意为人民服务，深入群众倾听他们的呼声；要敢说真话，反对说假话，不务虚名，多做实事；要公私分明，不拿原则换人情”等。③

总的来说，新闻宣传工作者必须提倡和发扬的优良传统和作风，主要是联系群众、联系实际，实事求是和自我批评。关于联系群众，我们在前面已作了分析，简而言之，就是全心全意地为

① 《邓小平文选》第2卷，人民出版社1994年版，第262页。

② 《邓小平文选》第2卷，人民出版社1994年版，第212页。

③ 《邓小平文选》第3卷，人民出版社1993年版，第146页。

人民服务，代表人民的利益，反映人民的呼声，同时诚心诚意地依靠人民群众，倾听群众的意见建议，并据此改进自己的工作，走全民办报（新闻）的道路。这是现代中国新闻传播事业发展成功的经验。联系实际，乃是指理论联系实际，不搞本本主义、教条主义，一切从实际出发，这一作风对于新闻宣传工作十分重要，如果在宣传中不是从实际出发而是从本本出发，宣传就会成为无源之水、无本之木，就不会赢得群众。事实求是与新闻传播的真实性原则直接相联，而真实又是新闻宣传的生命所在，虚假的不实之词，或许能骗人于一时，然而由于真相终将会大白于天下，所以虚假的东西最终会损害宣传者自身的形象，进而失去人民大众的信任。在这个意义上，实事求是乃是新闻宣传工作者的立身之本。自我批评更是新闻宣传工作者的一大法宝。对于新闻宣传工作中存在的问题，自觉地进行反省，进行自我检讨，发扬成绩，改正错误，是保证正确的宣传方向的前提。只有坚持和发扬这些优良传统和作风，新闻宣传工作才能扮演好灵魂工程师的角色，成为推进社会进步的建设性力量。

建设一支政治合格、理论功底深厚、业务能力出色的新闻宣传队伍，使之胜任人类灵魂工程师的角色，成为实现党和政府意志的主要手段，乃是党和政府面临的主要任务之一。因此，邓小平要求党和政府高度重视新闻宣传队伍的建设。在他看来，当代中国杰出的甚至连合格的新闻宣传工作者实在是太少了。“这种状况与我们的时代很不相称。我们不仅要从思想上，而且要从工作制度上创造有利于杰出人才涌现和成长的必要条件。”① 特别是在改革开放的新的历史时代，新闻宣传媒介被赋予了更多更重要的使命和职能，如果没有一支过硬的、信得过的新闻宣传队伍，就难以为党和国家的中心工作的展开营造良好的舆论环境，就无法保证政治稳定的大局和生动活泼的氛围，就难以调动人民群众的积极性创造性，党和国家的最终目标就无从实现。

---

① 《邓小平文选》第2卷，人民出版社1994年版，第213页。

六、结　论

以上我们从五个方面，即新闻宣传工作的性质和职能、新闻宣传工作的基本原则、新闻舆论监督、新闻宣传策略、新闻宣传队伍的建设等，就邓小平的新闻宣传思想进行了比较全面的分析。综合、归纳这些分析，我们可以得出如下四点结论：

其一，邓小平有关新闻宣传的论述，涉及新闻宣传活动的各个方面，包括新闻传播媒介在社会大系统中的定位，新闻媒介的社会职能及新闻宣传工作者的历史使命，新闻宣传工作的党性原则、群众性原则、真实性原则、稳定压倒一切的原则、社会效益至上的原则，新闻批评的出发点、方式和基本原则，新闻宣传的艺术，以及新闻宣传人员素质的培育与提高等，已形成了一个比较完整的理论体系。这一体系的核心，就是对新闻宣传媒介及新闻宣传工作的定位。由此生发出新闻媒介的社会职能和使命、新闻宣传工作的基本原则、新闻舆论监督、新闻宣传策略和新闻宣传队伍的建设等重要内容，这些内容事关新闻宣传工作的政治方向和业务基础，决定了当代中国新闻传媒的基本风貌。

其二，邓小平的新闻宣传思想不是凭空产生的，它直接来源于马克思主义经典作家，特别是列宁、毛泽东有关新闻宣传的论述。如新闻舆论监督、新闻策略、党性原则、真实性原则、新闻宣传工作的使命等，无不受到前人的启发，或者是直接接受了前人的思想成果。但是对于新闻宣传及与此有关的某些问题，邓小平还是表述了自己独特的见解。例如，把新闻宣传者定位为人类灵魂的工程师和政治领导（实现政治意志）的重要方法，在马克思主义新闻思想史上还是第一次；他还非常重视政治稳定，把稳定放在压倒一切的位置；他坚决反对一切向钱看，反对精神产品商品化，主张社会效益优先；他还能够正视新闻舆论监督的必要性等，这些独特的见解是马克思主义新闻思想在新的历史条件下的发展，是对马克思主义新闻思想的重大贡献。

其三，邓小平作为中国共产党第二代领导集体的核心，其新闻宣传思想在一个较长的历史时期——改革开放时期，奠定了中国新闻宣传政策的理论基础。和列宁、毛泽东一样，邓小平在党和国家政治生活中的领袖地位，使他扮演了中国当代历史的掌舵人和最高的政治决策者的角色。一如当时的政治经济政策都能溯源于他的政治经济思想，邓小平的新闻宣传思想，也为当时的新闻宣传政策定下了基调。新闻宣传必须致力于贯彻党的政策、正确地引导舆论、搞好新闻舆论监督、服务于经济建设的大局，以培养“四有”新人为目标；新闻宣传工作者必须坚持党性、坚持真实性、坚持社会效益优先的原则，努力维护安定团结的政治局面等，既是邓小平新闻宣传思想的重要内容，也是当代中国新闻媒介必须服从的作为政府意志的新闻政策。所以要认识当代中国的新闻宣传活动，把握中国新闻宣传事业的基本格局，就应该从研究邓小平的新闻宣传思想入手。

其四，邓小平的新闻宣传思想作为马克思主义新闻宣传理论与中国新闻宣传实践相结合的产物，具有鲜明的时代特征。此种特征一方面反映了其符合新闻宣传内在规律的科学性、先进性；另一方面，也意味着它不可避免地存在着一定的由时代所决定的局限，从而需要后人在新的历史条件下予以继续发展。这就要求我们不要机械地、教条地理解邓小平的新闻宣传思想。正如邓小平在评价毛泽东思想时所说的：“毛泽东同志在这一个时间，这一个条件，对某一个问题所讲的话是正确的，在另外一个时间，另外一个条件，对同样的问题讲的话也是正确的；但是在不同的时间、条件对同样的问题讲的话，有时分寸不同，着重点不同，甚至一些提法也不同。所以我们不能够只从个别词句来理解毛泽东思想，而必须从毛泽东思想的整个体系去获得正确的理解。”① 这一论述对于我们理解邓小平新闻宣传思想同样也是适用的。

---

① 《邓小平文选》第2卷，人民出版社1994年版，第42页。

第十八章　江泽民新闻宣传思想

江泽民是中国共产党第四代领导集体的核心。曾任中共中央总书记、国家主席、中央军委主席，这一政治地位决定了他对当代中国社会政治、经济、文化诸方面广泛而深刻的影响。江泽民在重视“一个中心”“两个基本点”和国家统一大业的同时，对于新闻宣传工作也给予了很大的关注。在十年主政期间，江泽民在继承马克思主义新闻学说、毛泽东新闻思想和邓小平新闻理论的基础上，结合当代中国新闻宣传工作的实际，就新闻宣传及与此有关的一些重大的理论和实际问题，进行了深入的研究，并发表了一系列重要的讲话。这不仅丰富了马克思主义新闻学说，而且还直接地奠定了当代中国新闻传播政策的理论基础。因此，新闻宣传工作者有必要深入地学习、领会江泽民的新闻宣传思想。

一、新闻事业的性质与作用

新闻事业不是从来就有的，它是生产力与生产关系的矛盾运动发展到一定阶段的产物，是由人类早期自发的新闻传播活动逐步进化而来的。作为社会大系统的一个重要的组成部分，新闻事业一方面受到社会整体，特别是政治、经济体制的制约；另一方面，它对于社会历史的演进，又能起到很大的促进作用。近代历史的帷幕一拉开，新闻事业就成了社会各阶级、各政党重要的政治工具。资产阶级把报刊看成是追求真理、正义的伙伴和社会的舆论工具，视新闻工作者为“无冕之王”和社会的“第四等级”，把新闻传播机关当作独立于立法、司法、行政三大权力机关之外的“第四权力”。这些看法几乎毫无例外地将新闻传播媒介等同于社会公器。马克思主义者则不然。从马克思到毛泽东，都坚定地主张报刊等新闻媒介应该是党的工具、党的武器，应该是党和人民的耳目喉舌，是党的事业的一个重要的组成部分，是无产阶级与资产阶级斗争中的一条重要战线。一个报纸、电台、电视台，对于其覆盖范围内的全体人民、对于党和国家的工作，"有极大的组织、鼓舞、激励、批判、推动的作用"①。

江泽民继承了马克思主义经典作家关于新闻事业性质的论断，并就此作了进一步的阐述。1989 年江泽民在新闻工作研讨班上指出："我们党历来非常重视新闻工作。始终认为，我们国家的报纸、广播、电视等是党和人民的喉舌。这既说明了新闻工作的性质，又说明了它在党和国家工作中的极其重要的地位和作用。"②五年后，江泽民又在全国宣传思想工作会议上说，我们党的几十年历史表明，"革命也好，建设也好，要取得伟大的胜利，都离不开宣传思想工作"。因此，"在我们党领导的各条战线中，宣传思想战线是一条十分重要的战线。在我们党的各级领导机关中，宣传思想工作部门是一个十分重要的部门。在我们党的干部队伍中，宣传思想工作队伍是一支十分重要的力量"③。在改革开放，建设社会主义物质文明和精神文明的新形势下，新闻宣传工作的地位尤为重要。"这条战线涉及各个领域，关系到建设有中国特色社会主义事业的全局。"④ 作为党和人民的喉舌，新闻传播工具由于具有公开性、广泛性和及时性的特点，成为人民大众获知信息的主要渠道，因而受到国内外各方面的普遍关注。

所以，如果"我们的报纸办得好，可以对党的路线、方针、政策和任务起到有力的宣传作用，对群众起到极大的动员、鼓舞作

---

① 《毛泽东新闻工作文选》，新华出版社 1983 年版，第 202 页。

② 江泽民：《关于党的新闻工作的几个问题》，载《求是》1990 年第 5 期。

③ 江泽民：《在全国宣传思想工作会议上的讲话》，1994 年 1 月 24 日，新华社北京 1994 年 3 月 6 日电。

④ 江泽民：《宣传思想战线是我们党的一条极其重要的战线》，载《求是》1993 年第 5 期。

用，对先进的东西起到积极的倡导弘扬作用，对错误的东西起到及时的制止、纠正作用，还可以对科学知识起到广泛的传播、普及作用”。反之，如果新闻宣传出了偏差，就会出现“谬误出于口，则乱及万里之外”，“不仅容易把人们的思想搞乱，有的还有可能在国内外造成不良影响”①。新闻宣传战线在党和国家政治生活中的地位既然如此重要，其影响又是如此之大，那当然应该站在政治的高度，从战略的全局来把握新闻宣传工作。毛泽东曾经强调“搞新闻工作，要政治家办报”,② 江泽民认为这一观点“至今仍然具有重要的指导意义”③。

在对新闻事业性质与作用的认识上，江泽民坚持了马克思主义新闻学说的基本观点，同时又结合当代中国新闻宣传的具体实际，作了一些新的解释、新的发挥。这主要表现在三个方面。第一，新闻宣传是一种特殊的意识形态。江泽民在接见解放军报社师以上干部时指出：“新闻作为一种意识形态，作为宣传、教育、动员人民群众的一种舆论形式，总是直接或间接地反映我们党和国家的政治立场、政治主张和政治观点。”几个月后，他又在视察人民日报社时说，“新闻舆论，作为上层建筑、意识形态的一个重要组成部分”，会对社会产生广泛而深刻的影响。在马克思主义新闻学说史上，经典作家们已经依稀认识到了新闻传播的意识形态性质，但江泽民第一个明确地提出了这一问题，这应该说是对马克思主义新闻学理论的一个新发展。

第二，关于新闻传播的经济效益和社会效益的关系。长期以来，我们一直批判资产阶级的报刊是资产阶级赚钱的工具，其基本目的除了欺骗劳动人民以外，就是没有止境地追求利润。与此相反，无产阶级的新闻事业作为党和国家的政治工具，必须以社会效益为前提，而绝不能以赚钱为目的。随着社会主义市场经济体制的

① 《江泽民在接见〈解放军报〉社师以上干部时的讲话》，载《人民日报》1996 年 1 月 22 日第 1 版。

② 《毛泽东新闻工作文选》，新华出版社 1983 年版，第 216 页。

③ 《毛泽东新闻工作文选》，新华出版社 1983 年版，第 216 页。

逐步建立，随着新闻媒介由事业管理向企业化经营的转轨，精神产品的生产流通同市场运行一般规律的联系日趋密切，必然会出现新闻单位的经济效益问题。新闻传播领域的激烈竞争，客观上也要求新闻单位“在集中精力办好报纸的同时，要努力搞好经营管理”①。那么我们应该怎样处理社会效益与经济效益的关系？江泽民要求：“坚持把社会效益放在首位，在这个基本前提下实现经济效益和社会效益的统一。”他接着说：“经济效益好，有助于宣传文化事业的发展。同时也要看到，精神产品又具有不同于物质产品的特殊属性，它的价值实现形式更重要地表现在社会效益上。有些精神产品，直接经济收益可能不大，但对推动社会生产力的发展和社会全面进步的作用很大。我们在宣传文化工作中要始终把社会效益作为最高准则，当经济效益和社会效益发生矛盾时，自觉服从社会效益。”② 江泽民这一重要见解，对于中国社会转型时期的新闻传播事业，发挥了积极的指导作用。

第三，关于新闻与社会的关系。马克思主义者认为，新闻传播不是孤立于社会之外的独立存在，它是社会机体的一个重要的组成部分。与文学艺术、经济领域一样，新闻传播也有其自身的特点和具体的发展规律。新闻传播的发展水平受到社会整体发展水平的制约，又会对社会的进步发挥积极的能动作用。根据这一原理，江泽民认为，在全面推进政治、经济改革的同时，也“要把宣传文化事业的改革作为一项重要工作，统筹安排，积极推进”。“宣传文化事业的改革要同发展社会主义市场经济、同整个社会主义现代化建设相适应，符合社会主义精神文明建设的要求，符合宣传文化事业自身发展的规律。”③ 这样把新闻传播放在整个社会大系统之中进行考察，从社会机体的协调发展来决定新闻事业的发展策略，可

① 《江泽民同志视察人民日报社时的讲话》，载《人民日报》1996 年 10 月 21 日第 1 版。

② 江泽民：《在全国宣传思想工作会议上的讲话》，1994 年 1 月 24 日，新华社北京 3 月 6 日电。

③ 江泽民：《在全国宣传思想工作会议上的讲话》，1994 年 1 月 24 日，新华社北京 3 月 6 日电。

以说是江泽民对无产阶级新闻理论的重要贡献。

可见，江泽民在新闻事业的性质与作用的认识上，既坚持了马克思主义新闻学的基本原理，把新闻媒介看成是党和人民的喉舌，看成是革命总战线中一条必要和重要的战线，看成是党的生命的一部分，充分地肯定了新闻宣传工作的地位和作用。同时，他又结合当代中国新闻宣传的具体实际，针对社会主义建设时期出现的一些新问题，如新闻宣传的经济效益和社会效益的关系，新闻宣传的特殊规律及新闻与社会的关系，新闻宣传的意识形态性质等，作出了新的科学的解释，从而丰富了马克思主义新闻学说。

二、新闻工作者的使命与任务

新闻事业既然是阶级社会的产物，自然便摆脱不了阶级的属性。不同阶级的新闻传播媒介不仅在目的、形式、手段诸方面迥然有异，其赋予本阶级新闻工作者的使命与任务也截然不同。资产阶级新闻从业人员的根本使命，是维护资产阶级的“公共利益”，为现存的社会制度辩护。其具体任务虽然因国情、时代的不同而有所差异，但在捍卫私有财产制度和议会民主制度、反对社会主义这一点上，则是基本一致的。与此相反，无产阶级新闻工作者作为无产阶级政党的生命的组成部分，作为党的政治组织中的普通成员，其使命与任务集中表现为宣传党的路线政策，教育人民，争取群众，搞好舆论监督等方面。这是马克思主义新闻学说的基本观点。

江泽民结合当代中国新的情况，对于新闻工作者的使命与任务这一重要的理论问题，从政治家的理论高度进行了新的说明。他认为，在建设有中国特色社会主义的历史过程中，新闻工作者的基本使命有二。首先，是积极、主动地宣传党的路线、方针、政策。江泽民在阐述这个问题时，曾非常赞同并且引用了毛泽东的一段话：“报纸的作用和力量，就在它能使党的纲领路线，方针政策，工作任务和工作方法，最迅速最广泛地同群众见面。”① 在他看来，建

① 《毛泽东新闻工作文选》，新华出版社 1983 年版，第 149 页。

设富强、民主、文明的社会主义现代化国家，既是党的事业，又是人民自己的事业。要完成这一事业，宣传思想工作部门承担的最重大的使命，“就是要正确地宣传党的理论、路线、方针、政策，生动地反映人民群众的伟大实践，调动一切积极因素，化消极因素为积极因素，团结一切可以团结的力量”，① 把党的路线方针政策直接地转化为群众的实际行动。

其次，新闻宣传工具还必须发挥政治与道德教化的功能。江泽民同时指出：“我们的宣传思想工作，必须以科学的理论武装人，以正确的舆论引导人，以高尚的精神塑造人，以优秀的作品鼓舞人，不断培养和造就一代又一代有理想、有道德、有文化、有纪律的社会主义新人，在建设有中国特色社会主义的伟大事业中发挥有力的思想保证和舆论支持作用。”②

新闻工作者的光荣使命，落实在实际工作中，直接地转化为如下五项具体任务：

第一，宣传邓小平理论，坚持用邓小平理论武装全党。“这是我们在新时期的宣传思想工作的根本任务和中心环节。”③ 在此基础上，进一步加强爱国主义的宣传教育，加强正确的理想、信念、人生观、价值观的宣传教育，加强马克思主义的唯物辩证法的宣传教育。

第二，宣传贯彻党的基本路线。江泽民要求“宣传思想战线必须牢牢把握党的基本路线，做好自己的工作，通过有力的宣传和思想动员，把全党全国人民的思想和行动进一步统一到党的基本路线上来”④。

① 江泽民：《在全国宣传思想工作会议上的讲话》，1994 年 1 月 24 日，新华社北京 3 月 6 日电。

② 江泽民：《在全国宣传思想工作会议上的讲话》，1994 年 1 月 24 日，新华社北京 3 月 6 日电。

③ 江泽民：《宣传思想战线是我们党的一条极其重要的战线》，载《求是》1993 年第 5 期。

④ 江泽民：《在全国宣传思想工作会议上的讲话》，1994 年 1 月 4 日，新华社北京 3 月 6 日电。

第三，正确地引导舆论。在党的基本路线的指引下，根据掌握的实际情况，正确引导舆论，也是思想宣传战线的一项非常重要的工作。江泽民在许多场合反复强调“舆论导向正确，人心凝聚，精神振奋；舆论导向失误，后果严重”①。“舆论导向正确，是党和人民之福；舆论导向错误，是党和人民之祸。”② 新闻传播媒介一定要坚持正确的舆论导向，努力造成有利于改革开放、发展生产力的舆论，有利于加强两个文明建设的舆论，有利于维护国家统一、民族团结的舆论。

第四，做好舆论监督工作。江泽民在视察人民日报社时，曾要求新闻媒介“对消极腐败现象也要进行批评和揭露，发挥舆论监督作用”。但是这种批评和揭露，应该是同志式的，恨铁不成钢。其目的是帮助批评对象“克服缺点、纠正错误。对于党和政府工作中的缺点、错误的批评，只要是善意的、有益于改进工作的，我们都应该热忱欢迎”③。

第五，弘扬主旋律。所谓弘扬主旋律，就是要在邓小平理论和党的基本路线的指导下，“大力倡导一切有利于发扬爱国主义、集体主义、社会主义的思想和精神，大力倡导一切有利于改革开放和现代化建设的思想和精神，大力倡导一切有利于民族团结、社会进步、人民幸福的思想和精神，大力倡导一切用诚实劳动争取美好生活的思想和精神”④。只有这样，我们的精神产品才能符合党和国家的根本利益，才能满足人民群众不断增长的精神文化需要。

江泽民还认为，在以经济建设为中心的改革开放的新的历史时期，新闻宣传工作者要履行党和国家赋予的光荣使命，完成自己的

---

① 江泽民：《在全国宣传思想工作会议上的讲话》，1994 年 1 月 4 日，新华社北京 3 月 6 日电。

② 《江泽民同志视察人民日报社时的讲话》，载《人民日报》1996 年 10 月 21 日第 1 版。

③ 江泽民：《关于党的新闻工作的几个问题》，载《求是》1990 年第 5 期。

④ 江泽民：《在全国宣传思想工作会议上的讲话》，1994 年 1 月 24 日，新华社北京 3 月 6 日电。

任务，首先必须坚持两为方针，即为人民服务，为社会主义服务。在他看来，“社会主义的新闻事业同社会主义的文学、艺术、出版等事业一样，虽然各有自己的特点和具体发展规律，但是它们作为意识形态领域的组成部分，都要为社会主义服务，为人民服务。尽管服务的具体形式、内容、方法不尽相同，但都必须遵循这个基本方针”①。在现阶段，为人民服务和为社会主义服务是完全一致的。离开了社会主义道路，也就从根本上脱离了人民，违背了人民的根本利益；如果心中没有人民的位置，更谈不上社会主义。

其次，必须坚持四项基本原则，即坚持社会主义道路，坚持无产阶级专政，坚持党的领导，坚持马列主义毛泽东思想。始终不渝地坚持四项基本原则，是邓小平的一贯见解。江泽民深以为然。他多次强调，在坚持经济建设这个中心的同时，还应该坚持四项基本原则。“四项基本原则是保证经济建设和改革开放最根本的政治条件。”② 一切报道宣传活动都必须纳入四项基本原则的范围之内；否则，新闻宣传工作，不仅不能造福，反而会贻害于党，贻害于国家和人民。

再次，必须服务于大局的稳定。要建设具有中国特色的社会主义现代化强国，需要一个和平稳定的内外环境。在政治动荡、社会不稳的情况下，经济建设是搞不上去的。正是在这个意义上，邓小平一再提醒我们，“最重要的是国家的稳定，稳定是压倒一切的”。“要使我们党的报刊成为全国安定团结的思想上的中心”，报刊、广播、电视都要把促进安定团结，“作为自己的一项经常性的、基本的任务”③。对此，江泽民非常赞同，要求“我们保持清醒的头脑，稳住自己的阵脚，沉着对待各种问题”④。

最后，必须恰当地把握新闻宣传的透明度。20 世纪 80 年代中

① 江泽民：《关于党的新闻工作的几个问题》，载《求是》1990 年第 5 期。

② 江泽民：《关于讲政治》，载《人民日报》1996 年 3 月 3 日第 1 版。

③ 《邓小平文选》第 2 卷，人民出版社 1983 年版，第 219 页。

④ 江泽民：《关于党的新闻工作的几个问题》，载《求是》1990 年第 5 期。

后期，“透明度”一词十分流行。它与苏联政治改革的口号“公开性”很接近，而苏联的解体与过度的“公开”有着密切的关系。江泽民同志主张对“透明度”要做具体分析。“有些应该透明而且必须透明，有些不能马上透明，要到时机成熟才能透明，有些就是不能透明。有些事情，只限于一部分人员知道和掌握，并不意味着他们有什么特权，而是工作的需要，事业的需要。”① 至于什么可以透明，什么不能透明，什么可以增加一点透明，要以党、国家、人民和民族的根本利益为准绳。

三、新闻工作的党性原则和党的领导

如前所述，在社会主义国家，新闻事业是党的宣传工具，是党的生命机体的重要组成部分。无产阶级的新闻工作者必须无条件地坚持新闻宣传的党性原则。那么，什么是党性原则？从马克思主义新闻学说演变的历史来看，最早、最系统、最完整地表述党性原则的，当推列宁的《党的组织和党的文学》。他在该文中指出：“社会主义无产阶级应当提出党的文学的原则，发展这个原则，并且尽可能以完备和完整的形式实现这个原则。”这个原则是什么呢？“这不只是说，对于社会主义无产阶级，文学事业不能是个人或集团的赚钱工具，而且根本不能是与无产阶级总的事业无关的个人事业。”“文学事业应当成为无产阶级总的事业的一部分，成为一部统一的、伟大的、由整个工人阶级的整个觉悟的先锋队所开动的社会民主主义机器的‘齿轮和螺丝钉。’文学事业应当成为有组织的、有计划的、统一的社会民主党的工作的一个组成部分。”② 此处所谓的文学，即广义的文学，它实际上将报纸宣传诸工作都包纳其中。文学的党性即报纸的党性、新闻工作的党性。

列宁的党性原则理论一经提出，便在国际共产主义运动史上产

① 江泽民：《关于党的新闻工作的几个问题》，载《求是》1990年第5期。

② 《列宁全集》第10卷，人民出版社1958年版，第25页。

生了深刻的影响。在领导中国革命及新闻宣传实践的过程中，毛泽东全面地接受了列宁的党性原则，并就如何坚持党性原则进行了新的探索。邓小平在总结新中国成立以来新闻宣传的经验与教训的基础上，明确要求党的新闻机关“必须按照党的决定发表意见，不允许对党中央的路线、方针、政策任意散布不信任、不满和反对的意见。党报党刊一定要无条件地宣传党的主张”①。作为中国共产党第三代领导集体的核心，江泽民也十分重视新闻宣传的党性原则问题。他一直认为新闻工作是党的整个事业的一个重要组成部分。在1996年接见解放军报社师以上干部时指出：“首要的一条，就是必须坚持鲜明的党性原则”，“在坚持党性原则上，不允许有任何的含糊和动摇”②。鉴于新闻传播工具广泛而深远的社会影响，他还强调，新闻单位的领导权一定要“牢牢地掌握在忠于马克思主义、忠于党、忠于人民的人手里”③。这一点，他与列宁、毛泽东、邓小平的观点是完全一致的。

但是，江泽民并没有满足于对前辈导师思想成果的接受、继承。在对新闻工作党性原则的认识上，江泽民至少在如下三个方面作出了新的探索。首先是关于党性与人民性的关系。在马克思主义新闻学说史上，马克思、恩格斯在其早年还没有成长为一个马克思主义者时，曾提出过报刊的人民性问题。但是由于当时无产阶级政党还没有出现，无产阶级的报刊事业也不成熟，有关报刊的党性与人民性的关系没有引起他们足够的重视。20世纪80年代以来，我国新闻理论界在自由化思潮泛滥的情况下，有人对新闻的党性原则产生了怀疑，甚至有人主张“所谓人民性高于党性”。对此，江泽民表达了坚决的反对态度。他坚持认为，新闻工作的党性与人民性是完全一致的。“我们党是工人阶级的先锋队，代表工人阶级和最

---

① 《邓小平文选》第2卷，人民出版社1983年版，第236页。

② 《江泽民在接见〈解放军报〉社师以上干部时的讲话》，载《人民日报》1996年1月22日第1版。

③ 《江泽民同志视察人民日报社时的讲话》，载《人民日报》1996年10月21日第1版。

广大人民群众的根本利益，除了工人阶级和人民群众的根本利益以外，没有自己的任何私利。坚持党性原则，也就是坚持工人阶级和人民群众的根本利益的原则，两者是完全一致的。提出‘人民性’高于党性，实质就是要否定和摆脱党对新闻事业的领导。”① 其后果是不言而喻的。

其次是党性原则的基本要求。为了保证在实际新闻宣传工作中自觉地坚持党性原则，江泽民在 1989 年新闻工作研讨班上，向新闻宣传工作者提出了三大原则要求。一是“要求新闻宣传在政治上必须同党中央保持一致”。各级党报、电台、电视台，各部门和专业性的报纸都必须这样。当然，在政治上同党中央保持一致，并不是机械地简单地重复一些政治口号，而是站在党和人民的立场上，采取多种多样的方式，把党的政治观点、方针政策，准确地生动地体现和贯注到新闻、通讯、言论、图片、标题、编排等各个方面。二是要求“新闻工作者必须同人民群众保持最广泛最深刻的联系，从群众的实践中吸取智慧和力量”。江泽民深信人民群众不仅是物质财富的创造者，是精神财富的创造者，更是历史的创造者。人民群众改造历史的实践，是新闻作品写作的原料、灵感、思想和艺术技巧的无尽的源泉。三是要求在新闻宣传中旗帜鲜明地坚持不懈地反对资产阶级自由化。在意识形态领域，社会主义思想不去占领，资本主义思想就必然去占领。我们社会主义的报纸、广播台、电视台，决不允许为资产阶级自由化提供阵地。

再次是党对新闻宣传工作的领导方式。江泽民认为，要坚持新闻宣传工作的党性原则，就必须坚持、加强并且完善党对新闻事业的领导。而党对新闻工作的领导，“主要是抓好新闻宣传的政治方向，抓好新闻改革，抓好新闻工作的经验总结，抓好新闻队伍的建设，特别是领导班子的建设”。新闻单位的领导权必须牢牢地掌握在马克思主义者的手中。各级党委必须把领导新闻宣传工作当作一件大事，作为自己的工作方式。要经常讨论新闻工作。“比如每一

① 江泽民：《关于党的新闻工作的几个问题》，载《求是》1990 年第 5 期。

段时期的宣传方针、指导思想、报道重点、宣传效果等等，都应该在党委会上讨论。党委主要负责同志要亲自过问新闻宣传。要及时向新闻单位通报情况，下达任务，提出要求，并亲自审阅重要的社论、评论、新闻稿。对新闻单位遇到的困难，要十分关心，帮助解决。要和新闻单位的同志一道，研究如何不断提高新闻宣传的水平和效果。”① 特别应该指出的是，江泽民在强调党的绝对领导时，还要求在领导的过程中贯彻尊重知识、尊重人才的方针。“宣传思想战线汇集着大量的知识分子。要很好地贯彻尊重知识、尊重人才的方针，努力创造民主舒畅、生动活泼、团结协作的环境，充分发挥这条战线广大知识分子的聪明才智，使优秀人才脱颖而出，特别是使青年人才更快更好地成长，逐步造就一大批在全国乃至国际上有影响的各类专门人才。”② 由此可见，党对新闻宣传的绝对领导，并不是一般想象的那种简单、粗暴的行政干预，而是建立在客观规律和相互尊重基础之上的不断协商的运动过程。

江泽民关于党性原则和党的领导的论述，特别是对新闻媒介的党性与人民性的关系、党性原则的基本要求及加强与改进党对新闻宣传工作的领导的见解，在前人贡献的基础上，见前人所未见，言前人所未言，创新颇多。在较大的程度上丰富、完善了马克思主义新闻学说，比较圆满地解决了社会主义建设时期党报与党的关系问题。

四、新闻宣传的策略原则

回顾国际共产主义运动史，在社会主义国家正式建立之前，几乎所有国家的无产阶级领袖，都有过从事新闻宣传工作的经历。马克思、恩格斯、列宁、斯大林、毛泽东、邓小平等都是如此。这是

---

① 江泽民：《关于党的新闻工作的几个问题》，载《求是》1990 年第 5 期。

② 江泽民：《在全国宣传思想工作会议上的讲话》，1994 年 1 月 24 日，新华社北京 3 月 6 日电。

由于当时的国家政权掌握在资产阶级手中，无产阶级只能通过非暴力的宣传手段争取民众的支持，以扩大自己的政治影响。所以，这些无产阶级领袖都相当精通新闻宣传的谋略。江泽民虽然没有从事过新闻宣传工作的完整经历，但是其丰富的学术修养、严谨科学的态度和作为政治家洞悉全局的战略眼光，使得他十分自然地尊重新闻宣传工作的特殊规律，尊重新闻宣传工作者的主动性和创造性，并且把新闻宣传当作一门艺术。他多次提醒新闻宣传人员，“要讲究宣传艺术，增强吸引力、感召力和说服力，把报纸办得生动活泼，喜闻乐见”①。在长期的政治生涯里，江泽民从前人的经验教训和现实的新闻宣传实践中，总结出了一系列行之有效的宣传策略。

（一）旗帜鲜明

在新闻宣传过程中，究竟是应该旗帜鲜明，还是含糊其词，是每一个宣传家都必须认真思考的问题。毛泽东早在 1948 年就明确指出：“我们必须坚持真理，而真理必须旗帜鲜明。我们共产党人从来认为隐瞒自己的观点是可耻的。我们党所办的报纸，我们党所进行的一切宣传工作，都应当是生动的，鲜明的，尖锐的，毫不吞吞吐吐。这是我们革命无产阶级应有的战斗风格。”② 江泽民完全赞同毛泽东的这一原则，并且认为在宣传思想工作中旗帜鲜明，是我们党的一个“优良传统和重要经验”，因而在许多场合反复要求，“宣传思想工作要保持鲜明性的特点”。“在大的原则面前、是非面前，切不可含含糊糊。”“如果在原则、是非面前含含糊糊，就会使我们在工作中陷于不清醒的状态甚至迷失方向。”③ 要做到旗帜鲜明，又必须“注意分清一些基本界限”④。它包括马克思主

---

① 《江泽民在接见〈解放军报〉社师以上干部时的讲话》，载《人民日报》1996 年 1 月 22 日第 1 版。

② 《毛泽东新闻工作文选》，新华出版社 1983 年版，第 153~154 页。

③ 江泽民：《宣传思想战线是我们党的一条极其重要的战线》，载《求是》1993 年第 5 期。

④ 江泽民：《关于讲政治》，载《人民日报》1996 年 7 月 1 日。

义与反马克思主义的界限，社会主义公有制为主体、多种经济成分共同发展与私有化的界限，社会主义民主与西方议会民主的界限，社会主义思想与封建主义、资本主义腐朽思想的界限等。不分清这些界限，就不可能做到旗帜鲜明。

（二）实事求是

实事求是在新闻宣传领域实际是指真实性，换言之，坚持真实性，就是要在新闻工作中坚持党的一切从实际出发、实事求是的思想路线。这是无产阶级政党新闻宣传工作的优良传统。早在19世纪中期，马克思恩格斯就要求按照事实的本来面目来描写事实。列宁在坚持报道真实性原则的同时，又提出了全局真实的理论，主张“从事实的全部总和，从事实的联系去把握事实”，从而使事实成为“胜于雄辩的东西”、“证据确凿的东西”。① 对此，江泽民也有深刻的论述。他在新闻工作研讨班上指出，现实生活是复杂的，要找几个事例来证明某个观点并不难。一叶障目，不见泰山，抓住一点，不及其余，尽管这一叶、这一点确实存在，但是从总体来看却背离了真实。所以，新闻报道要真实地反映生活，就不能满足于所报道的单个事实的真实，而必须善于“从总体上、本质上以及发展趋势上去把握事实的真实性”②。至于真实性与时效性的关系，他则主张，前者优先于后者。在保证真实、准确的前提下，追求时效。

（三）坚持辩证法，以正面宣传为主

我们生活于其中的世界是五光十色的，既有光明面，又有阴暗面。新闻宣传工作者应该坚持一分为二的辩证方法，既要看到成绩，又要看到工作中存在的问题。要有大局意识，全局观念。“登什么，不登什么，怎样登，都要从全局出发，从党和人民的整体利

---

① 《列宁全集》第23卷，人民出版社1958年版，第279~280页。

② 江泽民：《关于党的新闻工作的几个问题》，载《求是》1990年第5期。

益出发。"① 在改革开放的新的历史条件下，党和国家的工作全局和人民的根本利益，要求我们"以正面宣传为主"，"要以主要的力量积极反映有中国特色社会主义事业日新月异发展的现实，满腔热情地讴歌人民群众在改造世界、创造新生活中表现的崇高品格和取得的光辉业绩"。② 只有这样，才能鼓舞人民的士气，推进我们的事业。但是以正面宣传为主，并不是在宣传报道中不涉及负面的东西，不涉及阴暗面，更不是说不搞舆论监督、批评报道。相反，在当前阶段，批评报道、舆论监督的内容比例过少、过低。如果无视这些负面的东西，专注于正面的宣传，就难以使群众认识社会现象的复杂性，从而削弱群众对错误东西的抵抗力。所以在坚持正面宣传为主的时候，还必须给予批评报道、舆论监督以适当的关注。

（四）深入基层，反映民众呼声

新闻宣传工作的目的之一，就是通过自己的报道活动争取群众、动员群众，使群众成为党的主张的拥护者，成为党的方针政策的执行者。要想群众接受自己的宣传，就必须了解群众，为群众讲话，做群众的朋友。毛泽东在《反对党八股》中说："我们和无论什么人做朋友，如果不懂得彼此的心，不知道彼此心里面想些什么东西，能够做成知心朋友吗？做宣传工作的人，对于自己的宣传对象没有调查，没有研究，没有分析，乱讲一顿，是万万不行的。"③ 江泽民在谈到这个问题时，引用了古人的一句话："与民共其乐者，人必忧其忧。"他进一步解释道："与群众同甘共苦的人，一定会受到人民的支持和爱护。我们的干部包括宣传思想战线的干部，一定要与人民群众呼吸相通，血肉相连，休戚与共，诚心诚意

---

① 《江泽民同志视察人民日报社时的讲话》，载《人民日报》1996年10月21日。

② 江泽民：《在全国宣传思想工作会议上的讲话》，1994年1月24日，新华社北京3月6日电。

③ 《毛泽东新闻工作文选》，新华出版社1983年版，第78页。

做人民的公仆。”① 所以，深入基层、深入群众，反映人民的呼声，是成功的新闻宣传的重要保证。

（五）全党办报，群众办报

这是无产阶级新闻事业的优良传统。早在十月革命前，列宁就指出：“报纸本来就不是一种读者只管读、作者只管写的东西。”② 毛泽东也认为，办报“不但是办的人的责任，也是看的人的责任。看的人提出意见，写短信短文寄去，表示欢喜什么，不欢喜什么，这是很重要的”③。这一传统使得无产阶级新闻事业从小到大地发展起来。江泽民要求新闻宣传工作者“在新的历史时期，要结合新形势、新实际，更好地贯彻这一方针”④。20世纪90年代以来，我国新闻事业的大发展，与坚持群众办报的方针是分不开的。

（六）形式多样，推陈出新

江泽民一直认为，新闻宣传工作是一种复杂细致的精神劳动，其关键在于要有吸引力和实效性。陈旧的形式主义的新闻宣传，尽管也要费很大的力气，但是收不到实效。它需要新闻工作者发挥个人的创新精神。各级党委应该尊重和爱护他们的辛勤劳动，坚持解放思想，实事求是，“努力形成一种鼓励探索与创造的良好环境和气氛”⑤。他还说：“新闻事业是常干常新的事业，是有着广阔的驰骋空间的事业，在坚持党的新闻工作的基本方针和原则的前提下，新闻工作者应当不断开拓新的报道领域，不断探索新的报道形

① 江泽民：《宣传思想战线是我们党的一条极其重要的战线》，载《求是》1993年第5期。

② 《列宁全集》第35卷，人民出版社1959年版，第46页。

③ 《毛泽东新闻工作文选》，新华出版社1983年版，第48页。

④ 《江泽民同志视察人民日报社时的讲话》，载《人民日报》1996年10月21日第1版。

⑤ 江泽民：《在全国宣传思想工作会议上的讲话》，1994年1月24日，新华社北京3月6日电。

式，不断采用新的报道手法，不断写出富有新意的优秀作品。"①当然这种创新，这种新的形式、手法，必须是群众能够而且乐于接受的，不能为新而新，更不能标新立异。

（七）根据对象心理，满足对象需要

作为一个杰出的宣传家，毛泽东曾在第二次国内革命战争时要求新闻宣传人员了解群众的情绪，"切合群众的情绪"；了解群众的需要，并通过宣传报道去满足他们的需要。群众的精神需要能否得到满足，会直接影响到他们对宣传内容的取舍态度。江泽民把对象心理需要的满足与否，提高到"为人民服务"的政治高度来认识。要求新闻宣传工作者"认真研究在改革开放和发展社会主义市场经济的条件下，人民群众在精神文化需求方面发生的变化和发展趋势，努力创造更多更好的精神产品，不断满足人民群众日益增长的精神文化需求"②。

（八）增加信息量

1993年7月，江泽民在与人民日报社社长谈话时，指示该报刊登"生动的多方面的内容，增大信息量"③。这是因为，在当代社会，新闻宣传媒介既是社会舆论工具、政治宣传工具，又是信息传播工具。向人民大众提供消息，告知他们社会上已经、正在和即将发生的重大事情，使他们及时地采取适当的行动，是新闻宣传媒介的主要职责之一。增加新闻传播的信息量，不仅能在更大的程度上满足人民的精神需求，而且还能有助于宣传目的的实现，有利于舆论引导，有利于政治动员。

---

① 《江泽民同志视察人民日报社时的讲话》，载《人民日报》1996年10月21日第1版。

② 江泽民：《宣传思想战线是我们党的一条极其重要的战线》，载《求是》1993年第5期。

③ 《江泽民同志对人民日报工作的重要意见》，1993年7月7日，引自《中国新闻年鉴》1994年版。

五、新闻宣传队伍的建设

新闻宣传工作能否成功，能否实现党和人民赋予的光荣使命，“关键在于有没有一支高素质的新闻工作队伍”。在某种意义上说，“建设一支政治强、业务精、作风正的宣传思想工作队伍，是做好宣传思想工作的组织保证”①。而新闻宣传队伍的建设，重点又在于领导班子。江泽民主张，应该按照干部队伍“四化”方针和德才兼备的原则，把坚持党的基本路线、具有马克思主义基本理论修养、有高度政治责任感和事业心的干部，配备到宣传思想战线的重要领导岗位上来。

在新闻宣传战线，干部问题固然重要。但是具体的宣传报道工作，又是由广大普通的新闻宣传工作者进行的。因而一般新闻宣传工作者的地位与影响，并不亚于居于领导地位的干部。领导干部和一般的新闻宣传工作者所从事的工作只是同一工序的不同环节，他们都是新闻宣传队伍里面的当然成员，其目的都是教育人、引导人、鼓舞人、塑造人。如果我们的新闻宣传工作者自身没有好思想、好作风、好形象，其作品就不会有说服力和感召力。具体而言，江泽民要求新闻宣传工作者加强的各种素质，主要表现为如下七个方面：

（一）加强政治修养

讲政治，是无产阶级政党的优良传统之一。在当代中国，我们所讲的政治，是马克思主义的政治，是建设有中国特色的社会主义政治。其内容“包括政治方向、政治立场、政治观点、政治纪律、政治鉴别力、政治敏感性。在政治问题上，一定要头脑清醒”②。

① 江泽民：《在全国宣传思想工作会议上的讲话》，1994 年 1 月 24 日，新华社北京 3 月 6 日电。

② 江泽民：《领导干部一定要讲政治》，载《人民日报》1996 年 1 月 17 日第 1 版。

每个高级干部、每个共产党员，都必须讲政治；到什么时候都得讲政治。在新闻宣传工作领域，“同样要强调这个问题，这是新的形势和任务提出的必然要求”。只有坚持讲政治，才能提高新闻宣传工作者的政治思想素质，才能保证正确的方向、正确的立场，才能提高自己的政治洞察力和政治敏感，才能够从政治的高度判断形势，分析问题，才能保证立论公正，报道真实。应该指出的是，我们这里要讲的政治，是与经济、与新闻宣传业务紧密相连的政治，是立足于经济和新闻宣传业务基础之上的政治，而不是空头政治。作为新闻宣传工作者，讲政治最终必须落实到业务上来；否则，只能空谈误国。

（二）加强职业道德修养

新闻宣传工作者的职业形象及工作成效，与其自身的职业道德意识有着十分密切的关联。所以江泽民反复强调新闻宣传工作者“要讲职业道德，树立新闻工作者的良好形象”①。为此，新闻宣传领域首先必须反腐败，反职业腐败。20 世纪 90 年代以来新闻宣传领域的腐败现象，如有偿新闻、新闻广告化、红包、庸俗化等，愈演愈烈，累禁不止。其原因不外乎利益。江泽民告诫新闻宣传工作者，谨记古人“淡泊明志”的格言，“不能把个人利益、个人价值看得太重了，看得高于一切”。“要经得起金钱、权力、美女的考验。如果一个民族、一个国家，人们只讲个人利益、个人奋斗，而不讲国家利益、社会贡献，那么这样的民族和国家就不能自立于世界民族之林。”② 如果新闻宣传工作者能做到洁身自爱，淡泊名利，勤业敬业，其良好的职业形象就树立起来了。

（三）加强理论修养

江泽民还主张新闻宣传工作者加强理论学习，“坚持学习马克

---

① 《江泽民在接见〈解放军报〉社师以上干部时的讲话》，载《人民日报》1996 年 1 月 22 日第 1 版。

② 江泽民：《宣传思想战线是我们党的一条极其重要的战线》，载《求是》1993 年第 5 期。

思主义的基本理论，重点是学好邓小平同志建设有中国特色社会主义的理论”①。要始终坚持马列主义、毛泽东思想和邓小平建设有中国特色社会主义理论，坚持党的基本路线，用以指导自己的思想和工作。“理论路线根底打好了，不管情况多么复杂，形势怎样变化，都会保持坚定正确的政治立场和政治方向。”②

（四）增强政策、法律、纪律意识

新闻宣传媒介是贯彻落实党的方针政策和国家法律的工具。新闻宣传工作也是一项政治性、政策性很强的工作。宣传落实政策、法律的人必须首先熟悉政策、法律，“新闻工作者如果对党的方针政策和国家的法律法规不懂不熟悉，那就宣传不好，甚至出现误导，给党和人民的事业带来不应有的损失”③。与此同时，新闻宣传媒介还是党的生命机体的重要组成部分，作为党组织的一员，新闻宣传工作者必须受党的纪律的约束。所有的党员和干部，“在党的纪律面前一律平等。在我们党内，决不允许存在超越于党组织和党的纪律之上、不接受监督的特殊人物”④。增强纪律观念，就是要自觉地遵守党纲，一切都按照党纲的要求去做，将自己的一切行为都纳入党的纪律所许可的范围。

（五）强化群众观念，增强受众意识

所谓新闻宣传指的是通过提供消息、意见以改变对象群众的思想、态度和行为的一项社会活动。在这个意义上，新闻宣传工作又可以称为群众工作。群众是新闻宣传工作者的主人、上帝，新闻宣

① 江泽民：《宣传思想战线是我们党的一条极其重要的战线》，载《求是》1993年第5期。

② 《江泽民同志视察人民日报社时的讲话》，载《人民日报》1996年10月21日第1版。

③ 《江泽民同志视察人民日报社时的讲话》，载《人民日报》1996年10月21日第1版。

④ 江泽民：《领导干部一定要讲政治》，载《人民日报》1996年1月17日第1版。

传工作者的使命和任务能否完成也取决于群众是否接受他们的宣传。另外，从党的全局工作来看，新闻传播媒介还是联系党和群众的纽带。所以新闻宣传工作者一定要有很强的群众观念和受众意识。“密切联系群众”，树立牢固的群众观点，“同广大人民群众同呼吸、共命运，善于做调查研究工作，紧扣时代的脉搏，倾听群众的心声”①。只有这样，才能赢得人民群众的支持和信赖。

（六）加强科学文化修养

新闻宣传媒介又叫大众传播工具。用江泽民的话来说：“新闻工作有很深的学问，涉及方方面面的知识。”② 由此人们又称新闻宣传工作者为杂家。江泽民希望“我们的新闻队伍中多出一些既懂政治，学识又渊博的编辑、记者、评论员”。这就要求新闻宣传工作者在加强政治学习，确保正确的政治方向的前提下，“还要博览群书，哲学、政治、经济、法律、历史、文学等方面的书籍都应读一些，科技知识也应尽可能多学一些”③。虽然我们不能要求新闻宣传工作者成为各方面的专家，但一定要了解有关问题的基本知识，努力做到知识丰富，思维敏捷，视野开阔。

（七）强化业务素质

新闻宣传是一个专业性很强的职业，新闻宣传工作有其自身特有的规律。在新闻宣传过程中，“无论是编辑、采访，都需要有业务能力，特别是要有很好的文学修养”。江泽民说：“现在，报纸上刊登的许多报道，主题好，内容好，语言也很精彩，使人在受教育的同时，也得到美的享受。也有一部分新闻作品，不讲究辞章文采，文字干巴巴的，翻来覆去老是那么几句套话；也有的哗众取

① 《江泽民同志视察人民日报社时的讲话》，载《人民日报》1996年10月21日第1版。

② 《江泽民在接见〈解放军报〉社师以上干部时的讲话》，载《人民日报》1996年1月22日第1版。

③ 《江泽民同志视察人民日报社时的讲话》，载《人民日报》1996年10月21日第1版。

宠，乱造概念，词句离奇，使人看不懂，这种不良文风应加以纠正。”① 同样是对事实的报道评论，何以有的受到欢迎，有的受到拒绝，主要原因在于作者的业务功底。因此，新闻宣传工作者应该加强业务修养，苦练基本功，成为新闻宣传领域的行家里手。

除此之外，江泽民还要求坚持和发扬我们党在历史上形成的新闻宣传工作的优良传统和作风，并且对此进行了初步的总结。他认为，这些优良传统和作风主要包括勤业敬业、实事求是、艰苦奋斗、清正廉洁、严谨细致和勇于创新。只有全面地加强自身的政治修养、道德修养、知识修养和业务修养，坚持以前辈的优良传统和作风来要求自己，新闻宣传工作者才能成为名副其实的“人类灵魂的工程师”。

六、结　论

以上我们从五个方面就江泽民的新闻宣传思想，进行了简要的归纳。应该说这并不是江泽民新闻宣传思想的全部。在涉及新闻宣传的几乎所有的理论和实践问题上，江泽民都作了新的探索。限于篇幅，许多问题，如新闻自由、新闻与政治的关系等，此不赘述。

根据对江泽民有关新闻宣传的一系列文章、讲话的分析、归纳，作者认为，江泽民作为中国共产党第三代领导集体的核心，在领导中国改革开放时期新闻宣传的伟大实践中，就中国特色社会主义建设过程中出现的一些新的理论问题和实践问题，提出了新的创见，从而发展或丰富了马克思主义的新闻宣传理论。其中，在新闻事业的性质与作用方面，他明确指出了新闻媒介的意识形态性，第一次具体地论述了新闻传播的社会效益和经济效益的关系；在党性原则问题上，他首次探讨了党性与人民性的关系，并就改进党的领导提出意见，要求在新闻宣传领域贯彻尊重知识、尊重人才的方针；在新闻宣传策略方面，他从理论的高度提出了群众观念，主张

---

① 《江泽民同志视察人民日报社时的讲话》，载《人民日报》1996年10月21日第1版。

以群众的心理需要为新闻宣传的出发点，强调真实性，坚持辩证法；尤其应该肯定的是，江泽民还系统全面地论述了新闻宣传队伍的建设和新闻宣传工作者的修养问题等，这些创造性的工作，是对马克思主义新闻学说的重大贡献。

从新闻宣传思想演变的历史角度来看，江泽民富有创见的新闻宣传思想，直接来源于马克思主义经典作家，特别是毛泽东、邓小平的有关论述。我们可以从江泽民的文章和讲话中，看到他是如何地引用前人的观点，例如在新闻事业的性质、党性原则、新闻使命等问题上，都可以看到列宁、毛泽东、邓小平思想的影子。但是江泽民没有满足于引用，在继承、接受前辈思想成果的基础上，他结合新的情况，作了新的说明，提出了新的创见。与此同时，我们还必须注意，江泽民的新闻宣传思想在某种程度上，还可以看成是对改革开放时期中国新闻宣传事业发展经验和教训的总结，是当代中国新闻宣传学术成果的升华。正因如此，江泽民新闻宣传思想的表述十分理性，表现出事实与逻辑的高度统一。

第十九章　网络时代马克思主义新闻思想的新发展

2008年6月20日，胡锦涛到人民日报社视察，并就新闻宣传发表了重要讲话，① 在国内外产生了重大的影响。胡锦涛高度评价了《人民日报》60年的历史，肯定了新闻宣传在中国社会历史进程中的重要地位和作用，揭示了当前情况下新闻宣传的着力点，强调坚持以人为本是做好新闻宣传工作的根本要求等。在新闻宣传的诸多方面，在继承马克思主义新闻思想精髓的基础上，根据新闻传播的最新发展及社会政治经济文化诸因素的变化，与时俱进，创造性地发展了马克思主义新闻观。笔者以为，胡锦涛对马克思主义新闻观的新发展，主要集中于三个方面。

一、党性原则与以人为本的有机统一

胡锦涛在人民日报社的讲话中强调，新闻宣传工作必须坚持党性原则，同时还要贯彻以人为本的理念，实现党性原则与以人为本的有机统一。

党性原则起源于党报的发展，而党报又与政党政治的出现直接相联。资产阶级政党报纸有党性，无产阶级党报也是如此。在马克思主义新闻思想史上，关于报刊党性原则的系统论述，始于恩格斯。恩格斯认为，无产阶级政党的机关报不仅应该是党的一面旗帜，而且还是它在与敌对政党斗争中重要的思想阵地。党报的发展

---

① 文中引述胡锦涛的讲话，除特别注明者外，全部引自胡锦涛2008年6月20日在人民日报社的讲话。

乃是显示无产阶级在政党政治中存在的重要指标。党报的作用不仅表现在阶级斗争之中，在无产阶级政党自身建设方面，也能发挥其他渠道难以企及的作用。利用党报的意见平台功能，能够在党内进行充分自由的意见交换，从而达成党的团结。恩格斯还很重视党对党报的领导，但又强调这种领导必须是道义上的，他提醒党“应该而且可以以此为满足”，而绝对不应是以权力为后盾的强力控制。

恩格斯的党报理论得到了俄国无产阶级政党的继承和发展，诸如党报是党的旗帜、喉舌，党报必须坚持党的纲领等。在此基础上，列宁认为：“文学事业（报刊是文学事业的一部分——作者按）应当成为无产阶级总的事业的一部分，成为一部统一的、伟大的、由整个工人阶级的整个觉悟的先锋队所开动的社会民主主义机器的‘齿轮和螺丝钉’。文学事业应当成为有组织的、有计划的、统一的社会民主党的工作的一个组成部分。”① 基于局部与整体、个人与集体的关系，列宁主张党报必须无条件地服从党的领导，成为党得心应手的喉舌、宣传工具。由列宁阐发的以党性原则为核心的党报理论成了国际共产主义新闻实践的理论基础。在中国共产党的历史上，从毛泽东到邓小平，历代领导人基本上继承了列宁的党报学说。

胡锦涛在2008年视察人民日报社的讲话中，也强调了党性原则的重要性。他指出：“必须坚持党性原则，牢牢把握正确舆论导向。舆论引导正确，利党利国利民；舆论引导错误，误党误国误民。要牢固树立政治意识、大局意识、责任意识、阵地意识，把坚持正确导向放在新闻宣传工作的首位，坚持团结稳定鼓劲、正面宣传为主，唱响主旋律，打好主动仗，更加自觉主动地为人民服务、为社会主义服务、为党和国家工作大局服务。要增强政治敏锐性和政治鉴别力，严格宣传纪律，做到守土有责，在重大问题、敏感问题、热点问题上把好关、把好度。”在这里，胡锦涛把党性原则与舆论导向结合起来，虽然强调政治意识、大局意识、责任意识、宣

① 《列宁全集》第10卷，人民出版社1958年版，第25页。

传纪律、政治敏锐性和鉴别力，把坚持正确的导向放在首位，但丝毫没有强制实施的意思——至少在字面上是如此。由此，可以把坚持党性原则理解为新闻宣传工作者自觉、能动的职业行为，即在认同、接受党的政治理想、原则立场、基本政策基础上的自觉行动。所以，胡锦涛在讲话中并没有简单地重复列宁的“螺丝钉”理论和无条件的行政领导和绝对服从的原则。

与此同时，胡锦涛又从政治的高度提出要在新闻实践中贯彻以人为本的原则。“坚持以人为本，是做好新闻宣传工作的根本要求。”他呼吁新闻宣传工作者，“必须坚持以人为本，增强新闻报道的亲和力、吸引力、感染力”。胡锦涛“以人为本”的思想，有着深远的历史渊源，是对马克思主义学说和马克思主义新闻观的继承、发展和创新，是在党的历代领袖思想基础上的提炼和升华。

马克思认为：“人的本质不是单个人所固有的抽象物，在其现实性上，它是一切社会关系的总和。”① 从人的本质出发，马克思“认为理想社会的本质特征是建立在社会生产力高度发展基础之上的个人能力的全面发展和自由个性的实现”②。恩格斯逝世前，当有人请他用一句最简短的语言来表达社会主义的基本精神时，他选用了《共产党宣言》中关于未来新社会的论述：“在那里，每个人的自由发展是一切人的自由发展的条件。”③ 这些闪耀着人性光辉的论述，落实到新闻传播实践中，形成了马克思、恩格斯的人民报刊思想。在《新莱茵报》时期，马克思、恩格斯曾鲜明地指出报刊“是无处不在的耳目，是热情维护自己自由的人民精神的千呼万应的喉舌”④。

1944 年 9 月 8 日，毛泽东在纪念张思德的演讲中首次提出“为人民服务”的概念。1945 年 4 月，“全心全意地为人民服

① 《马克思恩格斯选集》第 1 卷，人民出版社 1995 年版，第 294 页。

② 转引自吴敏英：《论和谐社会促进人的全面发展的人文价值》，载《马克思主义与现实》2006 年第 3 期。

③ 《马克思恩格斯选集》第 1 卷，人民出版社 1995 年版，第 294 页。

④ 《马克思恩格斯全集》第 6 卷，人民出版社 1961 年版，第 275 页。

务”，被概括为我党我军的根本宗旨，并写进党的七大报告。在这里人民是接受服务的主体，服务人民的目的是促进人民的全面和自由发展。毛泽东提倡“全党办报，全民办报”的群众方针，提出报纸要反映群众的呼声和要求，要了解群众情绪和切合群众的生活实际，都是“为人民服务”的思想在其新闻思想当中的具体体现。

2002年12月初，中共十六大闭幕不久，胡锦涛携中央书记处成员亲赴西柏坡学习考察并发表重要讲话，提出“要树立正确的权力观”，强调“权为民所用、情为民所系、利为民所谋”。这可以看作是胡锦涛“以人为本”执政思想的萌芽。2003年10月中旬，中共十六届三中全会明确提出了“坚持以人为本，树立全面、协调、可持续的发展观，促进经济社会和人的全面发展”，是对胡锦涛“以人为本”执政思想的深化。从胡锦涛的完整论述及其语境来看，“以人为本”的内涵，主要包括五个方面的内容。第一，切实尊重人民的利益，“坚持把实现好、维护好、发展好最广大人民的根本利益作为新闻宣传工作的出发点和落脚点”，喜民所喜，忧民所忧，全面地、如实地反映人民的愿望和心声。第二，尊重人民群众在社会政治生活和新闻宣传过程中的主体地位，变传统的单向的自上而下的灌输为传播者与接受者平等的互动交流，在与人民的交流互动中形成社会共识。第三，“要面向基层、服务群众、深入实际，多报道人民群众的工作生活，多反映人民群众的利益要求，多宣传人民群众中涌现的先进典型，激励全体人民信心百倍地创造美好生活”。换言之，应该让人民群众成为新闻传媒报道的主角，成为名副其实的新闻人物，落实人民群众历史创造者的地位。第四，要尊重、保障人民群众的“知情权、参与权、表达权、监督权”，而这些基本权利的核心又是知情权，人民对社会政治经济文化状况不了解，没有掌握社会进化发展的脉搏，就无法进行严肃深入的思索，就无法形成自己的观点、见解。在这种情况下，表达权就成为多余，参与也失去了目标和方向，监督更是失去了依据。在这个意义上，知情权乃是一切人权的基础。第五，要真正地贴近群众，根据群众的接受习惯和理解能力，采取人民群众喜闻乐见的表达方式，积极创新新闻宣传的内容形式、方法手段、体制机制，从而增强新闻宣传的亲和力、吸引力和感染力，只有这样才能提高新闻宣传的效果。他多次强调新闻宣传工作要“与人民群众日常工作和生活的实践性统一起来，使宣传教育工作做到形式多样，生动活泼，为群众所乐于接受”，“要切实改进文风，写文章、搞报道都要言之有物、生动鲜活、言简意赅，切忌八股习气”等。①

当然，以群众为本，并不是要无条件地迎合群众的需要，也并不是说不需要讲舆论导向。新闻宣传工作在满足人民群众正当的信息需要、在反映人民心声的同时，还必须对人民群众加以正确的引导，这才是真正的“以人为本”。所以，胡锦涛在讲话中又强调：“要注重在报道新闻事实中体现正确导向，在同群众交流互动中形成社会共识，在加强信息服务中开展思想教育，用事实说话、用典型说话、用数字说话，化解矛盾，理顺情绪，引导各方面群众共同前进。”

胡锦涛在新闻宣传实践中落实“以人为本”原则的主张，与新闻宣传工作的党性原则彼此相容，是完全一致的。事实上，根据无产阶级政党学说的内在逻辑，党是阶级的先锋队组织，而共产党所代表的无产阶级是历史上最先进的阶级，代表了先进的生产力和社会历史进步的方向，因而也在彻底的意义上代表了人民的利益，无产阶级政党没有自身的特殊利益，其在历史上最尖锐的阶级斗争中失去的只是锁链，而赢得的则是全人类的解放。所以党的目标、党性原则，归根到底是为了人类的彻底解放、自由和全面发展，这与以人为本原则的内涵在根本上是一致的。正是在这个意义上，胡锦涛认为新闻传媒能够把“体现党的主张和反映人民心声统一起来，把坚持正确导向和通达社情民意统一起来”。在马克思主义新闻思想史上，这是令人鼓舞的一个新发展。

① 胡锦涛在全国宣传部长会议上的讲话，2002 年 1 月 11 日。

二、主流媒体与新兴媒体的协调发展

在当今媒介化社会，新闻传媒处在意识形态领域的前沿，对社会精神生活和人们思想意识有着重大影响。随着经济社会快速发展和科技不断进步，新的传播手段和接受工具不断涌现，传播系统的组成越来越复杂，信息传递和获取越来越快捷，新闻舆论的作用越来越突出。因此，新闻宣传工作“关系党和国家工作全局，关系改革和经济社会发展大局，关系国家长治久安”。新闻宣传的成功与否，最后落脚在是否有一个强大的新闻传媒系统。如果没有一个健全的新闻传媒系统，或者新闻传媒系统不能充分地发挥其宣传功能，社会的经济文化发展及社会系统的和谐稳定，就会受到消极的影响。

所以，胡锦涛在讲话中还特别强调：“必须加强主流媒体建设和新兴媒体建设，形成舆论引导新格局。要从社会舆论多层次的实际出发，把握媒体分众化、对象化的新趋势，以党报党刊、电台电视台为主，整合都市类媒体、网络媒体等多种宣传资源，努力构建定位明确、特色鲜明、功能互补、覆盖广泛的舆论引导新格局。”也就是说，在加强主流媒体建设的同时，也要重视新兴媒体的发展，建立一个包容主流媒体、新兴媒体的充满活力的新闻传媒系统，来承担推动经济发展、引导人民思想、培育社会风尚、促进社会和谐的重大职责。

首先，“要把发展主流媒体作为战略重点，加大支持力度，扩大覆盖面和影响力”。所谓主流媒体，主要指的是党报党刊、各级电台电视台。在这个意义上，它与传统媒体的概念有一定程度的重叠。在当代中国，主流媒体均隶属于各级党委或政府机关，是党和政府的机关报（台）。在历史上，主流媒体曾经扮演过重要的角色，在人民心目中具有极大的影响力。但是，随着市场化改革的进程，这些主流媒体的公信力、权威性不断下滑，其发行覆盖率也日益下降。虽然新兴媒体迅速崛起并对主流媒体提出了严峻的挑战，但主流媒体在舆论引导方面的作用还是无法替代。这种引导主要体现在高举旗帜方面。2014 年 1 月 22 日，胡锦涛在同全国宣传思想工作会议代表座谈时指出："高举旗帜，就是要把深入学习宣传贯彻党的十七大精神作为首要政治任务，高举中国特色社会主义的伟大旗帜，坚持以邓小平理论和'三个代表'重要思想为指导，深入贯彻落实科学发展观，把坚持马克思主义原理同推进马克思主义中国化结合起来，用党的理论成果武装头脑、指导实践、推动工作，巩固马克思主义在意识形态领域的指导地位。"这关系到中国国家的根本性质和社会发展的根本道路。历史和现实表明，中国主流媒体在高举旗帜、引领方向方面发挥了重要的作用。

其次，要充分利用传播技术进步的新成果，开发由经济发展带来的市场潜力，发展以网络为代表的新兴媒体。胡锦涛指出："互联网已成为思想文化信息的集散地和社会舆论的放大器，我们要充分认识以互联网为代表的新兴媒体的社会影响力，高度重视互联网的建设、运用、管理，努力使互联网成为传播社会主义先进文化的前沿阵地、提供公共文化服务的有效平台、促进人们精神生活健康发展的广阔空间。"胡锦涛对网络媒体性质与功能的认识是相当深刻的。虽然网络兴起的时间不长，但其增长之迅猛，覆盖及渗透之深广，已在很大程度上改变了既有的传播格局。由于网络的特殊功能，它不仅改变了我们的思想，更改变了我们的行为模式、工作作风和生活方式。加之网络是一个开放性的意见平台，给人民群众的表达和参与提供了自由而便利的渠道。正因为如此，胡锦涛很早就上网了，并在 2003 年公开了网民身份。在 2008 年视察人民日报社时与网民的沟通中，胡锦涛也表示："网友们提出的一些建议、意见，我们是非常关注的。我们强调以人为本、执政为民，因此做事情、做决策，都需要广泛听取人民群众的意见，集中人民群众的智慧。通过互联网来了解民情、汇聚民智，也是一个重要的渠道。"①如今中国已经是世界上最大的网络国家，网民人数已经超过美国居世界第一，网络在中国社会政治生活中的影响更是今非昔比。

要充分发挥新兴媒体的社会功能，必须加大力度推进网络媒体

① 胡锦涛于 2008 年 6 月 20 日上午通过人民网同网民进行在线交流。

的发展，繁荣网络文化事业。胡锦涛就网络建设与管理提出了五项要求。一是要坚持社会主义先进文化的发展方向，唱响网上思想文化的主旋律。二是要提高网络文化产品和服务的供给能力，提高网络文化产业的规模化、专业化水平，把博大精深的中华文化作为网络文化的重要源泉。三是要加强网上思想舆论阵地建设，掌握网上舆论主导权，提高网上引导水平，加大正面宣传力度，形成积极向上的主流舆论。四是要倡导文明办网、文明上网，净化网络环境。五是要坚持依法管理、科学管理、有效管理，综合运用法律、行政、经济、技术、思想教育、行业自律等手段，加快形成依法监管、行业自律、社会监督、规范有序的互联网信息传播秩序，切实维护国家文化信息安全。① 这五项要求不仅揭示了网络媒体的性质、网络发展的方向和内容，而且提出了依法管理和网络秩序问题，对于我国网络传播事业的健康和可持续发展，具有积极的指导意义。

在当今中国，发展主流媒体与以网络为代表的新兴媒体实际是并行不悖的。其中主流媒体是传播事业发展的战略支撑力量，它在相当的程度上决定了新闻宣传、舆论引导的政治方向，而以网络为代表的新兴媒体虽然为时不长，但已然成为思想文化信息的集散地和社会舆论的放大器。两者不是你死我活的关系，而是唇齿相依的竞合关系。虽然两者面对着同一块市场蛋糕，但这块蛋糕是可以持续做大的；两者之间固然免不了竞争，但这种竞争能够激发彼此的潜力，增长各自的市场适应能力。胡锦涛主张将主流媒体与新兴媒体的发展统一协调起来。这样一来，对内有利于“推动社会主义文化大发展大繁荣，兴起社会主义文化建设新高潮”，使社会文化生活更加丰富多彩，使人民精神风貌更加昂扬向上；② 对外，则有利于提高国家文化软实力，提升国家的综合竞争力，其理论价值和现实意义是不能低估的。

---

① 新华网2007年1月23日。

② 《胡锦涛强调加强思想宣传，提高国家文化软实力》，新华社北京2008年1月22日电。

三、尊重传播规律，讲究宣传艺术

新闻宣传与世间万事万物一样，作为一种客观存在，也有其不以人的意志为转移的规律。胡锦涛在讲话中强调“要按照新闻传播规律办事，创新观念、创新内容、创新形式、创新方法、创新手段，努力使新闻宣传工作体现时代性，把握规律性，富于创造性，不断提高舆论引导的权威性、公信力、影响力”。胡锦涛对新闻传播规律的重视由来已久，早在2002年的全国宣传部长会议上，他就要求“尊重舆论宣传的规律，讲究舆论宣传的艺术”。这一观念在早期马克思主义者那里也有充分的论述。在19世纪中期，马克思恩格斯就呼吁：“必须承认它具有连植物也具有的那种为我们所承认的东西，即承认它具有自己的内在规律，这种规律它不能而且也不应该由于专横暴戾而丧失掉。”① 不过，在毛泽东的有关论述那里，能够看到的是人定胜天、指点江山的诗人豪气，新闻宣传规律并没有引起他足够的重视。

怎样理解新闻传播规律？所谓规律，指的是客观事物发展过程中的本质联系，具有普遍性、必然性的特点。它是事物本身所固有的、深藏于现象背后并决定或支配现象的方面。规律是反复起作用的，只有具备必要的条件，合乎规律的现象才会重复出现。在新闻宣传领域，这种普遍、必然的本质联系，就是媒介与人民的关系。人民的信任是新闻传媒存在的基础。人民的新闻传媒生存于人民之中，不断地从人民中获得滋养。所以，“人民的信任是报刊赖以生存的条件，没有这种条件，报刊就会完全萎靡不振”②。要遵循新闻传播规律，就必须把人民放在平等对话的伙伴位置，尊重人民的主体地位，尊重人民的感受和基本利益，用人民的话语表达人民的心声，为民立言。只有这样，才能使民众意识到新闻媒体是自己的喉舌。只有面对最广大的人民，宣传艺术才有施展的空间。

---

① 《马克思恩格斯全集》第1卷，人民出版社1956年版，第190页。

② 《马克思恩格斯全集》第1卷，人民出版社1956年版，第234页。

在新闻宣传实践中，如何才能遵循新闻传播规律？怎样才能提升宣传艺术？最重要的就是尊重人，尊重人性，尊重生命的价值和人的尊严。当四川汶川大地震发生后，胡锦涛、温家宝等党和国家领导人多次亲临抗震前线指导救灾工作，并提出抢救生命是第一位的，应尽最大的可能抢救尽可能多的生命。顿时，国内外新闻媒体聚焦抗震救灾活动，面对灾难造成的惨状，面对大量的死伤，把对生命的救助、关爱置于高于一切的位置，于是数不清的感人画面和情节在世界范围内传播，地震灾区和灾民吸引了世界各国人民的同情和支持。其中感人至深的一个镜头，是日本救援队为中国死难者举行的遗体告别式，他们将刨出的遇难者遗体洗净、整容，全体救援队员列队，庄严肃穆地向死难者默哀敬礼，表现出对生命和死难者尊严的敬畏。新闻媒体围绕地震本身及救援活动的大量报道，展示了地震带来的灾难性后果和中国政府的民本意识，以及灾区人民面对灾难的坚韧意志，从而唤起了各国人民特别是海外华人对灾区、灾民深切的同情，激发了遍及世界的捐助活动，其规模达到了前所未有的程度。

其次，必须深入地了解人民，了解媒介服务的对象，了解他们的基本立场和精神需要。在 2008 年初召开的全国宣传思想工作会议上，胡锦涛就要求“准确把握人民精神文化需要的新变化”。在人民日报社的讲话中他又提出“要认真研究新闻传播的现状和趋势，深入研究各类受众群体的心理特点和接受习惯”，“要从社会舆论多层次的实际出发，把握媒体分众化、对象化的新趋势”。在此基础上，胡锦涛主张“尊重差异、包容多样，努力满足人民多层次、多方面、多样化的精神文化需要，让人民共享文化发展成果，促进人的全面发展”①。对人民的了解，是新闻传播活动的出发点。很显然，在这方面，胡锦涛受到了毛泽东的影响。虽然后者远不是在“以人为本”的意义上重视对宣传对象心理、习惯和接受能力的了解，但他提倡的“看菜吃饭，量体裁衣”，对前者无疑

① 《胡锦涛强调加强思想宣传 提高国家文化软实力》，新华网北京 2008 年 1 月 22 日。

有一定的启示。

再次，必须贯彻三贴近的原则，即贴近实际、贴近生活、贴近群众，充分发挥人民的主体作用，把人民是否满意作为根本标准，努力以人民喜闻乐见的方式服务人民。刘少奇曾寄语新闻工作者："你们写东西的目的，就是为了给人家看的，你们是为读者服务的，为看报的人服务的，看报的人说好，你们的工作就是做好了。看报的人从你们那里得到材料，得到经验，得到教训，得到指导，你的工作就是做好了。"① 为了让人民满意，胡锦涛进而要求"增强新闻报道的亲和力、吸引力、感染力"，此前他已多次强调新闻宣传工作要"与人民群众日常工作和生活的实践性统一起来，使宣传教育工作做到形式多样，生动活泼，为群众所乐于接受"，"要切实改进文风，写文章、搞报道都要言之有物、生动鲜活、言简意赅，切忌八股习气"等。② 在人民日报社的讲话中，他又要求在尊重新闻规律的基础上"创新观念、创新内容、创新形式、创新方法、创新手段，努力使新闻宣传工作体现时代性、把握规律性、富于创造性"。新闻宣传的一切创新、创造，都要着眼便利于受众的接受和理解，便利于提升人民的欣赏趣味和接受能力。只有贴近人民，这一切才有可能。

最后，加强队伍建设，提升新闻媒体的公信力。胡锦涛强调："必须切实抓好队伍建设，增强凝聚力和战斗力。做好新闻宣传工作，关键在班子、在队伍、在人才。"胡锦涛主张从政治素质、业务素质和职业道德等方面对新闻宣传工作者加强培养和提高。在政治和业务方面，"要坚持马克思主义新闻观，深化'三项学习教育'活动，引导新闻宣传工作者不断提高思想政治水平、增强业务本领，努力建设一支政治强、业务精、作风正、纪律严的新闻宣传队伍"。在职业道德方面，则要求新闻工作者"加强自身思想道德修养，带头实践社会公德，恪守职业道德，做积极实践社会主义

---

① 引自《中国共产党新闻工作文件汇编》下册，新华出版社 1980 年版，第 248~263 页。

② 胡锦涛在全国宣传部长会议上的讲话，2002 年 1 月 11 日。

荣辱观的表率”。如果能够做到这一步，新闻媒体的公信力、亲和力、说服力、感染力必然会得到相应的提高，其舆论引导的能力自然会得到极大的增强。

四、结　论

胡锦涛在以上三个方面的论述具有鲜明的时代特征，并且在新的历史起点上发展了马克思主义新闻思想。关于党性原则与以人为本的有机统一，本来是客观的政治逻辑使然。但是，长期以来由于政治上的便宜考量，人们习惯于将两者割裂开来，而且将重心放在党性原则（党委对媒体的绝对领导）方面。随着中国政治文明的发展和以人为本执政理念的确立，胡锦涛将这两者有机地统一起来，不仅符合政治运行的基本逻辑，而且切合了新闻传播的基本规律。至于主流媒体与新兴媒体的协调发展，更是新闻传播当代发展、网络媒体崛起的产物，胡锦涛以政治家的高远眼界透视新兴媒体的性质与功能，分析主流媒体与新兴媒体的互补互动关系，从而填补了马克思主义新闻学说在这方面的空白。还必须指出的是，胡锦涛对新闻传播规律的尊重。新闻宣传作为一种社会现象，有其独特的不以人的意志为转移的客观规律，认识这种规律，按照规律办事，才有可能使新闻宣传臻入艺术的境界，才有可能提升新闻宣传的公信力、亲和力、说服力、感染力。胡锦涛的这些探索，对于指导中国当前的新闻改革，完善中国特色的新闻理论，具有重要的现实意义和理论价值。

第二十章　改革开放 30 年中国新闻传播观念的变迁

一定时期的新闻传播观念是对一定时期新闻传播现象的主观反映，同时又影响到这一时期新闻传播实践的发展和演进。1978—2008 年改革开放期间，中国新闻传播观念领域发生了诸多变化，与其间中国新闻改革实践相映成趣，彼此互动，相辅相成。为了深入解读这 30 多年新闻传播观念的发展轨迹，作者以历史唯物主义为指导，选取十一届三中全会后新闻界的“正本清源”、信息观念与传播学引入、1989 年北京政治风波之后新闻界的反思、1992 年“十四大”宣布走向市场经济、加入世界贸易组织后全球化进程加速这五个具有转折意义的重大历史事件作为分水岭，将这风云激荡的 30 余年划分为五个主要的历史阶段。

一、拨乱反正与新闻传播观念的回归（1978—1982）

1976 年 10 月，中共中央解决了“四人帮”问题。随着拨乱反正的进行，在相对宽松的政治环境下，新闻界也逐步走向正轨，一方面批判“左”倾错误，另一方面也实现了自身的“拨乱反正、正本清源”。新闻界的所谓“本”，即是新闻规律，是马克思主义对新闻传播规律的阐释。在 1978—1982 年间，中国新闻界在批判、反思的过程中，回归了马克思主义新闻观，新闻学界也在逐步解放思想的情况下，深入地讨论了与新闻传播有关的一些最基本的理论问题。

（一）新闻本体论的争议与建构

1. 新闻定义的回归、质疑与创新

新闻是什么？这是新闻学研究的逻辑起点，正如王中所说，新闻是每个人的生活必需品，它和空气一样，虽然大家每时每刻都在呼吸它，但很难说清楚。“文化大革命”时期“四人帮”提出“新闻是直接影响群众思想情绪和政治方向的舆论阵地”，将“阶级性”、“政治性”纳入新闻的界定。十一届三中全会后，新闻定义开始剔除“左”的烙印，回归到本质规律，学界对陆定一“新闻是新近发生的事实的报道”定义进行补充或质疑，或结合新的实践作出新的诠释，其中较有影响力的有以下几种见解：

持“传布说”者认为新闻本质上是对事实或信息的传布，如王中提出“新闻是新近变动的事实的传布”①。王中批判了那些认为新闻定义应该具有阶级性的错误观点，同时他在《新闻学的第二课题》一文中提到这样的修改是从人类社会何以会产生信息沟通的社会现象着眼的，以求改变唯心主义的传统观念。

持“手段说”者注重新闻的社会影响和作用，认为新闻是一种工具、手段式的东西，如甘惜分提出“新闻是报道或评述最新的重要事实以影响舆论的特殊手段”②。他认为新闻这种形式的本质是一种特殊手段，它的特殊之处就在于它是以事实说话，用报道事实这种形式来影响舆论。

新闻的定义是时代的产物，定义的变化在一定程度上否定了“文化大革命”时期将报纸异化为阶级斗争工具的错误观点，注重到新闻本质规律的客观表述。

2. 对新闻价值观重新认识

十一届三中全会前，新闻价值被归为资产阶级独有的新闻术语。此后，人们普遍认为新闻价值只是概括新闻客观现象的名称，

---

① 王中：《论新闻》，载《新闻大学》1981年第1期，第14页。

② 甘惜分：《新闻理论基础》，中国人民大学出版社1982年版，第50页。

政治标准与新闻价值不可混为一谈。“‘新闻价值’正是新闻学的最一般的概念之一。它概括了人们对新闻意义的基本认识。这个概念本身并没有一定的阶级属性，我们尽可以拿来。”① 多数人承认新闻价值是新闻的本质规律。

20世纪80年代初上海复旦大学新闻系和北京新闻学会就新闻价值的定义多次进行讨论，持“标准说”者认为新闻价值是选择和衡量新闻的标准；持“程度说”者认为新闻价值指的是新闻之所以作为新闻的本质、内涵、特性所具备和表达的程度，是指新闻的质量，主要是指新闻的“使用价值”；持“影响说”者认为新闻价值就是新闻对人类社会生活所发生的影响和所起的积极作用；持“素质说”者认为新闻价值是指一个事实所包含的足以构成新闻的特殊素质或各种素质的总和，总之对新闻价值定义的看法呈现多元化状态。

关于新闻价值标准和要素问题也引起了广泛争议，有人认为新闻价值的要素与新闻的本质或特性密切相关，应该是事实、新近、重要、可读；有人认为表述新闻价值的要素，必须从新闻工作现状和新闻特点出发，是新闻事实、社会需要和读者兴趣；也有人认为新闻价值没有阶级分野，资产阶级的新闻价值要素“时间性、接近性、显著性、人情味、趣味性”也适用于中国；还有人强调无产阶级新闻价值是新闻事实所包含的政治意义等。

3. 对本质真实论的反思

刘少奇在1956年《对新华社工作的指示》中提出“记者要报道本质的东西，不要只反映表面现象”。“文革”时期林彪、“四人帮”将“本质真实论”作为掩盖真相、捏造新闻的理论依据。对“本质真实论”的探讨是这一时期的特殊现象，一些人认为“现象真实”和“本质真实”是新闻真实不可分割的两层内涵，现象真实是新闻五要素和客观存在接近的程度，本质真实即主观反映和客观存在的本质和规律接近的程度，即要透过纷繁复杂的现象，揭示

---

① 郑兴东：《论新闻价值》，见《新闻学论集》第2辑，中国人民大学出版社1981年版，第64页。

事物的本质，反映事物带规律性的东西。“‘本质真实论’大致包括三个方面：一是指反映一事物变动的内在规律；二是指反映现实的主流；三是指新闻要符合当时的方针、政策，上级意图。”①

这一时期人们对本质真实论进行深入的反思。一些人认为本质真实论难以成立。本质是抽象的，它不存在真实不真实的问题，而是正确不正确的问题，不能把对事物本质的认识凝固化，先定出一个本质，再去找事例证明，认识本质必须通过现象，本质真实不是判断新闻真实性的标准。“新闻报道的特性决定着它对现实生活的反应非常迅速。快，使一般的新闻报道不可能深入事物的内部联系，也来不及像科学研究那样对事物作缜密的深刻的分析、探索……事物的现象是具体的、丰富多变的，它直接呈现于人的感官；本质是抽象的、隐蔽的、深刻的，它是人的理性认识。”② 人们对于本质的认识有个过程，新闻的特性使它只能展现事物发展过程中的一些事实片段，本质是贯穿于事物运动变化全过程的，因此本质真实论难以成立。

而另一部分人认为本质真实论符合新闻工作的客观规律，是社会主义新闻工作的必然要求，同时，新闻工作者通过连续报道等技巧坚持本质真实是有可能的，“我们的众多的报道，总能够揭示一个时代的本质，包括某一复杂事物的本质”③。也有人认为只要新闻报道做到客观、公正、真实、全面，就可以实现本质真实，关于新闻真实性的理论争议持续到现在，是学术民主化氛围的表现。

对新闻定义、新闻价值、新闻真实等基本概念的重新认识，使学界和业界最终回归马克思主义新闻学领地，为30多年来新闻改革和新闻学术的发展奠定了理论基础。

（二）对媒介性质、功能的再思考

新的历史条件和时代背景，促使新闻界重新思考新闻媒介的性

---

① 李良荣：《维护真实性的讨论》，载《新闻大学》1981年第1期。

② 张保安：《论新闻报道的规律性（中）》，载《北京广播学院学报》1982年第2期。

③ 王武录：《话说“本质的真实”》，载《新闻战线》1981年第3期。

质与功能，新闻界普遍认为“报纸是阶级斗争的工具”是一定历史时期、一定条件下报纸的一种功能，但“‘报纸是阶级斗争的工具’这个提法还远远不能把报纸和其他事物区别开来，没有抓住报纸的特性”,① 报纸的性质与任务是相互联系又相互区别的两个概念，不能混淆使用。

1. 对媒介性质的讨论

1979年10月，戴邦对河北省新闻工作者说，报纸“是以传播新闻——传播新鲜而重要的事实为主要手段来影响人们、教育人们的一种舆论工具”,② 这是它与其他意识形态相区别的地方。1980年5月在兰州举行的西北五报新闻学术讨论会上，18个省、市的新闻工作者和新闻研究、教育工作者，共同就媒介性质进行了探讨，其中何微的发言较有影响，他认为要认清报纸的性质必须找到其特性，报纸的第一特点即是阶级的舆论工作，担负着引导社会舆论的重任；第二特点是报道新闻；第三特点是拥有极大的广泛性和群众性，因此报纸的性质应该是“阶级的舆论工具”。与会者还分别提出“报纸是党和人民的舆论工具”、“报纸是新闻和思想交流的工具”等观点。甘惜分也认为：“‘阶级舆论工具’，概括了所有报纸的共性，任何阶级的报纸都是代表了某一特定阶级的舆论工具。它们之间相互斗争，相互论战，这正是它们作为保护本阶级利益的舆论工具的特点。‘阶级舆论工具’，又能把报纸这一事物和其他事物区别开来。报纸和其他事物的区别就在于它反映阶级舆论、影响阶级舆论和组织阶级舆论，这是任何其他事物所不能代替的。”③ 他同时指出“阶级的舆论工具”是所有媒介包括广播、电视等的共同性质，因此，新时期媒介是以报道新闻为主的阶级的舆论工具，而不是阶级斗争的工具这一观点得到广泛共识。

---

① 甘惜分：《报纸的性质和作用，是相互联系而又相互区别的两个概念》，《新闻研究资料》第3辑，中国社会科学出版社1980年版，第69页。

② 戴邦：《对报纸的性质、任务和作用的探讨》，见《新闻研究资料》第5辑，中国社会科学出版社1980年版，第5页。

③ 甘惜分：《报纸的性质和作用，是相互联系又相互区分的两个概念》，见《新闻研究资料》第3辑，中国社会科学出版社1980年版，第71页。

2. 对报纸功能的再思考

“耳目喉舌”观依然是党报体制下必须坚守的原则。1849年马克思在《〈新莱茵报〉审判案》中提出：“报刊按其使命来说，是社会的捍卫者，是针对当权者的孜孜不倦的揭露者，是无处不在的耳目，是热情维护自己自由的人民精神的千呼万应的喉舌。”这是唯物主义的报纸功能观。报纸是国家与人民之间沟通联系的桥梁和纽带，承担着上情下达、下情上传的艰巨任务。戴邦认为新时期这一功能具体表现在：“报纸可以沟通情况、交流经验；报纸要表扬好人好事，批评坏人坏事，特别是要揭露和打击敌人；反映人民的呼声，要求，情绪，意愿，帮助和监督报纸，帮助和监督政府和党员，来正确地宣传贯彻党的方针政策。”①

一些学者对“报纸是集体的组织者”提出了不同看法。有人提出“集体的组织者”是在一定的历史条件下的产物，有特定的历史条件下的具体内容，不加变通地把这一论断“移植”到我国社会主义时期的报纸身上是不科学的，“用报纸来代替其它一切公开活动的形式和组织运动的方法的特殊历史时期早已不复存在。倘若有谁现在公开提出报纸是党的组织建设的中心、是党的最高领导机关，则一定会被视为浅薄无知。可是报纸是‘集体的组织者’的特定含义就包含有党的组织建设的中心和党的最高领导机关的内容在内”②。因此报纸是“集体的组织者”这一论述，作为社会主义时期报纸的定义是不科学的。而甘惜分认为建党任务完成之后，这个具体的“组织者”的作用确实已经消失了，“但是报纸在党联系群众，和群众交谈，在党和群众之间架起一座精神桥梁这一组织上的作用不但没有消失，而且在无产阶级已经取得政权之后，报纸的这一组织作用越发显得突出起来了”③。他认为新时期报纸的组

① 戴邦：《对报纸性质、任务和作用的探讨》，见《新闻研究资料》第5辑，中国社会科学出版社1980年版，第7页。

② 闻言：《试析报纸是集体的组织者》，载《新闻大学》1982年第2期。

③ 甘惜分：《对新闻理论几点分歧意见的看法》，见《新闻学论集》第3辑，中国人民大学出版社1981年版，第154页。

织作用，也就是组织舆论的作用，是在党和群众之间，群众和群众之间组织情况交流、思想交流、经验交流。

报纸的舆论功能日益得到重视，新时期报纸是以报道新闻为主的阶级的舆论工具。甘惜分认为“‘舆论’就是群众的议论、群众的意见”，新闻事业是阶级舆论工具，因为“第一，新闻事业反映阶级舆论。第二，新闻事业影响阶级舆论。第三，新闻事业组织阶级舆论”①。因此，报纸具有代表舆论、传播舆论、组织舆论、指导舆论的作用。舆论引导主要通过报纸的评论、文章正面阐明党的方针和政策，自上而下地组织舆论，同时也通过记者的报道，自下而上地反映群众的舆论，使舆论对社会起着特殊的监督作用。

此外，还有人提出不能离开客观社会条件孤立地来谈报纸的功能，随着形势的变化，报纸的作用也随之丰富，在新形势下报纸还具有经济建设功能、社会教化功能、广告功能等，打破了对这个问题的形而上学观点。

（三）以创新为基点的新闻业务观

在以“党性、真实性、战斗性、群众性”为新闻工作根本原则的前提下，新时期新闻界在理论和实践中摸索新闻业务的创新之路。观念的创新是行为的先导，业务观的转变始于对新闻与宣传异同的讨论。

其一是关于新闻与宣传关系的讨论。以王中为代表的学者认为新闻和宣传是有区别的：首先，新闻和宣传产生的原因不同，它们产生于不同的客观需要，新闻产生于人们对信息沟通的客观需要，而宣传产生于宣传者主观的某种特殊目的，因此是两种不同的社会现象；其次，新闻与宣传传播的内容不一样，新闻传播的是客观事实，而宣传传播的是传播者主观的看法、愿望或者说是“主义”，“‘主义’的发明人把‘主义’放在肚子里，那谁也不知他葫芦里

---

① 甘惜分：《新闻理论基础》，中国人民大学出版社1982年版，第74~76页。

卖什么药";① 再次，新闻与宣传的目的不一样，"宣传的目的在于使你产生一种信仰、接受我的政治主张，跟着我走，而不是裹胁入伙。新闻并不使人深刻理解到政党的主义，新闻发布人提供事实，即令加上自己的观点立场，还是不能完全控制每个人的行动的"②。

同时王中也认为新闻和宣传也不是无关的，新闻也是政党和集团的宣传手段之一，"政党可以利用一些对自己有利的新闻来证明自己某种主义、理论、政策的正确，把人们鼓动起来",③ 只是新闻并不全是政治宣传，也并不是所有的新闻都为政党服务。

其二是对典型报道观的反思。"文革"中"四人帮"曾抓住毛主席"综合宜少，典型宜多"这句话滥用和异化典型报道，大抓"小学生日记"、"白卷英雄"的所谓"典型"。"文革"结束后，很多人不敢在报纸上宣传典型，有人提出这种一刀切的思想是不对的。"马克思主义的典型观，是历史唯物主义的典型观。我们所要宣传报道的典型，是顺乎历史潮流的、客观存在的新人新事，它具有鲜明的时代特征，是能够推动历史朝着进步的方向前进的",④ 社会主义建设仍需要宣传符合历史潮流代表先进典型。关于典型的标准问题，吕梁提出"要抓能够反映出先进思想和优良作风的代表性人物，要抓能够回答大多数人思想和工作中难于解决的问题的代表性人物和事例，要多抓能够代表新的风尚和展示未来发展方向这样的典型";⑤ 典型报道在写作手法上也要有新的改革，要破除高大全，应该寻找有鲜明特点的事件，或截取一个精彩的侧面或片断重点展开，要避免主题单一、报道模式僵化，多用电讯、消息等短体裁，采取灵活多样的写作方式。

其三是新闻业务改革的探索，提出新、短、多、广。1982年，

① 王中：《论宣传》，载《新闻大学》1982年第3期。

② 王中：《论宣传》，载《新闻大学》1982年第3期。

③ 王中：《论宣传》，载《新闻大学》1982年第3期。

④ 郑远：《论典型宣传》，载《新闻战线》1982年第3期。

⑤ 吕梁：《按照新闻规律 做好典型宣传》，转引自《中国新闻年鉴（1983）》，中国社会科学出版社1983年版，第67页。

胡乔木在写给新华社穆青的一封信中提到“新闻要新、短、多、广”。随后新闻业界也开始倡导“新、短、多、广”作为好新闻的标准，林枫总结为“新闻要新，一是时间要新，是新近发生的事；二是内容要新，所反映的事实要有新意。新闻要短，也是新闻的一个特点，新闻短了，才能发得多、发得快，及时地、广泛地反映现实生活中丰富多彩的新闻事实。新闻要多是指新闻报道的范围要广，数量要多，才能满足广大群众多方面的要求。新闻要广是指广开门路，努力扩大报道面”,① 以《解放军报》为代表的全国各地报纸迅速掀起以“新、短、多、广”为核心的业务改革，一句话新闻风行一时，四川等地广播电台也要求刹“长”促“短”，改革新闻节目，新时期新闻记者开始按照新闻规律追求专业主义境界。

（四）以读者需要为出发点的受众观

“文革”期间，王中在20世纪50年代提出的“读者需要论”被歪曲成“迎合资产阶级趣味”、“反对报纸的指导性和党的领导”。随着拨乱反正的推进，重视读者需要成为这一时期新闻受众观的核心论点。在复旦大学第十三届科学报告讨论会期间，复旦师生为王中拨乱反正并总结“读者需要论”的核心观点。“（一）主张把‘根据读者需要来办报’作为办好报纸的立足点；（二）揭示了办报人的主观愿望和读者要求之间的矛盾；（三）要大力开展读者调查工作；（四）要充分注意按新闻事业的特点从事宣传工作。”②“读者需要”即人民的需要，王中的观点是基本正确的。

“读者需要论”在实践中也有新的突破。第一是重视研究读者，安岗提出建议：“一是怎样看待社会主义中国的读者，报纸与读者是什么关系？二是把读者问题作为客观的社会问题，从多方面进行调查研究。三是在社会主义报纸读者问题的研究中，第一位重

① 林枫：《新闻要新、短、多、广》，转引自《中国新闻年鉴（1983）》，中国社会科学出版社1983年版，第134~135页。

② 朱光明：《重新评价王中新闻学理论》，载《复旦大学学报（社会科学版）》1979年第4期。

要的应该是研究读者来信。”① 还有学者提出要注重研究读者共同普遍的、不同时代的、特殊的心理；第二是重视读者调查。1982年北京新闻学会、新闻研究所、《人民日报》、《工人日报》、《中国青年报》共同组织在北京地区展开了首次受众调查，对报纸、广播、电视受众分布、新闻来源、兴趣、收听（看）时间、对报纸宣传报道的看法等进行了详细调查，以作为新闻改革的基础。《新华日报》、《天津日报》等地方报纸也开始了受众调查的起步工作。第三是重视读者的来信专栏和意见，全国各大报纸纷纷改进读者来信专栏工作，按照读者需要办报，《北京日报（郊区版）》还聘请特邀读者。第四是重视为读者服务的意识，按照读者需要办报，从内容提要、标题、版面编排等各个方面进行改进，使读者易于理解。

1978—1982年是中国新的历史时期的起步阶段，其间新闻观念变迁的主要特点表现在：首先否定了将新闻看作意识形态或过分强调新闻媒介阶级属性的错误观点，使政治本位的新闻观向新闻本位的新闻观转化；其次是力求改变唯心主义的传统观念，以读者的实际需要作为办报的前提；以探索新闻规律，构建新闻学科框架为主要任务，为新时期新闻学科建设奠定了理论基础。

二、传播学的引入和新闻传播观念的发展（1983—1988）

20世纪80年代初，随着民主氛围的增强和学术的日益开放，国内外新闻传播界的学术交流、业务交流活动日益增多。中西交往互动使新闻传播界、思想界呈现前所未有的活跃，尤其是“三论”和传播学的引入，为中国传统的党报理论注入了新鲜血液，新闻理论肌体开始生长出新枝新叶，呈现勃勃生机。信息论、控制论和系统论的引入，拓展了中国新闻工作者的思维空间。

---

① 安岗：《新闻论集》，天津人民出版社1982年版，第15~19页。

（一）“三论”开阔中国新闻界的方法论视野

1. 信息论的引入及其影响

20世纪40年代香农和维纳分别从通信和控制论的角度提出信息的概念。1948年香农发表的《传播的数学原理》被认为是信息论的奠基之作。20世纪80年代初信息概念被李良荣等学者引入新闻工作，李良荣认为信息概念对我们原有的新闻观念有不小的冲击，也提出一些新问题，表现在“一、对新闻事业作用的认识。二、报纸、广播、电视的新闻报道面问题。三、新闻单位内部分工问题。四、新闻工作者的思想方式、活动方式、知识结构不得不改变”① 等诸多方面。

“信息”的概念引发了中国新闻界对诸多新闻理论问题的重新解读，新闻定义的“信息”说，新闻来源、新闻价值选择的标准从单纯的“宣传价值”向“信息价值”转变，新闻事业首要功能由“宣传教育”转向“信息传播”等等。

信息观的引入为中国新闻业界从“宣传本位”走向“新闻本位”发挥了重要的促进作用，以提供新闻信息为主的晚报、专业类报纸迅猛发展，多层次、多种类的报纸开始分工协作。日报更多地承担宣传任务，晚报偏重提供新闻信息，专业类报纸如科技、经济、教育、政府类报纸注重提供专业信息，许多晚报、专业类报纸发行量和阅读率猛增，尤其是晚报多从新闻本位出发，注重为百姓提供喜闻乐见的经济信息、生活信息、社会信息，逐渐降低硬新闻的比重，更多按照受众的需求运作。于是我国报业“信息量大为增加。报道面不断扩大。除经济信息外，还包括政治、文化、体育和社会生活各个方面。社会新闻、国际新闻为广大城乡读者所喜爱，对预测信息、动态信息和反馈信息的报道，使新闻不再是单纯反映事件结果的报告式新闻，解释性、分析性、评论性新闻得到加

---

① 李良荣:《“信息热”和新闻改革》，载《新闻大学》1984年第1期。

强”①。这是中国报业史上重要的转折点，标志着报业真正遵从新闻规律走向大众。信息观也使新闻工作者的思维方式、工作方式发生了转变，新闻工作者开始以广大受众的信息需求来进行新闻选择，“真、短、快、活、强”的采写观深入人心，新闻工作者工作作风更注重深入实际深入群众，这些转变为下一步的新闻改革奠定了理论和实践基础。

信息论还提供了分析和研究新闻理论问题的新模式，通过信息来揭示事物的本质和运动规律。1987 年 10 月南京举行的全国新闻理论教育讨论会上，甘惜分宣布放弃新闻是“手段”的定义，建议从信息的角度研究新闻定义。在 1988 年出版的《新闻论争三十年》中，他将“新闻”解释为有时泛指人与人之间相互传递的最新信息。主要指专门的新闻机构向公众发布的最新信息。新闻传播开始从唯意志论转变为通过对信息的获取、传递、加工处理、输出、反馈等环节来揭示对象的性质与规律；信息论还提供了一种研究新闻问题的新方法，由此复杂的新闻信息传递过程被简化为由信源、编码、信道、噪声、译码、信宿构成的通信过程，新闻研究开始注重体系建设和模块建设，积极从信息科学、社会科学中吸收营养，并逐步采纳计量、统计等定性方法。

2. 控制论的引入及其影响

1948 年维纳发表的《控制论：或关于在动物和机器中控制和通讯的科学》成为控制论奠基之作，在 20 世纪 80 年代初开始引起国内学界和业界的关注。

首先，控制论使业界普遍树立受众反馈的观念。控制论的核心是反馈，引入新闻传播领域后，“从根本上颠覆了传统新闻传播中的唯意志论观念，新闻传播中受众的地位和作用日益呈现，从传播者角度来看，新闻传播因此逐渐克服了盲目性，提高了针对性和目

① 贾培信：《1986 年我国报纸事业发展概况》，见《中国新闻年鉴（1987）》，中国社会科学出版社 1987 年版，第 3 页。

的性”①。媒体受众反馈机制的建立是中国新闻观念的一次大变革，新闻界逐步认识到新闻传播不是单向传播，而是一个双向流通过程，更加注重受众的信息需求和兴趣。

其次，控制论推动了新闻控制观的出现。在媒介外部，控制论被广泛应用到新闻管理、舆论引导等领域，“我们可以将运行中的社会看作是一个有输入、有输出的大系统，而将新闻看作是社会这个系统的一个控制器。新闻对社会舆论的引导是通过内含着各种信息的新闻作品（节目）的发表和播出进行的，这实际上就是新闻这一控制器在对社会实施输入，进而对社会的运行产生影响，实现新闻对社会的控制”②。在媒介内部，控制论还渗透到新闻内部运作管理过程中，涉及新闻业务规范、流程监理、产品评价等各个环节，从而促进了新闻机构内部的有效管理。

3. 系统论的引入及其影响

20世纪30年代奥地利生物学家贝郎塔菲提出了一般系统论，系统论对国内新闻传播研究和业界的影响主要体现在其方法论上。首先，系统论使新闻研究更加注重整体观，从新闻系统结构性与多元性、层次性与多样性的视角，探寻新闻传播规律，注重整体和局部的关联、新闻系统和外部环境的有机联系，从宏观、动态、普遍联系的视野来分析新闻现象，进一步巩固了马克思唯物主义新闻观；其次，它也给新闻机构的运作带来了系统意识，尤其是广播电视节目编排组合中广泛运用系统论以达到最佳整体效果。总之，信息论、控制论和系统论的引入，极大地开阔了中国新闻界的方法论视野，对学界和业界都有巨大贡献。

（二）传播学引入促使中国新闻学向新闻传播学转变

1978年就有少数学者关注西方传播学。早期的传播学研究以

① 丁柏铨：《中国当代理论新闻学》，复旦大学出版社2002年版，第44页。

② 苏简亚：《“新闻控制论”与新闻舆论导向》，载《红旗文稿》1999年第2期。

翻译介绍为主，了解者相对有限。1982 年是中国传播学走上学术化研究道路的元年，这年 5 月施拉姆访华，对中国内地学者影响深远。1982 年 11 月 23—25 日，在北京召开了第一次西方传播学研究座谈会，这次会议标志着传播学正式被中国新闻学术界所接受，会议还提出了对传播学“系统了解、分析研究、批判吸收、自主创新”的 16 字方针，从此开始，对这门新学科的介绍变得相对系统，参与研究的学者也日益增多。

此间，以 1986 年黄山召开的第二次全国传播学学术研讨会为界，中国学者的传播观念经历了两次转变。会议之前是传播学翻译和普及阶段，会议之后是中国新闻学向新闻传播学转化阶段。第二次全国传播学术讨论会上明确了将新闻传播学作为今后传播学的主攻方向，并决定编撰《新闻传播学》专著。对传播学的系统介绍和研究使中国新闻学开始向新闻传播学转变。

1. 传播学基本概念对新闻观念的影响

传播学引入中国的第一阶段是借鉴与模仿阶段。首先借鉴的就是新闻学界从未使用过的一些新概念，“大众传播”、“信息”、“传媒”、“把关人”、“受众”、“传播者”、“传播效果”、“传播渠道”、“意见领袖”、“双向传播”、“传播的社会功能”等概念相继引进，开阔了新闻研究的视野，能够从人类信息传播活动的大视角去看待新闻活动，使新时期新闻学走向注重宏观整体；同时，也为中国新闻观念从“宣传本位”走向“新闻本位”发挥了重要作用；另外是使新闻观念从“政党话语”走向“学术话语”，如“新闻媒介”代替了“新闻工具”、“新闻宣传”变为“新闻传播”之类，新的名词不断涌现，而对新闻本体的一些概念的解释也开始借鉴传播学术语，减弱政治语气并趋于理性。外来概念与本土概念的汇流，为探索新闻传播的本质规律开启了一扇门窗，使得中国新闻学更正了许多“政治话语”，进入了新的境界。

当然，在学习和借鉴的过程中，由于忽略了社会语境的差异，也出现了很多生搬硬套、简单相加、赶时髦滥用的现象。“有时学科似乎大有进展，新名词很多……但读得多了，就发现有不少是把

‘消息’换成了信息’，‘反应’换成了‘反馈’，基本内容还是老一套。”① 现成的套语，原定的思维，使得新闻传播学难以向纵深研究；此外，盲目引进和使用国外概念容易产生模糊不清的现象，反而使很多学者在使用概念时不是站在一个层次，缺乏共同语言，“传播学现有的理论概念，数量不多，分歧却很大，一些最基本的概念没有统一称谓……称谓上的不同容易带来解读上的差异，各自表述亦可能造成意义的不交集”②。

2. 传播学范畴体系和研究方法对新闻学的影响

传播学研究范畴体系的引进，为中国新闻学者提供了一条新的思路，尤其是以拉斯韦尔5W模式为核心的理论框架，对当时单纯依靠阶级分析法进行研究的学者如醍醐灌顶。西方传播学框架启发中国新闻学者重建学科体系，尤其是控制研究、内容研究、媒介研究、受众研究、效果研究的框架使得中国的新闻传播学科逻辑严谨、系统周密，而非漫无边际。但盲目地借鉴与崇拜也容易失去中国新闻传播体系的本土特色和原创性，“中国新闻业在改革开放以后所走过的道路在世界新闻业中是十分独特的，西方传播学理论彼时彼地的观点难以尽合中国特殊国情”③。

传播学研究方法丰富了中国新闻学研究方法。传播研究方法体系包括定性分析方法和定量分析方法。定量分析方法，注重精确的数据、统计，改变过去新闻学单一靠经验式臆想、主观推断判断的局面，从而避免理论新闻学的科学性受到政治实用性的伤害，使得中国新闻学更具备学术科学性和客观性，学科体系更加系统、标准；另外，对西方定性研究、批判方法的学习，增强了中国新闻学研究的逻辑思辨意识，更具备理性和深度。

总之，传播学的引入使中国新闻学从基本概念、范畴体系到

① 陈力丹：《新闻学：从传统意识到现代意识》，见《新闻学研究10年：1978—1988》，人民出版社1989年版，第31页。

② 郭中实：《概念及概念阐释在未来中国传播学研究中的意义》，载《新闻大学》2008年第1期。

③ 丁柏铨：《中国当代理论新闻学》，复旦大学出版社2002年版，第34页。

研究方法都开始向新闻传播学转变，促进了中国新闻学的理论范式革命。

（三）新闻法治和新闻自由意识的觉醒

新闻法治意识的觉醒是新闻事业走向正轨的重要标志，新闻法治思想的核心是呼吁新闻立法。自1980年以来，我国新闻界一直在酝酿一部专门的新闻法。关于是否应该立法，有人认为中国新闻立法条件不成熟，也有人认为新闻法应该早点出台以保护新闻自由、保护新闻工作者的权利。1984年，我国着手制定新闻法。1985年孙旭培在《中国记者》发表《新闻立法是关系到全社会的大事》，文中指出新闻立法不是一项平常的法律，它是关系全社会的大事，是每一个公民都应该予以关心的大事，他在文中澄清了几种疑虑，他认为第一，“党的领导与新闻法治是并行不悖的，每个有觉悟的党员，都会欢迎这种‘过渡’”;① 第二，“新闻法就要体现保护和约束相结合的原则，既保护新闻自由，又防止滥用新闻自由”;②第三，“新闻立法并不是轻而易举的事。由单纯依靠党内指示来管理新闻事业，发展到既依靠党的领导又依靠立法进行管理，这毕竟是一个很大的变化，是新闻制度的改革和调整。对此要有一个思想上和实践上的转变、适应的过程”③。新闻立法与新闻改革必然紧密地联系在一起。胡绩伟也认为：“在新闻领域健全社会主义法制，制定新闻法和相应的法规，才能使新闻工作人员和领导新闻工作的人员以及有关新闻工作的人员有法可依；也才能保证人民通过新闻工具表达自己意见的民主权利得到制度化、法律化。”④

① 孙旭培：《新闻立法是关系到全社会的大事》，载《中国记者》1985年第1期。

② 孙旭培：《新闻立法是关系到全社会的大事》，载《中国记者》1985年第1期。

③ 孙旭培：《新闻立法是关系到全社会的大事》，载《中国记者》1985年第1期。

④ 胡绩伟：《新闻立法是一项重要的新闻改革》，载《新闻记者》1985年第1期，第3页。

从而实现人人执行、人人遵守。

1988年中国社会科学院新闻研究所和首都新闻学会的读者调查组对全国政协委员进行的整体调查中，八成以上的对象同意新闻立法的目的主要在于保护社会主义新闻自由，近六成的人认为新闻法作为一项基本法律应该由全国人民代表大会通过，制定新闻法也是为了限制新闻自由。1988年新闻立法已有由中华人民共和国新闻出版署牵头的新闻法起草组的“征求意见稿”、新闻法起草组上海小组的“征求意见稿”、中国社会科学院新闻研究所新闻法研究室的“试拟稿”三个版本。各界对新闻法的内容提出了很多建议，如新闻法保护报道真实新闻的自由、禁止利用新闻进行诽谤、保护更正与答辩权、保护隐私权等，也提出新闻法应该符合国情和新闻规律。

20世纪80年代中期以来，新闻自由得到日益充分的讨论。有人宣扬西方新闻自由，故意搬弄抽象的自由概念，鼓吹报纸是“第四势力”。不少人对西方新闻自由知之不深，认为西方有绝对的新闻自由，记者是“无冕之王”，拥有至高无上的权力。一些学者对这些言论进行了反驳。首先，西方新闻自由带有阶级性和虚伪性，在资本主义社会新闻自由是资产阶级的自由，世界本来就没有绝对的新闻自由，“从实质上看，从两种社会、两种意识形态的对立和斗争来看，他们的自由是极有限的，是以不违反资本主义的统治为原则，以不违反资产阶级垄断财团的利益为限度”①。因此，新闻自由不是绝对的，而是相对的。其次，西方宣扬新闻自由的目的在于制造信息传播的不平衡，制造信息世界的统治，是一种信息领域的霸权主义，意图对弱小国家进行意识形态渗透，他们拥有技术、资金等优势，“才拼命鼓吹‘新闻自由流动’理论。他们说‘新闻自由’是绝对正确的真理，并武断地按发展中国家在多大程

① 苑子熙：《美国新闻自由探析》，中国广播电视出版社1985年版，第2页。

度上接受‘西方新闻自由的模式’来划分这些国家”①。

孙旭培则主张辩证地看待新闻自由，“资产阶级新闻自由是新闻自由发展史上的重要一环。它虽然没有解决实现普遍自由的重要物质条件，但它毕竟确立了普遍自由的形式，这是一个历史性的进步，应该给予恰当的评价。资产阶级新闻自由是因为只讲自由的形式，不讲自由的条件，才表现其虚伪性的”②。他撰文提出：“我们所讲的社会主义新闻自由，就是肯定新闻媒介要接受人民的监督、党的监督、法律的监督。坚持社会主义方向，坚持为人民服务的方向；同时允许新闻有相对的独立性，在法律和制度允许的范围内享有不可干预的自由。根据这个原则，可以认定：只要不违背事实、不违反（党报还要不违反党章）社会公德，不损害人民利益，任何新闻、任何批评可以自由发表；新闻工作者的工作权利、政治权利不得因此受到侵犯；发展多层次的报业结构，建立以党报为中心，各种机关报为主体，包括民办报纸在内的社会主义报业队伍；制定新闻法，对新闻事业实行法治，做到追惩为主，预防为辅，文责自负，违法必究；新闻工作者要强调自律，自觉地坚持向党负责和向人民负责的一致性；奖励宣传国策有功和对社会有贡献的新闻单位和新闻工作者。”③ 社会主义新闻自由的基本特征是“真正的新闻自由必须既讲普遍自由的条件又要有普遍自由的形式，实现二者的统一”④。社会主义新闻自由可具体表现为“报道新闻的自由、发表意见的自由、批评的自由、办报自由”⑤。同时他也认为新闻自由应该是一个不断发展的过程，它受人类社会发展总规律的支配，也与报刊印刷技术和新闻传递技术等的发展密切相关，“新闻自由有着它自己的不断发展的历史。新闻自由不是一条线段，而

① 赵水福：《西方国家新闻自由探析》，载《中国广播电视学刊》1987年第1期。

② 孙旭培：《社会主义新闻自由刍议》，《新闻理论探讨》，人民日报出版社1984年版，第109页。

③ 孙旭培：《新闻学新论》，当代中国出版社1994年版，第23页。

④ 孙旭培：《新闻学新论》，当代中国出版社1994年版，第63页。

⑤ 孙旭培：《新闻学新论》，当代中国出版社1994年版，第72~96页。

是一条没有终点的射线，是不断地从必然王国走向自由王国的历史”①。

为了实现和保障社会主义的新闻自由，胡绩伟认为必须做如下工作：“第一，进行新闻体制改革，特别是我们党对新闻事业的领导的改革。第二，必须包括领导者在内的全体人民在观念上提高认识，要研究、宣传新闻自由对保障人民的民主权利。第三，则必须加紧制定新闻法，把我们多年在实行新闻自由方面的种种好的成果和成功经验，以及各种缺点错误的深刻教训，用法律的形式把它固定下来……”② 同时，社会主义新闻自由也不是绝对的自由，“我们所主张的新闻自由，当然是宪法和法律范围内的新闻自由。不能说新闻法是对新闻自由的限制，只能说是对新闻自由的界定，就是对新闻自由的内容、实施范围和实施程序的规定，以及对妨碍新闻自由或滥用新闻自由的违法行为的处罚规定”③。甘惜分则提出“多种声音 一个方向”的主张，“‘一个方向’，即社会主义大方向。‘多种声音’，即在社会主义大方向下充分发扬民主，发展新闻自由，报纸发表多方面的新闻报道，发表各方面的不同意见，创办具有不同性格的报纸，反映人民群众的情绪、愿望、要求与呼声”④。

（四）新闻道德的复苏

中共十二届六中全会关于社会主义精神文明建设指导方针决议中，要求大力加强各行各业的职业道德建设，新闻界也开展新时期记者、编辑、通讯员等新闻工作者职业道德的讨论及建设工作，迅速引起了新闻界道德的升温。

---

① 孙旭培：《新闻学新论》，当代中国出版社1994年版，第111页。

② 胡绩伟：《社会主义的新闻法是新闻自由的保护法》，转引自《新闻自由论集》，文汇出版社1988年版，第187页。

③ 胡绩伟：《社会主义的新闻法是新闻自由的保护法》，转引自《新闻自由论集》，文汇出版社1988年版，第187~188页。

④ 甘惜分：《多种声音 一个方向——论党在新时期的新闻政策》，载《新闻记者》1989年第6期。

首先，是对有偿新闻的鞭挞。针对改革开放后出现的“有偿新闻”、“广告新闻”、关系稿、捧场新闻等不良作风，新闻界开展了廉洁自律的活动。1987 年上海电视台在电视上公布了《上海电视台工作人员职业道德规范》，欢迎群众电话监督。《解放日报》、《文汇报》、《新民晚报》也纷纷公布监督电话号码。人们普遍呼吁要分清宣传商品经济与新闻工作的界限。1987 年 9 月 9 日中宣部、新闻出版署、中国记协联合召开座谈会，并提出“关于纠正当前新闻界不正之风的几点意见（草稿）”交与会者讨论，时任中宣部副部长王维澄提出，“当前应该明确划分几条界限：第一，不得搞各种形式的‘有偿新闻’；第二，记者不得利用采访之便索贿、受贿；第三，要划清新闻与广告的界限，专业新闻采编人员不得从事广告经营活动并从中提成。新闻单位也不得向专业广告经营人员发放记者证”,① 新闻工作者必须廉洁自律以维护新闻工作的尊严。

其次，初步建构了社会主义新闻道德体系。为适应新时期对新闻工作者行为约束的需要，1987 年 9 月，中华全国新闻工作者协会拟订《中国新闻工作者职业道德准则（草案）》共 8 条，成为这一时期新闻职业道德建设的重要成果。学界和业界也进一步探讨了社会主义职业道德观的内涵，姚文华认为“无产阶级新闻道德的核心是全心全意为人民服务。它有两个鲜明特点：一是为人民服务的品德，二是实事求是的作风。这二者相辅相成，互为因果”,② 而新闻职业道德的具体规则应理解为：“新闻工作者要尽到自己的社会责任，注重社会效益，新闻工作要有利于发展社会主义商品经济，有利于建设社会主义民主政治，有利于建设社会主义精神文明，有利于各族人民的团结；要求做到：任何形式和内容的报道做到真实全面，客观公正；新闻工作者要遵纪守法，坚持真理，廉洁奉公，不以新闻谋私，新闻工作者还要做到以自己的工作增进各国

① 《新闻界重要记事》，《中国新闻年鉴（1988）》，中国社会科学出版社 1988 年版，第 285 页。

② 姚文华：《第五编新闻工作者的基本素质第二讲记者的基本素质》，载《新闻知识》1988 年第 5 期。

人民之间的了解和友谊，新闻工作者同行之间要团结合作，提倡正常的业务竞争，反对从个人或小团体的名利出发损害同行的工作与声誉。”① 人们普遍认为要对新闻工作者进行职业道德教育、培训，同时也强调如马克思所说“道德是人类精神自律”，关键还是靠新闻工作者的自觉性和自律精神。

最后，新闻伦理观的萌芽，极大地丰富了职业道德研究的深度和广度。1982年中国社科院研究生王晨的《社会主义新闻道德初探》首次在内地呼吁建立新闻伦理学。他在文章中提出：“认真搜集和总结中外新闻史上关于新闻道德的资料，包括各种新闻道德规约、信条等，最好能汇编成书，为建立社会主义新闻道德理论，建立社会主义新闻伦理学作准备。”② 新闻伦理的萌发，深化了新闻界的社会责任意识和职业荣誉，为新闻工作者职业道德规范的完善化提供了理论依据。

（五）新闻体制改革的探索

中共十三大以来，新闻体制改革的呼声越来越强烈，学者们也为新闻体制改革提供了不同的建议。在中国新闻学会联合会第二次学术年会上，何光先提出建立高效率的新闻体制必须遵循的一些原则：“一要有利于不断开拓新闻领域，满足社会交流的广泛需要，使新闻机构成为信息型；二要有利于信息反馈，使新闻机构成为双向交流型；三要适应传播手段现代化的新趋势，使新闻机构成为现代型；四要适应商品经济的发展，使新闻机构成为企业型；五要有利于民主决策和科学管理，使新闻机构成为科学型。”③

1984年9月，孙旭培在《新闻学会通讯》第9期发表《新闻改革之管见》，文中提倡新闻宏观领域改革，他将业务范围的一般

---

① 童兵：《改革开放中建设新闻队伍 新闻工作者的素质和修养》，载《新闻与写作》1988年第1期。

② 王晨：《社会主义新闻道德初探》，《新闻学专论集》，黑龙江科学技术出版社1983年版，第312页。

③ 何光先：《建立高效率的新闻体制》，《中国新闻学会联合会第二次学术年会论文集》，第154页。

性改革称为微观改革，而“宏观领域的改革主要指新闻制度、新闻政策的改革，管理体制的改革，报业结构的改革，以及业务领域中影响全局的改革”①。宏观领域改革的内容是：“一、发展以党报为中心、以机关报为主体，兼有非机关报在内的多层次的报业机构。二、把对外报道的成功经验推广到对内报道上来。三、报纸实行企业化经营。四、健全管理体制。五、新闻工作的指导思想也适应社会主义实践，有所改革。”② 对于难度较大的新闻体制改革，他提出了自己的思路，即“两种作用——多层次的报业结构——两种标准管理”，两种作用即：“一是上对下的作用，即作为党和政府的宣传工具和喉舌而发挥的宣传作用；二是下对上的作用，即作为社会舆论工具，对政府、政党和各级官员发挥的舆论监督作用。”③ 在他看来“多层次的报业结构”即“要建立以党报为中心、由多种类多层次的报纸组成的多样化的报业结构，报纸可以有党报与非党报之分，有机关报与非机关报之分，有政治报与非政治报之分，有全民所有制与集体所有制之分，公办民办之分”④。对于多层次的报业机构，应该有两种管理标准：“一个是法律标准，一个是党性标准。非党的报纸，只要服从宪法和包括新闻法在内的各种法律（至于报业按新闻职业道德自律，这是一种自我约束，其必要性自不待言）；党的机关报除遵守宪法和法律以外，还有党性标准，即在依法工作的基础上，还要执行党的决议和指示。”⑤ 这些新的观念为新闻体制改革提供了向导。

在新闻体制改革方面率先取得突破的是发行体制的变革，1985年1月1日《洛阳日报》率先实行自办发行，改变了“邮发合一”的发行模式。全国各地报纸纷纷效仿，自办发行观念深入人心；其次是多种经营观的起步，1988年3月国家新闻出版署和国家工商

---

① 孙旭培：《新闻学新论》，当代中国出版社1994年版，第175页。

② 孙旭培：《新闻学新论》，当代中国出版社1994年版，第176~179页。

③ 孙旭培：《新闻学新论》，当代中国出版社1994年版，第196页。

④ 孙旭培：《新闻学新论》，当代中国出版社1994年版，第196页。

⑤ 孙旭培：《新闻学新论》，当代中国出版社1994年版，第196页。

行政管理局联合发布《关于报社、期刊社开展有偿服务和经营活动的暂行办法》，报社可以开展国家政策允许的、与自身业务有关的有偿服务和经营活动，全国许多报社开始进行多种经营，使报社内部管理体制发生了巨大变化。

改革开放以来，新闻业务改革取得了很大的成绩，这一阶段对媒介体制改革的探索，为新闻事业的进一步发展奠定了基础。总之，这一阶段中国新闻观念进化的特点表现在：首先是新闻观向新闻传播观的转变，新闻媒体的信息意识、受众意识、反馈意识日益增强，而在新闻研究领域发生了范式革命，新闻研究从纯思辨和唯意志论走向严谨科学，给传统的党报新闻理论体系输入了新鲜血液；其次是媒介从业者主体意识的觉醒，法治意识、道德观念、对新闻自由和新闻体制的探索是媒介从业者主体规范意识和发展意识自我觉醒的突出表现，众多具有前瞻性、创新性的观点被提出来，中国新闻媒体开始在较为开放的社会环境中寻求更加广阔的发展空间，更加规范的管理机制，更加适合自身规律的运作体制，媒体已从全盘依赖、附属于环境的状态逐步走向自觉的发展道路。

三、全面反思时期的新闻传播观念（1989—1991）

1989年以后，新闻学界、业界对新闻媒介的表现进行了深刻的检讨，进而就前期流行的一些重要的新闻观点，如新闻的性质、新闻自由、党性原则等问题进行了深刻反思。

（一）批判“自由化”与社会主义新闻自由的建构

在社会主义中国，新闻自由不能超越法律，没有不负责任的绝对的新闻自由。新闻宣传是对党和国家性命攸关的大事，必须遵守党的政治纪律、宣传纪律。只有坚持四项基本原则，新闻媒介才能成为一种建设性的力量。

1989年11月28日，江泽民在关于新闻工作的研讨会中发表了《关于党的新闻工作的几个问题》，对新闻自由问题进行了系统的论述，引起了各地新闻界人士对新闻自由的深刻反思。

第一，在阶级社会，不存在超阶级的新闻自由。江泽民在讲话中指出："在国际上还存在社会主义和资本主义的对立，在国内阶级斗争还在一定范围内存在的情况下，自由就不能不带有阶级性。"① 西方与中国新闻自由有着本质的区别，西方的新闻自由维护资产阶级和政党利益，对内标榜"民主政治"、掩盖资产阶级专政，对外又用它作为搞新闻垄断和思想文化渗透的武器。"社会主义新闻自由与资本主义新闻自由的本质不同，就在于它公开承认自己是有阶级性和党性的，在于其宗旨是维护和促进社会主义事业的发展。"② 只有在坚持四项基本原则、坚决维护安定团结的政治局面下，人民才能依法享有充分的新闻自由，没有社会主义就没有人民的新闻自由。

第二，新闻自由不是抽象的而是具体的，不是绝对的而是相对的。在任何国家，新闻自由都是相对的、有条件和受限制的，新闻自由的具体性和相对性表现在："我们的宪法规定，言论、出版自由是中华人民共和国公民的基本权利。广大人民群众享有依法运用新闻工具充分发表意见、表达自己意志的权利和自由，享有对国家和社会事务实施监督的权利和自由。正是为了维护人民的根本利益，对于一切企图改变社会主义的违法新闻活动，不但不能给予自由，而且要依法制裁。"③ 中国的新闻自由不超越宪法和法律，不超越国情、历史和现实，没有绝对的、不承担义务、不受任何约束的新闻自由。

---

① 江泽民：《关于党的新闻工作的几个问题——在新闻工作研讨班上的讲话提纲（1989年11月28日）》，《中华人民共和国国务院公报》第3期，第72页。

② 孙旭培：《坚持新闻工作的党性原则 促进和繁荣新闻学研究——新闻研究所讨论江泽民同志关于新闻工作的讲话》，载《新闻与传播研究》1990年第1期。

③ 江泽民：《关于党的新闻工作的几个问题——在新闻工作研讨班上的讲话提纲（1989年11月28日）》，《中华人民共和国国务院公报》第3期，第72~73页。

第三，要坚持党领导下的新闻自由，“我们坚持政治的坚定性、组织的集中性和思想的科学性，即坚持新闻的党性原则，既要行使新闻自由的权利，又要防止新闻自由的滥用”①。要克服在新闻自由与党的领导关系上一切“绝对”论、“客观”论、“超越”论、“摆脱”论，坚持党的领导是保证新闻自由的重要前提。

第四，不能把新闻自由当作出气阀，新闻自由虽然是人民的民主权利，但应该是站在党的领导和社会主义建设的立场上，客观积极地提出意见、建议和适当的批评，才能发挥新闻媒介作为党和群众联系的纽带的作用。

第五，对新闻工作透明度问题，江泽民要求具体问题具体分析：一方面并不是什么事都透明才是民主、自由，如涉及军事、外交、经济等方面的国家机密，就不能透明，透明与否“都要以党的利益、国家利益、民族利益、人民利益为标准，要看是否有利于社会的稳定、政局的稳定、经济稳定、人心的稳定”;② 另一方面透明与否也要看具体的时机，不能盲目求快，有些事情要等到时机成熟才能透明。

（二）新闻事业工作原则的反思

首先，坚持正面宣传为主的方针。1989 年 11 月 25 日，中共中央政治局常委李瑞环在中宣部组织的新闻工作研讨班上发表了《坚持正面宣传为主的方针》的主题讲话，提出“新闻工作必须坚持而绝不能背离正面宣传为主的方针”。坚持正面宣传为主就是要着力去宣传报道“鼓舞和启迪人们发展社会生产力的东西，鼓舞和启迪人们坚持四项基本原则、坚持改革开放的东西，鼓舞和启迪人们加强社会主义民主和法制建设的东西，鼓舞和启迪人们推进社

---

① 康荫：《略论新闻自由与党的领导》，载《北京广播学院学报》1990年第 1 期。

② 江泽民：《关于党的新闻工作的几个问题——在新闻工作研讨班上的讲话提纲（1989 年 11 月 28 日）》，《中华人民共和国国务院公报》第 3 期，第 73 页。

会主义精神文明建设的东西，鼓舞和启迪人们热爱伟大祖国和弘扬民族文化的东西，鼓舞和启迪人们维护国家统一和民族团结的东西，鼓舞和启迪人们为推动世界和平与发展而斗争的东西”①。一切鼓舞和启迪人们为国家的富强、人民的幸福和社会的进步而奋斗的新闻舆论，都是我们需要努力报道的。

如何坚持正面宣传为主？李瑞环指出要“用人民群众自己创造的英雄业绩来教育人民”，人民群众自己教育自己是推动历史发展的基本方式之一。他还提出要正确发挥新闻舆论在当代社会中的导向作用，也要防止片面性，注重宣传党的正确领导和社会主义的现实成就。坚持正面宣传为主并不是不要批评报道，“我们的批评报道，不是为批评而批评，不是为了展示和渲染落后现象，而是为了改进工作，解决问题，增强人们前进的信心。批评报道要有下文，有实际效果，以充分显示党和人民克服消极现象的决心和力量，从而进一步团结、鼓舞和激励人民，为实现建设有中国特色的社会主义宏伟目标努力奋斗”②。无论表扬或批评都要给人民群众以希望、信心和勇气，因此新闻工作者要讲究宣传艺术，做到内容与形式的统一，思想性、知识性与趣味性的统一，让读者能够从心理上接受宣传，从而提高正面宣传的效果。这些观点在新闻界引起了广泛共识，新闻界学习、讨论、贯彻以正面宣传为主的方针，端正了舆论导向，促进了经济文化的发展和社会的稳定。

其次，必须坚持党性原则。党性原则的基本内涵是“中国共产党对新闻事业的领导作用，以马克思主义的世界观、方法论为新闻工作的指导思想，党的理论与实践相结合，密切联系群众的作风和批评与自我批评的方法在新闻工作中的贯彻和运用”③。在此前提下，坚持党性与人民性是完全统一的。江泽民指出“坚持党性

① 李瑞环：《坚持正面宣传为主的方针——在新闻工作研讨班上的讲话》，《新闻战线》1990年第3期。

② 李瑞环：《坚持正面宣传为主的方针——在新闻工作研讨班上的讲话》，载《新闻战线》1990年第3期。

③ 吕梁：《党性是社会主义新闻事业的灵魂》，转引自《中国新闻年鉴（1990）》，中国社会科学出版社1991年版，第85页。

原则，也就是坚持工人阶级和人民群众的根本利益的原则，两者是完全一致的",① 少数人提出人民性高于党性的思想实质是否定和摆脱党的领导。

对于如何坚持党性，江泽民指出坚持党性即要求新闻宣传在政治上必须同党中央保持一致，要求新闻工作者必须同人民群众保持最广泛最深刻的联系，在新闻工作中坚决反对资产阶级自由化。业界普遍认为新闻工作者应该在思想上坚持马列主义、毛泽东思想，坚持辩证唯物论、历史唯物论；政治上宣传宪法，宣传党的路线、方针、政策和人民政府的重大决策，全心全意为人民服务；组织上贯彻民主集中制，服从党的领导和政府的管理，遵守宪法、法律和宣传纪律等，同时坚持党性也要注意传播艺术。党性原则的重申和强化，推进了新闻系统与党政权力系统的高度一致，强化了执政党对媒介等意识形态领域的一元化领导。

（三）对新闻法治和新闻道德观念的反思

其一，新闻法治观念渐趋理性。1990 年 9 月 7 日，第七届全国人大常委会通过了《中华人民共和国著作权法》，这是历经 11 年出台的中国第一部著作权法，也是这一时期新闻法制建设的重要成果。这一时期，对新闻立法的呼吁和思考逐渐趋于理性，大多数人认为立法必须符合国情，不能超越国情，应该尊重我国的客观现实。在此背景下，学界和业界的焦点逐渐转移到新闻侵权与提高新闻工作者法制意识上。1991 年在南通举办了一次全国新闻纠纷与法律责任研讨会，与会者认为新闻侵权诉讼增多是社会主义法制逐步健全和人民法律意识增强的表现，处理这类诉讼要注意充分考虑中国国情和新闻媒介性质。有人认为目前民法、刑法处理这些案件基本适用，也有人认为要制定专门的新闻法以解决案件审理难题。还有学者提出要建立新闻执法体系，如建立一体化、多层次、分工

① 江泽民：《关于党的新闻工作的几个问题——在新闻工作研讨班上的讲话提纲（1989 年 11 月 28 日）》，《中华人民共和国国务院公报》第 3 期，第 70 页。

配合的执法原则，确立保护与制裁相结合的原则，坚持着重调节纠纷等执法原则和建设性意见。

增强新闻工作者的法制观念成为新闻法治观的核心诉求，随着新闻纠纷与新闻侵权诉讼案件的增多，业界普遍呼吁法律是新闻工作者的必备武器，新闻工作者要善于用法律保护自己，为避免侵权案件和新闻官司，新闻工作者要认真学习宪法、各项法律和宣传纪律，在业务中注意文风、深入调查研究和取证，并在出现错误后及时更正与赔偿。

其二，新闻道德观的进化。1991 年中国记协第四届一次会议通过了《中国新闻工作者职业道德准则》，这是新中国第一个正式颁布的新闻工作者职业道德准则，标志着中国新闻工作者职业道德建设走上规范化阶段。准则的主要内容有：全心全意为人民服务、以社会效益为最高准则、遵守法律和纪律、维护新闻真实性、坚持客观公正的原则、保持廉洁奉公的作风、提倡团结合作精神、促进国际友好和合作。其核心在于：首先，坚持全心全意为人民服务，要求新闻工作者始终坚持把立足点放在人民大众一边，坚持社会效益与经济效益的统一，并把社会效益放在第一位；其次，新闻工作者要恪守客观公正、真实全面的原则，以新闻专业主义原则作为新闻职业理想的精神支柱；再次，不能搞有偿新闻，防范以权谋私的腐败和不正之风，要注意新闻出版物具有商品属性，但新闻本身不是商品，应保持清正廉洁的职业作风。

总之，第三阶段中国新闻传播观念的主流是在反思中重构、在稳定中前进。针对 1989 年以前争议较大、新闻改革中最受关注的新闻自由观、新闻工作原则、新闻法治观与道德观等问题，中共中央以稳中求进的原则进行全面指导，党的主要领导和新闻媒介相关管理部门以会议讲话、教育、颁布法律和职业道德准则的方式进行规范，减轻人们思想观念上的不确定因素，相对稳定、有序的核心新闻观念逐渐形成，并在 20 世纪 80 年代新闻改革起步与 90 年代新闻事业全面改革之间实现了平稳的过渡。

四、市场经济年代的新闻传播观念（1992—2000）

1992年中共十四大提出了建立社会主义市场经济的指导思想。市场经济理论的提出给新闻事业带来了巨大影响，新闻传媒被列入第三产业的改革使人们对新闻事业性质、市场经济下新闻工作的基本原则、新闻法制与道德观等有了全新的认识。

（一）对新闻事业性质的重新审视

在计划经济体制下，国家一直强调新闻事业作为上层建筑的意识形态属性，使得新闻事业呈现出鲜明的意识形态色彩，如媒体的非营利化，新闻宣传化、党报体制的绝对优势、媒介研究的政治化等。直到1987年，国家科委首次将“新闻事业”和“广播电视事业”纳入“中国信息商品化产业”，标志着国家对新闻事业信息产业属性的正式确认。1992年6月16日，中共中央、国务院发布了《关于加快发展第三产业的决定》，将新闻传媒列入第三产业的范畴，新闻事业的信息产业属性正式得到国家政策规划的认可。1993年5月举办了一次“社会主义市场经济与新闻事业”学术研讨会，与会代表普遍认为作为信息业，新闻事业是经济基础，而从传递党和政府的声音来看，新闻事业又更多地表现为意识形态，归于上层建筑，因此李良荣等人认为“新闻事业具有形而上的上层建筑属性和形而下的信息产业属性”,① 新闻事业的双重属性在学界和业界达成共识，性质观的突破迅速在新闻体制改革中发挥了重要作用。

新闻事业意识形态属性表现在新闻事业生产的是人类精神产品，满足人们精神层次的消费需求，属于上层建筑范围。传媒产品是体现观念形态的产品，新闻事业是社会舆论的重要机构，必然带

① 李良荣、沈莉：《试论当前我国新闻事业的双重性》，载《新闻大学》1995年第2期。

有意识形态的属性如政治性、阶级性、指导性等。中国新闻传媒的“事业单位”性质使得所传播的立场、观点、思想、方法必须与执政党和政府保持高度一致，新闻传媒必须完成党的宣传任务，是党、政府和人民的耳目喉舌，正确地认识和把握这一属性对维护国家安全和社会稳定具有重要的意义。

新闻事业的信息产业属性也是新闻传媒最本质的属性。新闻产生于人类的信息需求，开发信息资源、传播信息是新闻媒介的本质任务，新闻媒介是从事信息采集、加工、制作、流通新闻和广告等信息的机构，新闻媒介的市场化改革使其信息产品必须在市场上售卖流通才能实现其价值和使用价值。“企业化管理”的制度使新闻传媒具有经营广告、出版、录音录像制品，同时进行规模化、集团化、产业化扩张资本、增强实力的权利，承认信息产业属性是保证新闻事业按照本质规律运行的前提条件。

我国传媒产业的双重属性是不可分割的，二者之间有很强的一致性，同时又互相制约。“新闻传播业的双重属性与生俱在，本身并没有什么‘体’和‘用’的关系。在理论上我们应对它们有一个全面的认识，而不应该厚此薄彼。”① 社会主义制度和新闻传媒为人民服务的根本宗旨，使新闻事业的双重属性有机结合在一起，当二者出现一定矛盾时，仍然以社会效益为主，以人民的利益为重，二者的结合是符合新闻规律和中国国情的，认识并承认新闻事业的双重属性，标志着新闻改革进入了一个新的阶段。

（二）新闻事业发展观的革新

1. 市场观念和商品观念的确立

中共十四大报告中提出：“我们要建立的社会主义市场经济体制，就是要使市场在社会主义国家宏观调控下对资源配置起基础性作用，使经济活动遵循价值规律的要求，适应供求关系的变化；通过价格杠杆和竞争机制的功能，把资源配置到效益较好的

---

① 芮必峰：《略论新闻传播业的双重属性》，转引自《中国新闻年鉴（1996）》，中国新闻年鉴杂志社 1996 年版，第 156 页。

环境中去，并给企业以压力和动力，实现优胜劣汰；运用市场对各种经济信号反应比较灵敏的优点，促进生产和需求的及时协调。”新闻事业市场观念的核心即新闻事业要按照市场规律发展，首先体现在按照市场规律合理分配资源，“媒介组织使用各种传播资源，包括电力、纸张、相关设施、技术人员、节目、信息等，期望通过生产媒介产品和提供劳务，能够在实现社会效益的同时满足自身获利的目标”①。报纸自办发行、组建媒体集团、股份制改造、人才聘任制改革等都是媒介市场化的体现；其次是按照受众需求进行生产经营，1992年后都市报、消费服务类平民化报纸迅速崛起，报纸扩版增厚、专刊副刊彩版成为新潮流，媒体一改政治性强、严肃的面孔，更注重刊播一些受众喜闻乐见的新闻型、知识型、娱乐型信息，节目栏目形式多样化，满足各种受众的不同需要。

新闻事业市场化发展必须强化几种观念。首先要确立新闻媒体的市场主体观。改革开放后新闻媒体尤其是报社经历了从国家政治机关到事业单位、市场主体的角色转换，国家也逐步给予报社报刊定价权、报纸发行权、广告刊登权、自主经营权等重要权利。真正的市场主体应该是责、权、利都有，建立法人制度。“法人规定应该包括：(1) 它所承担的国家管理部门对报刊所规定的法律责任；(2) 报刊社独立负责的经济责任；(3) 报刊社所享有的企业经营权，即对国家批准并授予其经营的报刊社的享有占有、使用和依法处置的权力；(4) 报刊社享有对自己出版的报纸、杂志的销售权，并对这些产品的质量负责。”② 这样报刊社在市场上才算取得了主体身份，才能进行市场运作。其次是树立市场定位观。新闻媒体要善于在市场细分中找到合适的市场位置，在市场调查的基础上进行分工，不能以信息产品同质化的面目出现在市场上。再次是确立市

① 吴文虎：《新闻事业经营管理》，高等教育出版社1999年版，第60页。

② 梁衡：《关于报刊市场运作的七个问题》，转引自《中国新闻年鉴(1996)》，中国新闻年鉴杂志社1996年版，第122页。

场竞争观。新闻媒体在市场竞争中必然是优胜劣汰、适者生存，优者可以享有更多的资源甚至是兼并弱者，成立规模较大的报业集团、广电集团。新闻媒体要改变过分依赖国家财政扶持与政策倾斜的侥幸心理。“竞争要求打破地区、行业封锁，打破条块分割，打破地方保护主义利益。只有从市场角度切入，才能赢得广大读者的理解与支持”,① 要使价格机制、风险机制等在公平竞争的条件下发挥作用。

媒体的市场化改革使媒介产品具有商品性的观念得到业界的认同。“我们承认报纸具有商品性，是为了给报业经营管理的研究提供必要的前提，是为了促使报社自觉运用商品经济的规律来加强自己的维生机制。”② 在对新闻商品性的争论中，一部分人认为新闻作为精神产品，其价值与物质产品相比是难以确定和计量的，商品应该具有价值和使用价值，新闻只是“报纸精神产品性质的承担者”，没有价格，不能买卖，不能认为新闻具有商品属性；而童兵等学者认为新闻是以意识形态为主生产的商品，是以智力劳动为主生产的商品，是以信息服务为功能的商品，其使用价值的实现具有特殊的运作机制。戴邦指出：“如果把新闻当作商品，就要按照市场经济规律办事，就会按新闻的市场需求生产和交换，就会有新闻的市场价格，就会有买卖新闻商品的商人，就会按市场的价格大小的标准来挑选新闻。按市场的价格挑选新闻，自然就要破坏新闻是客观事实的报道原则，就要破坏新闻按重要性、真实性、时效性挑选新闻的新闻价值观，就要破坏真实性的原则。”③ 因此新闻具有商品属性，但坚决杜绝将新闻商品化的行为。新闻媒介是具有公益性而非纯功利性的机构，在追求经济效益的同时必须注重社会效益，并以社会效益为主。新闻是不是商品的问题也引起了争议，有

① 姚志能：《社会主义市场经济对新闻宣传的新要求》，转引自《中国新闻年鉴（1993）》，中国社会科学出版社 1994 年版，第 59 页。

② 屠忠俊：《报业经营管理》，新华出版社 1992 年 1 版，第 16 页。

③ 戴邦：《新闻不是商品 记者不是商人》，载《新闻与写作》1993 年第 8 期。

人认为新闻是无形的精神产品，因此不能是商品，也有人认为无形的产品也是商品。2000年，中宣部正式表态新闻不是商品，这方面的讨论才告一段落。

2. 受众地位的全面提升与受众观的多元化

20世纪80年代中期就有人认为新闻传播应该实现“传者本位”向“受众本位”的转变。“受众本位”即以受众为中心，满足受众需求为主的意识。受众本位要求新闻媒体要研究受众、尊重受众，提高信息质量，重视受众反馈。也有人提出传者、受者的关系并不是传播主体与客体的关系，而是同一传播活动中共生的两个主体，正如杨思迅在《“受众”是什么》中所说：“受众既是大众传播的受传客体，也是信息需求的活跃主体和文化市场的真正主人。”还有一些人提出在网络出现后的21世纪，传者与受者的距离将逐步消解。总之，讨论受众在传播中的地位问题，目的不是为了争论谁是本位，而是应该减少传受双方存在的矛盾与冲突，建立信息有效传播的渠道和和谐的传受关系。在这一背景下，受众观开始呈现分流和多元化的特点，主要表现在：

有人提出“受众即消费者”，这是20世纪80年代传媒产业化改革之后出现的一种典型的受众观。他们认为受众接收、处理、加工信息的过程就是新闻消费的过程，媒介按照受众需求生产产品，新闻传媒与受众之间是生产者与消费者的关系，高度强调媒介产品的商品性和市场化运作。在2001年第三届受众研究学术研讨会上，有学者提出用“阅听人”、“用户”、“消费者”等替代“受众”一词，虽然认识到了受众的主动性和选择性，但如果把这种自由和个性无限地扩大就会走到理论的另一个极端。“仅以缺乏能动性的商品消费者角色概括市场经济下的受众的地位和作用，无疑会以偏概全”,① 将传受关系简单地理解为买方与卖方的关系，忽视新闻媒介本身的意识形态属性和新闻媒体作为社会公共机构的性质，也是不太妥当的。

① 丁柏铨：《中国当代理论新闻学》，复旦大学出版社2002年版，第81页。

有人提出受众是传播过程中的权利主体，作为权利主体，就应该保护其基本权益。受众是媒体的积极参与者，是社会主义新闻媒介的主人，有学者提出“将‘受众’视为依法能够直接享受传播服务的公民个人、集体或社会组织的统称”,① 认为受众应该“享受各种传播服务及相应的物质、社会保障的公众（公民个人或集体）的权利和利益”②。具体来说受众应该享有充分的知晓权、表达权、舆论监督权等民主权利，这些权利在市场竞争和新闻法治日益健全的条件下已逐步得到重视和满足。

还有人提出受众是媒介的商品，这种观点依据传媒盈利模式中的“二次售卖”，媒体将报纸等信息载体卖给受众，然后再将受众出售给广告商，二次售卖过程中，受众成为媒介商品。有学者认为这种说法虽然是基于媒介政治经济学的分析，但过于简单化，“在大众传播环境中，受众不完全是被动地由媒介‘构建’的结果，在特定的社会背景和传播环境中，受众能够能动地决定如何构建自身”③。这种观点在某种程度上忽视了受众的主动性和选择性。这些不同的受众观的出现，在本质上体现了市场经济条件下受众地位的上升，大大推动了媒介实践活动。

3. 媒介管理与经营理念的变化

随着从计划经济体制走向市场经济体制，中国媒介由党报、党台体制转向以党报、党台为主体的多层次的媒介结构。在计划经济体制下，所有的媒介都是国家机关、事业单位，拨款、人员聘用考核、资金来源、管理体制全是按照计划分配；而在市场经济条件下，以党报、党台为核心组建起来的媒介集团，按照市场经济规律进行企业化运作。从计划经济观念转化为市场经济观念，是这一时期媒介经营管理观的核心转变。媒介开始面向市场自己走路，大部

---

① 宋小卫、郭镇之：《受众权益论纲》，载《北京广播学院学报》1991年第4期。

② 宋小卫：《受众权益研究导论》，载《新闻与传播研究》1992年第1期。

③ 丁柏铨：《中国当代理论新闻学》，复旦大学出版社2002年版，第82页。

分省级以上报社做到了采编、经营两个轮子一起转，媒体的经营管理理念也发生了很大变化。

“主业为主，多种经营”成为主流的经营观。1992年10月《中国报协对有关报纸行业产业政策和体制改革的五项意见》中正式提出：“允许报社从事办实业、旅游业、金融、贸易、经营房地产等跨行业经营活动，不再受‘与报业有关’范围的限制。”媒介经营观念有了全新改变，强化“自主经营、自负盈亏、自我发展、自我约束”和“主业为主，多种经营”的方针。以主业为重心，主业和非主业共同发展，扩大经营范围和经营方式，其中主业经济主要包括发行、广告、信息咨询、物资供应等，而非主业经济则范围广泛，涉及旅游服务、金融业、餐饮业、科技开发等行业内和跨行业的经营活动；各地报社也逐步拓宽经营途径，出现了国有经济为主的，以及集体的、合资的、个体的多种成分的经营实体。

多种经营依然要处理好办报与经营的关系，中共中央宣传部副部长徐光春强调必须注意，一是报纸宣传与报社经营要两个轮子一起转；二是要正确处理好社会效益和经济效益的关系，并把社会效益放在第一位；三是要将采编队伍和经营队伍分开；四是要处理国家利益和个人利益的关系，报社的利益就是国家的利益，要通过各方面的经营开发来增加报社的收入，来增加报社的实力。因此新闻媒体的经营既要尊重市场规律和新闻规律，还要坚持以社会效益优先为前提，以此为基础实现国有资产的增值。

媒介管理理念实现了从“机关管理”向“企业化管理”的转变，力争建立权责分明、管理科学的现代企业管理制度。在1996年中国报业经营管理现状与发展学术研讨会上，屠忠俊设想“经过明晰产权、界定企业法人财产权基础上的公司化改造，绝大部分报社将在国家宏观政策指导下，依法行使法人财产权的各项权能，报社内部的各经济实体，将成为报社下设的分公司或子公司，国家是报社的出资者，报社是其下设公司的出资者”。这些观念逐步在实践中得以实现，以报社为例，各地在媒介领导管理体制改革方面进行了多种探索，有社长负责制，总编负责制，社务委员会领导下的总编辑、总经理负责制等多样化的形式。而人力资源管理方面逐步实现全员聘任制。媒介走向市场，探索媒介做大做强之路，最为显著的变化是报业集团的集约型管理模式，加强对人力、财力、物资、技术等多种资源的组织协调和控制，实现了资源的优化配置。

在广播电视领域，1993 年湖南电视台魏文彬等人就提出广播电视业“由计划型向产业型转变，由松散型向紧密型转变”，“创办大广播、大电视、大宣传、大产业”的改革思路。1994 年起他开始酝酿改革，1996 年促使全新机制的湖南经济电视台成功开播，1998 年促使中国传媒领域第一家上市公司“电广传媒”成功上市，2000 年成立全国首家省级广电集团。魏文彬认为“广播电视产业与其他产业一样，只有形成集团优势、走产业化的路子，才能保持充足的发展后劲”①。要用市场经济的眼光，来认识产业规模问题，“我们追求的，是各种资源能够合理配置的规模，是有质量即有技术、知识含量的规模，是形成投入、产出良性循环的规模”②。而广播电视产业要规模化发展，必须符合市场经济发展规律和广播电视发展的规律。他认为同其他产业相比，“广播电视产业的特点主要有：一是与宣传紧密相连；二是在商品市场、资金市场、信息市场三类市场中主要活跃于资金市场和信息市场；三是知识密集的程度较高。我们要根据这些特点，发挥好广播电视产业优势，寻求快速发展”。③ 1993 年起魏文彬开始在湖南经济电视台试验人事制度改革，他认为：“建立符合市场化价值观念的用人机制就是广电人事制度改革的方向。对此我们是这样理解的：第一，在各种生产力要素中，人才是最重要的要素；第二，人才本质上是一种资本，具有自身的价值，使用人才必须按照价值规律办事；第三，人才不是

① 魏文彬：《论新世纪广播电视发展的战略》，载《中国广播电视学刊》1999 年第 6 期。

② 魏文彬：《论新世纪广播电视发展的战略》，载《中国广播电视学刊》1999 年第 6 期。

③ 魏文彬：《论新世纪广播电视发展的战略》，载《中国广播电视学刊》1999 年第 6 期。

固化的，而是流动的，一切人事制度都要有利于人才的流动。”① 他所提倡的全员聘任制在广电系统人事制度变革中开风气之先。

新闻事业发展观的革新，为新闻体制改革指明了方向。1996年起报业集团、广电集团、出版集团等集团化经营形式迅速在全国符合条件的新闻媒体中普及，新闻传媒跨媒介跨地区经营也逐步走上正轨，传媒集团内部的领导、人事、财务管理体制也发生了巨大变化。

（三）新闻工作原则的演化

第一，创造性地坚持党性原则。1997年江泽民在中共十五大报告中指出：“新闻宣传必须坚持党性原则，坚持实事求是，把握正确的舆论导向。”越是改革开放越是要坚持党性原则，服务市场经济与坚持党性原则二者是一致的。坚持党性原则的基本要求是在思想上坚持马克思主义，政治上认真贯彻党的方针政策路线，组织上服从党的领导，业务上服从改革发展稳定的大局，把握正确的舆论导向，党性原则的根本内涵是全心全意为人民服务。

市场经济条件下党性原则仍然是不可动摇的，关键是要创造性地坚持党性原则。在新的条件下除了坚持其中不可变更的部分之外，还要赋予党性原则新的含义，一些学者认为首先应当承认市场对新闻媒介的制约作用，并逐步地变被动为主动，努力做到既适应市场的要求（主要指受众的要求），又适应党的要求；其次要冷静分析原有的新闻观念，恪守其中必须恪守的部分，更新必须更新的部分；再次要多一点开放意识；最后必须比过去任何时期都更有力地抵制拜金主义对人们灵魂的腐蚀作用。

第二，坚持正确的舆论导向。坚持正确的舆论导向是这一时期主流的舆论观。1994年1月，江泽民《在全国宣传思想工作会议上的讲话》中将正确的舆论导向概括为“五个有利于”，即“要造成有利于进一步改革开放、建立社会主义市场经济体制，发展社会

---

① 魏文彬：《广播电视媒体人事制度改革的方向、瓶颈与路径选择》，载《中国广播电视学刊》2005年第10期。

生产力的舆论；有利于加强社会主义精神文明建设和民主法制建设的舆论；有利于鼓舞和激励人们为国家富强、人民幸福和社会进步而艰苦创业、开拓创新的舆论；有利于人们分清是非，坚持真善美，抵制假丑恶的舆论；有利于国家统一、民族团结、人民心情舒畅、社会政治稳定的舆论”①。新闻工作者应在舆论引导中把握正确的政治方向，为市场经济全局服务。1996 年 9 月，他在视察人民日报社时再次强调“舆论导向正确，是党和人民之福；舆论导向错误，是党和人民之祸”。

新闻工作者也要注意舆论引导艺术，北京日报社社长满运来提出：“一是要保持常态，把握好建设市场经济体制的渐进性；二要力戒片面，讲究辩证法，切忌‘木匠斧子一面砍’，避免宣传中可能产生的负面效应；三要引而有度，恰到好处；四要循循善诱，春风化雨，还要重视新闻队伍的素质建设。”② 新闻工作者要努力改进文风和报道方式，用新的思维、新的视角、新的手法，使自己的宣传报道贴近生活、贴近读者；切实按照“三个代表”的要求，处理好新闻格调、受众需求与社会效益之间的关系，以取得最大的社会效益。

（四）新闻伦理观的演进

媒介的市场化改革给新闻道德带来了新的冲击，一些抵制不住诱惑的新闻工作者以有偿新闻、新闻广告等形式敲诈勒索、以权谋私，少数新闻媒体为追求市场效益，以低俗、虚假、挑战伦理道德底线的内容或编排形式误导受众。加强新闻职业道德建设，禁止有偿新闻和抵制新闻低俗化，成为市场经济条件下新闻伦理的核心话题。

1993 年 7 月 31 日，中宣部、新闻出版署联合发出《关于加强

---

① 江泽民：《在全国宣传思想工作会议上的讲话》（1994 年 1 月 24 日），《人民日报》1994 年 3 月 7 日。

② 满运来：《关于坚持正确舆论导向》，转引自《中国新闻年鉴（1998）》，中国新闻年鉴杂志社 1999 年版，第 187 页。

新闻队伍职业道德建设，禁止“有偿新闻”的通知》。要求新闻单位和新闻工作者坚持为人民服务、为社会主义服务的方针，廉洁自律，不得以任何名义索要财物或有价证券，新闻与广告严格分开，新闻报道与经营活动严格分开，新闻单位要开展职业道德和法律教育并接受社会监督。各新闻单位纷纷开展禁止“有偿”新闻的教育活动。

在1997—2000年间，中宣部、新闻出版署等又连续四次召开电视电话会议，强调禁止有偿新闻，要求“新闻工作者不得以任何名义向采访报道对象借用、试用车辆、住房、家用电器、通讯工具等物品。新闻工作者参加新闻发布会和企业开业、产品上市以及其他庆典活动，不得索取和接受各种形式的礼金。新闻单位在职记者、编辑不得在其他企事业单位兼职以获取报酬；未经本单位领导批准，不得受聘担任其他新闻单位的兼职记者、特约记者或特约撰稿人。新闻工作者个人不得擅自组团进行采访报道活动。新闻工作者在采访活动中不得提出工作以外个人生活方面的特殊要求，严禁讲排场、比阔气、挥霍公款。新闻工作者不得利用职务之便要求他人为自己办私事”① 等，并再次强调对违反规定者将给予教育、批评、党纪政纪处分甚至开除、司法处理。

新闻界普遍认为，为维护新闻工作者的良好形象，新闻工作者有必要在政治、法律、道德、竞争规则等各个方面自我约束自我限制，同时也提倡新闻教育中把新闻伦理课程放在首位。新闻道德建设是一项长期的课题，必须常抓不懈。媒介应该高度自律并逐步建立行业内部的价值标准和践行机制，以维护新闻工作的尊严和信誉。

（五）新闻教育观的嬗变

新闻体制变革和传播技术的革新，也为新闻教育提出了许多新的课题，如何培养能适应21世纪新闻媒体竞争和新闻实践发展的

① 《关于禁止有偿新闻的若干规定》，转引自《中国新闻年鉴（1998）》，中国新闻年鉴杂志社1999年版，第10页。

新闻人才，新闻教育是重中之重。

针对中国新闻教育难以适应新闻实践的现实困境，学界提出了“大新闻教育观”。所谓“‘大新闻教育’，或者说，广义的新闻教育，是指以培养新闻从业人员为基本任务的新闻知识与技能的传授活动”。新闻教育包括系统新闻教育和非系统新闻教育。系统新闻教育包括院校新闻教育和在职新闻教育，院校新闻教育可分为新闻专业教育和非新闻专业教育，新闻工作者应该树立终身教育的思想。大新闻教育是一种系统的教育观，必须在教育思想上有六个层面的观念更新：复合教育观念、基础教育观念、一体教育观念、职业教育观念、有偿教育观念、终身教育观念。“上述六方面观念，大体上分为三个层次，第一、二两个观念，对应于新闻教育单位；第三、四两个观念，对应于新闻实际工作单位；第五、六两个观念，则对应于个人。”① 也就是说，新闻教育需要依靠全社会的力量共同努力。

也有学者提出了新闻教育应该人文与科技并重的思想，实行人文学科与自然学科大跨度交叉，既要学习文学、历史、艺术、社会、哲学、法学等综合性、人文性课程，也要应用多媒体技术辅助教学，导入电脑、电信等学科，培养“以人文、社科为基础，实行人文、社科与电讯、信息等工科的远程交叉，使传播文化与传播科技紧密结盟，培养既有扎实的人文、社科功底，又能掌握现代传播工具的现代化新闻与信息传播人才”②。在2000年清华大学举办的“下一代媒体与下一代新闻教育”研讨会上，与会人员一致认为要教会学生适应新媒体交互性、融合性等特点，培养学生多媒体采编的意识和能力，新闻教育课程与信息技术的结合是适应新闻实践发展的需要，也是新闻教育迈向现代化的必由之路。

通才与专才的争议贯穿了中国新闻教育的各个阶段。在市场经

① 裘正义：《大新闻教育：教育适应实践的难点与突破》，载《新闻大学》1998年第1期。

② 孙发友、吴廷俊：《第四媒体的崛起与中国新闻教育改革之十四》，载《当代传播》2000年第1期。

济条件下，通才教育得到了更多的认同。有学者提出新闻教育要注重综合性、人文性和学术性，“所谓新闻教育要实现综合性，就是实现新闻学和传播学与其他学科的科际整合。新闻教育要想融入高等教育的生命里，必须实现其综合性”①。新闻教育应该拓宽学生多学科的知识功底，复旦大学、武汉大学等院校普遍提倡通才教育，要求学生通晓文、史、哲、政、经、社各学科宽厚的基础知识，以此为基础再掌握专业领域的知识，是较为理想的新闻人才。也有学者主张，应该致力于将传统的新闻教育与财经、体育、科技、法律、国际等专业领域结合交叉办学，以培养适应新闻媒体对专业领域高级新闻人才的需要，让学生学有所长、方向明确，适应新闻工作分工的需求。将通才与专才互补，是适应21世纪新闻教育的重要方向。

随着大学生就业形势的日益严峻，新闻教育市场观也成为重要话题。新闻教育要在市场中找准自己的位置，必须提倡特色新闻教育，实现新闻教育理论与实践的结合，培养适应社会需要的新闻人才。在1997年6月南昌大学举行的全国新闻教育三会上，许多代表提出发展新闻教育除依靠学校自身的努力外，必须充分发挥社会，尤其是新闻界对新闻教育的支持、帮助和指导作用，在学术交流、人才培养、师资建设、设备更新等方面进行合作办学，将产学研结合，增强新闻教育机构与新闻传媒之间的互动，双方合作培养新闻单位急缺的对口人才，增强新闻院系与社会联系的广度与深度。新闻教育机构要根据人才市场需求改革知识结构、教学方法、师资队伍。同时与实践机构沟通合作，改变过去学院式、封闭式的培养模式，共同培养适应市场需求的新闻人才。

（六）记者素质论的深化

新闻事业能不能办好，关键在建设一支高素质的新闻队伍。市场经济和新闻体制改革的特殊环境对新闻工作者的素质提出了新的要求。

---

① 单波：《反思新闻教育》，载《新闻与传播研究》1998年第4期。

1996年1月2日，江泽民在接见解放军报社师以上干部时，提出要建立一支“政治强、业务精、纪律严、作风正的新闻队伍”。为适应新时期新闻舆论建设的需要，要高标准地建设好新闻队伍。“首先要加强学习，学政治、学军事、学文化、学新闻业务，不断提高自身的素质。尤其是学习高科技知识；再就是要讲究职业道德，树立新闻工作者的良好形象；还有一点特别重要，就是要严格按照党中央、中央军委的要求办报。”① 1996年9月26日，江泽民在视察人民日报社时又提出了“五个根底”、“六种作风”。“五个根底”是指新闻工作者要打好“理论根底、政策法律纪律根底、群众观点功底、知识根底、新闻业务根底”②。“六种作风”即：“一是敬业的作风，热爱党的新闻事业，献身党的新闻事业。二是实事求是的作风，报实情、讲真话。三是艰苦奋斗的作风，不怕苦、不怕累，有时还要不怕危险、不怕牺牲。四是清正廉洁的作风，自觉抵制拜金主义、享乐主义、个人主义思想的侵蚀，恪守职业道德，坚决反对搞有偿新闻。五是严谨细致的作风，一丝不苟，精益求精，严防差错。六是勇于创新的作风，新闻事业是常干常新的事业，是有着广阔的驰骋空间的事业，在坚持党的新闻工作的基本方针和原则的前提下，新闻工作者应当不断开拓新的报道领域，不断探索新的报道形式，不断采用新的报道手法，不断写出富有新意的优秀作品。”③ 这些根底和作风，对于新时期新闻事业的发展和建设高素质的新闻队伍具有重大意义。

学界和业界普遍认为，新闻工作者的素质与修养，首要的是讲政治，要保持坚定的政治方向、政治立场，在政治问题上要有清醒的头脑；其次是要加强科学文化修养，拓宽知识领域，改进知识结构，既要及时更新专业知识，也要有所在领域的专门知识，还要学

---

① 《在接见解放军报社师以上干部时的讲话》，转引自《中国新闻年鉴（1997）》，中国新闻年鉴杂志社1997年版，第2页。

② 《江泽民同志视察人民日报社时的讲话》，转引自《中国新闻年鉴（1997）》，中国新闻年鉴杂志社1997年版，第4~5页。

③ 《江泽民同志视察人民日报社时的讲话》，转引自《中国新闻年鉴（1997）》，中国新闻年鉴杂志社1997年版，第5页。

习现代科技知识、法律知识、市场经济知识和其他方面的知识，紧跟时代要求及时充电，做学识渊博的新闻工作者；再次是加强职业道德修养，以新闻职业道德规范为准则，切实履行全心全意为人民服务的宗旨，坚决抵制有偿新闻、以权谋私等不正之风；再次是努力提高业务素质，坚持客观、公正、真实、全面的报道观，不断改进业务水平；再次是要提高法律修养，遵守国家各项法律法规和宣传纪律；最后是要深入实际密切联系群众等。

1992—2000年，是中国新闻事业的体制转型期。在体制改革中新闻媒体逐步适应两种属性、两种角色，从而实现了观念领域的众多变革。此间新闻观念领域的主要特点是：首先具有鲜明的市场意识，市场观念渗透到新闻事业发展的各个领域，从新闻事业性质观到受众观，从经营管理理念到新闻教育观，新闻传播活动的各个层面都根据市场观念进行了调整和变革；其次是新闻观念的开放性和多元化，计划经济体制下，新闻观念较为封闭和保守，呈现较明显的统一性，而市场经济条件下，新闻观念本身呈现出一种多元化、创造性和更新较快的状态，新闻界在市场化之路中不断解放思想，并以包容、开放的心态吸纳国内外新鲜的新闻思潮为我所用；最后是新闻媒体及其从业者主体意识的增强，随着国家政策的开放，新闻媒体拥有更多主动权，其充分发挥主观能动性，按照现代企业制度进行运作，既尊重新闻规律也尊重市场规律，在体制转型期实现了平稳发展。

五、全球化背景下的新闻传播观念（2001年以来）

中国加入WTO以后，加速的全球化进程和市场经济大潮，互联网及新媒体的迅猛发展，使中国传媒不得不面对全球媒介产业和新兴传播技术的冲击，面临着空前激烈的竞争格局。全球化和传媒科技的发展对中国媒介的发展既是挑战也是机遇。一方面，中国媒介开始融入信息全球化大潮，在与国内外媒体竞争和合作中逐步实现媒介资源的合理化配置，学习和借鉴西方发达国家的内容制作与经营管理经验，吸纳新兴技术的传播优势，逐渐增强中国传媒的核心竞争力；另一方面，中国传媒的体制改革刚刚起步，在内容生产、管理、新兴技术吸收和转化能力等方面与西方相比实力有差距，在意识形态领域，文化、价值体系存在差异，缺乏国际化运作的经验，这些影响同样反映在新闻传播观念层面。

（一）媒体融合观的出现

20世纪末期以来，在信息传播领域出现了很多建立在数字技术基础上的新型媒体，以数字化、互动性、个性化、分众性、及时性等特点迅速进入人们的视野，融入了人们的生活。2006年，国务院将大力发展新媒体列入国家“十一五”发展规划，新媒体在政策和市场潜力上拥有广阔的发展前景，对传统媒体的生存与发展带来了严峻的挑战。面对新媒体的冲击，传统媒体开始寻找突围之道，或者运用数字技术和新媒体平台，开发手机报、报纸网络版、电子数据库、电子报刊、IPTV等；或者开发深度信息和适合不同载体不同受众需求的个性内容，形式上创新新闻表达方式、版面设计；体制创新，组建报业联盟、广电联盟，创新体制、观念、经营管理模式；或者实行媒介融合，运用多种介质传播内容，新老媒体合作共赢。在这种背景下，出现了媒介融合的概念。

孟建等人认为，“‘媒介融合’（Media Convergence）这一概念最早由美国马萨诸塞州理工大学的I. 浦尔教授提出，其本意是指各种媒介呈现出多功能一体化的趋势”。① 2005年蔡雯在《新闻传播的变化融合了什么——从美国新闻传播的变化谈起》一文中较早提到“媒介融合”，她通过走访美国新闻媒体及新闻学院，提出“媒介融合，除了媒介经营模式的变化，最大的改变是新闻传播业务流程的设计及其管理”，② 并在此文中较早提出“融合新闻”的

① 孟建、赵云柯：《媒介融合：黏聚并造就新型的媒介化社会》，载《国际新闻界》2006年第7期。

② 蔡雯：《新闻传播的变化融合了什么——从美国新闻传播的变化谈起》，载《中国记者》2005年第9期。

概念，其后通过对世界多国媒介管理现状的比较与思考，她还认为“规制变革是媒介融合发展的必要前提”。

“媒介融合”概念引起新闻界的广泛关注。2006年6月中国人民大学新闻学院邀请美国密苏里大学新闻学院副院长布莱恩·布鲁克斯和章于炎博士做了一个关于媒介融合的讲座，他们介绍“媒介融合是一个新闻学上的假设，也称做媒体融合。媒体融合的核心思想就是随着媒体技术的发展和一些藩篱的打破，电视、网络、移动技术的不断进步，各类新闻媒体将融合在一起”①。高钢、陈绚撰文进一步指出，尽管“媒介融合”理论还没有成型，“但这并不妨碍我们在媒介融合这块人们以假说划出的试验田里耕耘，也不妨碍我们为新闻传播院系的学生拉出一个学习的菜单，将所有最新技术带来的传播变革囊括在其中，为他们进入社会储备好知识和技能”②。

新闻界对于媒介融合的本质及其带来的社会影响进行了较为深入的探讨。从媒介融合本体论的角度，高钢提出：“今天我们感受到的媒体融合，是现代信息技术推进的信息传播的技术手段、功能结构和形态模式的界限改变及能量交换。”③ 媒介融合是打破媒介技术壁垒，将多种不同性质的媒体在技术、内容、结构、功能、形态甚至传播方式上融合，在跨媒介介质平台上共同运作以满足受众个性化信息需求，实现资源的优化配置的一种动态过程。

从新闻业务的角度，蔡雯提出的“融合新闻”有较大影响，她认为媒介融合将促使新闻工作者采用多媒体手段进行新闻传播活动，新闻传播活动将发生变革，如新闻信源结构与新闻传播主体的变化、媒介组织结构与工作流程的变化、新闻载体性能与新闻传播方式的变化等，她提出“融合新闻”发展策略，“一方面内容重整

① 高钢、陈绚：《关于媒介融合的几点思索》，载《国际新闻界》2006年第9期。

② 高钢、陈绚：《关于媒介融合的几点思索》，载《国际新闻界》2006年第9期。

③ 高钢：《媒体融合：追求信息传播理想境界的过程》，载《国际新闻界》2007年第3期。

与组织重构是传统媒介数字化转型的核心策略；另一方面整体策划与内容共创使‘融合新闻’引领新闻报道创新”①。媒介融合改变了传统媒体的成长生态，对新闻资源开发、新闻采编形态都提出了新的要求。

从新闻教育的角度，高钢提出媒介融合趋势下新闻教育要进行四大基础元素的构建，即“建设具有自完善、自调整、可融合特性的学科架构，建设拥有跨学科知识、跨文化思维、跨媒体技能的师资队伍，建设宽口径、厚基础、跨媒体、精专业的课程体系，建设多功能、跨媒体、可扩展的教学平台”,② 并主张促进“数字新闻传播”等新的专业方向的建设。

从媒介融合产生的社会影响角度，孟建、赵云柯提出“媒介融合将会黏聚并造就新型的媒介化社会”，认为“‘媒介融合’形成媒介裂变重组的重大契机，‘媒介融合’引发媒介生产方式的巨大革命，‘媒介融合’助推媒介化社会的迅猛发展，‘媒介融合’昭示媒介化社会发展的未来之路”③。

总之，媒介融合概念的提出引起了新闻界对新闻业务、新闻体制改革、政府管理、新闻教育等多方面的重新思考。

（二）跨文化传播的全球视野

由于全球化进程不断加深，国内外新闻媒体的交流日益频繁，以国家为主体的对外传播、跨文化传播迅猛发展，中国加入WTO后跨文化传播问题备受关注。

1. 对跨文化传播观的新思考

跨文化传播是一种伴随着人类社会发展的独特文化现象，是在不同文化体系中的个人、组织、国家之间进行的信息传播和文化交

---

① 蔡雯：《媒介融合趋势下如何实现内容重整与报道创新——再论“融合新闻”及其实施策略》，载《新闻战线》2007年第8期。

② 高钢：《媒介融合趋势下新闻教育四大基础元素的构建》，载《国际新闻界》2007年第7期。

③ 孟建、赵云柯：《媒介融合：黏聚并造就新型的媒介化社会》，载《国际新闻界》2006年第7期。

流活动。全球化语境下人们对跨文化传播现象有了新的思考。2001年年初陈卫星在《跨文化传播的全球化背景》一文中提出："全球化时代的跨文化传播模式要受到文化亲和力、时空接近性、国际贸易和国际关系的强烈影响。"① 他认为，在传播全球化的冲击下，文化差异带来不平衡、不平等的文化流通，也促成不同文化向"同质化"变迁。"然而，在这个意义上文化差异的缩小与模糊并不有益于世界文化的丰富，而唯有文化多元化与多样化发展的生机，才有人类绵延不绝的历史。"② 跨文化传播的出发点是要尊重文化的多样性与个性。

不少学者认为文化的冲突与碰撞是信息交流中的正常现象，2004年童兵撰文主张应该摒弃那种把跨文化传播简单地看作"文化侵略"的看法，要从一听到"跨文化传播"就视之为"和平演变"的认识误区中解脱出来。他认为"跨文化传播实际上是一柄双刃剑，出自不同文化体系的异类文化进入，固然难免有不服本土文化的'水土'，甚至会同本土文化产生碰撞冲击，但对它可能产生的积极作用和正面影响，应有足够重视和实事求是的评价"，③ 摒弃泛政治化倾向的关键是文化输入国应该对异类文化有较强的消化能力，取其长避其短。还有学者提出"文化帝国主义"正在悄然被"跨文化传播"代替，跨文化传播学应突出研究如何使跨文化传播活动真正达到多元文化的平等对话、和睦共存的合理化境界。

2005年单波等人在《跨文化传播的文化伦理》中提倡跨文化传播的伦理合法性，他们认为："在政治、经济、传播技术、文化心理等多重因素的影响下，现实的跨文化传播在总体上表现出明显的工具性与功利性；跨文化传播的伦理合法性应是合于人的文化创

① 陈卫星：《跨文化传播的全球化背景》，载《国际新闻界》2001年第2期。

② 陈卫星：《跨文化传播的全球化背景》，载《国际新闻界》2001年第2期。

③ 童兵：《试析跨文化传播中的认识误区》，载《新闻大学》2004年第3期。

造自由与文化选择自由，合于文化生态的多样性平衡和文化意义的共同分享，合于人的文化传播无限可循环性的要求，合于文化创造所内含的超越文化限制的精神。”① 多数学者逐步认识到，要宽容和接纳他种文化，他种文化也有可能成为一种文化资源，但前提是保持本民族主流文化的文化自觉和民族特点，既要防止狭隘的民族主义，又要防止全盘西化，在此基础上多元文化共存的传播观逐渐成为主流。

2. 对中华文化传播的理性审视

面对国际传播领域不平等、不均衡的信息传播格局，如何展现中华文化的魅力，减少中国在跨文化传播方面的文化逆差？2004年赵振宇提出：“要将中国的优秀文化融入世界大家庭之中，必须遵循一个基本原则，这就是‘和而不同’。”② 要以“和而不同”的理念为准则，实现“一个世界，多种文化”的互通互利、相得益彰的文化交往。车英等人提出“冲突与融合是全球化语境下跨文化传播的主旋律”的观点，认为面临文化挑战，“最科学的态度是建立一种中国特色社会主义文化与外来文化的互动关系，同时又要革除‘民族中心主义’与‘文化孤立主义’，将文化全球化当做复兴中华文化的一种机遇，以寻求更大发展，在世界文化交流和竞争中把中国建设成为文化强国”③。中华文化的民族特色是创建文化品牌的关键，异类文化的差异容易引起误读和冲突，和谐的跨文化传播应该在传播双方文化共性和个性中找到平衡点。这个平衡点可以是人类的普世价值观，要注重“类文化”的培育。

一些学者提出要防止文化误读和刻板印象等跨文化传播的障碍，如杨保军提出创建“亲近性文本”的策略，他认为，“能否实现有效的跨文化传播，关键的一环就是要看传播者一方能否创制出

① 单波、王金礼：《跨文化传播的文化伦理》，载《新闻与传播研究》2005年第1期。

② 赵振宇：《和而不同：全球化时代的中西方文化传播》，载《现代传播》2004年第2期。

③ 车英，欧阳云玲：《冲突与融合是全球化语境下跨文化传播的主旋律》，载《武汉大学学报（哲学社会科学版）》2004年第4期。

能够进行有效传播和交流的精神文本，即能否创制出易于和利于受传者一方理解接受的精神文本”①。同时也要找到中华文化与传播地文化之间的结合点，既保留民族特色又要适时适地有所改变，在文化传播中把握主动权，同时要擅长吸收外来文化的精华，提倡多元文化共存互补。中华文化的传播需要中国官方、新闻界、国际组织、学术团体、文化人士和普通老百姓的共同努力，充分利用重大活动（如奥运会）和重大事件，展现中华文化的魅力，通过跨文化交流重塑和平崛起的负责任的世界大国形象。

（三）传媒权利与公民权利的博弈

随着法治建设的进步，新闻传媒的言论出版自由成为社会共识，公民法治意识也日益增强，新闻法治观呈现出一个新的特点，即传媒权利与公民权利的博弈。新闻媒体如何保障公民的表达权、知情权、隐匿权、媒体接近权，新闻媒体如何处理隐性采访与公民隐私权的冲突，以及如何看待媒介审判与司法公正的关系等，成为社会普遍关注的问题。

1. 关于信息公开与公民知情权问题

在信息全球化背景下，公民的知情权意识日益提高。2003年非典疫情使新闻媒体在保障公民知情权中承担的责任等话题的讨论更加热烈。多数人认为，在现实操作中，公民的知情权由媒体来执行，新闻媒体存在的目的和价值就是满足人民群众的知情权。喻国明撰文指出保障人民的知情权是建构国家信息安全体制的根本原则，“尊重与保障人民群众的知情权的基本含义，就是要使新闻媒介肩负起‘社会守望者’的社会职责。遇有与人民群众息息相关或具有普遍兴趣的重大事件、突发事件，即使是所谓‘负面’事件，也应该在第一时间让人民群众及时地‘知情’、客观地‘知

① 杨保军：《创制亲近性文本：跨文化有效传播的重要基础》，载《国际新闻界》2001年第6期。

情’和充分地‘知情’”。① 陈力丹建议“尊重人民的知情权，不应视为一种被动的态势，而是要在开放的社会环境中培养公众的判断力。通过公开信息，引起公众的高度警觉和积极配合”②。陈绚主张以新闻发布制度保障第一时间信息的公开性，并做好以下几方面的工作：“一是主动提高政府信息公开化程度；二是实现新闻发布制度的‘新闻性’，接受新闻规律的约束；三是坚决抛弃某些地方把这种制度变形为‘挡箭牌’、‘缓冲带’等不规范、不合法理的行为。”③ 有人提出新闻媒体还应该减少信息垃圾，在有限的新闻资源中尽力提供受众必需的有质量的新闻信息。还有人从法理的角度指出知情权本质上是公民的权利，应通过多种途径实现公众的知情权，而不只是将媒介组织作为实现这个权利的唯一机构。

2. 关于媒体报道权与隐私权的博弈

随着报道环境的宽松，媒体报道权与隐私权、公众知情权与隐私权之间的冲突越来越明显，这种冲突本质上是法律意义上的公权利与私权利之间的冲突。媒体报道权来自于满足公众知情权和传媒自身经济利益等多重需要，知情权是针对隐私权限制新闻媒体言论自由的一种反制约。学界普遍认为新闻工作者要增强法律意识，学法、守法，了解隐私权的内涵，不能滥用新闻报道的权利。首先是对于新闻采访权问题，要将一般采访权和新闻采访权分开，新闻采访权应归属于特殊的社会权利，既要保护采访权，也要用法律对新闻采访权进行限制，以保障社会公众的知晓权；其次是隐性采访，学者们普遍认为暗访和偷拍不是专职新闻采访的主流方式，只适用于公共利益、公共场合、公共人物、公共事务，现在被广泛使用是新闻业的悲哀，不能培养观众窥探私密的收视心理和兴趣，在运用隐性采访时记者应该是事件的观察者、记录者而非事件的制造者和

---

① 喻国明：《保障人民的知情权是建构国家信息安全体制的根本原则——从“非典型性肺炎”风波所想到的》，载《新闻实践》2003 年第 6 期。

② 陈力丹：《人民的知情权与社会稳定——由非典疫情的信息披露说开去》，载《新闻实践》2003 年第 7 期。

③ 陈绚：《在公民知情权与信息公开中寻找平衡——兼议新闻发布制度的建立》，载《国际新闻界》2004 年第 3 期。

当事人。当隐私权与知情权发生冲突时，隐私权应服从于公众知情权，法律应倾向于公众知情权，同时，行使个人知情权须在适当范围内给予必要的限制。

3. 关于隐匿权、新闻职业伦理与司法公正

隐匿权是新闻媒体工作者为消息来源保密的权利，这种权利本质上是为了保护消息来源者避免受到社会压力甚至生命危险。尽管中国大陆目前缺乏隐匿权相关的职业规范，但全球化背景下，隐匿权问题引起了学界的重视。在现实操作中，隐匿权是把双刃剑，一方面保护消息来源者不受意外打击，另一方面却有可能造成新闻失实，妨碍司法公正。新闻工作者要慎重承诺隐匿权，但陈力丹等人分析指出："尽管各国法律对于是否承认隐匿权存在分歧，但世界上绝大多数国家的新闻界认为，消息来源属于新闻记者的职业秘密，在必要情况下应该为消息来源保密，这是新闻机构的生命，是维护新闻自由不可缺少的职业规范。"① 隐匿权引起新闻职业伦理与司法权利之间的博弈，对新闻媒体的业务运作产生了一定的影响。

4. 关于传媒自律与公民监督

针对日益严重的虚假新闻、低俗化、记者越权、网络失序等现象，学界、政界强烈呼吁媒体自律。陈力丹认为中国传媒自律要做好两个方面的工作："（1）将记者的政治'权力'意识转变为职业'权利'意识。这是一种制度性的转变过程，需要时间。（2）立足于同行控制，职业角色通过职业理念的内化而形成。"②即通过教育和学习促进职业道德建设内化，新闻工作者要增强社会责任感，树立正确的荣辱观和崇高的职业理想。丁柏铨则主张新闻传媒要承担起推动和维护社会公平正义的责任，警惕因过度追逐商业利益、认识偏差、责任缺失而导致的不利于社会公平正义的后果。还有学者呼吁要逐步建立和完善公民监督体系，强化他律，通过新闻立法、

① 陈力丹，费杨生：《隐匿权·新闻真实·审判公正——从水门事件的"深喉"说开去》，载《当代传播》2005年第6期。

② 陈力丹：《表达自由与传媒自律》，载《新闻界》2005年第5期。

媒体内部配置自律监督机制、社会监督举报机制等方式，将自律和他律相结合，最终提升新闻工作者的伦理观，将新闻媒体及从业者的行为纳入全社会共同监督的轨道，成为和谐社会建设的积极因素。

公民权利与传媒权利之间的冲突是传媒面临的新课题。在信息化社会，新闻作为社会公众与政府之间的桥梁与纽带作用越来越突出，媒体的传播权本质上是公民民主权利的延伸，公民把言论出版自由权委托给大众媒介，新闻媒体必须履行契约。契约的实现一方面有赖于传媒实行自律，媒体的经营与采访报道都必须以尊重和保护公民基本权利为前提；另一方面新闻传媒要给予公众了解、接近、参与传播过程，表达意见和愿望的机会。

（四）新闻人才观的新发展

新闻人才的培养要考虑特定时代对人才的特殊需求。全球化进程的加快、传媒科技的飞速发展、传媒竞争的日趋激烈，使得传统的新闻人才观发生转变。

首先是新闻人才定位的转变。在2006年召开的“21世纪新闻媒体·新闻教育发展”国际研讨会上，李良荣等人认为要改变传统的新闻人才定位。新闻人才不等于记者、编辑。随着市场经济的发展，与新闻传播相关行业的人才需求不断增长，如各类市场调研人才、策划人才、广告公关人才、传媒经营管理人才、政府企事业单位的宣传人才等等。这些需求促使新闻院系调整传统的培养思路，拓宽培养口径，提高学生的创新能力、思维能力、社会调查能力和操作能力，培养“适销对路”、可塑性强的新闻人才。

其次是培养方向的转变。传媒技术的发展和新媒体的出现，使培养具有媒介融合技能的人才成为新的方向。这种人才能够承担报纸、广播、电视、网络等多种媒体新闻生产的需求，擅长在文字、视频、音频、图片信息之间进行转化，掌握多种制作、编辑和传输方式，擅长在新老媒体间进行整合。如高钢主张通过“‘数字新闻传播’等新的专业方向的建设，进一步探索数字新闻传播技术条件下的课程体系的建造”①。要打破传统专业之间的壁垒，让学生掌握跨媒体工作的技能。另外，培养复合型跨学科人才也逐步成为社会共识，要通过培养拥有法学、经济、政治、体育等交叉学科背景知识的新闻人才以适应市场细分需求。

再次是对职业精神和职业道德的强烈呼唤。新闻人才的培养关系到新闻事业的前途和命运。在市场经济条件下，提高新闻人才的新闻专业精神、人文情怀、社会责任感和职业道德是重中之重。如果缺失新闻专业理念，新闻教育也就缺失灵魂。新闻专业理念是从业者的伦理方向盘，规范着他们的新闻实践。因此要将职业精神、专业理念贯穿到整个新闻人才培养过程中。

（五）当代西方新闻传播思潮的影响

1. 公共新闻学

关于公共新闻学，2004年年初蔡雯发表的《“公共新闻”：发展中的理论与探索中的实践——探析美国“公共新闻”及其研究》一文引起中国新闻界对公共新闻学的广泛关注。她认为公共新闻学是1990年前后纽约大学新闻学系的Jay Rosen教授最早提出的，其核心观点是“新闻记者不应该仅仅是报道新闻，新闻记者的工作还应该包含这样的一些内容：致力于提高社会公众在获得新闻信息的基础上的行动能力，关注公众之间对话和交流的质量，帮助人们积极地寻求解决问题的途径，告诉社会公众如何去应对社会问题，而不仅仅是让他们去阅读或观看这些问题”。② 2005年年初，她又撰文对美国公共新闻的历史与现状进行考察，认为“公共新闻”出现新动向即与“参与式新闻”（Participatory Journalism）融合，通过网络等技术手段，“公共新闻可以从上个世纪由媒体发动公众讨论，寻求公共问题的解决方案的模式，进入到社会公众可以不依

① 高钢：《媒介融合趋势下新闻教育四大基础元素的构建》，载《国际新闻界》2007年第7期。

② 蔡雯：《“公共新闻”：发展中的理论与探索中的实践——探析美国“公共新闻”及其研究》，载《国际新闻界》2004年第1期。

赖传统媒体，自主发表观点、形成舆论甚至组织、进而影响媒体、影响公共事务决策的新的阶段”。① 通过回顾历史，她还认为近两年美国“公共新闻”的发展已经有点偏离它最初的方向，20 世纪末的“公共新闻”运动，实际上是以新闻媒体和职业记者为主导的，“而‘公共新闻’走向‘公共参与式新闻’，实际上已经在质疑新闻媒介的权威地位和主导作用。其性质已经转向另一个层面，一个目前还不是很明朗、很确定的层面，其最终结果还有待观察”②。

尽管如此，“公共新闻”相关概念的引入对中国新闻传播观念还是产生了一些影响。首先，“公共新闻”观念推动了业界“公共新闻”的试验，促进中国新闻的制作理念从民生新闻的双向互动走向多向互动的新闻制作观。在国内以《1860 新闻眼》为代表的电视节目纷纷打出了“公共新闻”的旗号，让公众围绕着公共事务自主组织和参与新闻制作，以期影响公共事务与政府决策。其次，“公共新闻”观念使业界出现“公众本位”的观点。公众是公共新闻的组织者和直接参与者，是社会民主建设的主体，他们有权利通过新闻媒介对共同关心的公共事务进行讨论，传者与受众界限日益模糊。再次，“公共新闻”观念促使了业界对媒体角色的重新审视。除了单纯的新闻信息的组织者外，媒体还应该是“公共事务组织者”，负责新闻信息的发布诠释、公共论坛的舆论引导，担当社会事务公关者等。最后，“公共新闻”观念还促使新闻界对新闻制作观念的新思考，有学者提出应该由新闻媒介主动议程设置的信息，到公众共同关心策划参与的公共话题为主。

公共新闻学在中国的传播还只是起步，但对于进一步发挥新闻媒体的沟通和引导作用有重要的现实意义。“我们也必须看到，中国的特殊国情和文化传统决定了我们的新闻传播体制，决定了当代

① 蔡雯：《美国“公共新闻”的历史与现状（下）——对美国“公共新闻”的实地观察与分析》，载《国际新闻界》2005 年第 2 期。

② 蔡雯：《美国“公共新闻”的历史与现状（下）——对美国“公共新闻”的实地观察与分析》，载《国际新闻界》2005 年第 2 期。

中国新闻媒体的历史使命。我们要建立和发展的‘公共新闻’必须是适合本国国情的、有利于国家发展的‘公共新闻’，而不是对西方媒体的照搬或盲目仿效。”①

2. 客观主义

客观主义原则产生于美国，客观主义传入中国后，由于中西文化语境的不同，学者们对客观主义有着不同的理解。李良荣认为：“客观主义理论包含着两个层面的内容：一是指客观性原则，指新闻从业人员的职业道德和工作态度。二是指客观性报道，作为新闻报道的一个基本方法。这两层含义既有区别又有联系。”② 他认为客观主义曾被许多新闻工作者奉为新闻职业的最高道德观念，可以提升新闻工作者的职业道德修养，但该理论也有其自身缺陷。童兵认为：“客观主义又称‘自然主义’，即‘纯客观’。它的特征是不分主次、不分本质和现象，把一大堆各不相关的现实例子加以罗列。”③ 他认为在中国，多数人赞成客观性、客观报道，但反对客观主义，反对有闻必录口号。

“新闻客观性”作为新闻理论中极其重要而又基础的命题之一，多少年来为国内外新闻学者所瞩目，“然而直到今天，我们对新闻客观性的理解，却始终未见得有多么深刻，我们常常囿于非此即彼的一元论思维定势，所讨论的核心问题也逡巡在‘新闻是否客观’、‘新闻能否客观’等狭窄的命题之中”④。陈力丹指出：“我们以往探讨新闻客观性的时候，往往容易陷入一个误区，即在新闻客观性的理念与形式之间各执一端。然而实践的结果却显示，无论执哪一端，虽然从一方面看都有些道理，但毕竟失于片面。譬如，客观性的形式很有可能为有意操纵新闻的人们，尤其是那些有

① 蔡雯：《美国“公共新闻”的历史与现状（下）——对美国“公共新闻”的实地观察与分析》，载《国际新闻界》2005年第2期。

② 李良荣：《西方新闻事业概论》，复旦大学出版社1997年版，第42页。

③ 童兵：《中西新闻比较论纲》，新华出版社1999年版，第327页。

④ 陈力丹、王亦高：《深刻理解“新闻客观性”——读〈维系民主？西方政治与新闻客观性〉一书》，载《新闻大学》2006年第1期。

权势的新闻来源者提供操纵通途，使记者们无法公开揭露这种操纵，反而致使真实性原则被肆意践踏。”① 还有学者认为客观性报道是新闻工作者的保护伞之一，可以使记者确立事实的真假值，从而免于司法纠纷与编辑责难，还可以使自身不必为报道中暗含的价值观或后果负责任。正如童兵所说：“新闻观念的形成常常以政治文化与新闻文化为背景。”源自西方的客观主义我们还需在深入研究和实践中不断丰富和改进其内涵，在发展中完善新闻客观性的职业理想，以赢得公众对新闻职业的尊重和信任，保持媒体的公信力和权威性。

3. 新新闻主义

新新闻主义崛起于 20 世纪 60 年代的美国，然而 70 年代就匆忙退场。李良荣概括其特点为：“（1）新新闻主义与传统新闻最主要的区别之一就是记者和他的报道对象——人物或事件之间的关系发生了质的变化。（2）新新闻主义报道大量采用小说技法，其形式和风格大多从小说演变而来。”② 对于转瞬即逝的新新闻主义，李良荣评价其在新闻史上的影响为：“既是对传统新闻的反叛，也是对新闻事业的开拓与发展，因此可以说是一种积极的反动。”③

新新闻主义理念对中国新闻业务改革产生了一些积极的作用。首先，业界对新新闻主义理念的借鉴改变了中国传统新闻文体一成不变的局面。近几年流行于报刊上的新闻特写、散文式新闻、新闻故事、报告文学等都可以看见新新闻主义写作手法的影响。其次，它丰富了新闻报道的表现形式、表达技巧，注重故事化的叙事结构、细节、被采访者心理、情感表情、姿势、环境的深入挖掘，写作手法灵活多样，增强了新闻的可读性。再次，新新闻主义理念本身强调记者的主动性、创造力和想象力，尊重记者主体性和个人风

---

① 陈力丹、王亦高：《深刻理解“新闻客观性”——读〈维系民主？西方政治与新闻客观性〉一书》，载《新闻大学》2006 年第 1 期。

② 李良荣：《西方新闻事业概论》，复旦大学出版社 1997 年版，第 70～71 页。

③ 李良荣：《西方新闻事业概论》，复旦大学出版社 1997 年版，第 79 页。

格的发挥。

新新闻主义也有其内在缺陷，程道才认为："它为了追求写作技巧，较多地渗入主观因素，甚至采取合成人物的方法，这就违背了新闻真实性原则。其次，新新闻主义的表现方法只能对特写、深度报道等文体或报道方式有效，而不适用于新闻（消息）写作。再次，新新闻主义作品由于在采访和写作中花费时间较多，难以保证新闻时效，不能迅速即时地传递新闻信息。"① 因此对它的借鉴也是相对的。

总之，2001年以来，中国新闻传播业纳入全球信息文化产业体系，发生了重要转折。这一阶段新闻传播观念演化的主要特点，首先表现出强烈的多元观念冲突、抗争、融合的状态，新老媒体技术的抗争与融合、中西文化的冲突与和谐共存、传媒权利与公民权利的博弈、西方新闻思潮的吸纳与批判，最终新闻传播各个领域实现多元观念并存、和谐发展的局面。其次是中国新闻传播观开始具备全球视野，长期以来，中国新闻传媒受到体制和强意识形态属性的约束，视野较为封闭、狭隘，加入WTO后在与国外传媒的竞争与合作中，中国新闻传播观念开始突破地域和国界的束缚，对西方传媒产业内容生产、经营管理、技术革新等先进经验和观念大胆吸收与借鉴，尊重多样性的同时开始重视本土特色，逐步融入全球传媒发展的大潮。

六、结　　论

（一）新闻传播观念演进的特点

纵观中国自改革开放以来30余年新闻传播观念的发展历程，不难发现其演变的特点：

首先是从地区视野走向全球视野。改革开放以前，中国新闻传

① 程道才：《西方新闻写作概论》，新华出版社2004年版，第38页。

播观念长期停留在相对封闭的自我更新阶段，具有鲜明的地区性政治色彩。随着改革开放的逐步深入，中西新闻业务、学术交流的增多，中国新闻传播观念逐步具有了海纳百川的宽阔胸襟，对西方信息理论、传播学等各种理论的引进，使中国新闻界开始取其精华，吸收有益营养，面对新时代新问题，尝试着进行新的诠释，终于形成了适应时代潮流的新的观念体系。这一体系不仅具备全球视野，而且推动中国新闻史融入世界新闻史，并且不失中国本土特色，这是新闻观念领域的大革命。

其次是从政治本位走向新闻本位，逐步趋近于新闻的本质规律。拨乱反正以前，新闻作为阶级斗争工具，容易上纲上线，甚至以政治观取代新闻观。拨乱反正以后，人们逐步认识到，新闻媒介具有事业单位和企业经营的双重属性，随着从党报体制走向市场体制，新闻事业终于有了按照其本质规律生长的空间。从微观上看，传递新闻观的符号语言开始从政治话语走向新闻本位的话语，如新闻与宣传的分野，新闻工具变为新闻媒介，受众取代群众等。符号是承载文化的基本载体，符号的变化也促使负载着意识形态的新闻观走向新闻本位，新闻专业意识和职业精神由此滋生并得以张扬开来。

再次是从坚守传统到与时俱进。新中国成立以来很长一段时间，中国新闻界都停留在以马克思新闻观为指导的党报理论加新闻术语的简单组合状态，发展缓慢，自我更新能力较差。改革开放以来，新闻传播观念随着社会政治经济文化体制的变革而与时俱进，吐故纳新，在坚持党报传统的同时，不断地拓展新的思维空间，从而具备了鲜明的当代性。

最后是从发展迟缓到迅速更新。30 多年来，中国新闻界在吸收新思想、新理论、新话题的速度和节奏上不断加快，内容上也日益呈现出丰富性和多元的趋向，很多新观念对学界业界都具有巨大的冲击力，并能指导实践，这是它融入信息时代的显著标志。

（二）新闻传播观念演进的经验

回顾改革开放以来我国新闻传播观念的演进过程，我们可以得到以下经验：

首先是新闻传播观念的更新必须以坚持新闻本位，尊重新闻规律为前提。十一届三中全会后，新闻理论界对新闻定义、新闻价值、媒介性质与功能等基本问题的拨乱反正，20世纪80年代初对西方新闻传播观念的引入，90年代前后对新闻事业属性、新闻人才观等的思考与争鸣，基本坚守了新闻本位，从而为新闻改革提供了正确的理论指导。30多年来，新闻业界的信息传播观念、受众本位观念、市场意识和商品意识都是尊重新闻规律的表现，所以新闻改革才取得了丰硕的成果，以新闻事业的本质规律为前提更新和提升新闻传播观念，是新闻观念演进过程中的宝贵经验。

其次是新闻传播观念的更新必须处理好继承和发展、借鉴与创新的关系。新闻观念是新闻实践的历史积累和理论升华，不可能完全脱离传统观念和外界思想的影响，而是在继承和发展、借鉴与创新中不断前进的。多年来新闻界一直在思索如何继承和发展中国传统新闻观、如何正确借鉴西方新闻传播观等问题，一些符合中国新闻媒体发展特点的观念被继承，如新闻事业的党性原则、全心全意为人民服务的新闻职业道德观念、重视受众需求等；一些符合新闻事业发展规律的西方新闻传播观念被借鉴并创新，如新闻事业发展的市场观念、媒介经营管理的理念等。历史证明，观念的更新既不能割断历史、抛弃传统，也不能恋旧保守，“取其精华、弃其糟粕”是对待中西传统与现代新闻观念最基本的态度。

最后是要正视新闻传播观念演进的时代性。① 新旧观念的继承与发展、借鉴与创新，其关键都在于时代的选择。观念更新不能脱离所在时代的社会政治、经济、文化、技术环境，必须符合新闻媒

---

① 戴邦：《对新闻观念更新的一些思考》，载《中国记者》1986年第10期。

体的发展阶段和实际水平。新闻媒介是社会大系统中的子系统，它的发展必然受到社会大系统中其他子系统和媒介系统内部环境的影响，改革30余年每一阶段的新闻传播观念都是在与所处时代的社会环境互动中产生的，拨乱反正的政治环境，学术领域民主氛围的增强，对政治风波的反思，社会主义市场经济体制改革，中国加入世贸组织等政治、经济、文化领域的大事件及由此带来的社会观念变革构成了新闻传播观念演进的外部驱动力，而媒介内部技术变革、媒体政策变化、从业人员的专业素养与伦理状况等构成观念演进的内部驱动力。新闻传播观念的演进来源于内外部因素的共同推动，30余年中少数超出时代要求急促冒进的观念被淘汰，并带来沉痛的历史教训；符合时代要求的观念成为主流并顺利推动新闻改革。由此可见，不同的历史阶段、不同的社会环境、不同的时代任务决定了不同的新闻观念，科学新闻传播观念的提出必须慎重考虑时代需求和历史发展的阶段性。

（三）30年新闻传播观念演进中的教训

任何事物的发展都是在曲折中前进的，从30余年新闻传播观念演进的历程中我们也得到了一些教训：

一是要重视中国本土新闻传播观念独立体系的建构与自我完善。纵观30余年新闻传播观念的演进，借鉴西方新闻传播观念进行本土化改造的成分较多，如西方信息观念、传播观念、西方经营管理理念、西方新闻业务新思潮等，但在引进西学中出现了一些问题：一方面中国本土以党报理论为主体的传统新闻观念的创新较为缓慢，与时俱进的自我更新能力不足。另一方面由于中西文化语境的不同，对一些观念如“客观主义”等存在着分歧，讨论的命题局限于概念的争议却无法开拓创新；一些观念如“新闻自由”等照葫芦画瓢是万万不可的；还有一些观念如“公共新闻”在西方前景都不甚明朗，脱离历史和现实语境单纯模仿西方观念必然会带来一些误读和曲解。解决之道在于中国本土新闻传播观念的自我完善，这种自主性的内在趋向才是未来发展的主流，中国新闻传播观念更新应该找到中国传统新闻传播观念中的价值优长，依据中国本土新闻媒体发展的历程、独特阶段进一步完善独立的发展体系，沉浸出自身观念思辨的合理内核，向西方学习也应该是以“我”为主体的观念吸收，要展示出中国本位新闻传播观念的时代品格和思想力度，体现出独立观念体系的价值。

二是新闻媒体自主创新的能力没有得到充分发挥。纵观这几十年，中国新闻传播观念的变化大多是在外界环境变化，政府政策推动，吸收借鉴西方新闻界新思潮、新理论的前提下进行的，外部驱动大于媒体内部自主更新，源自于中国媒体内部的原创观念不多，新闻业界在观念创新领域处于一定的被动地位。科学认识论发展完善的关键在于自我组织，“即指系统不是根据外部的指令，而是根据系统内部各要素之间相互作用而自发地形成有序结构的现象。这种自我组织是科学认识发展自主性的体现，它是科学认识自我完善的核心”。① 新闻媒体作为新闻活动的主体，应该在新闻实践中有其自身特殊的经验，在观察、辨析经验的基础上才能建构适合自身发展的操作理论和观念框架，新闻媒体应该有自主创新的观念自觉和内在要求，而不是单纯模仿与靠外界推动。

三是不能满足于既有新闻体制的论证，应该加大对未来新闻传播体系的创新探索与展望。改革30余年来，批判旧的观念与借鉴西方的新闻传播观念取得了众多成绩，然而在对未来的展望与现有体制反思的观念领域，成果却较为贫乏，这种论证现状合理性的保守的观念氛围在1990年以后越来越浓厚，甚至一些人陷入安于现状、囿于陈词滥调、不敢越雷池一步的状态，还有一些观念停留在学理层面、概念领域，玩文字游戏，附和现状却没有触动观念变迁的内核，对未来新闻业的发展缺乏前瞻性和指导价值。只有敢于批判现状的不足之处，将对过去的批判、对现实的分析与对未来的展望和谐地结合起来，才能促进推动新闻传播观念沿着正确的轨道健康发展。

---

① 舒炜光：《科学认识发展论》，吉林人民出版社1996年版，第48页。

总之，新闻传播观念是对于新闻传播现象、新闻传播实践的能动反映，30余年新闻传播观念演进中得到的经验和教训都将成为我们今后在社会主义制度框架内进行新闻改革的理论资源和智力支持。观念的更新是一个前后相继、永无止境的过程，在这个过程中，它既要对以往观念有所超越，又是被今后观念所扬弃、超越的对象，正是在这种超越和扬弃中，科学认识才会一步步接近和把握规律。以这种科学的态度对待30余年来新闻传播观念的变迁，相信未来中国新闻传播观念领域将会有更大的收获。

参考文献

1. ［奥］威尔海姆·赖希：《法西斯主义群众心理学》，重庆出版社 1990 年版。

2. ［德］卡尔·雅斯贝斯：《历史的起源与目标》，魏楚雄、俞新天译，华夏出版社 1989 年版。

3. ［德］康纳得·海顿：《德国国社党史》，商务印书馆 1985 年版。

4. ［德］尤尔根·哈贝马斯：《公共领域的结构转型》，曹卫东译，学林出版社 1999 年版。

5. ［德］尤尔根·哈贝马斯：《交往行为理论》，曹卫东译，上海人民出版社 2004 年版。

6. ［法］布尔迪厄：《关于电视》，南京大学出版社 2011 年版。

7. ［法］伏尔泰：《风俗论》（上下册），商务印书馆 1997 年版。

8. ［法］古斯塔夫·勒庞：《乌合之众——大众心理研究》，中央编译出版社 2000 年版。

9. ［法］雷蒙·阿隆：《论治史——法兰西学院课程》，冯学俊、吴泓渺译，生活·读书·新知三联书店 2003 年版。

10. ［法］卢梭：《论人类不平等的起源和基础》，商务印书馆 1996 年版。

11. ［法］卢梭：《社会契约论》，商务印书馆 2003 年版。

12. ［法］路易·马德楞：《法国大革命史》，人民日报出版社 2014 年版。

13. ［法］罗伯斯庇尔：《革命的法制与审判》，商务印书馆

1986 年版。

14. ［法］马特拉：《世界传播与文化霸权》，中央编译出版社 2005 年版。

15. ［法］孟德斯鸠：《论法的精神》，商务印书馆 1961 年版。

16. ［法］热拉尔·瓦尔特：《罗伯斯庇尔》，姜靖潘译，商务印书馆 1983 年版。

17. ［法］伊曼纽埃尔·勒鲁瓦·拉迪里：《历史学家的思想和方法》，上海人民出版社 2002 年版。

18. ［古希腊］柏拉图：《理想国》，商务印书馆 1995 年版。

19. ［古希腊］柏拉图：《游叙弗伦、苏格拉底的申辩、克力同》，商务印书馆 1983 年版。

20. ［古希腊］柏拉图：《政治家——论君王的技艺（逻辑上的）》，北京广播学院出版社 1994 年版。

21. ［古希腊］亚里士多德：《修辞学》，生活·读书·新知三联书店 1991 年版。

22. ［古希腊］亚里士多德：《政治学》，商务印书馆 1996 年版。

23. ［荷］托伊恩·A. 梵·迪克：《作为话语的新闻》，华夏出版社 2003 年版。

24. ［加］埃里克·麦克卢汉：《麦克卢汉精粹》，南京大学出版社 2000 年版。

25. ［加］哈罗德·伊尼斯：《帝国与传播》，中国传媒大学出版社 2013 年版。

26. ［美］E. M. 罗杰斯：《传播学史——一种传记式的方法》，殷晓蓉译，上海译文出版社 2002 年版。

27. ［美］丹尼斯·朗：《权力论》，中国社会科学出版社 2001 年版。

28. ［美］哈罗德·D. 拉斯威尔：《世界大战中的宣传技巧》，张洁等译，中国人民大学出版社 2003 年版。

29. ［美］哈罗德·D. 拉斯威尔：《政治学》，商务印书馆 1999 年版。

30. ［美］赫伯特·阿特休尔：《权力的媒介》，华夏出版社1989年版。

31. ［美］鲁宾斯坦：《从莎士比亚到奥斯丁》，上海译文出版社1987年版。

32. ［美］罗伯特·劳伦斯·库恩：《他改变了中国：江泽民传》，上海译文出版社2006年版。

33. ［美］斯塔夫里阿诺斯：《全球通史——1500年以后的世界》，吴象婴、梁赤民译，上海社会科学出版社1992年版。

34. ［美］斯塔夫里阿诺斯：《全球通史——1500年以前的世界》，吴象婴、梁赤民译，上海社会科学出版社1992年版。

35. ［美］梯利、伍德：《西方哲学史》（增补修订版），商务印书馆1995年版。

36. ［美］汪荣祖：《史传通说——中西史学之比较》，中华书局2003年版。

37. ［美］威尔伯·施拉姆等：《传播学概论》，新华出版社1984年版。

38. ［美］威廉·麦克高希：《世界文明史——观察世界的新视角》，董建中等译，新华出版社2003年版。

39. ［美］威廉·夏伊勒：《阿道夫·希特勒的兴亡》，西南师范大学出版社1985年版。

40. ［美］韦尔伯·施拉姆等：《报刊的四种理论》，新华出版社1980年版。

41. ［美］沃纳丁·塞弗林等：《传播学的起源、研究与应用》，福建人民出版社1985年版。

42. ［美］西摩·马丁·利普塞特：《政治人——政治的社会基础》，上海人民出版社1997年版。

43. ［美］席勒：《世纪前沿：大众传媒与美利坚帝国》，上海译文出版社2005年版。

44. ［美］新闻自由委员会：《一个自由而负责的报刊》，中国人民大学出版社2004年版。

45. ［美］詹姆斯·W. 西瑟：《自由民主与政治学》，上海人民出版社1998年版。

46. ［美］J. 勒高夫、P. 诺拉等：《新史学》，姚蒙编译，上海译文出版社1989年版。

47. ［日］小野秀雄：《新闻研究五十年》，每日新闻社昭和46年版。

48. ［日］小野秀雄：《新闻原论》，东京堂昭和22年3月初版。

49. ［瑞士］雅各布·布克哈特：《意大利文艺复兴时期的文化》，何新译，商务印书馆1988年版。

50. ［瑞士］雅各布·布克哈特：《意大利文艺复兴时期的文化》，商务印书馆1988年版。

51. ［苏］尼古拉·伊万诺维奇·雷：《大国悲剧：苏联解体的前因后果（修订版）》，新华出版社2010年版。

52. ［苏］B. B. 乌契诺娃著，付显明等译：《马列主义新闻学理论基础》，中国广播电视出版社1989年版。

53. ［苏］戈尔巴乔夫：《改革与新思维》，新华出版社1987年版。

54. ［苏］戈尔巴乔夫：《戈尔巴乔夫回忆录——"真相"与自白》，社会科学文献出版社2002年版。

55. ［意］贝乃戴托·克罗齐：《历史学的理论与方法》，商务印书馆1986年版。

56. ［英］伯林：《反潮流：观念史论文集》，冯克利译，译林出版社2002年版。

57. ［意］马基雅维利：《佛罗伦萨史》，商务印书馆1982年版。

58. ［意］马基雅维利：《君主论》，商务印书馆1987年版。

59. ［意］马基雅维利：《论李维》，上海世纪出版集团2005年版。

60. ［英］埃里克·霍布斯鲍姆：《史学家——历史神话的终结者》，马俊亚、郭英剑译，上海人民出版社2002年版。

61. ［英］艾伦·布洛克：《大独裁者希特勒》（上、下），北京出版社 1986 年版。

62. ［英］爱德华·霍列特·卡尔：《历史是什么》，吴柱存译，商务印书馆 1981 年版。

63. ［英］格雷厄姆·沃拉斯：《政治中的人性》，商务印书馆 1996 年版。

64. ［英］格雷厄姆·沃拉斯：《政治中的人性》，商务印书馆 1996 年版。

65. ［英］赫·乔·韦尔斯：《世界史纲——生物和人类的简明史》，吴文藻等译，人民出版社 1982 年版。

66. ［英］赫伯特·斯宾塞：《社会学研究》，华夏出版社 2001 年版。

67. ［英］霍布斯：《利维坦》，商务印书馆 1996 年版。

68. ［英］杰弗里·巴勒克拉夫：《当代史学的主要趋势》，杨豫译，上海译文出版社 1987 年版。

69. ［英］卡·波普尔：《历史主义的贫困》，何林、赵平翻译，社会科学文献出版社 1987 年版。

70. ［英］柯尔：《社会主义思想史》（四卷六册），商务印书馆 1977—1994 年版。

71. ［英］昆廷·斯金那：《马基雅维利》，王锐生、张阳译，工人出版社 1985 年版。

72. ［英］理查德·伊文思：《邓小平传》，国际文化出版公司 2013 年版。

73. ［英］罗素：《西方哲学史》，商务印书馆 1996 年版。

74. ［英］马克·帕蒂森：《弥尔顿传略》，生活·读书·新知三联书店 1992 年版。

75. ［英］弥尔顿：《论出版自由》，商务印书馆 1959 年版。

76. ［英］弥尔顿：《为英国人民申辩》，商务印书馆 1982 年版。

77. ［英］汤英比：《历史研究》（上、中、下），曹未风译，上海人民出版社 1987 年版。

78. ［英］约翰·麦克里兰：《西方政治思想史》，海南出版社

2003 年版。

79. ［英］约翰·密尔：《论自由》，商务印书馆 1959 年版。

80. ［挪］G. 希尔贝克、N. 伊耶著，《西方哲学史：从古希腊到二十世纪》，上海译文出版社 2011 年版 。

81. 《马克思恩格斯论新闻》，中国社会科学院新闻研究所编，新华出版社 1985 年版。

82. 《马克思恩格斯选集》（1—4 卷），人民出版社 1995 年版。

83. 《列宁论报刊与新闻写作》，新华出版社 1983 年版。

84. 《列宁选集》（1—4 卷），人民出版社 1960 年版。

85. 《毛泽东文集》（1—8 卷），人民出版社 1999 年版。

86. 《毛泽东新闻工作文选》，新华出版社 1983 年版。

87. 《毛泽东选集》（1—4 卷），人民出版社 1991 年版。

88. 《邓小平论新闻宣传》，新华出版社 1998 年版。

89. 《邓小平文选》第一卷，人民出版社 1994 年版。

80. 《邓小平文选》第二卷，人民出版社 1994 年版。

91. 《邓小平文选》第三卷，人民出版社 1993 年版。

92. 《方汉奇文集》，汕头大学出版社 2003 年版。

93. 《戈尔巴乔夫关于改革的讲话（1975—1982 年）》，人民出版社 1987 年版。

94. 《江泽民论有中国特色社会主义》（专题摘编），中央文献出版社 2002 年版。

95. 《江泽民文选/文集》1—3 卷，人民出版社 2006 年版。

96. 《宁树藩文集》，汕头大学出版社 2003 年版。

97. 《斯大林论报刊》，李清芳编，新华出版社 1985 年版。

98. 北京大学哲学系外国哲学史教研室编：《古希腊罗马哲学》，商务印书馆 1982 年版。

99. 蔡幸佑等译：《说服传播》，五南图书出版公司 1995 年版。

100. 陈力丹：《精神交往论》，开明出版社 1993 年版。

101. 陈力丹：《马克思主义新闻思想概论》，复旦大学出版社 2003 年版。

102. 陈新：《当代西方历史哲学读本》（1967—2002），复旦大学出版社 2004 年版。

103. 程伟礼，戴雪梅：《中国特色社会主义思想史》，学林出版社 2009 年版。

104. 戴元光：《中国传播思想史》（现当代卷），上海交通大学出版社 2005 年版。

105. 丁文江、赵丰田编：《梁启超年谱长编》，上海人民出版社 1983 年版。

106. 丁耘、陈新主编：《思想史研究——思想史的元问题》，广西师范大学出版社 2005 年版。

107. 冯友兰：《中国哲学简史》，北京大学出版社 2012 年版。

108. 甘惜分：《新闻理论基础》，中国人民大学出版社 1982 年版。

109. 甘惜分：《新闻论争三十年》，新华出版社 1988 年版。

110. 甘惜分：《一个新闻学者的自白》，香港未名出版社 2005 年版 。

111. 葛兆光：《七世纪至十九世纪中国的知识、思想和信仰》，复旦大学出版社 2000 年版。

112. 郭沫若：《十批判书》，东方出版社 1996 年版。

113. 韩震：《西方历史哲学导论》，山东人民出版社 1992 年版。

114. 胡锦涛：《论构建社会主义和谐社会》，中央文献出版社 2013 年版。

115. 胡太春：《中国近代新闻思想史》，山西教育出版社 1987 年版。

116. 敬乐然：《希特勒与墨索里尼言论集》，台北帕米尔书店 1976 年版。

117. 李光耀：《李光耀 40 年政论选》，现代出版社 1994 年版。

118. 李守常：《史学要论》，河北教育出版社 2000 年版。

119. 梁启超：《中国历史研究法》（外二种），河北教育出版社 2000 年版。

120. 刘文英：《漫长的历史源头——原始思维与原始文化新

探》，中国社会科学出版社 1996 年版。

121. 苗力田：《古希腊哲学》，中国人民大学出版社 1989 年版。

122. 沈福伟：《中西文化交流史》，上海人民出版社 1985 年版。

123. 童兵：《马克思主义新闻思想史稿》，中国人民大学出版社 1989 年版。

124. 童兵：《中西新闻比较论纲》，新华出版社 1999 年版。

125. 吴廷俊：《中国新闻传播史（1978—2008）》，复旦大学出版社 2011 年版。

126. 吴于廑：《吴于廑学术著作自选集》，首都师范大学出版社 1995 年版。

127. 徐大同：《西方政治思想史》，天津人民出版社 1985 年版。

128. 徐培汀：《中国传播思想史》（近代卷），上海交通大学出版社 2005 年版。

129. 徐耀魁：《西方新闻理论述评》，新华出版社 1998 年版。

130. 许凌云：《儒家伦理与中国史学》，齐鲁书社 2004 年版。

131. 许正林：《欧洲传播思想史》，上海三联书店 2005 年版。

132. 姚福申：《新时期中国新闻传播评述》，复旦大学出版社 2002 年版。

133. 余志鸿：《中国传播思想史》（古代卷上），上海交通大学出版社 2005 年版。

134. 余志鸿：《中国传播思想史》（古代卷下），上海交通大学出版社 2005 年版。

135. 曾水英：《理解政治权力：权力问题的西方政治思想史考察》，中央编译出版社 2013 年版。

136. 张岱年：《中国哲学史方法论发凡》，中华书局 2003 年版。

137. 张耕华：《历史哲学引论》，复旦大学出版社 2004 年版。

138. 张昆：《传播观念的历史考察》，武汉大学出版社 1997

年版。

139. 张昆：《中外新闻传播思想史导论》，复旦大学出版社 2006 年版。

140. 郑保卫：《中国共产党新闻思想史》，福建人民出版社 2004 年版。

141. 中国法国史研究会：《法国史文集》，三联书店 1984 年版。

142. 中国社会科学院新闻研究所：《中国共产党新闻工作文件汇编》（上、中、下），新华出版社 1980 年版。

后　记

20世纪80年代中期，我刚进入中国人民大学新闻学院念新闻专业研究生，就深深地被新闻学科的魅力所吸引。特别是新闻传播史，新闻传播历史上一条条栩栩如生的新闻人物，一家家呼风唤雨的报刊，一条影响深远的新闻事件，一段段响彻历史时空的名言，令我陶醉，心生向往。毕业后，我在武汉大学新闻学系担任教师，讲授新闻传播史课程。应教学特别是后来的研究生教学之需，我开始了新闻传播史的教学与研究。最初在1994年，我在武汉大学出版社出版了一本《简明世界新闻通史》。在编写这本教材的过程中，我发现学界对新闻传播史的理解存在着一定的偏颇，不少新闻传播史著作或相关的研究，有意无意地将新闻传播史等同于新闻事业史，很多学校的新闻史教材就是这样命名的。可是，在对新闻史的考察中，我感到新闻传播事业史固然是新闻史的主体，但是任何时代的新闻传播事业发展都是在既定的制度框架内展开的，新闻媒体及其从业者无时无刻不受到制度条件的约束，其职业活动的自由空间相对有限；同时，作为新闻传播事业主体的新闻从业者，都是有思想、有意识、有情感的人，他们对新闻传播的看法，他们的使命观、责任感和专业意识，时时在影响着、支配着他们的职业活动，规范着媒介的传播行为。在这个意义上，一部完整意义上的新闻传播史，至少应该包括三个方面的内容：新闻传播事业、新闻传播制度和新闻传播观念，是这三个部分的有机统一。

基于这种认识，我尝试着开始新闻传播思想史的研究。从人类传播史上最具影响的人物着手，举凡政治家、思想家、报人、著名新闻从业者等，如柏拉图、弥尔顿、梁启超等，都纳入了我考察的视野。最初是将阅读心得作为文章发表，随后在1997年，出版了一本集子《传播观念的历史考察》。这是国内较早出版的一本以新闻传播思想史为主题的专著，甫一出版，就受到了学界、业界的好评，有些学校还将它作为研究生的教学参考书。但是由于种种原因，这本书没有再版。后来，国内有关这方面的著作多了，但是仍然有不少学者提起该书，有不少同仁希望我将这一研究进行下去，能够出版新的增订版。正好这些年来，我在这方面的学业没有完全荒废，陆续地有一些相关文章发表，还有一些东西虽然没有发表，但属于自己独有的心得，如果能够在前书的基础上，整理补充，修订完善，对于新闻传播史特别是新闻传播思想史研究或许不无意义。这种念头始终萦绕在我的心头，挥之不去，一直在鞭策、激励着我，正在这个时候，武汉大学出版社向我约稿，一拍即合，终于促成了这本《传播观念的历史考察》第二版的公开出版。

《传播观念的历史考察》第二版在性质上属于一本专注于新闻传播思想史探讨的专著，全书除导言外，设有 21 章，实际字数 50 余万。其中，有 7 章（7 个专题）曾经在 1997 年收到拙著《传播观念的历史考察》初版（武汉大学出版社 1997 年版）中。这些专题分别是《柏拉图的传播思想》、《约翰·弥尔顿的出版自由思想》、《罗伯斯庇尔的新闻思想》、《梁启超新闻思想》、《小野秀雄的新闻思想》、《列宁的新闻思想体系》、《毛泽东新闻宣传思想》等。其中，关于梁启超的新闻思想、柏拉图的传播思想在收进本书时，有一些新的增补；毛泽东新闻宣传思想部分，结合作者过去发表的相关文章，重新作了一些整合修订，其基本内容没有多大的变化，具体的论断、评价保留了原来的观点。这次出版第二版时，还删去了初版时最后一章《中国传统新闻学的反思》。

相较于《传播观念的历史考察》初版，第二版在内容上增加了 13 个专题，在人物上涉及孟子、马基雅维利、杰斐逊与汉密尔顿、马克思与恩格斯、列宁、戈尔巴乔夫、邓小平、江泽民、胡锦涛等的传播观念，在理论与学派方面，涉及集权主义、自由主义、空想社会主义、法西斯主义、马克思主义理论，在地域方面，涉及中国大陆、中国台湾、欧洲、美洲的传播思想。所增加的内容比初版超出了一倍还多。其中大部分或在国内外学术期刊上公开发表过，或作为研究成果被收录到其他专著、报告或文集之中。

《孟子的传播思想与实践》一章立足于来自《孟子》的第一手资料，对传统儒家的代表人物孟子的传播思想及其传播实践活动，进行了比较深入、全面的分析。特别是对孟子传播功能观的解读，其赋予传播以宣扬孔子之道，正人心、息邪说，推行政治教化及争取政治认同的使命，还有孟子对传播者自我定位的理解及对传播者自我修养的剖析，窃以为有些新意。笔者还对孟子自身周游列国时的传播实践及其宣传艺术，尝试着进行总结，其中对孟子传播思想的整体建构，落实在孟子性善论的基础上。在肯定孟子杰出的传播艺术的同时，对孟子坚持的传者中心论和轻视说服对象的优越感，也作了一些客观评价，相信这些努力对新闻传播思想史爱好者有所裨益。

马基雅维利是文艺复兴时期诞生的历史巨人、伟大的政治思想家和军事理论家。在传播思想史上，人们习惯于将它列为极权主义报业学说演进历史中承先启后的关键人物。收入本书的《马基雅维利的政治传播观念》从政治学、传播学的视角，立足于对《君主论》的全面解读，试图对马基雅维利的人性论与政治观、传播控制理论、政治形象理论和政治宣传的策略等问题，进行比较全面的探讨。这个专题研究最初作为论文发表于《新闻与传播研究》1999 年 2 期。本次收录出版时，在吸收学界相关学术成果的基础上，根据原手稿作了一些补充，在政治形象设计及政治传播策略方面，作了新的阐释。

在出版自由的发展历史上，一般认为，美国新闻媒介及从业者能够享有的自由空间是最大最广的。但美国出版自由传统的形成，美国新闻传媒独立的政治、法律地位的确立，与美国建国初期共和党领袖托马斯·杰斐逊、联邦党人领袖汉密尔顿的论战是分不开的。《杰斐逊与汉密尔顿关于出版自由的论战》① 一文正是围绕美国联邦宪法制定前后政治上共和派、联邦派的对立，特别是在出版

① 本文发表于《武汉大学学报》（人文社会科学版）2004 年 5 期，作者是张昆、李锦云（武汉大学硕士研究生，现为中南民族大学文学院教师）。

自由态度上的对立，进行的深入的分析。文章不仅描述了两派对立的具体情形，而且还就对立的思想基础及现实原因、对立的结局及其历史影响，作了全面的阐释，到目前为止，在国内学术界还很少看到类似的研究。

在中国近代史上，整个社会的转型与报刊及其从业者的努力是分不开的。报刊作为社会公共的意见平台，作为监测环境的哨兵，作为引领社会前行的力量，在推动社会变革的进程中扮演了重要的角色。而中国近代报刊与古代的邸报并无直接的承继关系，它乃是殖民化进程中，西学东渐过程的产物。最早出现于中国的近代报刊，出自于欧洲传教士在华出版的中外文报纸。其关于西方民主、自由、平等等价值观的译介，及其结合中国传统与现实的解读，深深地影响了中国知识界，进而影响了更广大的社会阶层。近代报刊与平等观念有如一对孪生兄弟，它们天生具有亲近性，彼此需要，互为依托。在一个不平等的社会，报刊出版发行面临各种特权的制约；同样，在一个没有报刊的社会，平等观念的传播效率将始终是个问题。晚清时期，由西洋传教士发端的欧美平等意识的输入，终于激发了中国本土的平等思潮，并且萌生了报业平等的愿景，对于中国近代社会的发展，产生了深远的影响。为此，笔者从郭士立主持的《东西洋考每月统记传》的报道言论，分析了中西方平等意识的差异，解读了他对中国“天下主义”① 的传统观念的挑战，肯定了他对“法律面前，人人平等”观念的引进；同时分析了《万国公报》的男女平等观和官民平等观，揭示了维新派报人的政治平等的愿景，以及晚清政府预备立宪对平等诉求的呼应。②

---

① 许纪霖认为：“价值意义上的天下与空间意义上的天下具有同一性，即表现出超越种族、宗族、地域和国家的普世文明特征，只要接受了发源于中原的中华文明的那套礼仪典章制度，就可以成为天下中的一个部分，只是中心与边缘的不同罢了，但服从的都是同一个文明尺度和价值，那就是天下主义。”——许纪霖：《天下主义/夷夏之辨及其在近代的变异》，载《华东师范大学学报（哲学社会科学版）》，2012 年第 6 期。

② 本章是作者和张继木博士的共同成果。

《空想社会主义的新闻思想》① 是本书新增加的一章重要内容。众所周知，空想社会主义思想是马克思主义理论的重要来源之一。在新闻传播思想史上，早期空想社会主义者的理论探索，对于马克思主义新闻学说的产生与发展，也具有重要的意义。基于这一认识，笔者和自己的学生陶喜红博士，从思想史的视角，对空想社会主义的新闻思想进行了全面的梳理。从早期的空想社会主义者如托马斯·莫尔、康帕内拉，18 世纪的空想社会主义者巴贝夫、威廉·葛德文、摩莱里，到顶峰时期空想社会主义者的杰出代表法国思想家圣西门、傅立叶和英国的思想家欧文，对他们的传播理念进行了简要的剖析。19 世纪三四十年代，本来意义上的空想社会主义都先后趋于没落，走向反面，堕落成为资产阶级和小资产阶级的社会主义。当时工人阶级中认为必须对全部社会进行根本改造的人，这时已经不再把自己叫做社会主义者，而叫做共产主义者。正如恩格斯所说的："在 1847 年，社会主义是资产阶级的运动，而共产主义则是工人阶级的运动。"② 这时空想共产主义的主要代表大都出现在法国，布朗基、卡贝、德萨米是著名的空想共产主义者。德国的魏特林也是空想共产主义的代表人物。这些空想共产主义者对科学社会主义的形成有一定的贡献，对早期马克思恩格斯的思想也产生了一定的影响。

在对空想社会主义新闻思想探索的基础上，笔者进而对马克思恩格斯的新闻传播思想进行了比较深入的探索。马克思恩格斯是马克思主义新闻传播思想的创始人，其原创的新闻传播观念对于国际共产主义运动，对于社会主义国家新闻传播体制的建立和社会主义新闻传播事业的发展，起到了巨大的引领和指导作用。笔者在通读《马克思恩格斯全集》、研究马克思恩格斯传记资料的基础上，全面地吸收相关学科领域的研究成果，在思想史的坐标系统中，从五

① 本文被收录于《新闻学论集（19 集）》，作者为张昆、陶喜红，经济日报出版社 2000 年版。

② 《马克思恩格斯全集》第 21 卷，人民出版社 1965 年版，第 407 页。

个方面深入地梳理和解读马克思恩格斯的新闻传播思想。一是马克思恩格斯的新闻传播实践，二是马克思恩格斯的人民报刊思想，三是马克思恩格斯的出版自由观，四是马克思恩格斯的党报理论，五是马克思恩格斯的新闻专业理想。其中《马克思恩格斯的新闻专业理想》单独发表在《新闻记者》2007年第9期。

在《传播观念的历史考察》初版的基础上，第二版还增加了一章《列宁党报学说对中国当代新闻理论的影响》。列宁是俄国十月革命的领导者，苏联社会主义共和国联盟的缔造者，继马克思恩格斯之后国际共产主义运动公认的领袖。列宁不仅是伟大的思想家、政治家，而且还是一个杰出的新闻工作者。他作为一个优秀的新闻工作者留下的新闻作品，他对于新闻传播现象、新闻宣传规律的深刻理解，及其作为一个政治领袖对于新闻宣传媒介的成功的运用，是世界新闻传播史上不可多得的经典案例。在本章，笔者专门就列宁的党报学说对中国共产党、对中国社会主义新闻理论与中国新闻传播事业的影响，从报刊使命观、办报方针及党性原则等方面，进行了比较深入的探讨，提出了一些自己的看法。

戈尔巴乔夫是一个健在的富有争议的历史人物，一个对世界历史产生过重大影响的政治家、人道主义者。乍看起来，人道主义者与政治家两重身份似乎风马牛不相及，然而在他身上却难得地结合起来，也许这正是他作为一个失败的政治家的主要原因。20世纪80年代，春风得意的戈尔巴乔夫成为苏共中央总书记，不久便掀起了决定苏联生死的改革运动。这场改革与中国邓小平发动的政治变革几乎同时，但两者的命运却迥然不同。前者从政治改革着手，以新闻传播改革为出发点，高唱“公开性”、“民主化”的口号，轰轰烈烈，荡气回肠，最终却以失败而告终，其结果竟是社会主义苏联的全面解体。后者却循序以进，从经济到政治，从农村到城市，先易后难，逐步过渡，在保持政治稳定的前提下，实现了经济繁荣和社会的可持续性发展。戈尔巴乔夫败在何处？可以从不同视角探讨，其主导的新闻传播改革绝对是一个不能忽视的因素。早在

1989 年，我就在《中国广播电视学刊》上发表了一篇论文，① 剖析戈尔巴乔夫的新闻思想。现在回过头来看，该文有不少值得商榷的地方。在本书中，笔者试图在世界政治格局变幻的总体背景下，将戈尔巴乔夫的新闻思想与苏联的新闻改革结合起来，并且联系到苏联解体这一重要的历史进程。窃以为这种解读是有一些新意的。

在中国共产党的历史上，其早期成功的历史与其对于新闻宣传的充分利用是分不开的。作为一个最初只有几十人的小党，没有武装，也没有充足的财力，面对强大的统治阶级的镇压，能够生存下来，发展起来，最终推翻现有的政治统治秩序，建立起无产阶级自己的政权，实属不易。现在探讨中国共产党所以成功的原因，大多归因于其军事战略的成功，其实还有一个重要的原因——宣传。毛泽东等中国共产党早期的领导人深知，笔杆子与枪杆子同样重要。笔杆子的重要功能就是对内对外宣传，传播自己的政见，争取民众的认同与支持。特别是对外宣传，为了打破政治反对派的妖魔化宣传，中国共产党利用一切可以利用的新闻资源，国内的媒体及记者，外国的记者与媒介，都成了中国共产党打破封锁，型塑形象的重要工具。如埃德加·斯诺、史沫特莱等，在国际社会为中国共产党树立了良好的形象，争取了国际社会的道义支持。《传播观念的历史考察》第二版专门收录了笔者与陈世华博士生一起撰写的《中国共产党早期对外宣传理论》，从历史背景与理论渊源，新闻宣传的功能、对外宣传工作的原则及策略等方面进行了深入的探讨。

《传播观念的历史考察》第二版收入的《邓小平新闻宣传思想研究》、《江泽民新闻宣传思想》、《网络时代马克思主义新闻思想的新发展》三个专题，在整体上都是第一次发表，但其中部分内容，曾经在国内学术杂志上发表过。如邓小平关于政治宣传的五大政治原则，曾经在《武汉大学学报（人文社科版）》上发表。作者对邓小平新闻宣传思想的研究，曾得到教育部人文社会科学基金

① 张昆：《戈尔巴乔夫的新闻思想》，载《中国广播电视学刊》1989 年第 3 期。

的支持；对江泽民新闻宣传思想的探讨，在国内同类研究中是属于较早的。在2000年，笔者曾经以连载的方式在《新闻前哨》杂志上发表了三篇论文，探索江泽民的新闻宣传思想。2008年，笔者在《新闻与传播研究》杂志上发表了《网络时代马克思主义新闻思想的发展》，对胡锦涛的新闻传播思想进行了系统的探讨。作者对这三个中国当代重要政治家新闻宣传思想的研究，对于解读当代中国的新闻传播政策、对于理解中国当代的新闻传播制度，以及分析、把握中国新闻传播发展的未来趋势，具有一定的参考价值。

本书最后一章《改革开放30年中国新闻传播观念的变迁》，① 以比较大的篇幅对改革开放以来30余年中国新闻传播观念的演变，进行了比较系统的梳理。改革开放30年，是中国整个社会转型的30年，是中国经济文化持续高速发展的30年，也是中国作为一个全球大国崛起的30年。在这个重大的历史变革期间，中国新闻传播系统扮演了重要的角色，它在解放人们的思想，开阔人们的视野，引导社会舆论，推进社会动员方面，发挥了重大的影响力。而这一切，与发生于这一时期的新闻传播观念的嬗变是分不开的。为了系统地展示这一进程，笔者根据历史演进的逻辑，分别从五个不同的阶段，勾勒了不同时期中国新闻传播观念的概貌，包括拨乱反正与新闻传播观念的回归、传播学的引入和新闻传播观念的发展、全面反思时期的新闻传播观念、市场经济年代的新闻传播观念、全球化背景下的新闻传播观念等。相信这一梳理对于全面认识当代中国新闻传播发展的脉络会有所帮助。

总之，拙著《传播观念的历史考察》第二版在内容上更新补充了一半以上的内容，涉及面颇广。自时间概念而言，上自古代下迄今日；从空间意义上看，涉及中外重要历史人物；从具体内涵来说，涉及极权主义传播理论、自由主义报业理论和马克思主义新闻

① 本章内容由笔者和胡玲博士共同完成，作为教育部高等学校人文社会科学重点基地基金项目“中国新闻传播史”（1978—2008）的子课题研究成果，被收录于吴廷俊教授主编的《中国新闻传播史（1978—2008）》，复旦大学出版社2011年版。

学说。可以说面面俱到，但又是点到即止，不求甚解，没有形成完整的理论体系。事实上，当初我在做这件事情时，全由兴趣驱使，广泛涉猎，并没有周全统筹、系统建构的考虑。对这些问题的探讨，起自 20 世纪 80 年代中期，而迄于最近，时间跨度近 30 年。经过这段时间的洗礼，笔者由一个在校的青年学生渐变为一个臃肿乃至于保守的中年人了，真是不堪回首！

作为一个新闻传播历史，特别是传播思想史的爱好者，我深感业界、学界对新闻传播历史，特别是思想史研究的殷切期待，却又感到自己学力的不足。我对思想史问题有着比较强烈的兴趣，虽然自己的修为远远没有达到“良史”的境界，但是我愿意在这方面继续努力，持之以恒。上有前贤可资效仿，下有学生不绝的鼓励，我不敢有丝毫的懈怠。今天向读者诸君奉上《传播观念的历史考察》第二版，不求其他，只望引起诸君对新闻传播思想史的关切，如此而已。